효과 빠른 **약점 처방전**

▶▶2배속

수학 I + II S

효율적인 공부로 실력 상승의 속도를 높이자!

의욕적으로 수학 공부를 시작하지만 앞 단원만 열심히 하고 지치는 학생,
어떤 내용이 중요한지, 또 어느 부분이 취약한지 제대로 파악하지 못하는 학생,
배웠던 개념과 유형을 복습하고 싶은데 방대한 양에 선뜻 시작하기 어려워하는 학생,
모두 효율적인 공부가 필요한 학생들입니다.

공평하게 주어진 시간 속에서 앞서 나가기 위해서는 무엇보다도 공부의 효율이 중요합니다.
수학이 어려워지는 이유는 처음부터 끝까지 같은 체력을 유지하며 공부할 끈기가 부족하고,
방대한 개념과 유형의 홍수 속에서 학습의 방향을 쉽게 잃어버리기 때문입니다.

531 PROJECT 2배속 수학은 이러한 고민을 해결하기 위해 탄생하였습니다.
학교 현장에서 학생의 어려움을 직접 마주한 선생님이 엄선한 핵심 유형과 문항으로
수학Ⅰ, 수학Ⅱ의 흐름을 잡고 취약 부분을 쉽게 파악하여 효율적으로 학습할 수 있도록 하였습니다.

531 PROJECT 2배속 수학은 수학이 어렵고 막막했던 여러분에게 꼭 필요한 내용만을 한 권에 압축하여
끝까지 포기하지 않고 완주할 수 있도록 도와줄 것입니다.

531 PROJECT 2배속 수학과 함께 집중력과 자신감, 실력의 상승 속도를 높여 보세요!

수학Ⅰ+Ⅱ를 20일 만에 끝내는 531 PROJECT 2배속 수학!

01 꼭 알아야 하는 실전 개념과 핵심·빈출 유형을 빠르게 다질 수 있습니다.

02 수능, 평가원, 교육청 기출문제를 통한 실전 대비로 수학에 자신감을 가질 수 있습니다.

03 **2배속 REPEAT**의 강별 반복 학습과 **2배속 TEST**의 묶음 강별 복습으로 취약 단원을 보완할 수 있습니다.

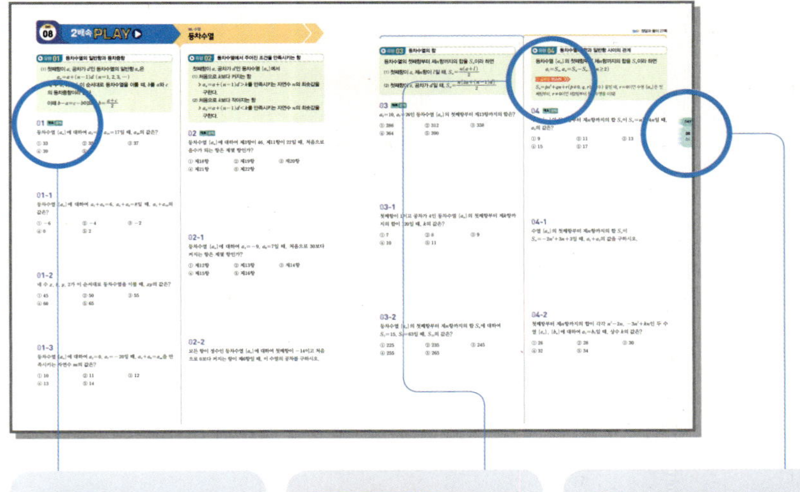

2배속 PLAY

- 핵심 유형과 대표 문제로 구성하여 단원의 주요 내용과 흐름을 쉽게 파악할 수 있습니다.

- 대표 문제 학습 후 유사 문제와 확장 문제를 이어서 확인할 수 있어 유형을 확실하게 다질 수 있습니다.

대표 문제 핵심 유형의 대표 문제를 선별하여 제공하였습니다.

4배속 부스터 문제 풀이에 직접적으로 도움이 되는 팁을 제공하였습니다.

DAY 일차별 분량과 2배속 TEST로 두인 단원을 알기 쉽게 하였습니다.

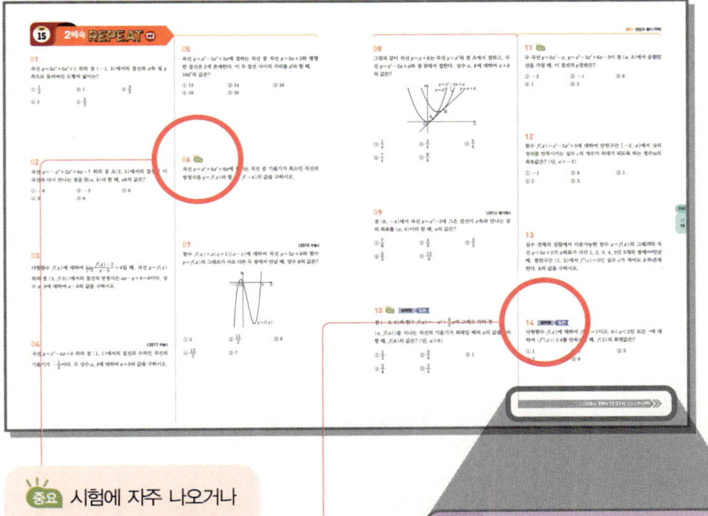

2배속 REPEAT

- 앞에서 학습한 핵심 유형 문제를 다시 한 번 복습하고, 도전 문제와 활용 문제로 반복 및 심화 학습을 할 수 있습니다.

- 수능, 평가원, 교육청 기출문제를 통하여 실전 감각을 기를 수 있습니다.

중요 시험에 자주 나오거나 꼭 다루어야 하는 문제에 표시하였습니다.

상위권 도전 다른 문제들보다 난도가 높거나 신유형에 해당하는 문제에 표시하였습니다.

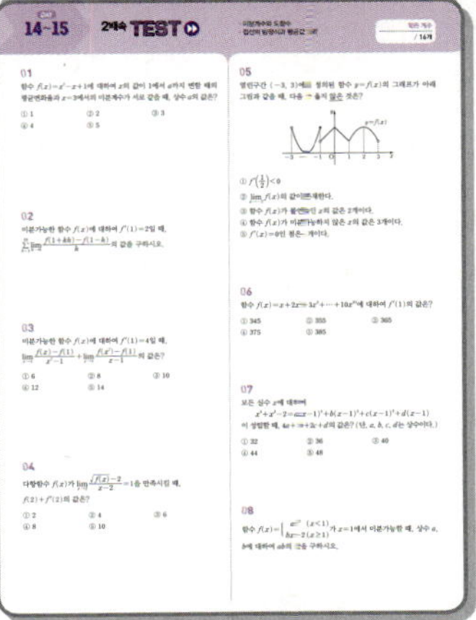

2배속 TEST

- 2강~3강씩 묶은 시험지 형태로 구성하여 실제 시험에 대비하고 취약 단원과 유형을 파악할 수 있습니다.

- 풀이에 각 문제와 연관된 유형의 링크가 있어 틀린 문제에 해당하는 유형의 복습이 용이합니다.

차례

I.

지수함수와 로그함수

▶유형 01 거듭제곱근

(1) x가 a의 n제곱근 $\iff x^n=a$

(2) 실수 a의 n제곱근 중 실수인 것은 다음과 같다.

n ＼ a	$a>0$	$a=0$	$a<0$
n이 짝수	$\sqrt[n]{a},\ -\sqrt[n]{a}$	0	없다.
n이 홀수	$\sqrt[n]{a}$	0	$\sqrt[n]{a}$

01 대표 문제

다음 |보기| 중 옳은 것만을 있는 대로 고른 것은?

> **보기**
>
> ㄱ. 0의 세제곱근은 존재한다.
> ㄴ. 25의 네제곱근은 $\pm\sqrt{5}$이다.
> ㄷ. 11의 12제곱근 중 실수인 것의 개수와 12의 11제곱근 중 실수인 것의 개수는 서로 다르다.

① ㄱ   ② ㄴ   ③ ㄷ
④ ㄱ, ㄴ   ⑤ ㄱ, ㄷ

01-1

2 이상의 자연수 n에 대하여 실수 a의 n제곱근 중 실수인 것의 개수를 $N(a,\ n)$이라 할 때, $N(-2,\ 3)+N(5,\ 4)$의 값은?

① 0   ② 1   ③ 2
④ 3   ⑤ 4

01-2

두 집합 $A=\{-4,\ -3,\ 3,\ 4\}$, $B=\{b\,|\,b=a^2,\ a\in A\}$에 대하여 집합 $\{x\,|\,x=\sqrt[5]{a},\ x$는 실수, $a\in A,\ b\in B\}$의 원소의 개수는?

① 3   ② 4   ③ 5
④ 6   ⑤ 7

▶유형 02 거듭제곱근의 성질

$a>0,\ b>0$이고 $m,\ n$이 2 이상의 자연수일 때

(1) $\sqrt[n]{a}\sqrt[n]{b}=\sqrt[n]{ab}$

(2) $\dfrac{\sqrt[n]{a}}{\sqrt[n]{b}}=\sqrt[n]{\dfrac{a}{b}}$

(3) $(\sqrt[n]{a})^m=\sqrt[n]{a^m}$

(4) $(\sqrt[n]{a})^n=a$

(5) $\sqrt[m]{\sqrt[n]{a}}=\sqrt[mn]{a}=\sqrt[n]{\sqrt[m]{a}}$

(6) $\sqrt[np]{a^{mp}}=\sqrt[n]{a^m}$ (단, p는 자연수)

02 대표 문제

다음 중 옳지 <u>않은</u> 것은?

① $\sqrt[3]{2}\times\sqrt[3]{4}=2$

② $\dfrac{\sqrt[5]{64}}{\sqrt[5]{2}}=2$

③ $(\sqrt[3]{5})^6=25$

④ $\sqrt{\sqrt[3]{7}}=\sqrt[6]{7}$

⑤ $\sqrt[15]{3^{10}}=\sqrt[3]{3}$

02-1

$\sqrt[5]{\dfrac{8^7+2^{12}}{2^7+16^4}}$ 을 간단히 하면?

① 2   ② 3   ③ 4
④ 5   ⑤ 6

02-2

$a>0,\ b>0$일 때, $\sqrt{\dfrac{\sqrt{a^8 b^{12}}}{\sqrt[3]{a^5 b^2}}}\div\sqrt[6]{ab^{10}}$ 을 간단히 하면?

① a ② b ③ ab
④ $\dfrac{1}{ab}$ ⑤ ab^2

▶ 유형 03 지수의 확장

(1) 0 또는 음의 정수인 지수
$a \neq 0$이고 n이 양의 정수일 때
$$a^0 = 1, \ a^{-n} = \frac{1}{a^n}$$

(2) 유리수인 지수
$a > 0$이고 m, n이 2 이상의 정수일 때
$$a^{\frac{m}{n}} = \sqrt[n]{a^m}, \ a^{\frac{1}{n}} = \sqrt[n]{a}$$

(3) 지수법칙
$a > 0, \ b > 0$이고 x, y가 실수일 때
① $a^x a^y = a^{x+y}$ ② $a^x \div a^y = a^{x-y}$
③ $(a^x)^y = a^{xy}$ ④ $(ab)^x = a^x b^x$

03 대표 문제

$\left\{ \left(\frac{4}{25} \right)^{-\frac{3}{2}} \times \left(\frac{2}{5} \right)^2 \right\}^{-1}$을 간단히 하면?

① $\dfrac{25}{4}$ ② $\dfrac{5}{2}$ ③ $\dfrac{5}{4}$

④ $\dfrac{2}{5}$ ⑤ $\dfrac{4}{25}$

03-1

$\sqrt[5]{\dfrac{\sqrt[3]{32}}{\sqrt{3}}} \times \sqrt{\dfrac{\sqrt{8}}{\sqrt[4]{27}}} = \dfrac{\sqrt[p]{2^q}}{\sqrt[r]{3^s}}$일 때, $p+q+r+s$의 값은?
(단, p, q와 r, s는 각각 서로소인 자연수이다.)

① 82   ② 83   ③ 84
④ 85   ⑤ 86

03-2

$\left(\dfrac{1}{512} \right)^{\frac{1}{n}}$이 자연수가 되도록 하는 모든 정수 n의 값의 곱을 구하시오.

▶ 유형 04 지수법칙의 응용

(1) $a^x + a^{-x}$ 꼴은 곱셈 공식의 변형을 이용하여 대입하기 좋은 형태로 바꾸어 식의 값을 구한다.

(2) $\dfrac{a^x + a^{-x}}{a^x - a^{-x}}$ 꼴은 분모, 분자에 각각 a^x 등을 곱하여 간단히 나타낸 후 식의 값을 구한다.

(3) 주어진 조건식의 밑이 서로 다른 경우에는 다음을 이용하여 밑을 같게 만든 후 식의 값을 구한다.
$$a^x = k \Longleftrightarrow a = k^{\frac{1}{x}} \ (a > 0, \ x \neq 0)$$

04 대표 문제

$x > 1$이고 $x^{\frac{1}{2}} + x^{-\frac{1}{2}} = 2\sqrt{2}$일 때, $x^{\frac{1}{2}} - x^{-\frac{1}{2}}$의 값은?

① 1   ② 2   ③ 3
④ 4   ⑤ 5

04-1

$a^{2x} = 5$일 때, $\dfrac{a^{3x} + a^{-3x}}{a^x - a^{-x}}$의 값은? (단, $a > 0$)

① $\dfrac{51}{10}$ ② $\dfrac{11}{2}$ ③ $\dfrac{59}{10}$

④ $\dfrac{63}{10}$ ⑤ $\dfrac{67}{10}$

04-2

실수 x, y에 대하여 $5^x = 27$, $45^y = 9$일 때, $\dfrac{6}{x} - \dfrac{4}{y}$의 값은?

① -4 ② -2 ③ 2
④ 4   ⑤ 6

01

다음 중 옳지 <u>않은</u> 것은?

① $\sqrt{(-3)^2}$의 제곱근은 $\pm\sqrt{3}$이다.
② -81의 네제곱근 중 실수인 것은 없다.
③ 8의 세제곱근 중 실수인 것은 2뿐이다.
④ -1의 제곱근은 $\pm i$이다.
⑤ 1의 세제곱근은 1뿐이다.

02

2 이상의 자연수 n에 대하여 실수 a의 n제곱근 중 실수인 것의 개수를 $f_n(a)$라 할 때, $f_4(-3)+f_5(-1)+f_6(5)$의 값을 구하시오.

03 상위권 ✳ 도전

$1 \le k \le 7$인 실수 k에 대하여 k^2-6k+a의 세제곱근 중 실수인 것의 집합을 A라 할 때, -3이 집합 A의 원소가 되도록 하는 정수 a의 개수를 구하시오.

04

$\sqrt[5]{4} \times \sqrt[5]{8} + (\sqrt[3]{5})^6$을 간단히 하면?

① 24 ② 25 ③ 26
④ 27 ⑤ 28

05

세 수 $A=2$, $B=\sqrt{2\sqrt[3]{7}}$, $C=\sqrt{2}\times\sqrt[3]{3}$의 대소 관계로 옳은 것은?

① $A<B<C$ ② $A<C<B$ ③ $B<A<C$
④ $B<C<A$ ⑤ $C<B<A$

06

$\dfrac{\sqrt[3]{3\sqrt[4]{27}}}{\sqrt[8]{\sqrt[3]{9}}}$ 보다 큰 자연수 중 가장 작은 것은?

① 2 ② 3 ③ 4
④ 5 ⑤ 6

07

실수 a, b에 대하여 $3^a+3^b=7$, $3^{-a}+3^{-b}=\dfrac{12}{5}$일 때, $3^{a+b}=\dfrac{q}{p}$이다. $p+q$의 값은? (단, p와 q는 서로소인 자연수이다.)

① 19 ② 26 ③ 33
④ 40 ⑤ 47

08

|2013 수능|

$2 \le n \le 100$인 자연수 n에 대하여 $(\sqrt[3]{3^5})^{\frac{1}{2}}$이 어떤 자연수의 n제곱근이 되도록 하는 n의 개수를 구하시오.

09

$a>0$, $b>0$일 때, $(a^{\frac{1}{4}}-b^{\frac{1}{4}})(a^{\frac{1}{4}}+b^{\frac{1}{4}})(a^{\frac{1}{2}}+b^{\frac{1}{2}})(a+b)$를 간단히 하면?

① $a+b$ ② $a-b$ ③ a^2+b^2

④ a^2-b^2 ⑤ $a^{\frac{3}{2}}-b^{\frac{3}{2}}$

10 중요 상위권 ✳ 도전

$\sqrt{\dfrac{2^a\times3^b}{4}}$이 자연수, $\sqrt[3]{\dfrac{5^b}{2\times2^a}}$이 유리수가 되도록 하는 자연수 a, b에 대하여 $a+b$의 최솟값을 구하시오.

11

$a^{\frac{1}{2}}+a^{-\frac{1}{2}}=3$일 때, $\dfrac{a^{\frac{3}{2}}+a^{-\frac{3}{2}}+7}{a+a^{-1}-2}$의 값은? (단, $a>0$)

① 1   ② 2   ③ 3

④ 4   ⑤ 5

12 중요

$a^{3x}=2$일 때, $\dfrac{a^{4x}-a^{-5x}}{a^x+a^{-2x}}$의 값은? (단, $a>0$)

① 1   ② $\dfrac{7}{6}$ ③ $\dfrac{3}{2}$

④ $\dfrac{11}{6}$ ⑤ 2

13

┃2017 교육청┃

두 양수 a, b에 대하여
$$2^a=3^b, \quad (a-2)(b-2)=4$$
일 때, $4^a\times3^{-b}$의 값은?

① 12   ② 18   ③ 36

④ 54   ⑤ 72

14 상위권 ✳ 도전

$0<a<1$에서 $x=\dfrac{a^{\frac{1}{4}}+a^{-\frac{1}{4}}}{2}$일 때, $(x-\sqrt{x^2-1})^{16}=\dfrac{1}{81}$이 성립한다. a의 값은?

① $\dfrac{1}{6}$ ② $\dfrac{1}{5}$ ③ $\dfrac{1}{4}$

④ $\dfrac{1}{3}$ ⑤ $\dfrac{1}{2}$

15 중요

┃2019 교육청┃

반지름의 길이가 r인 원형 도선에 세기가 I인 전류가 흐를 때, 원형 도선의 중심에서 수직 거리 x만큼 떨어진 지점에서의 자기장의 세기를 B라 하면 다음과 같은 관계식이 성립한다고 한다.

$$B=\dfrac{kIr^2}{2(x^2+r^2)^{\frac{3}{2}}} \quad (단, k는 상수이다.)$$

전류의 세기가 $I_0(I_0>0)$으로 일정할 때, 반지름의 길이가 r_1인 원형 도선의 중심에서 수직 거리 x_1만큼 떨어진 지점에서의 자기장의 세기를 B_1, 반지름의 길이가 $3r_1$인 원형 도선의 중심에서 수직 거리 $3x_1$만큼 떨어진 지점에서의 자기장의 세기를 B_2라 하자. $\dfrac{B_2}{B_1}$의 값은? (단, 전류의 세기의 단위는 A, 자기장의 세기의 단위는 T, 길이와 거리의 단위는 m이다.)

① $\dfrac{1}{6}$ ② $\dfrac{1}{4}$ ③ $\dfrac{1}{3}$

④ $\dfrac{5}{12}$ ⑤ $\dfrac{1}{2}$

▶ 유형 05   로그

(1) $a>0$, $a\neq1$, $N>0$일 때, $a^x=N \iff x=\log_a N$
(2) $\log_{f(x)} g(x)$가 정의되려면
   ① 밑의 조건: $f(x)>0$, $f(x)\neq1$
   ② 진수의 조건: $g(x)>0$

05 대표 문제

$x=\log_5 6$일 때, $5^x-5^{-x}=\dfrac{q}{p}$이다. $p+q$의 값은?

(단, p와 q는 서로소인 자연수이다.)

① 38   ② 39   ③ 40
④ 41   ⑤ 42

05-1

1이 아닌 양수 a에 대하여 $\log_a 3=\dfrac{4}{3}$일 때, a^4의 값을 구하시오.

05-2

$\log_{5-x} |2-x|$가 정의되도록 하는 모든 양의 정수 x의 값의 합은?

① 4   ② 5   ③ 6
④ 7   ⑤ 8

05-3

모든 실수 x에 대하여 $\log_a (ax^2+4ax+9)$가 정의되도록 하는 정수 a의 값은?

① 1   ② 2   ③ 3
④ 4   ⑤ 5

▶ 유형 06   로그의 성질

$a>0$, $a\neq1$, $M>0$, $N>0$일 때
(1) $\log_a 1=0$, $\log_a a=1$
(2) $\log_a MN=\log_a M+\log_a N$
(3) $\log_a \dfrac{M}{N}=\log_a M-\log_a N$
(4) $\log_a N^k=k\log_a N$ (단, k는 실수)

06 대표 문제

$6\log_3 2+\log_3 \dfrac{3}{2}-\dfrac{5}{2}\log_3 4$의 값은?

① 0   ② 1   ③ 2
④ 3   ⑤ 4

06-1

$\log_3 \sqrt{9}-\log_2 1+\log_{\frac{1}{3}} 3$의 값을 구하시오.

06-2

$\log_4 \left(1+\dfrac{1}{2}\right)+\log_4 \left(1+\dfrac{1}{3}\right)+\log_4 \left(1+\dfrac{1}{4}\right)+\cdots+\log_4 \left(1+\dfrac{1}{31}\right)$
의 값은?

① 1   ② $\dfrac{3}{2}$ ③ 2
④ $\dfrac{5}{2}$ ⑤ 3

▶ 유형 **07** 로그의 밑의 변환

(1) 로그의 밑의 변환

$a>0,\ a\neq1,\ b>0,\ b\neq1,\ N>0$일 때

① $\log_a N=\dfrac{\log_b N}{\log_b a}$ ② $\log_a b=\dfrac{1}{\log_b a}$

(2) 로그의 밑의 변환에 의한 성질

$a>0,\ a\neq1,\ b>0$일 때

① $\log_{a^m} b^n=\dfrac{n}{m}\log_a b$ (단, $m\neq0$)

② $a^{\log_c b}=b^{\log_c a}$ (단, $c>0,\ c\neq1$)

07 대표 문제

1이 아닌 세 양수 $a,\ b,\ x$에 대하여 $\log_a x=6,\ \log_b x=8$일 때, $\dfrac{2}{\log_{ab} x}=\dfrac{q}{p}$이다. $p+q$의 값은?

(단, p와 q는 서로소인 자연수이다.)

① 16 ② 17 ③ 18
④ 19 ⑤ 20

07-1

$\log_a 24+\log_a 3-\dfrac{2}{\log_3 a}=\dfrac{3}{2}$일 때, a의 값은? (단, $a>0,\ a\neq1$)

① 1 ② 2 ③ 4
④ 8 ⑤ 16

07-2

$(3^{\log_3 4+\log_3 2})^2+(a^{\log_3 4+\log_3 2})^{\log_8 9}=80$일 때, 양수 a의 값을 구하시오.

▶ 유형 **08** 로그의 정수 부분과 소수 부분

$a>1$이고 양수 M과 정수 n에 대하여

$a^n\leq M<a^{n+1}$일 때, $\log_a a^n\leq\log_a M<\log_a a^{n+1}$

∴ $n\leq\log_a M<n+1$

▶ $\log_a M$의 정수 부분: n, 소수 부분: $\log_a M-n$

08 대표 문제

$\log_5 70$의 정수 부분을 a, 소수 부분을 b라 할 때, 4^a+5^{b+1}의 값은?

① 6 ② 12 ③ 18
④ 24 ⑤ 30

08-1

$\log_4 12$의 정수 부분을 a, 소수 부분을 b라 할 때, $\dfrac{4^a+4^b}{4^a-4^b}$의 값은?

① 4 ② 5 ③ 6
④ 7 ⑤ 8

08-2

자연수 n에 대하여 $\log_2 n$의 정수 부분을 $f(n)$이라 할 때, $f(1)+f(2)+f(3)+\cdots+f(10)$의 값을 구하시오.

▶ 유형 09 로그와 이차방정식

이차방정식 $px^2+qx+r=0$의 두 근이 α, β이면 근과 계수의 관계에 의하여

$$\alpha+\beta=-\frac{q}{p},\ \alpha\beta=\frac{r}{p}$$

임을 이용하여 푼다.

09 대표 문제

이차방정식 $x^2-7x+5=0$의 두 근을 α, β라 할 때,
$\log_{\alpha+\beta}\left(\alpha+\dfrac{1}{\alpha}\right)+\log_{\alpha+\beta}\left(\beta+\dfrac{1}{\beta}\right)$의 값은?

① $\log_7 11$ 　　② $\log_7 13$ 　　③ $\log_7 15$
④ $\log_7 17$ 　　⑤ $\log_7 19$

09-1

이차방정식 $x^2-4x+2=0$의 두 근을 α, β라 할 때,
$\log_{\alpha\beta}(\alpha+1)+\log_{\alpha\beta}(\beta+1)=A$이다. 2^A의 값은?

① 3 　　② 5 　　③ 7
④ 9 　　⑤ 11

09-2

이차방정식 $x^2-6x+2=0$의 두 근을 $\log_5 a$, $\log_5 b$라 할 때,
$\log_a b+\log_b a$의 값은?

① 16 　　② 18 　　③ 20
④ 22 　　⑤ 24

▶ 유형 10 상용로그

(1) 10을 밑으로 하는 로그를 상용로그라 하고, 상용로그 $\log_{10} N$은 보통 밑 10을 생략하여 $\log N$과 같이 나타낸다.
(2) 양수 A에 대하여 $\log A=k$일 때
　① $\log A^n=n\log A=nk$
　② $\log(10^n\times A)=\log 10^n+\log A=n+k$

4배속 부스터 ≫

숫자의 배열이 같고 소수점의 위치만 다른 양수의 상용로그는 소수 부분이 모두 같아!

10 대표 문제

$\log 6.56=0.8169$일 때, 다음 중 옳지 않은 것은?

① $\log 65.6=1.8169$ 　　② $\log 0.656=-1.8169$
③ $\log 6560=3.8169$ 　　④ $\log 0.0656=-1.1831$
⑤ $\log \sqrt[3]{6.56}=0.2723$

10-1

$\log 7.42=0.8704$일 때, $\log 742=a$, $\log b=-1.1296$이다.
$a-10b$의 값을 구하시오.

10-2

$\log 2=0.3010$일 때, $\log 50=a$, $\log b=-0.699$이다. $a+b$의 값은?

① 1 　　② 1.699 　　③ 1.899
④ 2 　　⑤ 2.301

01

모든 실수 x에 대하여 $\log_3(ax^2+ax+2)$가 정의되도록 하는 정수 a의 개수는?

① 5   ② 6   ③ 7
④ 8   ⑤ 9

02   상위권 ✱ 도전 |2015 교육청|

$\log_2(-x^2+ax+4)$의 값이 자연수가 되도록 하는 실수 x의 개수가 6일 때, 모든 자연수 a의 값의 곱을 구하시오.

03

양수 a, b, c에 대하여 $\log_3 a + \log_3 3b + \log_3 6c = 2$일 때, $\{(9^a)^b\}^c$의 값을 구하시오.

04

1보다 큰 두 실수 a, b에 대하여 $\log_2 a = \log_8 ab^2$이 성립할 때, $\log_a b$의 값은?

① 1   ② 2   ③ 3
④ 4   ⑤ 5

05

2 이상의 자연수 n에 대하여 $\log_n 25 \times \log_5 16$의 값이 자연수가 되도록 하는 n의 개수는?

① 2   ② 3   ③ 4
④ 5   ⑤ 6

06

1이 아닌 세 양수 x, y, z에 대하여 $\sqrt{x}=y^2=z$가 성립할 때, $\log_x y + \log_y z - \log_z x$의 값은?

① $\dfrac{1}{2}$ ② $\dfrac{1}{3}$ ③ $\dfrac{1}{4}$
④ $\dfrac{1}{5}$ ⑤ $\dfrac{1}{6}$

07 |2014 교육청|

1보다 크고 10보다 작은 세 자연수 a, b, c에 대하여
$$\frac{\log_c b}{\log_a b}=\frac{1}{2},\ \frac{\log_b c}{\log_a c}=\frac{1}{3}$$
일 때, $a+2b+3c$의 값은?

① 21   ② 24   ③ 27
④ 30   ⑤ 33

08   상위권 ✱ 도전

1을 제외한 216의 모든 양의 약수를 작은 것부터 순서대로 $a_1, a_2, a_3, \cdots, a_n$이라 할 때,
$$\frac{1}{\log_{a_1} 36}+\frac{1}{\log_{a_2} 36}+\frac{1}{\log_{a_3} 36}+\cdots+\frac{1}{\log_{a_n} 36}$$의 값은?

① 3   ② 6   ③ 9
④ 12   ⑤ 15

09 중요

세 수 $A=3^{1-\log_3 4}$, $B=\log_4 \sqrt{2}+\log_9 \frac{1}{3}$,

$C=\log_{\frac{1}{4}} \{\log_2 (\log_3 81)\}$ 의 대소 관계로 옳은 것은?

① $A<B<C$ ② $B<A<C$ ③ $B<C<A$
④ $C<A<B$ ⑤ $C<B<A$

10

이차방정식 $x^2-5x+2=0$의 두 근이 $\log_3 \alpha$, $\log_3 \beta$일 때, 이차방정식 $x^2+px+q=0$의 두 근은 $\log_\alpha 9$, $\log_\beta 9$이다. 상수 p, q에 대하여 $p+q$의 값은?

① -3 ② -1 ③ 1
④ 3 ⑤ 5

11

$\log 3730=3.5717$일 때, $\log N=-1.4283$을 만족시키는 양수 N의 값을 구하시오.

12

$[\log 1]+[\log 2]+[\log 3]+\cdots+[\log 100]$의 값은?

(단, $[x]$는 x보다 크지 않은 최대의 정수이다.)

① 89 ② 90 ③ 91
④ 92 ⑤ 93

13 중요

$\log 500$의 정수 부분과 소수 부분이 이차방정식 $x^2+ax+b=0$의 두 근일 때, 상수 a, b에 대하여 10^{a+b}의 값은?

① 0.05 ② 0.1 ③ 0.5
④ 1 ⑤ 5

14 중요 상위권 ✖ 도전

│2020 평가원│

네 양수 a, b, c, k가 다음 조건을 만족시킬 때, k^2의 값을 구하시오.

> (가) $3^a=5^b=k^c$
> (나) $\log c=\log (2ab)-\log (2a+b)$

108쪽에서 **2배속 TEST**를 만나보세요! ▶▶▶

DAY 03 **2배속 PLAY** ▶   I. 지수함수와 로그함수
지수함수

▶ 유형 11   지수함수의 그래프와 성질

지수함수 $y=a^x(a>0, a\neq1)$에 대하여

(1) 정의역은 실수 전체의 집합이고, 치역은 양의 실수 전체의 집합이다.

(2) $a>1$일 때, x의 값이 증가하면 y의 값도 증가한다.
$0<a<1$일 때, x의 값이 증가하면 y의 값은 감소한다.

(3) 그래프는 점 $(0, 1)$을 지나고, x축$(y=0)$을 점근선으로 갖는다.

4배속 부스터 ▶▶

밑을 같게 할 수 있는 수는 지수함수의 성질을 이용하여 대소 비교를 할 수 있어!
(1) $a>1$일 때, $m<n \Longleftrightarrow a^m<a^n$
(2) $0<a<1$일 때, $m<n \Longleftrightarrow a^m>a^n$

11   대표 문제

다음 중 함수 $y=\left(\dfrac{1}{3}\right)^x$에 대한 설명으로 옳지 <u>않은</u> 것은?

① 정의역은 실수 전체의 집합이다.
② 그래프는 점 $(0, 1)$을 지난다.
③ 그래프의 점근선은 x축이다.
④ x의 값이 증가하면 y의 값도 증가한다.
⑤ 모든 양의 실수를 치역으로 갖는다.

11-1

함수 $y=(-a^2+3a+5)^x$에서 x의 값이 증가하면 y의 값도 증가하도록 하는 실수 a의 값의 범위를 구하시오.

11-2

자연수 n에 대하여 $a>1$일 때, 세 수
$$A=\sqrt[n]{a^{n-1}}, \ B=\sqrt[n]{a^{n+1}}, \ C=\sqrt[n+1]{a^n}$$
의 대소 관계로 옳은 것은?

① $A<B<C$ ② $A<C<B$ ③ $B<A<C$
④ $B<C<A$ ⑤ $C<A<B$

▶ 유형 12   지수함수의 그래프의 평행이동과 대칭이동

지수함수 $y=a^x(a>0, a\neq1)$의 그래프를

(1) x축의 방향으로 m만큼, y축의 방향으로 n만큼 평행이동
 ▶ $y=a^{x-m}+n$

(2) x축에 대하여 대칭이동 ▶ $y=-a^x$

(3) y축에 대하여 대칭이동 ▶ $y=a^{-x}=\left(\dfrac{1}{a}\right)^x$

(4) 원점에 대하여 대칭이동 ▶ $y=-a^{-x}=-\left(\dfrac{1}{a}\right)^x$

12   대표 문제

함수 $y=a^x$의 그래프를 x축의 방향으로 2만큼, y축의 방향으로 5만큼 평행이동한 그래프가 점 $(5, 32)$를 지날 때, 상수 a의 값은?
(단 $a>0, a\neq1$)

① 1   ② 2   ③ 3
④ 4   ⑤ 5

12-1

함수 $y=2^{x-a}+3$의 그래프를 x축에 대하여 대칭이동한 후 y축의 방향으로 b만큼 평행이동하였더니 함수 $y=-\dfrac{1}{4}\times2^x+7$의 그래프와 일치하였다. 상수 a, b에 대하여 $a+b$의 값은?

① 8   ② 9   ③ 10
④ 11   ⑤ 12

12-2

함수 $y=\left(\dfrac{1}{2}\right)^x$의 그래프를 원점에 대하여 대칭이동한 후 x축의 방향으로 -1만큼, y축의 방향으로 a만큼 평행이동한 그래프가 제1사분면을 지나지 않도록 하는 상수 a의 최댓값을 구하시오.

▶ 유형 **13** 지수함수의 최대, 최소

정의역이 $\{x \mid m \leq x \leq n\}$인 지수함수 $y = a^x\,(a > 0,\ a \neq 1)$에 대하여
(1) $a > 1$ ▶ $x = n$일 때 최대, $x = m$일 때 최소
(2) $0 < a < 1$ ▶ $x = m$일 때 최대, $x = n$일 때 최소

13 대표 문제
정의역이 $\{x \mid -3 \leq x \leq 2\}$인 함수 $f(x) = 2^{x+3} - 7$의 최댓값을 M, 최솟값을 m이라 할 때, $M + m$의 값은?

① 11 ② 13 ③ 15
④ 17 ⑤ 19

13-1
정의역이 $\{x \mid 0 \leq x \leq 3\}$인 두 함수 $f(x)$, $g(x)$에 대하여 함수 $f(x) = 2 \times 3^{x-1} + a$의 최댓값은 38, 함수 $g(x) = \left(\dfrac{1}{4}\right)^{x-2}$의 최솟값은 b일 때, ab의 값은? (단, a는 상수이다.)

① 2 ② 3 ③ 4
④ 5 ⑤ 6

13-2
정의역이 $\{x \mid 1 \leq x \leq 4\}$인 함수 $y = 2^{x^2 - 4x + 5}$의 최댓값을 M, 최솟값을 m이라 할 때, $M - m$의 값은?

① 28 ② 30 ③ 32
④ 34 ⑤ 36

▶ 유형 **14** a^x 꼴이 반복되는 함수의 최대, 최소

a^x 꼴이 반복되는 함수의 최대, 최소를 구할 때에는 $a^x = t$로 놓은 후 t에 대한 이차함수의 최댓값과 최솟값을 구한다.
이때 $t > 0$임에 유의한다.

14 대표 문제
정의역이 $\{x \mid 0 \leq x \leq 2\}$인 함수 $y = 2 \times 4^{x+1} - 16^x - 6$의 최댓값은?

① 10 ② 11 ③ 12
④ 13 ⑤ 14

14-1
정의역이 $\{x \mid 0 \leq x \leq 1\}$인 함수 $y = 36^x - 6^{x+1} + 6$의 최댓값을 M, 최솟값을 m이라 할 때, $\dfrac{M}{m}$의 값은?

① -2 ② -1 ③ 1
④ 2 ⑤ 3

14-2
함수 $y = 8k \times \left(\dfrac{1}{2}\right)^{x+2} - \left(\dfrac{1}{4}\right)^x$의 최댓값이 5일 때, 양수 k의 값은?

① $\sqrt{2}$ ② 2 ③ $\sqrt{5}$
④ $2\sqrt{2}$ ⑤ 3

DAY 03 04

▶ 유형 15 밑을 같게 할 수 있는 지수방정식

주어진 방정식을 $a^{f(x)}=a^{g(x)}$ $(a>0,\ a\neq1)$ 꼴로 변형한 후 다음을 이용하여 푼다.
$$a^{f(x)}=a^{g(x)}\Longleftrightarrow f(x)=g(x)$$

15 대표 문제

방정식 $\dfrac{4^{x-5}}{2^{-x^2+5x}}=\dfrac{1}{4}$ 의 모든 실근의 곱은?

① -10 ② -8 ③ -6
④ -4 ⑤ -2

15-1

방정식 $\left(\dfrac{3}{4}\right)^{2x^2-7}-\left(\dfrac{4}{3}\right)^{4-x}=0$ 을 만족시키는 모든 x의 값의 합은?

① $\dfrac{1}{5}$ ② $\dfrac{1}{4}$ ③ $\dfrac{1}{3}$
④ $\dfrac{1}{2}$ ⑤ 1

15-2

방정식 $\left(\dfrac{1}{5}\right)^{x^2-4}=125^{|x|}$ 의 모든 실근의 곱을 구하시오.

▶ 유형 16 a^x 꼴이 반복되는 지수방정식

방정식 $pa^{2x}+qa^x+r=0$ $(p\neq0,\ q,\ r$는 상수$)$의 두 근이 α, β 일 때, $a^x=t$ $(t>0)$로 놓으면 t에 대한 이차방정식 $pt^2+qt+r=0$의 두 근은 a^α, a^β이다.

4배속 부스터 ≫

계수가 실수인 이차방정식의 판별식을 D, 두 실근을 α, β라 할 때, 두 근의 부호가 주어진 경우에는 다음과 같이 판별식, 근과 계수의 관계를 이용하여 풀 수 있어!
(1) 두 근이 모두 양수 $\Longleftrightarrow D\geq0,\ \alpha+\beta>0,\ \alpha\beta>0$
(2) 두 근이 모두 음수 $\Longleftrightarrow D\geq0,\ \alpha+\beta<0,\ \alpha\beta>0$
(3) 두 근이 서로 다른 부호 $\Longleftrightarrow \alpha\beta<0$
이때 $\alpha\neq\beta$이면 (1), (2)에서 $D>0$이어야 해!

16 대표 문제

방정식 $81^x-5\times9^x+3=0$의 두 근을 α, β라 할 때, $\alpha+\beta$의 값은?

① $\dfrac{1}{3}$ ② $\dfrac{1}{2}$ ③ 1
④ 2 ⑤ 3

16-1

방정식 $4^x-2^{x+3}+15=0$의 두 근을 α, β라 할 때, $4^\alpha-4^\beta$의 값은?
(단, $\alpha>\beta$)

① 10 ② 12 ③ 14
④ 16 ⑤ 18

16-2

x에 대한 방정식 $4^x+k\times2^{x+3}+k^2-10=0$이 양의 실근과 음의 실근을 각각 한 개씩 갖도록 하는 모든 정수 k의 값의 합은?

① -50 ② -40 ③ -30
④ -20 ⑤ -10

▶ 유형 17 밑을 같게 할 수 있는 지수부등식

주어진 부등식을 $a^{f(x)} < a^{g(x)}$ 꼴로 변형한 후 다음을 이용하여 푼다.
(1) $a > 1$일 때, $f(x) < g(x)$
(2) $0 < a < 1$일 때, $f(x) > g(x)$

17 대표 문제

부등식 $\left(\dfrac{4}{25}\right)^{x^2-4x+1} > \left(\dfrac{2}{5}\right)^{x^2-2x-3}$의 해가 $\alpha < x < \beta$일 때, $\alpha+\beta$의 값은?

① 6 　　　 ② 7 　　　 ③ 8
④ 9 　　　 ⑤ 10

17-1

부등식 $2^{x^2} \le \dfrac{16^x}{8}$ 을 만족시키는 자연수 x의 최댓값은?

① 1 　　　 ② 2 　　　 ③ 3
④ 4 　　　 ⑤ 5

17-2

이차함수 $y=f(x)$의 그래프와 직선 $y=g(x)$가 오른쪽 그림과 같을 때, 부등식 $\left(\dfrac{1}{3}\right)^{f(x)} \ge \left(\dfrac{1}{3}\right)^{g(x)}$을 만족시키는 정수 x의 개수를 구하시오.

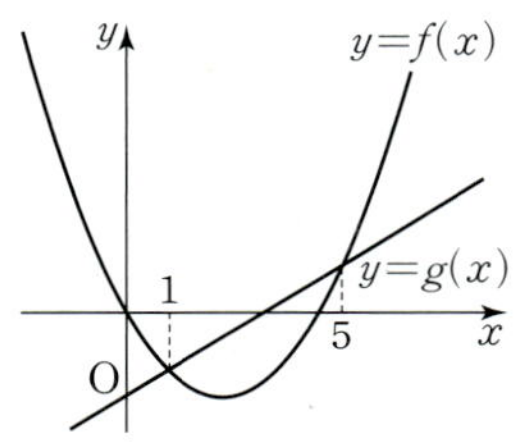

▶ 유형 18 지수부등식의 응용

모든 실수 x에 대하여 부등식 $a^{2x}+pa^x+q>0$ (p, q는 상수)이 성립할 때, $a^x=t$ ($t>0$)로 놓으면 t에 대한 부등식 $t^2+pt+q>0$은 $t>0$에서 항상 성립한다.

18 대표 문제

부등식 $\left(\dfrac{1}{2}\right)^{2x}+\left(\dfrac{1}{2}\right)^{x+2} > \left(\dfrac{1}{2}\right)^{x-2}+1$을 만족시키는 정수 x의 최댓값은?

① -5 　　　 ② -3 　　　 ③ -1
④ 1 　　　 ⑤ 3

18-1

모든 실수 x에 대하여 부등식 $64^x \ge -k+8^{x+1}$이 성립하도록 하는 실수 k의 최솟값은?

① 14 　　　 ② 15 　　　 ③ 16
④ 17 　　　 ⑤ 18

18-2

모든 실수 x에 대하여 부등식 $4^x-k\times 2^{x+1}+9>0$이 성립하도록 하는 실수 k의 값의 범위는?

① $k>3$ 　　　 ② $k<3$ 　　　 ③ $0<k<3$
④ $k>0$ 　　　 ⑤ $k\le 0$

01

함수 $f(x)=4^x$에 대하여 $f\left(\dfrac{a}{2}\right)f(-b)=32$, $f(a+b)=16$일 때, a^2-b^2의 값은?

① 4   ② 5   ③ 6
④ 7   ⑤ 8

02

세 수 $A=\sqrt[4]{27}$, $B=\sqrt[5]{\left(\dfrac{1}{3}\right)^3}$, $C=3$의 대소 관계로 옳은 것은?

① $A<B<C$ ② $A<C<B$ ③ $B<A<C$
④ $B<C<A$ ⑤ $C<B<A$

03

다음 중 함수 $y=2^{x-4}+3$에 대한 설명으로 옳지 <u>않은</u> 것은?

① 정의역은 $\{x \mid x \geq 4\}$이다.
② 그래프는 점 $(4, 4)$를 지난다.
③ x의 값이 증가하면 y의 값도 증가한다.
④ 그래프의 점근선의 방정식은 $y=3$이다.
⑤ 함수 $y=2^x$의 그래프를 평행이동하여 일치시킬 수 있다.

04 중요

함수 $y=a\times 4^x$의 그래프를 y축에 대하여 대칭이동한 후 x축의 방향으로 -3만큼, y축의 방향으로 2만큼 평행이동한 그래프가 점 $(-2, 5)$를 지날 때, 상수 a의 값은? (단, $a\neq 0$)

① 4   ② 6   ③ 8
④ 10   ⑤ 12

05

| 2013 교육청 |

두 함수 $f(x)$, $g(x)$를
$$f(x)=x^2-6x+3, \quad g(x)=a^x \ (a>0, \ a\neq 1)$$
이라 하자. $1\leq x\leq 4$에서 함수 $(g\circ f)(x)$의 최댓값은 27, 최솟값은 m이다. m의 값은?

① $\dfrac{1}{27}$ ② $\dfrac{1}{3}$ ③ $\dfrac{\sqrt{3}}{3}$
④ 3   ⑤ $3\sqrt{3}$

06

함수 $y=4^x+k\times 2^{x+2}+5$의 최솟값이 -7일 때, 상수 k의 값을 구하시오.

07

방정식 $(x-2)^{x^2+x+1}=(x-2)^{6x+7}$의 모든 실근의 곱은? (단, $x>2$)

① 6   ② 9   ③ 12
④ 15   ⑤ 18

08 중요

방정식 $25^x-2\times 5^{x+1}+k=0$이 서로 다른 두 실근을 가질 때, 실수 k의 값의 범위를 구하시오.

09

함수 $f(x)=2^{x+2}$에 대하여 방정식 $f(2x-1)=f(x+1)+10$의 해가 a일 때, 4^{a+1}의 값을 구하시오.

10

|2016 수능|

어느 금융상품에 초기자산 W_0을 투자하고 t년이 지난 시점에서의 기대자산 W가 다음과 같이 주어진다고 한다.

$$W=\frac{W_0}{2}10^{at}(1+10^{at})$$

(단, $W_0>0$, $t\geq0$이고, a는 상수이다.)

이 금융상품에 초기자산 w_0을 투자하고 15년이 지난 시점에서의 기대자산은 초기자산의 3배이다. 이 금융상품에 초기자산 w_0을 투자하고 30년이 지난 시점에서의 기대자산이 초기자산의 k배일 때, 실수 k의 값은? (단, $w_0>0$)

① 9   ② 10   ③ 11
④ 12   ⑤ 13

11

부등식 $\left(\dfrac{1}{3^x}-\dfrac{1}{243}\right)(4^{-x}-256)<0$을 만족시키는 모든 정수 x의 값의 합을 구하시오.

12 중요

|2016 평가원|

일차함수 $y=f(x)$의 그래프가 그림과 같고 $f(-5)=0$이다. 부등식

$$2^{f(x)}\leq8$$

의 해가 $x\leq-4$일 때, $f(0)$의 값을 구하시오.

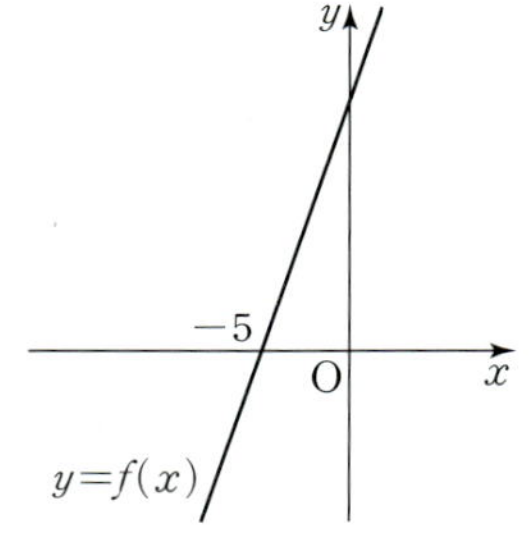

13 상위권 ※ 도전

그림과 같이 좌표평면 위의 두 곡선 $y=|8^x-3|$과 $y=2^{x+k}$이 만나는 서로 다른 두 점의 x좌표를 각각 x_1, $x_2\,(x_1<x_2)$라 할 때, $x_1<0$, $0<x_2<2$를 만족시키는 모든 자연수 k의 값의 합은?

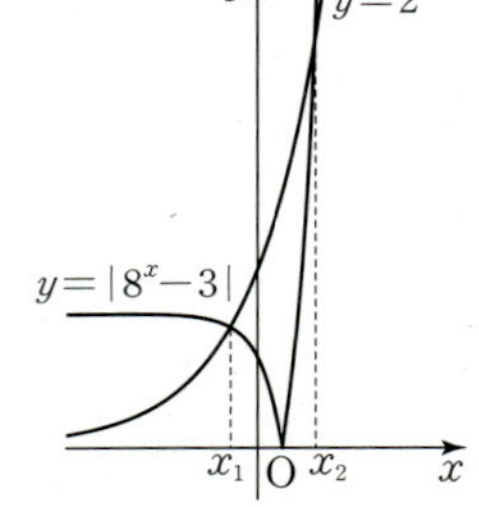

① 4   ② 5
③ 6   ④ 7
⑤ 8

14

부등식 $4^x-6\times2^x<2^{x+3}+51$을 만족시키는 모든 자연수 x의 값의 곱은?

① 18   ② 20   ③ 22
④ 24   ⑤ 26

15 상위권 ※ 도전

실수 전체의 집합에서 정의된 함수 $f(x)$가 다음 조건을 만족시킬 때, 부등식 $f(80\times3^x)+f(2\times3^x-9^x-81)>0$이 성립하도록 하는 정수 x의 개수는?

> 모든 실수 x, y에 대하여
> (가) $f(x+y)=f(x)+f(y)$
> (나) $x<y \iff f(x)<f(y)$

① 2   ② 3   ③ 4
④ 5   ⑤ 6

DAY 04 · 2배속 PLAY ▶

로그함수

▶ 유형 19 로그함수의 그래프와 성질

로그함수 $y=\log_a x\,(a>0,\ a\neq1)$에 대하여

(1) 정의역은 양의 실수 전체의 집합이고, 치역은 실수 전체의 집합이다.

(2) $a>1$일 때, x의 값이 증가하면 y의 값도 증가한다.

  $0<a<1$일 때, x의 값이 증가하면 y의 값은 감소한다.

(3) 그래프는 점 $(1,\ 0)$을 지나고, y축$(x=0)$을 점근선으로 갖는다.

4배속 부스터 ≫

밑을 같게 할 수 있는 수는 로그함수의 성질을 이용하여 대소 비교를 할 수 있어!

(1) $a>1$일 때, $m<n \iff \log_a m<\log_a n$

(2) $0<a<1$일 때, $m<n \iff \log_a m>\log_a n$

19 대표 문제

다음 중 함수 $y=\log_{\frac{1}{3}} x$에 대한 설명으로 옳은 것은?

① 정의역은 실수 전체의 집합이다.

② 치역은 $\{y\,|\,y\geq0\}$이다.

③ 그래프는 점 $(0,\ 1)$을 지난다.

④ 그래프의 점근선은 x축이다.

⑤ $x_1<x_2$이면 $f(x_1)>f(x_2)$이다.

19-1

함수 $f(x)=\log_{(3a-2)} x$가 $x_1<x_2$인 임의의 두 양수 $x_1,\ x_2$에 대하여 $f(x_1)<f(x_2)$를 만족시킬 때, 실수 a의 값의 범위를 구하시오.

19-2

$0<a<b<1$일 때, 세 수

$$A=\log_a b,\quad B=\log_{a+1}(b+1),\quad C=\log_b \frac{b}{a}$$

의 대소 관계로 옳은 것은?

① $A<C<B$ 　② $B<A<C$ 　③ $B<C<A$

④ $C<A<B$ 　⑤ $C<B<A$

▶ 유형 20 로그함수의 그래프의 평행이동과 대칭이동

로그함수 $y=\log_a x\,(a>0,\ a\neq1)$의 그래프를

(1) x축의 방향으로 m만큼, y축의 방향으로 n만큼 평행이동

  ❭ $y=\log_a(x-m)+n$

(2) x축에 대하여 대칭이동 ❭ $y=-\log_a x$

(3) y축에 대하여 대칭이동 ❭ $y=\log_a(-x)$

(4) 원점에 대하여 대칭이동 ❭ $y=-\log_a(-x)$

(5) 직선 $y=x$에 대하여 대칭이동 ❭ $y=a^x$

20 대표 문제

함수 $y=\log_2(4x-16)$의 그래프는 $y=\log_2 x$의 그래프를 x축의 방향으로 m만큼, y축의 방향으로 n만큼 평행이동한 것이다. $m+n$의 값은?

① 6 　② 7 　③ 8

④ 9 　⑤ 10

20-1

함수 $y=\log x$의 그래프를 x축의 방향으로 a만큼, y축의 방향으로 b만큼 평행이동한 그래프가 두 점 $(6,\ b)$, $(15,\ 8)$을 지날 때, $a+b$의 값은?

① 8 　② 9 　③ 10

④ 11 　⑤ 12

20-2

함수 $y=f(x)$의 그래프는 $y=\log_2(x-a)$의 그래프를 x축의 방향으로 -5만큼 평행이동한 후 y축에 대하여 대칭이동한 것이다. 함수 $y=f(x)$의 그래프의 점근선이 직선 $x=7$일 때, $f(a+1)$의 값은? (단, a는 상수이다.)

① 1 　② 2 　③ 3

④ 4 　⑤ 5

▶ 유형 21 로그함수의 역함수

(1) 함수 $f(x)=\log_a x\,(a>0,\ a\neq 1)$의 역함수는
$$f^{-1}(x)=a^x$$
(2) 함수 $f(x)$의 역함수 $g(x)$에 대하여
$$f(p)=q \Longleftrightarrow g(q)=p$$

21 대표 문제

함수 $y=\log_2(x-3)+1$의 역함수가 $y=2^{x-a}+b$일 때, 상수 a, b에 대하여 $a+b$의 값은?

① 2　　　　② 3　　　　③ 4
④ 5　　　　⑤ 6

21-1

두 함수 $f(x)=3\times 2^x$과 $g(x)$에 대하여 $(f\circ g)(x)=x$가 성립할 때, $g(4)$의 값을 구하시오.

21-2

함수 $f(x)=\log_{\frac{1}{3}} x-1$의 역함수를 $g(x)$라 할 때, 다음 중 함수 $f(x-2)$의 역함수를 $g(x)$를 이용하여 바르게 나타낸 것은?

① $g(x)-2$　　　② $g(x)-1$　　　③ $g(x)$
④ $g(x)+1$　　　⑤ $g(x)+2$

▶ 유형 22 로그함수의 최대, 최소

정의역이 $\{x\,|\,m\leq x\leq n\}$인 로그함수 $y=\log_a x\,(a>0,\ a\neq 1)$에 대하여
(1) $a>1$ ▶ $x=n$일 때 최대, $x=m$일 때 최소
(2) $0<a<1$ ▶ $x=m$일 때 최대, $x=n$일 때 최소

4배속 부스터 ≫

$\log_a x$ 꼴이 반복되는 경우에는 $\log_a x=t$로 놓고 t에 대한 함수의 최댓값과 최솟값을 구하면 돼!

22 대표 문제

정의역이 $\{x\,|\,4\leq x\leq 9\}$인 함수 $f(x)=\log_4(x+7)+1$의 최댓값은?

① 1　　　　② 2　　　　③ 3
④ 4　　　　⑤ 5

22-1

정의역이 $\{x\,|\,5\leq x\leq 625\}$인 함수 $y=\log_{\frac{1}{2}}(\log_5 x)$의 최댓값과 최솟값의 합은?

① -3　　　② -2　　　③ 2
④ 3　　　　⑤ 5

22-2

함수 $y=(\log_2 x)^2+a\log_{\frac{1}{2}} x+b$가 $x=8$에서 최솟값 -2를 가질 때, 상수 a, b에 대하여 $a+b$의 값은?

① 10　　　　② 11　　　　③ 12
④ 13　　　　⑤ 14

▶ 유형 23 밑을 같게 할 수 있는 로그방정식

주어진 방정식을
$$\log_a f(x)=\log_a g(x)\,(a>0,\,a\neq1,\,f(x)>0,\,g(x)>0)$$
꼴로 변형한 후 다음을 이용하여 푼다.
$$\log_a f(x)=\log_a g(x) \Longleftrightarrow f(x)=g(x)$$

23 대표 문제

방정식 $\log_2(x-1)+2=\log_{\frac{1}{2}}\left(\dfrac{1}{x-4}\right)^2$의 모든 근의 합은?

① 10   ② 11   ③ 12
④ 13   ⑤ 14

23-1

방정식 $\log_3(x^2-2x+3)-\log_3(x-1)=1$을 만족시키는 모든 x의 값의 곱은?

① 2   ② 3   ③ 4
④ 5   ⑤ 6

23-2

방정식 $\log_{x^2-4x+4}(4-5x)=\log_4(4-5x)$의 모든 근의 합은?

① $-\dfrac{3}{5}$ ② $-\dfrac{1}{5}$ ③ 0
④ $\dfrac{1}{5}$ ⑤ $\dfrac{3}{5}$

▶ 유형 24 $\log_a x$ 꼴이 반복되는 로그방정식

❶ $\log_a x=t$로 놓고 t에 대한 방정식을 푼다.
❷ ❶에서 구한 근에 t 대신 $\log_a x$를 대입하여 x의 값을 구한다.

24 대표 문제

방정식 $(\log_2 x)^2+k\log_2 x-6=0$의 두 근의 곱이 8일 때, 상수 k의 값은?

① -5 ② -3 ③ -1
④ 1   ⑤ 3

24-1

방정식 $3^{\log x}\times x^{\log 3}-4\times x^{\log 3}+3=0$의 모든 근의 합은?

① 7   ② 8   ③ 9
④ 10   ⑤ 11

24-2

x에 대한 이차방정식 $3(\log_3 a-1)x^2+4(\log_3 a-1)x-1=0$이 중근을 갖도록 하는 양수 a의 값은?

① $\sqrt[4]{3}$ ② $\sqrt{3}$ ③ 3
④ $3\sqrt{3}$ ⑤ 9

▶ **유형 25** 밑을 같게 할 수 있는 로그부등식

주어진 부등식을 $\log_a f(x) < \log_a g(x)$ 꼴로 변형한 후 다음을 이용하여 푼다.
(1) $a>1$일 때, $0<f(x)<g(x)$
(2) $0<a<1$일 때, $f(x)>g(x)>0$

25 [대표][문제]

부등식 $\log_2 (x-3) < \log_4 (2x-3)$을 만족시키는 모든 정수 x의 값의 합은?

① 8   ② 9   ③ 10
④ 11   ⑤ 12

25-1

연립부등식 $\begin{cases} \left(\dfrac{1}{3}\right)^{x^2} > 3^{-4x} \\ \log_5 (x^2-2x+4) < \log_5 (4x-1) \end{cases}$ 을 푸시오.

25-2

부등식 $\log (x-1) + \log (2x-3) < 1$의 해와 이차부등식 $ax^2+bx+21<0$의 해가 서로 같을 때, 상수 a, b에 대하여 $a+b$의 값은?

① -22 ② -20 ③ -18
④ -16 ⑤ -14

▶ **유형 26** 로그부등식의 응용

모든 양의 실수 x에 대하여 부등식
$(\log_a x)^2 + p \log_a x + q > 0$ (p, q는 상수)이 성립할 때, $\log_a x = t$로 놓으면 t에 대한 부등식 $t^2+pt+q>0$이 항상 성립한다.

4배속 부스터 ▶▶

실생활 활용 문제에서 식이 주어진 경우에는 각 문자가 나타내는 것을 파악하여 적절한 수를 대입하고, 식이 주어지지 않은 경우에는 주어진 조건을 파악하여 식을 세운 후 로그방정식이나 로그부등식을 풀면 돼!

26 [대표][문제]

부등식 $(\log_3 x)^2 - \log_3 ax^2 \geq 0$이 모든 양수 x에 대하여 성립하도록 하는 양수 a의 최댓값은?

① $\dfrac{1}{3}$ ② 1   ③ $\dfrac{3}{2}$
④ 2   ⑤ $\dfrac{7}{3}$

26-1

모든 실수 x에 대하여 부등식 $(1-\log k)x^2 + 2(1-\log k)x+1 > 0$이 성립하도록 하는 자연수 k의 개수는?

① 5   ② 6   ③ 7
④ 8   ⑤ 9

26-2

어느 정수기의 정수 필터는 정수 작업을 한 번 시행할 때마다 불순물의 양을 a % 제거할 수 있다고 한다. 정수 작업을 8회 반복하면 불순물의 양이 처음의 1 % 이하로 줄어든다고 할 때, 자연수 a의 최솟값은? (단, $\log 5.62 = 0.75$로 계산한다.)

① 42   ② 43   ③ 44
④ 45   ⑤ 46

01

두 함수 $f(x)=\log_2 x$, $g(x)=\log_a x$에 대하여 $f(3)=\dfrac{1}{g(2)}$일 때, 상수 a의 값은? (단, $a>0$, $a\neq 1$)

① 2 ② 3 ③ 4
④ 5 ⑤ 6

02 중요

함수 $y=\log_5 x$의 그래프를 원점에 대하여 대칭이동한 후 x축의 방향으로 -3만큼, y축의 방향으로 n만큼 평행이동한 그래프가 점 $(-8, 4)$를 지날 때, n의 값은?

① 5 ② 10 ③ 15
④ 20 ⑤ 25

03

다음 중 함수 $y=\log_2 8(5-x)$에 대한 설명으로 옳은 것은?

① 그래프는 점 $(1, 4)$를 지난다.
② 정의역은 $\{x\,|\,x<5\}$이다.
③ 치역은 $\{x\,|\,0<x<5\}$이다.
④ x의 값이 증가하면 y의 값도 증가한다.
⑤ 그래프의 점근선의 방정식은 $x=4$이다.

04

그림과 같이 두 함수 $y=\log_2 x$, $y=\log_2 \dfrac{x}{8}$의 그래프가 직선 $x=2$와 만나는 점을 각각 A, B, 직선 $x=8$과 만나는 점을 각각 C, D라 할 때, 두 함수 $y=\log_2 x$, $y=\log_2 \dfrac{x}{8}$의 그래프와 두 선분 AB, CD로 둘러싸인 도형의 넓이를 구하시오.

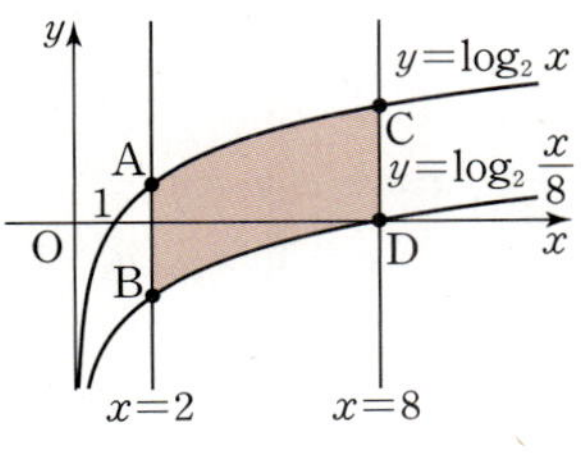

05

일차함수 $y=f(x)$의 그래프가 그림과 같을 때, 다음 중 함수 $y=\log_3 \{2f(x)-6\}$의 그래프의 개형으로 알맞은 것은?

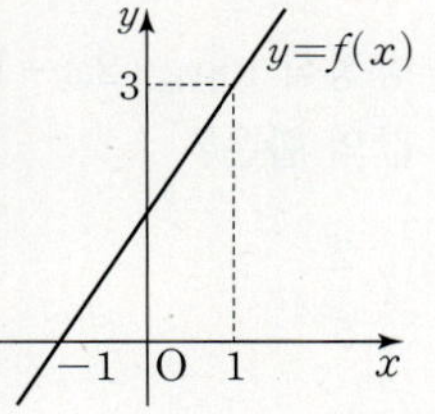

① 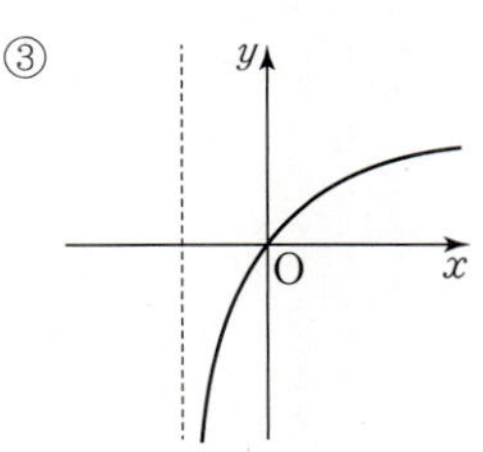 ② 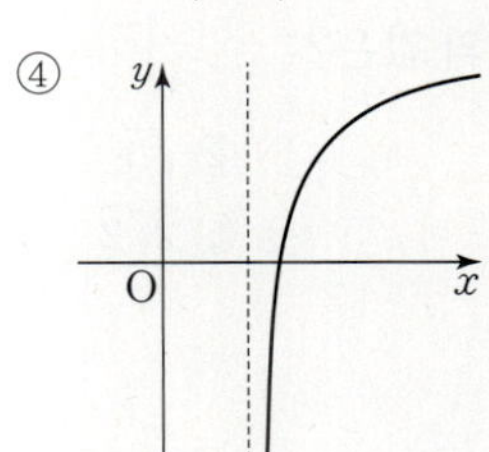

③ 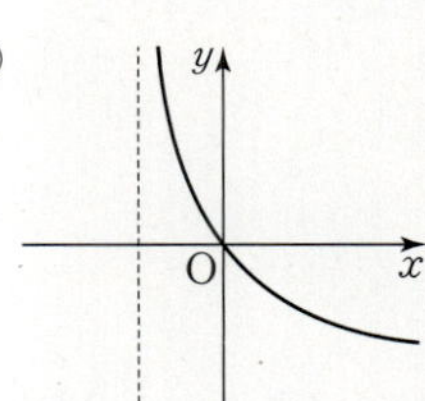 ④

⑤ 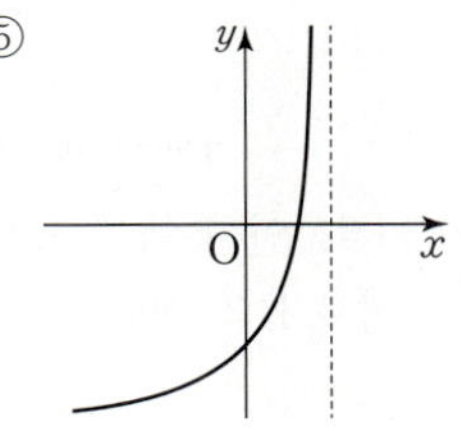

06

함수 $f(x)=\log_{\frac{1}{3}}(x-1)+2$의 역함수를 $g(x)$라 하자. $g(a)=2$, $g(1)=b$일 때, 상수 a, b에 대하여 $a+b$의 값은?

① 2 ② 3 ③ 4
④ 5 ⑤ 6

07

함수 $y=10x^{2-\log x}$이 $x=a$에서 최댓값 b를 가질 때, $a+b$의 값은?

① 80 ② 90 ③ 100
④ 110 ⑤ 120

08

방정식 $\log_{4x}(2x-1)=\log_{x^2+4}(2x-1)$을 만족시키는 모든 x의 값의 합은?

① 2 ② 3 ③ 4
④ 5 ⑤ 6

09

방정식 $\log_2 x+\log_4 x=2\log_2 x\times\log_4 x-3$의 두 근을 α, β라 할 때, $\alpha\beta$의 값은?

① 2 ② $\sqrt{5}$ ③ $\sqrt{6}$
④ $\sqrt{7}$ ⑤ $2\sqrt{2}$

10

|2014 평가원|

질량 $a(\text{g})$의 활성탄 A를 염료 B의 농도가 $c(\%)$인 용액에 충분히 오래 담가 놓을 때 활성탄 A에 흡착되는 염료 B의 질량 $b(\text{g})$는 다음 식을 만족시킨다고 한다.

$$\log \frac{b}{a}=-1+k\log c \quad (\text{단, } k\text{는 상수이다.})$$

10 g의 활성탄 A를 염료 B의 농도가 8 %인 용액에 충분히 오래 담가 놓을 때 활성탄 A에 흡착되는 염료 B의 질량은 4 g이다. 20 g의 활성탄 A를 염료 B의 농도가 27 %인 용액에 충분히 오래 담가 놓을 때 활성탄 A에 흡착되는 염료 B의 질량(g)은?

(단, 각 용액의 양은 충분하다.)

① 10 ② 12 ③ 14
④ 16 ⑤ 18

11 중요

|2014 교육청|

연립부등식

$$\begin{cases} 3^{5(1-x)}\leq\left(\dfrac{1}{3}\right)^{x^2-1} \\ (\log_2 x)^2-4\log_2 x+3<0 \end{cases}$$

을 만족시키는 모든 자연수 x의 값의 곱을 구하시오.

12

부등식 $(\log_5 x)^2+\log_5 ax^4>0$이 모든 양수 x에 대하여 성립하도록 하는 자연수 a의 최솟값을 구하시오.

13 상위권 도전

그림은 함수 $f(x)=\log_{\frac{1}{2}} x$의 그래프와 직선 $y=x$를 나타낸 것이다. $(f\circ f\circ f)(t)<0$을 만족시키는 t의 값의 범위가 $a<t<b$일 때, $2ab$의 값은?

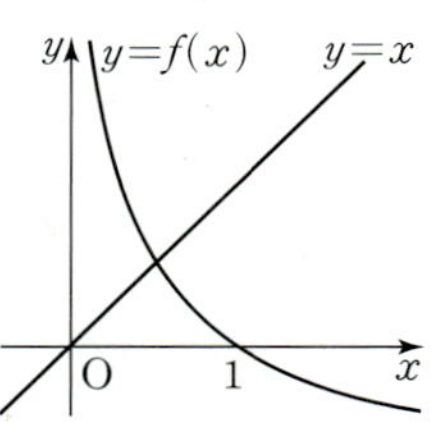

① 1 ② $\sqrt{2}$
③ $\sqrt{3}$ ④ 2
⑤ $\sqrt{5}$

14 중요 상위권 도전

|2011 수능|

좌표평면에서 두 곡선 $y=|\log_2 x|$와 $y=\left(\dfrac{1}{2}\right)^x$이 만나는 두 점을 $P(x_1, y_1)$, $Q(x_2, y_2)(x_1<x_2)$라 하고, 두 곡선 $y=|\log_2 x|$와 $y=2^x$이 만나는 점을 $R(x_3, y_3)$이라 하자. 옳은 것만을 |보기|에서 있는 대로 고른 것은?

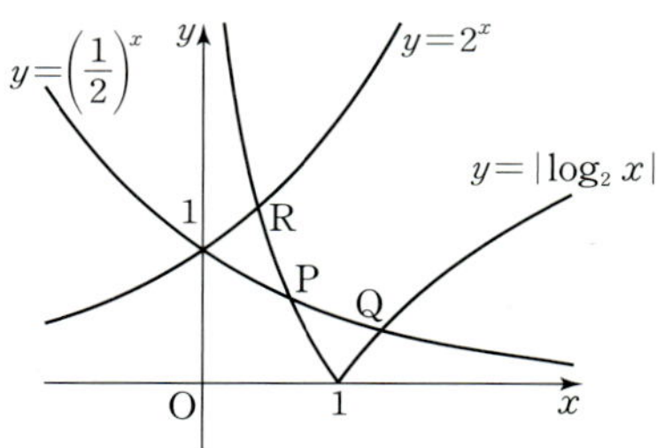

보기

ㄱ. $\dfrac{1}{2}<x_1<1$

ㄴ. $x_2 y_2-x_3 y_3=0$

ㄷ. $x_2(x_1-1)>y_1(y_2-1)$

① ㄱ ② ㄷ ③ ㄱ, ㄴ
④ ㄴ, ㄷ ⑤ ㄱ, ㄴ, ㄷ

110쪽에서 **2배속 TEST**를 만나보세요!

Ⅱ.
삼각함수

▶ 유형 **01** 일반각과 호도법

(1) 시초선 OX와 동경 OP가 이루는 한 각의 크기를 $\alpha\degree$라 할 때, 동경 OP가 나타내는 일반각 θ는
$$\theta = 360\degree \times n + \alpha\degree \ (\text{단, } n \text{은 정수})$$
(2) 1라디안(radian): 반지름의 길이와 호의 길이가 같은 부채꼴의 중심각의 크기
(3) 호도법: 라디안을 단위로 하여 각의 크기를 나타내는 방법
(4) 호도법과 육십분법 사이의 관계
$$\blacktriangleright 1\text{라디안} = \frac{180\degree}{\pi}, \ 1\degree = \frac{\pi}{180} \text{라디안}$$

01 대표 문제

다음 |보기| 중 옳은 것만을 있는 대로 고르시오.

> **보기**
>
> ㄱ. $\dfrac{\pi}{3} = 60\degree$
>
> ㄴ. $\dfrac{11}{4}\pi$는 제4사분면의 각이다.
>
> ㄷ. $-\dfrac{8}{3}\pi$를 나타내는 동경의 일반각은 $360\degree \times n + 240\degree$이다.
> (단, n은 정수이다.)
>
> ㄹ. $-\dfrac{3}{4}\pi$, $\dfrac{5}{4}\pi$, $\dfrac{9}{4}\pi$를 나타내는 동경은 모두 일치한다.

01-1

다음 중 옳지 <u>않은</u> 것은?

① $300\degree = \dfrac{5}{3}\pi$　　② $30\degree = \dfrac{\pi}{6}$　　③ $2\degree = \dfrac{\pi}{90}$

④ $\dfrac{7}{6}\pi = 150\degree$　　⑤ $-\dfrac{2}{3}\pi = -120\degree$

01-2

다음 중 각을 나타내는 동경이 존재하는 사분면이 나머지 넷과 <u>다른</u> 하나는?

① $-310\degree$　　② $45\degree$　　③ $755\degree$

④ $\dfrac{5}{12}\pi$　　⑤ $\dfrac{8}{3}\pi$

▶ 유형 **02** 부채꼴의 호의 길이와 넓이

반지름의 길이가 r, 중심각의 크기가 θ(라디안)인 부채꼴의 호의 길이를 l, 넓이를 S라 하면
(1) $l = r\theta$
(2) $S = \dfrac{1}{2}r^2\theta = \dfrac{1}{2}rl$

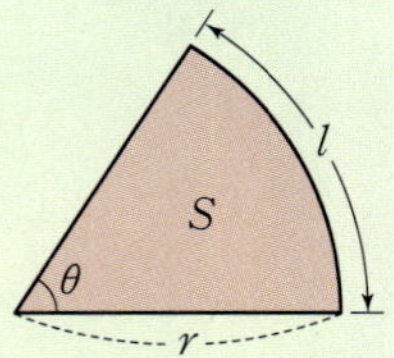

02 대표 문제

중심각의 크기가 $\dfrac{3}{4}\pi$이고 호의 길이가 6π인 부채꼴의 넓이가 $k\pi$일 때, 실수 k의 값은?

① 16　　② 20　　③ 24
④ 28　　⑤ 32

02-1

호의 길이가 2π이고 넓이가 4π인 부채꼴의 반지름의 길이를 r, 중심각의 크기를 θ라 할 때, $\dfrac{\theta}{r}$의 값은?

① $\dfrac{\pi}{8}$　　② $\dfrac{\pi}{4}$　　③ $\dfrac{\pi}{2}$
④ π　　⑤ 2π

02-2

밑면의 반지름의 길이가 6이고 높이가 8인 원뿔의 겉넓이는?

① 92π　　② 94π　　③ 96π
④ 98π　　⑤ 100π

02-3

둘레의 길이가 12인 부채꼴의 넓이가 최대일 때의 반지름의 길이는?

① 3　　② $\dfrac{7}{2}$　　③ 4
④ $\dfrac{9}{2}$　　⑤ 5

▶ 유형 03   삼각함수

(1) 중심이 원점 O이고 반지름의 길이가 r인 원 위의 점 $P(x, y)$에 대하여 동경 OP가 나타내는 일반각의 크기를 θ라 하면
$$\sin\theta=\frac{y}{r},\ \cos\theta=\frac{x}{r},\ \tan\theta=\frac{y}{x}\ (x\neq0)$$
이를 차례대로 θ에 대한 사인함수, 코사인함수, 탄젠트함수라 하고, 이 함수들을 θ에 대한 삼각함수라 한다.

(2) 각 사분면에서 삼각함수의 값의 부호는 다음 그림과 같다.

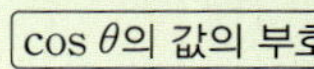
$\sin\theta$의 값의 부호

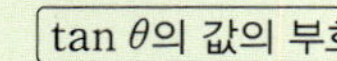
$\cos\theta$의 값의 부호

$\tan\theta$의 값의 부호

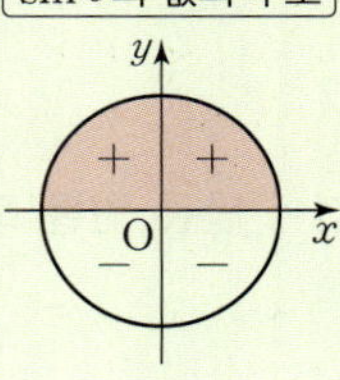
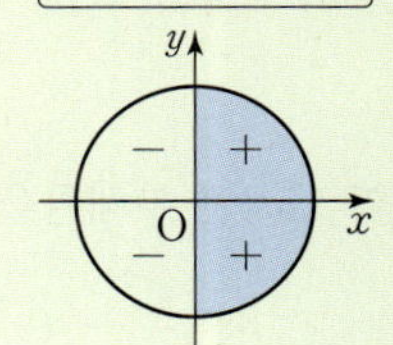
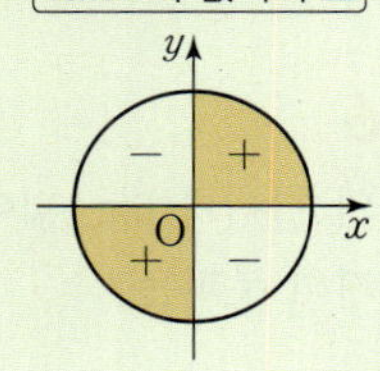

03 대표 문제

원점 O와 점 $P(-\sqrt{3},\ 1)$을 지나는 동경 OP가 나타내는 각의 크기를 θ라 할 때, $\sin\theta\tan\theta+\cos\theta$의 값은?

① $-\sqrt{3}$
② $-\dfrac{2\sqrt{3}}{3}$
③ 0
④ $\dfrac{2\sqrt{3}}{3}$
⑤ $\sqrt{3}$

03-1

$\sin\theta=-\dfrac{\sqrt{2}}{2}$일 때, $2\tan\theta-\sqrt{2}\cos\theta$의 값은? $\left(단,\ \pi<\theta<\dfrac{3}{2}\pi\right)$

① -2
② -1
③ 1
④ 2
⑤ 3

03-2

$\dfrac{\pi}{2}<\theta<\pi$일 때, $|\cos\theta-\sin\theta|-\sqrt{\cos^2\theta}$를 간단히 하시오.

▶ 유형 04   삼각함수 사이의 관계

(1) $\tan\theta=\dfrac{\sin\theta}{\cos\theta}$

(2) $\sin^2\theta+\cos^2\theta=1$

04 대표 문제

$\dfrac{\sin\theta}{\tan\theta}\left(\dfrac{\sin^2\theta}{\cos\theta}+\cos\theta\right)$를 간단히 하면?

① $\dfrac{1}{\sin\theta}$
② 1
③ $\sin\theta$
④ $\sin^2\theta+1$
⑤ $1+\sin\theta\cos\theta$

04-1

$\dfrac{\pi}{2}<\theta<\pi$이고 $\sin\theta+\cos\theta=\dfrac{1}{3}$일 때, $\cos^2\theta-\sin^2\theta$의 값은?

① $-\dfrac{5}{9}$
② $-\dfrac{\sqrt{20}}{9}$
③ $-\dfrac{\sqrt{17}}{9}$
④ $-\dfrac{4}{9}$
⑤ $-\dfrac{2}{9}$

04-2

다음 식의 값을 구하시오.
$$\left(\frac{1}{\sin^2 1°}+\frac{1}{\sin^2 3°}+\frac{1}{\sin^2 5°}+\cdots+\frac{1}{\sin^2 49°}\right)$$
$$-\left(\frac{1}{\tan^2 1°}+\frac{1}{\tan^2 3°}+\frac{1}{\tan^2 5°}+\cdots+\frac{1}{\tan^2 49°}\right)$$

01

다음 중 각을 나타내는 동경이 제4사분면 위에 있는 것은?

① $-710°$　　　② $-460°$　　　③ $130°$
④ $550°$　　　⑤ $710°$

02 중요

다음 |보기| 중 $45°$를 나타내는 동경과 일치하는 것만을 있는 대로 고른 것은?

보기

ㄱ. $-315°$　　　ㄴ. $-\dfrac{5}{4}\pi$　　　ㄷ. $-\dfrac{\pi}{4}$

ㄹ. $\dfrac{\pi}{4}$　　　ㅁ. $405°$

① ㄱ, ㄹ　　　② ㄴ, ㄷ　　　③ ㄱ, ㄴ, ㄷ
④ ㄱ, ㄹ, ㅁ　　　⑤ ㄴ, ㄹ, ㅁ

03

각 2θ를 나타내는 동경과 각 6θ를 나타내는 동경이 x축에 대하여 대칭일 때, 각 θ의 크기의 최댓값과 최솟값의 합은?

(단, $0<\theta<2\pi$)

① $\dfrac{\pi}{2}$　　　② π　　　③ $\dfrac{3}{2}\pi$

④ 2π　　　⑤ $\dfrac{5}{2}\pi$

04

둘레의 길이가 36인 부채꼴의 넓이가 최대일 때의 호의 길이는?

① 14　　　② 16　　　③ 18
④ 20　　　⑤ 22

05

반지름의 길이가 r인 원의 넓이와 반지름의 길이가 $2r$이고 호의 길이가 6π인 부채꼴의 넓이가 서로 같을 때, r의 값을 구하시오.

06

호의 길이가 6π, 넓이가 15π인 부채꼴을 접어 만든 원뿔 모양의 용기의 부피는?

① 12π　　　② 13π　　　③ 14π
④ 15π　　　⑤ 16π

07

직선 $y=x$에 대하여 대칭인 두 직선 $y=ax$, $y=bx$가 이루는 각의 크기가 $30°$일 때, $6(a^2+b^2)$의 값은? (단, $0<a<b$)

① 20　　　② 21　　　③ 22
④ 23　　　⑤ 24

08

$\sin\theta+\cos\theta<0$, $\sin\theta\cos\theta>0$을 동시에 만족시키는 각 θ에 대하여 다음 중 옳은 것은?

① $\sin\theta>0$　　　② $\tan\theta<0$　　　③ $\dfrac{\sin\theta}{\tan\theta}>0$
④ $\sin\theta\tan\theta<0$　　　⑤ $\cos\theta-\tan\theta>0$

09

그림과 같이 점 $P(\sqrt{3}, 1)$을 x축에 대하여 대칭이동한 점을 P_1, y축에 대하여 대칭이동한 점을 P_2, 원점 O를 중심으로 90°만큼 시계 반대 방향으로 회전한 점을 P_3이라 하자. 동경 OP_1, OP_2, OP_3이 나타내는 각의 크기를 각각 θ_1, θ_2, θ_3이라 할 때, $\sin\theta_1 \times \cos\theta_2 \times \tan\theta_3$의 값을 구하시오.

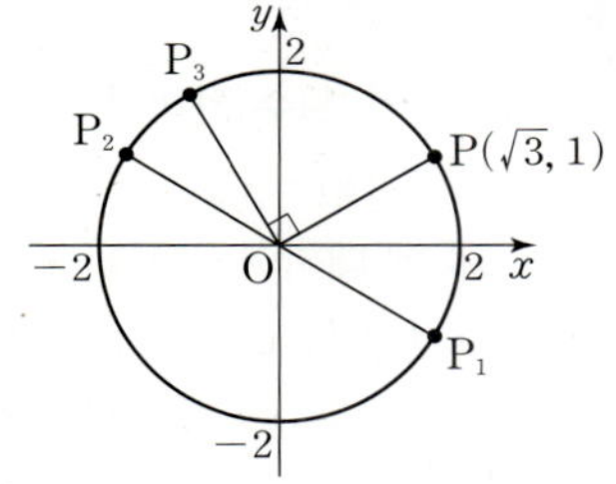

10 중요 상위권 도전

그림과 같이 단위원의 원주를 10등분하여 각 분점을 차례대로 P_1, P_2, P_3, $\cdots$, P_{10}이라 하고 $\angle P_1OP_2=\theta$라 할 때,
$(\cos\theta-\sin\theta)+(\cos 2\theta-\sin 2\theta)$
$+(\cos 3\theta-\sin 3\theta)$
$+\cdots+(\cos 10\theta-\sin 10\theta)$
의 값을 구하시오.

(단, 점 P_1의 좌표는 $(1, 0)$이고, O는 원점이다.)

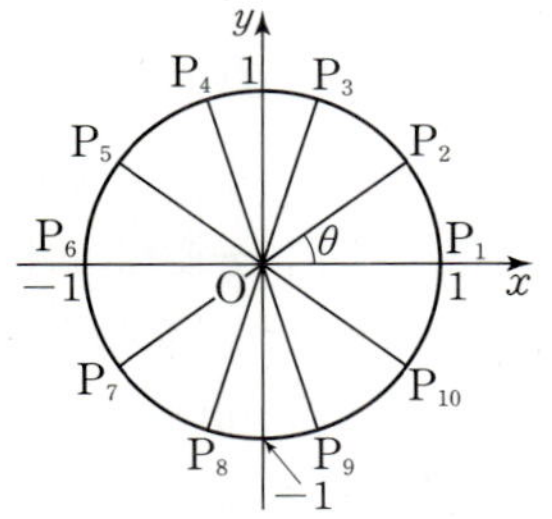

11 상위권 도전

그림과 같이 길이가 2인 선분 AB를 지름으로 하고 중심이 O인 반원이 있다. 호 AB 위에 점 P를 $\cos(\angle BAP)=\dfrac{4}{5}$가 되도록 잡는다. 부채꼴 OBP에 내접하는 원의 반지름의 길이가 r_1, 호 AP를 이등분하는 점과 선분 AP의 중점을 지름의 양 끝점으로 하는 원의 반지름의 길이가 r_2일 때, $r_1 r_2$의 값은?

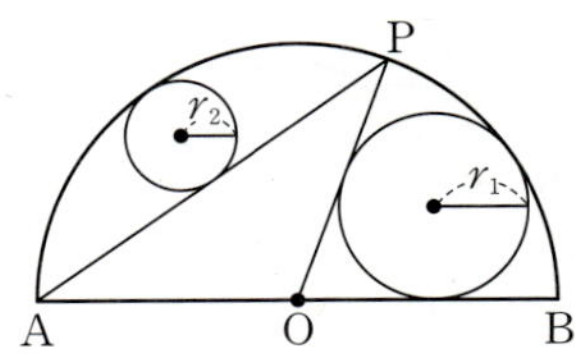

① $\dfrac{3}{40}$ ② $\dfrac{1}{10}$ ③ $\dfrac{1}{8}$

④ $\dfrac{3}{20}$ ⑤ $\dfrac{7}{40}$

12 중요

$\sin\theta+\cos\theta=\dfrac{2}{3}$일 때, $\sin^3\theta+\cos^3\theta$의 값은?

① $\dfrac{19}{27}$ ② $\dfrac{20}{27}$ ③ $\dfrac{7}{9}$

④ $\dfrac{22}{27}$ ⑤ $\dfrac{23}{27}$

13

이차방정식 $2x^2-kx+1=0$의 두 근이 $\sin\theta$, $\cos\theta$일 때, 실수 k에 대하여 k^2의 값은?

① 4 ② 5 ③ 6
④ 7 ⑤ 8

14

θ가 제3사분면의 각이고 $\dfrac{1}{1+\sin\theta}+\dfrac{1}{1-\sin\theta}=\dfrac{5}{2}$일 때, $\tan\theta$의 값을 구하시오.

15

$\dfrac{\pi}{2}<\theta<\pi$일 때, $\sqrt{4-8\sin\theta\cos\theta}+|2+2\cos\theta|=3$이다. $\sin\theta$의 값은?

① -1 ② $-\dfrac{1}{2}$ ③ $\dfrac{1}{4}$

④ $\dfrac{1}{2}$ ⑤ 1

DAY 06 2배속 PLAY ▶ 삼각함수의 그래프

▶ 유형 05 함수 $y=\sin x$의 성질

(1) 정의역: 실수 전체의 집합
치역: $\{y\mid -1\leq y\leq 1\}$
(2) 원점에 대하여 대칭 ▶ $\sin(-x)=-\sin x$
(3) 주기: 2π ▶ $\sin(x+2n\pi)=\sin x$ (단, n은 정수)

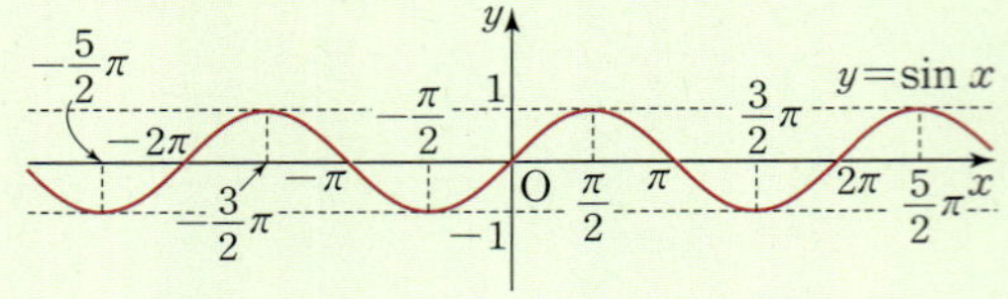

05 대표 문제

다음 |보기| 중 함수 $f(x)=\sin x$에 대한 설명으로 옳은 것만을 있는 대로 고르시오.

> **보기**
>
> ㄱ. 치역은 실수 전체의 집합이다.
> ㄴ. 그래프는 y축에 대하여 대칭이다.
> ㄷ. 모든 실수 x에 대하여 $f(x+4\pi)=f(x)$이다.
> ㄹ. $0<x<\dfrac{\pi}{2}$에서 x의 값이 증가하면 y의 값도 증가한다.

05-1

다음 그림과 같이 $0\leq x\leq 5\pi$에서 함수 $y=\sin x$의 그래프와 직선 $y=k(0<k<1)$의 교점의 x좌표를 작은 것부터 차례대로 x_1, x_2, x_3, $\cdots$, x_6이라 할 때, x_3+x_6의 값을 구하시오.

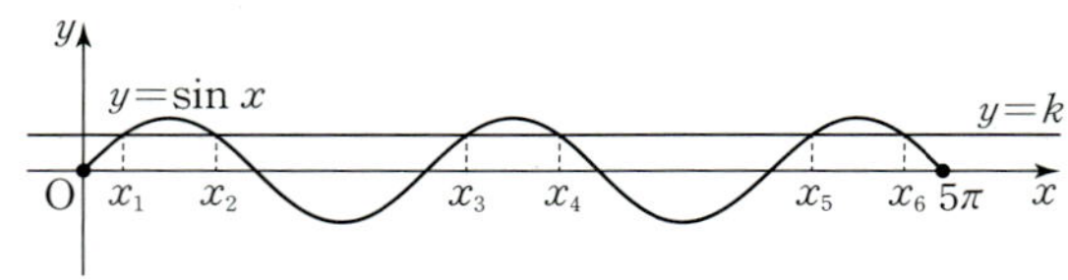

05-2

다음 그림과 같이 한 변이 x축 위에 있고 두 꼭짓점이 함수 $y=\sin x$의 그래프 위에 있는 직사각형 ABCD가 있다. $\overline{BC}=\dfrac{\pi}{2}$일 때, 직사각형 ABCD의 넓이를 구하시오.

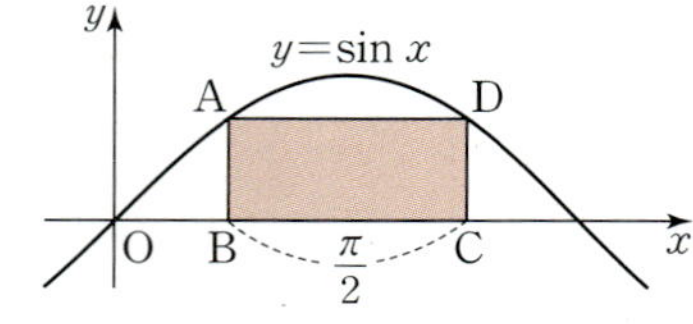

▶ 유형 06 함수 $y=\cos x$의 성질

(1) 정의역: 실수 전체의 집합
치역: $\{y\mid -1\leq y\leq 1\}$
(2) y축에 대하여 대칭 ▶ $\cos(-x)=\cos x$
(3) 주기: 2π ▶ $\cos(x+2n\pi)=\cos x$ (단, n은 정수)
(4) 함수 $y=\cos x$의 그래프는 함수 $y=\sin x$의 그래프를 x축의 방향으로 $-\dfrac{\pi}{2}$만큼 평행이동한 것이다.

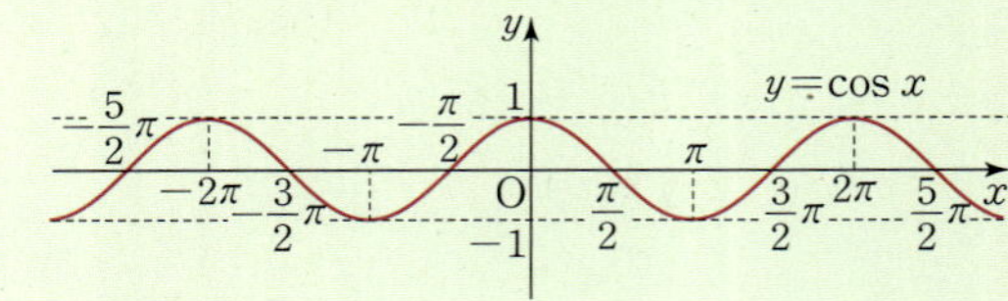

06 대표 문제

다음 중 함수 $f(x)=\cos x$에 대한 설명으로 옳지 <u>않은</u> 것은?

① 정의역은 실수 전체의 집합이다.
② 모든 실수 x에 대하여 $f(-x)=f(x)$이다.
③ 주기가 2π인 주기함수이다.
④ $f(0)=f(10\pi)$
⑤ $0<x<\dfrac{\pi}{2}$에서 x의 값이 증가하면 y의 값도 증가한다.

06-1

다음 그림과 같이 $0\leq x\leq 4\pi$에서 함수 $f(x)=\cos x$의 그래프와 직선 $y=\dfrac{2}{3}$가 만나는 점의 x좌표를 작은 것부터 차례대로 α, β, γ, δ라 할 때, $f(\alpha+\beta+\gamma+\delta)$의 값은?

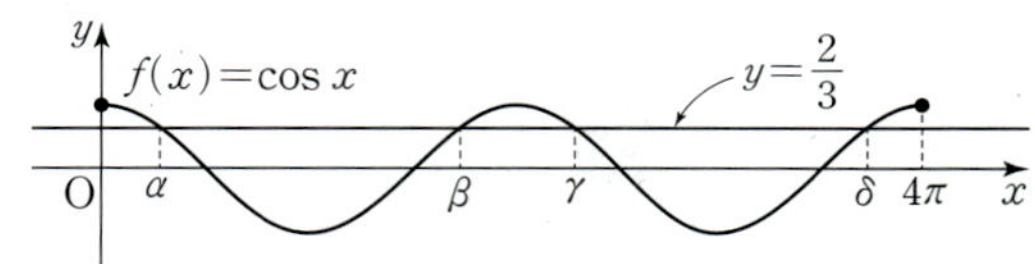

① 0 ② $\dfrac{1}{2}$ ③ $\dfrac{\sqrt{2}}{2}$
④ $\dfrac{\sqrt{3}}{2}$ ⑤ 1

▶ 유형 07 함수 $y=\tan x$의 성질

(1) 정의역: $x \neq n\pi + \dfrac{\pi}{2}$ (n은 정수)인 실수 전체의 집합

  치역: 실수 전체의 집합
(2) 원점에 대하여 대칭 ▶ $\tan(-x)=-\tan x$
(3) 주기: π ▶ $\tan(x+n\pi)=\tan x$ (단, n은 정수)
(4) 점근선: 직선 $x=n\pi + \dfrac{\pi}{2}$ (단, n은 정수)

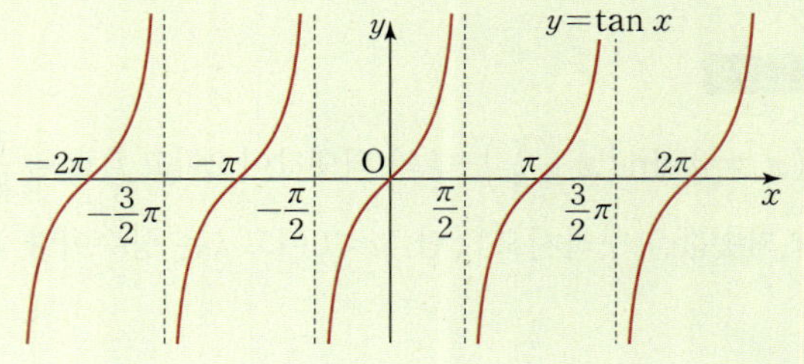

07 대표 문제

다음 중 함수 $y=\tan x$에 대한 설명으로 옳은 것은?

① 정의역은 실수 전체의 집합이다.
② 모든 실수 x에 대하여 $\tan(-x)=\tan x$이다.
③ 점근선의 방정식은 $x=(n+1)\pi$(n은 정수)이다.
④ $\dfrac{\pi}{2}<x<\pi$에서 x의 값이 증가하면 y의 값은 감소한다.
⑤ $\tan(x+p)=\tan x$를 만족시키는 최소의 양수 p는 π이다.

07-1

다음 그림과 같이 $0 \leq x < \dfrac{3}{2}\pi$에서 함수 $y=\tan x$의 그래프와 x축 및 직선 $y=3$으로 둘러싸인 도형의 넓이를 구하시오.

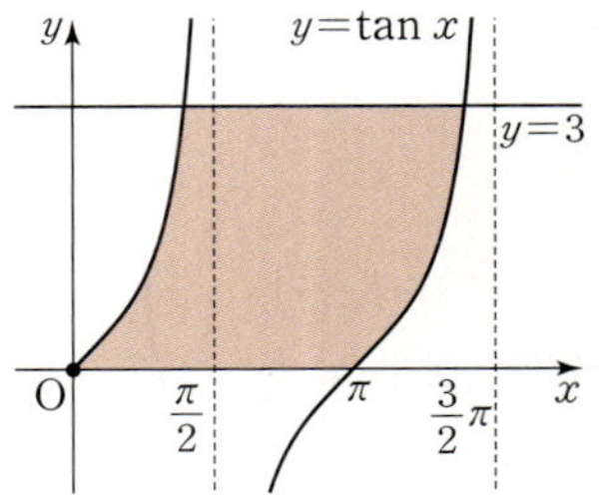

07-2

세 수 $A=\tan \dfrac{1}{2}$, $B=\tan 1$, $C=\tan 2$의 대소 관계로 옳은 것은?

① $A<C<B$ ② $B<A<C$ ③ $B<C<A$
④ $C<A<B$ ⑤ $C<B<A$

▶ 유형 08 삼각함수의 그래프의 평행이동과 대칭이동

함수 $y=a\sin(bx+c)+d=a\sin b\left(x+\dfrac{c}{b}\right)+d$의 그래프는

함수 $y=a\sin bx$의 그래프를 x축의 방향으로 $-\dfrac{c}{b}$만큼, y축의

방향으로 d만큼 평행이동한 것이다.

◢ 4배속 부스터 ▶▶

함수 $y=f(x)$의 그래프를
(1) x축의 방향으로 a만큼, y축의 방향으로 b만큼 평행이동
  ▶ $y=f(x-a)+b$
(2) x축에 대하여 대칭이동 ▶ $y=-f(x)$
(3) y축에 대하여 대칭이동 ▶ $y=f(-x)$
(4) 원점에 대하여 대칭이동 ▶ $y=-f(-x)$

08 대표 문제

함수 $y=\sin(2x+a)+5$의 그래프는 함수 $y=\sin 2x$의 그래프를 x축의 방향으로 3만큼, y축의 방향으로 b만큼 평행이동한 것일 때, 상수 a, b에 대하여 $a+b$의 값은?

① -1 ② 0 ③ 1
④ 2 ⑤ 3

08-1

함수 $y=\cos x$의 그래프를 y축의 방향으로 2만큼 평행이동한 후 x축에 대하여 대칭이동한 그래프가 점 $\left(\dfrac{\pi}{2}, a\right)$를 지날 때, a의 값을 구하시오.

08-2

다음 함수의 그래프 중 함수 $y=\sin 3x$의 그래프를 평행이동 또는 대칭이동하여 일치하지 <u>않는</u> 것은?

① $y=\sin 3x+2$ ② $y=-3\sin x-1$
③ $y=\sin(3x-\pi)$ ④ $y=-\sin 3x+1$
⑤ $y=\sin(3x+3)+2$

▶ 유형 **09** 삼각함수의 최댓값, 최솟값, 주기

삼각함수	최댓값	최솟값	주기
$y=a\sin(bx+c)+d$	$\|a\|+d$	$-\|a\|+d$	$\dfrac{2\pi}{\|b\|}$
$y=a\cos(bx+c)+d$	$\|a\|+d$	$-\|a\|+d$	$\dfrac{2\pi}{\|b\|}$
$y=a\tan(bx+c)+d$	없다.	없다.	$\dfrac{\pi}{\|b\|}$

09 대표 문제

함수 $y=-5\cos 3x+1$의 주기를 a, 최댓값을 M이라 할 때, aM의 값은?

① 2π ② 4π ③ 6π
④ 8π ⑤ 10π

09-1

다음 중 함수 $y=3\sin\dfrac{x}{2}-2$와 주기가 같은 함수는?

① $y=\sin 2x$ ② $y=-3\cos 2x+2$

③ $y=3\tan\dfrac{x}{2}-1$ ④ $y=\dfrac{1}{2}\sin\left(x+\dfrac{\pi}{2}\right)$

⑤ $y=-\dfrac{1}{4}\cos\dfrac{x}{2}+3$

09-2

다음 |보기|의 함수 중 모든 실수 x에 대하여 $f(x+\pi)=f(x)$를 만족시키는 것만을 있는 대로 고른 것은?

> 보기
>
> ㄱ. $f(x)=\sin(2x-3)$ ㄴ. $f(x)=3\cos\dfrac{2}{3}x+2$
>
> ㄷ. $f(x)=\dfrac{1}{2}\tan x$ ㄹ. $f(x)=\dfrac{1}{2}\cos(-4x+1)$

① ㄱ, ㄷ   ② ㄴ, ㄹ   ③ ㄱ, ㄴ, ㄷ
④ ㄱ, ㄷ, ㄹ   ⑤ ㄴ, ㄷ, ㄹ

▶ 유형 **10** 삼각함수의 미정계수의 결정

삼각함수의 미정계수는 주어진 최댓값, 최솟값, 주기, 함숫값을 이용하여 식을 세워 결정한다.

4배속 부스터 ≫

함수 $y=a\sin(bx+c)+d$에서 상수 a, b, c, d에 대하여 a는 최댓값과 최솟값, b는 주기, c는 x축 방향으로의 평행이동, d는 y축 방향으로의 평행이동과 관련이 있어!

10 대표 문제

함수 $f(x)=a\sin\left(x+\dfrac{\pi}{6}\right)+k$의 최댓값이 2이고 $f(0)=\dfrac{7}{8}$일 때, $f(x)$의 최솟값을 구하시오. (단, $a<0$이고 k는 상수이다.)

10-1

함수 $f(x)=a\cos bx+c$가 다음 조건을 만족시킬 때, 상수 a, b, c에 대하여 $a+b+c$의 값을 구하시오. (단, $a>0$, $b>0$)

> (가) $f\left(\dfrac{\pi}{4}\right)=2$
> (나) 함수 $f(x)$의 주기는 π이다.
> (다) 함수 $f(x)$의 최댓값은 5이다.

10-2

함수 $y=\tan(ax-b)$의 그래프가 오른쪽 그림과 같을 때, 상수 a, b에 대하여 $16ab$의 값은?

$\left(\text{단, } a>0,\ 0<b<\dfrac{\pi}{2}\right)$

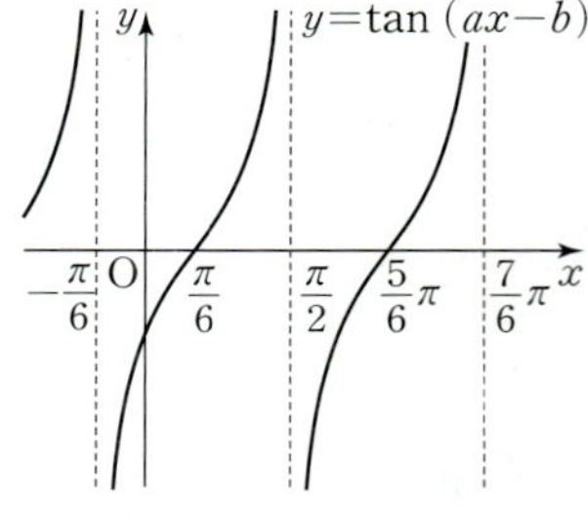

① 2π ② 3π
③ 4π ④ 5π
⑤ 6π

⊙ 유형 **11**   일반각에 대한 삼각함수의 성질

n은 정수일 때

(1) $\sin(2n\pi+x)=\sin x$, $\cos(2n\pi+x)=\cos x$,
$\tan(2n\pi+x)=\tan x$

(2) $\sin(-x)=-\sin x$, $\cos(-x)=\cos x$,
$\tan(-x)=-\tan x$

(3) $\sin(\pi\pm x)=\mp\sin x$, $\cos(\pi\pm x)=-\cos x$,
$\tan(\pi\pm x)=\pm\tan x$ (복부호동순)

(4) $\sin\left(\dfrac{\pi}{2}\pm x\right)=\cos x$, $\cos\left(\dfrac{\pi}{2}\pm x\right)=\mp\sin x$,
$\tan\left(\dfrac{\pi}{2}\pm x\right)=\mp\dfrac{1}{\tan x}$ (복부호동순)

11 대표 문제

$\sin\dfrac{7}{6}\pi+2\cos\left(-\dfrac{\pi}{3}\right)+\tan\dfrac{5}{4}\pi$의 값은?

① 1   ② $\dfrac{3}{2}$ ③ 2

④ $\dfrac{5}{2}$ ⑤ 3

11-1

$\sin^2\theta+\sin^2\left(\dfrac{3}{2}\pi-\theta\right)+\sin^2\left(\dfrac{3}{2}\pi+\theta\right)$를 간단히 하면?

① 1   ② $\sin^2\theta$ ③ $\cos^2\theta$
④ $1+\sin^2\theta$ ⑤ $1+\cos^2\theta$

11-2

$0<\theta<\dfrac{\pi}{2}$이고 $\tan\theta=\dfrac{4}{3}$일 때, $\sin(\pi-\theta)+2\cos\left(\dfrac{3}{2}\pi+\theta\right)$의 값은?

① $\dfrac{8}{5}$ ② $\dfrac{9}{5}$ ③ 2

④ $\dfrac{11}{5}$ ⑤ $\dfrac{12}{5}$

⊙ 유형 **12**   삼각함수의 최대, 최소

삼각함수를 포함한 식의 최대, 최소는 삼각함수 사이의 관계를 이용하여 한 종류의 삼각함수로 통일한 후 구한다.

4배속 부스터 ▶▶

분수식 혹은 이차식 꼴은 한 종류의 삼각함수에 대한 함수로 변형하고 삼각함수를 t로 치환한 후 t의 값의 범위에서 최댓값과 최솟값을 구하면 돼!

12 대표 문제

함수 $y=3|2\sin x-1|+1$의 최댓값을 M, 최솟값을 m이라 할 때, $M+m$의 값은?

① 8   ② 9   ③ 10
④ 11   ⑤ 12

12-1

함수 $y=\dfrac{3\tan x-1}{\tan x+1}$의 최댓값을 M, 최솟값을 m이라 할 때, $M-m$의 값을 구하시오. $\left(\text{단, }0\le x\le\dfrac{\pi}{4}\right)$

12-2

함수 $f(x)=\cos^2 x+\cos\left(x+\dfrac{\pi}{2}\right)+k$의 최댓값이 2일 때, 상수 k의 값은?

① $\dfrac{1}{2}$ ② $\dfrac{3}{4}$ ③ 1

④ $\dfrac{3}{2}$ ⑤ 2

▶ 유형 13 삼각방정식

(1) 일차식 꼴인 경우 주어진 방정식을 $\sin x = k$ 꼴로 변형한 후 함수 $y = \sin x$의 그래프와 직선 $y = k$의 교점의 x좌표를 구한다.

(2) 이차식 꼴인 경우 $\sin^2 x + \cos^2 x = 1$임을 이용하여 한 종류의 삼각함수에 대한 방정식으로 변형한 후 치환 등을 이용하여 푼다.

13 대표 문제

$0 \le x < \pi$일 때, 다음 방정식을 푸시오.

(1) $\cos 2x = \dfrac{1}{2}$

(2) $\cos^2 x = \sin^2 x - \sin x$

13-1

$0 < x < 2\pi$일 때, 방정식 $\tan x + \dfrac{3}{\tan x} = 2\sqrt{3}$의 모든 실근의 합은?

① $\dfrac{2}{3}\pi$ 　　② π 　　③ $\dfrac{4}{3}\pi$

④ $\dfrac{5}{3}\pi$ 　　⑤ 2π

13-2

$0 < x < 2\pi$일 때, 방정식 $\cos(\pi \sin x) = 0$의 실근의 개수를 구하시오.

▶ 유형 14 삼각부등식

(1) $\sin x > k$(또는 $\sin x < k$) 꼴인 경우 함수 $y = \sin x$의 그래프가 직선 $y = k$보다 위쪽(또는 아래쪽)에 있는 x의 값의 범위를 구한다.

(2) 이차식 꼴인 경우 한 종류의 삼각함수에 대한 부등식으로 변형한 후 그래프를 이용하여 해를 구한다.

4배속 부스터 ≫

삼각방정식 또는 삼각부등식의 풀이에서 치환을 이용하는 경우 치환하는 삼각함수와 각의 범위에 따라 제한 범위가 생기는 것에 항상 유의해!

14 대표 문제

$0 \le x < \pi$일 때, 부등식 $|\tan x| < \sqrt{3}$의 해를 구하시오.

14-1

$0 < x < 2\pi$에서 부등식 $2\cos^2 x + 3\sin x - 3 \ge 0$의 해가 $\alpha \le x \le \beta$일 때, $\beta - \alpha$의 값은?

① $\dfrac{\pi}{3}$ 　　② $\dfrac{2}{3}\pi$ 　　③ π

④ $\dfrac{4}{3}\pi$ 　　⑤ $\dfrac{5}{3}\pi$

14-2

모든 실수 x에 대하여 부등식 $\sin^2 x + (a+2)\cos x - 3a > 0$이 성립하도록 하는 정수 a의 최댓값은?

① -2 　　② -1 　　③ 0

④ 1 　　⑤ 2

01 중요

다음 |보기| 중 옳은 것만을 있는 대로 고른 것은?

> **보기**
>
> ㄱ. 함수 $y=\sin x$의 주기는 2π이다.
> ㄴ. 모든 실수 x에 대하여 $\cos(-x)=\cos x$이다.
> ㄷ. 함수 $y=\tan x$의 그래프는 y축에 대하여 대칭이다.
> ㄹ. 함수 $y=\cos x$의 그래프는 함수 $y=\sin x$의 그래프를 x축의 방향으로 $\dfrac{\pi}{2}$만큼 평행이동한 것이다.

① ㄱ, ㄴ   ② ㄴ, ㄹ   ③ ㄷ, ㄹ
④ ㄱ, ㄴ, ㄷ   ⑤ ㄱ, ㄷ, ㄹ

02

함수 $y=\tan 4x$의 그래프를 x축에 대하여 대칭이동한 후 y축의 방향으로 3만큼 평행이동한 그래프가 나타내는 함수를 $f(x)$라 할 때, $f\left(\dfrac{\pi}{16}\right)$의 값은?

① 1   ② 2   ③ 3
④ 4   ⑤ 5

03

다음 |보기|의 함수 중 원점에 대하여 대칭인 것만을 있는 대로 고른 것은?

> **보기**
>
> ㄱ. $f(x)=2\sin x+\sin 2x$ ㄴ. $f(x)=\sin(x-\pi)$
> ㄷ. $f(x)=\sin 3x+1$ ㄹ. $f(x)=\cos(-x)$

① ㄱ, ㄴ   ② ㄴ, ㄷ   ③ ㄱ, ㄹ
④ ㄱ, ㄴ, ㄷ   ⑤ ㄴ, ㄷ, ㄹ

04

다음 중 모든 실수 x에 대하여 $f(x+1)=f(x)$를 만족시키는 함수는?

① $f(x)=2\sin x$ ② $f(x)=\cos \pi x$
③ $f(x)=\tan \dfrac{\pi}{2}x+1$ ④ $f(x)=-\sin \dfrac{\pi}{2}x$
⑤ $f(x)=\cos 2\pi x-3$

05

함수 $y=4\sin 3\pi x+1$의 최댓값을 a, 최솟값을 b, 주기를 c라 할 때, abc의 값은?

① -10 ② -5 ③ 0
④ 5   ⑤ 10

06 중요

함수 $y=a\cos\left(bx-\dfrac{\pi}{2}\right)+c$의 그래프가 오른쪽 그림과 같을 때, 상수 a, b, c에 대하여 $a+b+c$의 값은? (단, $a>0$, $b>0$)

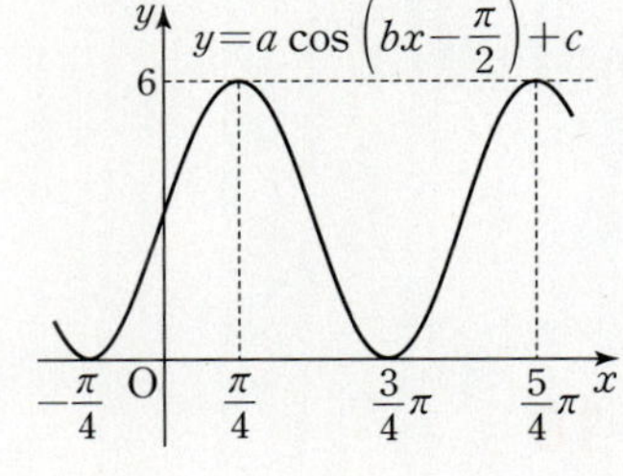

① 8   ② 9
③ 10   ④ 11
⑤ 12

07

함수 $f(x)=a\tan bx$의 주기는 $\dfrac{2}{3}\pi$이고 함수 $y=f(x)$의 그래프가

점 $\left(\dfrac{\pi}{6},\ 2\right)$를 지날 때, 상수 a, b에 대하여 ab의 값은? (단, $b>0$)

① 2　　　　　　② 3　　　　　　③ 4
④ 5　　　　　　⑤ 6

08

$\cos 1°+\cos 2°+\cos 3°+\cdots+\cos 179°$의 값을 구하시오.

09

$\sin^2\left(\dfrac{\pi}{2}+x\right)+3\cos^2(\pi+x)+\sin^2(2\pi-x)+3\cos^2\left(\dfrac{3}{2}\pi-x\right)$

를 간단히 하면?

① $-2\sin^2\theta$　　② $-2\cos^2\theta$　　③ 4
④ $2\sin^2\theta$　　　⑤ $2\cos^2\theta$

10

함수 $y=3\sin\left(x-\dfrac{\pi}{2}\right)+4\cos x+a$의 최댓값과 최솟값의 합이

6일 때, 상수 a의 값을 구하시오.

11

함수 $y=2\cos^2\left(\dfrac{\pi}{2}-x\right)+\sin(\pi-x)+1$의 최댓값을 M, 최솟값

을 m이라 할 때, Mm의 값은?

① 2　　　　　　② $\dfrac{5}{2}$　　　　　　③ 3

④ $\dfrac{7}{2}$　　　　　　⑤ 4

12 상위권 ※도전

|2019 교육청|

두 함수 $f(x)=\log_3 x+2$, $g(x)=3\tan\left(x+\dfrac{\pi}{6}\right)$가 있다.

$0\leq x\leq\dfrac{\pi}{6}$에서 정의된 합성함수 $(f\circ g)(x)$의 최댓값과 최솟값을

각각 M, m이라 할 때, $M+m$의 값을 구하시오.

13

포물선 $y=x^2-2x\sin\theta-\cos^2\theta$의 꼭짓점이 직선 $y=\sqrt{2}x$ 위에

있도록 하는 모든 θ의 값의 합은? (단, $\pi\leq\theta\leq2\pi$)

① $\dfrac{3}{2}\pi$　　　　　　② 2π　　　　　　③ $\dfrac{5}{2}\pi$

④ 3π　　　　　　⑤ $\dfrac{7}{2}\pi$

14

|2007 교육청|

$0 \leq x \leq 2\pi$에서 두 함수 $y = \sin x$와 $y = -\sin x + a$의 그래프가 만나는 점의 개수를 $N(a)$라 할 때, 옳은 것을 |보기|에서 모두 고른 것은? (단, a는 실수이다.)

보기

ㄱ. $N(0) = 3$

ㄴ. $|a| > 2$이면 $N(a) = 0$

ㄷ. $N(a) = 2$이면 $N(-a) = 2$

① ㄱ　　　　　② ㄴ　　　　　③ ㄱ, ㄷ
④ ㄴ, ㄷ　　　　⑤ ㄱ, ㄴ, ㄷ

15

$0 < x < 2\pi$일 때, 방정식 $\left| \tan x - \dfrac{1}{\sqrt{3}} \right| - \dfrac{2}{\sqrt{3}} = 0$의 모든 실근의 합은?

① 4π　　　　　② $\dfrac{13}{3}\pi$　　　　　③ $\dfrac{14}{3}\pi$

④ 5π　　　　　⑤ $\dfrac{16}{3}\pi$

16　상위권　＊도전

두 함수 $f(x) = 2\sqrt{1 - \sin^2 \pi x}$, $g(x) = |x|$에 대하여 방정식 $f(x) = g(x)$의 실근의 개수를 구하시오.

17

$0 < x < \dfrac{\pi}{4}$인 모든 x에 대하여 |보기|에서 옳은 것만을 있는 대로 고른 것은?

보기

ㄱ. $\sin x - \cos x < 0$　　　ㄴ. $\sin x + \cos x < 0$

ㄷ. $\cos x - \tan x > 0$　　　ㄹ. $\cos x + \tan x > 0$

ㅁ. $\tan x - \sin x > 0$

① ㄱ, ㄴ, ㄷ　　　② ㄱ, ㄷ, ㅁ　　　③ ㄱ, ㄹ, ㅁ
④ ㄴ, ㄹ, ㅁ　　　⑤ ㄱ, ㄴ, ㄹ, ㅁ

18

$0 \leq x < \pi$에서 부등식 $\sin\left(x + \dfrac{\pi}{3}\right) \geq \dfrac{1}{2}$을 만족시키는 x의 값의 범위가 $\alpha \leq x \leq \beta$일 때, $\alpha + \beta$의 값은?

① $\dfrac{\pi}{6}$　　　　　② $\dfrac{\pi}{4}$　　　　　③ $\dfrac{\pi}{3}$

④ $\dfrac{\pi}{2}$　　　　　⑤ π

19

다음 중 부등식 $\cos^2 x - \left(1 - \dfrac{\sqrt{2}}{2}\right)\cos x < \dfrac{\sqrt{2}}{2}$의 해에 속하지 <u>않는</u> 것은? (단, $0 < x < 2\pi$)

① $\dfrac{\pi}{6}$　　　　　② $\dfrac{\pi}{2}$　　　　　③ $\dfrac{2}{3}\pi$

④ π　　　　　⑤ $\dfrac{3}{2}\pi$

▶ 유형 15 사인법칙

삼각형 ABC의 외접원의 반지름의 길이를 R라 할 때

$$\frac{a}{\sin A}=\frac{b}{\sin B}=\frac{c}{\sin C}=2R$$

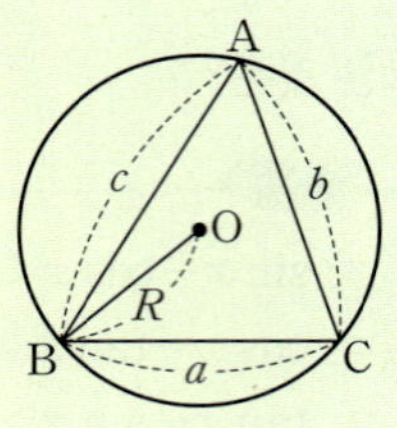

15 대표 문제

삼각형 ABC에서 $A=50°$, $B=70°$, $c=12$일 때, 삼각형 ABC의 외접원의 반지름의 길이는?

① 2 　　　② $2\sqrt{3}$ 　　　③ 4

④ $4\sqrt{3}$ 　　　⑤ 8

15-1

오른쪽 그림과 같이 $\overline{AB}=6$, $\angle BAC=105°$, $\angle ABC=30°$인 삼각형 ABC에 대하여 $\overline{AC}^2$의 값은?

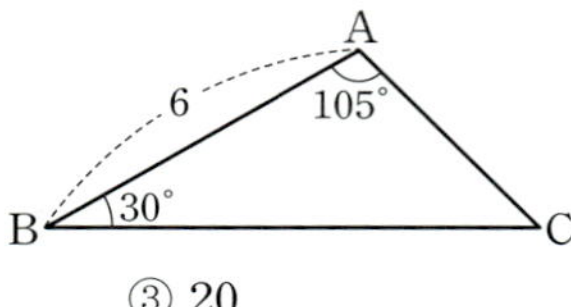

① 18 　　　② 19 　　　③ 20

④ 21 　　　⑤ 22

15-2

다음 그림과 같이 삼각형 ABC와 삼각형 BCD는 원 O에 내접한다. 삼각형 ABC는 $\overline{AB}=\overline{BC}=5$인 이등변삼각형이고 선분 AC는 원의 중심 O를 지난다. $\angle ABD=53°$일 때, 선분 CD의 길이는?

(단, $\sin 37°=0.6$으로 계산한다.)

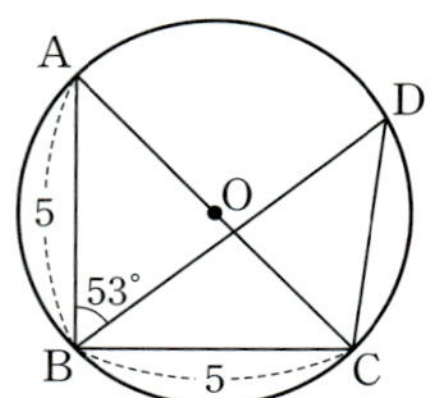

① 3 　　　② $3\sqrt{2}$ 　　　③ 4

④ $4\sqrt{2}$ 　　　⑤ 5

▶ 유형 16 코사인법칙

삼각형 ABC에서 두 변의 길이와 그 끼인각의 크기가 주어지면 나머지 한 변의 길이를 구할 수 있다.

▶ $a^2=b^2+c^2-2bc\cos A$, $b^2=c^2+a^2-2ca\cos B$
　$c^2=a^2+b^2-2ab\cos C$

16 대표 문제

삼각형 ABC에서 $a=3\sqrt{2}$, $c=4$, $B=45°$일 때, 삼각형 ABC의 외접원의 둘레의 길이는?

① 2π 　　　② $\sqrt{5}\pi$ 　　　③ 3π

④ $2\sqrt{5}\pi$ 　　　⑤ 5π

16-1

오른쪽 그림과 같이 모선의 길이가 6, 밑면의 반지름의 길이가 1인 원뿔에서 모선 AB 위의 점 C에 대하여 $\overline{AC}=2$일 때, 점 B에서 출발하여 원뿔의 옆면을 따라 점 C까지 가는 최단 거리를 구하시오.

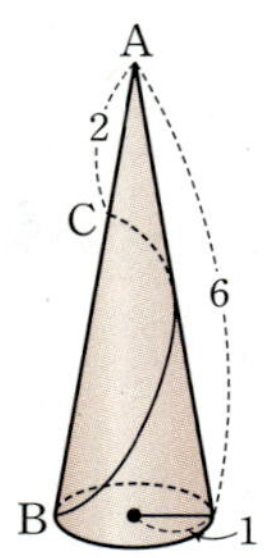

16-2

다음 그림과 같이 원에 내접하는 사각형 ABCD에 대하여 $\overline{AD}=2$, $\overline{CD}=4$, $\cos B=\dfrac{1}{8}$일 때, 선분 AC의 길이는?

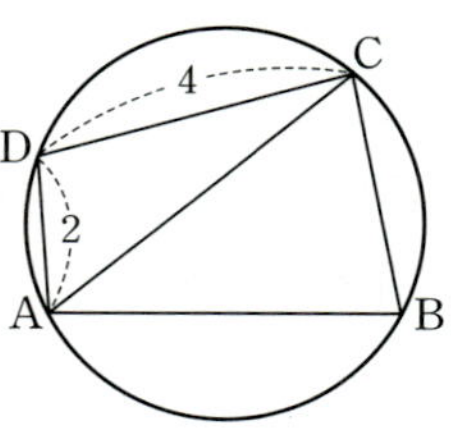

① $\sqrt{22}$ 　　　② $\sqrt{23}$ 　　　③ $2\sqrt{6}$

④ 5 　　　⑤ $\sqrt{26}$

▶ 유형 17 　사인법칙과 코사인법칙의 변형

(1) 사인법칙의 변형

　삼각형 ABC의 외접원의 반지름의 길이를 R라 할 때

　① $\sin A = \dfrac{a}{2R}$, $\sin B = \dfrac{b}{2R}$, $\sin C = \dfrac{c}{2R}$

　② $a = 2R \sin A$, $b = 2R \sin B$, $c = 2R \sin C$

　③ $a : b : c = \sin A : \sin B : \sin C$

(2) 코사인법칙의 변형

　삼각형 ABC에서 세 변의 길이가 주어지면 세 각의 크기를 구할 수 있다.

　▶ $\cos A = \dfrac{b^2 + c^2 - a^2}{2bc}$, $\cos B = \dfrac{c^2 + a^2 - b^2}{2ca}$

　　$\cos C = \dfrac{a^2 + b^2 - c^2}{2ab}$

17 대표 문제

삼각형 ABC에서 $a \sin A = b \sin B = c \sin C$가 성립할 때, 삼각형 ABC는 어떤 삼각형인지 말하시오.

17-1

오른쪽 그림과 같이 반지름의 길이가 6인 원에 내접하는 사각형 ABCD의 두 대각선이 서로 수직으로 만나고 $\angle ACD = 35°$일 때, $\overline{AD}^2 + \overline{BC}^2$의 값을 구하시오.

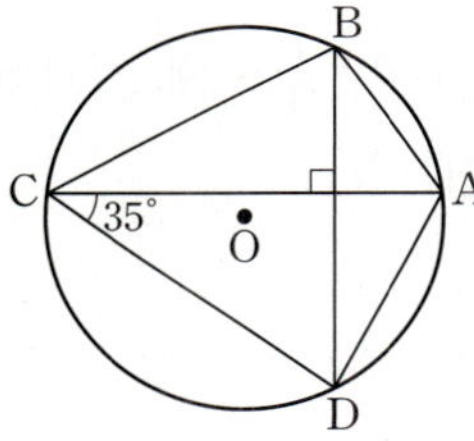

17-2

삼각형 ABC에서 $a = 2\sqrt{2}$, $b = 3$, $c = \sqrt{5}$일 때, 삼각형의 세 각 중 가장 작은 각의 크기를 구하시오.

17-3

삼각형 ABC에서 $b = 2$, $c = 4$일 때, B의 값이 최대가 되도록 하는 a의 값을 구하시오.

▶ 유형 18 　도형의 넓이

(1) 삼각형의 넓이

　① 삼각형 ABC에서 두 변의 길이와 그 끼인각의 크기를 알 때, 삼각형 ABC의 넓이 S는

　　$S = \dfrac{1}{2}ab \sin C = \dfrac{1}{2}bc \sin A = \dfrac{1}{2}ca \sin B$

　② 세 변의 길이가 주어질 때(헤론의 공식)

　　$S = \sqrt{s(s-a)(s-b)(s-c)}$ $\left(\text{단, } s = \dfrac{a+b+c}{2}\right)$

(2) 사각형의 넓이

　① 이웃하는 두 변의 길이가 a, b이고 그 끼인각의 크기가 θ인 평행사변형의 넓이 S는

　　$S = ab \sin \theta$

　② 두 대각선의 길이가 p, q이고 두 대각선이 이루는 각의 크기가 θ인 사각형의 넓이 S는

　　$S = \dfrac{1}{2}pq \sin \theta$

18 대표 문제

삼각형 ABC에서 $a = 5$, $c = 8$이고 넓이가 $10\sqrt{3}$일 때, b의 값은? (단, $0° < B < 90°$)

① 3 　　　　② 4 　　　　③ 5
④ 6 　　　　⑤ 7

18-1

삼각형 ABC에서 $\sin A : \sin B : \sin C = 3 : 5 : 6$이고 넓이가 $8\sqrt{14}$일 때, 삼각형 ABC의 둘레의 길이는?

① 26 　　　　② 28 　　　　③ 30
④ 32 　　　　⑤ 34

18-2

오른쪽 그림과 같이 $\overline{AB} = 10$, $\overline{BC} = 6$인 평행사변형 ABCD에서 $\overline{AC} = 14$일 때, 사각형 ABCD의 넓이를 구하시오.

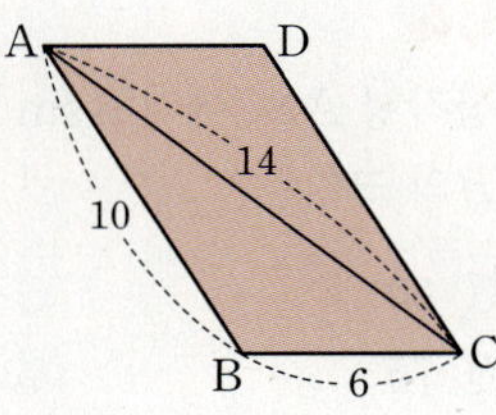

01

그림과 같이 삼각형 ABC에서 선분 BC 위에 $\overline{BD}=20$인 점 D를 잡을 때, $\angle ABC=30°$, $\angle ADC=45°$라 한다. 선분 AC의 길이는?

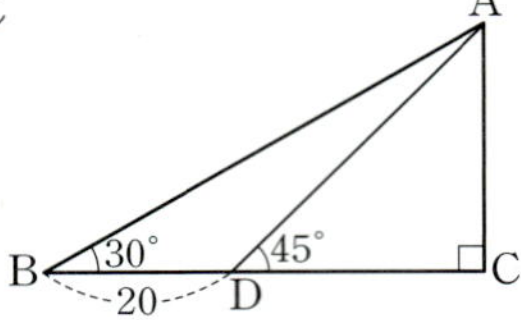

① $10(\sqrt{3}+1)$
② $12(\sqrt{3}+1)$
③ $14(\sqrt{3}+1)$
④ $16(\sqrt{3}+1)$
⑤ $18(\sqrt{3}+1)$

02

그림과 같이 원에 내접하는 사각형 ABCD에서 $\overline{AB}=\overline{BC}=\overline{CD}=3$이고 $B=120°$일 때, $\overline{AC}^2+\overline{AD}^2$의 값은?

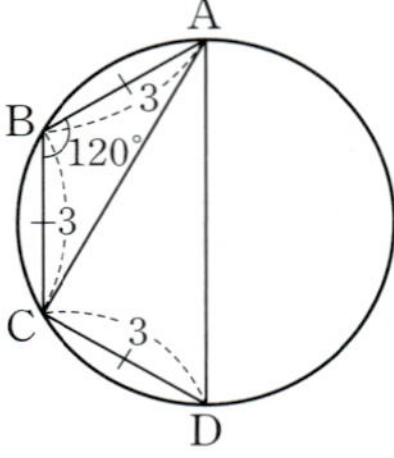

① 54
② 63
③ 72
④ 81
⑤ 90

03 중요

그림과 같이 삼각형 ABC에서 $\overline{AB}=5$, $\overline{CA}=6$, $\cos A=\dfrac{3}{5}$이다. 외접원의 반지름의 길이를 R라 할 때, $8R$의 값은?

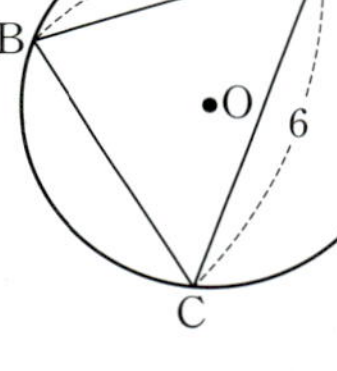

① 22
② 23
③ 24
④ 25
⑤ 26

04

삼각형 ABC에서 $6\sin A=2\sqrt{3}\sin B=3\sin C$가 성립할 때, B의 크기는?

① $30°$
② $45°$
③ $60°$
④ $75°$
⑤ $90°$

05 상위권 ✳ 도전

폭이 $2\,\text{cm}$로 일정한 직사각형 모양의 종이를 그림과 같이 접을 때, $\angle DBC=\theta$라 하면 $\cos\theta=\dfrac{1}{\sqrt{3}}$이다. 선분 AB의 길이를 구하시오.

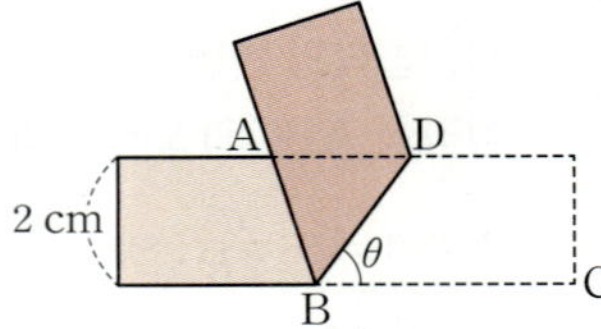

06

삼각형 ABC에서 세 변의 곱이 $18\sqrt{7}$이고 넓이가 $\dfrac{9}{2}$일 때, 이 삼각형의 외접원의 반지름의 길이는?

① 2
② $\sqrt{5}$
③ $\sqrt{6}$
④ $\sqrt{7}$
⑤ $2\sqrt{2}$

07

그림과 같이 사각형 ABCD에서 두 대각선의 길이가 각각 3, 8이고 두 대각선이 이루는 각의 크기 θ에 대하여 $\cos\theta=\dfrac{1}{3}$일 때, 사각형 ABCD의 넓이는?

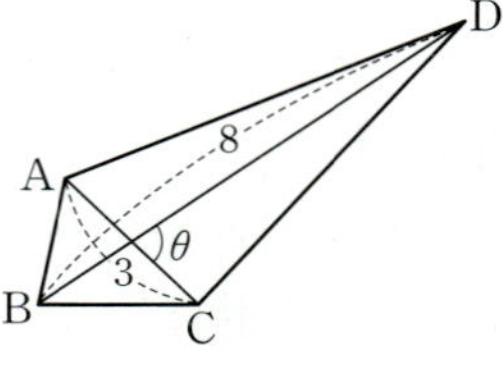

① $2\sqrt{2}$
② $4\sqrt{2}$
③ $6\sqrt{2}$
④ $8\sqrt{2}$
⑤ $10\sqrt{2}$

08 중요 상위권 ✳ 도전

그림과 같이 $\overline{AB}=7$, $\overline{BC}=8$, $\overline{CA}=9$인 삼각형 ABC에 내접하는 원이 선분 BC와 만나는 점을 P, 선분 CA와 만나는 점을 Q라 할 때, 삼각형 PCQ의 넓이는?

① $\dfrac{10\sqrt{5}}{3}$
② $\dfrac{23\sqrt{5}}{6}$
③ $\dfrac{25\sqrt{5}}{6}$
④ $\dfrac{9\sqrt{5}}{2}$
⑤ $5\sqrt{5}$

114쪽에서 **2배속 TEST**를 만나보세요! ▶▶

III.

수열

▶ 유형 **01**   등차수열의 일반항과 등차중항

(1) 첫째항이 a, 공차가 d인 등차수열의 일반항 a_n은
$$a_n = a + (n-1)d \ (n=1, 2, 3, \cdots)$$
(2) 세 수 a, b, c가 이 순서대로 등차수열을 이룰 때, b를 a와 c의 등차중항이라 한다.

이때 $b-a=c-b$이므로 $b=\dfrac{a+c}{2}$

01 대표 문제

등차수열 $\{a_n\}$에 대하여 $a_3=3$, $a_{10}=17$일 때, a_{20}의 값은?

① 33　　　　② 35　　　　③ 37
④ 39　　　　⑤ 41

01-1

등차수열 $\{a_n\}$에 대하여 $a_2+a_8=6$, $a_3+a_6=8$일 때, a_5+a_{10}의 값은?

① -6　　　　② -4　　　　③ -2
④ 0　　　　⑤ 2

01-2

네 수 x, 8, y, 2가 이 순서대로 등차수열을 이룰 때, xy의 값은?

① 45　　　　② 50　　　　③ 55
④ 60　　　　⑤ 65

01-3

등차수열 $\{a_n\}$에 대하여 $a_2=0$, $a_7=-20$일 때, $a_4+a_8=a_m$을 만족시키는 자연수 m의 값은?

① 10　　　　② 11　　　　③ 12
④ 13　　　　⑤ 14

▶ 유형 **02**   등차수열에서 주어진 조건을 만족시키는 항

첫째항이 a, 공차가 d인 등차수열 $\{a_n\}$에서
(1) 처음으로 k보다 커지는 항
　▶ $a_n = a + (n-1)d > k$를 만족시키는 자연수 n의 최솟값을 구한다.
(2) 처음으로 k보다 작아지는 항
　▶ $a_n = a + (n-1)d < k$를 만족시키는 자연수 n의 최솟값을 구한다.

02 대표 문제

등차수열 $\{a_n\}$에 대하여 제3항이 46, 제11항이 22일 때, 처음으로 음수가 되는 항은 제몇 항인가?

① 제18항　　　　② 제19항　　　　③ 제20항
④ 제21항　　　　⑤ 제22항

02-1

등차수열 $\{a_n\}$에 대하여 $a_4=-9$, $a_8=7$일 때, 처음으로 30보다 커지는 항은 제몇 항인가?

① 제12항　　　　② 제13항　　　　③ 제14항
④ 제15항　　　　⑤ 제16항

02-2

모든 항이 정수인 등차수열 $\{a_n\}$에 대하여 첫째항이 -14이고 처음으로 0보다 커지는 항이 제6항일 때, 이 수열의 공차를 구하시오.

▶ 유형 03 등차수열의 합

등차수열의 첫째항부터 제n항까지의 합을 S_n이라 하면

(1) 첫째항이 a, 제n항이 l일 때, $S_n = \dfrac{n(a+l)}{2}$

(2) 첫째항이 a, 공차가 d일 때, $S_n = \dfrac{n\{2a+(n-1)d\}}{2}$

03 대표 문제

$a_3 = 10$, $a_7 = 26$인 등차수열 $\{a_n\}$의 첫째항부터 제13항까지의 합은?

① 286 　　　② 312 　　　③ 338

④ 364 　　　⑤ 390

03-1

첫째항이 1이고 공차가 4인 등차수열 $\{a_n\}$의 첫째항부터 제k항까지의 합이 120일 때, k의 값은?

① 7 　　　② 8 　　　③ 9

④ 10 　　　⑤ 11

03-2

등차수열 $\{a_n\}$의 첫째항부터 제n항까지의 합 S_n에 대하여 $S_3 = 15$, $S_7 = 63$일 때, S_{15}의 값은?

① 225 　　　② 235 　　　③ 245

④ 255 　　　⑤ 265

▶ 유형 04 등차수열의 합과 일반항 사이의 관계

등차수열 $\{a_n\}$의 첫째항부터 제n항까지의 합을 S_n이라 하면
$$a_1 = S_1,\ a_n = S_n - S_{n-1}\ (n \geq 2)$$

4배속 부스터 》》

$S_n = pn^2 + qn + r\,(p \neq 0,\ q,\ r$는 상수$)$ 꼴일 때, $r=0$이면 수열 $\{a_n\}$은 첫째항부터, $r \neq 0$이면 제2항부터 등차수열을 이뤄!

04 대표 문제

수열 $\{a_n\}$의 첫째항부터 제n항까지의 합 S_n이 $S_n = n^2 + 4n$일 때, a_5의 값은?

① 9 　　　② 11 　　　③ 13

④ 15 　　　⑤ 17

04-1

수열 $\{a_n\}$의 첫째항부터 제n항까지의 합 S_n이
$S_n = -2n^2 + 3n + 3$일 때, $a_1 + a_3$의 값을 구하시오.

04-2

첫째항부터 제n항까지의 합이 각각 $n^2 - 2n$, $-3n^2 + kn$인 두 수열 $\{a_n\}$, $\{b_n\}$에 대하여 $a_5 = b_5$일 때, 상수 k의 값은?

① 26 　　　② 28 　　　③ 30

④ 32 　　　⑤ 34

01

등차수열 $\{a_n\}$에 대하여 $a_4+a_6=10$, $a_3+a_{10}=19$일 때, 74는 제 몇 항인지 구하시오.

02

등차수열 $\{a_n\}$에 대하여 $a_3a_5=-16$, $a_4=3$일 때, 이 수열의 공차로 가능한 값을 모두 곱한 것은?

① -25 ② -16 ③ 0
④ 16 ⑤ 25

03 중요

다항식 $f(x)=x^3+ax^2+2x+b$를 $x+1$, x, $x-1$로 나누었을 때의 나머지가 이 순서대로 등차수열을 이룰 때, 상수 a의 값은? (단, b는 상수이다.)

① -1 ② 0 ③ 1
④ 2 ⑤ 3

04

|2017 교육청|

등차수열 $\{a_n\}$에 대하여 세 수 a_1, a_1+a_2, a_2+a_3이 이 순서대로 등차수열을 이룰 때, $\dfrac{a_3}{a_2}$의 값은? (단, $a_1\neq0$)

① $\dfrac{1}{2}$ ② 1 ③ $\dfrac{3}{2}$
④ 2 ⑤ $\dfrac{5}{2}$

05

|2020 평가원|

자연수 n에 대하여 x에 대한 이차방정식

$$x^2-nx+4(n-4)=0$$

이 서로 다른 두 실근 α, $\beta\,(\alpha<\beta)$를 갖고, 세 수 1, α, β가 이 순서대로 등차수열을 이룰 때, n의 값은?

① 5 ② 8 ③ 11
④ 14 ⑤ 17

06

등차수열을 이루는 세 수의 합이 18, 곱이 162일 때, 가장 작은 수는?

① 1 ② 2 ③ 3
④ 4 ⑤ 5

07 중요

등차수열 $\{a_n\}$에 대하여 제3항과 제6항은 절댓값이 같고 부호가 반대이며 $a_8=5a_5+4$일 때, a_9의 값은?

① -46 ② -18 ③ 9
④ 18 ⑤ 46

08

모든 항이 정수인 등차수열 $\{a_n\}$에 대하여 첫째항이 22이고 처음으로 0보다 작아지는 항이 제4항일 때, 이 수열의 공차로 가능한 값의 개수는?

① 1 ② 2 ③ 3
④ 4 ⑤ 5

09

$a_3=3$인 등차수열 $\{a_n\}$의 첫째항부터 제8항까지의 합이 72일 때, a_1의 값은?

① -5 ② -4 ③ -3

④ -2 ⑤ -1

10

|2011 평가원|

1과 2 사이에 n개의 수를 넣어 만든 등차수열

$$1, \ a_1, \ a_2, \ \cdots, \ a_n, \ 2$$

의 합이 24일 때, n의 값은?

① 11   ② 12   ③ 13

④ 14   ⑤ 15

11

$a_1=6$, $a_{10}=-12$인 등차수열 $\{a_n\}$에 대하여
$|a_1|+|a_2|+|a_3|+\cdots+|a_{10}|$의 값을 구하시오.

12 중요

100부터 150까지의 자연수 중에서 3으로 나누었을 때의 나머지가 1인 모든 수의 총합은?

① 1960   ② 2108   ③ 2259

④ 2413   ⑤ 2570

13 중요

첫째항이 -17이고 공차가 3인 등차수열 $\{a_n\}$의 첫째항부터 제n항까지의 합을 S_n이라 할 때, S_n의 최솟값을 구하시오.

14 상위권 ✳ 도전

$a_3=2$인 등차수열 $\{a_n\}$의 첫째항부터 제n항까지의 합을 S_n이라 할 때, $S_5=S_8$이다. S_n의 값이 최대가 되도록 하는 n의 최댓값은?

① 5   ② 6   ③ 7

④ 8   ⑤ 9

15

수열 $\{a_n\}$의 첫째항부터 제n항까지의 합 S_n이 $S_n=n^2-6n+6$일 때, $a_n<0$을 만족시키는 자연수 n의 개수는?

① 1   ② 2   ③ 3

④ 4   ⑤ 5

16

첫째항부터 제4항까지의 합이 20이고 제4항이 11인 수열 $\{a_n\}$의 첫째항부터 제n항까지의 합 S_n이 $S_n=an^2+bn$일 때, 상수 a, b에 대하여 $a-b$의 값은?

① 2   ② 3   ③ 4

④ 5   ⑤ 6

▶ 유형 05 | 등비수열의 일반항과 등비중항

(1) 첫째항이 a, 공비가 r인 등비수열의 일반항 a_n은
$$a_n=ar^{n-1} \ (n=1, 2, 3, \cdots)$$
(2) 세 수 a, b, c가 이 순서대로 등비수열을 이룰 때, b를 a와 c의 등비중항이라 한다.

이때 $\dfrac{b}{a}=\dfrac{c}{b}$이므로 $b^2=ac$

05 대표 문제

공비가 양수인 등비수열 $\{a_n\}$에 대하여 $a_3=4$, $a_5=\dfrac{4}{9}$일 때, 첫째항과 공비를 구하시오.

05-1

등비수열 $\{a_n\}$에 대하여 $a_1+a_3=15$, $a_4+a_6=-120$일 때, a_2+a_4의 값은?

① -30 ② -21 ③ -18
④ 18 ⑤ 30

05-2

서로 다른 세 수 $x-1$, $2x$, $5x+3$이 이 순서대로 등비수열을 이룰 때, x의 값을 구하시오.

05-3

첫째항이 3이고 공비가 2인 등비수열 $\{a_n\}$에 대하여 수열 $\{4a_n-a_{n+1}\}$의 첫째항을 a, 공비를 r라 할 때, $a+r$의 값은?

① 4 ② 5 ③ 6
④ 7 ⑤ 8

▶ 유형 06 | 등비수열에서 주어진 조건을 만족시키는 항

첫째항이 a, 공비가 r인 등비수열 $\{a_n\}$에서
(1) 처음으로 k보다 커지는 항
  ▶ $a_n=ar^{n-1}>k$를 만족시키는 자연수 n의 최솟값을 구한다.
(2) 처음으로 k보다 작아지는 항
  ▶ $a_n=ar^{n-1}<k$를 만족시키는 자연수 n의 최솟값을 구한다.

06 대표 문제

첫째항이 18이고 공비가 $\dfrac{1}{4}$인 등비수열 $\{a_n\}$에 대하여 처음으로 $\dfrac{1}{10}$보다 작아지는 항은 제몇 항인가?

① 제3항 ② 제4항 ③ 제5항
④ 제6항 ⑤ 제7항

06-1

등비수열 $\{a_n\}$에 대하여 $a_4=-\dfrac{4}{3}$, $a_7=-\dfrac{32}{3}$일 때, $a_k<-50$을 만족시키는 자연수 k의 최솟값은?

① 9 ② 10 ③ 11
④ 12 ⑤ 13

06-2

등비수열 $\{a_n\}$에 대하여 제3항이 $\dfrac{3}{2}$, 제6항이 12일 때, $150<a_n<600$을 만족시키는 모든 자연수 n의 값의 합은?

① 15 ② 17 ③ 19
④ 21 ⑤ 23

▶ 유형 07 등비수열의 활용

도형의 길이, 넓이, 부피 등이 일정한 비율로 변화할 때, 처음 몇 개의 항을 나열하여 규칙을 찾은 후 일반항을 구한다.
▶ 처음의 양을 a, 매회 증가율을 r라 하면 n회 후의 양은
$$a(1+r)^n$$

07 대표 문제

한 변의 길이가 1인 정사각형이 있다. 첫 번째 시행에서 오른쪽 그림과 같이 정사각형을 9등분하여 가운데 정사각형을 제거한다. 두 번째 시행에서는 첫 번째 시행의 결과로 남은 8개의 정사각형을 같은 방법으로 각각 9등분하여 가운데 정사각형을 제거한다. 이와 같은 시행을 반복할 때, 5번째 시행 후 남아 있는 도형의 넓이를 구하시오.

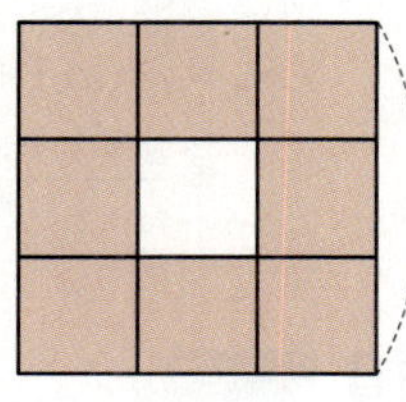

07-1

한 개의 필터를 통과할 때마다 공기 속 미세먼지를 95 % 제거하는 공기 정화 필터가 6개 설치된 공기청정기가 있다. 미세먼지의 양이 100만큼 포함된 공기가 이 공기청정기를 한 번 거쳐 나올 때, 공기에 남아 있는 미세먼지의 양은?

① 95×0.95^6　　② 100×0.95^5　　③ 100×0.95^6
④ 5×0.05^5　　⑤ 5×0.05^6

07-2

다음 그림과 같이 한 변의 길이가 1인 정사각형 S_1을 그린 후 정사각형 S_1의 한 변을 빗변으로 하는 직각이등변삼각형을 그리고, 이 삼각형의 다른 변을 한 변으로 갖는 정사각형 S_2를 그린다. 이와 같은 방법으로 정사각형 S_3, S_4, S_5, $\cdots$, S_n을 그려 나갈 때, 정사각형 S_{10}의 넓이를 구하시오.

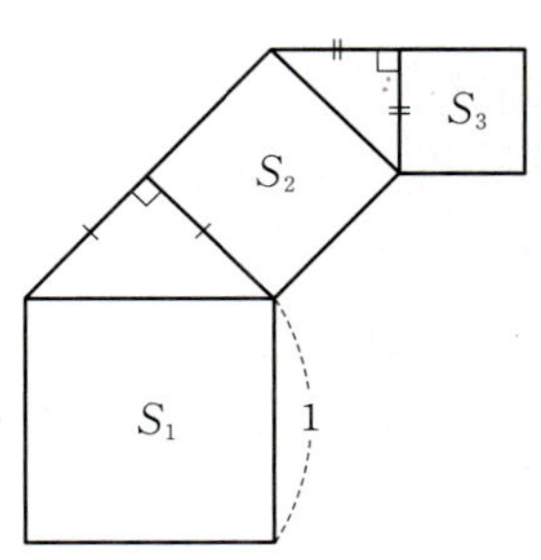

▶ 유형 08 등비수열의 합

첫째항이 a, 공비가 r인 등비수열의 첫째항부터 제n항까지의 합을 S_n이라 하면
(1) $r \neq 1$일 때, $S_n = \dfrac{a(1-r^n)}{1-r} = \dfrac{a(r^n-1)}{r-1}$
(2) $r = 1$일 때, $S_n = na$

08 대표 문제

$a_2 = -6$, $a_6 = -96$이고 공비가 양수인 등비수열 $\{a_n\}$의 첫째항부터 제6항까지의 합은?

① -189　　② -123　　③ -93
④ 93　　⑤ 123

08-1

$a_2 = 2$, $a_3 + a_4 = 24$이고 공비가 양수인 등비수열 $\{a_n\}$의 첫째항부터 제10항까지의 합은?

① $\dfrac{1}{3}(3^9-1)$　　② $\dfrac{2}{3}(3^9-1)$　　③ $\dfrac{1}{3}(3^{10}-1)$
④ $\dfrac{2}{3}(3^{10}-1)$　　⑤ $\dfrac{4}{3}(3^{10}-1)$

08-2

일반항이 $a_n = \dfrac{3^{n-2}}{4}$인 수열 $\{a_n\}$의 첫째항부터 제n항까지의 합을 S_n이라 할 때, $S_n = \dfrac{91}{3}$을 만족시키는 자연수 n의 값은?

① 5　　② 6　　③ 7
④ 8　　⑤ 9

▶ 유형 **09** 등비수열의 합과 일반항 사이의 관계

등비수열 $\{a_n\}$의 첫째항부터 제n항까지의 합을 S_n이라 하면
$$a_1 = S_1, \ a_n = S_n - S_{n-1} \ (n \geq 2)$$

4배속 부스터 ≫

$S_n = pr^n + q \,(r \neq 0, \ r \neq 1, \ p \neq 0, \ q$는 상수$)$ 꼴일 때, $p+q=0$이면 수열 $\{a_n\}$은 첫째항부터, $p+q \neq 0$이면 제2항부터 등비수열을 이뤄!

09 대표 문제

첫째항부터 제n항까지의 합 S_n이 $S_n = 3^n + 1$인 수열 $\{a_n\}$의 일반항을 구하시오.

09-1

수열 $\{a_n\}$의 첫째항부터 제n항까지의 합 S_n이 $S_n = 3^{n+1} - 4$일 때, $a_1 + a_3$의 값은?

① 58 　　　　② 59 　　　　③ 60
④ 61 　　　　⑤ 62

09-2

수열 $\{a_n\}$의 첫째항부터 제n항까지의 합 S_n이 $S_n = 2^{2n+1} + k$일 때, 수열 $\{a_n\}$이 첫째항부터 등비수열을 이루도록 하는 상수 k의 값은?

① -2 　　　　② -1 　　　　③ 0
④ 1 　　　　⑤ 2

▶ 유형 **10** 원리합계

연이율 r, 1년마다 복리로 매년 a원씩 n년 동안 적립할 때, n년 말의 원리합계 S_n은

(1) 매년 초에 적립
$$▶ S_n = a(1+r) + a(1+r)^2 + \cdots + a(1+r)^n$$
$$= \frac{a(1+r)\{(1+r)^n - 1\}}{r}$$

(2) 매년 말에 적립
$$▶ S_n = a + a(1+r) + \cdots + a(1+r)^{n-1}$$
$$= \frac{a\{(1+r)^n - 1\}}{r}$$

10 대표 문제

연이율 5 %, 1년마다 복리로 매년 말에 10만 원씩 9년 동안 적립할 때, 9년 말의 적립금의 원리합계는?

(단, $1.05^9 = 1.55$로 계산한다.)

① 100만 원 　　② 110만 원 　　③ 120만 원
④ 130만 원 　　⑤ 140만 원

10-1

연이율 6 %, 1년마다 복리로 매년 초에 6만 원씩 10년 동안 적립할 때, 10년 말의 적립금의 원리합계는?

(단, $1.06^{10} = 1.79$로 계산한다.)

① 837400원 　　② 838400원 　　③ 839400원
④ 840400원 　　⑤ 841400원

10-2

월이율 2 %, 1개월마다 복리로 매달 말에 일정한 금액을 적립하여 12개월째 말까지 378만 원을 마련하려고 할 때, 매달 적립해야 하는 금액은? (단, $1.02^{12} = 1.27$로 계산한다.)

① 24만 원 　　② 26만 원 　　③ 28만 원
④ 30만 원 　　⑤ 32만 원

01

공비가 음수인 등비수열 $\{a_n\}$에 대하여 $a_2=-6$, $a_8:a_{10}=4:9$ 일 때, a_4의 값은?

① $-\dfrac{27}{2}$ ② $-\dfrac{2}{3}$ ③ $\dfrac{2}{3}$

④ 9 ⑤ $\dfrac{27}{2}$

02

|2013 수능|

모든 항이 양수인 등비수열 $\{a_n\}$에 대하여

$$\dfrac{a_1 a_2}{a_3}=2,\quad \dfrac{2a_2}{a_1}+\dfrac{a_4}{a_2}=8$$

일 때, a_3의 값은?

① 16 ② 18 ③ 20
④ 22 ⑤ 24

03 중요

등비수열 $\{a_n\}$에 대하여 수열 $\{2a_n+3a_{n+1}\}$이 첫째항이 24, 공비가 2인 등비수열일 때, a_4의 값은?

① 12 ② 15 ③ 18
④ 21 ⑤ 24

04

|2010 수능|

두 자연수 a와 b에 대하여 세 수 a^n, $2^4\times3^6$, b^n이 이 순서대로 등비수열을 이룰 때, ab의 최솟값을 구하시오.

(단, n은 자연수이다.)

05

등비수열 $\{a_n\}$에 대하여 $a_2+a_3=6$, $a_5+a_6=162$일 때, $\dfrac{1}{a_k^{\,2}}>\dfrac{1}{250}$을 만족시키는 자연수 k의 최댓값은?

① 3 ② 4 ③ 5
④ 6 ⑤ 7

06 중요

모든 항이 정수인 등비수열 $\{a_n\}$에 대하여 $a_2 a_4=16$, $a_3+a_6=-28$일 때, 처음으로 500보다 커지는 항은 제몇 항인가?

① 제8항 ② 제9항 ③ 제10항
④ 제11항 ⑤ 제12항

07

한 변의 길이가 2인 정삼각형이 있다. 첫 번째 시행에서 그림과 같이 각 변의 중점을 이어 만든 가운데 정삼각형을 제거한다. 두 번째 시행에서는 첫 번째 시행 후 남은 3개의 정삼각형에서 같은 방법으로 만든 가운데 정삼각형을 각각 제거한다. 이와 같은 시행을 반복할 때, 8번째 시행 후 남아 있는 도형의 넓이는?

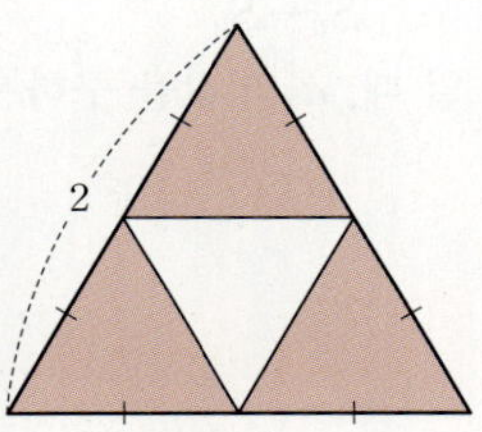

① $\sqrt{3}\times\left(\dfrac{3}{4}\right)^7$ ② $\sqrt{3}\times\left(\dfrac{3}{4}\right)^8$

③ $\sqrt{3}\times\left(\dfrac{3}{4}\right)^9$ ④ $\sqrt{3}\times\left\{1-\left(\dfrac{3}{4}\right)^7\right\}$

⑤ $\sqrt{3}\times\left\{1-\left(\dfrac{3}{4}\right)^8\right\}$

08

등비수열 $\{a_n\}$에 대하여 $a_2<0$, $a_3=2$, $a_5=18$일 때, 첫째항부터 제5항까지의 합을 구하시오.

09

$a_2=6$, $a_5=48$인 등비수열 $\{a_n\}$의 첫째항부터 제n항까지의 합을 S_n이라 할 때, $S_n=381$을 만족시키는 자연수 n의 값은?

① 4 ② 5 ③ 6
④ 7 ⑤ 8

10

|2019 수능|

첫째항이 7인 등비수열 $\{a_n\}$의 첫째항부터 제n항까지의 합을 S_n이라 하자.

$$\frac{S_9-S_5}{S_6-S_2}=3$$

일 때, a_7의 값을 구하시오.

11 중요 상위권 도전

등비수열 $\{a_n\}$에 대하여 $a_1+a_2+a_3+a_4+a_5=13$, $a_6+a_7+a_8+a_9+a_{10}=52$일 때, $a_1+a_2+a_3+\cdots+a_{15}$의 값은?

① 272 ② 273 ③ 274
④ 275 ⑤ 276

12

수열 $\{a_n\}$의 첫째항부터 제n항까지의 합 S_n이 $S_n=k\times2^{n+1}+4$일 때, 수열 $\{a_n\}$이 첫째항부터 등비수열을 이루도록 하는 상수 k의 값은?

① -2 ② -1 ③ 1
④ 2 ⑤ 3

13 중요

수열 $\{a_n\}$의 첫째항부터 제n항까지의 합 S_n이 $S_n=2\times3^n-2$일 때, |보기|에서 옳은 것만을 있는 대로 고르시오.

> 보기
>
> ㄱ. $a_n=4\times3^{n-1}$
> ㄴ. 수열 $\{a_{3n}\}$의 공비는 9이다.
> ㄷ. $a_5+a_6+a_7+a_8=12960$

14

연이율 4 %, 1년마다 복리로 매년 초에 a만 원씩 9년 동안 적립할 때, 9년 말의 적립금의 원리합계가 1092만 원이다. a의 값은?

(단, $1.04^9=1.42$로 계산한다.)

① 60 ② 70 ③ 80
④ 90 ⑤ 100

118쪽에서 **2**배속 TEST를 만나보세요!

DAY 10

2배속 PLAY ▶

▶ 유형 11 합의 기호 $\sum$의 성질

두 수열 $\{a_n\}$, $\{b_n\}$과 상수 c에 대하여

(1) $\displaystyle\sum_{k=1}^{n}(a_k\pm b_k)=\sum_{k=1}^{n}a_k\pm\sum_{k=1}^{n}b_k$ (복부호동순)

(2) $\displaystyle\sum_{k=1}^{n}ca_k=c\sum_{k=1}^{n}a_k$

(3) $\displaystyle\sum_{k=1}^{n}c=cn$

11 대표 문제

$\displaystyle\sum_{k=1}^{100}a_k=20$, $\displaystyle\sum_{k=1}^{100}a_k^2=30$일 때, $\displaystyle\sum_{k=1}^{100}(a_k+2)^2$의 값을 구하시오.

11-1

$\displaystyle\sum_{k=1}^{15}(a_k+b_k)^2=17$, $\displaystyle\sum_{k=1}^{15}(a_k-b_k)^2=5$일 때, $\displaystyle\sum_{k=1}^{15}a_kb_k$의 값은?

① 2 　　② 3 　　③ 4
④ 5 　　⑤ 6

11-2

$\displaystyle\sum_{k=1}^{n}a_k=n^2+n$, $\displaystyle\sum_{k=1}^{n}b_k=-3n$일 때, $\displaystyle\sum_{k=1}^{5}(a_k+2b_k-3)$의 값은?

① -30 　　② -15 　　③ 0
④ 15 　　⑤ 30

▶ 유형 12 자연수의 거듭제곱의 합

(1) $\displaystyle\sum_{k=1}^{n}k=\frac{n(n+1)}{2}$

(2) $\displaystyle\sum_{k=1}^{n}k^2=\frac{n(n+1)(2n+1)}{6}$

(3) $\displaystyle\sum_{k=1}^{n}k^3=\left\{\frac{n(n+1)}{2}\right\}^2$

12 대표 문제

$\displaystyle\sum_{k=1}^{10}(k+1)^3-\sum_{k=1}^{10}(k+1)^2$의 값은?

① 495 　　② 880 　　③ 3465
④ 3850 　　⑤ 3905

12-1

$\displaystyle\sum_{k=1}^{6}(k-1)(k^2+k-2)$의 값은?

① 270 　　② 300 　　③ 330
④ 360 　　⑤ 390

12-2

첫째항이 1이고 공차가 4인 등차수열 $\{a_n\}$의 첫째항부터 제n항까지의 합을 S_n이라 할 때, $\displaystyle\sum_{k=1}^{10}S_k$의 값은?

① 335 　　② 385 　　③ 715
④ 770 　　⑤ 825

▶ 유형 13 ∑를 여러 개 포함한 식의 계산

(1) 합의 기호 ∑에서 값이 변하는 문자 이외의 것은 상수로 취급하여 계산한다.

예 $\displaystyle\sum_{k=1}^{n}(k+n)=\sum_{k=1}^{n}k+n\sum_{k=1}^{n}1=\dfrac{n(n+1)}{2}+n\times n$

(2) 괄호가 있는 경우에는 괄호 안부터 계산한다.

13 대표 문제

$\displaystyle\sum_{k=1}^{5}\left\{\sum_{l=1}^{10}(k+l)\right\}$의 값은?

① 425　　　　② 440　　　　③ 455
④ 470　　　　⑤ 485

13-1

$\displaystyle\sum_{m=1}^{n}\left\{\sum_{l=1}^{12}\left(\sum_{k=1}^{m}k\right)\right\}=420$을 만족시키는 자연수 n의 값을 구하시오.

13-2

$m-n=1$, $mn=12$일 때, $\displaystyle\sum_{k=1}^{m}\left\{\sum_{l=1}^{n}(k-l)\right\}$의 값은?

(단, m, n은 자연수이다.)

① 3　　　　② 4　　　　③ 5
④ 6　　　　⑤ 7

▶ 유형 14 ∑로 표현된 수열의 합과 일반항 사이의 관계

수열 $\{a_n\}$의 첫째항부터 제n항까지의 합을 S_n이라 하면
$$a_1=S_1,\ a_n=S_n-S_{n-1}=\sum_{k=1}^{n}a_k-\sum_{k=1}^{n-1}a_k\ (n\geq2)$$

14 대표 문제

수열 $\{a_n\}$에 대하여 $\displaystyle\sum_{k=1}^{n}a_k=n^2+2n$일 때, $\displaystyle\sum_{k=1}^{10}(k-1)a_{2k}$의 값은?

① 1165　　　　② 1265　　　　③ 1365
④ 1465　　　　⑤ 1565

14-1

수열 $\{a_n\}$에 대하여 $\displaystyle\sum_{k=1}^{n}a_k=n^2+n$일 때,

$\displaystyle\sum_{k=1}^{5}(k^2a_k-2ka_{2k}+a_{k+1})$의 값은?

① 40　　　　② 45　　　　③ 50
④ 55　　　　⑤ 60

14-2

수열 $\{a_n\}$에 대하여 $\displaystyle\sum_{k=1}^{n}a_k=n^2-3n-1$일 때, $\displaystyle\sum_{k=1}^{10}a_k-\sum_{k=1}^{8}a_{k+1}$의 값은?

① 13　　　　② 15　　　　③ 17
④ 19　　　　⑤ 21

14-3

수열 $\{a_n\}$에 대하여 $\displaystyle\sum_{k=1}^{n}a_k=3^{n+1}-3$일 때, $\displaystyle\sum_{k=1}^{10}\dfrac{1}{a_{2k-1}}$의 값을 구하시오.

▶ 유형 15 여러 가지 수열의 합

(1) 분모가 곱으로 표현된 수열의 합은 일반항을 부분분수로 변형하여 구한다.
$$\frac{1}{AB}=\frac{1}{B-A}\left(\frac{1}{A}-\frac{1}{B}\right)\ (\text{단},\ A\neq B)$$
(2) 분모에 근호가 포함된 수열의 합은 일반항의 분모를 유리화하여 구한다.

15 대표 문제

$\dfrac{1}{2\times3}+\dfrac{1}{3\times4}+\dfrac{1}{4\times5}+\cdots+\dfrac{1}{15\times16}$ 의 값을 구하시오.

15-1

첫째항이 3이고 공차가 2인 등차수열 $\{a_n\}$의 첫째항부터 제n항까지의 합을 S_n이라 할 때, $\displaystyle\sum_{n=1}^{8}\frac{1}{S_n}$의 값은?

① $\dfrac{29}{45}$ ② $\dfrac{4}{5}$ ③ $\dfrac{43}{45}$

④ $\dfrac{17}{15}$ ⑤ $\dfrac{58}{45}$

15-2

수열 $\dfrac{1}{1+\sqrt2},\ \dfrac{1}{\sqrt2+\sqrt3},\ \dfrac{1}{\sqrt3+2},\ \cdots$의 첫째항부터 제20항까지의 합은?

① $\sqrt{20}-1$ ② $\sqrt{20}+1$ ③ $\sqrt{21}-1$

④ $\sqrt{21}+1$ ⑤ $\sqrt{22}-1$

15-3

수열 $\{a_n\}$의 일반항이 $a_n=\dfrac{1}{\sqrt{2n-1}+\sqrt{2n+1}}$일 때, $\displaystyle\sum_{k=1}^{m}a_k=5$를 만족시키는 자연수 m의 값을 구하시오.

▶ 유형 16 (등차수열)×(등비수열) 꼴의 수열의 합

주어진 수열의 합을 S로 놓고 등비수열의 공비 $r\,(r\neq1)$를 곱하여 $S-rS$를 계산한 후 S의 값을 구한다.

16 대표 문제

$1\times1+2\times\dfrac{1}{2}+3\times\dfrac{1}{2^2}+\cdots+10\times\dfrac{1}{2^9}=a+\dfrac{b}{2^7}$를 만족시키는 정수 a, b에 대하여 $a+b$의 값은?

① -1 ② 0 ③ 1
④ 2 ⑤ 3

16-1

$1\times\dfrac{1}{3}+3\times\dfrac{1}{3^2}+5\times\dfrac{1}{3^3}+\cdots+15\times\dfrac{1}{3^8}$의 값은?

① $1-\dfrac{1}{3^5}$ ② $1-\dfrac{1}{3^6}$ ③ $1-\dfrac{1}{3^7}$

④ $1-\dfrac{1}{3^8}$ ⑤ $1-\dfrac{1}{3^9}$

16-2

$1-3\times2+5\times2^2-\cdots-15\times2^7=a+b\times2^8$을 만족시키는 유리수 a, b에 대하여 $a+b$의 값은?

① $-\dfrac{19}{3}$ ② $-\dfrac{16}{3}$ ③ $\dfrac{16}{3}$

④ $\dfrac{19}{3}$ ⑤ $\dfrac{22}{3}$

01

$\sum_{k=1}^{50} ka_k = 450$, $\sum_{k=1}^{49} ka_{k+1} = 360$일 때, $\sum_{k=1}^{50} a_k$의 값을 구하시오.

02

$\sum_{k=1}^{100} \dfrac{6^k - 4^k}{5^k} = a\left(\dfrac{4}{5}\right)^{100} + b\left(\dfrac{6}{5}\right)^{100} + c$일 때, 정수 a, b, c에 대하여 $a+b+c$의 값은?

① -1 ② 0 ③ 1
④ 2 ⑤ 3

03 상위권 × 도전

|2016 교육청|

자연수 n에 대하여 좌표평면 위의 점 P_n을 다음 규칙에 따라 정한다.

> (가) 점 A의 좌표는 $(1, 0)$이다.
> (나) 점 P_n은 선분 OA를 $2^n : 1$로 내분하는 점이다.

$l_n = \overline{OP_n}$이라 할 때, $\sum_{n=1}^{10} \dfrac{1}{l_n}$의 값은? (단, O는 원점이다.)

① $10 - \left(\dfrac{1}{2}\right)^{10}$ ② $10 + \left(\dfrac{1}{2}\right)^{10}$ ③ $11 - \left(\dfrac{1}{2}\right)^{10}$
④ $11 + \left(\dfrac{1}{2}\right)^{10}$ ⑤ $12 - \left(\dfrac{1}{2}\right)^{10}$

04

$\sum_{k=1}^{10} (k^2 + ak + 2) = 295$를 만족시키는 상수 a의 값은?

① -3 ② -2 ③ -1
④ 0 ⑤ 1

05 중요

이차방정식 $x^2 + kx + k - 1 = 0$의 두 근을 α_k, β_k라 할 때, $\sum_{k=1}^{5} (\alpha_k - \beta_k)^2$의 값은?

① 15 ② 20 ③ 25
④ 30 ⑤ 35

06 중요

$\left(1 + \dfrac{1}{10}\right)^2 + \left(1 + \dfrac{2}{10}\right)^2 + \left(1 + \dfrac{3}{10}\right)^2 + \cdots + 2^2$의 값을 구하시오.

07

$\sum_{k=1}^{7} (x - k)^2$은 $x = c$일 때, 최솟값 m을 갖는다. $c + m$의 값은?

① 20 ② 24 ③ 28
④ 32 ⑤ 36

08

두 곡선 $y=\sqrt{x}$, $y=\sqrt{x}-1$과 직선 $y=k$의 교점을 각각 P_k, Q_k라 할 때, $\sum\limits_{k=1}^{5} \overline{\mathrm{P}_k\mathrm{Q}_k}^{\,2}$의 값은?

① 275   ② 280   ③ 285

④ 290   ⑤ 295

09

자연수 n에 대하여

$$1\times n+2\times(n+1)+3\times(n+2)+\cdots+n\times(2n-1)$$
$$=an^3+bn^2+cn+d$$

일 때, 상수 a, b, c, d에 대하여 $|a|+|b|+|c|+|d|$의 값을 구하시오.

10 중요

$\sum\limits_{i=1}^{4}\left\{\sum\limits_{j=1}^{n}(i^2+j)\right\}=210$을 만족시키는 자연수 n의 값은?

① 4   ② 5   ③ 6

④ 7   ⑤ 8

11

자연수 n에 대하여 다항식 $P(x)=x^2-nx-n^2+l$을 $x-2n$으로 나누었을 때의 나머지를 a_n이라 할 때, $\sum\limits_{l=1}^{6}\left(\sum\limits_{k=1}^{4} a_k\right)$의 값은?

① 234   ② 244   ③ 254

④ 264   ⑤ 274

12

수열 $\{a_n\}$에 대하여 $\sum\limits_{k=1}^{n} a_k=n^2-3n$일 때, $\sum\limits_{k=1}^{5}(a_k^2-a_k)$의 값은?

① 30   ② 50   ③ 70

④ 90   ⑤ 110

13 상위권 도전

|2011 수능|

수열 $\{a_n\}$이 모든 자연수 n에 대하여

$$\sum\limits_{k=1}^{n} a_k=\log\frac{(n+1)(n+2)}{2}$$

를 만족시킨다. $\sum\limits_{k=1}^{20} a_{2k}=p$라 할 때, 10^p의 값을 구하시오.

14

|2019 교육청|

공차가 0이 아닌 등차수열 $\{a_n\}$에 대하여 $a_9=2a_3$일 때, $\displaystyle\sum_{n=1}^{24}\frac{(a_{n+1}-a_n)^2}{a_na_{n+1}}$의 값은?

① $\dfrac{3}{14}$ ② $\dfrac{2}{7}$ ③ $\dfrac{5}{14}$

④ $\dfrac{3}{7}$ ⑤ $\dfrac{1}{2}$

15

|2017 교육청|

함수 $f(x)=x^2+x-\dfrac{1}{3}$에 대하여 부등식

$$f(n)<k<f(n)+1 \ (n=1, 2, 3, \cdots)$$

을 만족시키는 정수 k의 값을 a_n이라 하자. $\displaystyle\sum_{n=1}^{100}\frac{1}{a_n}=\frac{q}{p}$일 때, $p+q$의 값을 구하시오. (단, p와 q는 서로소인 자연수이다.)

16

|2020 평가원|

n이 자연수일 때, x에 대한 이차방정식

$$x^2-(2n-1)x+n(n-1)=0$$

의 두 근을 a_n, β_n이라 하자. $\displaystyle\sum_{n=1}^{81}\frac{1}{\sqrt{a_n}+\sqrt{\beta_n}}$의 값을 구하시오.

17 중요

수열 $\{a_n\}$의 첫째항부터 제n항까지의 합 S_n이 $S_n=n^2+2n+1$일 때, $\displaystyle\sum_{k=1}^{10}\frac{1}{\sqrt{a_k}+\sqrt{a_{k+1}}}$의 값을 구하시오.

18

모든 항이 양수인 수열 $\{a_n\}$이 $a_1^2+a_2^2+\cdots+a_n^2=n^2$을 만족시킬 때, $\displaystyle\sum_{k=1}^{24}\frac{1}{a_{k+1}+a_k}$의 값은?

① 3   ② 4   ③ 5

④ 6   ⑤ 7

19 상위권 도전

다항함수 $f(x)=\displaystyle\sum_{k=0}^{10}(3k-1)x^k$에 대하여 $f\left(-\dfrac{1}{2}\right)$의 값이 $a+b\times\dfrac{1}{2^{10}}$일 때, 유리수 a, b에 대하여 $a+b$의 값은?

① 7   ② 8   ③ 9

④ 10   ⑤ 11

DAY 11 2배속 PLAY ▶

III. 수열
수학적 귀납법

▶ 유형 17 등차수열과 등비수열의 귀납적 정의

수열 $\{a_n\}$에서 $n=1, 2, 3, \cdots$일 때
(1) $a_{n+1}-a_n=d$ (d는 일정) ▶ 공차가 d인 등차수열
(2) $2a_{n+1}=a_n+a_{n+2}$ ▶ 등차수열
(3) $a_{n+1} \div a_n=r$ (r는 일정) ▶ 공비가 r인 등비수열
(4) $a_{n+1}{}^2=a_n a_{n+2}$ ▶ 등비수열

---

17 [대표문제]

수열 $\{a_n\}$이 $a_2=6$, $a_4=20$, $2a_{n+1}=a_n+a_{n+2}$ ($n=1, 2, 3, \cdots$)로 정의될 때, $a_k=174$를 만족시키는 자연수 k의 값을 구하시오.

17-1

수열 $\{a_n\}$이 $a_{10}=127$, $a_{n+1}-a_n=-3$ ($n=1, 2, 3, \cdots$)으로 정의될 때, $a_k<0$을 만족시키는 자연수 k의 최솟값은?

① 51   ② 52   ③ 53
④ 54   ⑤ 55

17-2

수열 $\{a_n\}$이 $a_2=54$, $a_5=2$, $a_{n+1}=\sqrt{a_n a_{n+2}}$ ($n=1, 2, 3, \cdots$)로 정의될 때, $a_k=\dfrac{2}{81}$를 만족시키는 자연수 k의 값은?

① 5   ② 6   ③ 7
④ 8   ⑤ 9

17-3

수열 $\{a_n\}$이 $a_2=6$, $a_{n+1}=2a_n$ ($n=1, 2, 3, \cdots$)으로 정의될 때, $\displaystyle\sum_{k=1}^{5} \dfrac{a_{k+1}{}^2}{a_k}$의 값을 구하시오.

▶ 유형 18 여러 가지 수열의 귀납적 정의

(1) 수열 $\{a_n\}$이 $a_{n+1}=a_n+f(n)$ 꼴로 정의된 경우
▶ n에 $1, 2, 3, \cdots, n-1$을 차례대로 대입하여 변끼리 모두 더한다.
(2) 수열 $\{a_n\}$이 $a_{n+1}=a_n f(n)$ 꼴로 정의된 경우
▶ n에 $1, 2, 3, \cdots, n-1$을 차례대로 대입하여 변끼리 모두 곱한다.

---

18 [대표문제]

수열 $\{a_n\}$이 $a_1=1$, $a_{n+1}=a_n+3n-2$ ($n=1, 2, 3, \cdots$)로 정의될 때, a_{20}의 값은?

① 530   ② 531   ③ 532
④ 533   ⑤ 534

18-1

수열 $\{a_n\}$이 $a_1=2$, $a_{n+1}=\dfrac{4n+3}{4n-1}a_n$ ($n=1, 2, 3, \cdots$)으로 정의될 때, a_{10}의 값은?

① 13   ② 26   ③ 39
④ 52   ⑤ 65

18-2

수열 $\{a_n\}$이 $a_1=1$, $a_{n+1}=a_n+3^n$ ($n=1, 2, 3, \cdots$)으로 정의될 때, $a_k=121$을 만족시키는 자연수 k의 값은?

① 4   ② 5   ③ 6
④ 7   ⑤ 8

▶ 유형 19 귀납적 정의의 활용

처음 몇 개의 항을 나열하여 규칙을 파악한 후 제n항을 a_n으로 놓고 a_n과 a_{n+1} 사이의 관계식을 찾는다.

19 대표 문제

어떤 모임에 참석한 n명의 사람들이 서로 한 번씩 악수를 할 때, 모든 참석자가 악수한 총 횟수를 a_n이라 하자. $\sum_{k=1}^{6} a_k$의 값은?

① 34   ② 35   ③ 36
④ 37   ⑤ 38

19-1

다음 그림과 같은 규칙으로 점을 찍을 때, [n단계]에 찍히는 점의 개수를 a_n이라 하자. a_{20}의 값을 구하시오.

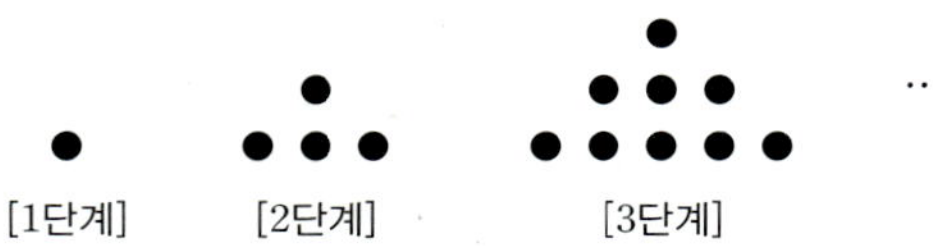

19-2

어느 강에 설치된 댐의 저수량은 10억 톤이다. 매일 정오에 저수량의 $\frac{1}{3000}$을 방류한 후 상류로부터 40만 톤의 물을 공급받는다.
이와 같은 시행을 n번 반복한 후 댐에 남아 있는 물의 양을 a_n만 톤이라 할 때, a_n과 a_{n+1} 사이의 관계식을 구하시오.
(단, 자연 증발 및 기타 유실량은 무시한다.)

▶ 유형 20 수학적 귀납법

자연수 n에 대한 명제 $p(n)$이 모든 자연수 n에 대하여 성립함을 증명하려면 다음 두 가지를 보이면 된다.
(i) $n=1$일 때, 명제 $p(n)$이 성립한다.
(ii) $n=k$일 때, 명제 $p(n)$이 성립한다고 가정하면 $n=k+1$일 때에도 명제 $p(n)$이 성립한다.

20 대표 문제

모든 자연수 n에 대하여 명제 $p(n)$이 아래 조건을 만족시킬 때, 다음 중 반드시 참인 명제는?

> (가) $p(1)$이 참이다.
> (나) $p(n)$이 참이면 $p(3n)$도 참이다.

① $p(2)$ ② $p(6)$ ③ $p(10)$
④ $p(15)$ ⑤ $p(27)$

20-1

다음은 모든 자연수 n에 대하여 등식
$$1+2+3+\cdots+n=\frac{n(n+1)}{2}$$
이 성립함을 수학적 귀납법으로 증명한 것이다.

> 증명
>
> (i) $n=1$일 때, (좌변)$=1$, (우변)$=\dfrac{1\times 2}{2}=1$
>   이므로 주어진 등식이 성립한다.
> (ii) $n=k$일 때, 주어진 등식이 성립한다고 가정하면
> $$1+2+3+\cdots+k=\frac{k(k+1)}{2}$$
>   위의 등식의 양변에 $k+1$을 더하면
> $$1+2+3+\cdots+k+\left(\boxed{\ (가)\ }\right)=\frac{k(k+1)}{2}+\left(\boxed{\ (가)\ }\right)$$
> $$=\frac{(k+1)\left(\boxed{\ (나)\ }\right)}{2}$$
>   따라서 $n=k+1$일 때에도 주어진 등식이 성립한다.
> (i), (ii)에서 모든 자연수 n에 대하여 주어진 등식이 성립한다.

위의 (가), (나)에 알맞은 식을 각각 $f(k)$, $g(k)$라 할 때, $f(1)g(5)$의 값을 구하시오.

01

수열 $\{a_n\}$이 $a_1=-1$, $\dfrac{a_n-a_{n+1}}{a_{n+1}a_n}=2\,(n=1,\ 2,\ 3,\ \cdots)$로 정의될 때, a_{15}의 값은?

① $\dfrac{1}{29}$ ② $\dfrac{1}{27}$ ③ $\dfrac{1}{25}$

④ 25 ⑤ 27

02

$a_1=15$, $a_2=13$인 수열 $\{a_n\}$의 첫째항부터 제n항까지의 합 S_n에 대하여

$$(S_{n+1}-S_{n-1})^3=6a_{n+1}^{\,2}a_n+2a_n^{\,3}-8\,(n=2,\ 3,\ 4,\ \cdots)$$

일 때, a_{10}의 값은? (단, 수열 $\{a_n\}$의 모든 항은 실수이다.)

① -6 ② -5 ③ -4

④ -3 ⑤ -2

03

▮2014 수능▮

수열 $\{a_n\}$이 다음 조건을 만족시킨다.

> (가) $a_1=a_2+3$
> (나) $a_{n+1}=-2a_n\,(n\geq1)$

a_9의 값을 구하시오.

04

▮2019 교육청▮

첫째항이 2이고 모든 항이 양수인 수열 $\{a_n\}$이 있다. x에 대한 이차방정식

$$a_nx^2-a_{n+1}x+a_n=0$$

이 모든 자연수 n에 대하여 중근을 가질 때, $\displaystyle\sum_{k=1}^{8}a_k$의 값을 구하시오.

05 중요

수열 $\{a_n\}$이 $a_1=\sqrt{2}$, $a_{n+1}=a_n+\dfrac{2}{\sqrt{n+2}+\sqrt{n}}\,(n=1,\ 2,\ 3,\ \cdots)$로 정의될 때, $a_{99}=a+b\sqrt{11}$이다. 정수 a, b에 대하여 $a+b$의 값은?

① 10 ② 11 ③ 12

④ 13 ⑤ 14

06 중요

수열 $\{a_n\}$이 $a_1=2$, $a_6=89$, $a_{n+1}=a_n+2^n+k\,(n=1,\ 2,\ 3,\ \cdots)$로 정의될 때, a_9의 값은? (단, k는 상수이다.)

① 512 ② 522 ③ 532

④ 542 ⑤ 552

07

수열 $\{a_n\}$이 $a_1=6$, $a_{n+1}=\dfrac{3n+2}{3n-1}a_n\,(n=1,\ 2,\ 3,\ \cdots)$으로 정의될 때, $a_k=213$을 만족시키는 자연수 k의 값은?

① 23 ② 24 ③ 25

④ 26 ⑤ 27

08

▮2020 평가원▮

수열 $\{a_n\}$은 $a_1=1$이고, 모든 자연수 n에 대하여

$$a_{n+1}+(-1)^n\times a_n=2^n$$

을 만족시킨다. a_5의 값은?

① 1 ② 3 ③ 5

④ 7 ⑤ 9

09

|2019 수능|

수열 $\{a_n\}$은 $a_1=2$이고, 모든 자연수 n에 대하여

$$a_{n+1}=\begin{cases} \dfrac{a_n}{2-3a_n} & (n\text{이 홀수인 경우}) \\ 1+a_n & (n\text{이 짝수인 경우}) \end{cases}$$

를 만족시킨다. $\sum\limits_{n=1}^{40} a_n$의 값은?

① 30　　　　② 35　　　　③ 40

④ 45　　　　⑤ 50

10 상위권 ※ 도전

[그림 1]의 세 종류의 타일로 [그림 2]의 n칸을 채우는 경우의 수를 a_n이라 하면 $a_1=p$, $a_2=q$, $a_n=ra_{n-1}+sa_{n-2}\,(n\geq3)$가 성립한다. $p+q+r+s$의 값을 구하시오.

(단, r, s는 상수이고, 각 타일의 개수는 충분히 있다.)

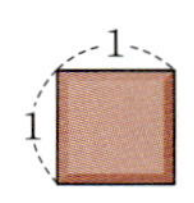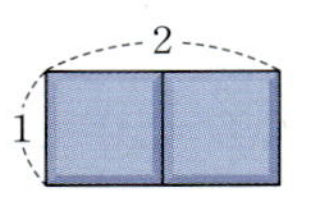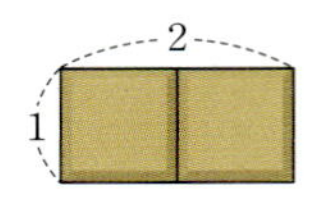

[그림 1]

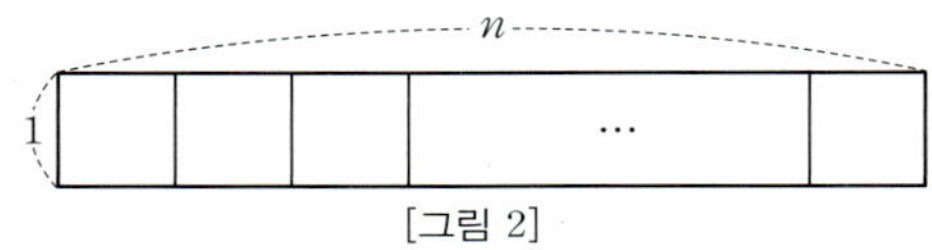

[그림 2]

11 상위권 ※ 도전

그림과 같이 원의 내부에 n개의 현을 그어 원을 나눌 때, 모든 현이 서로 한 번씩 만나고 세 개 이상의 현이 한 점에서 만나지 않도록 하자. n개의 현으로 나누어지는 원의 내부의 영역의 개수를 a_n이라 할 때, a_{10}의 값을 구하시오.

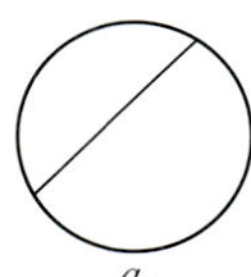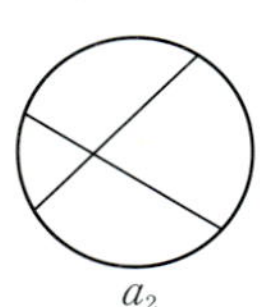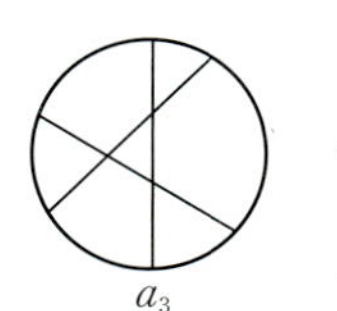

a_1　　　a_2　　　a_3

12

모든 자연수 n에 대하여 명제 $p(n)$이 참이면 명제 $p(2n+1)$도 참일 때, |보기|에서 옳은 것만을 있는 대로 고른 것은?

보기

ㄱ. $p(1)$이 참이면 모든 자연수 k에 대하여 $p(2^k-1)$이 참이다.

ㄴ. $p(1)$, $p(2n)$이 참이면 모든 자연수 k에 대하여 $p(k)$가 참이다.

ㄷ. $p(1)$, $p(3n)$이 참이면 모든 자연수 k에 대하여 $p(k)$가 참이다.

① ㄱ　　　　② ㄴ　　　　③ ㄷ

④ ㄱ, ㄴ　　　　⑤ ㄱ, ㄷ

13 중요

|2016 교육청|

다음은 모든 자연수 n에 대하여

$$\frac{4}{3}+\frac{8}{3^2}+\frac{12}{3^3}+\cdots+\frac{4n}{3^n}=3-\frac{2n+3}{3^n} \qquad \cdots\cdots(*)$$

이 성립함을 수학적 귀납법으로 증명한 것이다.

증명

(1) $n=1$일 때, (좌변)$=\dfrac{4}{3}$, (우변)$=3-\dfrac{5}{3}=\dfrac{4}{3}$이므로 $(*)$이 성립한다.

(2) $n=k$일 때, $(*)$이 성립한다고 가정하면

$$\frac{4}{3}+\frac{8}{3^2}+\frac{12}{3^3}+\cdots+\frac{4k}{3^k}=3-\frac{2k+3}{3^k}\text{이다.}$$

위의 등식의 양변에 $\dfrac{4(k+1)}{3^{k+1}}$을 더하여 정리하면

$$\frac{4}{3}+\frac{8}{3^2}+\frac{12}{3^3}+\cdots+\frac{4k}{3^k}+\frac{4(k+1)}{3^{k+1}}$$

$$=3-\frac{1}{3^k}\left\{(2k+3)-\left(\boxed{\ (가)\ }\right)\right\}$$

$$=3-\frac{\boxed{\ (나)\ }}{3^{k+1}}$$

따라서 $n=k+1$일 때도 $(*)$이 성립한다.

(1), (2)에 의하여 모든 자연수 n에 대하여 $(*)$이 성립한다.

위의 (가), (나)에 알맞은 식을 각각 $f(k)$, $g(k)$라 할 때, $f(3)\times g(2)$의 값은?

① 36　　　　② 39　　　　③ 42

④ 45　　　　⑤ 48

120쪽에서 **2배속 TEST**를 만나보세요!

IV.

함수의
극한과 연속

▶ 유형 01 함수의 극한값의 존재

$x=a$에서 함수 $f(x)$의 우극한과 좌극한이 모두 존재하고 그 값이 같으면 $\lim\limits_{x\to a} f(x)$가 존재한다.

$$\lim_{x\to a+} f(x) = \lim_{x\to a-} f(x) = a \iff \lim_{x\to a} f(x) = a \ (a는 실수)$$

01 대표 문제

함수 $f(x)=\begin{cases} x^2-1 & (x<1) \\ x+1 & (x\geq 1) \end{cases}$ 에 대하여 |보기|에서 그 값이 존재하는 것만을 있는 대로 고르시오.

> **보기**
>
> ㄱ. $\lim\limits_{x\to 1+} f(x)$ ㄴ. $\lim\limits_{x\to 1-} f(x)$
>
> ㄷ. $\lim\limits_{x\to 1} f(x)$ ㄹ. $f(1)$

01-1

함수 $y=f(x)$의 그래프가 오른쪽 그림과 같을 때, |보기|에서 극한값이 존재하는 것만을 있는 대로 고르시오.

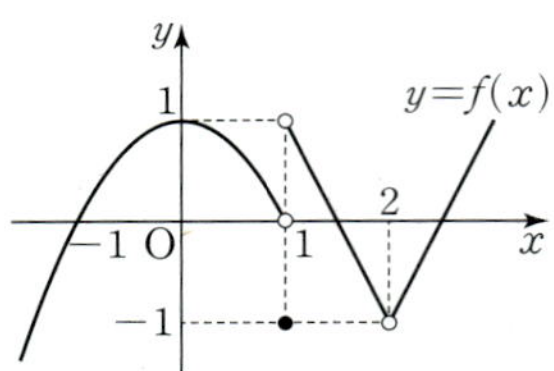

> **보기**
>
> ㄱ. $\lim\limits_{x\to 1+} f(x)$ ㄴ. $\lim\limits_{x\to 1} f(x)$
>
> ㄷ. $\lim\limits_{x\to 2-} f(x)$ ㄹ. $\lim\limits_{x\to 2} f(x)$

01-2

다음 |보기| 중 극한값이 존재하는 것만을 있는 대로 고르시오.
(단, $[x]$는 x보다 크지 않은 최대의 정수이다.)

> **보기**
>
> ㄱ. $\lim\limits_{x\to 2} |x^2-4|$ ㄴ. $\lim\limits_{x\to 1} \dfrac{|x^2-1|}{x-1}$ ㄷ. $\lim\limits_{x\to 2} \left[\dfrac{x}{2}\right]$

▶ 유형 02 함수의 극한에 대한 성질

$\lim\limits_{x\to a} f(x)=\alpha$, $\lim\limits_{x\to a} g(x)=\beta$ (α, β는 실수)일 때

(1) $\lim\limits_{x\to a} cf(x) = c\lim\limits_{x\to a} f(x) = c\alpha$ (단, c는 상수)

(2) $\lim\limits_{x\to a} \{f(x)+g(x)\} = \lim\limits_{x\to a} f(x) + \lim\limits_{x\to a} g(x) = \alpha+\beta$

(3) $\lim\limits_{x\to a} \{f(x)-g(x)\} = \lim\limits_{x\to a} f(x) - \lim\limits_{x\to a} g(x) = \alpha-\beta$

(4) $\lim\limits_{x\to a} f(x)g(x) = \lim\limits_{x\to a} f(x) \times \lim\limits_{x\to a} g(x) = \alpha\beta$

(5) $\lim\limits_{x\to a} \dfrac{f(x)}{g(x)} = \dfrac{\lim\limits_{x\to a} f(x)}{\lim\limits_{x\to a} g(x)} = \dfrac{\alpha}{\beta}$ (단, $\beta\neq 0$)

02 대표 문제

두 함수 $f(x)$, $g(x)$에 대하여 $\lim\limits_{x\to -1} f(x)=4$, $\lim\limits_{x\to -1} \{2g(x)+f(x)\} = -2$일 때, $\lim\limits_{x\to -1} \dfrac{f(x)-2g(x)}{f(x)+g(x)}$의 값은?

① 2 ② 4 ③ 6
④ 8 ⑤ 10

02-1

함수 $f(x)$에 대하여 $\lim\limits_{x\to\infty} \dfrac{f(x)}{x}=2$일 때, $\lim\limits_{x\to\infty} \dfrac{2x-3f(x)}{x+2f(x)}$의 값은?

① -1 ② $-\dfrac{4}{5}$ ③ $-\dfrac{3}{5}$
④ $-\dfrac{2}{5}$ ⑤ $-\dfrac{1}{5}$

02-2

함수 $f(x)$에 대하여 $\lim\limits_{x\to 2} (x-1)f(x)=2$일 때, $\lim\limits_{x\to 0} (x^2+5x+4)f(x+2)$의 값은?

① 4 ② 6 ③ 8
④ 10 ⑤ 12

▶ 유형 **03** $\dfrac{0}{0}$ 꼴과 $\dfrac{\infty}{\infty}$ 꼴의 극한

(1) $\dfrac{0}{0}$ 꼴의 극한

　① 분수식인 경우 분모, 분자를 인수분해하여 약분한다.

　② 무리식인 경우 근호가 있는 쪽을 유리화한다.

(2) $\dfrac{\infty}{\infty}$ 꼴의 극한

　분모의 최고차항으로 분모, 분자를 각각 나눈 후

　$\displaystyle\lim_{x\to\infty}\dfrac{c}{x^n}=0$($c$는 상수, n은 자연수)임을 이용한다.

03 대표 문제

다음 극한값을 구하시오.

(1) $\displaystyle\lim_{x\to1}\dfrac{x^3-1}{x^2-3x+2}$

(2) $\displaystyle\lim_{x\to0}\dfrac{\sqrt{2+3x}-\sqrt{2-x}}{\sqrt{2x+1}-\sqrt{x+1}}$

03-1

$\displaystyle\lim_{x\to\infty}\dfrac{ax^2-2x+1}{x^2+3x+1}=3$, $\displaystyle\lim_{x\to\infty}\dfrac{x}{\sqrt{4x^2+1}+\sqrt{x^2+4}}=b$일 때, $a+3b$의 값은? (단, a는 상수이다.)

① 1　　　　　　② 2　　　　　　③ 3

④ 4　　　　　　⑤ 5

03-2

함수 $f(x)$에 대하여 $\displaystyle\lim_{x\to\infty}\dfrac{f(x)-x}{2x-1}=-1$일 때, $\displaystyle\lim_{x\to\infty}\dfrac{5x+f(x)}{3x-f(x)}$의 값은?

① 1　　　　　　② 2　　　　　　③ 3

④ 4　　　　　　⑤ 5

▶ 유형 **04** $\infty-\infty$ 꼴과 $\infty\times0$ 꼴의 극한

(1) $\infty-\infty$ 꼴의 극한

　근호가 있는 쪽을 유리화하여 $\dfrac{\infty}{\infty}$ 꼴로 고친다.

(2) $\infty\times0$ 꼴의 극한

　통분 또는 유리화하여 $\dfrac{0}{0}$, $\dfrac{\infty}{\infty}$, $\infty\times c$, $\dfrac{c}{\infty}$(c는 0이 아닌 상수) 꼴로 고친다.

04 대표 문제

$\displaystyle\lim_{x\to\infty}(\sqrt{x^2+2x+4}-x)$의 값을 구하시오.

04-1

$\displaystyle\lim_{x\to\infty}\dfrac{1}{\sqrt{x^2+x+4}-\sqrt{x^2+3x}}$의 값은?

① -3　　　　② -2　　　　③ -1

④ 1　　　　　　⑤ 2

04-2

$\displaystyle\lim_{x\to0}\dfrac{1}{x}\left\{\dfrac{1}{(x+2)^2}-\dfrac{1}{4}\right\}$의 값을 구하시오.

04-3

$\displaystyle\lim_{x\to\infty}x\left(1-\dfrac{\sqrt{x+2}}{\sqrt{x}}\right)$의 값은?

① -3　　　　② -2　　　　③ -1

④ 1　　　　　　⑤ 2

유형 05 극한값의 성질을 이용하여 미정계수 구하기

미정계수가 포함된 분수 꼴의 함수의 극한에서 $x \longrightarrow a$일 때
(1) 극한값이 존재하고 (분모) $\longrightarrow 0$이면 (분자) $\longrightarrow 0$
(2) 0이 아닌 극한값이 존재하고 (분자) $\longrightarrow 0$이면 (분모) $\longrightarrow 0$

05 대표 문제

$\lim\limits_{x \to 1} \dfrac{x^2+ax+b}{x-1}=4$가 성립하도록 하는 상수 a, b에 대하여 ab의 값은?

① -6 ② -3 ③ 0
④ 3 ⑤ 6

05-1

$\lim\limits_{x \to 1} \dfrac{x^2-4x+3}{x^2+x-a}=b$가 성립하도록 하는 상수 a, b에 대하여 $\dfrac{a}{b}$의 값은? (단, $b \neq 0$)

① -5 ② -4 ③ -3
④ -2 ⑤ -1

05-2

$\lim\limits_{x \to 2} \dfrac{\sqrt{x^2+5}-3}{ax+b}=\dfrac{4}{3}$가 성립하도록 하는 상수 a, b에 대하여 $10a+b$의 값은?

① -2 ② 0 ③ 2
④ 4 ⑤ 6

유형 06 함수의 극한의 대소 관계

$\lim\limits_{x \to a} f(x)=\alpha$, $\lim\limits_{x \to a} g(x)=\beta$ (α, β는 실수)일 때, a에 가까운 모든 실수 x에서
(1) $f(x) \leq g(x)$이면 $\alpha \leq \beta$
(2) 함수 $h(x)$에 대하여 $f(x) \leq h(x) \leq g(x)$이고 $\alpha=\beta$이면
$$\lim\limits_{x \to a} h(x)=\alpha$$

06 대표 문제

함수 $f(x)$가 $x>3$에서
$$\frac{x^2-2x-3}{x^2+2x-15} < f(x) < \frac{x^2-5x+6}{2(x-3)}$$
을 만족시킬 때, $\lim\limits_{x \to 3+} f(x)$의 값을 구하시오.

06-1

함수 $f(x)$가 임의의 양의 실수 x에 대하여
$$3x^2+x+1 < x^2f(x) < 3x^2+x+4$$
를 만족시킬 때, $\lim\limits_{x \to \infty} f(x)$의 값을 구하시오.

06-2

함수 $f(x)$가 $x>0$에서
$$3x^2-2 < \frac{x}{f(x)} < 3x^2+x+1$$
을 만족시킬 때, $\lim\limits_{x \to \infty} 15xf(x)$의 값은?

① 1 ② 2 ③ 3
④ 4 ⑤ 5

01 중요

함수 $f(x)=\begin{cases} 2x+k & (x<1) \\ x^2+3x-5 & (x\geq 1) \end{cases}$ 에 대하여 $\lim\limits_{x\to 1} f(x)$의 값이 존재할 때, 상수 k의 값은?

① -3 ② -2 ③ -1

④ 2 ⑤ 3

02

┃2014 평가원┃

정의역이 $\{x\,|-2\leq x\leq 2\}$인 함수 $y=f(x)$의 그래프가 구간 $[0,\,2]$에서 그림과 같고, 정의역에 속하는 모든 실수 x에 대하여 $f(-x)=-f(x)$이다. $\lim\limits_{x\to -1+} f(x)+\lim\limits_{x\to 2-} f(x)$의 값은?

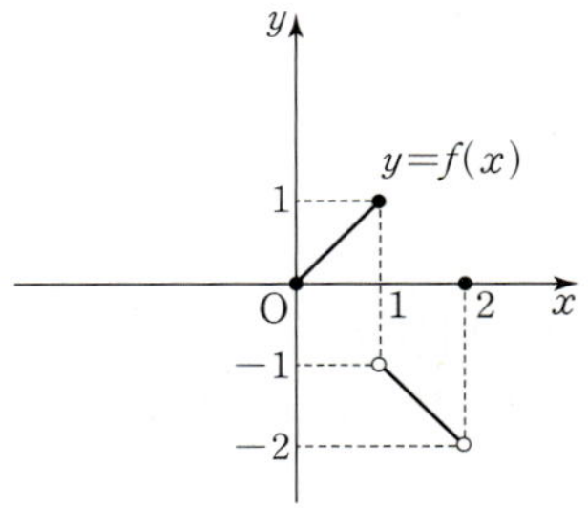

① -3 ② -1 ③ 0

④ 1 ⑤ 3

03 중요

┃2012 평가원┃

정의역이 $\{x\,|\,0\leq x\leq 4\}$인 함수 $y=f(x)$의 그래프가 그림과 같다.

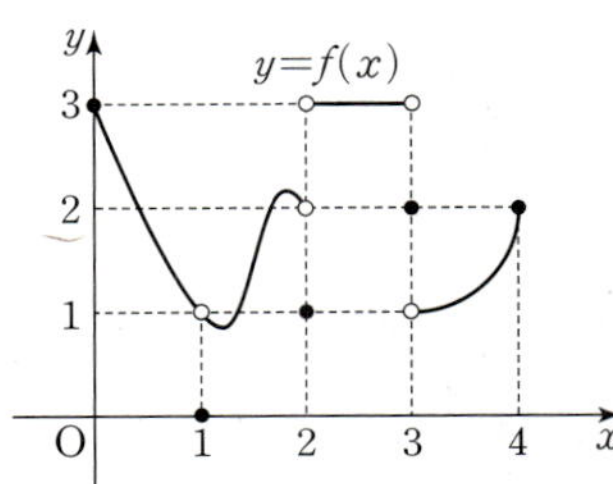

$\lim\limits_{x\to 0+} f(f(x))+\lim\limits_{x\to 2+} f(f(x))$의 값은?

① 1 ② 2 ③ 3

④ 4 ⑤ 5

04

두 함수 $f(x)$, $g(x)$에 대하여 $\lim\limits_{x\to 0} f(x)$의 값이 존재하고 $\lim\limits_{x\to 0}\{f(x)-2g(x)\}=2$, $\lim\limits_{x\to 0}\dfrac{f(x)+2g(x)}{f(x)-g(x)}=2$일 때, $\lim\limits_{x\to 0} f(x)$의 값을 구하시오.

05

함수 $f(x)$에 대하여 $\lim\limits_{x\to 0}\dfrac{f(x)}{x}=2$일 때, $\lim\limits_{x\to 0}\dfrac{2f(x)-x^2}{3x^2+f(x)}$의 값을 구하시오.

06

┃2014 평가원┃

함수 $f(x)$에 대하여

$$\lim_{x\to 2}\frac{f(x)-3}{x-2}=5$$

일 때, $\lim\limits_{x\to 2}\dfrac{x-2}{\{f(x)\}^2-9}$의 값은?

① $\dfrac{1}{18}$ ② $\dfrac{1}{21}$ ③ $\dfrac{1}{24}$

④ $\dfrac{1}{27}$ ⑤ $\dfrac{1}{30}$

07

┃2008 평가원┃

극한

$$\lim_{x\to 0}\frac{\{f(x)\}^2}{f(x^2)}=4$$

를 만족시키는 함수 $f(x)$를 ┃보기┃에서 모두 고른 것은?

┃보기┃

ㄱ. $f(x)=4|x|$

ㄴ. $f(x)=2x^2+2x$

ㄷ. $f(x)=x+\dfrac{4}{x}$

① ㄱ   ② ㄴ   ③ ㄱ, ㄷ

④ ㄴ, ㄷ   ⑤ ㄱ, ㄴ, ㄷ

08

$\lim\limits_{x \to -\infty} \dfrac{1}{\sqrt{x^2+3x+1}+x}$ 의 값은?

① $-\dfrac{2}{3}$ ② $-\dfrac{1}{3}$ ③ $\dfrac{1}{3}$

④ $\dfrac{2}{3}$ ⑤ 1

09 상위권 도전

$\lim\limits_{x \to \infty} \dfrac{2x}{x^2+x+1}\left[\dfrac{x}{2}\right]$ 의 값은?

(단, $[x]$는 x보다 크지 않은 최대의 정수이다.)

① 1 ② 2 ③ 3

④ 4 ⑤ 5

10

|2018 평가원|

다항함수 $f(x)$가 다음 조건을 만족시킨다.

> (가) $\lim\limits_{x \to \infty} \dfrac{f(x)}{x^2}=2$
>
> (나) $\lim\limits_{x \to 0} \dfrac{f(x)}{x}=3$

$f(2)$의 값은?

① 11 ② 14 ③ 17

④ 20 ⑤ 23

11 중요

두 다항함수 $f(x)=x^2+x-6$, $g(x)$에 대하여

$$\lim\limits_{x \to \infty} \dfrac{f(x)}{g(x)}=\dfrac{1}{2},\ \lim\limits_{x \to 2} \dfrac{f(x)}{g(x)}=\dfrac{5}{4}$$

가 성립할 때, $g(1)$의 값은?

① -3 ② -2 ③ -1

④ 1 ⑤ 2

12 중요

$\lim\limits_{x \to 1} \dfrac{\sqrt{x+a}+b}{x-1}=\dfrac{1}{4}$ 을 만족시키는 상수 a, b에 대하여 a^2+b의 값은?

① 1 ② 3 ③ 5

④ 7 ⑤ 9

13

함수 $f(x)$가 임의의 양의 실수 x에 대하여

$$\dfrac{x^3+x+2}{2x+3}<f(x)<\dfrac{2x^2+3}{4}$$

을 만족시킬 때, $\lim\limits_{x \to \infty} \dfrac{f(x)}{x^2}$의 값을 구하시오.

14

두 함수 $f(x)$, $g(x)$에 대하여 $g(x)=\log\{f(x)-2\}$, $g(x)<\log 2-\log(x+1)-\log(x-1)$이 성립할 때, $\lim\limits_{x \to \infty} f(x)$의 값을 구하시오.

15

|2012 수능|

그림과 같이 직선 $y=x+1$ 위에 두 점 $A(-1,\ 0)$과 $P(t,\ t+1)$이 있다. 점 P를 지나고 직선 $y=x+1$에 수직인 직선이 y축과 만나는 점을 Q라 할 때, $\lim\limits_{t \to \infty} \dfrac{\overline{AQ}^2}{\overline{AP}^2}$의 값은?

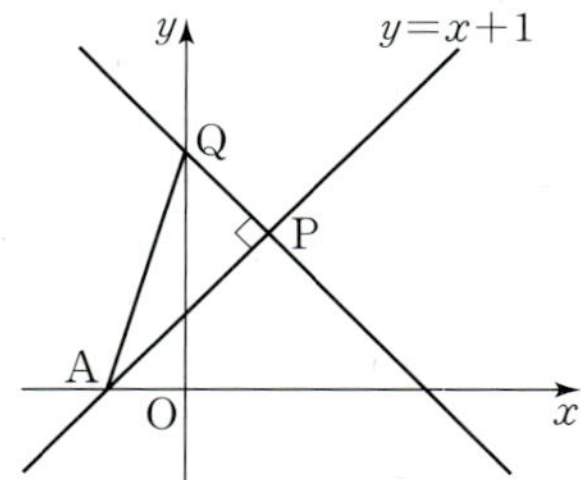

① 1 ② $\dfrac{3}{2}$ ③ 2

④ $\dfrac{5}{2}$ ⑤ 3

DAY 13 · 2배속 PLAY ▶

IV. 함수의 극한과 연속
함수의 연속

▶ 유형 07 함수의 연속

함수 $f(x)$가 실수 a에 대하여 다음 조건을 모두 만족시킬 때, $f(x)$는 $x=a$에서 연속이다.
(i) 함수 $f(x)$가 $x=a$에서 정의되어 있다.
(ii) 극한값 $\lim\limits_{x \to a} f(x)$가 존재한다.
(iii) $\lim\limits_{x \to a} f(x)=f(a)$

07 대표 문제

다음 |보기|의 함수 중 $x=0$에서 연속인 것만을 있는 대로 고르시오. (단, $[x]$는 x보다 크지 않은 최대의 정수이다.)

|보기|

ㄱ. $f(x)=\dfrac{1}{x}$

ㄴ. $f(x)=\begin{cases} \dfrac{x^2}{|x|} & (x \neq 0) \\ 0 & (x=0) \end{cases}$

ㄷ. $f(x)=x-[x]$

ㄹ. $f(x)=\begin{cases} \dfrac{2}{|x^2-1|} & (x \neq 0) \\ 0 & (x=0) \end{cases}$

07-1

함수 $f(x)=\begin{cases} \dfrac{x^2-4}{x(x-1)(x-2)} & (x \neq 2) \\ 2 & (x=2) \end{cases}$ 가 불연속인 x의 값의 개수를 구하시오.

07-2

함수 $y=f(x)$의 그래프가 오른쪽 그림과 같을 때, |보기|에서 옳은 것만을 있는 대로 고르시오.

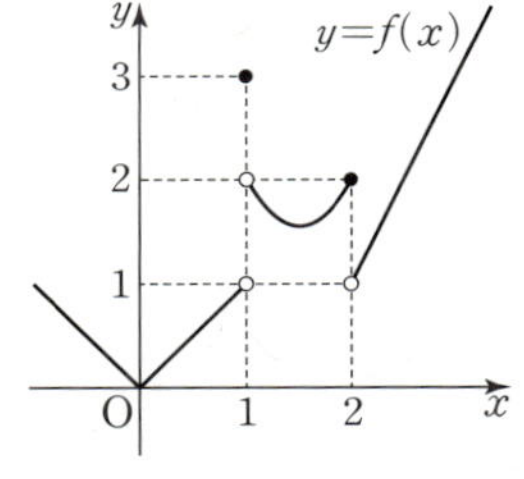

|보기|

ㄱ. 함수 $f(x)$는 $x=2$에서 연속이다.
ㄴ. $\lim\limits_{x \to 1+} f(f(x))=2$
ㄷ. 함수 $f(f(x))$는 $x=2$에서 연속이다.

▶ 유형 08 함수의 연속과 미정계수의 결정

$x \neq a$에서 연속인 함수 $g(x)$에 대하여
함수 $f(x)=\begin{cases} g(x) & (x \neq a) \\ k & (x=a) \end{cases}$ 가 모든 실수 x에서 연속이면
$\lim\limits_{x \to a} g(x)=k$

08 대표 문제

함수 $f(x)=\begin{cases} \dfrac{x^3+ax}{x+2} & (x \neq -2) \\ b & (x=-2) \end{cases}$ 가 $x=-2$에서 연속일 때, 상수 a, b에 대하여 $b-a$의 값은?

① 0 ② 3 ③ 6
④ 9 ⑤ 12

08-1

함수 $f(x)=\begin{cases} x^2-ax+2 & (|x|<1) \\ x+b & (|x| \geq 1) \end{cases}$ 가 모든 실수 x에서 연속일 때, 상수 a, b에 대하여 ab의 값은?

① -5 ② -3 ③ -1
④ 1 ⑤ 3

08-2

함수 $f(x)=\begin{cases} x+1 & (x \leq -1 \ \text{또는} \ x>1) \\ -1 & (-1<x \leq 1) \end{cases}$ 에 대하여 함수 $f(x+1)+af(x-1)$이 $x=0$에서 연속이 되도록 하는 상수 a의 값은?

① -3 ② -1 ③ 0
④ 1 ⑤ 3

▶ 유형 09 연속함수의 성질

두 함수 $f(x)$, $g(x)$가 $x=a$에서 연속이면 다음 함수도 $x=a$에서 연속이다.

(1) $cf(x)$ (단, c는 상수) (2) $f(x) \pm g(x)$

(3) $f(x)g(x)$ (4) $\dfrac{f(x)}{g(x)}$ (단, $g(a) \neq 0$)

09 대표 문제

두 함수 $f(x)$, $g(x)$가 $x=a$에서 연속일 때, |보기|의 함수 중 $x=a$에서 항상 연속인 것만을 있는 대로 고르시오.

보기
ㄱ. $f(x) - 2g(x)$ ㄴ. $\dfrac{1}{f(x)-g(x)}$
ㄷ. $\dfrac{g(x)+1}{f(x)-1}$ ㄹ. $f(g(x))$

09-1

두 함수 $f(x)=x^2+1$, $g(x)=x^2-4x$에 대하여 |보기|의 함수 중 모든 실수 x에서 항상 연속인 것만을 있는 대로 고르시오.

보기
ㄱ. $\{f(x)\}^2 g(x)$ ㄴ. $f(g(x))$
ㄷ. $\dfrac{g(x)}{f(x)}$ ㄹ. $\dfrac{g(x)+2}{f(x)-1}$

09-2

두 함수 $f(x)$, $g(x)$에 대하여 |보기|에서 옳은 것만을 있는 대로 고르시오.

보기
ㄱ. 두 함수 $f(x)+g(x)$, $f(x)-g(x)$가 $x=a$에서 연속이면 함수 $f(x)$도 $x=a$에서 연속이다.
ㄴ. 함수 $f(x)$가 $x=a$에서 연속이고, 함수 $g(x)$가 $x=f(a)$에서 연속이면 함수 $g(f(x))$는 $x=a$에서 연속이다.
ㄷ. 함수 $f(g(x))$가 $x=a$에서 연속이면 함수 $g(x)$도 $x=a$에서 연속이다.

▶ 유형 10 최대·최소 정리와 사잇값의 정리

(1) 최대·최소 정리

함수 $f(x)$가 닫힌구간 $[a, b]$에서 연속이면 함수 $f(x)$는 이 구간에서 반드시 최댓값과 최솟값을 갖는다.

(2) 사잇값의 정리

함수 $f(x)$가 닫힌구간 $[a, b]$에서 연속이고 $f(a) \neq f(b)$일 때, $f(a)$와 $f(b)$ 사이의 임의의 값 k에 대하여 $f(c)=k$인 c가 열린구간 (a, b)에 적어도 하나 존재한다.

⚡4배속 부스터 ≫

함수 $f(x)$가 닫힌구간 $[a, b]$에서 연속이고 $f(a)f(b)<0$이면 방정식 $f(x)=0$은 열린구간 (a, b)에서 적어도 하나의 실근을 가져!

10 대표 문제

다음 |보기|의 함수 중 주어진 구간에서 최댓값과 최솟값이 모두 존재하는 것만을 있는 대로 고르시오.

보기
ㄱ. $f(x)=x^2+x+1 \ [-2, 1]$
ㄴ. $f(x)=\dfrac{1}{x+1} \ [-2, 2]$
ㄷ. $f(x)=\dfrac{1}{x^2+1} \ [-1, 1]$
ㄹ. $f(x)=\dfrac{1}{x-2} \ (2, 4]$

10-1

함수 $f(x)=\dfrac{2x-5}{x-1}$에 대하여 다음 중 최댓값과 최솟값이 모두 존재하는 구간은?

① $(0, 1]$ ② $[0, 1]$ ③ $[1, 2]$

④ $(2, 3]$ ⑤ $[2, 3]$

10-2

최고차항의 계수가 양수인 다항함수 $f(x)$에 대하여
$$f(-2)=-1, \ f(-1)=2, \ f(0)=4, \ f(1)=-3$$
일 때, 구간 $[-2, 1]$에서 방정식 $f(x)+x=0$의 실근의 최소 개수를 구하시오.

01 중요

다음 중 $x=0$에서 연속인 함수는?

① $f(x)=\dfrac{1}{x(x+3)}$

② $f(x)=\dfrac{x^2}{\sqrt{4+x^2}-2}$

③ $f(x)=\begin{cases} \dfrac{|x|}{x} & (x\neq 0) \\ 1 & (x=0) \end{cases}$

④ $f(x)=\begin{cases} \dfrac{x^2+2x}{x} & (x\neq 0) \\ 1 & (x=0) \end{cases}$

⑤ $f(x)=\begin{cases} \dfrac{\sqrt{4+2x}-\sqrt{4-2x}}{x} & (x\neq 0) \\ 1 & (x=0) \end{cases}$

02

$-3<x<3$에서 정의된 함수 $y=f(x)$의 그래프가 구간 $(0,\,3)$에서 그림과 같고, 정의역에 속하는 모든 실수 x에 대하여 $f(-x)=-f(x)$일 때, 함수 $f(x)$의 극한값이 존재하지 않는 x의 값의 개수를 a, 불연속인 x의 값의 개수를 b라 하자. $a+b$의 값은?

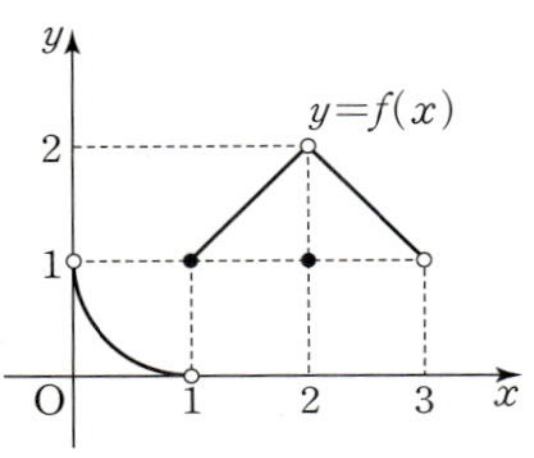

① 5   ② 6   ③ 7

④ 8   ⑤ 9

03 상위권 · 도전

함수 $f(x)=[\sqrt{11-x^2}]$이 불연속인 x의 값의 개수는?

(단, $[x]$는 x보다 크지 않은 최대의 정수이다.)

① 2   ② 4   ③ 6

④ 8   ⑤ 10

04

함수 $f(x)=\begin{cases} x^2-3 & (x\leq 2) \\ \dfrac{a\sqrt{x+2}-b}{x-2} & (x>2) \end{cases}$ 가 모든 실수 x에서 연속일 때, 상수 a, b에 대하여 $a+b$의 값은?

① 12   ② 15   ③ 18

④ 21   ⑤ 24

05 중요

모든 실수 x에서 연속인 함수 $f(x)$가
$$(x-2)f(x)=x^2+3x+a$$
를 만족시킬 때, $f(3)$의 값은? (단, a는 상수이다.)

① 6   ② 7   ③ 8

④ 9   ⑤ 10

06

|2012 평가원|

함수 $f(x)=x^2-x+a$에 대하여 함수 $g(x)$를
$$g(x)=\begin{cases} f(x+1) & (x\leq 0) \\ f(x-1) & (x>0) \end{cases}$$
이라 하자. 함수 $y=\{g(x)\}^2$이 $x=0$에서 연속일 때, 상수 a의 값은?

① -2 ② -1 ③ 0

④ 1   ⑤ 2

07

|2017 수능|

두 함수
$$f(x)=\begin{cases} x^2-4x+6 & (x<2) \\ 1 & (x\geq2) \end{cases}$$
$$g(x)=ax+1$$

에 대하여 함수 $\dfrac{g(x)}{f(x)}$가 실수 전체의 집합에서 연속일 때, 상수 a의 값은?

① $-\dfrac{5}{4}$　　　② -1　　　③ $-\dfrac{3}{4}$

④ $-\dfrac{1}{2}$　　　⑤ $-\dfrac{1}{4}$

08

함수 $f(x)=\begin{cases} \dfrac{1}{x-1} & (x\neq1) \\ 2 & (x=1) \end{cases}$ 와 최고차항의 계수가 1인 이차함수 $g(x)$에 대하여 함수 $f(x)g(x)$가 모든 실수 x에서 연속일 때, $g(3)$의 값을 구하시오.

09 상위권 도전

함수 $f(x)=\begin{cases} -x^2+1 & (x\leq0) \\ x^2+2 & (x>0) \end{cases}$ 에 대하여 함수 $f(x)f(x+a)$가 $x=0$에서 연속이 되도록 하는 상수 a의 값은?

① -3　　　② -2　　　③ -1

④ 1　　　⑤ 2

10 중요

두 함수 $f(x)=x^2+2x+1$, $g(x)=x^2+2ax+4$에 대하여 함수 $h(x)=\dfrac{f(x)}{g(x)}$가 모든 실수 x에서 연속이 되도록 하는 실수 a의 값의 범위를 구하시오.

11

두 함수 $f(x)=|3-x|$, $g(x)=x^2+1$에 대하여 다음 함수 중 모든 실수 x에서 연속이 <u>아닌</u> 것은?

① $f(x)-2g(x)$　　　② $\{f(x)\}^2$　　　③ $f(x)g(x)+1$

④ $2f(g(x))$　　　⑤ $\dfrac{f(x)+1}{g(x)-1}$

12

닫힌구간 $[-k,\ k]$에서 정의된 함수 $f(x)=\dfrac{1}{x+5}$이 최댓값과 최솟값이 모두 존재하도록 하는 자연수 k의 최댓값은?

① 2　　　② 3　　　③ 4

④ 5　　　⑤ 6

13

|2008 교육청|

두 함수 $f(x)=x^5+x^3-3x^2+k$, $g(x)=x^3-5x^2+3$에 대하여 구간 $(1,\ 2)$에서 방정식 $f(x)=g(x)$가 적어도 하나의 실근을 갖도록 하는 정수 k의 개수를 구하시오.

122쪽에서 **2배속 TEST**를 만나보세요!

V.

다항함수의 미분법

▶ 유형 01 평균변화율과 미분계수

함수 $y=f(x)$에 대하여

(1) x의 값이 a에서 b까지 변할 때의 평균변화율은

$$\frac{\Delta y}{\Delta x}=\frac{f(b)-f(a)}{b-a}=\frac{f(a+\Delta x)-f(a)}{\Delta x}$$

(2) $x=a$에서의 미분계수는

$$f'(a)=\lim_{\Delta x\to 0}\frac{\Delta y}{\Delta x}=\lim_{\Delta x\to 0}\frac{f(a+\Delta x)-f(a)}{\Delta x}$$
$$=\lim_{x\to a}\frac{f(x)-f(a)}{x-a}$$

01 대표 문제

함수 $f(x)=x^2-x+1$에 대하여 x의 값이 -2에서 4까지 변할 때의 평균변화율과 $x=k$에서의 미분계수가 서로 같을 때, 상수 k의 값은?

① -2 ② -1 ③ 0
④ 1 ⑤ 2

01-1

함수 $f(x)=x^3+ax^2$의 $x=1$에서의 미분계수가 9일 때, 상수 a의 값은?

① 1 ② 3 ③ 5
④ 7 ⑤ 9

01-2

함수 $f(x)=x^2-6x$에 대하여 x의 값이 a에서 b까지 변할 때의 평균변화율과 $x=3$에서의 미분계수가 서로 같을 때, 상수 a, b에 대하여 $a+b$의 값을 구하시오. (단, $a<b$)

▶ 유형 02 미분계수를 이용한 극한값의 계산 (1)

$f'(a)$가 존재하고 주어진 식을 $\lim_{\square\to 0}\dfrac{f(a+\square)-f(a)}{\square}$ 꼴로 변형할 수 있을 때

(1) $\lim_{h\to 0}\dfrac{f(a+h)-f(a)}{h}=f'(a)$

(2) $\lim_{h\to 0}\dfrac{f(a+mh)-f(a)}{h}=mf'(a)$

(3) $\lim_{h\to 0}\dfrac{f(a+mh)-f(a+nh)}{h}=(m-n)f'(a)$

02 대표 문제

미분가능한 함수 $f(x)$에 대하여 $f'(1)=2$일 때, $\lim_{h\to 0}\dfrac{f(1+3h)-f(1)}{2h}$의 값은?

① 3 ② 4 ③ 5
④ 6 ⑤ 7

02-1

미분가능한 함수 $f(x)$에 대하여 $f'(a)=4$일 때, $\lim_{h\to 0}\dfrac{f(a+h)-f(a-h)}{h}$의 값은?

① 2 ② 4 ③ 6
④ 8 ⑤ 10

02-2

미분가능한 함수 $f(x)$에 대하여 $\lim_{h\to 0}\dfrac{f(2-h)-f(2)}{h}=-1$일 때, $\lim_{h\to 0}\dfrac{f(2+3h)-f(2-5h)}{2h}$의 값은?

① -4 ② -1 ③ 1
④ 4 ⑤ 8

▶ 유형 03 미분계수를 이용한 극한값의 계산 (2)

$f'(a)$가 존재하고 주어진 식을 $\lim\limits_{\square \to \triangle} \dfrac{f(\square)-f(\triangle)}{\square-\triangle}$ 꼴로 변형할 수 있을 때

(1) $\lim\limits_{x \to a} \dfrac{f(x)-f(a)}{x-a} = f'(a)$

(2) $\lim\limits_{x \to a} \dfrac{f(x)-f(a)}{x^2-a^2} = \lim\limits_{x \to a} \left\{ \dfrac{f(x)-f(a)}{x-a} \times \dfrac{1}{x+a} \right\}$
$= \dfrac{1}{2a} f'(a)$

(3) $\lim\limits_{x \to a} \dfrac{f(mx)-f(ma)}{x-a} = \lim\limits_{x \to a} \dfrac{f(mx)-f(ma)}{mx-ma} \times m$
$= m f'(a)$

(4) $\lim\limits_{x \to a} \dfrac{f(x)-p}{x-a} = q \blacktriangleright f(a)=p,\ f'(a)=q$

03 대표 문제

미분가능한 함수 $f(x)$에 대하여 $f'(2)=12$일 때, $\lim\limits_{x \to 2} \dfrac{f(x)-f(2)}{x^2-4}$ 의 값은?

① 1 ② 2 ③ 3
④ 4 ⑤ 5

03-1

다항함수 $f(x)$에 대하여 $f'(3)=2$일 때, $\lim\limits_{x \to 3} \dfrac{x^2-9}{f(x)-f(3)}$ 의 값은?

① 2 ② 3 ③ 4
④ 5 ⑤ 6

03-2

미분가능한 함수 $f(x)$에 대하여 $f(1)=3$, $f'(1)=-2$일 때, $\lim\limits_{x \to 1} \dfrac{x^2 f(1)-f(x)}{x-1}$ 의 값은?

① 2 ② 4 ③ 6
④ 8 ⑤ 10

▶ 유형 04 미분가능성과 연속성

(1) 함수 $f(x)$의 $x=a$에서의 미분계수
$f'(a) = \lim\limits_{h \to 0} \dfrac{f(a+h)-f(a)}{h}$ 가 존재하면 $f(x)$는 $x=a$에서 미분가능하다.

(2) 함수 $f(x)$가 $x=a$에서 미분가능하면 $f(x)$는 $x=a$에서 연속이다. 그러나 일반적으로 그 역은 성립하지 않는다.

4배속 부스터 ▶▶

함수 $f(x)$가 $x=a$에서 불연속이거나 $x=a$에서 연속이지만 $x=a$에서 그래프가 뾰족점을 가지면 미분가능하지 않아!

04 대표 문제

다음 | 보기|의 함수 중 $x=0$에서 미분가능한 것만을 있는 대로 고르시오.

보기

ㄱ. $f(x) = \dfrac{1}{x}$ ㄴ. $f(x) = x + |x|$

ㄷ. $f(x) = \begin{cases} x^2+x & (x<0) \\ x & (x \geq 0) \end{cases}$

04-1

다음 중 $x=1$에서 연속이지만 미분가능하지 않은 함수는?
(단, $[x]$는 x보다 크지 않은 최대의 정수이다.)

① $f(x) = (x-1)^2$ ② $f(x) = |x|$
③ $f(x) = \dfrac{|x-1|}{x-1}$ ④ $f(x) = [x]$
⑤ $f(x) = \begin{cases} x+2 & (x<1) \\ -x^2+4x & (x \geq 1) \end{cases}$

04-2

열린구간 $(a,\ f)$에서 정의된 함수 $y=f(x)$의 그래프가 오른쪽 그림과 같을 때, $f(x)$가 불연속인 점의 개수를 m, 미분가능하지 않은 점의 개수를 n이라 하자. $m+n$의 값을 구하시오.

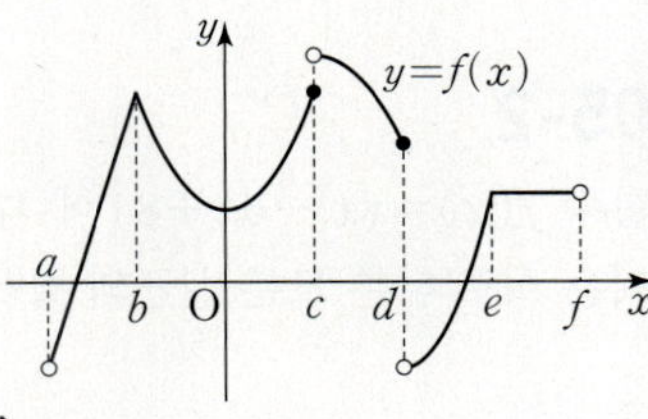

● 유형 **05** **미분법**

(1) 미분가능한 함수 $y=f(x)$의 도함수는

$$f'(x)=\lim_{\Delta x \to 0} \frac{f(x+\Delta x)-f(x)}{\Delta x}$$

(2) 미분법의 공식

세 함수 $f(x), g(x), h(x)$가 미분가능할 때

① $y=x^n$ (n은 양의 정수) ▶ $y'=nx^{n-1}$

② $y=c$ (c는 상수) ▶ $y'=0$

③ $y=cf(x)$ (c는 상수) ▶ $y'=cf'(x)$

④ $y=f(x)\pm g(x)$ ▶ $y'=f'(x)\pm g'(x)$ (복부호동순)

⑤ $y=f(x)g(x)$ ▶ $y'=f'(x)g(x)+f(x)g'(x)$

⑥ $y=f(x)g(x)h(x)$

$$\blacktriangleright\ y'=f'(x)g(x)h(x)+f(x)g'(x)h(x)$$
$$+f(x)g(x)h'(x)$$

⑦ $y=\{f(x)\}^n$ ($n \geq 2$인 정수) ▶ $y'=n\{f(x)\}^{n-1}f'(x)$

05 대표 문제

함수 $f(x)=2x^3+3x^2-2x-3$에 대하여 $f'(a)=10$일 때, 양수 a의 값은?

① 1 ② 2 ③ 3
④ 4 ⑤ 5

05-1

함수 $f(x)=(x^2+1)(x+2)$에 대하여 $f(1)f'(1)$의 값은?

① 48 ② 60 ③ 72
④ 84 ⑤ 96

05-2

함수 $f(x)=(x^2-6x+8)^4$에 대하여 방정식 $f'(x)=0$을 만족시키는 서로 다른 모든 실근의 합을 구하시오.

● 유형 **06** **미분가능한 함수의 미정계수의 결정**

함수 $f(x)$가 $x=a$에서 미분가능하면

(ⅰ) $x=a$에서 연속 ▶ $\lim\limits_{x \to a} f(x)=f(a)$

(ⅱ) $x=a$에서의 미분계수가 존재

$$\blacktriangleright \lim_{h \to 0+} \frac{f(a+h)-f(a)}{h}=\lim_{h \to 0-} \frac{f(a+h)-f(a)}{h}$$

06 대표 문제

함수 $f(x)=\begin{cases} x-a & (x<1) \\ x^2+bx & (x \geq 1) \end{cases}$ 가 $x=1$에서 미분가능할 때, 상수 a, b에 대하여 $a-b$의 값은?

① -2 ② -1 ③ 0
④ 1 ⑤ 2

06-1

함수 $f(x)=\begin{cases} ax^2+2x-3 & (x<2) \\ x^2+b & (x \geq 2) \end{cases}$ 가 모든 실수 x에 대하여 미분가능할 때, 상수 a, b에 대하여 ab의 값은?

① $-\dfrac{1}{2}$ ② $-\dfrac{1}{4}$ ③ 0
④ $\dfrac{1}{4}$ ⑤ $\dfrac{1}{2}$

06-2

함수 $f(x)=|x|(x+a)$가 모든 실수 x에 대하여 미분가능할 때, $f(3)$의 값은? (단, a는 상수이다.)

① 3 ② 6 ③ 9
④ 12 ⑤ 15

01

함수 $f(x)=x^3-1$에 대하여 x의 값이 a에서 2까지 변할 때의 평균변화율과 $x=a$에서의 미분계수가 서로 같을 때, 상수 a의 값은? (단, $a<2$)

① $-\dfrac{3}{2}$ ② -1 ③ $-\dfrac{1}{2}$

④ 0 ⑤ $\dfrac{1}{2}$

02

모든 실수 x에 대하여 $f(x+1)-f(1)=x^3+3x^2+5x$를 만족시키는 다항함수 $f(x)$가 있다. 함수 $f(x)$에 대하여 x의 값이 1에서 2까지 변할 때의 평균변화율을 a, $x=1$에서의 미분계수를 b라 할 때, $a+b$의 값을 구하시오.

03

그림은 이차함수 $y=f(x)$의 그래프이다. 함수 $g(x)$를

$$g(x)=\frac{f(x)-f(2)}{x-2}\ (x\neq2)$$

라 할 때, 다음 중 $f'(2)$, $g(4)$, $g(6)$의 대소 관계로 옳은 것은?

① $f'(2)<g(4)<g(6)$
② $f'(2)<g(6)<g(4)$
③ $g(4)<f'(2)<g(6)$
④ $g(4)<g(6)<f'(2)$
⑤ $g(6)<f'(2)<g(4)$

04

함수 $y=f(x)$의 그래프 위의 점 $(1, 2)$에서의 접선의 기울기가 3일 때, $\displaystyle\lim_{h\to0}\frac{\{f(1+h)\}^2-4}{h}$의 값은?

① 4   ② 8   ③ 12

④ 16   ⑤ 20

05

실수 전체의 집합에서 미분가능한 함수 $f(x)$에 대하여 |보기|에서 그 값이 $f'(a)$와 같은 것만을 있는 대로 고른 것은?

보기

ㄱ. $\displaystyle\lim_{t\to a}\frac{f(t)-f(a)}{t-a}$ ㄴ. $\displaystyle\lim_{h\to0}\frac{f(a)-f(a-2h)}{2h}$

ㄷ. $\displaystyle\lim_{x\to a}\frac{f(x^2)-f(a^2)}{x^2-a^2}$

① ㄱ   ② ㄴ   ③ ㄱ, ㄴ

④ ㄴ, ㄷ   ⑤ ㄱ, ㄴ, ㄷ

06

다항함수 $f(x)$가 모든 실수 x, y에 대하여

$$f(x+y)=f(x)+f(y)+2xy$$

를 만족시키고 $f'(0)=2$일 때, $f'(3)$의 값은?

① 2   ② 4   ③ 6

④ 8   ⑤ 10

07 상위권 도전

|2018 교육청|

두 다항함수 $f(x)$, $g(x)$에 대하여 $f(1)=2$, $f'(1)=3$, $g(1)=5$, $g'(1)=2$일 때,

$$\lim_{n\to\infty}n\left\{f\left(1+\frac{1}{n}\right)g\left(1+\frac{3}{n}\right)-f(1)g(1)\right\}$$

의 값을 구하시오.

08 중요

다음 |보기|의 함수 중 $x=0$에서 미분가능한 것만을 있는 대로 고르시오.

보기

ㄱ. $f(x)=|x|$ ㄴ. $f(x)=|x|^2$

ㄷ. $f(x)=\begin{cases} 4x+1 & (x<0) \\ x^2+4x+1 & (x\geq0) \end{cases}$

09

구간 $(-2, 6)$에서 정의된 함수 $y=f(x)$의 그래프가 그림과 같을 때, 다음 중 옳지 <u>않은</u> 것은?

① $f'(1)>0$
② $\lim\limits_{x \to 2} f(x)$의 값이 존재한다.
③ 불연속인 x의 값은 2개이다.
④ $f'(x)=0$인 점은 2개이다.
⑤ 미분가능하지 않은 x의 값은 3개이다.

10

이차함수 $f(x)$가 $f(0)=2$, $f'(1)=3$, $f'(2)=-2$를 만족시킬 때, $f(4)$의 값을 구하시오

11

함수 $f(x)=(x-2)(2x-1)(3x+2)$의 $x=2$에서의 미분계수는?

① 20   ② 24   ③ 28
④ 32   ⑤ 36

12

|2019 평가원|

함수 $f(x)=ax^2+b$가 모든 실수 x에 대하여
$$4f(x)=\{f'(x)\}^2+x^2+4$$
를 만족시킨다. $f(2)$의 값은? (단, a, b는 상수이다.)

① 3   ② 4   ③ 5
④ 6   ⑤ 7

13 중요

두 함수 $f(x)=x^3+3x+2$, $g(x)=-x^2+2x+2$에 대하여 $\lim\limits_{x \to 0} \dfrac{f(x)g(x)-4}{x}$의 값을 구하시오.

14

다항함수 $f(x)$에 대하여 $\lim\limits_{x \to 2} \dfrac{f(x)-3}{x-2}=1$이고, 함수 $g(x)$를 $g(x)=(x+1)f(x)$라 할 때, $g'(2)$의 값은?

① 2   ② 4   ③ 6
④ 8   ⑤ 10

15

|2018 교육청|

함수
$$f(x)=\begin{cases} 2x^2+ax & (x<2) \\ 4x+b & (x \geq 2) \end{cases}$$
가 실수 전체의 집합에서 미분가능할 때, ab의 값은?

(단, a와 b는 상수이다.)

① 24   ② 26   ③ 28
④ 30   ⑤ 32

DAY 15 · 2배속 PLAY ▶

접선의 방정식과 평균값 정리

▶ 유형 07 ｜ 접점이 주어진 접선의 방정식

곡선 $y=f(x)$ 위의 점 $(a, f(a))$에서의 접선의 방정식은
$$y-f(a)=f'(a)(x-a)$$

07 대표 문제

곡선 $y=x^3+2x^2-4x+5$ 위의 점 $(1, 4)$에서의 접선의 방정식은?

① $y=x+3$ ② $y=2x+2$ ③ $y=3x+1$
④ $y=4x$ ⑤ $y=5x-1$

07-1

곡선 $y=ax^2+bx+2$ 위의 점 $(1, 2)$에서의 접선의 기울기가 3일 때, 상수 a, b에 대하여 $a-b$의 값은?

① -6 ② -3 ③ 0
④ 3 ⑤ 6

07-2

다항함수 $f(x)$가 $\lim\limits_{x\to 3}\dfrac{f(x)-1}{x-3}=5$를 만족시킬 때, 곡선 $y=f(x)$ 위의 점 $(3, a)$에서의 접선의 방정식은 $y=mx+n$이다. $a+m-n$의 값을 구하시오. (단, m, n은 상수이다.)

▶ 유형 08 ｜ 기울기가 주어진 접선의 방정식

곡선 $y=f(x)$의 접선의 기울기 m이 주어지면
❶ 접점의 좌표를 $(t, f(t))$로 놓는다.
❷ $f'(t)=m$임을 이용하여 접점의 좌표를 구한다.
❸ $y-f(t)=m(x-t)$를 이용하여 접선의 방정식을 구한다.

4배속 부스터 ≫≫

평행한 두 직선의 기울기는 서로 같고, 수직인 두 직선의 기울기의 곱은 -1임을 기억해!

08 대표 문제

곡선 $y=x^3+3x^2+2x$에 접하고 기울기가 -1인 접선의 방정식이 $y=ax+b$일 때, 상수 a, b에 대하여 ab의 값은?

① 1 ② 2 ③ 3
④ 4 ⑤ 5

08-1

곡선 $y=-x^2+2x+1$에 접하고 직선 $y=3x+4$에 평행한 접선의 방정식은?

① $12x-4y+1=0$ ② $6x-2y+1=0$ ③ $12x-4y+3=0$
④ $3x-y+1=0$ ⑤ $12x-4y+5=0$

08-2

함수 $f(x)=x^2-4x+a$의 그래프 위의 점 $(b, 0)$에서의 접선과 수직인 직선의 기울기가 $-\dfrac{1}{2}$일 때, 상수 a, b에 대하여 $a+b$의 값은?

① 3 ② 6 ③ 9
④ 12 ⑤ 15

▶ 유형 09   곡선 밖의 한 점에서 곡선에 그은 접선의 방정식

곡선 $y=f(x)$ 밖의 한 점 (a, b)가 주어지면
❶ 접점의 좌표를 $(t, f(t))$로 놓는다.
❷ $y-f(t)=f'(t)(x-t)$에 $x=a$, $y=b$를 대입하여 t의 값을 구한다.
❸ t의 값을 $y-f(t)=f'(t)(x-t)$에 대입하여 접선의 방정식을 구한다.

09 대표 문제

점 $(-1, 0)$에서 곡선 $y=x^3+5$에 그은 접선이 y축과 만나는 점의 좌표를 $(0, a)$라 할 때, a의 값은?

① 1 　　　　② 2 　　　　③ 3
④ 4 　　　　⑤ 5

09-1

점 $(1, 2)$에서 곡선 $y=-x^2+2x$에 그은 접선의 방정식을 구하시오.

09-2

점 $(2, 0)$에서 곡선 $y=x^2-4x+5$에 그은 두 접선의 기울기를 각각 m_1, m_2라 할 때, m_1+m_2의 값은?

① -4 　　　　② -2 　　　　③ 0
④ 2 　　　　⑤ 4

▶ 유형 10   공통접선

두 곡선 $y=f(x)$, $y=g(x)$가 $x=t$인 점에서 공통접선을 가지면
(1) $x=t$인 점에서 두 곡선이 만난다.
　▶ $f(t)=g(t)$
(2) $x=t$인 점에서의 두 곡선의 접선의 기울기가 같다.
　▶ $f'(t)=g'(t)$

4배속 부스터 ≫

$x=t$인 점은 교점이면서 접점이 됨을 기억해!

10 대표 문제

두 곡선 $y=x^3$, $y=-x^2+ax+b$가 $x=1$인 점에서 공통접선을 가질 때, 상수 a, b에 대하여 ab의 값은?

① -15 　　　　② -10 　　　　③ -5
④ 0 　　　　⑤ 5

10-1

두 곡선 $y=x^2+x+1$, $y=-x^2+9x-7$이 한 점에서 공통접선을 가질 때, 이 접선의 방정식은?

① $y=3x+2$ 　　　② $y=4x-3$ 　　　③ $y=4x+5$
④ $y=5x-3$ 　　　⑤ $y=5x-4$

10-2

두 함수 $f(x)=-x^2+a$, $g(x)=x^2-4x+b$의 그래프가 $x=k$인 점에서만 만날 때, $b-a+k$의 값을 구하시오.
(단, a, b는 상수이다.)

❶ 유형 11   롤의 정리

함수 $f(x)$가 닫힌구간 $[a, b]$에서 연속이고 열린구간 (a, b)에서 미분가능할 때, $f(a)=f(b)$이면 $f'(c)=0$인 c가 열린구간 (a, b)에 적어도 하나 존재한다.

4배속 부스터 ▶▶▶

롤의 정리는 기하적으로 곡선 $y=f(x)$에 대하여 $f(a)=f(b)$이면 x축과 평행한 접선을 갖는 곡선 $y=f(x)$ 위의 점이 열린구간 (a, b)에 적어도 하나 존재함을 의미해!

11 대표 문제

함수 $f(x)=2x^2-8x-9$에 대하여 닫힌구간 $[-1, 5]$에서 롤의 정리를 만족시키는 실수 c의 값은?

① 0   ② 1   ③ 2

④ 3   ⑤ 4

11-1

함수 $f(x)=(x+2)(x-3)^2$에 대하여 닫힌구간 $[-2, 3]$에서 롤의 정리를 만족시키는 실수 c의 값은?

① $-\dfrac{3}{4}$ ② $-\dfrac{1}{2}$ ③ $-\dfrac{1}{3}$

④ 0   ⑤ $\dfrac{1}{3}$

11-2

함수 $f(x)=x^3-9x+2$에 대하여 닫힌구간 $[-3, a]$에서 롤의 정리를 만족시키는 실수 c의 값이 2개일 때, a의 값을 구하시오. (단, $a>-3$)

❶ 유형 12   평균값 정리

함수 $f(x)$가 닫힌구간 $[a, b]$에서 연속이고 열린구간 (a, b)에서 미분가능하면 $\dfrac{f(b)-f(a)}{b-a}=f'(c)$인 c가 열린구간 (a, b)에 적어도 하나 존재한다.

4배속 부스터 ▶▶▶

(1) 평균값 정리는 기하적으로 곡선 $y=f(x)$ 위의 두 점 $(a, f(a))$, $(b, f(b))$를 지나는 직선과 평행한 접선을 갖는 곡선 $y=f(x)$ 위의 점이 열린구간 (a, b)에 적어도 하나 존재함을 의미해!
(2) 평균값 정리에서 $f(a)=f(b)$인 경우가 롤의 정리야!

12 대표 문제

함수 $f(x)=2x^2-4x+3$에 대하여 닫힌구간 $[0, 3]$에서 평균값 정리를 만족시키는 실수 c의 값은?

① 0   ② $\dfrac{1}{2}$ ③ 1

④ $\dfrac{3}{2}$ ⑤ 2

12-1

함수 $f(x)=x^3+x+2$에 대하여 닫힌구간 $[-1, k]$에서 평균값 정리를 만족시키는 실수 c의 값이 1일 때, 양수 k의 값은?

① $\dfrac{1}{2}$ ② 1   ③ $\dfrac{3}{2}$

④ 2   ⑤ $\dfrac{5}{2}$

12-2

함수 $y=f(x)$의 그래프가 오른쪽 그림과 같을 때, $\dfrac{f(b)-f(a)}{b-a}=f'(c)$를 만족시키는 실수 c의 개수를 구하시오. (단, $a<c<b$)

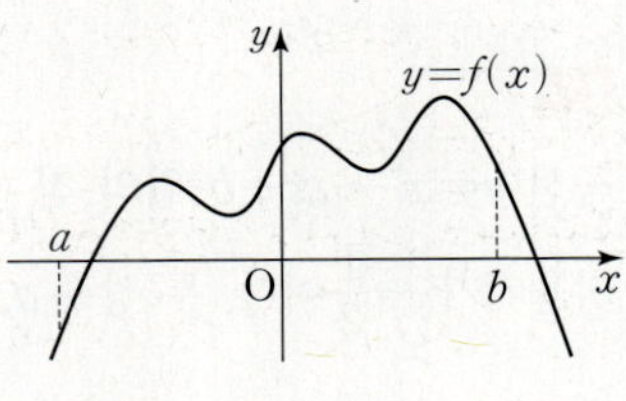

01

곡선 $y=3x^3+5x^2+1$ 위의 점 $(-1, 3)$에서의 접선과 x축 및 y축으로 둘러싸인 도형의 넓이는?

① $\dfrac{1}{2}$ ② 1 ③ $\dfrac{3}{2}$

④ 2 ⑤ $\dfrac{5}{2}$

02

곡선 $y=-x^3+2x^2+6x-7$ 위의 점 $A(2, 5)$에서의 접선이 이 곡선과 다시 만나는 점을 $B(a, b)$라 할 때, ab의 값은?

① -6 ② -3 ③ 0

④ 3 ⑤ 6

03

다항함수 $f(x)$에 대하여 $\displaystyle\lim_{x\to3}\dfrac{f(x)-2}{x-3}=4$일 때, 곡선 $y=f(x)$ 위의 점 $(3, f(3))$에서의 접선의 방정식은 $ax-y+b=0$이다. 상수 a, b에 대하여 $a-b$의 값을 구하시오.

04

|2017 수능|

곡선 $y=x^3-ax+b$ 위의 점 $(1, 1)$에서의 접선과 수직인 직선의 기울기가 $-\dfrac{1}{2}$이다. 두 상수 a, b에 대하여 $a+b$의 값을 구하시오.

05

곡선 $y=x^3-3x^2+3x$에 접하는 직선 중 직선 $y=3x+2$와 평행한 접선은 2개 존재한다. 이 두 접선 사이의 거리를 d라 할 때, $10d^2$의 값은?

① 12 ② 14 ③ 16

④ 18 ⑤ 20

06 중요

곡선 $y=x^3+6x^2+9x$에 접하는 직선 중 기울기가 최소인 직선의 방정식을 $y=f(x)$라 할 때, $f(-4)$의 값을 구하시오.

07

|2015 수능|

함수 $f(x)=x(x+1)(x-4)$에 대하여 직선 $y=5x+k$와 함수 $y=f(x)$의 그래프가 서로 다른 두 점에서 만날 때, 양수 k의 값은?

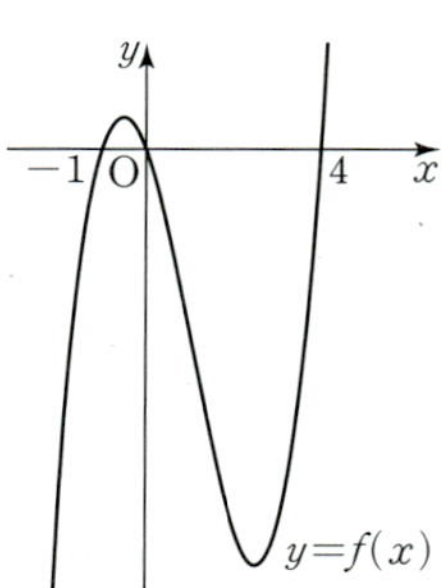

① 5 ② $\dfrac{11}{2}$ ③ 6

④ $\dfrac{13}{2}$ ⑤ 7

08

그림과 같이 직선 $y=x+k$는 곡선 $y=x^2$과 점 A에서 접하고, 곡선 $y=x^2-2x+a$와 점 B에서 접한다. 상수 a, k에 대하여 $a+k$의 값은?

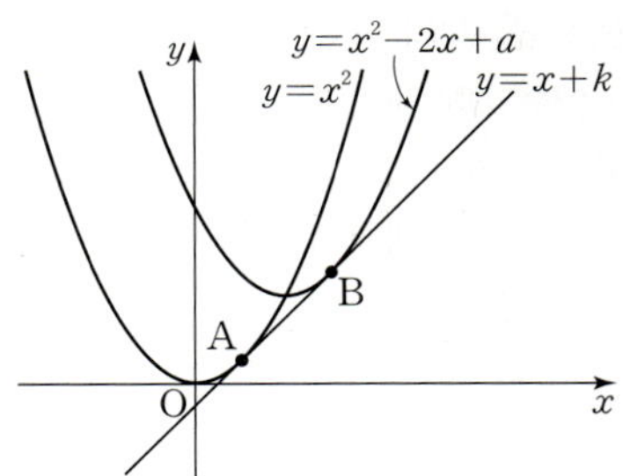

① $\dfrac{1}{4}$ ② $\dfrac{3}{4}$ ③ $\dfrac{5}{4}$

④ $\dfrac{7}{4}$ ⑤ $\dfrac{9}{4}$

09

|2012 평가원|

점 $(0, -4)$에서 곡선 $y=x^3-2$에 그은 접선이 x축과 만나는 점의 좌표를 $(a, 0)$이라 할 때, a의 값은?

① $\dfrac{7}{6}$ ② $\dfrac{4}{3}$ ③ $\dfrac{3}{2}$

④ $\dfrac{5}{3}$ ⑤ $\dfrac{11}{6}$

10 중요 | 상위권 | 도전

점 $(-2, 0)$과 함수 $f(x)=-x^2+\dfrac{5}{2}x$의 그래프 위의 점 $(a, f(a))$를 지나는 직선의 기울기가 최대일 때의 a의 값을 k라 할 때, $f(k)$의 값은? (단, $a>0$)

① $\dfrac{1}{2}$ ② $\dfrac{3}{4}$ ③ 1

④ $\dfrac{5}{4}$ ⑤ $\dfrac{3}{2}$

11 중요

두 곡선 $y=2x^2-x$, $y=x^3-3x^2+6x-3$이 점 (a, b)에서 공통접선을 가질 때, 이 접선의 y절편은?

① -2 ② -1 ③ 0

④ 1 ⑤ 2

12

함수 $f(x)=x^4-5x^2+5$에 대하여 닫힌구간 $[-2, a]$에서 롤의 정리를 만족시키는 실수 c의 개수가 최대가 되도록 하는 정수 a의 최솟값은? (단, $a>-2$)

① -1 ② 0 ③ 1

④ 2 ⑤ 3

13

실수 전체의 집합에서 미분가능한 함수 $y=f(x)$의 그래프와 직선 $y=3x+2$가 x좌표가 각각 1, 2, 3, 4, 5인 5개의 점에서 만날 때, 열린구간 $(1, 5)$에서 $f'(c)=3$인 실수 c가 적어도 k개 존재한다. k의 값을 구하시오.

14 상위권 | 도전

다항함수 $f(x)$에 대하여 $f(0)=1$이고, $0<x<2$인 모든 x에 대하여 $|f'(x)|\leq 4$를 만족시킬 때, $f(2)$의 최댓값은?

① 1 ② 3 ③ 5

④ 7 ⑤ 9

124쪽에서 **2**배속 TEST를 만나보세요! ▶▶▶

▶ 유형 13 함수의 증가와 감소

함수 $f(x)$가 어떤 열린구간에서 미분가능할 때, 이 구간에 속하는 모든 x에 대하여
(1) $f'(x)>0$이면 $f(x)$는 이 구간에서 증가한다.
(2) $f'(x)<0$이면 $f(x)$는 이 구간에서 감소한다.

◀4배속 부스터 ≫
$f'(x)=0$인 x의 값은 증가하는 구간과 감소하는 구간에 모두 포함될 수 있어!

13 대표 문제

함수 $f(x)=-x^3+x^2+x-1$이 증가하는 x의 값의 범위가 $a\le x\le b$일 때, 상수 a, b에 대하여 $b-a$의 값은?

① 1
② $\dfrac{4}{3}$
③ $\dfrac{5}{3}$
④ 2
⑤ $\dfrac{7}{3}$

13-1

다음 중 함수 $f(x)=4x^3-6x^2-24x$가 감소하는 구간에 속하지 <u>않는</u> 값은?

① -1
② 0
③ 1
④ 2
⑤ 3

13-2

함수 $f(x)=-x^3+3x^2+ax+2$가 증가하는 x의 값의 범위가 $b\le x\le 4$일 때, 상수 a, b에 대하여 $a-b$의 값을 구하시오.

▶ 유형 14 삼차함수가 실수 전체의 집합에서 증가 또는 감소하기 위한 조건

최고차항의 계수가 a인 삼차함수 $f(x)$에 대하여 이차방정식 $f'(x)=0$의 판별식을 D라 할 때, $f(x)$가 실수 전체의 집합에서
(1) 증가 ▶ 모든 실수 x에 대하여 $f'(x)\ge 0$
　　　　▶ $a>0$, $D\le 0$
(2) 감소 ▶ 모든 실수 x에 대하여 $f'(x)\le 0$
　　　　▶ $a<0$, $D\le 0$

14 대표 문제

함수 $f(x)=2x^3+ax^2+ax+5$가 실수 전체의 집합에서 증가하도록 하는 실수 a의 값의 범위는?

① $a\le -6$
② $-6\le a<0$
③ $0<a\le 6$
④ $0\le a\le 6$
⑤ $a\ge 6$

14-1

함수 $f(x)=-x^3+ax^2-3ax+4$가 구간 $(-\infty, \infty)$에서 감소하도록 하는 정수 a의 최댓값을 구하시오.

14-2

함수 $f(x)=x^3+kx^2+(6-k)x+3$이 $x_1<x_2$인 임의의 두 실수 x_1, x_2에 대하여 $f(x_1)\le f(x_2)$를 만족시키도록 하는 정수 k의 개수는?

① 2
② 4
③ 6
④ 8
⑤ 10

유형 15 함수의 극대와 극소

(1) 함수 $f(x)$에서 $x=a$를 포함하는 어떤 열린구간에 속하는 모든 x에 대하여
　① $f(x) \leq f(a)$이면 함수 $f(x)$는 $x=a$에서 극대라 하고, $f(a)$를 극댓값이라 한다.
　② $f(x) \geq f(a)$이면 함수 $f(x)$는 $x=a$에서 극소라 하고, $f(a)$를 극솟값이라 한다.
(2) 미분가능한 함수 $f(x)$에 대하여 $f'(a)=0$이고, $x=a$의 좌우에서 $f'(x)$의 부호가
　① 양$(+)$에서 음$(-)$으로 바뀌면 $f(x)$는 $x=a$에서 극대이고, 극댓값 $f(a)$를 갖는다.
　② 음$(-)$에서 양$(+)$으로 바뀌면 $f(x)$는 $x=a$에서 극소이고, 극솟값 $f(a)$를 갖는다.

15 대표 문제

함수 $f(x)=x^4-2x^2+3$이 $x=a$에서 극댓값 M을 가질 때, $a+M$의 값은?

① 1　　　　② 2　　　　③ 3
④ 4　　　　⑤ 5

15-1

함수 $f(x)=2x^3-9x^2+12x-3$의 모든 극값의 합은?

① 3　　　　② 5　　　　③ 7
④ 9　　　　⑤ 11

15-2

함수 $f(x)=x^3-12x+k$가 $x=a$에서 극댓값, $x=b$에서 극솟값을 가질 때, $f(a)f(b)<0$이 되도록 하는 정수 k의 개수는?

① 29　　　　② 31　　　　③ 33
④ 35　　　　⑤ 37

유형 16 도함수의 그래프의 해석

미분가능한 함수 $f(x)$의 도함수 $y=f'(x)$의 그래프에서
(1) x축의 위쪽 부분, 즉 $f'(x)>0$인 구간에서 $f(x)$는 증가
(2) x축의 아래쪽 부분, 즉 $f'(x)<0$인 구간에서 $f(x)$는 감소
(3) x축과 만나는 부분, 즉 $f'(x)=0$인 점의 좌우에서 $f'(x)$의 부호가 바뀌면 $f(x)$는 이 점에서 극값을 갖는다.

4배속 부스터
$f'(x)=0$일지라도 x의 값의 좌우에서 $f'(x)$의 부호가 바뀌지 않으면 $f(x)$는 이 점에서 극값을 갖지 않아!

16 대표 문제

삼차함수 $f(x)$의 도함수 $y=f'(x)$의 그래프가 오른쪽 그림과 같을 때, 다음 중 옳지 <u>않은</u> 것은?

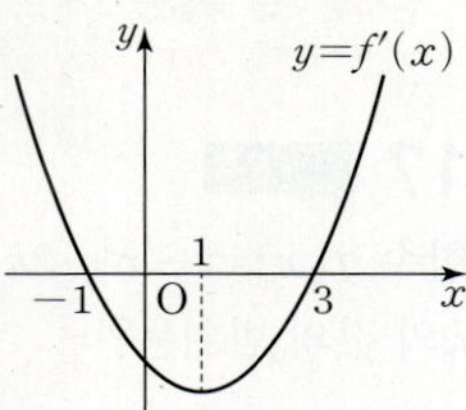

① 함수 $f(x)$는 $x \geq 3$에서 증가한다.
② 함수 $f(x)$는 $-1 \leq x \leq 3$에서 감소한다.
③ 함수 $f(x)$는 $x=-1$에서 극대이다.
④ 함수 $f(x)$는 $x=1$에서 극소이다.
⑤ 함수 $f(x)$는 2개의 극값을 갖는다.

16-1

함수 $f(x)$의 도함수 $y=f'(x)$의 그래프가 오른쪽 그림과 같다. 구간 (a, b)에서 함수 $f(x)$가 극대가 되는 점의 개수를 m, 극소가 되는 점의 개수를 n이라 할 때, mn의 값을 구하시오.

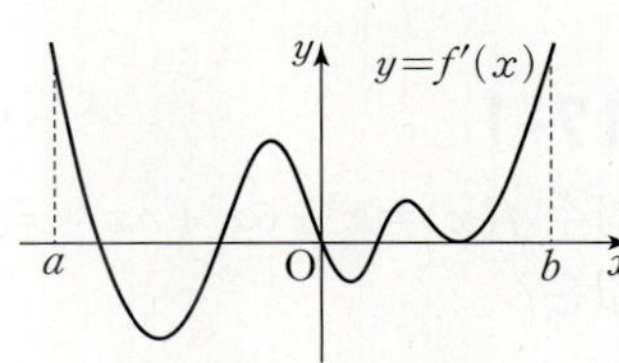

16-2

함수 $f(x)$의 도함수 $y=f'(x)$의 그래프가 다음 그림과 같다. 구간 $(-5, 7)$에서 함수 $f(x)$가 극댓값을 갖는 x의 값 중 가장 큰 값을 a, 극솟값을 갖는 x의 값 중 가장 작은 값을 b라 할 때, $a-b$의 값을 구하시오.

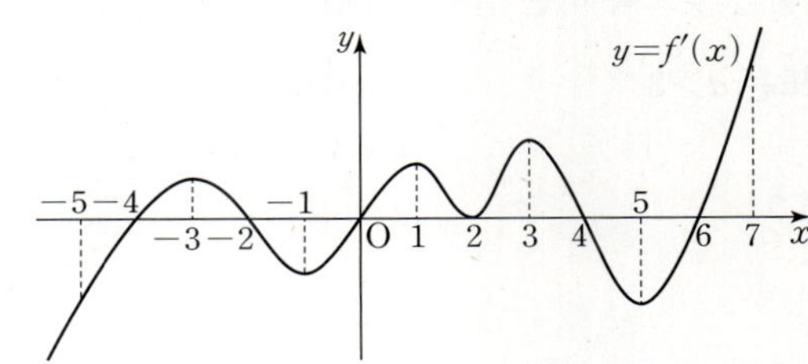

DAY 16 17

유형 17 삼차함수가 극값을 갖거나 갖지 않을 조건

삼차함수 $f(x)$에 대하여 이차방정식 $f'(x)=0$의 판별식을 D 라 할 때

(1) $f(x)$가 극값을 갖는다.
  $\iff$ 이차방정식 $f'(x)=0$이 서로 다른 두 실근을 가지므로
    $D>0$
(2) $f(x)$가 극값을 갖지 않는다.
  $\iff$ 이차방정식 $f'(x)=0$이 중근 또는 허근을 가지므로
    $D\leq0$

4배속 부스터 ▶▶

삼차함수는 극값을 2개 또는 0개만 가질 수 있어!

17 대표 문제

함수 $f(x)=-x^3-2kx^2+4kx$가 극값을 갖지 않도록 하는 실수 k의 값의 범위는?

① $k<-3$ 또는 $k>0$ ② $k\leq-3$ 또는 $k\geq0$
③ $-3<k<0$ ④ $-3\leq k\leq0$
⑤ $k\leq0$

17-1

함수 $f(x)=x^3+6x^2+ax$가 극값을 갖도록 하는 자연수 a의 최댓값은?

① 9   ② 10   ③ 11
④ 12   ⑤ 13

17-2

함수 $f(x)=x^3-ax^2+ax+1$이 $x<0$에서 극댓값을 갖고, $x>0$에서 극솟값을 갖도록 하는 실수 a의 값의 범위는?

① $a<0$ 또는 $a>3$ ② $a<0$
③ $a>3$ ④ $0<a<3$
⑤ $0\leq a\leq3$

유형 18 함수의 최대, 최소

함수 $f(x)$가 닫힌구간 $[a,\ b]$에서 연속이면 극댓값, 극솟값, $f(a)$, $f(b)$ 중 가장 큰 값이 최댓값, 가장 작은 값이 최솟값이다.

4배속 부스터 ▶▶

극댓값 또는 극솟값이 반드시 최댓값 또는 최솟값이 되는 것은 아님에 유의해!

18 대표 문제

닫힌구간 $[0,\ 3]$에서 함수 $f(x)=x^3-6x^2+9x+5$의 최댓값은?

① 5   ② 9   ③ 13
④ 17   ⑤ 21

18-1

닫힌구간 $[-3,\ 3]$에서 함수 $f(x)=x^3-12x+6$의 최댓값을 M, 최솟값을 m이라 할 때, $M-m$의 값을 구하시오.

18-2

닫힌구간 $[-1,\ 4]$에서 함수 $f(x)=-2x^3+3x^2+12x+k$의 최댓값이 15일 때, 함수 $f(x)$의 최솟값은? (단, k는 상수이다.)

① -37 ② -34 ③ -31
④ -28 ⑤ -25

18-3

한 변의 길이가 30 cm인 정사각형 모양의 종이의 네 모퉁이에서 같은 크기의 정사각형을 잘라 내고 남은 부분을 접어 뚜껑이 없는 직육면체 모양의 상자를 만들려고 한다. 잘라 낸 정사각형의 한 변의 길이를 x cm라 할 때, 이 상자의 부피가 최대가 되도록 하는 x의 값을 구하시오.

01

함수 $f(x)=-x^3+3x^2+9x-1$이 증가하는 구간에 속하는 정수의 개수는?

① 1   ② 2   ③ 3
④ 4   ⑤ 5

02

|2016 평가원|

함수 $f(x)=\dfrac{1}{3}x^3-9x+3$이 열린구간 $(-a,\ a)$에서 감소할 때, 양수 a의 최댓값을 구하시오.

03

함수 $f(x)=3x^3-3ax^2+(4a+12)x-1$의 역함수가 존재하도록 하는 실수 a의 최댓값을 M, 최솟값을 m이라 할 때, $M-m$의 값을 구하시오.

04

함수 $y=f(x)$의 그래프가 그림과 같을 때, 다음 중 $\dfrac{f'(x)}{f(x)}<0$을 만족시키는 구간은?

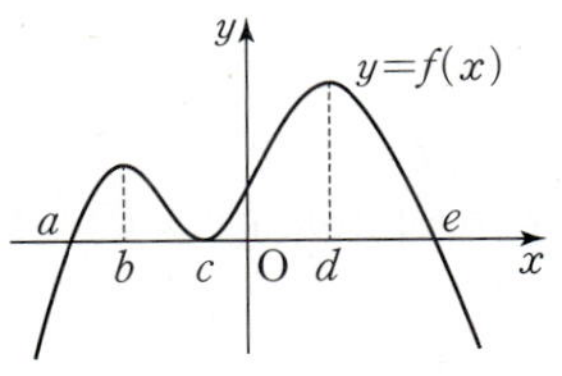

① $(a,\ b)$ ② $(b,\ c)$
③ $(b,\ d)$ ④ $(c,\ d)$
⑤ $(c,\ e)$

05

함수 $f(x)=(x-1)^2(x+5)+3$의 극댓값을 M, 극솟값을 m이라 할 때, $M-m$의 값은?

① 20   ② 24   ③ 28
④ 32   ⑤ 36

06 중요

|2020 수능|

함수 $f(x)=-x^4+8a^2x^2-1$이 $x=b$와 $x=2-2b$에서 극대일 때, $a+b$의 값은? (단, a, b는 $a>0$, $b>1$인 상수이다.)

① 3   ② 5   ③ 7
④ 9   ⑤ 11

07

|2019 교육청|

삼차함수 $f(x)$에 대하여 방정식 $f'(x)=0$의 두 실근 α, β는 다음 조건을 만족시킨다.

> (가) $|\alpha-\beta|=10$
> (나) 두 점 $(\alpha,\ f(\alpha))$, $(\beta,\ f(\beta))$ 사이의 거리는 26이다.

함수 $f(x)$의 극댓값과 극솟값의 차는?

① $12\sqrt{2}$ ② 18   ③ 24
④ 30   ⑤ $24\sqrt{2}$

08 중요

함수 $f(x)$의 도함수 $y=f'(x)$의 그래프가 그림과 같을 때, 다음 중 옳은 것은?

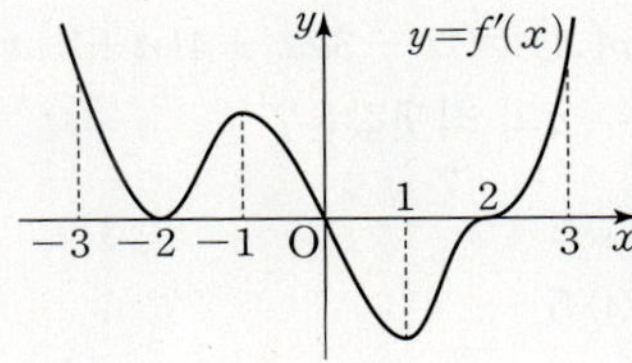

① 함수 $f(x)$는 구간 $[-1,\ 0]$에서 감소한다.
② 함수 $f(x)$는 구간 $[1,\ 3]$에서 증가한다.
③ 함수 $f(x)$는 $x=-2$에서 극대이다.
④ 함수 $f(x)$는 $x=0$에서 극소이다.
⑤ 함수 $f(x)$는 구간 $(-3,\ 3)$에서 2개의 극값을 갖는다.

09

함수 $f(x)$의 도함수 $y=f'(x)$의 그래프가 그림과 같을 때, 다음 중 함수 $y=f(x)$의 그래프의 개형이 될 수 있는 것은?

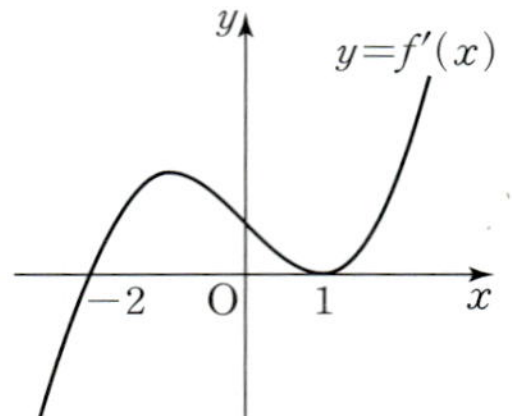

① 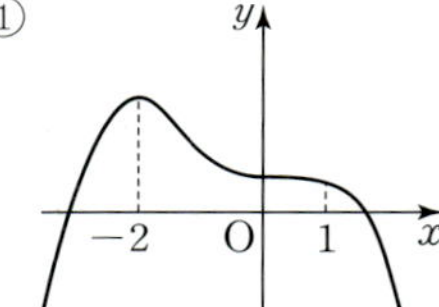

② 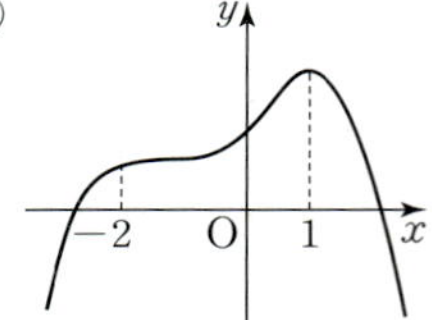

③ 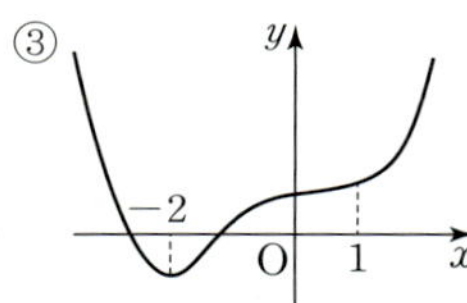

④ 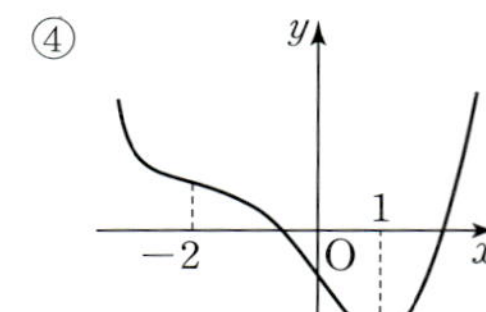

⑤ 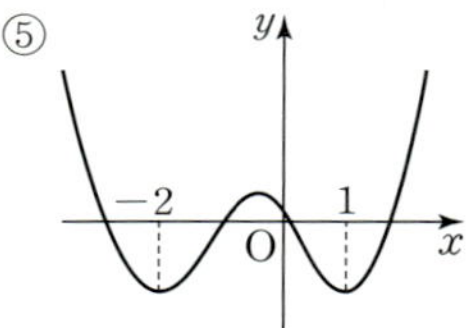

10 중요

함수 $f(x)=-\dfrac{1}{3}x^3+ax^2-9x+5$가 극값을 갖고, 함수 $g(x)=3x^3-3ax^2+4(a+3)x+1$이 극값을 갖지 않도록 하는 실수 a의 최댓값은?

① 2   ② 3   ③ 4

④ 5   ⑤ 6

11

함수 $f(x)=\dfrac{1}{4}x^4+\dfrac{2}{3}ax^3+2x^2+1$이 3개의 극값을 갖도록 하는 실수 a의 값의 범위는?

① $a<-2$ 또는 $a>2$ ② $a\leq-2$ 또는 $a\geq2$

③ $-2<a<2$ ④ $-2<a<4$

⑤ $a>4$

12

닫힌구간 $[-3,\ 2]$에서 함수 $f(x)=\dfrac{1}{3}x^3-x^2+a$는 $x=b$일 때, 최솟값 -20을 갖는다. ab의 값은? (단, a는 상수이다.)

① 4   ② 5   ③ 6

④ 7   ⑤ 8

13

함수 $f(x)=x^3+ax^2-a^2x+2$가 닫힌구간 $[-a,\ a]$에서 최댓값 M, 최솟값 $\dfrac{14}{27}$를 가질 때, $a+M$의 값을 구하시오. (단, $a>0$)

14

곡선 $y=x^2$ 위를 움직이는 점 P와 y축 위의 점 $A(0,\ 4)$ 및 원점 O에 대하여 $\overline{OP}^2+\overline{AP}^2$의 최솟값은?

① 11   ② $\dfrac{23}{2}$ ③ 12

④ $\dfrac{25}{2}$ ⑤ 13

DAY 17 · 2배속 PLAY ▶

V. 다항함수의 미분법
도함수의 활용

▶ **유형 19** 방정식에의 활용

(1) 방정식 $f(x)=0$의 서로 다른 실근의 개수는 함수 $y=f(x)$의 그래프와 x축($y=0$)의 교점의 개수와 같다.
(2) 방정식 $f(x)=g(x)$의 서로 다른 실근의 개수는 두 함수 $y=f(x)$, $y=g(x)$의 그래프의 교점의 개수와 같다.

▶ **4배속 부스터** ▶▶
실근의 개수에 관한 문제는 그래프를 그려 접근해!

19 대표 문제
사차방정식 $x^4-8x^2+11=0$의 서로 다른 실근의 개수는?

① 0 　　② 1 　　③ 2
④ 3 　　⑤ 4

19-1
삼차방정식 $2x^3+3x^2-12x-n=0$이 서로 다른 세 실근을 갖도록 하는 자연수 n의 개수를 구하시오.

19-2
곡선 $y=2x^3-3x^2+x+4$와 직선 $y=x+k$가 서로 다른 두 점에서 만나도록 하는 모든 실수 k의 값의 합을 구하시오.

19-3
삼차방정식 $x^3+3x^2-9x-5+a=0$이 한 개의 양의 근과 서로 다른 두 개의 음의 근을 갖도록 하는 정수 a의 최솟값은?

① -22 　　② -21 　　③ -20
④ -19 　　⑤ -18

▶ **유형 20** 부등식에의 활용

(1) 어떤 구간에서 부등식 $f(x)>0$이 성립하려면 그 구간에서 (함수 $f(x)$의 최솟값)>0
(2) 어떤 구간에서 부등식 $f(x)>g(x)$가 성립하려면 $h(x)=f(x)-g(x)$라 할 때, 그 구간에서 $h(x)>0$, 즉 (함수 $h(x)$의 최솟값)>0

20 대표 문제
모든 실수 x에 대하여 부등식 $x^4-4x+a\geq0$이 성립하도록 하는 정수 a의 최솟값은?

① -3 　　② -1 　　③ 1
④ 3 　　⑤ 5

20-1
$x\geq0$일 때, 부등식 $x^3-2x^2+4x-k\geq x^2+4x$가 항상 성립하도록 하는 실수 k의 최댓값은?

① -4 　　② -2 　　③ 0
④ 2 　　⑤ 4

20-2
$0\leq x\leq3$에서 부등식 $2x^3-3x^2\leq12x+k$가 성립하도록 하는 실수 k의 최솟값은?

① -20 　　② -9 　　③ 0
④ 9 　　⑤ 20

▶ 유형 **21** 속도와 가속도

수직선 위를 움직이는 점 P의 시각 t에서의 위치가 $x=f(t)$일 때

(1) 시각 t에서의 점 P의 속도 $v(t)=\dfrac{dx}{dt}=f'(t)$

(2) 시각 t에서의 점 P의 가속도 $a(t)=\dfrac{dv}{dt}=v'(t)$

▶ **4배속 부스터** ▶▶

$v(t)>0$인 구간에서 점 P는 양의 방향으로,
$v(t)<0$인 구간에서 점 P는 음의 방향으로 움직이고,
$v(t)=0$인 지점에서 점 P는 운동 방향을 바꾸거나 정지해!

21 대표 문제

원점을 출발하여 수직선 위를 움직이는 점 P의 시각 t에서의 위치 x가 $x=-\dfrac{2}{3}t^3+12t$일 때, $t=2$에서의 점 P의 속도와 가속도를 각각 p, q라 하자. pq의 값을 구하시오.

21-1

수직선 위를 움직이는 점 P의 시각 t에서의 위치 x가 $x=3t^2-8t+11$이다. 점 P가 운동 방향을 바꾸는 시각 $t=a$에서의 위치가 b일 때, $a+b$의 값을 구하시오.

21-2

원점을 출발하여 수직선 위를 움직이는 점 P의 시각 t에서의 속도 $v(t)$의 그래프가 아래 그림과 같을 때, 다음 중 옳지 <u>않은</u> 것은?

(단, $0 \le t \le 7$)

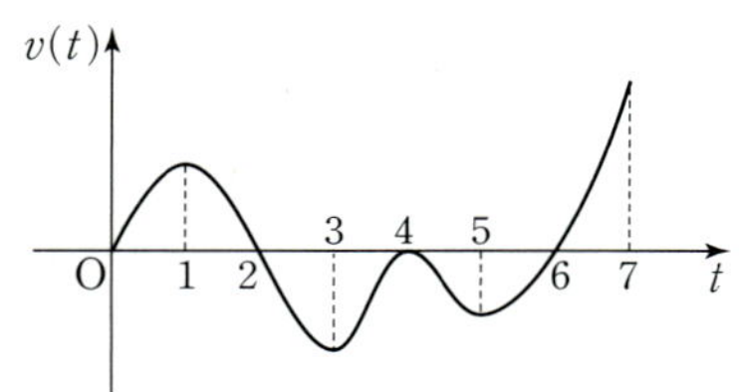

① $1<t<2$에서 점 P는 양의 방향으로 움직인다.
② $0<t<7$에서 점 P는 운동 방향을 2번 바꾼다.
③ $0<t<7$에서 가속도가 0인 순간은 4번이다.
④ $t=3$일 때, 점 P의 속력은 최소이다.
⑤ $t=1$일 때와 $t=5$일 때의 점 P의 운동 방향은 서로 반대이다.

▶ 유형 **22** 시각에 대한 길이, 넓이, 부피의 변화율

어떤 물체의 시각 t에서의 길이가 l, 넓이가 S, 부피가 V일 때, 각각의 변화율은 $\dfrac{dl}{dt}$, $\dfrac{dS}{dt}$, $\dfrac{dV}{dt}$

▶ **4배속 부스터** ▶▶

t초 후의 길이, 넓이, 부피의 관계식을 세운 후 t에 대하여 미분해!

22 대표 문제

다음 그림과 같이 키가 1.5 m인 아이가 높이 3 m인 가로등 바로 밑에서 출발하여 일직선으로 매초 1.2 m의 속도로 걸어갈 때, 이 아이의 그림자의 길이의 변화율을 구하시오.

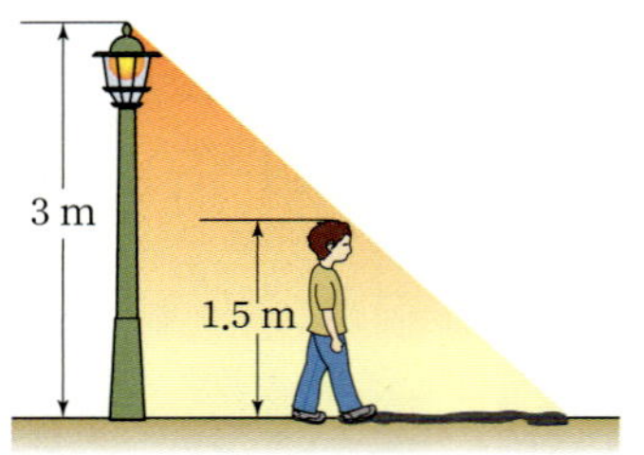

22-1

잔잔한 호수의 수면에 돌을 던지면 동심원 모양의 원이 생긴다. 가장 바깥쪽 원의 반지름의 길이가 매초 3 m씩 늘어날 때, 돌을 던진 지 5초 후의 가장 바깥쪽 원의 넓이의 변화율은?

① 30π m²/s   ② 60π m²/s   ③ 90π m²/s
④ 120π m²/s   ⑤ 150π m²/s

22-2

밑면이 한 변의 길이가 2 cm인 정사각형이고 높이가 3 cm인 직육면체가 있다. 이 직육면체의 모든 모서리의 길이가 매초 1 cm씩 늘어난다고 할 때, 8초 후의 직육면체의 부피의 변화율을 구하시오.

01 중요

두 곡선 $y=x^3-9x^2-3$과 $y=-x^3-12x+a$가 만나는 점의 x좌표가 모두 양수가 되도록 하는 정수 a의 최솟값은?

① -3 ② -2 ③ -1

④ 0 ⑤ 1

02

|2020 평가원|

곡선 $y=x^3-3x^2+2x-3$과 직선 $y=2x+k$가 서로 다른 두 점에서만 만나도록 하는 모든 실수 k의 값의 곱을 구하시오.

03 상위권 도전

방정식 $x^3-3x^2-9x+17+k=0$이 서로 다른 세 실근을 가질 때, 세 실근의 곱이 음수가 되도록 하는 실수 k의 값의 범위는 $a<k<b$이다. 상수 a, b에 대하여 $b-a$의 값을 구하시오.

04

모든 실수 x에 대하여 부등식 $x^4-4x^3+4x^2+5-n\geq0$이 성립하도록 하는 자연수 n의 개수는?

① 2 ② 3 ③ 4

④ 5 ⑤ 6

05

$x\geq-1$에서 곡선 $y=x^3-3x^2+2x$가 직선 $y=2x+k$보다 항상 위쪽에 있도록 하는 정수 k의 최댓값은?

① -5 ② -4 ③ -3

④ -2 ⑤ -1

06

|2020 평가원|

두 함수
$$f(x)=x^3+3x^2-k, \quad g(x)=2x^2+3x-10$$
에 대하여 부등식
$$f(x)\geq3g(x)$$
가 닫힌구간 $[-1, 4]$에서 항상 성립하도록 하는 실수 k의 최댓값을 구하시오.

07 중요

원점을 출발하여 수직선 위를 움직이는 점 P의 시각 t에서의 위치 x가 $x=at^2+bt(a,\ b$는 상수$)$이다. 시각 $t=2$에서 점 P가 운동 방향을 바꾸고 이때의 점 P의 위치가 4일 때, $a+b$의 값은?

① 1 ② 2 ③ 3

④ 4 ⑤ 5

08

|2019 수능|

수직선 위를 움직이는 점 P의 시각 $t\,(t\geq0)$에서의 위치 x가
$$x=-\frac{1}{3}t^3+3t^2+k \ (단,\ k는\ 상수)$$
이다. 점 P의 가속도가 0일 때, 점 P의 위치는 40이다. k의 값을 구하시오.

09

원점을 출발하여 수직선 위를 움직이는 두 점 P, Q의 시각 t에서의 위치 x_P, x_Q가 각각

$$x_P = \frac{1}{2}t^2 - t, \quad x_Q = t^2 - 6t$$

일 때, 두 점 P, Q가 서로 반대 방향으로 움직인 시간은?

① 2   ② 3   ③ 4

④ 5   ⑤ 6

10 중요

원점을 출발하여 수직선 위를 움직이는 점 P의 시각 t에서의 위치 $x = f(t)$의 그래프가 그림과 같을 때, |보기|에서 옳은 것만을 있는 대로 고른 것은?

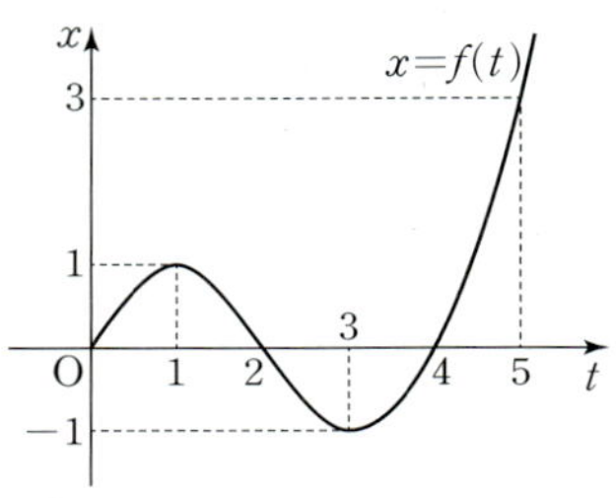

보기

ㄱ. 시각 $t = 2$에서의 속도는 0이다.

ㄴ. $0 < t < 5$에서 점 P는 운동 방향을 2번 바꾼다.

ㄷ. $0 < t < 5$에서 속도가 $\frac{3}{5}$인 순간이 2번 존재한다.

① ㄱ   ② ㄴ   ③ ㄷ

④ ㄱ, ㄷ   ⑤ ㄴ, ㄷ

11

어느 컬링 선수가 출발점에서 미끄러뜨린 스톤이 t초 동안 이동한 거리를 x m라 하면 $x = 16t - \frac{8}{5}t^2$이다. 스톤이 정지할 때까지 이동한 거리를 구하시오. (단, 스톤은 일직선으로 움직인다.)

12

그림과 같이 가로의 길이가 20, 세로의 길이가 5인 직사각형이 있다. 이 직사각형의 가로의 길이가 매초 1씩 줄어들고, 세로의 길이는 매초 2씩 늘어날 때, 이 직사각형이 정사각형이 되는 순간의 넓이의 변화율은?

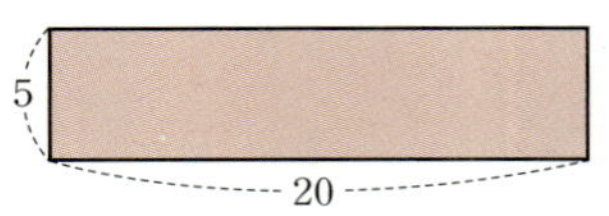

① -10 ② -5 ③ 5

④ 10   ⑤ 15

13

한 모서리의 길이가 5 cm인 정육면체의 각 모서리의 길이가 매초 0.5 cm씩 늘어난다고 한다. 한 모서리의 길이가 10 cm가 될 때의 정육면체의 부피의 변화율은? (단, 단위는 cm³/s이다.)

① 90   ② 110   ③ 130

④ 150   ⑤ 170

14 상위권 도전

반지름의 길이가 2인 원과 그 원에 내접하는 정삼각형으로 이루어진 도형이 있다. 이 도형에서 원의 반지름의 길이가 매초 $\sqrt{3}$씩 늘어남에 따라 정삼각형은 원에 내접하면서 변의 길이가 늘어난다고 할 때, 정삼각형의 한 변의 길이의 변화율은?

① 2   ② $2\sqrt{2}$ ③ 3

④ $2\sqrt{3}$ ⑤ 4

126쪽에서 **2배속 TEST**를 만나보세요! ▶▶▶

VI.

다항함수의 적분법

▶ 유형 01 부정적분의 정의

(1) 함수 $F(x)$의 도함수가 $f(x)$일 때, 즉 $F'(x)=f(x)$일 때 $F(x)$를 $f(x)$의 부정적분이라 한다.

(2) 함수 $f(x)$의 한 부정적분을 $F(x)$라 하면

$$\int f(x)\,dx=F(x)+C \ (\text{단, } C\text{는 적분상수})$$

4배속 부스터 ≫

함수 $f(x)$의 부정적분 $F(x)$ 또는 $\int f(x)\,dx$가 주어지면 양변을 x로 미분하여 $f(x)$를 구해!

01 대표 문제

다항함수 $f(x)$에 대하여

$$\int (x-1)f(x)\,dx=3x^3-5x^2+x+C$$

가 성립할 때, $f(2)$의 값은? (단, C는 적분상수이다.)

① 8 　　　② 17 　　　③ 26
④ 35 　　　⑤ 44

01-1

함수 $F(x)=x^3-kx$가 함수 $f(x)$의 한 부정적분이고 $f(3)=20$일 때, $f(-2)$의 값은? (단, k는 상수이다.)

① 1 　　　② 2 　　　③ 3
④ 4 　　　⑤ 5

01-2

함수 $f(x)$의 한 부정적분을 $F(x)$라 할 때, 보기에서 옳은 것만을 있는 대로 고르시오. (단, C는 적분상수이다.)

> **보기**
>
> ㄱ. $\int \{f(x)-5\}\,dx=F(x)-5x+C$
>
> ㄴ. $\int \{f(x)\}^2\,dx=\dfrac{1}{2}\{F(x)\}^2+C$
>
> ㄷ. $\int 2F(x)f(x)\,dx=\{F(x)\}^2+C$

▶ 유형 02 부정적분과 미분의 관계

함수 $f(x)$에 대하여 다음이 성립한다.

(1) $\dfrac{d}{dx}\displaystyle\int f(x)\,dx=f(x)$

(2) $\displaystyle\int \left\{\dfrac{d}{dx}f(x)\right\}dx=f(x)+C$ (단, C는 적분상수)

4배속 부스터 ≫

함수 $f(x)$를 적분한 후 미분하면 원래의 함수 $f(x)$가 되지만 미분한 후 적분하면 적분상수 C가 붙음에 주의해!

즉, $\dfrac{d}{dx}\displaystyle\int f(x)\,dx\neq\displaystyle\int \left\{\dfrac{d}{dx}f(x)\right\}dx$

02 대표 문제

모든 실수 x에 대하여

$$\dfrac{d}{dx}\int (ax^2+bx+2)\,dx=x^2+2x+c$$

가 성립할 때, 상수 a, b, c에 대하여 abc의 값은?

① 4 　　　② 8 　　　③ 12
④ 16 　　　⑤ 20

02-1

함수 $f(x)=x^5+ax^2-3x$가 모든 실수 x에 대하여

$$\dfrac{d}{dx}\int f(x)\,dx=x^b+3x^2+cx$$

를 만족시킬 때, 상수 a, b, c에 대하여 $a+b+c$의 값은?

① -1 　　　② 1 　　　③ 3
④ 5 　　　⑤ 7

02-2

다항함수 $f(x)$에 대하여

$$\dfrac{d}{dx}\int \dfrac{f(x)}{x}\,dx=\int \left\{\dfrac{d}{dx}(x^2-2x)\right\}dx$$

가 성립하고 $f(-1)=3$일 때, $\{f(1)\}^2$의 값을 구하시오.

▶ 유형 03 부정적분의 계산

(1) 함수 $y=x^n$ (n은 양의 정수)과 상수함수 $y=1$의 부정적분

① $\displaystyle\int x^n\,dx=\frac{1}{n+1}x^{n+1}+C$ (단, C는 적분상수)

② $\displaystyle\int 1\,dx=x+C$ (단, C는 적분상수)

(2) 함수의 실수배, 합, 차의 부정적분

① $\displaystyle\int kf(x)\,dx=k\int f(x)\,dx$ (단, k는 0이 아닌 실수)

② $\displaystyle\int \{f(x)\pm g(x)\}\,dx=\int f(x)\,dx\pm\int g(x)\,dx$

(복부호동순)

03 대표 문제

함수 $f(x)$에 대하여

$$f(x)=\int (x-\sqrt{x})^2\,dx+\int (x+\sqrt{x})^2\,dx$$

이고 $f(1)=\dfrac{5}{3}$일 때, $f(3)$의 값을 구하시오.

03-1

함수 $f(x)$에 대하여

$$f(x)=\int \frac{x^2}{x-2}\,dx-4\int \frac{1}{x-2}\,dx$$

이고 $f(0)=2$일 때, $f(x)$의 최솟값은?

① -2　　　　② -1　　　　③ 0
④ 1　　　　⑤ 2

03-2

두 함수 $f(x)$, $g(x)$에 대하여

$$f(x)=\int (x+1)^3\,dx, \quad g(x)=\int (3x^2+x)\left(1+\frac{1}{x}\right)dx$$

이고 $f(-1)=g(1)$일 때, $f(1)-g(1)$의 값은?

① 1　　　　② 2　　　　③ 3
④ 4　　　　⑤ 5

▶ 유형 04 도함수가 주어졌을 때 함수 구하기

함수 $f(x)$의 도함수 $f'(x)$와 함숫값이 주어지면 다음과 같은 순서로 $f(x)$를 구한다.

❶ $f(x)=\displaystyle\int f'(x)\,dx$임을 이용하여 $f(x)$를 적분상수를 포함한 식으로 나타낸다.

❷ 주어진 함숫값을 대입하여 적분상수를 구한다.

❸ ❶의 식에 적분상수를 대입하여 $f(x)$를 구한다.

4배속 부스터 ▶▶

곡선 $y=f(x)$ 위의 임의의 점 $(x, f(x))$에서의 접선의 기울기가 주어진 경우에도 부정적분을 이용하여 $f(x)$를 구할 수 있어!

04 대표 문제

다항함수 $f(x)$에 대하여 $f'(x)=ax^3+2x^2-1$이고 $f(0)=1$, $f(1)=\dfrac{5}{3}$일 때, $f(-1)$의 값은? (단, a는 상수이다.)

① $\dfrac{1}{3}$　　　　② 1　　　　③ $\dfrac{5}{3}$
④ $\dfrac{7}{3}$　　　　⑤ 3

04-1

점 $(-1, 2)$를 지나는 곡선 $y=f(x)$ 위의 임의의 점 $(x, f(x))$에서의 접선의 기울기가 x^2-2일 때, $f(2)$의 값은?

① -2　　　　② -1　　　　③ 0
④ 1　　　　⑤ 2

04-2

다항함수 $f(x)$에 대하여

$$\lim_{h\to 0}\frac{f(x+3h)-f(x)}{h}=3ax^2+6x+12$$

이고 $f(0)=1$, $f(-1)=-3$일 때, $f(1)$의 값을 구하시오.

(단, a는 상수이다.)

01

함수 $F(x)=ax^3+3x^2+bx$가 함수 $f(x)$의 한 부정적분이고 $f(1)=5$, $f(2)=2$일 때, 상수 a, b에 대하여 ab의 값은?

① -5 　② -4 　③ -3

④ -2 　⑤ -1

02

│2018 교육청│

다항함수 $f(x)$가
$$\frac{d}{dx}\int \{f(x)-x^2+4\}\,dx=\int \frac{d}{dx}\{2f(x)-3x+1\}\,dx$$
를 만족시킨다. $f(1)=3$일 때, $f(0)$의 값은?

① -2 　② -1 　③ 0

④ 1 　⑤ 2

03

다항함수 $f(x)$에 대하여 $\int\left\{\dfrac{d}{dx}f(x)\right\}dx=x^3-3x^2+2$일 때, $f(x)$의 극댓값을 M, 극솟값을 m이라 하자. $10(M-m)$의 값을 구하시오.

04

│2016 평가원│

함수 $f(x)$가
$$f(x)=\int\left(\frac{1}{2}x^3+2x+1\right)dx-\int\left(\frac{1}{2}x^3+x\right)dx$$
이고 $f(0)=1$일 때, $f(4)$의 값은?

① $\dfrac{23}{2}$ 　② 12 　③ $\dfrac{25}{2}$

④ 13 　⑤ $\dfrac{27}{2}$

05

함수 $f(x)$에 대하여
$$f(x)=\int (1+2x+3x^2+\cdots+9x^8)\,dx$$
이고 $f(0)=1$일 때, $f(2)$의 값은?

① 63 　② 127 　③ 255

④ 511 　⑤ 1023

06

함수 $f(x)$에 대하여
$$f(x)=\int \frac{x^3}{x^2+x+1}\,dx-\int \frac{1}{x^2+x+1}\,dx$$
이고 $f(2)=3$일 때, $f(4)$의 값을 구하시오.

07 중요

다항함수 $f(x)$에 대하여
$$\int f(x)\,dx=xf(x)-\frac{8}{3}x^3+4x^2$$
이고 $f(x)$의 최솟값이 0일 때, $f(-1)$의 값은?

① 4 　② 8 　③ 12

④ 16 　⑤ 20

08

다항함수 $f(x)$의 도함수 $f'(x)$가
$$\int xf'(x)\,dx=3x^4+2x^3-4x^2$$
을 만족시킨다. $f(1)=0$일 때, $f(-1)$의 값은?

① -8 　② -4 　③ 0

④ 4 　⑤ 8

09

점 $(0, -5)$를 지나는 곡선 $y=f(x)$ 위의 점 $(x, f(x))$에서의 접선의 기울기가 $3x^2+6x+1$이고 곡선 $y=f(x)$의 x절편이 a일 때, a의 값을 구하시오.

10

삼차함수 $f(x)$에 대하여 $f'(x)=x^2-1$일 때, $f(x)$의 극댓값을 M, 극솟값을 m이라 하자. $M-m$의 값은?

① $\dfrac{1}{3}$ ② $\dfrac{2}{3}$ ③ 1

④ $\dfrac{4}{3}$ ⑤ $\dfrac{5}{3}$

11

다항함수 $f(x)$의 한 부정적분 $F(x)$에 대하여
$$F(x)=(x-1)f(x)-x^3+2x^2-x$$
가 성립하고 $f(2)=-2$일 때, 방정식 $f(x)=0$의 모든 실근의 곱은?

① -5 ② -4 ③ -3

④ -2 ⑤ -1

12

함수 $f(x)$가 다음 조건을 만족시킬 때, $f(1)f'(1)$의 값을 구하시오. (단, a는 상수이다.)

> (가) $f'(x)=\dfrac{d}{dx}\displaystyle\int (6x+a)\,dx$
>
> (나) $\displaystyle\lim_{x \to 0}\dfrac{f(x)+1}{x}=1$

13

두 함수 $f(x)$, $g(x)$에 대하여
$$f'(x)g(x)+f(x)g'(x)=2x+3$$
이고 $f(1)=2$, $f(2)=3$, $g(1)=3$일 때, $g(2)$의 값은?

① 4 ② 8 ③ 12

④ 16 ⑤ 20

14

모든 실수 x에서 연속인 함수 $f(x)$의 도함수 $f'(x)$가
$$f'(x)=\begin{cases} 3x^2+1 & (x<-1) \\ 2x+3 & (x>-1) \end{cases}$$
이고 $f(1)=8$일 때, $f(-2)$의 값을 구하시오.

15 중요 상위권 도전

삼차함수 $f(x)$의 도함수 $y=f'(x)$의 그래프가 그림과 같다.

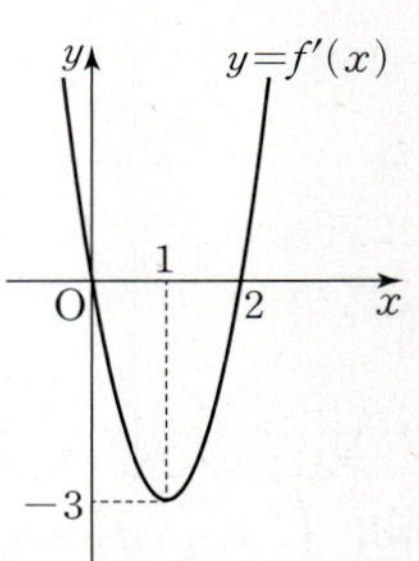

함수 $f(x)$의 극댓값이 1일 때, 극솟값은?

① -4 ② -3 ③ -2

④ -1 ⑤ 0

▶ 유형 05 정적분

닫힌구간 $[a, b]$에서 연속인 함수 $f(x)$의 한 부정적분을 $F(x)$라 할 때, $f(x)$의 a에서 b까지의 정적분은

$$\int_a^b f(x)\,dx=\Big[\,F(x)\,\Big]_a^b=F(b)-F(a)$$

(1) $\displaystyle\int_a^a f(x)\,dx=0$

(2) $\displaystyle\int_a^b f(x)\,dx=-\int_b^a f(x)\,dx$

05 [대표 문제]

정적분 $\displaystyle\int_2^0(-3x^2+4x)\,dx+\int_2^2(x^4+1)\,dx$의 값을 구하시오.

05-1

$\displaystyle\int_0^a(3x^2-6x+2)\,dx=0$을 만족시키는 실수 a의 최댓값은?

① -2 ② -1 ③ 0
④ 1 ⑤ 2

05-2

일차함수 $f(x)$에 대하여 $\displaystyle\int_0^2 f(x)\,dx=2$, $\displaystyle\int_0^2 xf(x)\,dx=\frac{10}{3}$일 때, $f(5)$의 값은?

① 1 ② 5 ③ 9
④ 13 ⑤ 17

▶ 유형 06 정적분의 계산

(1) 닫힌구간 $[a, b]$에서 연속인 두 함수 $f(x)$, $g(x)$에 대하여

① $\displaystyle\int_a^b kf(x)\,dx=k\int_a^b f(x)\,dx$ (단, k는 실수)

② $\displaystyle\int_a^b \{f(x)\pm g(x)\}\,dx=\int_a^b f(x)\,dx\pm\int_a^b g(x)\,dx$

(복부호동순)

(2) 임의의 실수 a, b, c를 포함하는 구간에서 연속인 함수 $f(x)$에 대하여

$$\int_a^c f(x)\,dx+\int_c^b f(x)\,dx=\int_a^b f(x)\,dx$$

4배속 부스터 ≫

닫힌구간 $[-a, a]$에서 연속인 함수 $f(x)$의 그래프가

(1) 원점에 대하여 대칭이면 $\displaystyle\int_{-a}^a f(x)\,dx=0$

(2) y축에 대하여 대칭이면 $\displaystyle\int_{-a}^a f(x)\,dx=2\int_0^a f(x)\,dx$

06 [대표 문제]

정적분 $\displaystyle\int_1^3(x^2+2x+3)\,dx-\int_1^3(y^2-1)\,dy+\int_3^4(2t+4)\,dt$의 값은?

① 27 ② 36 ③ 45
④ 54 ⑤ 63

06-1

함수 $f(x)=x^3+x$에 대하여 정적분

$$\int_{-1}^2 f(x)\,dx-\int_4^2 f(x)\,dx+\int_0^{-1} f(x)\,dx$$

의 값을 구하시오.

06-2

정적분 $\displaystyle\int_{-1}^3(x^3-3x^2+x+3)\,dx+\int_3^1(x^3-3x^2-x+3)\,dx$의 값은?

① 4 ② 8 ③ 12
④ 16 ⑤ 20

▶ 유형 07   구간을 나누어 계산하는 정적분

닫힌구간 $[a, b]$에서 연속인 함수 $f(x)$에 대하여

$$f(x)=\begin{cases} g(x) \ (x\leq c) \\ h(x) \ (x\geq c) \end{cases}$$ 이고 $a<c<b$일 때

$$\int_a^b f(x)\,dx=\int_a^c g(x)\,dx+\int_c^b h(x)\,dx$$

4배속 부스터 ▶▶

절댓값 기호를 포함한 함수의 정적분은 절댓값 안의 식의 값이 0이 되는 x의 값을 경계로 적분 구간을 나누어 구해!

07   대표 문제

함수 $f(x)=\begin{cases} 4x-1 \ (x\leq 1) \\ x+2 \ (x\geq 1) \end{cases}$ 에 대하여 정적분 $\int_0^3 f(x)\,dx$의 값은?

① -9　　　　② -3　　　　③ 3

④ 9　　　　　⑤ 15

07-1

정적분 $\int_{-1}^3 |x-1|\,dx$의 값은?

① 2　　　　　② 3　　　　　③ 4

④ 5　　　　　⑤ 6

07-2

실수 전체의 집합에서 연속인 함수 $f(x)=\begin{cases} x^3-a \ (x\leq 2) \\ ax+2 \ (x\geq 2) \end{cases}$ 에 대하여 정적분 $\int_{-2}^3 f(x)\,dx$의 값은? (단, a는 상수이다.)

① -2　　　　② -1　　　　③ 0

④ 1　　　　　⑤ 2

▶ 유형 08   적분 구간이 상수인 정적분을 포함한 등식

$$f(x)=g(x)+\int_a^b f(t)\,dt \ (a, b는 \ 상수) \ 꼴이 주어진 경우$$

❶ $\int_a^b f(t)\,dt=k \ (k는 \ 상수)$로 놓는다.

❷ $f(x)=g(x)+k$를 ❶의 식에 대입하여 k의 값을 구한다.

❸ k의 값을 $f(x)=g(x)+k$에 대입하여 $f(x)$를 구한다.

08   대표 문제

다항함수 $f(x)$에 대하여

$$f(x)=2x+\int_0^2 f(t)\,dt$$

일 때, $f(5)$의 값은?

① 2　　　　　② 6　　　　　③ 10

④ 14　　　　⑤ 18

08-1

다항함수 $f(x)$에 대하여

$$f(x)=3x^2+x\int_0^1 f(t)\,dt+3$$

일 때, 정적분 $\int_0^2 f(x)\,dx$의 값은?

① 10　　　　② 20　　　　③ 30

④ 40　　　　⑤ 50

08-2

두 다항함수 $f(x)$, $g(x)$에 대하여

$$f(x)=4x^3-\int_0^1 g(t)\,dt, \quad g(x)=2x-\int_0^2 f(t)\,dt$$

일 때, $f(-1)+g(-1)$의 값은?

① -9　　　　② -7　　　　③ -5

④ -3　　　　⑤ -1

유형 09 적분 구간에 변수가 있는 정적분을 포함한 등식

$\int_a^x f(t)dt = g(x)$ 꼴이 주어진 경우

(1) 등식의 양변에 $x=a$를 대입하면 $g(a)=0$

(2) 등식의 양변을 x에 대하여 미분하면 $f(x)=g'(x)$

4배속 부스터

적분변수가 t일 때, x는 상수로 취급함에 주의해!

09 대표 문제

다항함수 $f(x)$가 모든 실수 x에 대하여

$$\int_a^x f(t)dt = x^2 - 3x - 4$$

를 만족시킬 때, $f(a)$의 값은? (단, $a>0$)

① -3 ② -1 ③ 1

④ 3 ⑤ 5

09-1

다항함수 $f(x)$가 모든 실수 x에 대하여

$$\int_1^x f(t)dt = x^3 + ax^2 + 2x$$

를 만족시킬 때, $f(2)$의 값은? (단, a는 상수이다.)

① 1 ② 2 ③ 3

④ 4 ⑤ 5

09-2

함수 $f(x) = \int_a^x (3t^2+2)dt$가 $\lim\limits_{x \to a} \dfrac{f(x)}{x-a} = 2$를 만족시킬 때, $f(2)$의 값을 구하시오. (단, a는 상수이다.)

유형 10 적분 구간과 피적분함수에 변수가 있는 정적분을 포함한 등식

$\int_a^x (x-t)f(t)dt = g(x)$ 꼴이 주어진 경우

▶ 등식의 좌변이 $x\int_a^x f(t)dt - \int_a^x tf(t)dt$이므로 등식의 양변을 x에 대하여 미분하면

$$\int_a^x f(t)dt = g'(x)$$

10 대표 문제

다항함수 $f(x)$가 모든 실수 x에 대하여

$$\int_1^x (x-t)f(t)dt = 2x^3 + ax^2 - 4x + 3$$

을 만족시킬 때, $af(0)$의 값은? (단, a는 상수이다.)

① 2 ② 4 ③ 6

④ 8 ⑤ 10

10-1

다항함수 $f(x)$가 모든 실수 x에 대하여

$$\int_a^x (x-t)f(t)dt = x^3 - 3x^2 + 4$$

를 만족시킬 때, $f(a)$의 값은? (단, $a>0$)

① -6 ② -3 ③ 0

④ 3 ⑤ 6

10-2

다항함수 $f(x)$가 모든 실수 x에 대하여

$$\int_{-2}^x (x-t)f(t)dt = ax^3 + bx^2 + 4x - 8$$

을 만족시킬 때, $f\left(\dfrac{b}{a}\right)$의 값은? (단, a, b는 상수이다.)

① 50 ② 60 ③ 70

④ 80 ⑤ 90

01

자연수 n에 대하여 $a_n = \int_0^n (2x-1)\,dx$일 때, $\sum\limits_{n=1}^{10} a_n$의 값은?

① 300   ② 310   ③ 320
④ 330   ⑤ 340

02

다항함수 $f(x)$에 대하여
$$\int_{-1}^{3} \{2xf(x) + x^2 f'(x)\}\,dx = 52$$
이고 $f(-1)=2$일 때, $f(3)$의 값은?

① 2   ② 4   ③ 6
④ 8   ⑤ 10

03

다항함수 $y=f(x)$의 그래프가 원점을 지나고 $\lim\limits_{x\to 1}\dfrac{f(x)-2}{x-1}=3$일 때, $f'(1)\displaystyle\int_0^1 f'(x)\,dx$의 값은?

① 3   ② 6   ③ 9
④ 12   ⑤ 15

04

$\lim\limits_{x\to -2}\dfrac{1}{x+2}\displaystyle\int_{-2}^{x}(t^3 - t^2 - 12t)\,dt$의 값은?

① 6   ② 12   ③ 18
④ 24   ⑤ 30

05 중요

함수 $f(x) = \int_0^x (t-1)(t-2)\,dt$가 $x=a$에서 극솟값 m을 가질 때, am의 값은?

① $-\dfrac{4}{3}$ ② $-\dfrac{2}{3}$ ③ 0
④ $\dfrac{2}{3}$ ⑤ $\dfrac{4}{3}$

06

|2018 교육청|

$\displaystyle\int_{-1}^{1}\left(4x^3 + x^2 - \dfrac{1}{2}x + a\right)dx = 2$일 때, 상수 a의 값은?

① $\dfrac{1}{3}$ ② $\dfrac{2}{3}$ ③ 1
④ $\dfrac{4}{3}$ ⑤ $\dfrac{5}{3}$

07

다항함수 $f(x)$가 $\displaystyle\int_{-3}^{1} f(x)\,dx = -4$, $\displaystyle\int_{-1}^{2} f(x)\,dx = 6$, $\displaystyle\int_{-1}^{1} f(x)\,dx = 2$를 만족시킬 때, $\displaystyle\int_{-3}^{2} f(x)\,dx$의 값은?

① -4 ② 0   ③ 4
④ 8   ⑤ 12

08 중요

다항함수 $f(x)$가 모든 실수 x에 대하여 $f(-x) = -f(x)$를 만족시키고 $\displaystyle\int_{-2}^{2} xf(x)\,dx = -10$일 때, $\displaystyle\int_{-2}^{2}(x^2 - 3x + 5)f(x)\,dx$의 값을 구하시오.

09
|2019 수능|

$\displaystyle\int_1^4 (x+|x-3|)\,dx$의 값을 구하시오.

10

함수 $y=f(x)$의 그래프가 그림과 같을 때, $\displaystyle\int_0^4 |f'(x)|\,dx$의 값은?

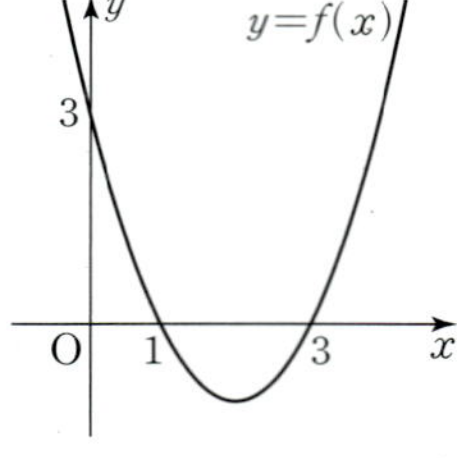

① 2 ② 4
③ 6 ④ 8
⑤ 10

11

연속함수 $f(x)$가 모든 실수 x에 대하여 $f(x+2)=f(x)$를 만족시키고 $-1\le x\le1$에서 $f(x)=|x|+1$일 때, 정적분 $\displaystyle\int_0^8 f(x)\,dx$의 값은?

① 3 ② 6 ③ 9
④ 12 ⑤ 15

12

함수 $f(x)$가 $f(x)=-x^2+2x+\displaystyle\int_{-1}^1 tf(t)\,dt$를 만족시킬 때, $f(0)$의 값은?

① $\dfrac{1}{3}$ ② $\dfrac{2}{3}$ ③ 1
④ $\dfrac{4}{3}$ ⑤ $\dfrac{5}{3}$

13
|2014 평가원|

다항함수 $f(x)$에 대하여
$$\int_0^x f(t)\,dt=x^3-2x^2-2x\int_0^1 f(t)\,dt$$
일 때, $f(0)=a$라 하자. $60a$의 값을 구하시오.

14
|2019 수능|

다항함수 $f(x)$가 모든 실수 x에 대하여
$$\int_1^x \left\{\dfrac{d}{dt}f(t)\right\}dt=x^3+ax^2-2$$
를 만족시킬 때, $f'(a)$의 값은? (단, a는 상수이다.)

① 1 ② 2 ③ 3
④ 4 ⑤ 5

15

다항함수 $f(x)$가 모든 실수 x에 대하여
$$\int_1^x f(t)\,dt=xf(x)-2x^3+4x^2$$
을 만족시킬 때, $\displaystyle\int_0^2 f(x)\,dx$의 값은?

① -4 ② -3 ③ -2
④ -1 ⑤ 0

16

다항함수 $f(x)$가 모든 실수 x에 대하여
$$\int_{-1}^x (x-t)f(t)\,dt=2x^3+3x^2+k$$
가 성립할 때, $\displaystyle\int_2^3 f(x)\,dx$의 값을 구하시오. (단, k는 상수이다.)

유형 11 곡선과 x축 사이의 넓이

함수 $f(x)$가 닫힌구간 $[a, b]$에서 연속일 때, 곡선 $y=f(x)$와 x축 및 두 직선 $x=a$, $x=b$로 둘러싸인 도형의 넓이를 S라 하면

$$S=\int_a^b |f(x)|\,dx$$

11 대표 문제

곡선 $y=x^2-1$과 x축, y축 및 직선 $x=2$로 둘러싸인 도형의 넓이는?

① 2   ② $\dfrac{7}{3}$ ③ $\dfrac{8}{3}$

④ 3   ⑤ $\dfrac{10}{3}$

11-1

곡선 $y=x^2-2|x|$와 x축으로 둘러싸인 도형의 넓이는?

① 2   ② $\dfrac{7}{3}$ ③ $\dfrac{8}{3}$

④ 3   ⑤ $\dfrac{10}{3}$

11-2

미분가능한 함수 $f(x)$가 다음 조건을 만족시킬 때, 곡선 $y=f(x)$와 x축으로 둘러싸인 도형의 넓이를 구하시오.
(단, a, b는 상수이다.)

(가) $f'(x)=3x^2+ax+b$
(나) $f(-2)=f(0)=f(2)=0$

유형 12 곡선과 직선 또는 두 곡선 사이의 넓이

두 함수 $f(x)$, $g(x)$가 닫힌구간 $[a, b]$에서 연속일 때, 두 곡선 $y=f(x)$, $y=g(x)$ 및 두 직선 $x=a$, $x=b$로 둘러싸인 도형의 넓이를 S라 하면

$$S=\int_a^b |f(x)-g(x)|\,dx$$

4배속 부스터 ≫
두 곡선이 교차하는 경우 $f(x)\geq g(x)$인 구간과 $f(x)<g(x)$인 구간을 나누어 항상 $\{(\text{위쪽 곡선의 식})-(\text{아래쪽 곡선의 식})\}$이 되도록 적분해야 해!

12 대표 문제

곡선 $y=3x^2-2x$와 직선 $y=x$로 둘러싸인 도형의 넓이는?

① $\dfrac{1}{2}$ ② 1   ③ $\dfrac{3}{2}$

④ 2   ⑤ $\dfrac{5}{2}$

12-1

두 곡선 $y=x^2+2$, $y=-x^2+6x-2$로 둘러싸인 도형의 넓이는?

① $\dfrac{1}{12}$ ② $\dfrac{1}{6}$ ③ $\dfrac{1}{4}$

④ $\dfrac{1}{3}$ ⑤ $\dfrac{1}{2}$

12-2

오른쪽 그림과 같이 원점에서 곡선 $y=x^2+1$에 그은 접선 중 기울기가 양수인 접선을 l이라 할 때, 곡선 $y=x^2+1$과 접선 l 및 y축으로 둘러싸인 도형의 넓이는?

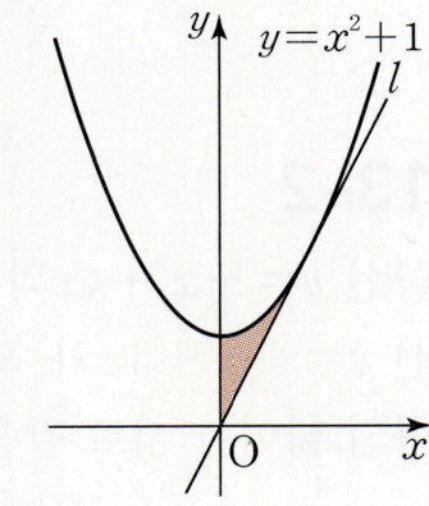

① $\dfrac{1}{3}$ ② $\dfrac{2}{3}$

③ 1   ④ $\dfrac{4}{3}$

⑤ $\dfrac{5}{3}$

유형 13 두 도형의 넓이가 서로 같을 조건

두 함수 $f(x)$, $g(x)$가 닫힌구간 $[a, b]$에서 연속일 때
(1) 곡선 $y=f(x)$와 x축 및 두 직선 $x=a$, $x=b$로 둘러싸인 두
   도형의 넓이가 같으면 $\int_a^b f(x)\,dx=0$
(2) 두 곡선 $y=f(x)$, $y=g(x)$ 및 두 직선 $x=a$, $x=b$로 둘러
   싸인 두 도형의 넓이가 같으면 $\int_a^b \{f(x)-g(x)\}\,dx=0$

13 대표 문제

오른쪽 그림과 같이 곡선
$y=(x-k)(x+1)(x-1)$과 x
축으로 둘러싸인 두 도형의 넓이
가 서로 같을 때, 상수 k의 값은?
(단, $k<-1$)

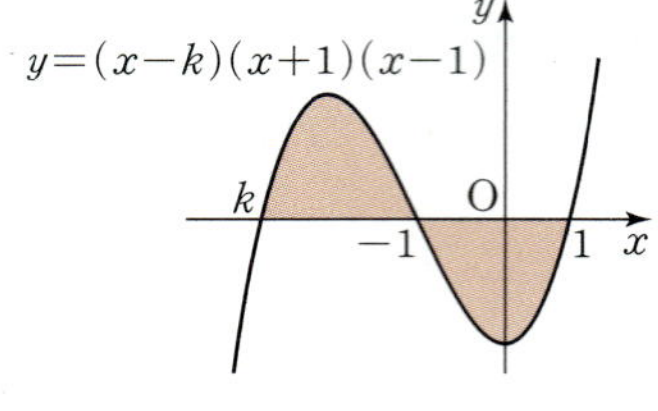

① $-\dfrac{7}{2}$ ② -3 ③ $-\dfrac{5}{2}$

④ -2 ⑤ $-\dfrac{3}{2}$

13-1

오른쪽 그림과 같이 곡선 $y=x^2-k$
와 x축으로 둘러싸인 도형의 넓이를
A, 곡선 $y=x^2-k$와 x축 및 직선
$x=2$로 둘러싸인 도형의 넓이를 B라
할 때, $A:B=2:1$이다. 상수 k의
값을 구하시오.

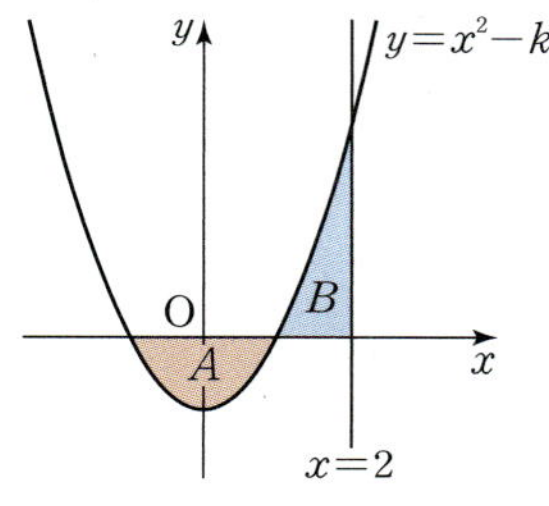

13-2

곡선 $y=-x^2+4x$와 직선 $y=mx$로 둘러싸인 도형의 넓이와 곡
선 $y=-x^2+4x$와 직선 $y=mx$ 및 직선 $x=4$로 둘러싸인 두 도
형의 넓이가 서로 같을 때, 상수 m의 값은? (단, $m>0$)

① $\dfrac{1}{3}$ ② $\dfrac{2}{3}$ ③ 1

④ $\dfrac{4}{3}$ ⑤ $\dfrac{5}{3}$

유형 14 점의 위치와 움직인 거리

수직선 위를 움직이는 점 P의 시각 t에서의 속도가 $v(t)$, 시각
$t=a$에서의 위치가 x_0일 때
(1) 시각 t에서의 점 P의 위치 x는
$$x=x_0+\int_a^t v(t)\,dt$$
(2) 시각 $t=a$에서 $t=b$까지 점 P의 위치의 변화량은
$$\int_a^b v(t)\,dt$$
(3) 시각 $t=a$에서 $t=b$까지 점 P가 움직인 거리는
$$\int_a^b |v(t)|\,dt$$

14 대표 문제

원점을 출발하여 수직선 위를 움직이는 점 P의 시각 t에서의 속도
$v(t)$가 $v(t)=t^2-2t$일 때, 점 P가 출발한 후 처음으로 운동 방향
을 바꿀 때의 점 P의 위치를 구하시오.

14-1

원점을 출발하여 수직선 위를 움직이는 점 P의 시각 t에서의 속도
$v(t)$가 $v(t)=-t^3+3t^2$일 때, 점 P가 출발한 후 속도가 최대가
되는 시각까지 움직인 거리를 구하시오.

14-2

원점을 출발하여 수직선 위를 움직이는 점 P의 시각 t에서의 속도
$v(t)$의 그래프가 다음 그림과 같다. 점 P가 출발한 후 다시 원점
으로 돌아올 때까지 걸린 시간을 a, 이동한 거리를 b라 할 때,
$a+b$의 값을 구하시오.

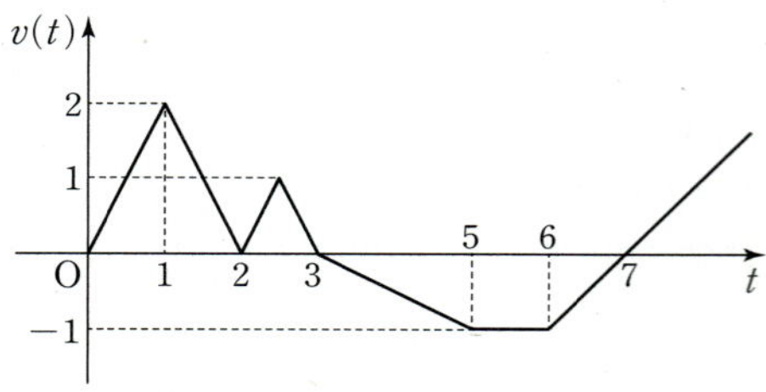

01

곡선 $y=x^3-9x$와 x축으로 둘러싸인 도형의 넓이를 구하시오.

02

|2019 교육청|

그림은 모든 실수 x에 대하여 $f(-x)=-f(x)$인 연속함수 $y=f(x)$의 그래프와 함수 $y=f(x)$의 그래프를 x축의 방향으로 1만큼, y축의 방향으로 1만큼 평행이동시킨 함수 $y=g(x)$의 그래프이다. $\int_0^2 g(x)\,dx$의 값은?

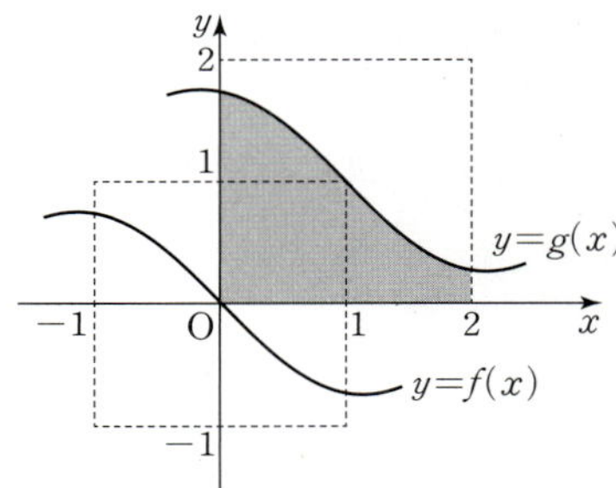

① $\dfrac{7}{4}$ 　② 2 　③ $\dfrac{9}{4}$

④ $\dfrac{5}{2}$ 　⑤ $\dfrac{11}{4}$

03

함수 $f(x)=x^3+ax^2+b$의 그래프가 점 $(2, 0)$에서 x축에 접할 때, 이 곡선과 x축으로 둘러싸인 도형의 넓이는?

(단, a, b는 상수이다.)

① $\dfrac{23}{4}$ 　② 6 　③ $\dfrac{25}{4}$

④ $\dfrac{23}{2}$ 　⑤ $\dfrac{27}{4}$

04

함수 $f(x)$가 다음 조건을 만족시킨다.

> (가) $-1 \le x \le 1$일 때, $f(x)=1-|x|$
> (나) 모든 실수 x에 대하여 $f(x+2)=f(x)$이다.

함수 $y=f(x)$의 그래프와 x축 및 두 직선 $x=-5$, $x=5$로 둘러싸인 도형의 넓이를 구하시오.

05

두 곡선 $y=(x+1)(x-3)$, $y=-(x+1)(x-3)$으로 둘러싸인 도형의 넓이를 구하시오.

06

곡선 $y=x^3-3x$와 직선 $y=k$가 서로 다른 두 점에서 만날 때, 곡선 $y=x^3-3x$와 직선 $y=k$로 둘러싸인 도형의 넓이는?

(단, $k>0$)

① 6 　② $\dfrac{25}{4}$ 　③ $\dfrac{13}{2}$

④ $\dfrac{27}{4}$ 　⑤ 7

07 중요

|2020 평가원|

함수 $f(x)=x^2-2x$에 대하여 두 곡선 $y=f(x)$, $y=-f(x-1)-1$로 둘러싸인 부분의 넓이는?

① $\dfrac{1}{6}$ 　② $\dfrac{1}{4}$ 　③ $\dfrac{1}{3}$

④ $\dfrac{5}{12}$ 　⑤ $\dfrac{1}{2}$

08

함수 $f(x)=x^2\,(x\geq 0)$의 역함수를 $g(x)$라 할 때, 두 곡선 $y=f(x)$와 $y=g(x)$로 둘러싸인 도형의 넓이를 S라 하자. $30S$의 값을 구하시오.

09

|2016 교육청|

그림과 같이 곡선 $y=\dfrac{1}{2}x^2$과 직선 $y=kx$로 둘러싸인 부분의 넓이를 A, 곡선 $y=\dfrac{1}{2}x^2$과 두 직선 $x=2$, $y=kx$로 둘러싸인 부분의 넓이를 B라 하자. $A=B$일 때, $30k$의 값을 구하시오.

(단, k는 $0<k<1$인 상수이다.)

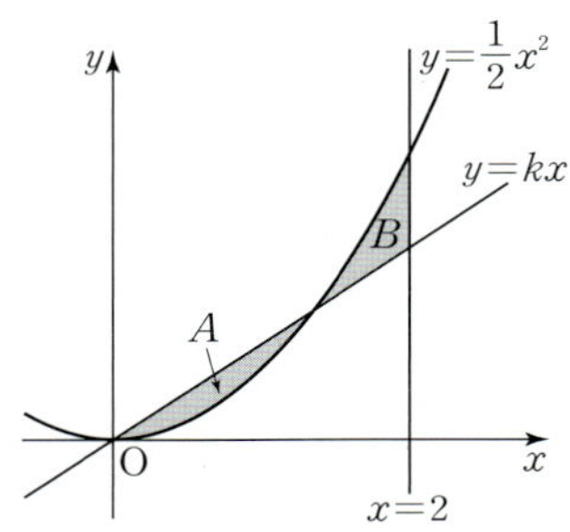

10 상위권 ☀ 도전

곡선 $y=-x^2+2x$와 x축으로 둘러싸인 도형의 넓이를 곡선 $y=ax^2$이 이등분할 때, $(a+1)^2$의 값은? (단, $a>0$)

① 2   ② 3   ③ 4
④ 5   ⑤ 6

11

원점을 출발하여 수직선 위를 움직이는 점 P의 시각 t에서의 속도 $v(t)$가 $v(t)=3t^2-6t+2$일 때, 점 P가 출발한 후 두 번째로 원점을 지나는 시각은?

① 1   ② 2   ③ 3
④ 4   ⑤ 5

12

수직선 위를 움직이는 점 P의 시각 t에서의 위치 $x(t)$가 $x(t)=t^3+at^2+bt$이다. $t=1$과 $t=3$에서 점 P가 운동 방향을 바꿀 때, $t=1$에서 $t=3$까지 점 P가 움직인 거리는?

(단, a, b는 상수이다.)

① 2   ② 4   ③ 6
④ 8   ⑤ 10

13

|2019 평가원|

시각 $t=0$일 때 동시에 원점을 출발하여 수직선 위를 움직이는 두 점 P, Q의 시각 $t\,(t\geq 0)$에서의 속도가 각각

$$v_1(t)=3t^2+t,\ v_2(t)=2t^2+3t$$

이다. 출발한 두 점 P, Q의 속도가 같아지는 순간 두 점 P, Q 사이의 거리를 a라 할 때, $9a$의 값을 구하시오.

14 중요

원점을 출발하여 수직선 위를 움직이는 점 P의 시각 t에서의 속도 $v(t)$의 그래프가 그림과 같을 때, |보기|에서 옳은 것만을 있는 대로 고른 것은?

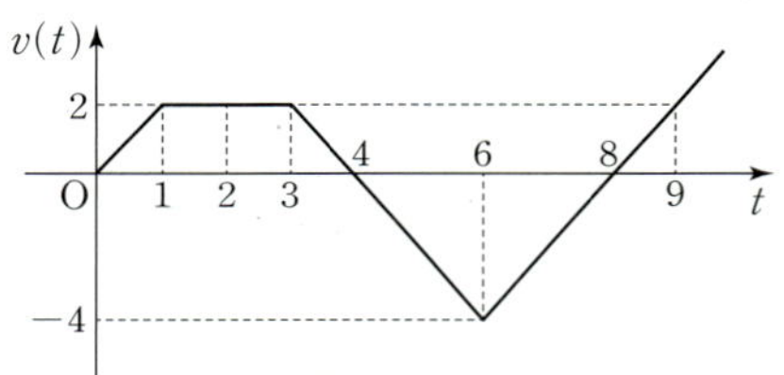

보기

ㄱ. $1\leq t\leq 3$에서 점 P는 정지해 있다.
ㄴ. $t=0$에서 $t=6$까지 점 P가 움직인 거리는 10이다.
ㄷ. 점 P는 출발 후 원점을 다시 지난다.

① ㄴ   ② ㄷ   ③ ㄱ, ㄴ
④ ㄴ, ㄷ   ⑤ ㄱ, ㄴ, ㄷ

128쪽에서 **2배속 TEST**를 만나보세요!

2배속 TEST

01

-8의 세제곱근 중 실수인 것을 α, 16의 네제곱근 중 실수인 것을 각각 β, γ $(\beta > \gamma)$라 할 때, $\alpha + \beta - \gamma$의 값은?

① -4 ② -2 ③ 2
④ 4 ⑤ 8

02

$\dfrac{a^{21}+a^{16}}{a+a^{-4}} = a^k$일 때, 정수 k의 값은? (단, $a>0$)

① 10 ② 15 ③ 20
④ 25 ⑤ 30

03

다음 |보기| 중 옳은 것만을 있는 대로 고른 것은?

> **보기**
>
> ㄱ. $2^{\frac{1}{3}} \times 4^{\frac{1}{3}} = 2$
>
> ㄴ. $\{(-2)^{-2}\}^{-\frac{5}{2}} = -32$
>
> ㄷ. $2\sqrt{8\sqrt[3]{4}} = 2^{\frac{17}{6}}$
>
> ㄹ. $x = \sqrt[3]{2} - \dfrac{1}{\sqrt[3]{4}}$일 때, $\dfrac{1}{x^3} = 4$

① ㄱ, ㄴ ② ㄱ, ㄷ ③ ㄴ, ㄹ
④ ㄱ, ㄷ, ㄹ ⑤ ㄴ, ㄷ, ㄹ

04

두 양수 a, b에 대하여 $\sqrt[3]{a\sqrt{b}} \times \sqrt{a^2 b^5} \div \sqrt[3]{a^4 \sqrt{a^5 b^3}} = \sqrt[12]{a^p b^q}$일 때, 자연수 p, q에 대하여 $p+q$의 값은?

① 30 ② 36 ③ 42
④ 48 ⑤ 54

05

2 이상의 자연수 n에 대하여 $\sqrt[5]{4^n}$과 $\sqrt[n]{4^{100}}$이 모두 자연수가 되도록 하는 n의 개수는?

① 4 ② 5 ③ 6
④ 7 ⑤ 8

06

$a>1$이고 $a^{\frac{1}{3}} + a^{-\frac{1}{3}} = b$일 때, $b^3 - 3b = \sqrt{5}$를 만족시킨다. $\dfrac{a^2 + a^{-2}}{a - a^{-1}}$의 값은?

① 2 ② 3 ③ 4
④ 5 ⑤ 6

07

실수 a, b에 대하여 $\dfrac{2^a}{3^b} = \dfrac{4}{9}$, $\dfrac{2^b}{3^a} = \dfrac{2}{3}$일 때, $6^a + 6^b$의 값을 구하시오.

08

실수 x, y, z에 대하여 $60^x = 3$, $\left(\dfrac{1}{5}\right)^y = 27$, $a^z = 9$이고 $\dfrac{1}{x} + \dfrac{3}{y} - \dfrac{1}{z} = 1$일 때, 양수 a의 값은?

① 12 ② 14 ③ 16
④ 18 ⑤ 20

09

1보다 큰 세 자연수 a, b, c와 네 실수 x, y, z, w가 다음 조건을 만족시킬 때, $ab+c$의 값을 구하시오. (단, $a<b<c$)

> (가) $a^x=b^y=c^z=30^w$
> (나) $\dfrac{1}{x}+\dfrac{1}{y}+\dfrac{1}{z}=\dfrac{1}{w}$

10

모든 실수 x에 대하여 $\log_{(x^2+a)}(3bx^2-4bx+8)$이 정의되도록 하는 정수 a, b가 있을 때, $a+b$의 최솟값을 구하시오.

11

$\log_3 24-\log_{\frac{1}{3}}\dfrac{1}{16}+\log_3 6$의 값은?

① 0 　　　　② 1 　　　　③ 2
④ 3 　　　　⑤ 4

12

실수 x, y에 대하여 $3^x=4^y=72$일 때, $(x-2)(y-1)$의 값은?
(단, $\log 2=0.3$, $\log 3=0.4$로 계산한다.)

① $\dfrac{29}{8}$ 　　　② $\dfrac{15}{4}$ 　　　③ $\dfrac{31}{8}$
④ 4 　　　⑤ $\dfrac{33}{8}$

13

$\log_2 40$의 정수 부분을 x, 소수 부분을 y라 할 때, 2^x+2^{y+2}의 값은?

① 36 　　　　② 37 　　　　③ 38
④ 39 　　　　⑤ 40

14

이차방정식 $x^2-8x+5=0$의 두 근을 α, β라 할 때, $\log_5(\alpha+2)+\log_5(\beta+2)$의 값은?

① 1 　　　　② 2 　　　　③ 3
④ 4 　　　　⑤ 5

15

$A=3(2^2+1)(2^4+1)(2^8+1)$일 때, $m<\log(A+1)<m+1$이 성립하도록 하는 정수 m의 값을 구하시오.
(단, $\log 2=0.3010$으로 계산한다.)

① 4 　　　　② 5 　　　　③ 6
④ 7 　　　　⑤ 8

16

어느 지역 하천의 수질오염도는 매년 10 %씩 낮아져 수질이 점점 좋아진다고 한다. 이와 같은 추세가 계속된다고 가정할 때, 이 하천의 수질오염도가 현재의 $\dfrac{1}{4}$이 되는 것은 몇 년 후인가?
(단, $\log 2=0.3$, $\log 3=0.4$로 계산한다.)

① 3 　　　　② 4 　　　　③ 5
④ 6 　　　　⑤ 7

01

두 함수 $f(x)=a^x$, $g(x)=a^{3x-k}$에 대하여 $f(4)=g(2)$일 때, $f(k)g(k)$의 값이 될 수 있는 것은?

(단, a는 1이 아닌 양의 정수이다.)

① 16　　　　② 32　　　　③ 64
④ 128　　　⑤ 256

02

함수 $f(x)=2^x$의 그래프를 x축의 방향으로 m만큼, y축의 방향으로 n만큼 평행이동하면 함수 $y=g(x)$의 그래프가 되고, 이 평행이동에 의하여 점 $\mathrm{A}(1,\ f(1))$이 점 $\mathrm{A}'(4,\ g(4))$로 이동한다. 함수 $y=g(x)$의 그래프가 점 $(5,\ 2)$를 지날 때, $m-n$의 값은?

① 3　　　　② 4　　　　③ 5
④ 6　　　　⑤ 7

03

직선 $y=ax+k$는 실수 k의 값에 관계없이 두 곡선 $y=5\times2^x+2$, $y=\dfrac{1}{5}\times2^x-4$와 서로 다른 점에서 한 번씩 만난다. 두 점 사이의 거리가 항상 일정하도록 하는 실수 a의 값에 대하여 5^a의 값은?

① $\dfrac{1}{16}$　　　② $\dfrac{1}{8}$　　　③ $\dfrac{1}{4}$
④ $\dfrac{1}{2}$　　　⑤ 1

04

두 함수 $f(x)=2x+6$, $g(x)=\left(\dfrac{1}{2}\right)^{x-1}$에 대하여 $3\leq x\leq6$에서 함수 $(g\circ f)(x)$의 최댓값을 M, 최솟값을 m이라 할 때, $\dfrac{M}{m}$의 값을 구하시오.

05

함수 $f(x)=2^{-x^2+6x-3}$이 $x=a$에서 최대이고 $1\leq x\leq4$에서 최솟값 m을 가질 때, $a+m$의 값은?

① 4　　　　② 5　　　　③ 6
④ 7　　　　⑤ 8

06

정의역이 $\{x\,|\,-1\leq x\leq0\}$인 함수 $y=\left(\dfrac{1}{9}\right)^x-2\times3^{-x}+5$의 최댓값을 M, 최솟값을 m이라 할 때, $\dfrac{M}{m}$의 값은?

① 2　　　　② $\dfrac{5}{2}$　　　③ 3
④ $\dfrac{7}{2}$　　　⑤ 4

07

함수 $y=5^{x+1}+5^{3-x}$이 $x=a$에서 최솟값 m을 가질 때, am의 값은?

① 25　　　　② 50　　　　③ 75
④ 100　　　⑤ 125

08

방정식 $2^{x^2-x+k}=\left(\dfrac{1}{8}\right)^{x-4}$의 한 근이 -3일 때, 다른 한 근 α에 대하여 $k+\alpha$의 값은? (단, k는 상수이다.)

① 9   ② 10   ③ 11
④ 12   ⑤ 13

09

방정식 $2^{2x}-k\times2^{x+2}+4k+2=0$의 두 실근의 비가 $1:2$일 때, 실수 k의 값은?

① $\dfrac{1}{2}$ ② 1   ③ $\dfrac{3}{2}$
④ 2   ⑤ $\dfrac{5}{2}$

10

부등식 $x^{-2x+1}>x^{3x-19}$을 만족시키는 모든 정수 x의 값의 합은? (단, $x>0$)

① 2   ② 3   ③ 4
④ 5   ⑤ 6

11

오른쪽 그림은 함수 $f(x)=2^x-1$의 그래프와 직선 $y=x$을 나타낸 것이다. 곡선 $y=f(x)$ 위의 임의의 두 점의 x좌표를 각각 $a,\ b\,(0<a<b)$라 할 때, |보기|에서 옳은 것만을 있는 대로 고른 것은?

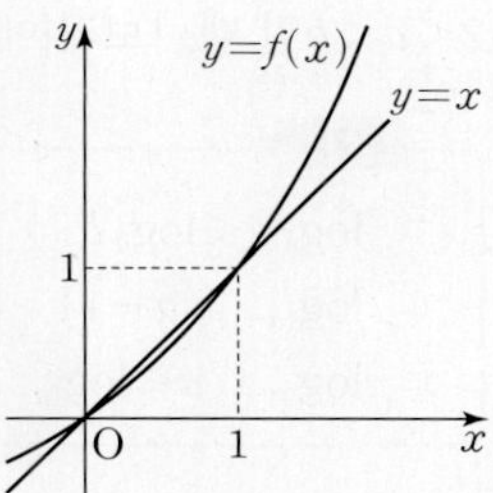

보기

ㄱ. $0<a<1$이면 $f(a)<a$이다.
ㄴ. $f(x)+f(-x)\geq0$
ㄷ. $b(2^a-1)<a(2^b-1)$

① ㄱ   ② ㄱ, ㄴ   ③ ㄱ, ㄷ
④ ㄴ, ㄷ   ⑤ ㄱ, ㄴ, ㄷ

12

가로의 길이가 L mm, 두께가 t mm인 직사각형 모양의 종이를 가로 방향으로 반씩 접을 때, 접을 수 있는 최대 횟수를 n이라 하면 부등식 $L\geq\dfrac{\pi t}{6}(2^n+4)(2^n-1)$이 성립한다고 한다. 가로의 길이가 25π mm이고 두께가 3 mm인 직사각형 모양의 종이를 가로 방향으로 반씩 접으려 할 때, 접을 수 있는 최대 횟수를 a, 최대한 많이 접은 종이의 총 두께를 b mm라 하자. $a+b$의 값을 구하시오. (단, 접은 종이의 총 두께는 종이의 두께만 고려한다.)

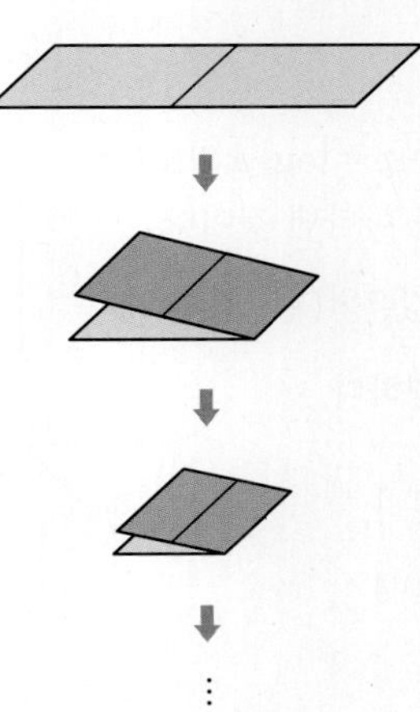

13

$2<a<b$일 때, |보기|에서 옳은 것만을 있는 대로 고른 것은?

|보기|

ㄱ. $\log_b a<\log_a b$

ㄴ. $\log_{(b-1)}(a-1)>1$

ㄷ. $\log_{(b-1)} a<\log_{(a-1)} b$

① ㄱ   ② ㄴ   ③ ㄱ, ㄴ

④ ㄱ, ㄷ   ⑤ ㄴ, ㄷ

14

함수 $y=\log_2 x-2$의 그래프 위의 점 A와 함수 $y=\log_2 x+2$의 그래프 위의 점 B에서 y축에 내린 수선의 발을 각각 C$(0,\ \alpha)$, D$(0,\ \beta)$라 하자. 사각형 ABDC가 정사각형일 때, $\alpha+\beta$의 값은?

① 3   ② 4   ③ 5

④ 6   ⑤ 7

15

오른쪽 그림은 함수 $y=\log_4 x$의 그래프와 직선 $y=x$를 나타낸 것이다. $\dfrac{\log_2 c\times\log_2 d}{2^{2a+2b}}$의 값은? (단, 점선은 x축 또는 y축에 평행하다.)

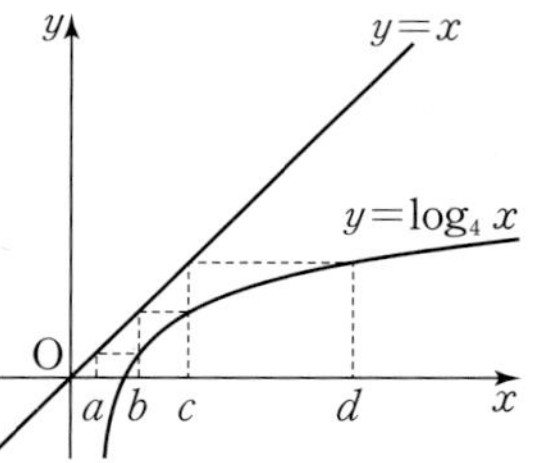

① $\dfrac{1}{2}$ ② 1

③ 2   ④ 4

⑤ 8

16

오른쪽 그림과 같이 두 함수 $y=\log_2(x+4)$, $y=2^{x-4}$의 그래프가 직선 $y=x$와 만나는 점을 각각 A, B라 할 때, 선분 AB의 길이는? (단, 점 A의 x좌표는 양수이고, 점 B의 x좌표보다 작다.)

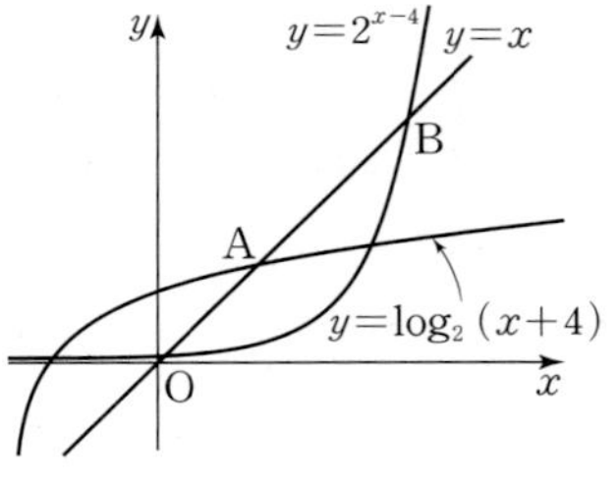

① $2\sqrt{2}$ ② $4\sqrt{2}$ ③ $6\sqrt{2}$

④ $8\sqrt{2}$ ⑤ $10\sqrt{2}$

17

두 함수 $y=\log_2(x-7)+4$, $y=\log_{\frac{1}{3}}(4-x)+3$의 역함수를 각각 $f(x)$, $g(x)$라 하자. 모든 실수 x에 대하여 $g(x)<n<f(x)$를 만족시키는 정수 n의 개수는?

① 3   ② 4   ③ 5

④ 6   ⑤ 7

18

함수 $y=-5^{\log x}\times x^{\log 5}+5(5^{\log x}+x^{\log 5})$이 $x=a$에서 최댓값 b를 가질 때, $a+b$의 값은?

① 31   ② 32   ③ 33

④ 34   ⑤ 35

19

연립방정식 $\begin{cases} \log_9 x + \log_3 \sqrt{y} = 1 \\ \log_4 (x^2 + y^2) = \dfrac{1}{2} + 2\log_4 3 \end{cases}$ 의 해를 $x = \alpha$, $y = \beta$라

할 때, $\alpha + \beta$의 값은?

① 5   ② 6   ③ 7
④ 8   ⑤ 9

20

방정식 $\log_{(6x-5)} |x-5| = \log_{(x^2+3)} |x-5|$ 의 모든 실근의 합을 구하시오.

21

연립방정식 $\begin{cases} \log_2 x - \log_3 y = -2 \\ \log_3 x \times \log_2 y = 3 \end{cases}$ 의 해를 $x = \alpha$, $x = \beta$라 할 때, $\alpha + \beta$의 최댓값을 구하시오.

22

방정식 $|\log_2 x| = ax + b$의 세 실근의 비가 $1 : 3 : 5$일 때, 세 실근의 합은? (단, a, b는 상수이다.)

① $\sqrt{2}$ ② $\sqrt{5}$ ③ $2\sqrt{2}$
④ $2\sqrt{5}$ ⑤ $3\sqrt{5}$

23

이차방정식 $x^2 + x \log a + 3 + \log a = 0$이 실근을 갖지 않도록 하는 양수 a의 값의 범위가 $\alpha < a < \beta$일 때, $\alpha\beta$의 값은?

① 1   ② 10   ③ 10^2
④ 10^3 ⑤ 10^4

24

함수 $f(x) = x^2 - 4x + 3$에 대하여 부등식 $\log_{\frac{1}{2}} \{f(x) + 1\} \geq \log_2 \dfrac{1}{4}$

을 만족시키는 모든 정수 x의 값의 합은?

① 6   ② 7   ③ 8
④ 9   ⑤ 10

25

두 집합 $A = \{x \,|\, 3^{x^2} \leq 3^{3x-2},\ x\text{는 정수}\}$,

$B = \left\{x \,\middle|\, \log_2 (3x+4) > \dfrac{2}{\log_x 2},\ x\text{는 정수}\right\}$에 대하여 $n(A \cap B)$

의 값을 구하시오.

26

도체가 전하를 저장할 수 있는 능력을 정전용량이라 한다. 원통도체에서 안쪽 원통의 반지름의 길이 a와 바깥쪽 원통의 반지름의 길이 b에 대하여 정전용량 C는

$$C = \frac{k}{\log b - \log a} \ (k\text{는 상수, } C\text{의 단위는 F/m})$$

라 한다. $b = 3a$일 때의 정전용량 C_1과 $b = na$일 때의 정전용량 C_2

에 대하여 $\dfrac{C_1}{C_2} < \dfrac{1}{\log 3}$을 만족시키는 자연수 n의 최댓값은?

① 9   ② 10   ③ 11
④ 12   ⑤ 13

01

θ가 제2사분면의 각일 때, 각 $\dfrac{\theta}{3}$를 나타내는 동경이 존재할 수 없는 사분면을 구하시오.

02

오른쪽 그림과 같이 원 O에서 중심각의 크기가 $\dfrac{\pi}{3}$인 부채꼴을 잘라 내고 남은 도형의 호의 길이가 10π일 때, 이 도형의 넓이는?

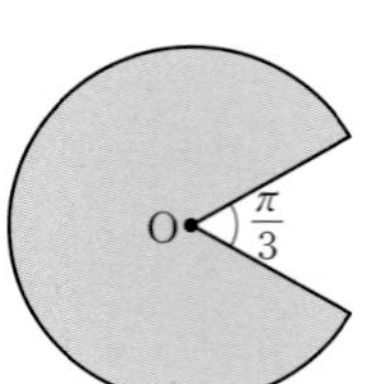

① 20π ② 25π
③ 30π ④ 35π
⑤ 40π

03

오른쪽 그림과 같이 점 P에서 원 O에 그은 두 접선이 원과 만나는 점을 각각 A, B라 하자. $\angle AOB = 4\theta$이고 색칠한 두 도형의 넓이가 서로 같을 때, $\dfrac{\tan 2\theta}{2\theta}$의 값은?

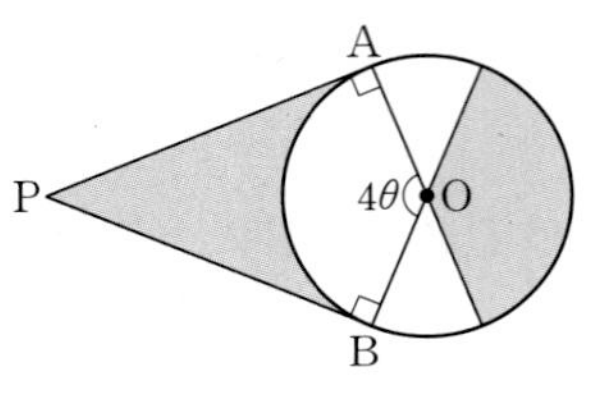

(단, $0 < 4\theta < \pi$)

① 1   ② 2   ③ 3
④ 4   ⑤ 5

04

원점 O와 점 $P(-5, -12)$를 지나는 동경 OP가 나타내는 각의 크기를 θ라 할 때, $\cos \theta - \sin \theta = \dfrac{q}{p}$이다. $p+q$의 값은?

(단, p와 q는 서로소인 자연수이다.)

① 18   ② 20   ③ 22
④ 24   ⑤ 26

05

$\sin \theta \cos \theta > 0$, $\cos \theta \tan \theta < 0$을 동시에 만족시키는 각 θ는 제몇 사분면의 각인지 구하시오.

06

$\pi < \theta < \dfrac{3}{2}\pi$이고 $\dfrac{1+\cos \theta}{1-\cos \theta} = \dfrac{1}{2}$일 때, $\tan \theta$의 값은?

① $2\sqrt{2}$ ② 3   ③ 4
④ $3\sqrt{2}$ ⑤ $4\sqrt{2}$

07

$\dfrac{\pi}{2} < \theta < \pi$이고 $\sin \theta = \dfrac{4}{5}$일 때, $\dfrac{3\tan \theta + 6}{5\cos \theta + 4}$의 값은?

① -2 ② -1 ③ 0
④ 1   ⑤ 2

08

$0 < \theta < \dfrac{\pi}{2}$이고 $\tan \theta = 2 - \sqrt{3}$일 때, $\left(\dfrac{1}{1-\sin \theta} + \dfrac{1}{1+\sin \theta}\right)\left(\dfrac{1}{1-\cos \theta} + \dfrac{1}{1+\cos \theta}\right)$의 값은?

① 62   ② 63   ③ 64
④ 65   ⑤ 66

09

실수 전체의 집합에서 정의된 함수 $f(x)$의 주기가 2이고 $-1 \le x < 1$에서 $f(x) = -x^2 + 1$일 때, $f(8)$의 값은?

① -2 ② -1 ③ 0
④ 1 ⑤ 2

10

함수 $y = -\cos 2x + 3$의 그래프를 x축에 대하여 대칭이동한 후 y축의 방향으로 4만큼 평행이동한 그래프의 식이 $y = a\cos 2x + b$일 때, 상수 a, b에 대하여 $a + b$의 값은?

① 1 ② 2 ③ 3
④ 4 ⑤ 5

11

오른쪽 그림과 같이 한 변이 x축 위에 있고 두 꼭짓점이 함수 $y = \sin\dfrac{\pi}{6}x$의 그래프 위에 있는 직사각형 ABCD가 있다. $\overline{BC} = 4$일 때, 직사각형 ABCD의 넓이는?

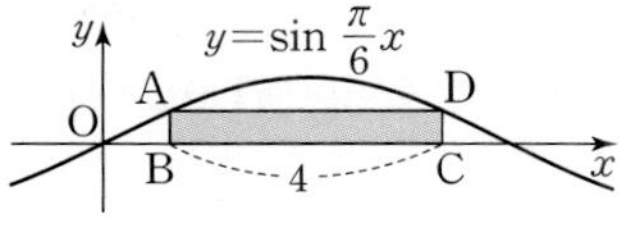

① $\sqrt{3}$ ② 2 ③ $2\sqrt{3}$
④ 4 ⑤ $4\sqrt{2}$

12

함수 $f(x) = a\cos\left(x + \dfrac{\pi}{3}\right) + b$의 최솟값이 -2이고 $f\left(\dfrac{\pi}{6}\right) = \dfrac{1}{2}$일 때, $f(x)$의 최댓값을 구하시오. (단, $a > 0$이고 b는 상수이다.)

13

$\sin\theta = \dfrac{1}{2}$일 때, $\dfrac{\sin(\pi - \theta)}{1 + \sin\left(\dfrac{\pi}{2} + \theta\right)} + \dfrac{\cos\left(\dfrac{\pi}{2} - \theta\right)}{1 + \cos(\pi + \theta)}$의 값은?

① 2 ② 4 ③ 6
④ 8 ⑤ 10

14

$\tan 1° \times \tan 3° \times \tan 5° \times \cdots \times \tan 89°$의 값을 구하시오.

15

$\theta = \dfrac{\pi}{5}$일 때,

$$\sin\alpha + \sin(\alpha + \theta) + \sin(\alpha + 2\theta) + \cdots + \sin(\alpha + 10\theta)$$

를 간단히 하면?

① 0 ② $\sin\alpha$ ③ $\cos\alpha$
④ $\sin 2\alpha$ ⑤ $\cos 2\alpha$

16

다음 그림과 같이 $1 \le x \le 6$에서 함수 $f(x) = \sin\dfrac{\pi}{2}x$의 그래프가 직선 $y = \dfrac{3}{4}$과 만나는 점의 x좌표를 작은 것부터 차례대로 α, β, γ라 할 때, $f(\alpha + \beta + \gamma)$의 값은?

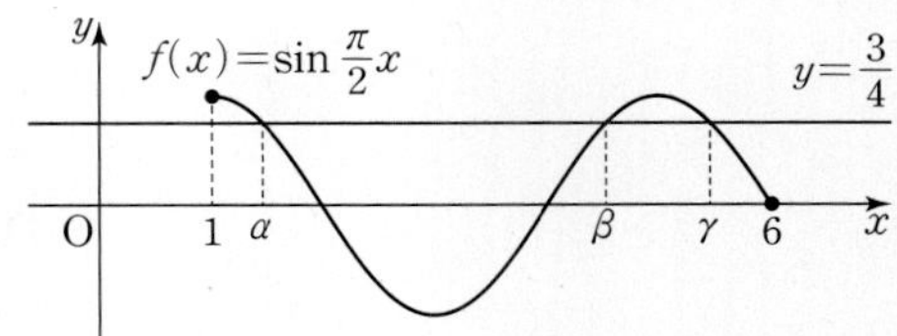

① $-\dfrac{3}{4}$ ② $-\dfrac{1}{2}$ ③ $\dfrac{1}{2}$
④ $\dfrac{2}{3}$ ⑤ $\dfrac{3}{4}$

17

함수 $y=a\cos(bx+c)+2$의 그래프가 다음 그림과 같을 때, 상수 a, b, c에 대하여 abc의 값은? (단, $a>0$, $b>0$, $0<c<\pi$)

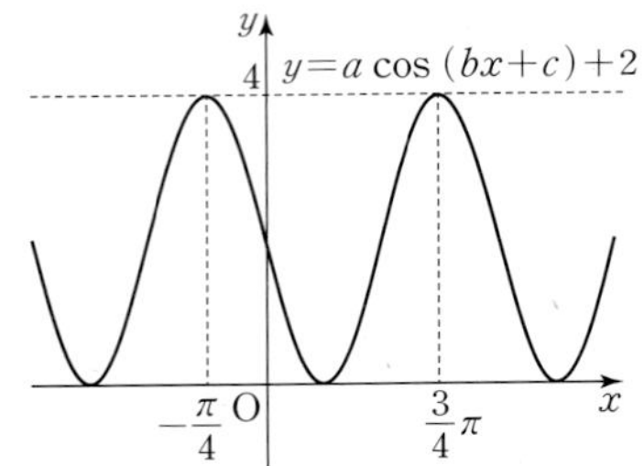

① $\dfrac{\pi}{2}$ ② π ③ $\dfrac{3}{2}\pi$

④ 2π ⑤ $\dfrac{5}{2}\pi$

18

함수 $y=2\cos^2\left(\dfrac{3}{2}\pi-x\right)+\sin(\pi-x)+5\cos\left(\dfrac{\pi}{2}+x\right)$의 치역이 $\{y\,|\,a\le y\le b\}$일 때, $a+b$의 값은?

① 2   ② 3   ③ 4

④ 5   ⑤ 6

19

$-\pi\le x\le\pi$일 때, 방정식 $\sin x\cos x+\cos^2 x=0$의 모든 실근의 합은?

① $\dfrac{\pi}{4}$ ② $\dfrac{\pi}{2}$ ③ π

④ $\dfrac{3}{2}\pi$ ⑤ 2π

20

$0\le x\le 2\pi$에서 방정식 $\tan x-\cos x=0$의 두 근을 α, β라 할 때, $\sin\left(\alpha+\beta+\dfrac{\pi}{4}\right)$의 값을 구하시오. (단, $\alpha<\beta$)

21

$0\le\theta<2\pi$에서 부등식 $2\cos^2\left(\theta-\dfrac{\pi}{4}\right)-\cos\left(\theta+\dfrac{\pi}{4}\right)\ge 1$의 해가 $a\le\theta\le b$일 때, $\dfrac{b}{a}$의 값은?

① 14   ② 15   ③ 16

④ 17   ⑤ 18

22

x에 대한 방정식 $(x^2+1)(1+\sin\alpha)+2x(1+\cos\alpha)=0$이 실근을 갖도록 하는 α의 값의 범위가 $0\le\alpha\le a\pi$ 또는 $b\pi\le\alpha\le 2\pi$일 때, $a+b$의 값은? (단, $0\le\alpha\le 2\pi$)

① 1   ② $\dfrac{3}{2}$ ③ 2

④ $\dfrac{5}{2}$ ⑤ 3

23

반지름의 길이가 6인 원에 내접하는 삼각형 ABC가 있다. $A=75°$, $2\sin(A+C)\sin B=1$이 성립할 때, 선분 AB의 길이는?

① $2\sqrt{3}$ ② 3   ③ 5

④ $4\sqrt{3}$ ⑤ $6\sqrt{3}$

24

다음 조건을 만족시키는 삼각형 ABC에 대하여 $\sin A+\sin B-\sin C$의 값을 $\dfrac{q}{p}$라 할 때, $p+q$의 값을 구하시오.

(단, p와 q는 서로소인 자연수이다.)

> (가) $\overline{BC}:\overline{AC}:\overline{AB}=3:5:7$
> (나) $\sin A+\sin B+\sin C=2$

25

오른쪽 그림과 같이 한 변의 길이가 4
인 정육각형 ABCDEF가 있다. 변 AB
의 중점을 P, $\angle AFP = \theta$라 할 때,
$\cos \theta$의 값을 구하시오.

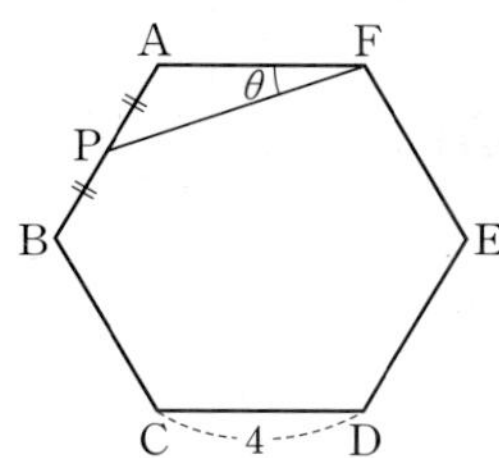

26

오른쪽 그림과 같이 12 km 떨어진
두 지점 B, C에서 지점 A까지의 거
리를 각각 측정하였더니
$\overline{AB} = 14$ km, $\overline{AC} = 10$ km이었다.
선분 BC를 2 : 1로 내분하는 지점 D
에 대하여 두 지점 A와 D 사이의 거
리를 구하시오.

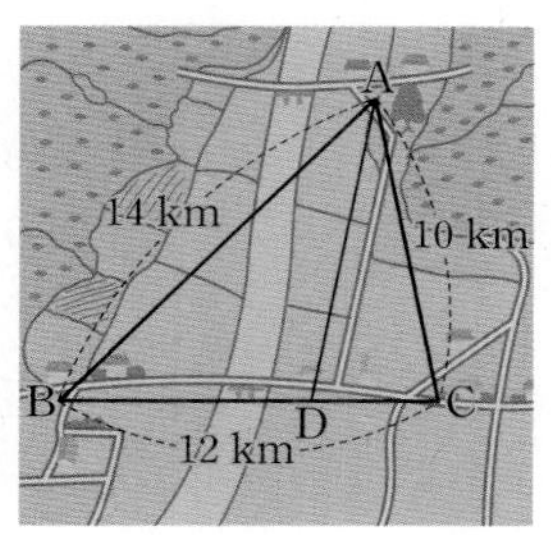

27

오른쪽 그림과 같이 중심각의 크기
가 $\dfrac{\pi}{4}$, 호의 길이가 $3\sqrt{2}\pi$인 부채꼴
OAB에 대하여 점 B에서 선분 OA
에 내린 수선의 발을 H, 선분 OH를
7 : 5로 내분하는 점을 C라 하자.
$\angle OCB = \theta_1$, $\angle OBC = \theta_2$라 할 때, $\dfrac{\cos \theta_2}{\sin \theta_1}$의 값은?

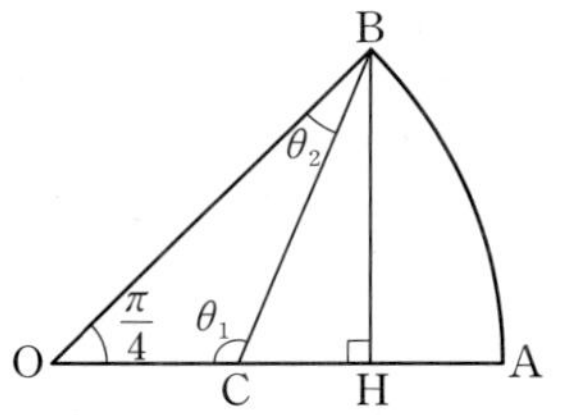

① $\dfrac{17\sqrt{2}}{16}$ ② $\dfrac{17\sqrt{2}}{20}$ ③ $\dfrac{17\sqrt{2}}{24}$

④ $\dfrac{17\sqrt{2}}{28}$ ⑤ $\dfrac{17\sqrt{2}}{32}$

28

오른쪽 그림과 같이
$\overline{AB} = 2$, $\overline{AC} = 6$, $A = 120°$
인 삼각형 ABC에서 $\angle A$의
이등분선이 변 BC와 만나
는 점을 D라 할 때, 선분 AD의 길이는?

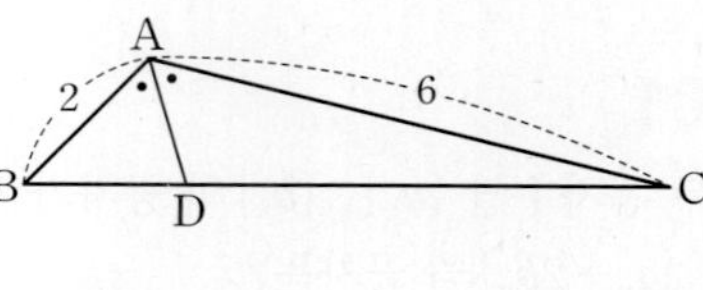

① $\dfrac{3}{2}$ ② 2   ③ $\dfrac{5}{2}$

④ 3   ⑤ $\dfrac{7}{2}$

29

오른쪽 그림과 같이 $\overline{AB} = 12$,
$\overline{AC} = 9$, $A = 60°$인 삼각형 ABC가
있다. 변 AB, AC 위의 두 점 P, Q에
대하여 삼각형 APQ의 넓이가 삼각형
ABC의 넓이의 $\dfrac{2}{3}$일 때, 선분 PQ의
길이의 최솟값을 구하시오.

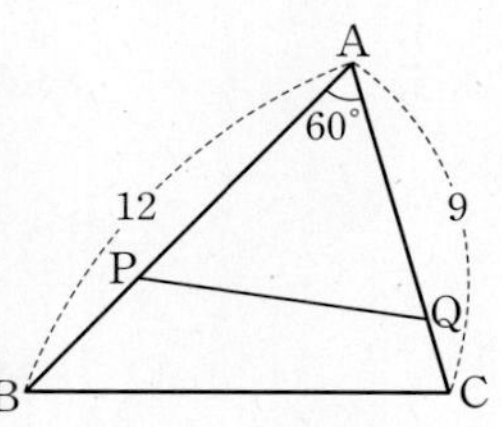

30

오른쪽 그림과 같이 두 대각선의 길
이가 각각 p, q이고 두 대각선이 이
루는 각의 크기가 45°인 사각형
ABCD에 대하여 $p + q = 16$일 때,
사각형 ABCD의 넓이의 최댓값은?

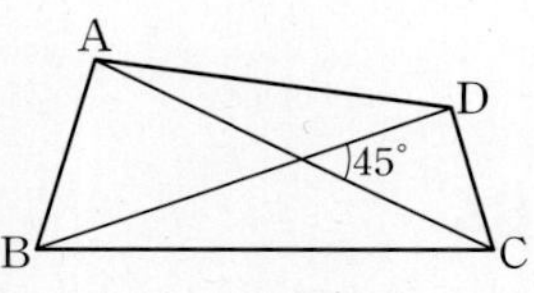

① $8\sqrt{2}$ ② $10\sqrt{2}$ ③ $12\sqrt{2}$

④ $14\sqrt{2}$ ⑤ $16\sqrt{2}$

01

두 등차수열 $\{a_n\}$, $\{b_n\}$의 공차가 각각 3, -4일 때, 등차수열 $\{3a_n+2b_n\}$의 공차는?

① 1　　　　② 2　　　　③ 3
④ 4　　　　⑤ 5

02

0이 아닌 세 수 a, b, c에 대하여 a, b, c와 $-c$, b, $4a$가 각각 이 순서대로 등차수열을 이룰 때, $\dfrac{c}{a+b}$의 값은?

① $\dfrac{1}{4}$　　　　② $\dfrac{1}{3}$　　　　③ $\dfrac{1}{2}$
④ $\dfrac{2}{3}$　　　　⑤ $\dfrac{3}{4}$

03

등차수열 $\{a_n\}$에 대하여 $a_3+a_5=32$, $a_2a_4=96$일 때, $a_n<100$을 만족시키는 자연수 n의 최댓값은?

① 19　　　　② 20　　　　③ 21
④ 22　　　　⑤ 23

04

세 등차수열 $\{a_n\}$, $\{b_n\}$, $\{c_n\}$에 대하여 $a_1+b_1+c_1=12$, $a_{99}+b_{99}+c_{99}=188$일 때, $(a_1+a_2+\cdots+a_{99})+(b_1+b_2+\cdots+b_{99})+(c_1+c_2+\cdots+c_{99})$의 값은?

① 990　　　　② 999　　　　③ 9900
④ 9990　　　　⑤ 99900

05

수열 $\{a_n\}$의 첫째항부터 제n항까지의 합 S_n이 $S_n=n^2-3n+1$일 때, $a_1+a_3+a_5+\cdots+a_{15}$의 값은?

① 97　　　　② 98　　　　③ 99
④ 100　　　　⑤ 101

06

두 수열 $\{a_n\}$, $\{b_n\}$의 첫째항부터 제n항까지의 합을 각각 S_n, T_n이라 할 때, $S_n=3n^2+kn$, $T_n=5n^2+11n+k$이고 $a_{10}=b_6$이다. 상수 k의 값은?

① 5　　　　② 6　　　　③ 7
④ 8　　　　⑤ 9

07

등비수열 $\{a_n\}$의 일반항이 $a_n=3\times2^n$일 때, |보기|에서 공비가 4인 수열만을 있는 대로 고른 것은?

> **보기**
>
> ㄱ. $2a_1$, $2a_2$, $2a_3$, $\cdots$, $2a_n$, $\cdots$
> ㄴ. $4a_1^2$, $4a_2^2$, $4a_3^2$, $\cdots$, $4a_n^2$, $\cdots$
> ㄷ. a_1a_2, a_2a_3, a_3a_4, $\cdots$, a_na_{n+1}, $\cdots$

① ㄴ　　　　② ㄷ　　　　③ ㄱ, ㄴ
④ ㄴ, ㄷ　　　　⑤ ㄱ, ㄴ, ㄷ

08

곡선 $y=x^3+3x^2$과 직선 $y=kx+8$이 서로 다른 세 점에서 만나고 이 세 교점의 x좌표가 등비수열을 이룰 때, 상수 k의 값은?

① 3　　　　② 4　　　　③ 5
④ 6　　　　⑤ 7

09

첫째항이 1이고 공차가 0이 아닌 등차수열 $\{a_n\}$에 대하여 a_1, a_3, a_{11}이 이 순서대로 등비수열을 이룰 때, a_5의 값은?

① 7 ② 8 ③ 9
④ 10 ⑤ 11

10

등차수열 $\{\log a_n\}$의 첫째항이 0, 공차가 $\log 3$일 때, $a_n < 5^{10}$을 만족시키는 자연수 n의 최댓값은?

(단, $\log 2 = 0.3$, $\log 3 = 0.4$로 계산한다.)

① 14 ② 15 ③ 16
④ 17 ⑤ 18

11

어느 기업에서는 A 제품에 대한 연구를 위하여 매년 연구개발비를 2 %씩 증액한다고 한다. 첫째 해 연구개발비가 3억 원이었을 때, 열째 해 연구개발비를 구하시오.

(단, $1.02^8 = 1.17$, $1.02^9 = 1.20$, $1.02^{10} = 1.22$로 계산한다.)

12

등비수열 $\{a_n\}$의 모든 항이 양수이고 $a_2^2 + a_3^2 = \dfrac{4}{3}$, $a_5^2 + a_6^2 = 36$일 때, $a_1 + a_2 + a_3 + \cdots + a_6 = p\sqrt{3} + q$이다. $p+q$의 값은?

(단, p, q는 유리수이다.)

① $\dfrac{17}{3}$ ② $\dfrac{20}{3}$ ③ $\dfrac{23}{3}$
④ $\dfrac{26}{3}$ ⑤ $\dfrac{29}{3}$

13

첫째항이 3인 등비수열 $\{a_n\}$에 대하여
$$\dfrac{a_2 + a_4 + a_6 + \cdots + a_{100}}{a_1 + a_3 + a_5 + \cdots + a_{99}} = -2$$일 때,
$|a_1| + |a_2| + |a_3| + \cdots + |a_{99}|$의 값은?

① $2^{100} + 2^{99} - 1$ ② $2^{100} + 2^{99} - 3$
③ $2^{100} + 2^{98} - 1$ ④ $2^{100} + 2^{98} - 3$
⑤ $2^{99} + 2^{98} - 1$

14

첫째항이 2인 수열 $\{a_n\}$에 대하여 좌표평면 위의 세 점 $A_n\left(\dfrac{1}{2}, a_n\right)$, $B(1, 0)$, $O(0, 0)$을 꼭짓점으로 하는 삼각형 A_nBO의 넓이를 T_n이라 하고, 점 A_n에서 x축에 내린 수선의 발을 H라 할 때, 선분 A_nH의 중점을 A_{n+1}이라 하자. $T_1 + T_2 + T_3 + \cdots + T_{10}$의 값은?

① $1 - \left(\dfrac{1}{2}\right)^9$ ② $1 - \left(\dfrac{1}{2}\right)^{10}$ ③ $2 - \left(\dfrac{1}{2}\right)^9$
④ $2 - \left(\dfrac{1}{2}\right)^{10}$ ⑤ $2 - \left(\dfrac{1}{2}\right)^{11}$

15

첫째항부터 등비수열을 이루는 수열 $\{a_n\}$의 첫째항부터 제n항까지의 합 S_n에 대하여 $\log_5 (S_n + k) = n$일 때, $a_1 + k$의 값을 구하시오. (단, k는 상수이다.)

16

연이율 3 %, 1년마다 복리로 매년 말에 a만 원씩 10년 동안 적립할 때, 10년 말의 적립금의 원리합계가 136만 원이다. a의 값은?

(단, $1.03^{10} = 1.34$로 계산한다.)

① 9 ② 10 ③ 11
④ 12 ⑤ 13

01

다음 중 $\sum\limits_{k=1}^{n} k + \sum\limits_{j=0}^{n-1}(3j-1) - \sum\limits_{i=1}^{n}(2i+1)$ 과 그 값이 같은 것은?

① $\sum\limits_{k=1}^{n}(2k-5)$ ② $\sum\limits_{k=1}^{n}(2k-4)$

③ $\sum\limits_{k=1}^{n}(2k-3)$ ④ $\sum\limits_{k=1}^{n}(2k-2)$

⑤ $\sum\limits_{k=1}^{n}(2k-1)$

02

이차방정식 $x^2+nx-2n-1=0$의 두 근을 a_n, b_n이라 할 때, $\sum\limits_{k=1}^{10}(a_k^2-1)(b_k^2-1)$의 값은? (단, n는 자연수이다.)

① 1125   ② 1135   ③ 1145
④ 1155   ⑤ 1165

03

$\sum\limits_{k=1}^{10} k^2 + \sum\limits_{k=2}^{10} k^2 + \sum\limits_{k=3}^{10} k^2 + \cdots + \sum\limits_{k=10}^{10} k^2$의 값을 구하시오.

04

$\sum\limits_{k=1}^{n}\left(\sum\limits_{j=1}^{4} jk\right) - \sum\limits_{k=1}^{10}\left\{\sum\limits_{j=1}^{5}(j+k)\right\}=25$를 만족시키는 자연수 n의 값은?

① 8   ② 9   ③ 10
④ 11   ⑤ 12

05

수열 $\{a_n\}$의 첫째항부터 제n항까지의 합 S_n이
$$S_n = \sum\limits_{k=1}^{n-1}(k^2+3k+2) - \sum\limits_{k=1}^{n} k^2$$
일 때, a_{20}의 값은?

① 10   ② 20   ③ 30
④ 40   ⑤ 50

06

수열 $\{a_n\}$의 일반항이 $a_n = \dfrac{1}{1+2+3+\cdots+n}$일 때, $\sum\limits_{k=1}^{m} a_k = \dfrac{48}{25}$을 만족시키는 자연수 m의 값은?

① 22   ② 23   ③ 24
④ 25   ⑤ 26

07

함수 $f(x)=2^{\sqrt{x}}(x>0)$에 대하여 수열 $\{a_n\}$의 일반항이 $a_n=f(2n+1)f(2n-1)$일 때, $\sum\limits_{n=1}^{20} \log_{a_n} 4 = \sqrt{a}+b$이다. 정수 a, b에 대하여 $a+b$의 값은?

① 40   ② 41   ③ 42
④ 43   ⑤ 44

08

한 변의 길이가 1인 정사각형이 있다. 이 정사각형의 세로의 길이를 2배씩 늘이고 가로의 길이를 2씩 늘이는 시행을 할 때, 처음 정사각형부터 10회 시행 후 직사각형까지의 넓이의 총합은?

① $17 \times 2^{10} - 3$ ② $17 \times 2^{10} + 3$

③ $17 \times 2^{11} - 3$ ④ $19 \times 2^{10} + 3$

⑤ $19 \times 2^{11} + 3$

09

수열 $\{a_n\}$이

$$a_1 = 4, \ a_5 = 10, \ a_{n+2} - a_{n+1} = a_{n+1} - a_n \ (n = 1, 2, 3, \cdots)$$

으로 정의될 때, a_{15}의 값은?

① 22   ② 23   ③ 24

④ 25   ⑤ 26

10

수열 $\{a_n\}$이 $a_1 = 2$, $a_{n+1} = a_n^{\ 2} \ (n = 1, 2, 3, \cdots)$으로 정의될 때, a_{10}의 값은?

① 2^{128} ② 2^{256} ③ 2^{512}

④ 2^{1024} ⑤ 2^{2048}

11

수열 $\{a_n\}$이

$$a_1 = 19, \ 2n(a_{n+1} - a_n) = -(a_{n+1} + a_n) \ (n = 1, 2, 3, \cdots)$$

으로 정의될 때, a_{10}의 값을 구하시오.

12

수열 $\{a_n\}$이 $a_1 = 2$, $a_6 = 12$, $a_{n+1} = \dfrac{n^2 - 1}{n^2} a_n \ (n = 2, 3, 4, \cdots)$으로 정의될 때, $\displaystyle\sum_{k=1}^{3} a_k$의 값은?

① 29   ② 31   ③ 33

④ 35   ⑤ 37

13

다음 그림과 같은 규칙으로 성냥개비를 놓을 때, [n단계]에서 사용되는 성냥개비의 개수를 a_n이라 하자. a_{20}의 값을 구하시오.

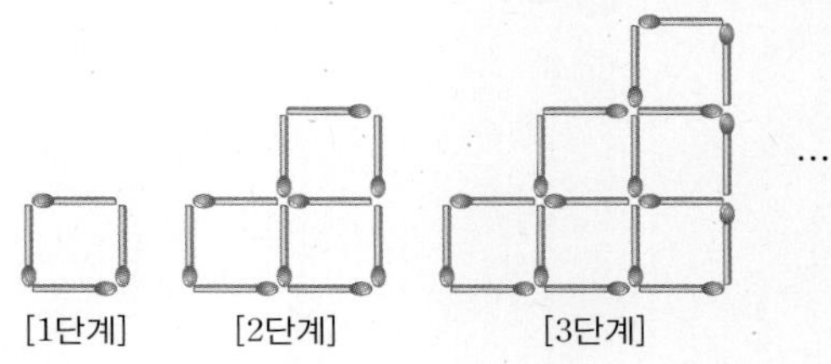

14

모든 자연수 n에 대하여 등식

$$\frac{1}{2} + \frac{2}{4} + \frac{3}{8} + \cdots + \frac{n}{2^n} = 2 - \frac{n+2}{2^n}$$

가 성립함을 수학적 귀납법으로 증명하시오.

15

5 이상의 모든 자연수 n에 대하여 부등식

$$2n^2 > (n+2)^2$$

이 성립함을 수학적 귀납법으로 증명하시오.

01

두 함수 $f(x)=\begin{cases} -x-1 & (x<1) \\ -x^2-1 & (x\geq 1) \end{cases}$, $g(x)=\begin{cases} x+1 & (|x|<2) \\ |x|-1 & (|x|\geq 2) \end{cases}$ 에

대하여 $\lim\limits_{x\to 1+} g(f(x)) + \lim\limits_{x\to 1-} g(f(x))$의 값은?

① -2 ② -1 ③ 0

④ 1 ⑤ 2

02

함수 $f(x)$에 대하여 $\lim\limits_{x\to 0} \dfrac{f(x)}{x}=12$일 때, $\lim\limits_{x\to 2} \dfrac{f(x-2)}{x^2-4}$의 값은?

① -3 ② -2 ③ 1

④ 2 ⑤ 3

03

함수 $f(x)$에 대하여 $\lim\limits_{x\to 1} \dfrac{f(x)-x}{x}=7$일 때,

$\lim\limits_{x\to 1} \dfrac{f(x)+3x}{10x-f(x)}=\dfrac{q}{p}$가 성립한다. $p+q$의 값은?

(단, p와 q는 서로소인 자연수이다.)

① 5 ② 7 ③ 9

④ 11 ⑤ 13

04

오른쪽 그림과 같이 곡선 $y=\sqrt{x}$ 위의 점 $P(t, \sqrt{t})$와 x축 위의 점 Q에 대하여 $\overline{OP}=\overline{OQ}$이고 직선 PQ의 기울기가 음수가 되도록 할 때, 직선 PQ의 y절편을 $f(t)$라 하자. $\lim\limits_{t\to\infty} \dfrac{f(t)}{t\sqrt{t}}$의 값은?

(단, O는 원점이다.)

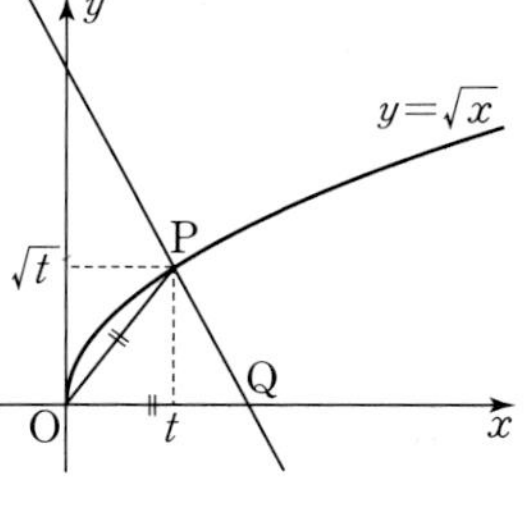

① 1 ② 2 ③ 3

④ 4 ⑤ 5

05

$\lim\limits_{x\to\infty} (\sqrt{x^2+ax+b}-x)=2$를 만족시키는 상수 a의 값은?

(단, b는 상수이다.)

① 4 ② 6 ③ 8

④ 10 ⑤ 12

06

$\lim\limits_{x\to -1} \dfrac{\sqrt{x^2+3}-2}{x+a}=b$를 만족시키는 상수 a, b에 대하여 $a+2b$의

값은? (단, $b\neq 0$)

① -3 ② -2 ③ -1

④ 0 ⑤ 1

07

다항함수 $f(x)$가 다음 조건을 만족시킨다.

> (가) $\lim\limits_{x\to\infty} \dfrac{f(x)-x^3}{x^2}=1$
>
> (나) $\lim\limits_{x\to 2} \dfrac{f(x)}{x^2-x-2}=2$

$f(3)$의 값은?

① 8 ② 10 ③ 12

④ 14 ⑤ 16

08

함수 $f(x)=([x]-2)([x]+a)$에 대하여 $\lim\limits_{x\to 2} \dfrac{f(x)}{x-2}$의 값이 존

재할 때, $a+\lim\limits_{x\to 1-} f(x)$의 값은?

(단, a는 상수이고, $[x]$는 x보다 크지 않은 최대의 정수이다.)

① -2 ② -1 ③ 0

④ 1 ⑤ 2

09

함수 $f(x)$가 모든 실수 x에 대하여

$$2x^3+5x^2-2<f(x)<2x^3+5x^2+3$$

을 만족시킬 때, $\displaystyle\lim_{x\to\infty}\dfrac{f(x)-2x^3}{x^2+3}$의 값은?

① 1   ② 2   ③ 3

④ 4   ⑤ 5

10

두 함수 $y=f(x)$, $y=g(x)$의 그래프가 다음 그림과 같을 때, |보기|의 함수 중 $x=0$에서 연속인 것만을 있는 대로 고르시오.

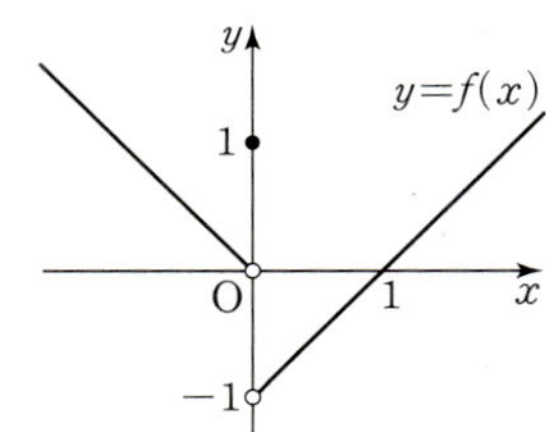 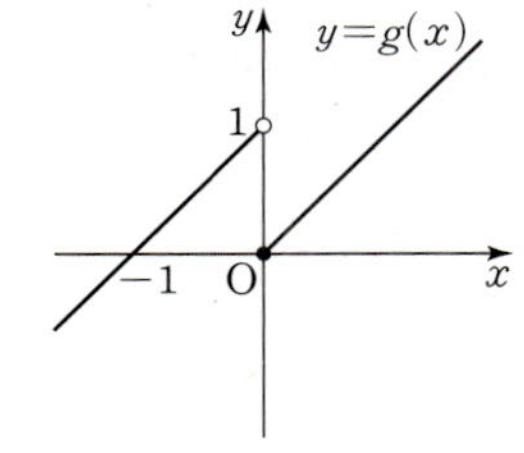

> **보기**
>
> ㄱ. $f(x+1)$ ㄴ. $f(x)g(x)$ ㄷ. $f(g(x))$

11

함수 $f(x)=\begin{cases} -x^2+a & (x<-1) \\ bx+4 & (-1\leq x<1) \\ 2x^2+cx+3 & (x\geq1) \end{cases}$ 이 모든 실수 x에서 연속

이고 상수 a, b, c가 이 순서대로 등차수열을 이룰 때, $a+b+c$의 값을 구하시오.

12

모든 실수 x에서 연속인 함수 $f(x)$가 닫힌구간 $[0, 4]$에서

$$f(x)=\begin{cases} -x^2+ax+3 & (0\leq x<2) \\ 2x+b & (2\leq x\leq4) \end{cases}$$

로 정의되고 모든 실수 x에 대하여 $f(x+4)=f(x)$를 만족시킬 때, $f(21)$의 값은? (단, a, b는 상수이다.)

① 1   ② 2   ③ 3

④ 4   ⑤ 5

13

두 함수 $f(x)$, $g(x)$에 대하여 |보기|에서 옳은 것만을 있는 대로 고르시오.

> **보기**
>
> ㄱ. 두 함수 $f(x)$, $f(x)-g(x)$가 $x=a$에서 연속이면 함수 $g(x)$도 $x=a$에서 연속이다.
> ㄴ. 두 함수 $f(x)$, $f(x)g(x)$가 $x=a$에서 연속이면 함수 $g(x)$도 $x=a$에서 연속이다.
> ㄷ. 두 함수 $f(x)+g(x)$, $f(x)-g(x)$가 $x=a$에서 연속이면 함수 $f(x)g(x)$도 $x=a$에서 연속이다.

14

다음 |보기| 중 옳은 것만을 있는 대로 고르시오.

> **보기**
>
> ㄱ. 함수 $f(x)$가 구간 $[-1, 1]$에서 연속이면 이 구간에서 최댓값과 최솟값을 갖는다.
> ㄴ. 함수 $f(x)$가 구간 $(-1, 1)$에서 연속이 아니면 이 구간에서 최댓값과 최솟값을 갖지 않는다.
> ㄷ. 함수 $f(x)$가 구간 $[-1, 1]$에서 최댓값과 최솟값을 모두 가지면 이 구간에서 연속이다.

15

원점과 세 점 $(-1, 3)$, $(1, -2)$, $(2, 4)$를 지나는 연속함수 $y=f(x)$의 그래프와 직선 $y=2x-1$의 교점의 개수의 최솟값은?

① 0   ② 1   ③ 2

④ 3   ⑤ 4

01

함수 $f(x)=x^2-x+1$에 대하여 x의 값이 1에서 a까지 변할 때의 평균변화율과 $x=3$에서의 미분계수가 서로 같을 때, 상수 a의 값은?

① 1　　　　　② 2　　　　　③ 3
④ 4　　　　　⑤ 5

02

미분가능한 함수 $f(x)$에 대하여 $f'(1)=2$일 때,
$\displaystyle\sum_{k=1}^{10} \lim_{h\to 0} \frac{f(1+kh)-f(1-h)}{h}$ 의 값을 구하시오.

03

미분가능한 함수 $f(x)$에 대하여 $f'(1)=4$일 때,
$\displaystyle\lim_{x\to 1} \frac{f(x)-f(1)}{x^2-1} + \lim_{x\to 1} \frac{f(x^2)-f(1)}{x-1}$ 의 값은?

① 6　　　　　② 8　　　　　③ 10
④ 12　　　　　⑤ 14

04

다항함수 $f(x)$가 $\displaystyle\lim_{x\to 2} \frac{\sqrt{f(x)}-2}{x-2}=1$을 만족시킬 때, $f(2)+f'(2)$의 값은?

① 2　　　　　② 4　　　　　③ 6
④ 8　　　　　⑤ 10

05

열린구간 $(-3,\,3)$에서 정의된 함수 $y=f(x)$의 그래프가 아래 그림과 같을 때, 다음 중 옳지 <u>않은</u> 것은?

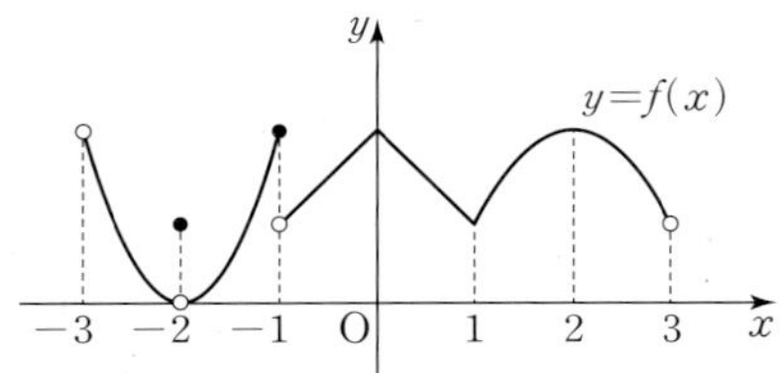

① $f'\left(\dfrac{1}{2}\right)<0$

② $\displaystyle\lim_{x\to -2} f(x)$의 값이 존재한다.

③ 함수 $f(x)$가 불연속인 x의 값은 2개이다.

④ 함수 $f(x)$가 미분가능하지 않은 x의 값은 3개이다.

⑤ $f'(x)=0$인 점은 1개이다.

06

함수 $f(x)=x+2x^2+3x^3+\cdots+10x^{10}$에 대하여 $f'(1)$의 값은?

① 345　　　　② 355　　　　③ 365
④ 375　　　　⑤ 385

07

모든 실수 x에 대하여
$$x^4+x^3-2=a(x-1)^4+b(x-1)^3+c(x-1)^2+d(x-1)$$
이 성립할 때, $4a+3b+2c+d$의 값은? (단, a, b, c, d는 상수이다.)

① 32　　　　　② 36　　　　　③ 40
④ 44　　　　　⑤ 48

08

함수 $f(x)=\begin{cases} ax^2 & (x<1) \\ bx+2 & (x\geq 1) \end{cases}$ 가 $x=1$에서 미분가능할 때, 상수 a, b에 대하여 ab의 값을 구하시오.

09

함수 $f(x)=|x-2|(x-3k)$가 모든 실수 x에 대하여 미분가능할 때, 상수 k의 값은?

① $\dfrac{1}{3}$ ② $\dfrac{2}{3}$ ③ 1

④ $\dfrac{4}{3}$ ⑤ $\dfrac{5}{3}$

10

점 $(2, 1)$을 지나는 곡선 $y=x^3+ax^2+bx+c$가 이 점에서만 x축에 평행한 접선을 가질 때, $ac+b$의 값을 구하시오.

(단, a, b, c는 상수이다.)

11

곡선 $y=x^3-3x^2+5x-10$ 위의 점 (a, b)에서의 접선의 기울기가 2일 때, $a-b$의 값을 구하시오.

12

곡선 $y=x^2-6x+9$에 접하고 직선 $y=\dfrac{1}{4}x+2$에 수직인 접선의 방정식이 $y=mx+n$일 때, 상수 m, n에 대하여 m^2+n^2의 값은?

① 48 ② 56 ③ 64

④ 72 ⑤ 80

13

점 $(0, -1)$에서 곡선 $y=ax^2+1$에 그은 두 접선이 서로 수직일 때, 양수 a의 값은?

① $\dfrac{1}{8}$ ② $\dfrac{1}{4}$ ③ $\dfrac{3}{8}$

④ $\dfrac{1}{2}$ ⑤ $\dfrac{5}{8}$

14

두 곡선 $y=x^3+ax^2+bx$, $y=x^2+x+c$가 점 $(-1, 2)$에서 공통접선을 가질 때, $(abc)^2$의 값을 구하시오. (단, a, b, c는 상수이다.)

15

다음 |보기|의 함수 중 닫힌구간 $[0, 2]$에서 롤의 정리를 만족시키는 것만을 있는 대로 고르시오.

보기

ㄱ. $f(x)=x^3-4x$ ㄴ. $f(x)=\dfrac{x^2-2x}{x-1}$

ㄷ. $f(x)=|x(x-2)|$

16

실수 전체의 집합에서 미분가능한 함수 $y=g(x)$의 그래프가 다음 그림과 같다. 닫힌구간 $[b, e]$에서 롤의 정리를 만족시키는 실수 x의 개수를 m, 닫힌구간 $[a, f]$에서 평균값 정리를 만족시키는 실수 x의 개수를 n이라 할 때, $m+n$의 값을 구하시오.

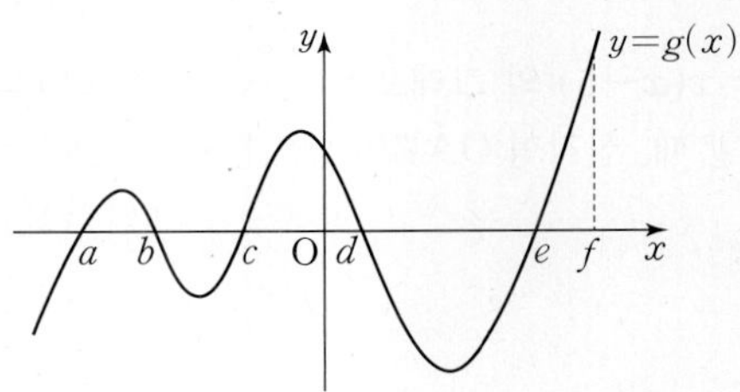

01

함수 $f(x)=x^3+3ax^2-9a^2x+1$이 감소하는 x의 값의 범위가 $-6 \leq x \leq 2$일 때, 양수 a의 값을 구하시오.

02

다음 중 함수 $f(x)=x^3+ax^2+ax$가 실수 전체의 집합에서 증가하도록 하는 실수 a의 값이 될 수 <u>없는</u> 것은?

① 0　　　　　② 1　　　　　③ 2
④ 3　　　　　⑤ 4

03

함수 $f(x)=x^4+ax^3-36x^2+1$이 $x=-b$와 $x=2b$에서 극소일 때, ab의 값은? (단, a, b는 상수이고, $b>0$이다.)

① -12　　　② -6　　　③ 0
④ 6　　　　　⑤ 12

04

함수 $f(x)=x(x-6)^2$의 그래프에서 극대, 극소가 되는 점을 각각 A, B라 할 때, 삼각형 OAB의 넓이를 구하시오.

(단, O는 원점이다.)

05

함수 $f(x)$의 도함수 $y=f'(x)$의 그래프가 다음 그림과 같을 때, |보기|에서 옳은 것만을 있는 대로 고르시오.

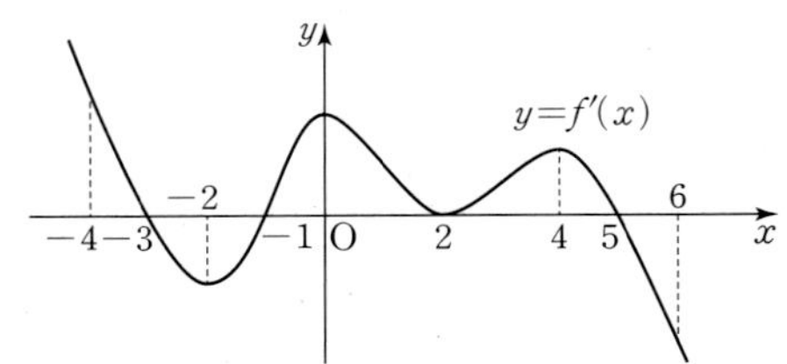

| 보기 |

ㄱ. 함수 $f(x)$는 구간 $[-1, 1]$에서 증가한다.
ㄴ. 함수 $f(x)$는 $x=-2$에서 극솟값을 갖는다.
ㄷ. 함수 $f(x)$는 구간 $[-4, 6]$에서 4개의 극값을 갖는다.

06

다음 중 함수 $y=x^4-8x^2+10$의 그래프의 개형이 될 수 있는 것은?

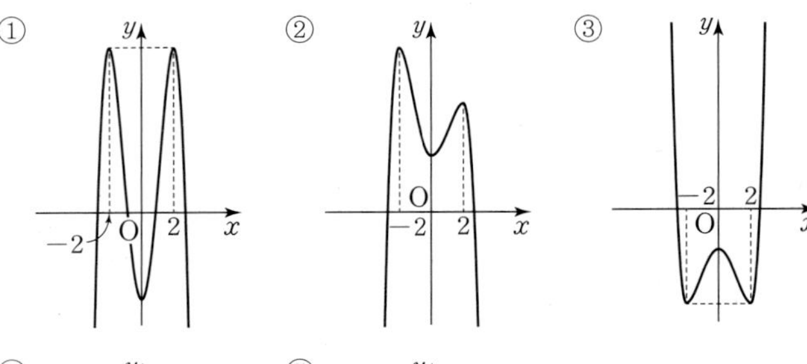
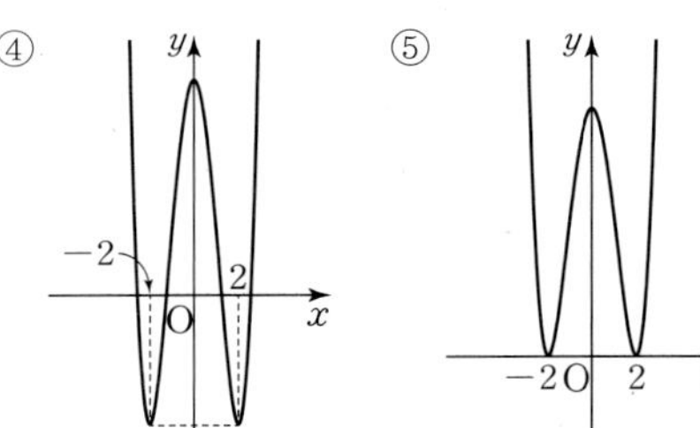

07

삼차함수 $f(x)=ax^3+ax^2+2x+1$이 극값을 갖지 않도록 하는 정수 a의 개수는?

① 3　　　　　② 4　　　　　③ 5
④ 6　　　　　⑤ 7

08

양수 k에 대하여 함수 $f(x)=-\dfrac{1}{3}x^3+kx^2$이 닫힌구간 $[k,\ 3k]$에서 최댓값 $\dfrac{9}{2}$를 가질 때, $10k$의 값을 구하시오.

09

다음 그림과 같이 곡선 $y=-x^2+9$와 x축으로 둘러싸인 도형에 내접하고 한 변이 x축 위에 있는 사다리꼴 ABCD의 넓이의 최댓값은?

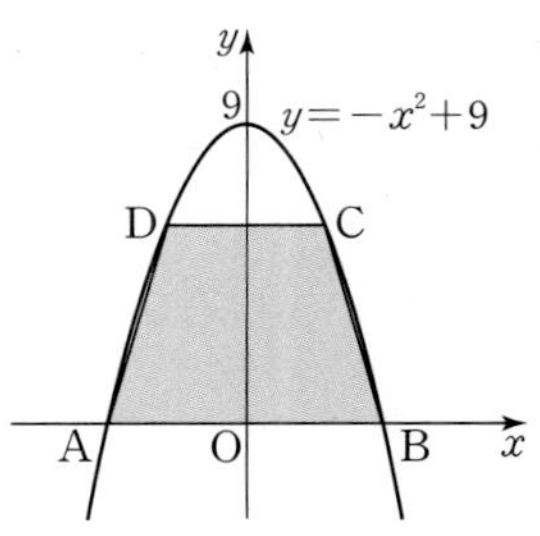

① 20   ② 24   ③ 28
④ 32   ⑤ 36

10

삼차방정식 $x^3-12x-k=0$의 세 실근의 곱이 음수가 되도록 하는 정수 k의 최댓값은?

① -2 ② -1 ③ 0
④ 1 ⑤ 2

11

함수 $f(x)=-\dfrac{1}{2}x^3+\dfrac{3}{2}x$에 대하여 방정식 $\{f(x)\}^2=1$의 서로 다른 실근의 개수를 구하시오.

12

모든 실수 x에 대하여 부등식 $x^4\geq 6x^2+k$가 성립하도록 하는 정수 k의 최댓값은?

① -15 ② -9 ③ -3
④ 3 ⑤ 9

13

원점을 출발하여 수직선 위를 움직이는 점 P의 시각 t에서의 위치 x가 $x=2t^3-9t^2+12t$이다. 점 P가 출발 후 두 번째로 운동 방향을 바꿀 때의 점 P의 위치를 구하시오.

14

수직선 위를 움직이는 두 점 P, Q의 시각 t에서의 위치가 각각 $x_{\mathrm{P}}=t^3+10t+2$, $x_{\mathrm{Q}}=6t^2-2t$이다. 두 점 P, Q의 속도가 같아지는 순간의 두 점 사이의 거리는?

① 5 ② 10 ③ 15
④ 20 ⑤ 25

15

다음 그림과 같이 밑면의 반지름의 길이가 10 cm, 높이가 30 cm인 원뿔 모양의 그릇에 수면의 높이가 매초 3 cm씩 상승하도록 물을 넣는다. 수면의 반지름의 길이가 4 cm일 때의 물의 부피의 변화율은?

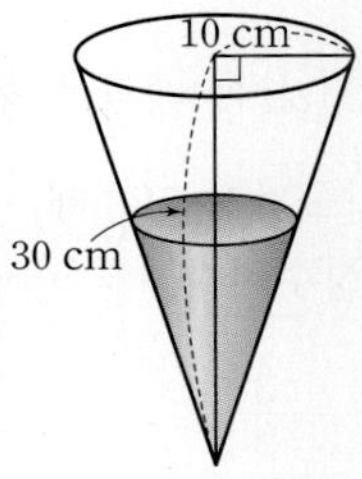

① $24\pi\ \mathrm{cm^3/s}$ ② $48\pi\ \mathrm{cm^3/s}$ ③ $72\pi\ \mathrm{cm^3/s}$
④ $96\pi\ \mathrm{cm^3/s}$ ⑤ $120\pi\ \mathrm{cm^3/s}$

01

함수 $F(x)=-2x^3+kx^2+4x$가 함수 $f(x)$의 한 부정적분이고 $f(1)=2$일 때, $\{f(-1)\}^2$의 값을 구하시오. (단, k는 상수이다.)

02

다항함수 $f(x)$가 $\dfrac{d}{dx}\displaystyle\int f'(x)\,dx=4x^3+2x$를 만족시킬 때,

$\displaystyle\lim_{h\to 0}\dfrac{f(1+2h)-f(1)}{h}$의 값은?

① 4   ② 6   ③ 8
④ 10   ⑤ 12

03

함수 $f(x)=3\displaystyle\int (x^2+ax-a^2)\,dx$에 대하여 $f(0)=1$, $f(2)=9$일 때, 양수 a의 값은?

① $\dfrac{1}{4}$ ② $\dfrac{1}{2}$ ③ 1
④ 2   ⑤ 4

04

함수 $f(x)=\displaystyle\int (2ax+3)\,dx$에 대하여 곡선 $y=f(x)$ 위의 점 $(1,\,0)$에서의 접선의 기울기가 7일 때, 방정식 $f(x)=0$의 모든 실근의 곱은? (단, a는 상수이다.)

① $-\dfrac{5}{2}$ ② $-\dfrac{3}{2}$ ③ $-\dfrac{1}{2}$
④ $\dfrac{1}{2}$ ⑤ $\dfrac{3}{2}$

05

다항함수 $f(x)$의 한 부정적분 $F(x)$에 대하여
$$F(x)=xf(x)+2x^3+x^2$$
이고 $f(-1)=9$일 때, $f(1)$의 값은?

① 1   ② 3   ③ 5
④ 7   ⑤ 9

06

이차함수 $f(x)$의 도함수 $y=f'(x)$의 그래프가 다음 그림과 같다.

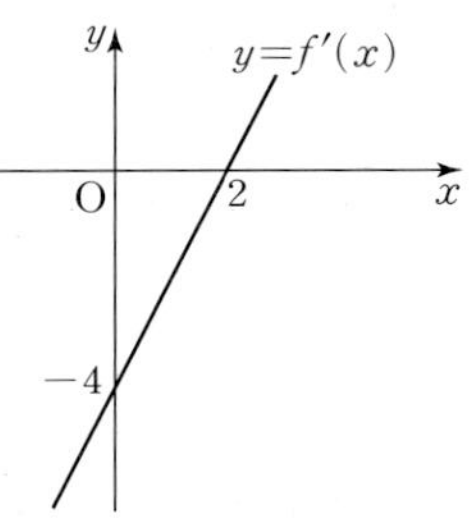

$f(1)=2$일 때, $f(x)$의 최솟값은?

① 1   ② 2   ③ 3
④ 4   ⑤ 5

07

$\displaystyle\int_1^a (3x^2-8x+3)\,dx=0$을 만족시키는 모든 실수 a의 값의 합은?

① 1   ② 2   ③ 3
④ 4   ⑤ 5

08

함수 $f(x)=3x^2+a$에 대하여

$$\int_0^2 f(x)\,dx-\int_1^5 f(x)\,dx+\int_2^5 f(x)\,dx=6$$

일 때, $f(2)$의 값을 구하시오. (단, a는 상수이다.)

09

정적분 $\displaystyle\int_{-2}^1 (2x^3-3x+3)\,dx+\int_1^2 (2t^3-3t+1)\,dt$의 값을 구하시오.

10

정적분 $\displaystyle\int_{-3}^1 (\,|x+1|-x)\,dx$의 값을 구하시오.

11

실수 전체의 집합에서 연속인 함수 $f(x)$의 도함수 $f'(x)$가

$$f'(x)=\begin{cases} 6x+1 & (x<1) \\ 12x^2 & (x>1) \end{cases}$$

이고 $f(0)=0$일 때, 정적분 $\displaystyle\int_0^2 f(x)\,dx$의 값은?

① $\dfrac{33}{2}$ ② 17 ③ $\dfrac{35}{2}$

④ 18 ⑤ $\dfrac{37}{2}$

12

함수 $f(x)$에 대하여

$$f(x)=x^2-2x\int_0^1 f(t)\,dt+\int_0^1 f(t)\,dt$$

일 때, 함수 $f(x)$가 최솟값을 갖도록 하는 x의 값은?

① $\dfrac{1}{6}$ ② $\dfrac{1}{4}$ ③ $\dfrac{1}{3}$

④ $\dfrac{5}{12}$ ⑤ $\dfrac{1}{2}$

13

다항함수 $f(x)$가 모든 실수 x에 대하여

$$\int_1^x f(t)\,dt=x^3+ax^2+bx$$

를 만족시키고 $f(1)=-2$일 때, $f'(1)$의 값은?

(단, a, b는 상수이다.)

① -2 ② -1 ③ 0

④ 1 ⑤ 2

14

함수 $f(x)$가 모든 실수 x에 대하여

$$\int_1^x t^2 f(t)\,dt=ax^5+bx^4-3x^3$$

을 만족시키고 $x=1$에서 최댓값을 가질 때, 상수 a, b에 대하여 $b-a$의 값은?

① 3 ② 7 ③ 11

④ 15 ⑤ 19

15

다항함수 $f(x)$가 모든 실수 x에 대하여

$$\int_1^x (x-t)f(t)\,dt = a^2 x^4 + 3ax^3 + x^2 + 3x - 2$$

를 만족시킬 때, $f(a)$의 값은? (단, a는 상수이다.)

① 32   ② 34   ③ 36
④ 38   ⑤ 40

16

곡선 $y = 3x^2 - 12k^2$과 x축으로 둘러싸인 도형의 넓이가 32일 때, $20k$의 값을 구하시오. (단, $k>0$)

17

삼차함수 $f(x) = (x-a)(x-b)(x-c)$에 대하여 $\int_a^c f(x)\,dx = -4$, $\int_a^c |f(x)|\,dx = 10$일 때, 곡선 $y=f(x)$와 x축 및 두 직선 $x=b$, $x=c$로 둘러싸인 도형의 넓이를 구하시오. (단, a, b, c는 상수이고 $a<b<c$이다.)

18

곡선 $y = x^2$과 직선 $y = k$로 둘러싸인 도형의 넓이가 36일 때, 양수 k의 값은?

① 5   ② 6   ③ 7
④ 8   ⑤ 9

19

곡선 $y = x(x-2)(x-k)$와 x축으로 둘러싸인 두 도형의 넓이가 서로 같도록 하는 모든 실수 k의 값의 합을 구하시오.

(단, $k>0$, $k\neq2$)

20

동시에 원점을 출발하여 수직선 위를 움직이는 두 점 P, Q의 시각 t에서의 속도가 각각

$$v_1(t) = -6t, \quad v_2(t) = -3t^2 + 4t$$

이다. 두 점 P, Q가 출발한 후 시각 $t=a$에서 다시 만날 때, a의 값은?

① 1   ② 3   ③ 5
④ 7   ⑤ 9

21

원점을 출발하여 수직선 위를 7초 동안 움직이는 점 P의 시각 t에서의 속도 $v(t)$가 다음 그림과 같을 때, |보기|에서 옳은 것만을 있는 대로 고른 것은?

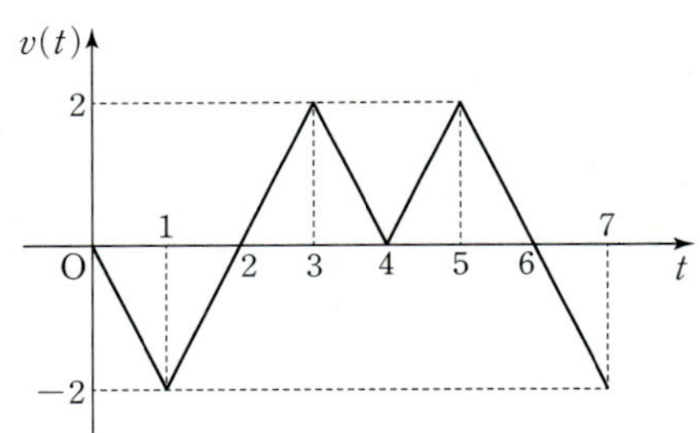

보기

ㄱ. $t=3$에서 점 P의 위치는 -1이다.

ㄴ. 점 P는 출발 후 운동 방향을 3번 바꾼다.

ㄷ. 원점에서 점 P까지의 거리의 최댓값은 2이다.

① ㄱ   ② ㄴ   ③ ㄱ, ㄴ
④ ㄱ, ㄷ   ⑤ ㄱ, ㄴ, ㄷ

수	0	1	2	3	4	5	6	7	8	9
1.0	.0000	.0043	.0086	.0128	.0170	.0212	.0253	.0294	.0334	.0374
1.1	.0414	.0453	.0492	.0531	.0569	.0607	.0645	.0682	.0719	.0755
1.2	.0792	.0828	.0864	.0899	.0934	.0969	.1004	.1038	.1072	.1106
1.3	.1139	.1173	.1206	.1239	.1271	.1303	.1335	.1367	.1399	.1430
1.4	.1461	.1492	.1523	.1553	.1584	.1614	.1644	.1673	.1703	.1732
1.5	.1761	.1790	.1818	.1847	.1875	.1903	.1931	.1959	.1987	.2014
1.6	.2041	.2068	.2095	.2122	.2148	.2175	.2201	.2227	.2253	.2279
1.7	.2304	.2330	.2355	.2380	.2405	.2430	.2455	.2480	.2504	.2529
1.8	.2553	.2577	.2601	.2625	.2648	.2672	.2695	.2718	.2742	.2765
1.9	.2788	.2810	.2833	.2856	.2878	.2900	.2923	.2945	.2967	.2989
2.0	.3010	.3032	.3054	.3075	.3096	.3118	.3139	.3160	.3181	.3201
2.1	.3222	.3243	.3263	.3284	.3304	.3324	.3345	.3365	.3385	.3404
2.2	.3424	.3444	.3464	.3483	.3502	.3522	.3541	.3560	.3579	.3598
2.3	.3617	.3636	.3655	.3674	.3692	.3711	.3729	.3747	.3766	.3784
2.4	.3802	.3820	.3838	.3856	.3874	.3892	.3909	.3927	.3945	.3962
2.5	.3979	.3997	.4014	.4031	.4048	.4065	.4082	.4099	.4116	.4133
2.6	.4150	.4166	.4183	.4200	.4216	.4232	.4249	.4265	.4281	.4298
2.7	.4314	.4330	.4346	.4362	.4378	.4393	.4409	.4425	.4440	.4456
2.8	.4472	.4487	.4502	.4518	.4533	.4548	.4564	.4579	.4594	.4609
2.9	.4624	.4639	.4654	.4669	.4683	.4698	.4713	.4728	.4742	.4757
3.0	.4771	.4786	.4800	.4814	.4829	.4843	.4857	.4871	.4886	.4900
3.1	.4914	.4928	.4942	.4955	.4969	.4983	.4997	.5011	.5024	.5038
3.2	.5051	.5065	.5079	.5092	.5105	.5119	.5132	.5145	.5159	.5172
3.3	.5185	.5198	.5211	.5224	.5237	.5250	.5263	.5276	.5289	.5302
3.4	.5315	.5328	.5340	.5353	.5366	.5378	.5391	.5403	.5416	.5428
3.5	.5441	.5453	.5465	.5478	.5490	.5502	.5514	.5527	.5539	.5551
3.6	.5563	.5575	.5587	.5599	.5611	.5623	.5635	.5647	.5658	.5670
3.7	.5682	.5694	.5705	.5717	.5729	.5740	.5752	.5763	.5775	.5786
3.8	.5798	.5809	.5821	.5832	.5843	.5855	.5866	.5877	.5888	.5899
3.9	.5911	.5922	.5933	.5944	.5955	.5966	.5977	.5988	.5999	.6010
4.0	.6021	.6031	.6042	.6053	.6064	.6075	.6085	.6096	.6107	.6117
4.1	.6128	.6138	.6149	.6160	.6170	.6180	.6191	.6201	.6212	.6222
4.2	.6232	.6243	.6253	.6263	.6274	.6284	.6294	.6304	.6314	.6325
4.3	.6335	.6345	.6355	.6365	.6375	.6385	.6395	.6405	.6415	.6425
4.4	.6435	.6444	.6454	.6464	.6474	.6484	.6493	.6503	.6513	.6522
4.5	.6532	.6542	.6551	.6561	.6571	.6580	.6590	.6599	.6609	.6618
4.6	.6628	.6637	.6646	.6656	.6665	.6675	.6684	.6693	.6702	.6712
4.7	.6721	.6730	.6739	.6749	.6758	.6767	.6776	.6785	.6794	.6803
4.8	.6812	.6821	.6830	.6839	.6848	.6857	.6866	.6875	.6884	.6893
4.9	.6902	.6911	.6920	.6928	.6937	.6946	.6955	.6964	.6972	.6981
5.0	.6990	.6998	.7007	.7016	.7024	.7033	.7042	.7050	.7059	.7067
5.1	.7076	.7084	.7093	.7101	.7110	.7118	.7126	.7135	.7143	.7152
5.2	.7160	.7168	.7177	.7185	.7193	.7202	.7210	.7218	.7226	.7235
5.3	.7243	.7251	.7259	.7267	.7275	.7284	.7292	.7300	.7308	.7316
5.4	.7324	.7332	.7340	.7348	.7356	.7364	.7372	.7380	.7388	.7396

수	0	1	2	3	4	5	6	7	8	9
5.5	.7404	.7412	.7419	.7427	.7435	.7443	.7451	.7459	.7466	.7474
5.6	.7482	.7490	.7497	.7505	.7513	.7520	.7528	.7536	.7543	.7551
5.7	.7559	.7566	.7574	.7582	.7589	.7597	.7604	.7612	.7619	.7627
5.8	.7634	.7642	.7649	.7657	.7664	.7672	.7679	.7686	.7694	.7701
5.9	.7709	.7716	.7723	.7731	.7738	.7745	.7752	.7760	.7767	.7774
6.0	.7782	.7789	.7796	.7803	.7810	.7818	.7825	.7832	.7839	.7846
6.1	.7853	.7860	.7868	.7875	.7882	.7889	.7896	.7903	.7910	.7917
6.2	.7924	.7931	.7938	.7945	.7952	.7959	.7966	.7973	.7980	.7987
6.3	.7993	.8000	.8007	.8014	.8021	.8028	.8035	.8041	.8048	.8055
6.4	.8062	.8069	.8075	.8082	.8089	.8096	.8102	.8109	.8116	.8122
6.5	.8129	.8136	.8142	.8149	.8156	.8162	.8169	.8176	.8182	.8189
6.6	.8195	.8202	.8209	.8215	.8222	.8228	.8235	.8241	.8248	.8254
6.7	.8261	.8267	.8274	.8280	.8287	.8293	.8299	.8306	.8312	.8319
6.8	.8325	.8331	.8338	.8344	.8351	.8357	.8363	.8370	.8376	.8382
6.9	.8388	.8395	.8401	.8407	.8414	.8420	.8426	.8432	.8439	.8445
7.0	.8451	.8457	.8463	.8470	.8476	.8482	.8488	.8494	.8500	.8506
7.1	.8513	.8519	.8525	.8531	.8537	.8543	.8549	.8555	.8561	.8567
7.2	.8573	.8579	.8585	.8591	.8597	.8603	.8609	.8615	.8621	.8627
7.3	.8633	.8639	.8645	.8651	.8657	.8663	.8669	.8675	.8681	.8686
7.4	.8692	.8698	.8704	.8710	.8716	.8722	.8727	.8733	.8739	.8745
7.5	.8751	.8756	.8762	.8768	.8774	.8779	.8785	.8791	.8797	.8802
7.6	.8808	.8814	.8820	.8825	.8831	.8837	.8842	.8848	.8854	.8859
7.7	.8865	.8871	.8876	.8882	.8887	.8893	.8899	.8904	.8910	.8915
7.8	.8921	.8927	.8932	.8938	.8943	.8949	.8954	.8960	.8965	.8971
7.9	.8976	.8982	.8987	.8993	.8998	.9004	.9009	.9015	.9020	.9025
8.0	.9031	.9036	.9042	.9047	.9053	.9058	.9063	.9069	.9074	.9079
8.1	.9085	.9090	.9096	.9101	.9106	.9112	.9117	.9122	.9128	.9133
8.2	.9138	.9143	.9149	.9154	.9159	.9165	.9170	.9175	.9180	.9186
8.3	.9191	.9196	.9201	.9206	.9212	.9217	.9222	.9227	.9232	.9238
8.4	.9243	.9248	.9253	.9258	.9263	.9269	.9274	.9279	.9284	.9289
8.5	.9294	.9299	.9304	.9309	.9315	.9320	.9325	.9330	.9335	.9340
8.6	.9345	.9350	.9355	.9360	.9365	.9370	.9375	.9380	.9385	.9390
8.7	.9395	.9400	.9405	.9410	.9415	.9420	.9425	.9430	.9435	.9440
8.8	.9445	.9450	.9455	.9460	.9465	.9469	.9474	.9479	.9484	.9489
8.9	.9494	.9499	.9504	.9509	.9513	.9518	.9523	.9528	.9533	.9538
9.0	.9542	.9547	.9552	.9557	.9562	.9566	.9571	.9576	.9581	.9586
9.1	.9590	.9595	.9600	.9605	.9609	.9614	.9619	.9624	.9628	.9633
9.2	.9638	.9643	.9647	.9652	.9657	.9661	.9666	.9671	.9675	.9680
9.3	.9685	.9689	.9694	.9699	.9703	.9708	.9713	.9717	.9722	.9727
9.4	.9731	.9736	.9741	.9745	.9750	.9754	.9759	.9763	.9768	.9773
9.5	.9777	.9782	.9786	.9791	.9795	.9800	.9805	.9809	.9814	.9818
9.6	.9823	.9827	.9832	.9836	.9841	.9845	.9850	.9854	.9859	.9863
9.7	.9868	.9872	.9877	.9881	.9886	.9890	.9894	.9899	.9903	.9908
9.8	.9912	.9917	.9921	.9926	.9930	.9934	.9939	.9943	.9948	.9952
9.9	.9956	.9961	.9965	.9969	.9974	.9978	.9983	.9987	.9991	.9996

각(θ)	$\sin\theta$	$\cos\theta$	$\tan\theta$	각(θ)	$\sin\theta$	$\cos\theta$	$\tan\theta$
0°	0.0000	1.0000	0.0000	45°	0.7071	0.7071	1.0000
1°	0.0175	0.9998	0.0175	46°	0.7193	0.6947	1.0355
2°	0.0349	0.9994	0.0349	47°	0.7314	0.6820	1.0724
3°	0.0523	0.9986	0.0524	48°	0.7431	0.6691	1.1106
4°	0.0698	0.9976	0.0699	49°	0.7547	0.6561	1.1504
5°	0.0872	0.9962	0.0875	50°	0.7660	0.6428	1.1918
6°	0.1045	0.9945	0.1051	51°	0.7771	0.6293	1.2349
7°	0.1219	0.9925	0.1228	52°	0.7880	0.6157	1.2799
8°	0.1392	0.9903	0.1405	53°	0.7986	0.6018	1.3270
9°	0.1564	0.9877	0.1584	54°	0.8090	0.5878	1.3764
10°	0.1736	0.9848	0.1763	55°	0.8192	0.5736	1.4281
11°	0.1908	0.9816	0.1944	56°	0.8290	0.5592	1.4826
12°	0.2079	0.9781	0.2126	57°	0.8387	0.5446	1.5399
13°	0.2250	0.9744	0.2309	58°	0.8480	0.5299	1.6003
14°	0.2419	0.9703	0.2493	59°	0.8572	0.5150	1.6643
15°	0.2588	0.9659	0.2679	60°	0.8660	0.5000	1.7321
16°	0.2756	0.9613	0.2867	61°	0.8746	0.4848	1.8040
17°	0.2924	0.9563	0.3057	62°	0.8829	0.4695	1.8807
18°	0.3090	0.9511	0.3249	63°	0.8910	0.4540	1.9626
19°	0.3256	0.9455	0.3443	64°	0.8988	0.4384	2.0503
20°	0.3420	0.9397	0.3640	65°	0.9063	0.4226	2.1445
21°	0.3584	0.9336	0.3839	66°	0.9135	0.4067	2.2460
22°	0.3746	0.9272	0.4040	67°	0.9205	0.3907	2.3559
23°	0.3907	0.9205	0.4245	68°	0.9272	0.3746	2.4751
24°	0.4067	0.9135	0.4452	69°	0.9336	0.3584	2.6051
25°	0.4226	0.9063	0.4663	70°	0.9397	0.3420	2.7475
26°	0.4384	0.8988	0.4877	71°	0.9455	0.3256	2.9042
27°	0.4540	0.8910	0.5095	72°	0.9511	0.3090	3.0777
28°	0.4695	0.8829	0.5317	73°	0.9563	0.2924	3.2709
29°	0.4848	0.8746	0.5543	74°	0.9613	0.2756	3.4874
30°	0.5000	0.8660	0.5774	75°	0.9659	0.2588	3.7321
31°	0.5150	0.8572	0.6009	76°	0.9703	0.2419	4.0108
32°	0.5299	0.8480	0.6249	77°	0.9744	0.2250	4.3315
33°	0.5446	0.8387	0.6494	78°	0.9781	0.2079	4.7046
34°	0.5592	0.8290	0.6745	79°	0.9816	0.1908	5.1446
35°	0.5736	0.8192	0.7002	80°	0.9848	0.1736	5.6713
36°	0.5878	0.8090	0.7265	81°	0.9877	0.1564	6.3138
37°	0.6018	0.7986	0.7536	82°	0.9903	0.1392	7.1154
38°	0.6157	0.7880	0.7813	83°	0.9925	0.1219	8.1443
39°	0.6293	0.7771	0.8098	84°	0.9945	0.1045	9.5144
40°	0.6428	0.7660	0.8391	85°	0.9962	0.0872	11.4301
41°	0.6561	0.7547	0.8693	86°	0.9976	0.0698	14.3007
42°	0.6691	0.7431	0.9004	87°	0.9986	0.0523	19.0811
43°	0.6820	0.7314	0.9325	88°	0.9994	0.0349	28.6363
44°	0.6947	0.7193	0.9657	89°	0.9998	0.0175	57.2900
45°	0.7071	0.7071	1.0000	90°	1.0000	0.0000	

I. 지수함수와 로그함수

DAY 01 지수
6 ~ 9쪽

2배속 PLAY ▶

01 ⑤　　01-1 ④　　01-2 ④
02 ⑤　　02-1 ①　　02-2 ③
03 ④　　03-1 ③　　03-2 -27
04 ②　　04-1 ④　　04-2 ①

2배속 REPEAT ↻

01 ⑤　　02 3　　03 17　　04 ④　　05 ③
06 ①　　07 ⑤　　08 16　　09 ④　　10 8
11 ⑤　　12 ②　　13 ③　　14 ④　　15 ③

DAY 02 로그
10 ~ 14쪽

2배속 PLAY ▶

05 ④　　05-1 27　　05-2 ①　　05-3 ②
06 ②　　06-1 0　　06-2 ③
07 ④　　07-1 ③　　07-2 4
08 ⑤　　08-1 ④　　08-2 19
09 ②　　09-1 ③　　09-2 ①
10 ②　　10-1 2.1284　　10-2 ③

2배속 REPEAT ↻

01 ④　　02 30　　03 3　　04 ①　　05 ③
06 ③　　07 ④　　08 ④　　09 ⑤　　10 ①
11 0.0373　　12 ④　　13 ①　　14 75

DAY 03 지수함수
15 ~ 20쪽

2배속 PLAY ▶

11 ④　　11-1 $-1 < a < 4$　　11-2 ②
12 ③　　12-1 ⑤　　12-2 2
13 ⑤　　13-1 ④　　13-2 ③
14 ①　　14-1 ①　　14-2 ③
15 ②　　15-1 ④　　15-2 -1
16 ②　　16-1 ④　　16-2 ③
17 ①　　17-1 ③　　17-2 5
18 ②　　18-1 ③　　18-2 ②

2배속 REPEAT ↻

01 ⑤　　02 ③　　03 ①　　04 ③　　05 ④
06 $-\sqrt{3}$　　07 ⑤　　08 $0 < k < 25$　　09 100
10 ②　　11 4　　12 15　　13 ②　　14 ④
15 ②

DAY 04 로그함수
21 ~ 26쪽

2배속 PLAY ▶

19 ⑤　　19-1 $a > 1$　　19-2 ④
20 ①　　20-1 ⑤　　20-2 ③
21 ③　　21-1 $\log_2 \frac{4}{3}$　　21-2 ⑤
22 ②　　22-1 ②　　22-2 ④
23 ③　　23-1 ⑤　　23-2 ⑤
24 ②　　24-1 ⑤　　24-2 ①
25 ②　　25-1 $1 < x < 4$　　25-2 ④
26 ①　　26-1 ⑤　　26-2 ③

2배속 REPEAT ↻

01 ②　　02 ①　　03 ②　　04 18　　05 ④
06 ⑤　　07 ④　　08 ②　　09 ⑤　　10 ⑤
11 12　　12 626　　13 ②　　14 ③

DAY 05 삼각함수 28 ~ 31쪽

2배속 PLAY ▶

01 ㄱ, ㄷ	01-1 ④	01-2 ⑤	
02 ③	02-1 ①	02-2 ③	02-3 ①
03 ②	03-1 ⑤	03-2 $\sin\theta$	
04 ②	04-1 ③	04-2 25	

2배속 REPEAT ↻

01 ⑤	02 ④	03 ④	04 ③	05 6
06 ①	07 ①	08 ④	09 $-\dfrac{3}{4}$	10 0
11 ①	12 ⑤	13 ⑤	14 $\dfrac{1}{2}$	15 ④

DAY 06 삼각함수의 그래프 32 ~ 39쪽

2배속 PLAY ▶

05 ㄷ, ㄹ	05-1 7π	05-2 $\dfrac{\sqrt{2}}{4}\pi$
06 ⑤	06-1 ⑤	
07 ⑤	07-1 3π	07-2 ④
08 ①	08-1 -2	08-2 ②
09 ②	09-1 ⑤	09-2 ④
10 $\dfrac{1}{2}$	10-1 7	10-2 ⑤
11 ②	11-1 ⑤	11-2 ⑤
12 ④	12-1 2	12-2 ②

13 (1) $x=\dfrac{\pi}{6}$ 또는 $x=\dfrac{5}{6}\pi$ (2) $x=\dfrac{\pi}{2}$ 13-1 ④

13-2 4

14 $0\leq x<\dfrac{\pi}{3}$ 또는 $\dfrac{2}{3}\pi<x<\pi$ 14-1 ②

14-2 ②

2배속 REPEAT ↻

01 ①	02 ②	03 ①	04 ⑤	05 ①
06 ①	07 ②	08 0	09 ③	10 3
11 ④	12 6	13 ④	14 ⑤	15 ②
16 10	17 ③	18 ④	19 ④	

DAY 07 사인법칙과 코사인법칙 40 ~ 42쪽

2배속 PLAY ▶

15 ④	15-1 ①	15-2 ②	
16 ④	16-1 $2\sqrt{7}$	16-2 ①	
17 정삼각형	17-1 144	17-2 45°	17-3 $2\sqrt{3}$
18 ⑤	18-1 ②	18-2 $30\sqrt{3}$	

2배속 REPEAT ↻

01 ①	02 ②	03 ④	04 ③	05 $\dfrac{3\sqrt{2}}{2}$
06 ④	07 ④	08 ③		

DAY 08 등차수열 44 ~ 47쪽

2배속 PLAY ▶

01 ③	01-1 ②	01-2 ③	01-3 ①
02 ②	02-1 ③	02-2 3	
03 ③	03-1 ②	03-2 ④	
04 ③	04-1 -3	04-2 ②	

2배속 REPEAT ↻

01 제28항	02 ①	03 ②	04 ③	05 ③
06 ③	07 ④	08 ④	09 ①	10 ④
11 54	12 ②	13 -57	14 ③	15 ②
16 ④				

DAY 09 등비수열　　　　　48 ~ 52쪽

2배속 PLAY ▶

05 첫째항: 36, 공비: $\dfrac{1}{3}$　　05-1 ①　　05-2 3

05-3 ⑤

06 ③　　06-1 ②　　06-2 ④

07 $\dfrac{2^{15}}{3^{10}}$　　07-1 ④　　07-2 $\dfrac{1}{512}$

08 ①　　08-1 ③　　08-2 ②

09 $a_1=4,\ a_n=2\times3^{n-1}\ (n\geq2)$　　09-1 ②

09-2 ①

10 ②　　10-1 ①　　10-2 ③

2배속 REPEAT ↻

01 ①　　02 ①　　03 ⑤　　04 108　　05 ②

06 ④　　07 ②　　08 $\dfrac{122}{9}$　　09 ④　　10 63

11 ②　　12 ①　　13 ㄱ, ㄷ　　14 ⑤

DAY 10 수열의 합　　　　　53 ~ 58쪽

2배속 PLAY ▶

11 510　　11-1 ②　　11-2 ②

12 ④　　12-1 ⑤　　12-2 ③

13 ①　　13-1 5　　13-2 ④

14 ③　　14-1 ③　　14-2 ①

14-3 $\dfrac{3}{16}\times\left\{1-\left(\dfrac{1}{9}\right)^{10}\right\}$

15 $\dfrac{7}{16}$　　15-1 ①　　15-2 ③　　15-3 60

16 ③　　16-1 ②　　16-2 ②

2배속 REPEAT ↻

01 90　　02 ②　　03 ③　　04 ②　　05 ①

06 $\dfrac{497}{20}$　　07 ④　　08 ③　　09 $\dfrac{5}{3}$　　10 ②

11 ④　　12 ②　　13 21　　14 ①　　15 201

16 9　　17 $\dfrac{\sqrt{5}}{2}+\dfrac{\sqrt{23}}{2}-2$　　18 ①　　19 ③

DAY 11 수학적 귀납법　　　　　59 ~ 62쪽

2배속 PLAY ▶

17 26　　17-1 ③　　17-2 ⑤　　17-3 372

18 ④　　18-1 ②　　18-2 ②

19 ②　　19-1 400

19-2 $a_{n+1}=\dfrac{2999}{3000}a_n+40\ (n=1,\ 2,\ 3,\ \cdots)$

20 ⑤　　20-1 14

2배속 REPEAT ↻

01 ②　　02 ④　　03 256　　04 510　　05 ③

06 ⑤　　07 ②　　08 ④　　09 ①　　10 7

11 56　　12 ④　　13 ⑤

IV. 함수의 극한과 연속

DAY 12 함수의 극한　　　　　64 ~ 68쪽

2배속 PLAY ▶

01 ㄱ, ㄴ, ㄹ　01-1 ㄱ, ㄷ, ㄹ　　01-2 ㄱ

02 ⑤　　02-1 ②　　02-2 ③

03 ⑴ -3　⑵ $2\sqrt{2}$　　03-1 ④　　03-2 ①

04 1　　04-1 ②　　04-2 $-\dfrac{1}{4}$　　04-3 ③

05 ①　　05-1 ③　　05-2 ④

06 $\dfrac{1}{2}$　　06-1 3　　06-2 ⑤

2배속 REPEAT ↻

01 ①　　02 ①　　03 ⑤　　04 4　　05 2

06 ⑤　　07 ③　　08 ①　　09 ①　　10 ②

11 ②　　12 ④　　13 $\dfrac{1}{2}$　　14 2　　15 ③

2배속 PLAY ▶

07 ㄴ	07-1 2	07-2 ㄴ, ㄷ
08 ⑤	08-1 ②	08-2 ⑤
09 ㄱ	09-1 ㄱ, ㄴ, ㄷ	09-2 ㄱ, ㄴ
10 ㄱ, ㄷ	10-1 ⑤	10-2 2

2배속 REPEAT ↻

01 ⑤	02 ④	03 ③	04 ①	05 ③
06 ②	07 ④	08 4	09 ③	
10 $-2 < a < 2$		11 ⑤	12 ③	13 36

V. 다항함수의 미분법

2배속 PLAY ▶

01 ④	01-1 ②	01-2 6
02 ①	02-1 ④	02-2 ④
03 ③	03-1 ②	03-2 ④
04 ㄷ	04-1 ⑤	04-2 6
05 ①	05-1 ①	05-2 9
06 ⑤	06-1 ①	06-2 ③

2배속 REPEAT ↻

01 ②	02 14	03 ①	04 ③	05 ③
06 ④	07 27	08 ㄴ, ㄷ	09 ④	10 -6
11 ②	12 ①	13 10	14 ③	15 ⑤

2배속 PLAY ▶

07 ③	07-1 ⑤	07-2 20
08 ①	08-1 ⑤	08-2 ②
09 ③	09-1 $y=2x$ 또는 $y=-2x+4$	09-2 ③
10 ①	10-1 ④	10-2 3
11 ③	11-1 ③	11-2 3
12 ④	12-1 ④	12-2 5

2배속 REPEAT ↻

01 ④	02 ⑤	03 14	04 2	05 ③
06 4	07 ①	08 ④	09 ②	10 ⑤
11 ①	12 ④	13 4	14 ⑤	

2배속 PLAY ▶

13 ②	13-1 ⑤	13-2 26
14 ④	14-1 9	14-2 ⑤
15 ③	15-1 ①	15-2 ②
16 ④	16-1 4	16-2 8
17 ④	17-1 ③	17-2 ②
18 ②	18-1 32	18-2 ① 18-3 5

2배속 REPEAT ↻

01 ⑤	02 3	03 8	04 ②	05 ④
06 ①	07 ③	08 ⑤	09 ③	10 ⑤
11 ①	12 ③	13 12	14 ②	

DAY 17 도함수의 활용 89 ~ 92쪽

2배속 PLAY ▶

19 ⑤	19-1 19	19-2 7	19-3 ②
20 ④	20-1 ①	20-2 ③	
21 -32	21-1 7	21-2 ④	
22 1.2 m/s	22-1 ③	22-2 320 cm^3/s	

2배속 REPEAT ↩

01 ②	02 21	03 27	04 ④	05 ①
06 3	07 ③	08 22	09 ①	10 ⑤
11 40 m	12 ⑤	13 ④	14 ③	

Ⅵ. 다항함수의 적분법

DAY 18 부정적분 94 ~ 97쪽

2배속 PLAY ▶

01 ②	01-1 ⑤	01-2 ㄱ, ㄷ
02 ①	02-1 ④	02-2 49
03 27	03-1 ③	03-2 ④
04 ④	04-1 ②	04-2 7

2배속 REPEAT ↩

01 ④	02 ④	03 40	04 ④	05 ⑤
06 7	07 ④	08 ⑤	09 1	10 ④
11 ②	12 21	13 ①	14 -6	15 ②

DAY 19 정적분 98 ~ 102쪽

2배속 PLAY ▶

05 0	05-1 ⑤	05-2 ③
06 ①	06-1 72	06-2 ④
07 ④	07-1 ①	07-2 ②
08 ②	08-1 ③	08-2 ②
09 ⑤	09-1 ②	09-2 12
10 ①	10-1 ⑤	10-2 ④

2배속 REPEAT ↩

01 ④	02 ③	03 ②	04 ②	05 ⑤
06 ②	07 ②	08 30	09 10	10 ④
11 ④	12 ④	13 40	14 ⑤	15 ③
16 36				

DAY 20 정적분의 활용 103 ~ 106쪽

2배속 PLAY ▶

11 ①	11-1 ③	11-2 8
12 ①	12-1 ④	12-2 ①
13 ②	13-1 $\frac{4}{3}$	13-2 ④
14 $-\frac{4}{3}$	14-1 4	14-2 12

2배속 REPEAT ↩

01 $\frac{81}{2}$	02 ②	03 ⑤	04 5	05 $\frac{64}{3}$
06 ④	07 ③	08 10	09 20	10 ①
11 ②	12 ②	13 12	14 ④	

01 ③	02 ③	03 ④	04 ②	05 ⑤
06 ②	07 30	08 ③	09 11	10 2
11 ③	12 ⑤	13 ②	14 ②	15 ①
16 ①				

01 ③	02 ③	03 ②	04 64	05 ④
06 ①	07 ②	08 ②	09 ③	10 ④
11 ⑤	12 14	13 ④	14 ②	15 ④
16 ②	17 ②	18 ⑤	19 ②	20 12
21 29	22 ⑤	23 ⑤	24 ③	25 1
26 ①				

01 제3사분면	02 ③	03 ②	04 ②	
05 제3사분면	06 ①	07 ⑤	08 ③	
09 ④	10 ②	11 ②	12 3	13 ②
14 1	15 ②	16 ①	17 ④	18 ③
19 ②	20 $-\dfrac{\sqrt{2}}{2}$	21 ④	22 ②	23 ⑤
24 17	25 $\dfrac{5\sqrt{7}}{14}$	26 10 km	27 ③	28 ①
29 $6\sqrt{2}$	30 ⑤			

01 ①	02 ④	03 ②	04 ③	05 ①
06 ⑤	07 ④	08 ④	09 ①	10 ⑤
11 3억 6천만 원	12 ④	13 ②	14 ③	
15 5	16 ④			

01 ①	02 ④	03 3025	04 ②	05 ②
06 ③	07 ①	08 ⑤	09 ④	10 ③
11 1	12 ⑤	13 460		

14 (i) $n=1$일 때, (좌변)$=\dfrac{1}{2^1}=\dfrac{1}{2}$, (우변)$=2-\dfrac{1+2}{2^1}=\dfrac{1}{2}$

이므로 주어진 등식이 성립한다.

(ii) $n=k$일 때, 주어진 등식이 성립한다고 가정하면

$$\dfrac{1}{2}+\dfrac{2}{4}+\dfrac{3}{8}+\cdots+\dfrac{k}{2^k}=2-\dfrac{k+2}{2^k}$$

위의 식의 양변에 $\dfrac{k+1}{2^{k+1}}$ 을 더하면

$$\begin{aligned}\dfrac{1}{2}+\dfrac{2}{4}+\dfrac{3}{8}+\cdots+\dfrac{k}{2^k}+\dfrac{k+1}{2^{k+1}}&=2-\dfrac{k+2}{2^k}+\dfrac{k+1}{2^{k+1}}\\&=2-\dfrac{2(k+2)-(k+1)}{2^{k+1}}\\&=2-\dfrac{k+3}{2^{k+1}}\\&=2-\dfrac{(k+1)+2}{2^{k+1}}\end{aligned}$$

따라서 $n=k+1$일 때에도 주어진 등식이 성립한다.

(i), (ii)에서 모든 자연수 n에 대하여 주어진 등식이 성립한다.

15 (i) $n=5$일 때, (좌변)$=2\times5^2=50$, (우변)$=(5+2)^2=49$

이므로 주어진 부등식이 성립한다.

(ii) $n=k\,(k\geq5)$일 때, 주어진 부등식이 성립한다고 가정하면

$2k^2>(k+2)^2$

위의 식의 양변에 $4k+2$를 더하면

$$2k^2+(4k+2)>(k+2)^2+(4k+2)$$
$$=k^2+8k+6 \quad\cdots\cdots\ \text{㉠}$$

한편, $k\geq5$일 때, $k^2+8k+6-(k+3)^2=2k-3>0$이므로

$$k^2+8k+6>(k+3)^2 \quad\cdots\cdots\ \text{㉡}$$

㉠, ㉡에서 $2(k+1)^2>k^2+8k+6>(k+3)^2$

따라서 $n=k+1$일 때에도 주어진 부등식이 성립한다.

(i), (ii)에서 5 이상의 모든 자연수 n에 대하여 주어진 부등식이 성립한다.

01 ③	02 ⑤	03 ⑤	04 ②	05 ①
06 ④	07 ④	08 ④	09 ⑤	10 ㄱ, ㄴ
11 6	12 ②	13 ㄱ, ㄷ	14 ㄱ	15 ③

DAY 14 ~ DAY 15　　　　　124 ~ 125쪽

01 ⑤　　02 130　　03 ③　　04 ④　　05 ④
06 ⑤　　07 ④　　08 8　　09 ②　　10 54
11 8　　12 ⑤　　13 ①　　14 16　　15 ㄱ, ㄷ
16 7

DAY 16 ~ DAY 17　　　　　126 ~ 127쪽

01 2　　02 ⑤　　03 ①　　04 96　　05 ㄱ
06 ④　　07 ④　　08 15　　09 ④　　10 ②
11 4　　12 ②　　13 4　　14 ②　　15 ②

DAY 18 ~ DAY 20　　　　　128 ~ 130쪽

01 36　　02 ⑤　　03 ③　　04 ①　　05 ③
06 ①　　07 ④　　08 17　　09 10　　10 8
11 ①　　12 ③　　13 ①　　14 ②　　15 ①
16 20　　17 7　　18 ⑤　　19 5　　20 ③
21 ④

MEMO

MEMO

효과 빠른 약점 처방전

▶▶2배속

수학 I + II S

정답과 풀이

이투스북

531
PROJECT

빠 르 게 x2

S

531
PROJECT

효과 빠른 **약점 처방전**

▶▶ 2배속

수학 I + II S

정답과 풀이

DAY 01 지수

01 답 ⑤

ㄱ. $\sqrt[3]{0}=0$이므로 0의 세제곱근은 존재한다. (참)

ㄴ. 25의 네제곱근을 x라 하면 $x^4=25$이므로

$x^4-25=0$, $(x+\sqrt{5})(x-\sqrt{5})(x^2+5)=0$

$\therefore x=\pm\sqrt{5}$ 또는 $x=\pm\sqrt{5}i$ (거짓)

ㄷ. 11의 12제곱근 중 실수인 것은 $\pm\sqrt[12]{11}$의 2개이지만, 12의 11제곱근 중 실수인 것은 $\sqrt[11]{12}$의 하나뿐이다. (참)

따라서 옳은 것은 ㄱ, ㄷ이다.

01-1 답 ④

-2의 세제곱근 중 실수인 것은 $\sqrt[3]{-2}$의 1개이고, 5의 네제곱근 중 실수인 것은 $\pm\sqrt[4]{5}$의 2개이므로

$N(-2,3)+N(5,4)=1+2=3$

01-2 답 ④

집합 $B=\{9,16\}$이므로 $a\in A$, $b\in B$인 a, b에 대하여 $\sqrt[b]{a}$의 모든 경우는

$\sqrt[9]{-4},\ \sqrt[9]{-3},\ \sqrt[9]{3},\ \sqrt[9]{4},\ \sqrt[16]{-4},\ \sqrt[16]{-3},\ \sqrt[16]{3},\ \sqrt[16]{4}$

이 중에서 실수인 것은 $\sqrt[9]{-4},\ \sqrt[9]{-3},\ \sqrt[9]{3},\ \sqrt[9]{4},\ \sqrt[16]{3},\ \sqrt[16]{4}$의 6개이므로 주어진 집합의 원소의 개수는 6이다.

02 답 ⑤

⑤ $\sqrt[15]{3^{10}}=\sqrt[3]{3^2}=\sqrt[3]{9}$

02-1 답 ①

$\sqrt[5]{\dfrac{8^7+2^{12}}{2^7+16^4}}=\sqrt[5]{\dfrac{(2^3)^7+2^{12}}{2^7+(2^4)^4}}=\sqrt[5]{\dfrac{2^{21}+2^{12}}{2^7+2^{16}}}=\sqrt[5]{\dfrac{2^{12}(2^9+1)}{2^7(1+2^9)}}=\sqrt[5]{2^5}=2$

02-2 답 ③

$\sqrt{\dfrac{\sqrt{a^8b^{12}}}{\sqrt[3]{a^5b^2}}}\div\sqrt[6]{ab^{10}}=\dfrac{\sqrt[4]{a^8b^{12}}}{\sqrt[6]{a^5b^2}}\times\dfrac{1}{\sqrt[6]{ab^{10}}}$

$=\dfrac{a^2b^3}{\sqrt[6]{a^5b^2\times ab^{10}}}$

$=\dfrac{a^2b^3}{\sqrt[6]{a^6b^{12}}}=\dfrac{a^2b^3}{ab^2}=ab$

03 답 ④

$\left\{\left(\dfrac{4}{25}\right)^{-\frac{3}{2}}\times\left(\dfrac{2}{5}\right)^2\right\}^{-1}=\left\{\left(\dfrac{2}{5}\right)^{-3}\times\left(\dfrac{2}{5}\right)^2\right\}^{-1}$

$=\left\{\left(\dfrac{2}{5}\right)^{-1}\right\}^{-1}=\dfrac{2}{5}$

03-1 답 ③

$\sqrt[5]{\dfrac{\sqrt[3]{32}}{\sqrt{3}}}\times\sqrt{\dfrac{\sqrt{8}}{\sqrt[4]{27}}}=\dfrac{32^{\frac{1}{15}}}{3^{\frac{1}{10}}}\times\dfrac{8^{\frac{1}{4}}}{27^{\frac{1}{8}}}=\dfrac{2^{\frac{1}{3}}\times2^{\frac{3}{4}}}{3^{\frac{1}{10}}\times3^{\frac{3}{8}}}=\dfrac{2^{\frac{13}{12}}}{3^{\frac{19}{40}}}=\dfrac{\sqrt[12]{2^{13}}}{\sqrt[40]{3^{19}}}$

$\therefore p+q+r+s=12+13+40+19=84$

03-2 답 -27

$\left(\dfrac{1}{512}\right)^{\frac{1}{n}}=(2^{-9})^{\frac{1}{n}}=2^{-\frac{9}{n}}$이 자연수가 되려면 $-\dfrac{9}{n}$가 음이 아닌 정수이어야 하므로 구하는 정수 n은 -9, -3, -1이다.

따라서 모든 정수 n의 값의 곱은

$-9\times(-3)\times(-1)=-27$

04 답 ②

$(x^{\frac{1}{2}}-x^{-\frac{1}{2}})^2=(x^{\frac{1}{2}}+x^{-\frac{1}{2}})^2-4=(2\sqrt{2})^2-4=4$

이때 $x>1$이므로 $x^{\frac{1}{2}}>x^{-\frac{1}{2}}$

$\therefore x^{\frac{1}{2}}-x^{-\frac{1}{2}}=2$

04-1 답 ④

$a^{2x}=5$이므로 구하는 식의 분모, 분자에 각각 a^x을 곱하면

$\dfrac{a^{3x}+a^{-3x}}{a^x-a^{-x}}=\dfrac{a^x(a^{3x}+a^{-3x})}{a^x(a^x-a^{-x})}=\dfrac{a^{4x}+a^{-2x}}{a^{2x}-1}$

$=\dfrac{(a^{2x})^2+(a^{2x})^{-1}}{a^{2x}-1}=\dfrac{5^2+5^{-1}}{5-1}=\dfrac{63}{10}$

04-2 답 ①

$5^x=27$에서 $5=27^{\frac{1}{x}}=(3^3)^{\frac{1}{x}}=3^{\frac{3}{x}}$이므로 $3^{\frac{6}{x}}=5^2$ ······ ㉠

$45^y=9$에서 $45=9^{\frac{1}{y}}=(3^2)^{\frac{1}{y}}=3^{\frac{2}{y}}$이므로 $3^{\frac{4}{y}}=45^2$ ······ ㉡

㉠÷㉡을 하면

$3^{\frac{6}{x}-\frac{4}{y}}=\dfrac{5^2}{45^2}=\left(\dfrac{1}{9}\right)^2=\left(\dfrac{1}{3}\right)^4=3^{-4}$

$\therefore \dfrac{6}{x}-\dfrac{4}{y}=-4$

---

01 ⑤	02 3	03 17	04 ④	05 ③
06 ①	07 ⑤	08 16	09 ④	10 8
11 ⑤	12 ②	13 ③	14 ④	15 ③

01

⑤ 1의 세제곱근을 x라 하면 $x^3=1$이므로

$x^3-1=0$, $(x-1)(x^2+x+1)=0$

$\therefore x=1$ 또는 $x=\dfrac{-1\pm\sqrt{3}i}{2}$

02

-3의 네제곱근 중 실수인 것은 존재하지 않으므로 $f_4(-3)=0$

-1의 다섯제곱근 중 실수인 것은 $\sqrt[5]{-1}$뿐이므로 $f_5(-1)=1$

5의 여섯제곱근 중 실수인 것은 $\pm\sqrt[6]{5}$이므로 $f_6(5)=2$

$\therefore f_4(-3)+f_5(-1)+f_6(5)=0+1+2=3$

03

$P=k^2-6k+a=(k-3)^2+a-9$라 하면

$1\le k\le 7$에서 $a-9\le P\le a+7$이므로

$\sqrt[3]{a-9}\le\sqrt[3]{P}\le\sqrt[3]{a+7}$

$\therefore A=\{x\,|\,\sqrt[3]{a-9}\le x\le\sqrt[3]{a+7}\}$

-3이 집합 A의 원소가 되려면 $\sqrt[3]{a-9}\le -3\le\sqrt[3]{a+7}$

$\sqrt[3]{a-9}\le -3$에서 $a-9\le -27$ $\quad\therefore a\le -18$ $\quad\cdots\cdots$ ㉠

$-3\le\sqrt[3]{a+7}$에서 $-27\le a+7$ $\quad\therefore a\ge -34$ $\quad\cdots\cdots$ ㉡

㉠, ㉡을 동시에 만족시키는 a의 값의 범위는

$-34\le a\le -18$

따라서 구하는 정수 a의 개수는 -34, -33, -32, $\cdots$, -18의 17이다.

04

$\sqrt[5]{4}\times\sqrt[5]{8}+(\sqrt[3]{5})^6=\sqrt[5]{4\times 8}+5^2=\sqrt[5]{2^5}+25=2+25=27$

05

$A=2=\sqrt[6]{2^6}=\sqrt[6]{64}$

$B=\sqrt{2\sqrt[3]{7}}=\sqrt[6]{2^3\times 7}=\sqrt[6]{56}$

$C=\sqrt{2}\times\sqrt[3]{3}=\sqrt[6]{2^3}\times\sqrt[6]{3^2}=\sqrt[6]{2^3\times 3^2}=\sqrt[6]{72}$

이때 $\sqrt[6]{56}<\sqrt[6]{64}<\sqrt[6]{72}$이므로 $B<A<C$

06

$\dfrac{\sqrt[3]{3\sqrt[4]{27}}}{\sqrt[8]{\sqrt[3]{9}}}=\dfrac{3^{\frac{1}{3}}\times 27^{\frac{1}{12}}}{9^{\frac{1}{24}}}=\dfrac{3^{\frac{1}{3}}\times 3^{\frac{1}{4}}}{3^{\frac{1}{12}}}$

$\qquad=3^{\frac{1}{3}+\frac{1}{4}-\frac{1}{12}}=3^{\frac{1}{2}}=\sqrt{3}=1.7\cdots$

따라서 주어진 값보다 큰 자연수 중 가장 작은 것은 2이다.

07

$3^{-a}+3^{-b}=\dfrac{1}{3^a}+\dfrac{1}{3^b}=\dfrac{3^a+3^b}{3^{a+b}}=\dfrac{12}{5}$이므로

$3^{a+b}=\dfrac{5}{12}\times(3^a+3^b)=\dfrac{5}{12}\times 7=\dfrac{35}{12}$

따라서 $p=12$, $q=35$이므로 $p+q=12+35=47$

08

$(\sqrt[3]{3^5})^{\frac{1}{2}}=3^{\frac{5}{3}\times\frac{1}{2}}=3^{\frac{5}{6}}$

$3^{\frac{5}{6}}$이 어떤 자연수 a의 n제곱근이 되려면 $a=(3^{\frac{5}{6}})^n=3^{\frac{5n}{6}}$에서 $\dfrac{5n}{6}$이

음이 아닌 정수이어야 하므로 n은 6의 배수이어야 한다.

$2\le n\le 100$인 자연수 n에 대하여 6의 배수는 6, 12, 18, $\cdots$, 96의 16개이므로 구하는 n의 개수는 16이다.

09

$(a^{\frac{1}{4}}-b^{\frac{1}{4}})(a^{\frac{1}{4}}+b^{\frac{1}{4}})(a^{\frac{1}{2}}+b^{\frac{1}{2}})(a+b)$

$=\{(a^{\frac{1}{4}})^2-(b^{\frac{1}{4}})^2\}(a^{\frac{1}{2}}+b^{\frac{1}{2}})(a+b)$

$=(a^{\frac{1}{2}}-b^{\frac{1}{2}})(a^{\frac{1}{2}}+b^{\frac{1}{2}})(a+b)$

$=\{(a^{\frac{1}{2}})^2-(b^{\frac{1}{2}})^2\}(a+b)$

$=(a-b)(a+b)=a^2-b^2$

10

자연수 a, b에 대하여

(i) $\sqrt{\dfrac{2^a\times 3^b}{4}}=\sqrt{2^{a-2}\times 3^b}=2^{\frac{a-2}{2}}\times 3^{\frac{b}{2}}$이 자연수이려면 $2^{\frac{a-2}{2}}$, $3^{\frac{b}{2}}$이 각각 자연수이어야 한다.

따라서 $\dfrac{a-2}{2}$, $\dfrac{b}{2}$는 각각 음이 아닌 정수이어야 하므로

a에 가능한 값은 2, 4, 6, 8, 10, $\cdots$

b에 가능한 값은 2, 4, 6, 8, 10, $\cdots$

(ii) $\sqrt[3]{\dfrac{5^b}{2\times 2^a}}=\dfrac{5^{\frac{b}{3}}}{2^{\frac{a+1}{3}}}$이 유리수이려면 $2^{\frac{a+1}{3}}$, $5^{\frac{b}{3}}$이 각각 정수이어야 한다.

따라서 $\dfrac{a+1}{3}$, $\dfrac{b}{3}$는 각각 음이 아닌 정수이어야 하므로

a에 가능한 값은 2, 5, 8, 11, 14, $\cdots$

b에 가능한 값은 3, 6, 9, 12, 15, $\cdots$

(i), (ii)에서 a에 가능한 값 중 가장 작은 것은 2, b에 가능한 값 중 가장 작은 것은 6이므로 $a+b$의 최솟값은 $2+6=8$

11

$a^{\frac{3}{2}}+a^{-\frac{3}{2}}=(a^{\frac{1}{2}}+a^{-\frac{1}{2}})^3-3a^{\frac{1}{2}}\times a^{-\frac{1}{2}}(a^{\frac{1}{2}}+a^{-\frac{1}{2}})$

$\qquad\qquad=3^3-3\times 1\times 3=18$

$a+a^{-1}=(a^{\frac{1}{2}}+a^{-\frac{1}{2}})^2-2a^{\frac{1}{2}}\times a^{-\frac{1}{2}}$

$\qquad\quad=3^2-2\times 1=7$

$\therefore\dfrac{a^{\frac{3}{2}}+a^{-\frac{3}{2}}+7}{a+a^{-1}-2}=\dfrac{18+7}{7-2}=\dfrac{25}{5}=5$

12

$a^{3x}=2$이므로 구하는 식의 분모, 분자에 각각 a^{5x}을 곱하면

$\dfrac{a^{4x}-a^{-5x}}{a^x+a^{-2x}}=\dfrac{a^{5x}(a^{4x}-a^{-5x})}{a^{5x}(a^x+a^{-2x})}=\dfrac{a^{9x}-1}{a^{6x}+a^{3x}}$

$\qquad=\dfrac{(a^{3x})^3-1}{(a^{3x})^2+a^{3x}}=\dfrac{2^3-1}{2^2+2}=\dfrac{7}{6}$

13

$2^a=3^b=k\,(k>1)$로 놓으면 $4^a\times 3^{-b}=k^2\times k^{-1}=k$

$2=k^{\frac{1}{a}}$, $3=k^{\frac{1}{b}}$이므로 $6=k^{\frac{1}{a}+\frac{1}{b}}=k^{\frac{a+b}{ab}}$

한편, $(a-2)(b-2)=ab-2a-2b+4=4$에서

$ab=2(a+b)$이므로

$6=k^{\frac{a+b}{2(a+b)}}=k^{\frac{1}{2}}$ $\quad\therefore k=6^2=36$

14

$x^2-1=\left(\dfrac{a^{\frac{1}{4}}+a^{-\frac{1}{4}}}{2}\right)^2-1=\dfrac{(a^{\frac{1}{4}})^2+(a^{-\frac{1}{4}})^2-2}{4}=\left(\dfrac{a^{\frac{1}{4}}-a^{-\frac{1}{4}}}{2}\right)^2$

이때 $0<a<1$에서 $a^{\frac{1}{4}}<a^{-\frac{1}{4}}$이므로

$\sqrt{x^2-1}=-\dfrac{a^{\frac{1}{4}}-a^{-\frac{1}{4}}}{2}$

$\therefore (x-\sqrt{x^2-1})^{16}=\left\{\dfrac{a^{\frac{1}{4}}+a^{-\frac{1}{4}}}{2}-\left(-\dfrac{a^{\frac{1}{4}}-a^{-\frac{1}{4}}}{2}\right)\right\}^{16}$

$\qquad\qquad=(a^{\frac{1}{4}})^{16}=a^4=\dfrac{1}{81}=\left(\dfrac{1}{3}\right)^4$

$\therefore a=\dfrac{1}{3}\ (\because 0<a<1)$

15

$$B_1 = \frac{kI_0 r_1^2}{2(x_1^2 + r_1^2)^{\frac{3}{2}}}$$

$$B_2 = \frac{kI_0(3r_1)^2}{2\{(3x_1)^2 + (3r_1)^2\}^{\frac{3}{2}}} = \frac{9kI_0 r_1^2}{2(9x_1^2 + 9r_1^2)^{\frac{3}{2}}}$$

$$= \frac{9kI_0 r_1^2}{2 \times 9^{\frac{3}{2}}(x_1^2 + r_1^2)^{\frac{3}{2}}} = \frac{kI_0 r_1^2}{6(x_1^2 + r_1^2)^{\frac{3}{2}}} = \frac{1}{3}B_1$$

$$\therefore \frac{B_2}{B_1} = \frac{1}{3}$$

I. 지수함수와 로그함수

DAY 02 로그 10 ~ 12쪽

05 답 ④

$x = \log_5 6$에서 $5^x = 6$이므로 $5^{-x} = \dfrac{1}{6}$

$\therefore 5^x - 5^{-x} = 6 - \dfrac{1}{6} = \dfrac{35}{6}$

따라서 $p = 6$, $q = 35$이므로 $p + q = 6 + 35 = 41$

05-1 답 27

$\log_a 3 = \dfrac{4}{3}$에서 $a^{\frac{4}{3}} = 3$

$\therefore a^4 = \left(a^{\frac{4}{3}}\right)^3 = 3^3 = 27$

05-2 답 ①

밑의 조건에서 $5 - x > 0$, $5 - x \neq 1$이므로 $x < 5$, $x \neq 4$

$\therefore x < 4$ 또는 $4 < x < 5$ $\qquad \cdots\cdots$ ㉠

진수의 조건에서 $|2 - x| > 0$이므로 $x \neq 2$ $\qquad \cdots\cdots$ ㉡

㉠, ㉡의 공통 범위를 구하면

$x < 2$ 또는 $2 < x < 4$ 또는 $4 < x < 5$

따라서 조건을 만족시키는 모든 양의 정수 x의 값의 합은

$1 + 3 = 4$

05-3 답 ②

밑의 조건에서 $a > 0$, $a \neq 1$이므로 $0 < a < 1$ 또는 $a > 1$ $\qquad \cdots\cdots$ ㉠

진수의 조건에서 모든 실수 x에 대하여 $ax^2 + 4ax + 9 > 0$이어야 하므로 이차방정식 $ax^2 + 4ax + 9 = 0$의 판별식을 D라 하면

$$\frac{D}{4} = (2a)^2 - a \times 9 < 0, \quad 4a^2 - 9a < 0$$

$$a\left(a - \frac{9}{4}\right) < 0 \qquad \therefore 0 < a < \frac{9}{4} \qquad \cdots\cdots ㉡$$

㉠, ㉡의 공통 범위를 구하면 $0 < a < 1$ 또는 $1 < a < \dfrac{9}{4}$

따라서 구하는 정수 a의 값은 2이다.

06 답 ②

$$6\log_3 2 + \log_3 \frac{3}{2} - \frac{5}{2}\log_3 4 = \log_3 2^6 + \log_3 \frac{3}{2} - \log_3 4^{\frac{5}{2}}$$

$$= \log_3\left(2^6 \times \frac{3}{2} \div 2^5\right) = \log_3 3 = 1$$

06-1 답 0

$$\log_3 \sqrt{9} - \log_2 1 + \log_{\frac{1}{3}} 3 = \log_3 3 - 0 - \log_3 3 = 0$$

06-2 답 ③

$$\log_4\left(1 + \frac{1}{2}\right) + \log_4\left(1 + \frac{1}{3}\right) + \log_4\left(1 + \frac{1}{4}\right) + \cdots + \log_4\left(1 + \frac{1}{31}\right)$$

$$= \log_4 \frac{3}{2} + \log_4 \frac{4}{3} + \log_4 \frac{5}{4} + \cdots + \log_4 \frac{32}{31}$$

$$= \log_4\left(\frac{3}{2} \times \frac{4}{3} \times \frac{5}{4} \times \cdots \times \frac{32}{31}\right)$$

$$= \log_4 16 = \log_4 4^2 = 2$$

07 답 ④

$\log_a x = 6$, $\log_b x = 8$이므로 $\log_x a = \dfrac{1}{6}$, $\log_x b = \dfrac{1}{8}$

$\log_x ab = \log_x a + \log_x b = \dfrac{1}{6} + \dfrac{1}{8} = \dfrac{7}{24}$이므로

$$\frac{2}{\log_{ab} x} = 2\log_x ab = 2 \times \frac{7}{24} = \frac{7}{12}$$

따라서 $p = 12$, $q = 7$이므로 $p + q = 12 + 7 = 19$

07-1 답 ③

$$\log_a 24 + \log_a 3 - \frac{2}{\log_3 a} = \log_a 24 + \log_a 3 - 2\log_a 3$$

$$= \log_a \frac{24 \times 3}{3^2} = \log_a 8 = \frac{3}{2}$$

따라서 $a^{\frac{3}{2}} = 8 = 2^3$이므로 $a = (2^3)^{\frac{2}{3}} = 2^2 = 4$

07-2 답 4

$$(3^{\log_3 4 + \log_3 2})^2 + (a^{\log_3 4 + \log_3 2})^{\log_8 9} = (3^{\log_3 8})^2 + (a^{\log_3 8})^{\log_8 9}$$

$$= (8^{\log_3 3})^2 + a^{\log_3 8 \times 2\log_8 3}$$

$$= 8^2 + a^2 = 64 + a^2$$

따라서 $64 + a^2 = 80$이므로

$a^2 = 16 \qquad \therefore a = 4 \ (\because a > 0)$

08 답 ⑤

$\log_5 25 < \log_5 70 < \log_5 125$, 즉 $2 < \log_5 70 < 3$이므로

$a = 2$, $b = \log_5 70 - 2 = \log_5 70 - \log_5 25 = \log_5 \dfrac{14}{5}$

$$\therefore 4^a + 5^{b+1} = 4^2 + 5^{\log_5 \frac{14}{5} + 1} = 16 + 5^{\log_5 14} = 16 + 14 = 30$$

08-1 답 ④

$\log_4 4 < \log_4 12 < \log_4 16$, 즉 $1 < \log_4 12 < 2$이므로

$a = 1$, $b = \log_4 12 - 1 = \log_4 12 - \log_4 4 = \log_4 3$

$$\therefore \frac{4^a + 4^b}{4^a - 4^b} = \frac{4^1 + 4^{\log_4 3}}{4^1 - 4^{\log_4 3}} = \frac{4 + 3}{4 - 3} = 7$$

08-2 답 19

$\log_2 1=0$이므로 $f(1)=0$

$2\leq n<4$일 때, $1=\log_2 2\leq\log_2 n<\log_2 4=2$이므로 $f(n)=1$

$4\leq n<8$일 때, $2=\log_2 4\leq\log_2 n<\log_2 8=3$이므로 $f(n)=2$

$8\leq n<16$일 때, $3=\log_2 8\leq\log_2 n<\log_2 16=4$이므로 $f(n)=3$

$\therefore f(1)+f(2)+f(3)+\cdots+f(10)=0+1\times2+2\times4+3\times3$
$$=19$$

09 답 ②

이차방정식의 근과 계수의 관계에 의하여 $\alpha+\beta=7$, $\alpha\beta=5$이므로

$\alpha^2+\beta^2=(\alpha+\beta)^2-2\alpha\beta=7^2-2\times5=39$

$\therefore \log_{\alpha+\beta}\left(\alpha+\frac{1}{\alpha}\right)+\log_{\alpha+\beta}\left(\beta+\frac{1}{\beta}\right)$

$=\log_{\alpha+\beta}\left(\alpha\beta+\frac{\beta}{\alpha}+\frac{\alpha}{\beta}+\frac{1}{\alpha\beta}\right)$

$=\log_{\alpha+\beta}\left(\alpha\beta+\frac{\alpha^2+\beta^2+1}{\alpha\beta}\right)$

$=\log_7\left(5+\frac{39+1}{5}\right)=\log_7 13$

09-1 답 ③

이차방정식의 근과 계수의 관계에 의하여 $\alpha+\beta=4$, $\alpha\beta=2$

$\log_{\alpha\beta}(\alpha+1)+\log_{\alpha\beta}(\beta+1)=\log_{\alpha\beta}(\alpha\beta+\alpha+\beta+1)$
$$=\log_2(2+4+1)=\log_2 7$$

$\therefore 2^A=2^{\log_2 7}=7$

09-2 답 ①

이차방정식의 근과 계수의 관계에 의하여

$\log_5 a+\log_5 b=6$, $\log_5 a\times\log_5 b=2$

$\therefore \log_a b+\log_b a=\frac{\log_5 b}{\log_5 a}+\frac{\log_5 a}{\log_5 b}$

$=\frac{(\log_5 a)^2+(\log_5 b)^2}{\log_5 a\times\log_5 b}$

$=\frac{(\log_5 a+\log_5 b)^2-2\log_5 a\times\log_5 b}{\log_5 a\times\log_5 b}$

$=\frac{6^2-2\times2}{2}=16$

10 답 ②

② $\log 0.656=\log(10^{-1}\times6.56)=\log 10^{-1}+\log 6.56$
$$=-1+0.8169=-0.1831$$

⑤ $\log\sqrt[3]{6.56}=\frac{1}{3}\log 6.56=\frac{1}{3}\times0.8169=0.2723$

10-1 답 2.1284

$a=\log 742=\log(10^2\times7.42)=\log 10^2+\log 7.42$
$=2+0.8704=2.8704$

$\log b=-1.1296=-2+0.8704=\log 10^{-2}+\log 7.42$
$$=\log(10^{-2}\times7.42)=\log 0.0742$$

$\therefore b=0.0742$

$\therefore a-10b=2.8704-0.742=2.1284$

10-2 답 ③

$\log 2=0.3010$이므로

$a=\log 50=\log\frac{100}{2}=\log 10^2-\log 2=2-0.3010=1.699$

$\log b=-0.699=-1+0.301=\log 10^{-1}+\log 2$
$$=\log(10^{-1}\times2)=\log 0.2$$

$\therefore b=0.2$

$\therefore a+b=1.699+0.2=1.899$

01 ④	**02** 30	**03** 3	**04** ①	**05** ③
06 ③	**07** ④	**08** ④	**09** ⑤	**10** ①
11 0.0373	**12** ④	**13** ①	**14** 75	

01

진수의 조건에서 모든 실수 x에 대하여 $ax^2+ax+2>0$이어야 한다.

(i) $a=0$일 때

　$ax^2+ax+2=2>0$이므로 진수의 조건을 만족시킨다.

(ii) $a\neq0$일 때

　$a>0$이고 이차방정식 $ax^2+ax+2=0$의 판별식을 D라 하면

　$D=a^2-4\times a\times2<0$, $a^2-8a<0$

　$a(a-8)<0$　　$\therefore 0<a<8$

(i), (ii)에서 $0\leq a<8$이므로 구하는 정수 a의 개수는 $0, 1, 2, \cdots, 7$의 8이다.

02

$f(x)=-x^2+ax+4$라 하면 로그의 진수의 조건에 의하여 $f(x)>0$이고, $\log_2 f(x)$의 값이 자연수가 되려면 $f(x)$의 값이 2의 거듭제곱 꼴이어야 한다.

즉, $\log_2 f(x)$의 값이 자연수가 되도록 하는 실수 x의 개수는 함수 $y=f(x)$의 그래프와 직선 $y=2^n$ (n은 자연수)의 교점의 개수와 같다.

$f(x)=-\left(x-\frac{a}{2}\right)^2+\frac{a^2}{4}+4$이고, $\log_2 f(x)$의 값이 자연수가 되도록 하는 실수 x의 개수가 6이므로 함수 $y=f(x)$의 그래프는 세 직선 $y=2$, $y=4$, $y=8$과 각각 두 점에서 만나고 직선 $y=16$과는 만나지 않아야 한다.

함수 $f(x)$는 $x=\frac{a}{2}$일 때, 최댓값 $\frac{a^2}{4}+4$를 가지므로

$8<\frac{a^2}{4}+4<16$에서 $4<\frac{a^2}{4}<12$　　$\therefore 16<a^2<48$

$\therefore a=5$ 또는 $a=6$ ($\because a$는 자연수)

따라서 조건을 만족시키는 모든 자연수 a의 값의 곱은

$5\times6=30$

03

$\log_3 a+\log_3 3b+\log_3 6c=2$에서

$\log_3(a\times3b\times6c)=2$, $\log_3 18abc=2$

$18abc=3^2=9$　　$\therefore abc=\frac{1}{2}$

$\therefore \{(9^a)^b\}^c=9^{abc}=9^{\frac{1}{2}}=3$

04

$\log_2 a=\log_8 ab^2$에서 $\log_{2^3} a^3=\log_8 ab^2$, $\log_8 a^3=\log_8 ab^2$

즉, $a^3=ab^2$에서 $a(a^2-b^2)=0$, $a(a+b)(a-b)=0$

$\therefore a=0$ 또는 $a=-b$ 또는 $a=b$

그런데 a, b는 1보다 큰 실수이므로 $a=b$이다.

$\therefore \log_a b=\log_a a=1$

05

$\log_n 25 \times \log_5 16=\dfrac{2}{\log_5 n} \times 4\log_5 2=\dfrac{8\log_5 2}{\log_5 n}=8\log_n 2$

$8\log_n 2=k(k$는 자연수$)$로 놓으면

$\log_n 2=\dfrac{k}{8}$, $n^{\frac{k}{8}}=2$ $\therefore 2^{\frac{8}{k}}=n$

이때 n이 2 이상의 자연수이려면 k는 8의 양의 약수이어야 하므로

$k=1$ 또는 $k=2$ 또는 $k=4$ 또는 $k=8$

따라서 $n=256$ 또는 $n=16$ 또는 $n=4$ 또는 $n=2$이므로 구하는 자연수 n의 개수는 4이다.

06

$\sqrt{x}=y^2=z$에서 $x=y^4$이므로

$\log_x y+\log_y z-\log_z x=\log_{y^4} y+\log_y y^2-\log_{\sqrt{x}} x$

$$=\dfrac{1}{4}+2-2=\dfrac{1}{4}$$

07

$\dfrac{\log_c b}{\log_a b}=\dfrac{\log_b a}{\log_b c}=\log_c a=\dfrac{1}{2}$에서 $\log_a c=2$이므로 $c=a^2$

$\dfrac{\log_b c}{\log_a c}=\dfrac{\log_c a}{\log_c b}=\log_b a=\dfrac{1}{3}$에서 $\log_a b=3$이므로 $b=a^3$

a, b, c는 1보다 크고 10보다 작은 자연수이므로

$a=2$, $b=8$, $c=4$

$\therefore a+2b+3c=2+2\times 8+3\times 4=30$

08

$216=2^3 \times 3^3$이므로 216의 양의 약수의 개수는 $(3+1)(3+1)=16$

1을 제외한 양의 약수를 작은 것부터 순서대로 a_1, a_2, a_3, $\cdots$, a_{15}라 하면

$1\times a_{15}=a_1 a_{14}=a_2 a_{13}=\cdots=a_7 a_8=216=6^3$

$\therefore \dfrac{1}{\log_{a_1} 36}+\dfrac{1}{\log_{a_2} 36}+\dfrac{1}{\log_{a_3} 36}+\cdots+\dfrac{1}{\log_{a_n} 36}$

$=\log_{36} a_1+\log_{36} a_2+\log_{36} a_3+\cdots+\log_{36} a_{15}$

$=\log_{36} a_1 a_2 a_3 \cdots a_{15}$

$=\log_{36} (1\times a_{15})(a_1 a_{14})(a_2 a_{13})\times \cdots \times (a_7 a_8)$

$=\log_{36} (6^3)^8=\log_{6^2} 6^{24}=12$

09

$A=3^{1-\log_3 4}=3^{\log_3 3-\log_3 4}=3^{\log_3 \frac{3}{4}}=\dfrac{3}{4}$

$B=\log_4 \sqrt{2}+\log_9 \dfrac{1}{3}=\log_{2^2} 2^{\frac{1}{2}}+\log_{3^2} 3^{-1}=\dfrac{1}{4}-\dfrac{1}{2}=-\dfrac{1}{4}$

$C=\log_{\frac{1}{4}}\{\log_2 (\log_3 81)\}=\log_{\frac{1}{4}}\{\log_2 (\log_3 3^4)\}$

$=\log_{\frac{1}{4}} (\log_2 4)=\log_{\frac{1}{4}} (\log_2 2^2)$

$=\log_{\frac{1}{4}} 2=\log_{2^{-2}} 2=-\dfrac{1}{2}$

따라서 $-\dfrac{1}{2}<-\dfrac{1}{4}<\dfrac{3}{4}$이므로 $C<B<A$

10

이차방정식 $x^2-5x+2=0$에서 근과 계수의 관계에 의하여

$\log_3 \alpha+\log_3 \beta=5$, $\log_3 \alpha\times \log_3 \beta=2$

또한 이차방정식 $x^2+px+q=0$에서 근과 계수의 관계에 의하여

$\log_\alpha 9+\log_\beta 9=-p$, $\log_\alpha 9\times \log_\beta 9=q$

이므로

$p=-(\log_\alpha 9+\log_\beta 9)=-\left(\dfrac{\log_3 9}{\log_3 \alpha}+\dfrac{\log_3 9}{\log_3 \beta}\right)$

$=-\dfrac{2(\log_3 \alpha+\log_3 \beta)}{\log_3 \alpha\times \log_3 \beta}=-\dfrac{2\times 5}{2}=-5$

$q=\log_\alpha 9\times \log_\beta 9=\dfrac{\log_3 9}{\log_3 \alpha}\times \dfrac{\log_3 9}{\log_3 \beta}=\dfrac{2\times 2}{\log_3 \alpha\times \log_3 \beta}=\dfrac{4}{2}=2$

$\therefore p+q=-5+2=-3$

11

$\log 3730=\log (10^3 \times 3.73)=\log 10^3+\log 3.73=3+\log 3.73$

즉, $3+\log 3.73=3.5717$이므로 $\log 3.73=0.5717$

$\log N=-1.4283=-2+0.5717=\log 10^{-2}+\log 3.73$

$=\log (10^{-2}\times 3.73)=\log 0.0373$

$\therefore N=0.0373$

12

$1\leq x<10$일 때, $0\leq \log x<1$이므로 $[\log x]=0$

$10\leq x<100$일 때, $1\leq \log x<2$이므로 $[\log x]=1$

$100\leq x<1000$일 때, $2\leq \log x<3$이므로 $[\log x]=2$

$\therefore [\log 1]+[\log 2]+[\log 3]+\cdots+[\log 100]$

$=0\times 9+1\times 90+2\times 1=92$

13

$\log 100<\log 500<\log 1000$, 즉 $2<\log 500<3$이므로 $\log 500$의 정수 부분은 2, 소수 부분은 $\log 500-2=\log 500-\log 10^2=\log 5$이다.

이차방정식 $x^2+ax+b=0$의 두 근이 2, $\log 5$이므로 근과 계수의 관계에 의하여

$2+\log 5=-a$, $2\times \log 5=b$

$\therefore a=-2-\log 5=\log 10^{-2}-\log 5=\log \dfrac{1}{500}$, $b=\log 25$

$\therefore 10^{a+b}=10^{\log \frac{1}{500}+\log 25}=10^{\log \frac{1}{20}}=\dfrac{1}{20}=0.05$

14

조건 (가)에서 $3^a=5^b=k^c=t(t>1)$로 놓으면

$3^a=t$에서 $a=\log_3 t$

$5^b=t$에서 $b=\log_5 t$

$k^c=t$에서 $c=\log_k t$

조건 (나)에서 $\log c=\log \dfrac{2ab}{2a+b}$이므로 $c=\dfrac{2ab}{2a+b}$

$\therefore \dfrac{1}{c}=\dfrac{2a+b}{2ab}=\dfrac{1}{b}+\dfrac{1}{2a}$ ...... ㉠

$a=\log_3 t$, $b=\log_5 t$, $c=\log_k t$를 ㉠에 대입하면

$\dfrac{1}{\log_k t}=\dfrac{1}{\log_5 t}+\dfrac{1}{2\log_3 t}$

$\log_t k=\log_t 5+\dfrac{1}{2}\log_t 3=\log_t 5+\log_t 3^{\frac{1}{2}}=\log_t 5\sqrt{3}$

따라서 $k=5\sqrt{3}$이므로 $k^2=75$

DAY 03 지수함수   15 ~ 18쪽

11 답 ④

④ $y=\left(\dfrac{1}{3}\right)^x$에서 밑이 1보다 작으므로 x의 값이 증가하면 y의 값은 감소한다.

11-1 답 $-1<a<4$

$y=(-a^2+3a+5)^x$에서 x의 값이 증가할 때 y의 값도 증가하려면 밑이 1보다 커야 하므로 $-a^2+3a+5>1$

$a^2-3a-4<0$, $(a+1)(a-4)<0$

$\therefore -1<a<4$

11-2 답 ②

$A=a^{\frac{n-1}{n}}=a^{1-\frac{1}{n}}$, $B=a^{\frac{n+1}{n}}=a^{1+\frac{1}{n}}$, $C=a^{\frac{n}{n+1}}=a^{1-\frac{1}{n+1}}$

n이 자연수이므로 $1-\dfrac{1}{n}<1-\dfrac{1}{n+1}<1+\dfrac{1}{n}$

$a>1$이므로 $a^{1-\frac{1}{n}}<a^{1-\frac{1}{n+1}}<a^{1+\frac{1}{n}}$

$\therefore A<C<B$

12 답 ③

함수 $y=a^x$의 그래프를 x축의 방향으로 2만큼, y축의 방향으로 5만큼 평행이동한 그래프의 식은

$y=a^{x-2}+5$

이 그래프가 점 $(5,\ 32)$를 지나므로

$a^3+5=32$, $a^3=27=3^3$ $\therefore a=3$

12-1 답 ⑤

함수 $y=2^{x-a}+3$의 그래프를 x축에 대하여 대칭이동한 그래프의 식은

$y=-2^{x-a}-3$

이 그래프를 y축의 방향으로 b만큼 평행이동한 그래프의 식은

$y=-2^{x-a}-3+b$

이 그래프가 함수 $y=-\dfrac{1}{4}\times 2^x+7$, 즉 $y=-2^{x-2}+7$의 그래프와 일치하므로

$a=2$, $-3+b=7$

따라서 $a=2$, $b=10$이므로 $a+b=2+10=12$

12-2 답 2

함수 $y=\left(\dfrac{1}{2}\right)^x$의 그래프를 원점에 대하여 대칭이동한 그래프의 식은

$y=-\left(\dfrac{1}{2}\right)^{-x}=-2^x$

이 그래프를 x축의 방향으로 -1만큼, y축의 방향으로 a만큼 평행이동한 그래프의 식은

$y=-2^{x+1}+a$

이 그래프가 제1사분면을 지나지 않으려면

$-2+a\leq 0$ $\therefore a\leq 2$

따라서 a의 최댓값은 2이다.

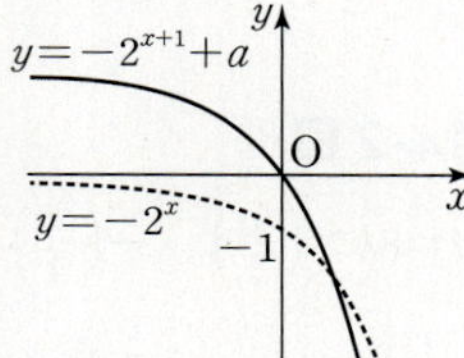

13 답 ⑤

$f(x)=2^{x+3}-7$에서 밑이 1보다 크므로 $x=2$일 때 최댓값 M, $x=-3$일 때 최솟값 m을 갖는다.

$\therefore M=2^5-7=25$, $m=2^0-7=-6$

$\therefore M+m=25+(-6)=19$

13-1 답 ④

$f(x)=2\times 3^{x-1}+a$에서 밑이 1보다 크므로 $x=3$일 때, 최댓값 38을 갖는다.

$2\times 3^2+a=38$ $\therefore a=20$

또한 $g(x)=\left(\dfrac{1}{4}\right)^{x-2}$에서 밑이 1보다 작으므로 $x=3$일 때, 최솟값 b를 갖는다.

$\therefore b=\left(\dfrac{1}{4}\right)^1=\dfrac{1}{4}$

$\therefore ab=20\times\dfrac{1}{4}=5$

13-2 답 ②

$f(x)=x^2-4x+5$라 하면 $f(x)=(x-2)^2+1$

함수 $f(x)$는 $1\leq x\leq 4$에서 $x=4$일 때 최댓값 5, $x=2$일 때 최솟값 1을 갖는다.

$y=2^{x^2-4x+5}=2^{f(x)}$에서 밑이 1보다 크므로 함수 $y=2^{f(x)}$은 $f(x)=5$일 때 최댓값 2^5, $f(x)=1$일 때 최솟값 2^1을 갖는다.

따라서 $M=2^5=32$, $m=2^1=2$이므로

$M-m=32-2=30$

14 답 ①

$y=2\times 4^{x+1}-16^x-6=-4^{2x}+8\times 4^x-6$에서

$4^x=t\,(t>0)$로 놓으면

$y=-t^2+8t-6=-(t-4)^2+10$

이때 $0\leq x\leq 2$이므로 $4^0\leq 4^x\leq 4^2$에서 $1\leq t\leq 16$

따라서 $t=4$일 때, 최댓값 10을 갖는다.

14-1 답 ①

$y=36^x-6^{x+1}+6=6^{2x}-6\times 6^x+6$에서

$6^x=t\,(t>0)$로 놓으면

$y=t^2-6t+6=(t-3)^2-3$

이때 $0\le x\le 1$이므로 $6^0\le 6^x\le 6^1$에서 $1\le t\le 6$

따라서 $t=6$일 때 최댓값 $M=(6-3)^2-3=6$, $t=3$일 때 최솟값 $m=-3$을 갖는다.

$$\therefore \frac{M}{m}=\frac{6}{-3}=-2$$

14-2 답 ③

$y=8k\times\left(\dfrac{1}{2}\right)^{x+2}-\left(\dfrac{1}{4}\right)^x=-\left(\dfrac{1}{2}\right)^{2x}+2k\times\left(\dfrac{1}{2}\right)^x$에서

$\left(\dfrac{1}{2}\right)^x=t\,(t>0)$로 놓으면

$y=-t^2+2kt=-(t-k)^2+k^2$

따라서 $t=k$일 때, 최댓값 k^2을 가지므로 $k^2=5$

$\therefore k=\sqrt{5}\,(\because k>0)$

15 답 ②

$\dfrac{4^{x-5}}{2^{-x^2+5x}}=\dfrac{1}{4}$에서 $2^{2(x-5)-(-x^2+5x)}=2^{-2}$

즉, $2(x-5)-(-x^2+5x)=-2$이므로 $x^2-3x-8=0$

따라서 이차방정식의 근과 계수의 관계에 의하여 주어진 방정식의 모든 실근의 곱은 -8이다.

15-1 답 ④

$\left(\dfrac{3}{4}\right)^{2x^2-7}-\left(\dfrac{4}{3}\right)^{4-x}=0$에서 $\left(\dfrac{3}{4}\right)^{2x^2-7}=\left(\dfrac{3}{4}\right)^{x-4}$

즉, $2x^2-7=x-4$이므로 $2x^2-x-3=0$

$(x+1)(2x-3)=0$ $\qquad\therefore x=-1$ 또는 $x=\dfrac{3}{2}$

따라서 구하는 모든 x의 값의 합은

$$-1+\frac{3}{2}=\frac{1}{2}$$

15-2 답 -1

$\left(\dfrac{1}{5}\right)^{x^2-4}=125^{|x|}$에서 $5^{-x^2+4}=5^{3|x|}$

즉, $-x^2+4=3|x|$이므로 $x^2+3|x|-4=0$

$x^2=|x|^2$이므로

$|x|^2+3|x|-4=0$, $(|x|+4)(|x|-1)=0$

이때 $|x|+4\ne 0$이므로 $|x|=1$

$\therefore x=-1$ 또는 $x=1$

따라서 주어진 방정식의 모든 실근의 곱은

$$-1\times 1=-1$$

16 답 ②

$81^x-5\times 9^x+3=0$에서 $9^x=t\,(t>0)$로 놓으면

$t^2-5t+3=0$

이 이차방정식의 두 근이 9^α, 9^β이므로 근과 계수의 관계에 의하여

$9^\alpha\times 9^\beta=3$, 즉 $9^{\alpha+\beta}=3=9^{\frac{1}{2}}$

$$\therefore \alpha+\beta=\frac{1}{2}$$

16-1 답 ④

$4^x-2^{x+3}+15=0$에서 $2^x=t\,(t>0)$로 놓으면

$t^2-8t+15=0$

이 이차방정식의 두 근이 2^α, 2^β이므로

$2^\alpha+2^\beta=8$, $2^\alpha\times 2^\beta=2^{\alpha+\beta}=15$

$4^\alpha+4^\beta=(2^\alpha+2^\beta)^2-2\times 2^{\alpha+\beta}=8^2-2\times 15=34$

$(2^\alpha-2^\beta)^2=4^\alpha+4^\beta-2\times 2^{\alpha+\beta}=34-2\times 15=4$

$\therefore 2^\alpha-2^\beta=2\,(\because \alpha>\beta)$

$\therefore 4^\alpha-4^\beta=(2^\alpha+2^\beta)(2^\alpha-2^\beta)=8\times 2=16$

다른 풀이

$4^x-2^{x+3}+15=0$에서 $2^x=t\,(t>0)$로 놓으면

$t^2-8t+15=0$, $(t-3)(t-5)=0$

$\therefore t=3$ 또는 $t=5$

따라서 $2^\alpha=5$, $2^\beta=3\,(\because \alpha>\beta)$이므로

$4^\alpha-4^\beta=(2^\alpha)^2-(2^\beta)^2=5^2-3^2=16$

16-2 답 ③

$4^x+k\times 2^{x+3}+k^2-10=0$에서 $2^x=t\,(t>0)$로 놓으면

$t^2+8kt+k^2-10=0$ $\qquad\cdots\cdots$ ㉠

주어진 방정식의 두 근을 α, $\beta\,(\alpha<0,\ \beta>0)$라 하면 이차방정식 ㉠의 두 근은 2^α, 2^β이고 $0<2^\alpha<1$, $2^\beta>1$이다.

즉, 이차방정식 ㉠은 0과 1 사이에 1개, 1보다 큰 곳에서 1개의 근을 갖는다.

$f(t)=t^2+8kt+k^2-10$이라 하면 함수 $y=f(t)$의 그래프는 오른쪽 그림과 같으므로

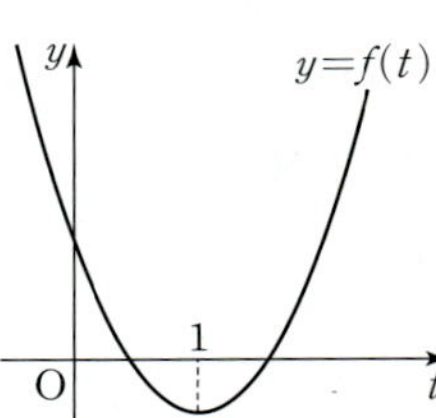

(ⅰ) $f(0)=k^2-10>0$

$\quad (k+\sqrt{10})(k-\sqrt{10})>0$

$\quad\therefore k<-\sqrt{10}$ 또는 $k>\sqrt{10}$

(ⅱ) $f(1)=k^2+8k-9<0$

$\quad (k+9)(k-1)<0$ $\qquad\therefore -9<k<1$

(ⅰ), (ⅱ)에서 $-9<k<-\sqrt{10}\,(=-3.1\cdots)$

따라서 구하는 모든 정수 k의 값의 합은

$$-8+(-7)+(-6)+(-5)+(-4)=-30$$

17 답 ①

$\left(\dfrac{4}{25}\right)^{x^2-4x+1}>\left(\dfrac{2}{5}\right)^{x^2-2x-3}$에서 $\left(\dfrac{2}{5}\right)^{2x^2-8x+2}>\left(\dfrac{2}{5}\right)^{x^2-2x-3}$

밑이 1보다 작으므로 $2x^2-8x+2<x^2-2x-3$

$x^2-6x+5<0$, $(x-1)(x-5)<0$

$\therefore 1<x<5$

따라서 $\alpha=1$, $\beta=5$이므로 $\alpha+\beta=1+5=6$

17-1 답 ③

$2^{x^2}\le\dfrac{16^x}{8}$에서 $2^{x^2}\le 2^{4x-3}$

밑이 1보다 크므로 $x^2\le 4x-3$, $x^2-4x+3\le 0$

$(x-1)(x-3)\le 0$ $\qquad\therefore 1\le x\le 3$

따라서 주어진 부등식을 만족시키는 자연수 x의 최댓값은 3이다.

17-2 답 5

$\left(\dfrac{1}{3}\right)^{f(x)} \geq \left(\dfrac{1}{3}\right)^{g(x)}$ 에서 밑이 1보다 작으므로 $f(x) \leq g(x)$

이 부등식의 해는 함수 $y=f(x)$의 그래프가 직선 $y=g(x)$보다 아래쪽에 있거나 일치하는 x의 값의 범위이므로

$1 \leq x \leq 5$

따라서 주어진 부등식을 만족시키는 정수 x의 개수는 1, 2, 3, 4, 5의 5이다.

18 답 ②

$\left(\dfrac{1}{2}\right)^{2x} + \left(\dfrac{1}{2}\right)^{x+2} > \left(\dfrac{1}{2}\right)^{x-2} + 1$ 에서

$\left(\dfrac{1}{2}\right)^{2x} + \dfrac{1}{4} \times \left(\dfrac{1}{2}\right)^{x} - 4 \times \left(\dfrac{1}{2}\right)^{x} - 1 > 0$

$\left(\dfrac{1}{2}\right)^{x} = t \, (t>0)$로 놓으면

$t^2 + \dfrac{1}{4}t - 4t - 1 > 0$, $t^2 - \dfrac{15}{4}t - 1 > 0$

$4t^2 - 15t - 4 > 0$, $(4t+1)(t-4) > 0$

$\therefore t < -\dfrac{1}{4}$ 또는 $t > 4$

그런데 $t>0$이므로 $t>4$

즉, $\left(\dfrac{1}{2}\right)^{x} > 4$이므로 $\left(\dfrac{1}{2}\right)^{x} > \left(\dfrac{1}{2}\right)^{-2}$

이때 밑이 1보다 작으므로 $x < -2$

따라서 주어진 부등식을 만족시키는 정수 x의 최댓값은 -3이다.

18-1 답 ③

$64^x \geq -k + 8^{x+1}$ 에서 $8^{2x} - 8 \times 8^x + k \geq 0$

$8^x = t \, (t>0)$로 놓으면 $t^2 - 8t + k \geq 0$

$\therefore (t-4)^2 + k - 16 \geq 0$

이 부등식이 $t>0$인 모든 실수 t에 대하여 성립하려면 $k-16 \geq 0$, 즉 $k \geq 16$이어야 하므로 실수 k의 최솟값은 16이다.

18-2 답 ②

$4^x - k \times 2^{x+1} + 9 > 0$ 에서 $2^{2x} - 2k \times 2^x + 9 > 0$

$2^x = t \, (t>0)$로 놓으면 $t^2 - 2kt + 9 > 0$

$\therefore (t-k)^2 + 9 - k^2 > 0$ $\quad \cdots\cdots$ ㉠

부등식 ㉠이 $t>0$인 모든 실수 t에 대하여 성립하려면

(i) $k \leq 0$일 때

　$t=0$인 경우 $(0-k)^2 + 9 - k^2 = 9 > 0$이므로 $t>0$인 모든 실수 t에 대하여 ㉠이 성립한다.

(ii) $k>0$일 때

　$9 - k^2 > 0$에서 $k^2 - 9 < 0$

　$(k+3)(k-3) < 0$ $\quad \therefore -3 < k < 3$

　그런데 $k>0$이므로 $0 < k < 3$

(i), (ii)에서 주어진 부등식이 성립하도록 하는 실수 k의 값의 범위는 $k < 3$

01 ⑤	02 ③	03 ①	04 ⑤	05 ④
06 $-\sqrt{3}$	07 ⑤	08 $0<k<25$		09 100
10 ②	11 4	12 15	13 ②	14 ④
15 ②				

01

$f(x) = 4^x = 2^{2x}$에 대하여

$f\left(\dfrac{a}{2}\right)f(-b) = 2^a \times 2^{-2b} = 2^{a-2b} = 32 = 2^5$

$\therefore a - 2b = 5$ $\quad\cdots\cdots$ ㉠

$f(a+b) = 2^{2a+2b} = 16 = 2^4$

$\therefore 2a + 2b = 4$ $\quad\cdots\cdots$ ㉡

㉠, ㉡을 연립하여 풀면 $a=3$, $b=-1$

$\therefore a^2 - b^2 = 3^2 - (-1)^2 = 8$

02

$A = \sqrt[4]{27} = 27^{\frac{1}{4}} = (3^3)^{\frac{1}{4}} = 3^{\frac{3}{4}}$

$B = \sqrt[5]{\left(\dfrac{1}{3}\right)^3} = \left(\dfrac{1}{3}\right)^{\frac{3}{5}} = 3^{-\frac{3}{5}}$

$C = 3 = 3^1$

$-\dfrac{3}{5} < \dfrac{3}{4} < 1$이고 밑이 1보다 크므로

$3^{-\frac{3}{5}} < 3^{\frac{3}{4}} < 3^1$ $\quad \therefore B < A < C$

03

① 정의역은 실수 전체의 집합이다.

04

함수 $y = a \times 4^x$의 그래프를 y축에 대하여 대칭이동한 그래프의 식은

$y = a \times 4^{-x}$

이 그래프를 x축의 방향으로 -3만큼, y축의 방향으로 2만큼 평행이동한 그래프의 식은

$y = a \times 4^{-(x+3)} + 2 = a \times 4^{-x-3} + 2$

이 그래프가 점 $(-2, 5)$를 지나므로

$5 = a \times 4^{-1} + 2$, $\dfrac{a}{4} = 3$ $\quad \therefore a = 12$

05

$(g \circ f)(x) = a^{x^2 - 6x + 3}$이고

$f(x) = x^2 - 6x + 3 = (x-3)^2 - 6$이므로

$1 \leq x \leq 4$에서 $-6 \leq f(x) \leq -2$

(i) $a > 1$일 때

　함수 $(g \circ f)(x)$는 $f(x) = -2$일 때 최댓값 27, $f(x) = -6$일 때 최솟값 m을 갖는다.

　즉, $a^{-2} = 27$에서 $a^2 = \dfrac{1}{27}$ $\quad \therefore a = \dfrac{\sqrt{3}}{9}$

　그런데 $\dfrac{\sqrt{3}}{9} < 1$이므로 $a > 1$이라는 조건에 모순이다.

(ii) $0<a<1$일 때

함수 $(g \circ f)(x)$는 $f(x)=-6$일 때 최댓값 27, $f(x)=-2$일 때 최솟값 m을 갖는다.

즉, $a^{-6}=27$에서 $a^6=\dfrac{1}{27}$ $\therefore a=\dfrac{\sqrt{3}}{3}\ (\because 0<a<1)$

$\therefore m=a^{-2}=\left(\dfrac{\sqrt{3}}{3}\right)^{-2}=(3^{-\frac{1}{2}})^{-2}=3$

(i), (ii)에서 $m=3$

06

$y=4^x+k\times 2^{x+2}+5=2^{2x}+4k\times 2^x+5$에서

$2^x=t\,(t>0)$로 놓으면

$y=t^2+4kt+5=(t+2k)^2+5-4k^2$

따라서 $t>0$일 때, 최솟값이 -7이므로

$-2k>0,\ 5-4k^2=-7$

즉, $k<0$이고 $k^2=3$이므로 $k=-\sqrt{3}$

07

(i) $x-2=1$, 즉 $x=3$일 때, 주어진 방정식은 $1^{13}=1^{25}$이므로 성립한다.

(ii) $x-2\neq 1$, 즉 $x\neq 3$일 때, $x^2+x+1=6x+7$이므로

$x^2-5x-6=0,\ (x+1)(x-6)=0$

$\therefore x=6\ (\because x>2)$

(i), (ii)에서 주어진 방정식의 모든 실근의 곱은 $3\times 6=18$

참고

(1) $f(x)^{h(x)}=g(x)^{h(x)}$ (단, $f(x)>0,\ g(x)>0$)

▶ $f(x)=g(x)$ 또는 $h(x)=0$

(2) $h(x)^{f(x)}=h(x)^{g(x)}$ (단, $h(x)>0$)

▶ $h(x)=1$ 또는 $f(x)=g(x)$

08

$25^x-2\times 5^{x+1}+k=0$에서 $5^{2x}-10\times 5^x+k=0$

$5^x=t\,(t>0)$로 놓으면

$t^2-10t+k=0$ ...... ㉠

주어진 방정식이 서로 다른 두 실근을 가지면 이차방정식 ㉠이 서로 다른 두 양의 실근을 가지므로

(i) 이차방정식 ㉠의 판별식을 D라 하면

$\dfrac{D}{4}=(-5)^2-k>0$ $\therefore k<25$

(ii) (두 근의 합)$=10>0$

(iii) (두 근의 곱)$=k>0$

(i), (ii), (iii)에서 실수 k의 값의 범위는 $0<k<25$

09

$f(2x-1)=f(x+1)+10$에서 $2^{2x+1}=2^{x+3}+10$

$2^x=t\,(t>0)$로 놓으면

$2t^2=8t+10,\ t^2-4t-5=0$

$(t+1)(t-5)=0$ $\therefore t=5\ (\because t>0)$

주어진 방정식의 해가 a이므로 $2^a=5$

$\therefore 4^{a+1}=4\times 2^{2a}=4\times 5^2=100$

10

$W_0=w_0,\ t=15,\ W=3w_0$을 주어진 식에 대입하면

$3w_0=\dfrac{w_0}{2}\times 10^{15a}(1+10^{15a})$ $\therefore 6=10^{15a}(1+10^{15a})$

$10^{15a}=p\,(p>0)$로 놓으면 $6=p(1+p)$

$p^2+p-6=0,\ (p+3)(p-2)=0$

$\therefore p=10^{15a}=2\ (\because p>0)$

$W_0=w_0,\ t=30,\ W=kw_0$을 주어진 식에 대입하면

$kw_0=\dfrac{w_0}{2}\times 10^{30a}(1+10^{30a})$

$\therefore k=\dfrac{1}{2}\times (10^{15a})^2\{1+(10^{15a})^2\}=\dfrac{1}{2}\times 2^2\times(1+2^2)=10$

11

(i) $\dfrac{1}{3^x}-\dfrac{1}{243}>0,\ 4^{-x}-256<0$일 때

$\left(\dfrac{1}{3}\right)^x>\left(\dfrac{1}{3}\right)^5$에서 $x<5$, $4^{-x}<4^4$에서 $x>-4$이므로 두 부등식의 공통부분은 $-4<x<5$

(ii) $\dfrac{1}{3^x}-\dfrac{1}{243}<0,\ 4^{-x}-256>0$일 때

$\left(\dfrac{1}{3}\right)^x<\left(\dfrac{1}{3}\right)^5$에서 $x>5$, $4^{-x}>4^4$에서 $x<-4$이므로 두 부등식의 공통부분은 없다.

(i), (ii)에서 주어진 부등식의 해는 $-4<x<5$

따라서 주어진 부등식을 만족시키는 정수 x는 $-3,\ -2,\ -1,\ 0,\ 1,\ 2,\ 3,\ 4$이므로 모든 정수 x의 값의 합은 4이다.

12

일차함수 $y=f(x)$의 기울기를 $a\,(a>0)$라 하면 그래프가 점 $(-5,\ 0)$을 지나므로 $f(x)=a(x+5)$로 놓을 수 있다.

$2^{f(x)}\leq 8$에서 $2^{a(x+5)}\leq 2^3$

밑이 1보다 크므로 $a(x+5)\leq 3$ $\therefore x\leq \dfrac{3}{a}-5$

이때 해가 $x\leq -4$이므로 $\dfrac{3}{a}-5=-4$ $\therefore a=3$

따라서 $f(x)=3(x+5)$이므로 $f(0)=15$

13

$f(x)=|8^x-3|,\ g(x)=2^{x+k}$이라 할 때, $x_1<0,\ 0<x_2<2$를 만족시키려면 $f(0)<g(0),\ f(2)>g(2)$이어야 한다.

(i) $f(0)<g(0)$에서 $|8^0-3|<2^k,\ 2<2^k$ $\therefore k>1$

(ii) $f(2)>g(2)$에서 $|8^2-3|>2^{2+k},\ 61>2^{2+k}$

$2^k<\dfrac{61}{4}=15.25$이므로 자연수 k에 대하여 $k<4$

(i), (ii)에서 $1<k<4$이므로 구하는 모든 자연수 k의 값의 합은 $2+3=5$

14

$4^x-6\times 2^x<2^{x+3}+51$에서 $2^{2x}-14\times 2^x-51<0$

$2^x=t\,(t>0)$로 놓으면 $t^2-14t-51<0$

$(t+3)(t-17)<0$ $\therefore -3<t<17$

그런데 $t>0$이므로 $0<t<17$

따라서 $0<2^x<17$을 만족시키는 모든 자연수 x의 값의 곱은

$1\times2\times3\times4=24$

15

조건 (가)의 양변에 $x=0$, $y=0$을 대입하면

$f(0)=f(0)+f(0)$　　∴ $f(0)=0$

조건 (가)의 양변에 y 대신 $-x$를 대입하면

$f(0)=f(x)+f(-x)$

∴ $f(-x)=-f(x)$ $(\because f(0)=0)$　……㉠

부등식 $f(80\times3^x)+f(2\times3^x-9^x-81)>0$에서

$f(80\times3^x)>-f(2\times3^x-9^x-81)$

$\qquad\qquad=f(9^x-2\times3^x+81)$ $(\because ㉠)$

이때 조건 (나)에 의하여 $80\times3^x>9^x-2\times3^x+81$이므로

$3^{2x}-82\times3^x+81<0$

$3^x=t\,(t>0)$로 놓으면 $t^2-82t+81<0$

$(t-1)(t-81)<0$　　∴ $1<t<81$

따라서 $1<3^x<81$에서 $0<x<4$이므로 주어진 부등식을 만족시키는 정수 x의 개수는 1, 2, 3의 3이다.

I. 지수함수와 로그함수

DAY 04　로그함수　21~24쪽

19 답 ⑤

① 정의역은 양의 실수 전체의 집합이다.

② 치역은 실수 전체의 집합이다.

③ 그래프는 점 $(1,\ 0)$을 지난다.

④ 그래프의 점근선은 y축이다.

19-1 답 $a>1$

함수 $f(x)$가 $x_1<x_2$인 임의의 두 양수 x_1, x_2에 대하여 $f(x_1)<f(x_2)$를 만족시키므로 밑이 1보다 커야 한다.

따라서 $3a-2>1$이므로 $a>1$

19-2 답 ④

$0<a<b<1$이므로 $a<b<1$의 각 변에 밑이 a인 로그를 취하면

$\log_a a>\log_a b>\log_a 1$　　∴ $1>A>0$

$1<a+1<b+1$이므로 $a+1<b+1$의 양변에 밑이 $a+1$인 로그를 취하면 $\log_{a+1}(a+1)<\log_{a+1}(b+1)$　　∴ $1<B$

또한 $0<a<b<1$에서 $\log_b a>\log_b b$, 즉 $\log_b a>1$이므로

$C=\log_b\dfrac{b}{a}=\log_b b-\log_b a=1-\log_b a<0$

따라서 $C<0<A<1<B$이므로 $C<A<B$

20 답 ①

$y=\log_2(4x-16)=\log_2 4(x-4)=\log_2(x-4)+2$

이므로 함수 $y=\log_2(4x-16)$의 그래프는 $y=\log_2 x$의 그래프를 x축의 방향으로 4만큼, y축의 방향으로 2만큼 평행이동한 것이다.

따라서 $m=4$, $n=2$이므로 $m+n=4+2=6$

20-1 답 ⑤

함수 $y=\log x$의 그래프를 x축의 방향으로 a만큼, y축의 방향으로 b만큼 평행이동한 그래프의 식은

$y=\log(x-a)+b$

이 그래프가 점 $(6,\ b)$를 지나므로

$b=\log(6-a)+b$, $\log(6-a)=0$

$6-a=1$　　∴ $a=5$

또한 함수 $y=\log(x-5)+b$의 그래프가 점 $(15,\ 8)$을 지나므로

$8=\log(15-5)+b$, $8=1+b$　　∴ $b=7$

∴ $a+b=5+7=12$

20-2 답 ③

함수 $y=\log_2(x-a)$의 그래프를 x축의 방향으로 -5만큼 평행이동한 그래프의 식은

$y=\log_2(x-a+5)$

이 그래프를 y축에 대하여 대칭이동한 것이 $y=f(x)$이므로

$f(x)=\log_2(-x-a+5)$

이 그래프의 점근선이 직선 $x=7$이므로

$-7-a+5=0$　　∴ $a=-2$

∴ $f(a+1)=f(-1)=\log_2(1+2+5)=\log_2 8=3$

21 답 ③

$y=\log_2(x-3)+1$에서 $y-1=\log_2(x-3)$

$x-3=2^{y-1}$　　∴ $x=2^{y-1}+3$

x와 y를 서로 바꾸면 $y=2^{x-1}+3$

따라서 $a=1$, $b=3$이므로 $a+b=1+3=4$

21-1 답 $\log_2\dfrac{4}{3}$

$(f\circ g)(x)=x$, 즉 $f(g(x))=x$이므로 $g(x)$는 $f(x)$의 역함수이다.

$g(4)=k\,(k$는 상수$)$로 놓으면 $f(k)=4$

$f(k)=3\times2^k=4$, $2^k=\dfrac{4}{3}$

∴ $k=\log_2\dfrac{4}{3}$　　∴ $g(4)=\log_2\dfrac{4}{3}$

21-2 답 ⑤

$y=\log_{\frac{1}{3}}x-1$에서 $\log_{\frac{1}{3}}x=y+1$　　∴ $x=\left(\dfrac{1}{3}\right)^{y+1}$

x와 y를 서로 바꾸면 $y=\left(\dfrac{1}{3}\right)^{x+1}$이므로 $g(x)=\left(\dfrac{1}{3}\right)^{x+1}$

$f(x-2)=\log_{\frac{1}{3}}(x-2)-1$에서 $\log_{\frac{1}{3}}(x-2)=y+1$

$x-2=\left(\dfrac{1}{3}\right)^{y+1}$이고 x와 y를 서로 바꾸면 $y=\left(\dfrac{1}{3}\right)^{x+1}+2=g(x)+2$

따라서 함수 $f(x-2)$의 역함수는 $g(x)+2$이다.

22 답 ③

함수 $f(x)=\log_4(x+7)+1$에서 밑이 1보다 크므로 $x=9$일 때, 최댓값을 갖는다.

∴ $f(9)=\log_4(9+7)+1=\log_4 16+1=2+1=3$

22-1 답 ②

함수 $y=\log_{\frac{1}{2}}(\log_5 x)$에서 밑이 1보다 작으므로 $\log_5 x$의 값이 가장
작을 때 최댓값, 가장 클 때 최솟값을 갖는다.
$\log_5 x$에서 밑이 1보다 크므로 $5\leq x\leq 625$에서 $x=625$일 때 최댓값
$\log_5 625=4$, $x=5$일 때 최솟값 $\log_5 5=1$을 갖는다.
따라서 함수 $y=\log_{\frac{1}{2}}(\log_5 x)$는 $x=5$일 때 최댓값 $\log_{\frac{1}{2}}1=0$,
$x=625$일 때 최솟값 $\log_{\frac{1}{2}}4=-2$를 가지므로 최댓값과 최솟값의 합은
$0+(-2)=-2$

22-2 답 ④

$y=(\log_2 x)^2+a\log_{\frac{1}{2}}x+b=(\log_2 x)^2-a\log_2 x+b$
$\log_2 x=t$로 놓으면 $y=t^2-at+b$
이 함수가 $x=8$, 즉 $t=\log_2 8=3$에서 최솟값 -2를 가지므로
$y=(t-3)^2-2=t^2-6t+7$
따라서 $a=6$, $b=7$이므로 $a+b=6+7=13$

23 답 ③

진수의 조건에서 $x-1>0$, $\left(\dfrac{1}{x-4}\right)^2>0$ $\quad\therefore x>1,\ x\neq 4$

$\log_2(x-1)+2=\log_{\frac{1}{2}}\left(\dfrac{1}{x-4}\right)^2$에서

$\log_2(x-1)+\log_2 4=\log_{2^{-1}}(x-4)^{-2}$
$\log_2 4(x-1)=\log_2(x-4)^2$
$4(x-1)=(x-4)^2,\ x^2-12x+20=0$
$(x-2)(x-10)=0$ $\quad\therefore x=2$ 또는 $x=10$
따라서 주어진 방정식의 모든 근의 합은 $2+10=12$

23-1 답 ⑤

진수의 조건에서 $x^2-2x+3>0$, $x-1>0$
$x^2-2x+3=(x-1)^2+2>0$이므로 $x>1$
$\log_3(x^2-2x+3)-\log_3(x-1)=1$에서
$\log_3(x^2-2x+3)=\log_3 3+\log_3(x-1)$
$\log_3(x^2-2x+3)=\log_3 3(x-1)$
$x^2-2x+3=3(x-1),\ x^2-5x+6=0$
$(x-2)(x-3)=0$ $\quad\therefore x=2$ 또는 $x=3$
따라서 주어진 방정식을 만족시키는 모든 x의 값의 곱은
$2\times 3=6$

23-2 답 ⑤

밑과 진수의 조건에서 $x^2-4x+4>0$, $x^2-4x+4\neq 1$, $4-5x>0$
$(x-2)^2>0$, $(x-1)(x-3)\neq 0$, $x<\dfrac{4}{5}$

$\therefore x<\dfrac{4}{5}$ $\quad\cdots\cdots$ ㉠

(i) $x^2-4x+4=4$일 때
　$x^2-4x=0,\ x(x-4)=0$ $\quad\therefore x=0$ 또는 $x=4$
　이때 ㉠에 의하여 $x=0$

(ii) $4-5x=1$일 때
　$5x=3$ $\quad\therefore x=\dfrac{3}{5}$

(i), (ii)에서 $x=0$ 또는 $x=\dfrac{3}{5}$이므로 모든 근의 합은 $0+\dfrac{3}{5}=\dfrac{3}{5}$

24 답 ②

$\log_2 x=t$로 놓으면 주어진 방정식은 $t^2+kt-6=0$ $\quad\cdots\cdots$ ㉠
주어진 방정식의 두 근을 α, β라 하면 방정식 ㉠의 두 근은 $\log_2\alpha$,
$\log_2\beta$이므로 이차방정식의 근과 계수의 관계에 의하여
$\log_2\alpha+\log_2\beta=\log_2\alpha\beta=-k$
이때 $\alpha\beta=8$이므로 $\log_2 8=3=-k$
$\therefore k=-3$

24-1 답 ⑤

$x^{\log 3}=3^{\log x}$이므로 $3^{\log x}\times x^{\log 3}-4\times x^{\log 3}+3=0$에서
$(3^{\log x})^2-4\times 3^{\log x}+3=0$
$3^{\log x}=t\,(t>0)$로 놓으면 $t^2-4t+3=0$
$(t-1)(t-3)=0$ $\quad\therefore t=1$ 또는 $t=3$
즉, $3^{\log x}=1$ 또는 $3^{\log x}=3$이므로 $\log x=0$ 또는 $\log x=1$에서
$x=1$ 또는 $x=10$
따라서 주어진 방정식의 모든 근의 합은 $1+10=11$

24-2 답 ①

$\log_3 a-1=t$로 놓으면 주어진 방정식은
$3tx^2+4tx-1=0$ $\quad\cdots\cdots$ ㉠
이차방정식 ㉠이 중근을 가지려면 판별식 $D=0$이어야 하므로
$\dfrac{D}{4}=(2t)^2+3t=0,\ 4t^2+3t=0$

$t\left(t+\dfrac{3}{4}\right)=0$ $\quad\therefore t=0$ 또는 $t=-\dfrac{3}{4}$

즉, $\log_3 a-1=0$ 또는 $\log_3 a-1=-\dfrac{3}{4}$이므로

$\log_3 a=1$ 또는 $\log_3 a=\dfrac{1}{4}$에서 $a=3$ 또는 $a=\sqrt[4]{3}$

그런데 주어진 방정식은 x에 대한 이차방정식이므로 구하는 양수 a의
값은 $\sqrt[4]{3}$이다.

25 답 ②

진수의 조건에서 $x-3>0$, $2x-3>0$ $\quad\therefore x>3$ $\quad\cdots\cdots$ ㉠
$\log_2(x-3)<\log_4(2x-3)$에서
$\log_4(x-3)^2<\log_4(2x-3)$
밑이 1보다 크므로 $(x-3)^2<2x-3$
$x^2-6x+9<2x-3,\ x^2-8x+12<0$
$(x-2)(x-6)<0$ $\quad\therefore 2<x<6$ $\quad\cdots\cdots$ ㉡
㉠, ㉡에서 $3<x<6$
따라서 주어진 부등식을 만족시키는 모든 정수 x의 값의 합은
$4+5=9$

25-1 답 $1<x<4$

$\left(\dfrac{1}{3}\right)^{x^2}>3^{-4x}$에서 $3^{-x^2}>3^{-4x}$

밑이 1보다 크므로 $-x^2>-4x,\ x^2-4x<0$

$x(x-4)<0$ $\therefore 0<x<4$ $\qquad$ …… ㉠

$\log_5(x^2-2x+4)<\log_5(4x-1)$의 진수의 조건에서

$x^2-2x+4>0,\ 4x-1>0$

$x^2-2x+4=(x-1)^2+3>0$이므로 $x>\dfrac{1}{4}$ $\qquad$ …… ㉡

$\log_5(x^2-2x+4)<\log_5(4x-1)$에서

밑이 1보다 크므로 $x^2-2x+4<4x-1$

$x^2-6x+5<0,\ (x-1)(x-5)<0$ $\therefore 1<x<5$ $\qquad$ …… ㉢

㉠, ㉡, ㉢의 공통 범위를 구하면 $1<x<4$

25-2 답 ④

진수의 조건에서 $x-1>0,\ 2x-3>0$ $\therefore x>\dfrac{3}{2}$ $\qquad$ …… ㉠

$\log(x-1)+\log(2x-3)<1$에서

$\log(x-1)(2x-3)<\log 10$

밑이 1보다 크므로 $(x-1)(2x-3)<10$

$2x^2-5x-7<0,\ (x+1)(2x-7)<0$

$\therefore -1<x<\dfrac{7}{2}$ $\qquad$ …… ㉡

㉠, ㉡에서 $\dfrac{3}{2}<x<\dfrac{7}{2}$이므로 이 범위를 해로 갖는 x^2의 계수가 1인 이차부등식은

$\left(x-\dfrac{3}{2}\right)\left(x-\dfrac{7}{2}\right)<0$ $\therefore x^2-5x+\dfrac{21}{4}<0$

이 부등식의 양변에 4를 곱하면 $4x^2-20x+21<0$

따라서 $a=4,\ b=-20$이므로

$a+b=4+(-20)=-16$

26 답 ①

$(\log_3 x)^2-\log_3 ax^2\geq 0$에서 $(\log_3 x)^2-2\log_3 x-\log_3 a\geq 0$

$\log_3 x=t$로 놓으면 $t^2-2t-\log_3 a\geq 0$ $\qquad$ …… ㉠

$x>0$에서 주어진 부등식이 성립하려면 모든 실수 t에 대하여 부등식 ㉠이 성립해야 하므로 이차방정식 $t^2-2t-\log_3 a=0$의 판별식을 D라 하면

$\dfrac{D}{4}=(-1)^2+\log_3 a\leq 0,\ \log_3 a\leq -1$

밑이 1보다 크므로 $a\leq\dfrac{1}{3}$

이때 $a>0$이므로 $0<a\leq\dfrac{1}{3}$

따라서 구하는 양수 a의 최댓값은 $\dfrac{1}{3}$이다.

26-1 답 ⑤

(ⅰ) $1-\log k=0$, 즉 $k=10$일 때, 주어진 부등식은 $1>0$이므로 성립한다.

(ⅱ) $1-\log k\neq 0$, 즉 $k\neq 10$일 때, 이차방정식

$\quad(1-\log k)x^2+2(1-\log k)x+1=0$의 판별식을 D라 하자.

주어진 부등식이 항상 성립하려면 $1-\log k>0,\ D<0$이어야 하므로

$\quad k<10,\ \dfrac{D}{4}=(1-\log k)^2-(1-\log k)<0$

$\quad \log k=t$로 놓으면 $(1-t)^2-(1-t)<0$

$t^2-t<0,\ t(t-1)<0$ $\therefore 0<t<1$

$0<\log k<1$ $\therefore 1<k<10$

(ⅰ), (ⅱ)에서 $1<k\leq 10$

따라서 주어진 부등식이 성립하도록 하는 자연수 k의 개수는 2, 3, 4, …, 10의 9이다.

26-2 답 ③

정수 작업을 한 번 시행할 때마다 $a\,\%$의 불순물을 제거할 수 있으므로 처음 불순물의 양을 A라 하면 n회 정수 작업 후 남은 불순물의 양은

$\left(1-\dfrac{a}{100}\right)^n A$

정수 작업을 8회 반복하면 불순물의 양이 처음의 $1\,\%$ 이하로 줄어든다고 했으므로

$\left(1-\dfrac{a}{100}\right)^8 A\leq\dfrac{1}{100}A,\ \dfrac{(100-a)^8}{10^{16}}\leq\dfrac{1}{10^2}$

$(100-a)^8\leq 10^{14}$

양변에 상용로그를 취하면

$8\log(100-a)\leq 14$

$\log(100-a)\leq 1.75=1+0.75=\log 10+\log 5.62=\log 56.2$

밑이 1보다 크므로 $100-a\leq 56.2$ $\therefore a\geq 43.8$

따라서 자연수 a의 최솟값은 44이다.

<table>
<tr><td colspan="5">DAY 04 2배속 REPEAT ⤶   25 ~ 26쪽</td></tr>
<tr><td>01 ②</td><td>02 ①</td><td>03 ②</td><td>04 18</td><td>05 ④</td></tr>
<tr><td>06 ⑤</td><td>07 ④</td><td>08 ②</td><td>09 ⑤</td><td>10 ⑤</td></tr>
<tr><td>11 12</td><td>12 626</td><td>13 ②</td><td>14 ③</td><td></td></tr>
</table>

01

$f(3)=\log_2 3,\ \dfrac{1}{g(2)}=\dfrac{1}{\log_a 2}=\log_2 a$

$f(3)=\dfrac{1}{g(2)}$이므로 $\log_2 3=\log_2 a$ $\therefore a=3$

02

함수 $y=\log_5 x$의 그래프를 원점에 대하여 대칭이동한 그래프의 식은

$y=-\log_5(-x)$

이 그래프를 x축의 방향으로 -3만큼, y축의 방향으로 n만큼 평행이동한 그래프의 식은

$y=-\log_5\{-(x+3)\}+n$

이 그래프가 점 $(-8,\ 4)$를 지나므로

$4=-\log_5\{-(-8+3)\}+n=-1+n$ $\therefore n=5$

03

① 그래프는 점 $(1,\ 5)$를 지난다.

③ 치역은 실수 전체의 집합이다.

④ x의 값이 증가하면 y의 값은 감소한다.

⑤ 그래프의 점근선의 방정식은 $x=5$이다.

04

함수 $y=\log_2 \dfrac{x}{8}=\log_2 x-3$의 그래 프는 $y=\log_2 x$의 그래프를 y축의 방향으로 -3만큼 평행이동한 것이다. 즉, 오른쪽 그림에서 빗금 친 두 도형의 넓이는 서로 같으므로 구하는 도형의 넓이는 평행사변형 ABDC의 넓이와 같다.

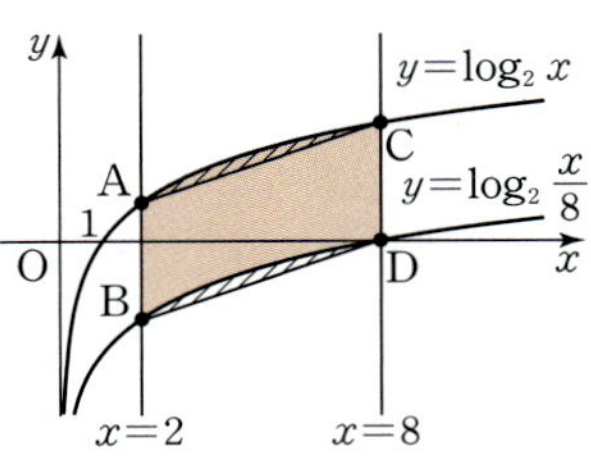

$\therefore (8-2)\times 3=18$

05

일차함수 $y=f(x)$의 그래프가 두 점 $(-1,\ 0)$, $(1,\ 3)$을 지나므로

$$y=\frac{3-0}{1+1}(x+1) \qquad \therefore f(x)=\frac{3}{2}x+\frac{3}{2}$$

$$y=\log_3 \{2f(x)-6\}=\log_3 \left\{2\left(\frac{3}{2}x+\frac{3}{2}\right)-6\right\}=\log_3 (3x-3)$$

$$=\log_3 3(x-1)=\log_3 (x-1)+1$$

따라서 함수 $y=\log_3 \{2f(x)-6\}$의 그래프는 $y=\log_3 x$의 그래프를 x축의 방향으로 1만큼, y축의 방향으로 1만큼 평행이동한 것과 같으므로 그래프의 개형으로 알맞은 것은 ④이다.

06

두 함수 $f(x)$, $g(x)$가 서로 역함수 관계이므로

$g(a)=2$에서 $f(2)=a$

$\therefore a=\log_{\frac{1}{3}}(2-1)+2=0+2=2$

$g(1)=b$에서 $f(b)=1$

$\log_{\frac{1}{3}}(b-1)+2=1$, $\log_{\frac{1}{3}}(b-1)=-1$

$b-1=\left(\dfrac{1}{3}\right)^{-1}=3 \qquad \therefore b=4$

$\therefore a+b=2+4=6$

07

$y=10x^{2-\log x}$의 양변에 상용로그를 취하면

$\log y=\log 10x^{2-\log x}$

$\log y=1+\log x^{2-\log x}=1+(2-\log x)\log x$

$\log x=t$로 놓으면

$\log y=1+(2-t)t=-t^2+2t+1=-(t-1)^2+2$

$\log y$는 $t=1$일 때, 최댓값 2를 가지므로

$\log a=1$, $\log b=2$

따라서 $a=10$, $b=100$이므로 $a+b=10+100=110$

08

밑의 조건에서 $4x>0$, $4x\neq 1$, $x^2+4>0$, $x^2+4\neq 1$

$\therefore 0<x<\dfrac{1}{4}$ 또는 $x>\dfrac{1}{4}$ $\qquad \cdots\cdots\ \boxdot$

진수의 조건에서 $2x-1>0 \qquad \therefore x>\dfrac{1}{2}$ $\qquad \cdots\cdots\ \boxdot$

(i) $4x=x^2+4$일 때

$x^2-4x+4=0$, $(x-2)^2=0 \qquad \therefore x=2$ $\qquad \cdots\cdots\ \boxdot$

(ii) $2x-1=1$일 때

$2x=2 \qquad \therefore x=1$ $\qquad \cdots\cdots\ \boxdot$

$\boxdot\sim\boxdot$에서 주어진 방정식을 만족시키는 모든 x의 값의 합은

$1+2=3$

09

$\log_2 x+\log_4 x=2\log_2 x\times\log_4 x-3$에서

$\log_2 x+\dfrac{1}{2}\log_2 x=2\log_2 x\times\dfrac{1}{2}\log_2 x-3$, $\dfrac{3}{2}\log_2 x=(\log_2 x)^2-3$

$\log_2 x=t$로 놓으면

$\dfrac{3}{2}t=t^2-3$에서 $2t^2-3t-6=0$ $\qquad \cdots\cdots\ \boxdot$

방정식 $\boxdot$의 두 근이 $\log_2 \alpha$, $\log_2 \beta$이므로 이차방정식의 근과 계수의 관계에 의하여

$\log_2 \alpha+\log_2 \beta=\log_2 \alpha\beta=\dfrac{3}{2}$

$\therefore \alpha\beta=2^{\frac{3}{2}}=2\sqrt{2}$

10

$a=10$, $b=4$, $c=8$을 주어진 식에 대입하면

$\log \dfrac{4}{10}=-1+k\log 8$에서 $\log 4-1=-1+k\log 8$

$\log 4=k\log 8$, $2\log 2=3k\log 2 \qquad \therefore k=\dfrac{2}{3}$ $\qquad \cdots\cdots\ \boxdot$

20 g의 활성탄 A를 염료 B의 농도가 27 %인 용액에 충분히 오래 담가 놓을 때 활성탄 A에 흡착되는 염료 B의 질량을 x g이라 하면

$\log \dfrac{x}{20}=-1+k\log 27$에서 $\log \dfrac{x}{2}-1=-1+k\log 27$

$\log \dfrac{x}{2}=k\log 27=\dfrac{2}{3}\log 27\ (\because \boxdot)$

$\log \dfrac{x}{2}=\log (3^3)^{\frac{2}{3}}=\log 9$, $\dfrac{x}{2}=9 \qquad \therefore x=18$

11

$3^{5(1-x)}\leq \left(\dfrac{1}{3}\right)^{x^2-1}$에서 $3^{5(1-x)}\leq 3^{-x^2+1}$

밑이 1보다 크므로 $5(1-x)\leq -x^2+1$

$x^2-5x+4\leq 0$, $(x-1)(x-4)\leq 0$

$\therefore 1\leq x\leq 4$ $\qquad \cdots\cdots\ \boxdot$

$(\log_2 x)^2-4\log_2 x+3<0$의 진수의 조건에서

$x>0$ $\qquad \cdots\cdots\ \boxdot$

$\log_2 x=t$로 놓으면 $t^2-4t+3<0$

$(t-1)(t-3)<0$, $1<t<3$

$1<\log_2 x<3 \qquad \therefore 2<x<8$ $\qquad \cdots\cdots\ \boxdot$

$\boxdot$, $\boxdot$, $\boxdot$에서 $2<x\leq 4$

따라서 주어진 부등식을 만족시키는 모든 자연수 x의 값의 곱은

$3\times 4=12$

12

$(\log_5 x)^2+\log_5 ax^4>0$에서 $(\log_5 x)^2+4\log_5 x+\log_5 a>0$

$\log_5 x=t$로 놓으면 $t^2+4t+\log_5 a>0$ $\qquad \cdots\cdots\ \boxdot$

$x>0$에서 주어진 부등식이 성립하려면 모든 실수 t에 대하여 부등식
㉠이 성립해야 하므로 이차방정식 $t^2+4t+\log_5 a=0$의 판별식을 D라
하면

$$\frac{D}{4}=2^2-\log_5 a<0,\ \log_5 a>4$$

밑이 1보다 크므로 $a>5^4=625$
따라서 구하는 자연수 a의 최솟값은 626이다.

13

$(f\circ f\circ f)(t)<0$에서 $f(f(f(t)))<0$
오른쪽 그림에서 $f(f(f(t)))<0$이면
$f(f(t))>1$
$f\left(\dfrac{1}{2}\right)=\log_{\frac{1}{2}}\dfrac{1}{2}=1$이므로
$f(f(t))>1$이면 $0<f(t)<\dfrac{1}{2}$

이때 $f(x)=\dfrac{1}{2}$을 만족시키는 x의 값은

$\log_{\frac{1}{2}}x=\dfrac{1}{2}$에서

$$x=\left(\frac{1}{2}\right)^{\frac{1}{2}}=\frac{1}{\sqrt{2}}=\frac{\sqrt{2}}{2}$$

따라서 $0<f(t)<\dfrac{1}{2}$을 만족시키는 t의 값의 범위는

$$\frac{\sqrt{2}}{2}<t<1$$

$\therefore a=\dfrac{\sqrt{2}}{2},\ b=1$

$\therefore 2ab=2\times\dfrac{\sqrt{2}}{2}\times1=\sqrt{2}$

14

ㄱ. $f(x)=|\log_2 x|$, $g(x)=\left(\dfrac{1}{2}\right)^x$이라 할 때, $1=f\left(\dfrac{1}{2}\right)>g\left(\dfrac{1}{2}\right)=\dfrac{\sqrt{2}}{2}$

　이므로 두 함수 $f(x)$, $g(x)$의 교점 $\mathrm{P}(x_1,\,y_1)$의 x좌표는 $\dfrac{1}{2}$과 1 사

　이에 있다.

　$\therefore \dfrac{1}{2}<x_1<1$ (참)

ㄴ. $y=2^x$의 역함수는 $y=\log_2 x$이고, $y=-\log_2 x$의 역함수는

　$y=\left(\dfrac{1}{2}\right)^x$이므로 두 곡선 $y=2^x$, $y=-\log_2 x$의 교점 $\mathrm{R}(x_3,\,y_3)$과

　두 곡선 $y=\log_2 x$, $y=\left(\dfrac{1}{2}\right)^x$의 교점 $\mathrm{Q}(x_2,\,y_2)$는 직선 $y=x$에 대

　하여 대칭이다.

　$\therefore x_3=y_2,\ x_2=y_3$　……㉠

　$\therefore x_2 y_2-x_3 y_3=0$ (참)

ㄷ. $\mathrm{S}(1,\,0)$이라 하면 $(\overline{\mathrm{RS}}$의 기울기$)<(\overline{\mathrm{PS}}$의 기울기$)$이므로

　$\dfrac{y_3}{x_3-1}<\dfrac{y_1}{x_1-1}$이고, 이 부등식의 좌변에 ㉠을 대입하면

　$\dfrac{x_2}{y_2-1}<\dfrac{y_1}{x_1-1}$이 성립하므로

　$x_2(x_1-1)<y_1(y_2-1)\ (\because x_1-1<0,\ y_2-1<0)$ (거짓)
따라서 옳은 것은 ㄱ, ㄴ이다.

DAY 05　삼각함수

01 답 ㄱ, ㄷ

ㄱ. $\dfrac{\pi}{3}=\dfrac{\pi}{3}\times\dfrac{180°}{\pi}=60°$ (참)

ㄴ. $\dfrac{11}{4}\pi=2\pi\times1+\dfrac{3}{4}\pi$이고 $\dfrac{3}{4}\pi=\dfrac{3}{4}\pi\times\dfrac{180°}{\pi}=135°$이므로 $\dfrac{11}{4}\pi$

　는 제2사분면의 각이다. (거짓)

ㄷ. $-\dfrac{8}{3}\pi=-\dfrac{8}{3}\pi\times\dfrac{180°}{\pi}=-480°$

　따라서 $-480°=360°\times(-2)+240°$이므로 $-\dfrac{8}{3}\pi$를 나타내는

　동경의 일반각은 $360°\times n+240°$ (n은 정수)이다. (참)

ㄹ. $-\dfrac{3}{4}\pi=2\pi\times(-1)+\dfrac{5}{4}\pi$이지만 $\dfrac{9}{4}\pi=2\pi\times1+\dfrac{\pi}{4}$이므로 동경

　이 모두 일치하지는 않는다. (거짓)
따라서 옳은 것은 ㄱ, ㄷ이다.

01-1 답 ④

④ $\dfrac{7}{6}\pi=\dfrac{7}{6}\pi\times\dfrac{180°}{\pi}=210°$

01-2 답 ⑤

① $-310°=360°\times(-1)+50°$ ▶ 제1사분면의 각

② $45°$ ▶ 제1사분면의 각

③ $755°=360°\times2+35°$ ▶ 제1사분면의 각

④ $\dfrac{5}{12}\pi=\dfrac{5}{12}\pi\times\dfrac{180°}{\pi}=75°$ ▶ 제1사분면의 각

⑤ $\dfrac{8}{3}\pi=\dfrac{8}{3}\pi\times\dfrac{180°}{\pi}=480°$

　$480°=360°\times1+120°$ ▶ 제2사분면의 각
따라서 각을 나타내는 동경이 존재하는 사분면이 다른 것은 ⑤이다.

02 답 ③

부채꼴의 반지름의 길이를 r라 하면 중심각의 크기가 $\dfrac{3}{4}\pi$, 호의 길이

가 6π이므로

$6\pi=r\times\dfrac{3}{4}\pi$　$\therefore r=8$

따라서 부채꼴의 넓이는

$\dfrac{1}{2}\times8\times6\pi=24\pi$　$\therefore k=24$

02-1 답 ①

부채꼴의 호의 길이가 2π, 넓이가 4π이므로

$4\pi=\dfrac{1}{2}r\times2\pi$　$\therefore r=4$

$2\pi=4\times\theta$에서 $\theta=\dfrac{\pi}{2}$

$\therefore \dfrac{\theta}{r}=\dfrac{\dfrac{\pi}{2}}{4}=\dfrac{\pi}{8}$

밑면의 반지름의 길이가 6이고 높이가 8인 원뿔은 다음 그림과 같다.

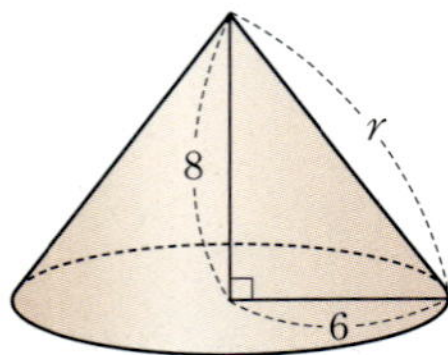

원뿔의 옆면을 펼치면 부채꼴이고, 이 부채꼴의 호의 길이는 원뿔의 밑면의 둘레의 길이와 같으므로 부채꼴의 반지름의 길이를 r, 호의 길이를 l이라 하면

$r=\sqrt{6^2+8^2}=10,\ l=2\pi\times6=12\pi$

원뿔의 옆면의 넓이를 S, 원뿔의 밑면의 넓이를 S'이라 하면

$S=\dfrac{1}{2}\times10\times12\pi=60\pi,\ S'=\pi\times6^2=36\pi$

따라서 원뿔의 겉넓이는 $S+S'=60\pi+36\pi=96\pi$

02-3 답 ①

부채꼴의 반지름의 길이를 r, 호의 길이를 l이라 하면

$2r+l=12$에서 $l=12-2r$

부채꼴의 넓이를 S라 하면

$S=\dfrac{1}{2}r(12-2r)=-r^2+6r$

$\quad=-(r-3)^2+9\ (0<r<6)$

따라서 부채꼴의 넓이는 $r=3$일 때, 최대이다.

03 답 ②

오른쪽 그림에서 $\overline{\mathrm{OP}}=\sqrt{(-\sqrt{3})^2+1^2}=2$ 이므로 삼각함수의 정의에 의하여

$\sin\theta=\dfrac{1}{2},\ \cos\theta=-\dfrac{\sqrt{3}}{2},$

$\tan\theta=-\dfrac{1}{\sqrt{3}}=-\dfrac{\sqrt{3}}{3}$

$\therefore \sin\theta\tan\theta+\cos\theta$

$\quad=\dfrac{1}{2}\times\left(-\dfrac{\sqrt{3}}{3}\right)+\left(-\dfrac{\sqrt{3}}{2}\right)$

$\quad=-\dfrac{\sqrt{3}}{6}-\dfrac{3\sqrt{3}}{6}=-\dfrac{2\sqrt{3}}{3}$

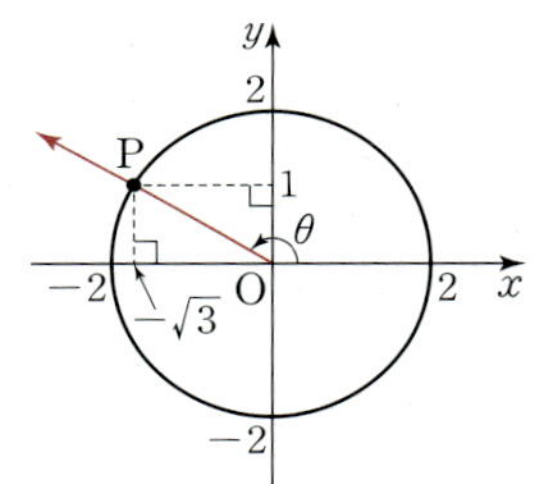

03-1 답 ⑤

$\sin\theta=-\dfrac{\sqrt{2}}{2}$이고 θ가 제3사분면의 각이므로 점 P의 좌표를 $(-\sqrt{2},\ -\sqrt{2})$로 놓고 동경 OP를 좌표평면 위에 나타내면 오른쪽 그림과 같다.

따라서 $\overline{\mathrm{OP}}=\sqrt{(-\sqrt{2})^2+(-\sqrt{2})^2}=2$이므로

$\cos\theta=-\dfrac{\sqrt{2}}{2},\ \tan\theta=1$

$\therefore 2\tan\theta-\sqrt{2}\cos\theta=2\times1-\sqrt{2}\times\left(-\dfrac{\sqrt{2}}{2}\right)$

$\qquad\qquad=2-(-1)=3$

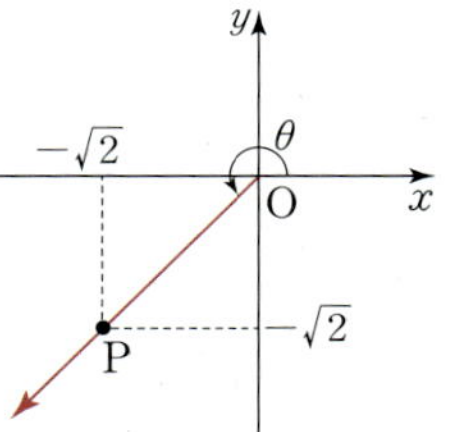

03-2 답 $\sin\theta$

θ가 제2사분면의 각이므로 $\sin\theta>0,\ \cos\theta<0$

따라서 $\cos\theta-\sin\theta<0$이므로

$|\cos\theta-\sin\theta|-\sqrt{\cos^2\theta}=-(\cos\theta-\sin\theta)-|\cos\theta|$

$\qquad\qquad=-\cos\theta+\sin\theta-(-\cos\theta)$

$\qquad\qquad=\sin\theta$

04 답 ②

$\tan\theta=\dfrac{\sin\theta}{\cos\theta},\ \sin^2\theta+\cos^2\theta=1$이므로

$\dfrac{\sin\theta}{\tan\theta}\left(\dfrac{\sin^2\theta}{\cos\theta}+\cos\theta\right)=\dfrac{\sin\theta}{\frac{\sin\theta}{\cos\theta}}\left(\dfrac{\sin^2\theta}{\cos\theta}+\cos\theta\right)$

$\qquad\qquad=\sin^2\theta+\cos^2\theta=1$

04-1 답 ③

$\sin\theta+\cos\theta=\dfrac{1}{3}$의 양변을 제곱하면

$\sin^2\theta+\cos^2\theta+2\sin\theta\cos\theta=\dfrac{1}{9}$

$1+2\sin\theta\cos\theta=\dfrac{1}{9}\qquad\therefore \sin\theta\cos\theta=-\dfrac{4}{9}$

$(\cos\theta-\sin\theta)^2=\cos^2\theta+\sin^2\theta-2\cos\theta\sin\theta$

$\qquad\qquad=1-2\times\left(-\dfrac{4}{9}\right)=\dfrac{17}{9}$

이때 θ가 제2사분면의 각이므로 $\sin\theta>0,\ \cos\theta<0$에서 $\cos\theta-\sin\theta<0$

$\therefore \cos\theta-\sin\theta=-\dfrac{\sqrt{17}}{3}$

$\therefore \cos^2\theta-\sin^2\theta=(\cos\theta+\sin\theta)(\cos\theta-\sin\theta)$

$\qquad\qquad=\dfrac{1}{3}\times\left(-\dfrac{\sqrt{17}}{3}\right)=-\dfrac{\sqrt{17}}{9}$

04-2 답 25

$\sin^2\theta+\cos^2\theta=1$에서 $1+\dfrac{\cos^2\theta}{\sin^2\theta}=\dfrac{1}{\sin^2\theta}$

즉, $1+\dfrac{1}{\tan^2\theta}=\dfrac{1}{\sin^2\theta}$이므로 $\dfrac{1}{\sin^2\theta}-\dfrac{1}{\tan^2\theta}=1$

$\therefore$ (주어진 식)

$=\left(\dfrac{1}{\sin^2 1°}-\dfrac{1}{\tan^2 1°}\right)+\left(\dfrac{1}{\sin^2 3°}-\dfrac{1}{\tan^2 3°}\right)$

$\quad+\left(\dfrac{1}{\sin^2 5°}-\dfrac{1}{\tan^2 5°}\right)+\cdots+\left(\dfrac{1}{\sin^2 49°}-\dfrac{1}{\tan^2 49°}\right)$

$=1+1+1+\cdots+1=25$

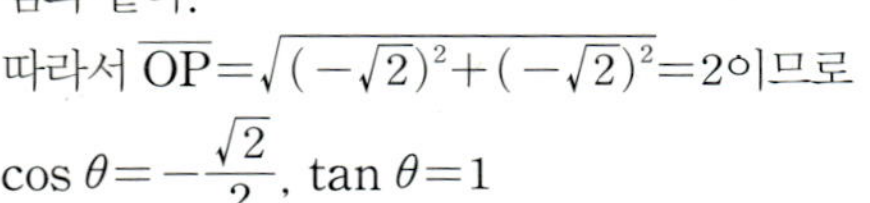

01 ⑤	02 ④	03 ④	04 ③	05 6
06 ①	07 ①	08 ④	09 $-\dfrac{3}{4}$	10 0
11 ①	12 ⑤	13 ⑤	14 $\dfrac{1}{2}$	15 ④

01

① $-710°=360°×(-2)+10°$ ❯ 제1사분면의 각
② $-460°=360°×(-2)+260°$ ❯ 제3사분면의 각
③ $130°$ ❯ 제2사분면의 각
④ $550°=360°×1+190°$ ❯ 제3사분면의 각
⑤ $710°=360°×1+350°$ ❯ 제4사분면의 각
따라서 각을 나타내는 동경이 제4사분면 위에 있는 것은 ⑤이다.

02

ㄱ. $-315°=360°×(-1)+45°$

ㄴ. $-\dfrac{5}{4}\pi=-\dfrac{5}{4}\pi×\dfrac{180°}{\pi}=-225°$에서

$\quad -225°=360°×(-1)+135°$

ㄷ. $-\dfrac{\pi}{4}=-\dfrac{\pi}{4}×\dfrac{180°}{\pi}=-45°$에서

$\quad -45°=360°×(-1)+315°$

ㄹ. $\dfrac{\pi}{4}=\dfrac{\pi}{4}×\dfrac{180°}{\pi}=45°$

ㅁ. $405°=360°×1+45°$

따라서 $45°$를 나타내는 동경과 일치하는 것은 ㄱ, ㄹ, ㅁ이다.

03

각 2θ를 나타내는 동경과 각 6θ를 나타내는 동경이 x축에 대하여 대칭
이므로
$2\theta+6\theta=2n\pi$ (단, n은 정수)

$8\theta=2n\pi$ $\quad \therefore \theta=\dfrac{n\pi}{4}$

$0<\theta<2\pi$에서 $0<\dfrac{n\pi}{4}<2\pi$이므로 $0<n<8$

이때 n은 정수이므로 $n=1, 2, 3, \cdots, 7$

따라서 각 θ는 $n=1$일 때 최솟값 $\dfrac{\pi}{4}$, $n=7$일 때 최댓값 $\dfrac{7}{4}\pi$를 가지므
로 각 θ의 크기의 최댓값과 최솟값의 합은

$\dfrac{\pi}{4}+\dfrac{7}{4}\pi=2\pi$

04

부채꼴의 반지름의 길이를 r, 호의 길이를 l이라 하면
$2r+l=36$에서 $l=36-2r$
부채꼴의 넓이를 S라 하면

$S=\dfrac{1}{2}r(36-2r)=-r^2+18r$

$\quad =-(r-9)^2+81 \ (0<r<18)$

따라서 부채꼴의 넓이는 $r=9$일 때 최대이므로 이때의 호의 길이는
$l=36-2×9=18$

05

반지름의 길이가 r인 원의 넓이는 πr^2
반지름의 길이가 $2r$이고 호의 길이가 6π인 부채꼴의 넓이는

$\dfrac{1}{2}×2r×6\pi=6\pi r$

$\pi r^2=6\pi r$에서 $\pi r(r-6)=0$

$\therefore r=6 \ (\because r>0)$

06

부채꼴의 호의 길이가 6π, 넓이가 15π이므로 반지름의 길이를 r라 하면

$15\pi=\dfrac{1}{2}×r×6\pi$ $\quad \therefore r=5$

이 부채꼴을 접어 만든 원뿔 모양의 용기의 밑면의 둘레의 길이는 부
채꼴의 호의 길이와 같으므로 밑면의 반지름의 길이를 a라 하면
$2\pi a=6\pi$ $\quad \therefore a=3$

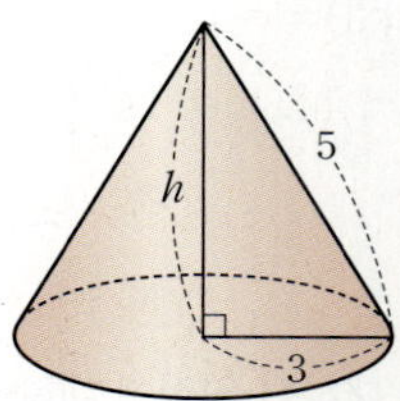

원뿔의 높이를 h라 하면 위의 그림에서 $h=\sqrt{5^2-3^2}=4$이므로 이 용기
의 부피는

$\dfrac{1}{3}\pi×3^2×4=12\pi$

07

두 직선이 x축과 양의 방향으로 이루는 각의 크기를 각각 α, $\beta(\alpha<\beta)$
라 하면 두 직선이 직선 $y=x$에 대하여 대칭이므로

$\dfrac{\alpha+\beta}{2}=45°$ $\quad\cdots\cdots$ ㉠

두 직선이 이루는 각의 크기가 $30°$이므로

$\beta-\alpha=30°$ $\quad\cdots\cdots$ ㉡

㉠, ㉡을 연립하여 풀면 $\alpha=30°$, $\beta=60°$

$\tan \alpha=a$, $\tan \beta=b$이므로 $a=\dfrac{\sqrt{3}}{3}$, $b=\sqrt{3}$

$\therefore 6(a^2+b^2)=6×\left(\dfrac{1}{3}+3\right)=20$

08

$\sin \theta \cos \theta>0$에서 $\sin \theta>0$, $\cos \theta>0$ 또는 $\sin \theta<0$, $\cos \theta<0$
그런데 $\sin \theta+\cos \theta<0$이므로 $\sin \theta<0$, $\cos \theta<0$
따라서 θ는 제3사분면의 각이므로 $\tan \theta>0$

① $\sin \theta<0$ (거짓)

② $\tan \theta>0$ (거짓)

③ $\dfrac{\sin \theta}{\tan \theta}<0$ (거짓)

④ $\sin \theta \tan \theta<0$ (참)

⑤ $\cos \theta-\tan \theta<0$ (거짓)

09

점 $\mathrm{P}(\sqrt{3}, 1)$에 대하여 주어진 조건에 의하여

$\mathrm{P_1}(\sqrt{3}, -1)$, $\mathrm{P_2}(-\sqrt{3}, 1)$, $\mathrm{P_3}(-1, \sqrt{3})$

$\therefore \sin \theta_1 × \cos \theta_2 × \tan \theta_3=-\dfrac{1}{2}×\left(-\dfrac{\sqrt{3}}{2}\right)×(-\sqrt{3})=-\dfrac{3}{4}$

다른 풀이

35쪽 ❿유형 11 을 학습한 후에는 다음과 같은 방법으로 풀 수 있다.
동경 OP가 나타내는 각의 크기를 θ라 하면

$\theta_1=-\theta$, $\theta_2=\pi-\theta$, $\theta_3=\dfrac{\pi}{2}+\theta$

$\sin\theta=\dfrac{1}{2}$, $\cos\theta=\dfrac{\sqrt{3}}{2}$, $\tan\theta=\dfrac{1}{\sqrt{3}}$이므로

$\sin\theta_1\times\cos\theta_2\times\tan\theta_3$

$=\sin(-\theta)\times\cos(\pi-\theta)\times\tan\left(\dfrac{\pi}{2}+\theta\right)$

$=-\sin\theta\times(-\cos\theta)\times\left(-\dfrac{1}{\tan\theta}\right)$

$=-\dfrac{1}{2}\times\left(-\dfrac{\sqrt{3}}{2}\right)\times(-\sqrt{3})=-\dfrac{3}{4}$

10

주어진 그림의 각 분점에 대하여 원점에 대하여 서로 대칭인 두 점의 x좌표와 y좌표의 부호는 각각 서로 반대이다.

즉, $P_2(a,\ b)$라 하면 $P_7(-a,\ -b)$이고 $\overline{OP_n}=1(n=1,\ 2,\ 3,\ \cdots,\ 10)$이므로

$\cos\theta=\dfrac{a}{1}=a$, $\cos6\theta=\dfrac{-a}{1}=-a$

$\therefore\ \cos\theta+\cos6\theta=0$

마찬가지 방법으로

$\cos2\theta+\cos7\theta=0$, $\cos3\theta+\cos8\theta=0$, $\cos4\theta+\cos9\theta=0$,

$\cos5\theta+\cos10\theta=0$

또한 $\sin\theta=\dfrac{b}{1}=b$, $\sin6\theta=\dfrac{-b}{1}=-b$이므로

$\sin\theta+\sin6\theta=0$

마찬가지 방법으로

$\sin2\theta+\sin7\theta=0$, $\sin3\theta+\sin8\theta=0$, $\sin4\theta+\sin9\theta=0$,

$\sin5\theta+\sin10\theta=0$

$\therefore\ (\cos\theta-\sin\theta)+(\cos2\theta-\sin2\theta)+(\cos3\theta-\sin3\theta)$
$\qquad\qquad\qquad\qquad\qquad+\cdots+(\cos10\theta-\sin10\theta)$

$=(\cos\theta+\cos2\theta+\cos3\theta+\cdots+\cos10\theta)$
$\qquad\qquad\qquad-(\sin\theta+\sin2\theta+\sin3\theta+\cdots+\sin10\theta)$

$=0$

11

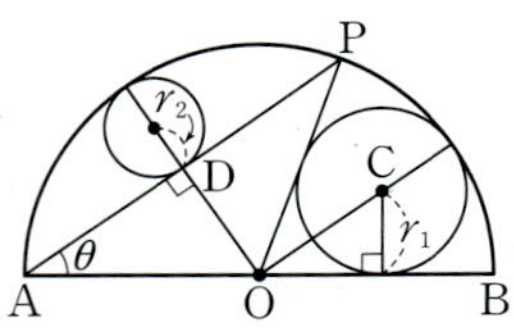

반지름의 길이가 r_1인 원의 중심을 C, 선분 AP의 중점을 D라 하자.

$\angle BAP=\theta$라 할 때, $\cos\theta=\dfrac{4}{5}$이므로

$\sin\theta=\dfrac{3}{5}\left(\because\ 0<\theta<\dfrac{\pi}{2}\right)$

$\angle BOP=2\theta$이므로 $\angle BOC=\theta$

$r_1+\overline{OC}=r_1+\dfrac{r_1}{\sin\theta}=1$ $\qquad\therefore\ r_1=\dfrac{\sin\theta}{1+\sin\theta}=\dfrac{3}{8}$

$2r_2+\overline{OD}=2r_2+\sin\theta=1$ $\qquad\therefore\ r_2=\dfrac{1-\sin\theta}{2}=\dfrac{1}{5}$

$\therefore\ r_1r_2=\dfrac{3}{8}\times\dfrac{1}{5}=\dfrac{3}{40}$

12

$\sin\theta+\cos\theta=\dfrac{2}{3}$의 양변을 제곱하면

$\sin^2\theta+\cos^2\theta+2\sin\theta\cos\theta=\dfrac{4}{9}$

$1+2\sin\theta\cos\theta=\dfrac{4}{9}$ $\qquad\therefore\ \sin\theta\cos\theta=-\dfrac{5}{18}$

$\therefore\ \sin^3\theta+\cos^3\theta=(\sin\theta+\cos\theta)^3-3\sin\theta\cos\theta(\sin\theta+\cos\theta)$

$\qquad=\left(\dfrac{2}{3}\right)^3-3\times\left(-\dfrac{5}{18}\right)\times\dfrac{2}{3}$

$\qquad=\dfrac{8}{27}+\dfrac{5}{9}=\dfrac{23}{27}$

13

이차방정식 $2x^2-kx+1=0$의 두 근이 $\sin\theta$, $\cos\theta$이므로 근과 계수의 관계에 의하여

$\sin\theta+\cos\theta=\dfrac{k}{2}$, $\sin\theta\cos\theta=\dfrac{1}{2}$

$(\sin\theta+\cos\theta)^2=\sin^2\theta+\cos^2\theta+2\sin\theta\cos\theta$이므로

$\dfrac{k^2}{4}=1+2\times\dfrac{1}{2}=2$

$\therefore\ k^2=8$

14

$\dfrac{1}{1+\sin\theta}+\dfrac{1}{1-\sin\theta}=\dfrac{5}{2}$에서 $\dfrac{2}{1-\sin^2\theta}=\dfrac{5}{2}$

$\therefore\ \sin^2\theta=\dfrac{1}{5}$

이때 θ가 제3사분면의 각이므로 $\sin\theta<0$, $\cos\theta<0$

$\therefore\ \sin\theta=-\dfrac{\sqrt{5}}{5}$

$\sin^2\theta+\cos^2\theta=1$에서 $\cos^2\theta=\dfrac{4}{5}$이므로 $\cos\theta=-\dfrac{2\sqrt{5}}{5}$

$\therefore\ \tan\theta=\dfrac{\sin\theta}{\cos\theta}=\dfrac{-\dfrac{\sqrt{5}}{5}}{-\dfrac{2\sqrt{5}}{5}}=\dfrac{1}{2}$

15

θ가 제2사분면의 각이므로 $\sin\theta>0$, $\cos\theta<0$

$\sqrt{4-8\sin\theta\cos\theta}+|2+2\cos\theta|$

$=\sqrt{4(1-2\sin\theta\cos\theta)}+2|1+\cos\theta|$

$=2\sqrt{1-2\sin\theta\cos\theta}+2|1+\cos\theta|$

$=2\sqrt{\sin^2\theta+\cos^2\theta-2\sin\theta\cos\theta}+2(1+\cos\theta)$
$\qquad\qquad\qquad(\because\ \sin^2\theta+\cos^2\theta=1,\ -1<\cos\theta<0)$

$=2\sqrt{(\sin\theta-\cos\theta)^2}+2(1+\cos\theta)$

$=2|\sin\theta-\cos\theta|+2(1+\cos\theta)$

$=2(\sin\theta-\cos\theta)+2+2\cos\theta$

$=2\sin\theta+2=3$

$\therefore\ \sin\theta=\dfrac{1}{2}$

II. 삼각함수

DAY 06 삼각함수의 그래프   32 ~ 36쪽

05 답 ㄷ, ㄹ

ㄱ. 치역은 $\{y|-1\leq y\leq1\}$이다. (거짓)

ㄴ. 그래프는 원점에 대하여 대칭이다. (거짓)

ㄷ. 주기가 2π인 주기함수이므로 모든 실수 x에 대하여

$$f(x)=f(x+2\pi)=f(x+4\pi)=f(x+6\pi)=\cdots \ (참)$$

ㄹ. $0<x<\dfrac{\pi}{2}$에서 x의 값이 증가하면 y의 값도 증가한다. (참)

따라서 옳은 것은 ㄷ, ㄹ이다.

05-1 답 7π

함수 $y=\sin x$의 그래프에서 $\dfrac{x_3+x_6}{2}=\dfrac{7}{2}\pi$이므로

$x_3+x_6=7\pi$

05-2 답 $\dfrac{\sqrt{2}}{4}\pi$

오른쪽 그림과 같이 함수 $y=\sin x$의 그래프에서 점 $E(\pi, 0)$을 생각하자.

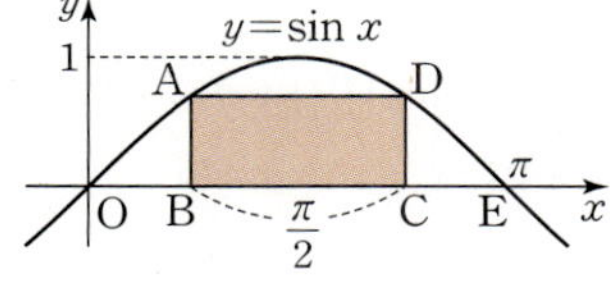

$\overline{BC}=\dfrac{\pi}{2}$이므로

$\overline{OB}=\dfrac{1}{2}\times(\overline{OE}-\overline{BC})$

$\qquad=\dfrac{1}{2}\times\left(\pi-\dfrac{\pi}{2}\right)=\dfrac{\pi}{4}$

점 A의 x좌표는 $\dfrac{\pi}{4}$이므로 $\sin\dfrac{\pi}{4}=\dfrac{\sqrt{2}}{2}$에서 $A\left(\dfrac{\pi}{4}, \dfrac{\sqrt{2}}{2}\right)$

따라서 직사각형 ABCD의 넓이는

$\dfrac{\pi}{2}\times\dfrac{\sqrt{2}}{2}=\dfrac{\sqrt{2}}{4}\pi$

06 답 ⑤

④ 주기가 2π인 주기함수이므로

$$f(0)=f(2\pi)=f(4\pi)=\cdots=f(10\pi)$$

⑤ $0<x<\dfrac{\pi}{2}$에서 x의 값이 증가하면 y의 값은 감소한다.

06-1 답 ⑤

함수 $f(x)=\cos x$의 그래프에서 $\dfrac{\alpha+\beta}{2}=\pi$, $\dfrac{\gamma+\delta}{2}=3\pi$이므로

$\alpha+\beta=2\pi$, $\gamma+\delta=6\pi$

$\alpha+\beta+\gamma+\delta=8\pi$이므로 $f(\alpha+\beta+\gamma+\delta)=f(8\pi)$

이때 $f(x)=\cos x$는 주기가 2π인 주기함수이므로

$f(8\pi)=f(6\pi)=f(4\pi)=\cdots=f(0)=1$

07 답 ⑤

① 정의역은 $x\neq n\pi+\dfrac{\pi}{2}$ (n은 정수)인 실수 전체의 집합이다. (거짓)

② 함수 $y=\tan x$의 그래프는 원점에 대하여 대칭이므로 모든 실수 x에 대하여 $\tan(-x)=-\tan x$이다. (거짓)

③ 점근선의 방정식은 $x=n\pi+\dfrac{\pi}{2}$ (n은 정수)이다. (거짓)

④ $\dfrac{\pi}{2}<x<\pi$에서 x의 값이 증가하면 y의 값도 증가한다. (거짓)

⑤ 주기가 π인 주기함수이므로 $\tan(x+p)=\tan x$를 만족시키는 최소의 양수 p는 π이다. (참)

07-1 답 3π

오른쪽 그림에서 빗금 친 두 도형의 넓이가 서로 같으므로 함수 $y=\tan x$의 그래프와 x축 및 직선 $y=3$으로 둘러싸인 도형의 넓이는

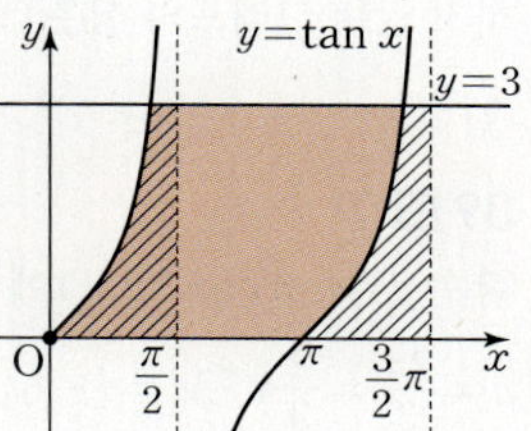

$3\times\left(\dfrac{3}{2}\pi-\dfrac{\pi}{2}\right)=3\pi$

07-2 답 ④

$0<\dfrac{1}{2}<1<\dfrac{\pi}{2}<2<\pi$이므로 오른쪽 그림에서

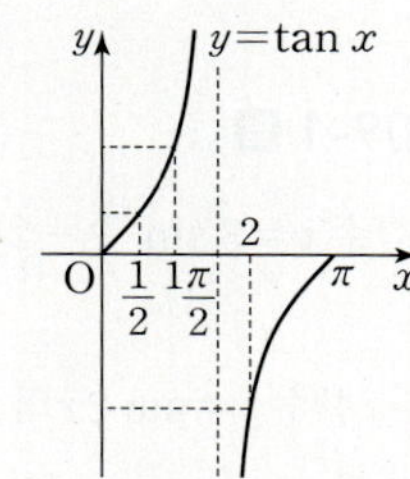

$\tan 2<\tan\dfrac{1}{2}<\tan 1$

$\therefore C<A<B$

08 답 ①

함수 $y=\sin 2x$의 그래프를 x축의 방향으로 3만큼, y축의 방향으로 b만큼 평행이동한 그래프의 식은

$y=\sin 2(x-3)+b$

$\sin(2x-6)+b=\sin(2x+a)+5$이므로

$a=-6$, $b=5$

$\therefore a+b=-6+5=-1$

08-1 답 -2

함수 $y=\cos x$의 그래프를 y축의 방향으로 2만큼 평행이동한 그래프의 식은

$y=\cos x+2$

이 그래프를 x축에 대하여 대칭이동한 그래프의 식은

$-y=\cos x+2$ $\therefore y=-\cos x-2$

이 그래프가 점 $\left(\dfrac{\pi}{2}, a\right)$를 지나므로

$a=-\cos\dfrac{\pi}{2}-2=-2$

08-2 답 ②

① 함수 $y=\sin 3x+2$의 그래프는 함수 $y=\sin 3x$의 그래프를 y축의 방향으로 2만큼 평행이동한 것이다.

② 함수 $y=-3\sin x-1$의 그래프는 함수 $y=3\sin x$의 그래프를 x축에 대하여 대칭이동한 후 y축의 방향으로 -1만큼 평행이동한 것이다.

③ 함수 $y=\sin(3x-\pi)$의 그래프는 함수 $y=\sin 3x$의 그래프를 x축의 방향으로 $\dfrac{\pi}{3}$만큼 평행이동한 것이다.

④ 함수 $y=-\sin 3x+1$의 그래프는 함수 $y=\sin 3x$의 그래프를 x축에 대하여 대칭이동한 후 y축의 방향으로 1만큼 평행이동한 것이다.

⑤ 함수 $y=\sin(3x+3)+2$의 그래프는 함수 $y=\sin 3x$의 그래프를 x축의 방향으로 -1만큼, y축의 방향으로 2만큼 평행이동한 것이다.

따라서 함수 $y=\sin 3x$의 그래프를 평행이동 또는 대칭이동하여 일치하지 않는 그래프의 식은 ②이다.

09 답 ②

함수 $y=-5\cos 3x+1$에 대하여

$a=\dfrac{2\pi}{3}=\dfrac{2}{3}\pi,\ M=|-5|+1=6$

$\therefore aM=\dfrac{2}{3}\pi\times 6=4\pi$

09-1 답 ⑤

함수 $y=3\sin\dfrac{x}{2}-2$의 주기는 $\dfrac{2\pi}{\frac{1}{2}}=4\pi$

① 함수 $y=\sin 2x$의 주기는 $\dfrac{2\pi}{2}=\pi$

② 함수 $y=-3\cos 2x+2$의 주기는 $\dfrac{2\pi}{2}=\pi$

③ 함수 $y=3\tan\dfrac{x}{2}-1$의 주기는 $\dfrac{\pi}{\frac{1}{2}}=2\pi$

④ 함수 $y=\dfrac{1}{2}\sin\left(x+\dfrac{\pi}{2}\right)$의 주기는 $\dfrac{2\pi}{1}=2\pi$

⑤ 함수 $y=-\dfrac{1}{4}\cos\dfrac{x}{2}+3$의 주기는 $\dfrac{2\pi}{\frac{1}{2}}=4\pi$

따라서 주기가 같은 함수는 ⑤이다.

09-2 답 ④

모든 실수 x에 대하여 $f(x+\pi)=f(x)$이면 함수 $f(x)$는 주기가 $\dfrac{\pi}{n}$(n은 자연수)인 주기함수이다.

ㄱ. 함수 $f(x)=\sin(2x-3)$의 주기는 $\dfrac{2\pi}{2}=\pi$

$\qquad\therefore f(x+\pi)=f(x)$

ㄴ. 함수 $f(x)=3\cos\dfrac{2}{3}x+2$의 주기는 $\dfrac{2\pi}{\frac{2}{3}}=3\pi$

$\qquad$이때 $3\pi=\dfrac{\pi}{n}$를 만족시키는 자연수 n이 존재하지 않으므로

$\qquad f(x+\pi)\neq f(x)$

ㄷ. 함수 $f(x)=\dfrac{1}{2}\tan x$의 주기는 π $\quad\therefore f(x+\pi)=f(x)$

ㄹ. 함수 $f(x)=\dfrac{1}{2}\cos(-4x+1)$의 주기는 $\dfrac{2\pi}{|-4|}=\dfrac{\pi}{2}$

$\qquad\therefore f(x+\pi)=f\left(x+\dfrac{\pi}{2}\right)=f(x)$

따라서 모든 실수 x에 대하여 $f(x+\pi)=f(x)$를 만족시키는 함수는 ㄱ, ㄷ, ㄹ이다.

10 답 $\dfrac{1}{2}$

함수 $f(x)=a\sin\left(x+\dfrac{\pi}{6}\right)+k$의 최댓값이 2이므로

$|a|+k=2\qquad\therefore -a+k=2\ (\because a<0)\qquad\cdots\cdots\ \bigcirc$

$f(0)=\dfrac{7}{8}$에서 $a\sin\dfrac{\pi}{6}+k=\dfrac{7}{8}$

$\therefore \dfrac{1}{2}a+k=\dfrac{7}{8}\qquad\qquad\cdots\cdots\ \bigcirc\!\!\!\bigcirc$

$\bigcirc$, $\bigcirc\!\!\!\bigcirc$을 연립하여 풀면 $k=\dfrac{5}{4}$, $a=-\dfrac{3}{4}$

따라서 함수 $f(x)$의 최솟값은

$-|a|+k=-\dfrac{3}{4}+\dfrac{5}{4}=\dfrac{1}{2}$

10-1 답 7

조건 (나)에서 함수 $f(x)$의 주기가 π이고 $b>0$이므로

$\dfrac{2\pi}{b}=\pi\qquad\therefore b=2$

조건 (가)에서 $f\left(\dfrac{\pi}{4}\right)=2$이므로

$a\cos\dfrac{\pi}{2}+c=2\qquad\therefore c=2$

조건 (다)에서 함수 $f(x)$의 최댓값이 5이고 $a>0$이므로

$a+2=5\qquad\therefore a=3$

$\therefore a+b+c=3+2+2=7$

10-2 답 ⑤

주어진 함수의 주기가 $\dfrac{7}{6}\pi-\dfrac{\pi}{2}=\dfrac{2}{3}\pi$이고 $a>0$이므로

$\dfrac{\pi}{a}=\dfrac{2}{3}\pi\qquad\therefore a=\dfrac{3}{2}$

따라서 주어진 함수는 $y=\tan\left(\dfrac{3}{2}x-b\right)$이고 이 함수의 그래프가 점 $\left(\dfrac{\pi}{6},\ 0\right)$을 지나므로

$\tan\left(\dfrac{3}{2}\times\dfrac{\pi}{6}-b\right)=0\qquad\therefore \tan\left(\dfrac{\pi}{4}-b\right)=0$

이때 $0<b<\dfrac{\pi}{2}$에서 $\dfrac{\pi}{4}-b=0$이므로 $b=\dfrac{\pi}{4}$

$\therefore 16ab=16\times\dfrac{3}{2}\times\dfrac{\pi}{4}=6\pi$

11 답 ②

$\sin\dfrac{7}{6}\pi=\sin\left(\pi+\dfrac{\pi}{6}\right)=-\sin\dfrac{\pi}{6}=-\dfrac{1}{2}$

$\cos\left(-\dfrac{\pi}{3}\right)=\cos\dfrac{\pi}{3}=\dfrac{1}{2}$

$\tan\dfrac{5}{4}\pi=\tan\left(\pi+\dfrac{\pi}{4}\right)=\tan\dfrac{\pi}{4}=1$

$\therefore$ (주어진 식)$=-\dfrac{1}{2}+2\times\dfrac{1}{2}+1=\dfrac{3}{2}$

11-1 답 ⑤

$\sin\left(\dfrac{3}{2}\pi-\theta\right)=-\cos\theta$이므로 $\sin^2\left(\dfrac{3}{2}\pi-\theta\right)=\cos^2\theta$

$\sin\left(\dfrac{3}{2}\pi+\theta\right)=-\cos\theta$이므로 $\sin^2\left(\dfrac{3}{2}\pi+\theta\right)=\cos^2\theta$

$\therefore$ (주어진 식)$=\sin^2\theta+\cos^2\theta+\cos^2\theta$
$\qquad\qquad\quad\ =1+\cos^2\theta$

11-2 답 ⑤

θ가 제1사분면의 각이고 $\tan\theta=\dfrac{4}{3}$이므로

$\sin\theta=\dfrac{4}{5}$, $\cos\theta=\dfrac{3}{5}$

$\sin(\pi-\theta)=\sin\theta$, $\cos\left(\dfrac{3}{2}\pi+\theta\right)=\sin\theta$

$\therefore$ (주어진 식)$=\sin\theta+2\sin\theta=3\sin\theta=3\times\dfrac{4}{5}=\dfrac{12}{5}$

12 답 ④

$-1\le\sin x\le1$이므로 $-2\le2\sin x\le2$
$-3\le2\sin x-1\le1$ $\quad\therefore\ 0\le|2\sin x-1|\le3$
따라서 함수 $y=3|2\sin x-1|+1$은 최댓값 $M=3\times3+1=10$,
최솟값 $m=3\times0+1=1$을 가지므로
$M+m=10+1=11$

12-1 답 2

$y=\dfrac{3\tan x-1}{\tan x+1}$에서 $\tan x=t$로 놓으면

$0\le x\le\dfrac{\pi}{4}$에서 $0\le t\le1$이고

$y=\dfrac{3t-1}{t+1}=\dfrac{3(t+1)-4}{t+1}=-\dfrac{4}{t+1}+3$

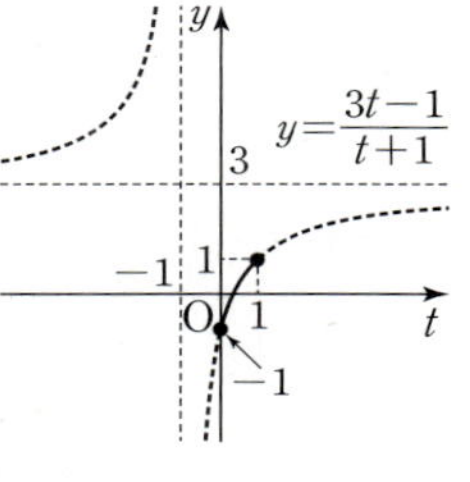

오른쪽 그림에서 $t=1$일 때 최댓값 1, $t=0$
일 때 최솟값 -1을 가지므로
$M=1$, $m=-1$ $\quad\therefore\ M-m=1-(-1)=2$

12-2 답 ②

$\cos\left(x+\dfrac{\pi}{2}\right)=-\sin x$이므로

$f(x)=\cos^2 x+\cos\left(x+\dfrac{\pi}{2}\right)+k=(1-\sin^2 x)-\sin x+k$
$\qquad\ =-\sin^2 x-\sin x+k+1$

$\sin x=t(-1\le t\le1)$로 놓으면
$f(x)=-t^2-t+k+1$
$\qquad\ =-\left(t+\dfrac{1}{2}\right)^2+k+\dfrac{5}{4}$

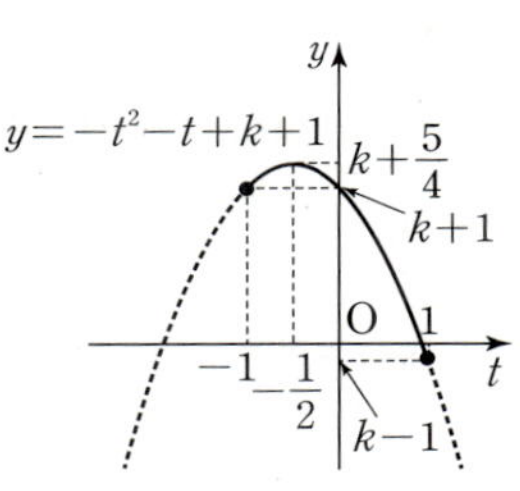

오른쪽 그림에서 $t=-\dfrac{1}{2}$일 때, 최댓값

$k+\dfrac{5}{4}$를 가지므로

$k+\dfrac{5}{4}=2$ $\quad\therefore\ k=\dfrac{3}{4}$

13 답 (1) $x=\dfrac{\pi}{6}$ 또는 $x=\dfrac{5}{6}\pi$ (2) $x=\dfrac{\pi}{2}$

(1) $\cos 2x=\dfrac{1}{2}$에서 $2x=t$로 놓으면 $0\le x<\pi$에서 $0\le t<2\pi$

주어진 방정식은 $\cos t=\dfrac{1}{2}$이므로 $t=\dfrac{\pi}{3}$ 또는 $t=\dfrac{5}{3}\pi$

즉, $2x=\dfrac{\pi}{3}$ 또는 $2x=\dfrac{5}{3}\pi$이므로 $x=\dfrac{\pi}{6}$ 또는 $x=\dfrac{5}{6}\pi$

(2) $\cos^2 x=\sin^2 x-\sin x$에서 $1-\sin^2 x=\sin^2 x-\sin x$
$\therefore 2\sin^2 x-\sin x-1=0$
$\sin x=t$로 놓으면 $0\le x<\pi$에서 $0\le t\le1$이고 주어진 방정식은
$2t^2-t-1=0$, $(2t+1)(t-1)=0$
$\therefore t=1\ (\because\ 0\le t\le1)$
따라서 $\sin x=1$이고 $0\le x<\pi$이므로 $x=\dfrac{\pi}{2}$

13-1 답 ④

$\tan x+\dfrac{3}{\tan x}=2\sqrt{3}$의 양변에 $\tan x$를 곱하면

$\tan^2 x+3=2\sqrt{3}\tan x$, $\tan^2 x-2\sqrt{3}\tan x+3=0$
$\therefore(\tan x-\sqrt{3})^2=0$
즉, $\tan x=\sqrt{3}$이고 $0<x<2\pi$이므로

$x=\dfrac{\pi}{3}$ 또는 $x=\dfrac{4}{3}\pi$

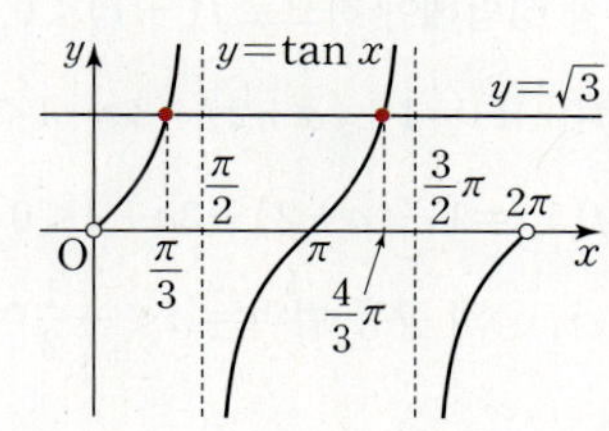

따라서 구하는 모든 실근의 합은

$\dfrac{\pi}{3}+\dfrac{4}{3}\pi=\dfrac{5}{3}\pi$

13-2 답 4

$\cos(\pi\sin x)=0$에서 $\pi\sin x=k$로 놓으면 $0<x<2\pi$에서
$-1\le\sin x\le1$이므로 $-\pi\le k\le\pi$

$\cos k=0$에서 $k=-\dfrac{\pi}{2}$ 또는 $k=\dfrac{\pi}{2}$

즉, $\pi\sin x=-\dfrac{\pi}{2}$ 또는

$\pi\sin x=\dfrac{\pi}{2}$이므로

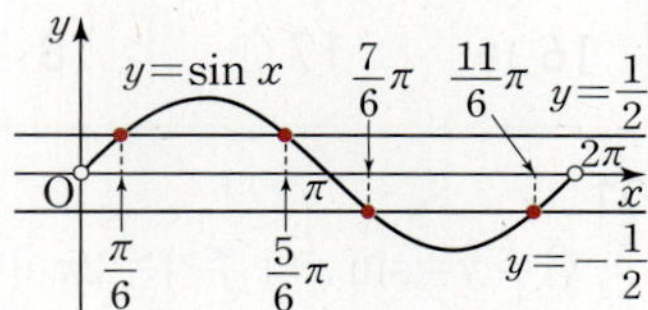

$\sin x=-\dfrac{1}{2}$ 또는 $\sin x=\dfrac{1}{2}$

$\therefore x=\dfrac{\pi}{6}$ 또는 $x=\dfrac{5}{6}\pi$ 또는 $x=\dfrac{7}{6}\pi$ 또는 $x=\dfrac{11}{6}\pi\ (\because\ 0<x<2\pi)$
따라서 주어진 방정식의 실근의 개수는 4이다.

14 답 $0\le x<\dfrac{\pi}{3}$ 또는 $\dfrac{2}{3}\pi<x<\pi$

$|\tan x|<\sqrt{3}$에서 $-\sqrt{3}<\tan x<\sqrt{3}$
$0\le x<\pi$이므로 오른쪽 그림에서 x의 값의
범위는

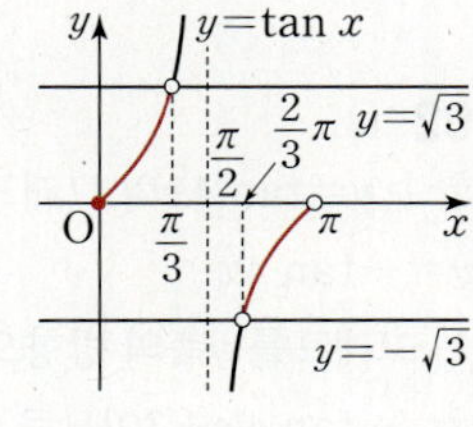

$0\le x<\dfrac{\pi}{3}$ 또는 $\dfrac{2}{3}\pi<x<\pi$

14-1 답 ②

$2\cos^2 x+3\sin x-3\ge0$에서 $2(1-\sin^2 x)+3\sin x-3\ge0$
$2\sin^2 x-3\sin x+1\le0$, $(2\sin x-1)(\sin x-1)\le0$

$\therefore\dfrac{1}{2}\le\sin x\le1$

$0<x<2\pi$이므로 오른쪽 그림에서 x의 값의 범위는 $\dfrac{\pi}{6}\le x\le\dfrac{5}{6}\pi$

따라서 $\alpha=\dfrac{\pi}{6}$, $\beta=\dfrac{5}{6}\pi$이므로

$\beta-\alpha=\dfrac{5}{6}\pi-\dfrac{\pi}{6}=\dfrac{2}{3}\pi$

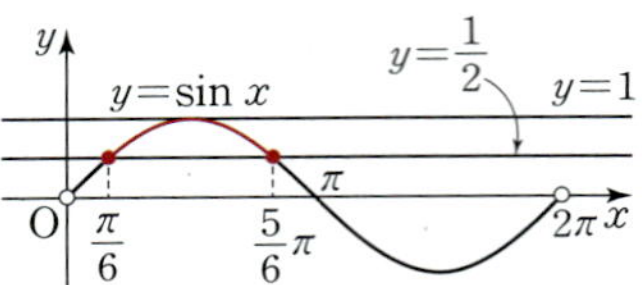

14-2 답 ②

$\sin^2 x+(a+2)\cos x-3a>0$에서

$(1-\cos^2 x)+(a+2)\cos x-3a>0$

$\cos^2 x-(a+2)\cos x+3a-1<0$

$\cos x=t\,(-1\le t\le 1)$로 놓으면

$t^2-(a+2)t+3a-1<0$

$f(t)=t^2-(a+2)t+3a-1$이라 할 때, $-1\le t\le 1$에서 $f(t)<0$이 항상 성립해야 하므로 $f(-1)<0$, $f(1)<0$이어야 한다.

$f(-1)=1+(a+2)+3a-1<0$ $\therefore a<-\dfrac{1}{2}$ $\cdots\cdots$ ㉠

$f(1)=1-(a+2)+3a-1<0$ $\therefore a<1$ $\cdots\cdots$ ㉡

㉠, ㉡의 공통 범위는 $a<-\dfrac{1}{2}$이므로 정수 a의 최댓값은 -1이다.

DAY 06 | 2배속 REPEAT 37 ~ 39쪽

01 ①	02 ②	03 ①	04 ⑤	05 ①
06 ①	07 ②	08 0	09 ③	10 3
11 ④	12 6	13 ④	14 ⑤	15 ②
16 10	17 ③	18 ④	19 ④	

01

ㄱ. 함수 $y=\sin x$의 주기는 2π이다. (참)

ㄴ. 함수 $y=\cos x$의 그래프는 y축에 대하여 대칭이므로 모든 실수 x에 대하여 $\cos(-x)=\cos x$이다. (참)

ㄷ. 함수 $y=\tan x$의 그래프는 원점에 대하여 대칭이다. (거짓)

ㄹ. 함수 $y=\cos x$의 그래프는 함수 $y=\sin x$의 그래프를 x축의 방향으로 $-\dfrac{\pi}{2}$만큼 평행이동한 것이다. (거짓)

따라서 옳은 것은 ㄱ, ㄴ이다.

02

함수 $y=\tan 4x$의 그래프를 x축에 대하여 대칭이동한 그래프의 식은 $y=-\tan 4x$

이 그래프를 y축의 방향으로 3만큼 평행이동한 그래프의 식은

$y=-\tan 4x+3$이므로 $f(x)=-\tan 4x+3$

$\therefore f\left(\dfrac{\pi}{16}\right)=-\tan\dfrac{\pi}{4}+3=-1+3=2$

03

원점에 대하여 대칭인 함수는 모든 실수 x에 대하여 $f(-x)=-f(x)$를 만족시킨다.

ㄱ. $f(-x)=2\sin(-x)+\sin 2(-x)$

$\qquad=-2\sin x-\sin 2x$

$\qquad=-(2\sin x+\sin 2x)=-f(x)$

ㄴ. $f(-x)=\sin((-x)-\pi)=-\sin(x+\pi)$

$\qquad=-\sin(x-\pi)=-f(x)$

ㄷ. $f(-x)=\sin 3(-x)+1=-\sin 3x+1\ne -f(x)$

ㄹ. $f(-x)=\cos(-(-x))=\cos x\ne -f(x)$

따라서 원점에 대하여 대칭인 함수는 ㄱ, ㄴ이다.

04

모든 실수 x에 대하여 $f(x+1)=f(x)$이면 함수 $f(x)$는 주기가 $\dfrac{1}{n}\,(n$은 자연수$)$인 주기함수이다.

① 함수 $f(x)=2\sin x$의 주기는 2π

이때 $2\pi=\dfrac{1}{n}$을 만족시키는 자연수 n이 존재하지 않으므로 $f(x+1)\ne f(x)$

② 함수 $f(x)=\cos\pi x$의 주기는 $\dfrac{2\pi}{\pi}=2$

이때 $2=\dfrac{1}{n}$을 만족시키는 자연수 n이 존재하지 않으므로 $f(x+1)\ne f(x)$

③ 함수 $f(x)=\tan\dfrac{\pi}{2}x+1$의 주기는 $\dfrac{\pi}{\frac{\pi}{2}}=2$

이때 $2=\dfrac{1}{n}$을 만족시키는 자연수 n이 존재하지 않으므로 $f(x+1)\ne f(x)$

④ 함수 $f(x)=-\sin\dfrac{\pi}{2}x$의 주기는 $\dfrac{2\pi}{\frac{\pi}{2}}=4$

이때 $4=\dfrac{1}{n}$을 만족시키는 자연수 n이 존재하지 않으므로 $f(x+1)\ne f(x)$

⑤ 함수 $f(x)=\cos 2\pi x-3$의 주기는 $\dfrac{2\pi}{2\pi}=1$ $\therefore f(x+1)=f(x)$

따라서 모든 실수 x에 대하여 $f(x+1)=f(x)$를 만족시키는 함수는 ⑤이다.

05

함수 $y=4\sin 3\pi x+1$에서

$a=4+1=5$, $b=-4+1=-3$, $c=\dfrac{2\pi}{3\pi}=\dfrac{2}{3}$

$\therefore abc=5\times(-3)\times\dfrac{2}{3}=-10$

06

주어진 함수의 최댓값이 6, 최솟값이 0이고 $a>0$이므로

$a+c=6$, $-a+c=0$에서 $a=3$, $c=3$

또한 주기가 $\dfrac{5}{4}\pi-\dfrac{\pi}{4}=\pi$이고 $b>0$이므로

$\dfrac{2\pi}{b}=\pi$ $\therefore b=2$

$\therefore a+b+c=3+2+3=8$

07

함수 $f(x)=a\tan bx$의 주기가 $\dfrac{2}{3}\pi$이고 $b>0$이므로

$\dfrac{\pi}{b}=\dfrac{2}{3}\pi$ $\qquad \therefore b=\dfrac{3}{2}$

또한 함수 $y=f(x)$의 그래프가 점 $\left(\dfrac{\pi}{6}, 2\right)$를 지나므로

$2=a\tan\left(\dfrac{3}{2}\times\dfrac{\pi}{6}\right)=a\tan\dfrac{\pi}{4}=a$

$\therefore ab=2\times\dfrac{3}{2}=3$

08

$\cos(\pi-x)=-\cos x$이므로

$\cos 179°=-\cos 1°$

$\cos 178°=-\cos 2°$

$\vdots$

$\cos 91°=-\cos 89°$

$\therefore \cos 1°+\cos 2°+\cos 3°+\cdots+\cos 179°$

$\quad =(\cos 1°+\cos 179°)+(\cos 2°+\cos 178°)+\cdots$

$\qquad\qquad\qquad +(\cos 89°+\cos 91°)+\cos 90°$

$\quad =0+0+\cdots+0+0=0$

09

$\sin\left(\dfrac{\pi}{2}+x\right)=\cos x$, $\cos(\pi+x)=-\cos x$,

$\sin(2\pi-x)=-\sin x$, $\cos\left(\dfrac{3}{2}\pi-x\right)=-\sin x$

$\therefore$ (주어진 식)$=\cos^2 x+3\cos^2 x+\sin^2 x+3\sin^2 x$

$\qquad\qquad\quad =4(\sin^2 x+\cos^2 x)=4$

10

$\sin\left(x-\dfrac{\pi}{2}\right)=-\sin\left(\dfrac{\pi}{2}-x\right)=-\cos x$이므로

$y=3\sin\left(x-\dfrac{\pi}{2}\right)+4\cos x+a$

$\quad =-3\cos x+4\cos x+a$

$\quad =\cos x+a$

$-1\le\cos x\le 1$이므로 $-1+a\le\cos x+a\le 1+a$

따라서 주어진 함수의 최댓값은 $1+a$, 최솟값은 $-1+a$이므로

$(1+a)+(-1+a)=6$ $\qquad \therefore a=3$

11

$y=2\cos^2\left(\dfrac{\pi}{2}-x\right)+\sin(\pi-x)+1$

$\quad =2\sin^2 x+\sin x+1$

$\sin x=t\,(-1\le t\le 1)$로 놓으면

$y=2t^2+t+1=2\left(t+\dfrac{1}{4}\right)^2+\dfrac{7}{8}$

오른쪽 그림에서 $t=1$일 때 최댓값 4,

$t=-\dfrac{1}{4}$일 때 최솟값 $\dfrac{7}{8}$을 가지므로

$M=4$, $m=\dfrac{7}{8}$ $\qquad \therefore Mm=4\times\dfrac{7}{8}=\dfrac{7}{2}$

12

$0\le x\le\dfrac{\pi}{6}$에서 $\dfrac{\pi}{6}\le x+\dfrac{\pi}{6}\le\dfrac{\pi}{3}$이므로

$g(x)=3\tan\left(x+\dfrac{\pi}{6}\right)$에서 $\sqrt{3}\le g(x)\le 3\sqrt{3}$

$f(x)=\log_3 x+2$에서 밑이 1보다 크므로 합성함수 $(f\circ g)(x)$는

$g(x)=3\sqrt{3}$일 때 최댓값, $g(x)=\sqrt{3}$일 때 최솟값을 갖는다.

$M=\log_3 3\sqrt{3}+2=\dfrac{3}{2}+2=\dfrac{7}{2}$, $m=\log_3\sqrt{3}+2=\dfrac{1}{2}+2=\dfrac{5}{2}$

$\therefore M+m=\dfrac{7}{2}+\dfrac{5}{2}=6$

13

$y=x^2-2x\sin\theta-\cos^2\theta$

$\quad =(x-\sin\theta)^2-\sin^2\theta-\cos^2\theta$

$\quad =(x-\sin\theta)^2-1$

이므로 주어진 포물선의 꼭짓점의 좌표는 $(\sin\theta, -1)$

이 점이 직선 $y=\sqrt{2}x$ 위에 있으므로

$-1=\sqrt{2}\sin\theta$, $\sin\theta=-\dfrac{1}{\sqrt{2}}$

$\therefore \theta=\dfrac{5}{4}\pi$ 또는 $\theta=\dfrac{7}{4}\pi\ (\because \pi\le\theta\le 2\pi)$

따라서 모든 θ의 값의 합은 $\dfrac{5}{4}\pi+\dfrac{7}{4}\pi=3\pi$

14

$\sin x=-\sin x+a$에서 $\sin x=\dfrac{a}{2}$

ㄱ. $a=0$일 때, $0\le x\le 2\pi$에서 $\sin x=0$의 근은

$\quad x=0$ 또는 $x=\pi$ 또는 $x=2\pi$ $\quad \therefore N(0)=3$ (참)

ㄴ. $|a|>2$, 즉 $\dfrac{|a|}{2}>1$에서 $\sin x=\dfrac{a}{2}$를 만족시키는 x의 값은 존재

$\quad$ 하지 않으므로 $N(a)=0$ (참)

ㄷ. $N(a)=2$이면 $0<|a|<2$이므로 $0<|-a|<2$도 항상 성립한다.

$\quad$ 즉, $N(a)=2$이면 $N(-a)=2$ (참)

따라서 옳은 것은 ㄱ, ㄴ, ㄷ이다.

15

$\left|\tan x-\dfrac{1}{\sqrt{3}}\right|-\dfrac{2}{\sqrt{3}}=0$에서 $\left|\tan x-\dfrac{1}{\sqrt{3}}\right|=\dfrac{2}{\sqrt{3}}$

$\tan x-\dfrac{1}{\sqrt{3}}=\dfrac{2}{\sqrt{3}}$ 또는 $\tan x-\dfrac{1}{\sqrt{3}}=-\dfrac{2}{\sqrt{3}}$

$\therefore \tan x=\sqrt{3}$ 또는 $\tan x=-\dfrac{1}{\sqrt{3}}$

(i) $\tan x=\sqrt{3}$일 때

$\quad 0<x<2\pi$이므로

$\quad x=\dfrac{\pi}{3}$ 또는 $x=\dfrac{4}{3}\pi$

(ii) $\tan x=-\dfrac{1}{\sqrt{3}}$일 때

$\quad 0<x<2\pi$이므로

$\quad x=\dfrac{5}{6}\pi$ 또는 $x=\dfrac{11}{6}\pi$

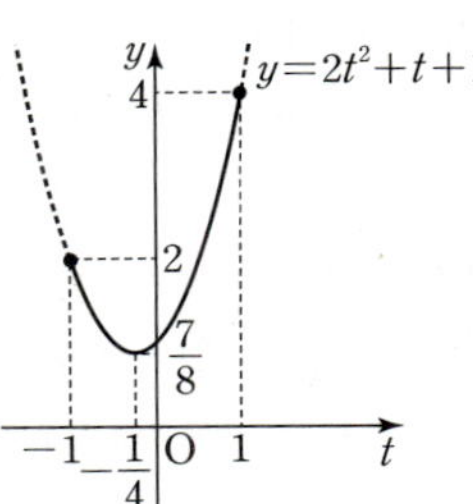

(i), (ii)에서 주어진 방정식의 모든 실근의 합은

$\dfrac{\pi}{3}+\dfrac{4}{3}\pi+\dfrac{5}{6}\pi+\dfrac{11}{6}\pi=\dfrac{13}{3}\pi$

16

$$f(x)=2\sqrt{1-\sin^2 \pi x}=2\sqrt{\cos^2 \pi x}=2|\cos \pi x|$$

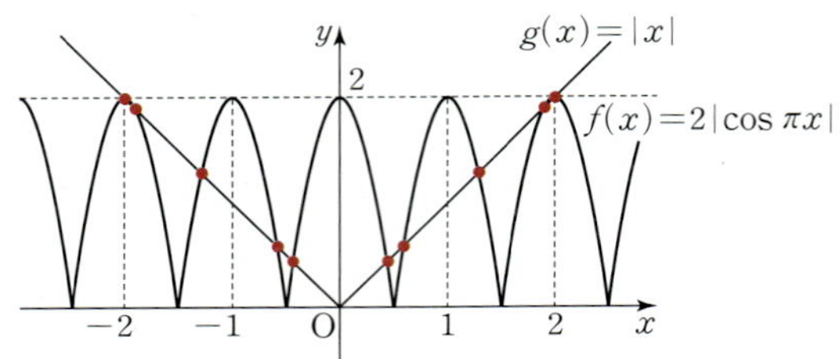

위의 그림과 같이 두 함수 $f(x)=2|\cos \pi x|$와 $g(x)=|x|$의 그래프의 교점의 개수는 10이므로 방정식 $f(x)=g(x)$의 실근의 개수는 10이다.

17

$0<x<\dfrac{\pi}{4}$에서 세 함수 $y=\sin x$, $y=\cos x$, $y=\tan x$의 그래프는 다음 그림과 같다.

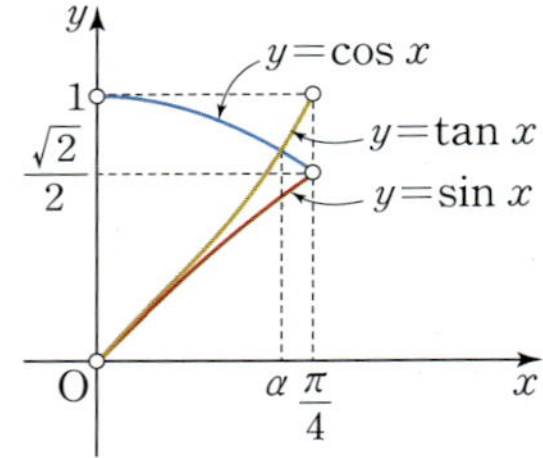

$0<x<\dfrac{\pi}{4}$에서 $\sin x<\cos x$, $\cos x>-\tan x$이므로 ㄱ, ㄹ은 참이고, $\sin x>-\cos x$이므로 ㄴ은 거짓이다.

$\cos x-\tan x$의 부호는 $x=\alpha$를 기준으로 바뀌므로 ㄷ은 거짓이다.

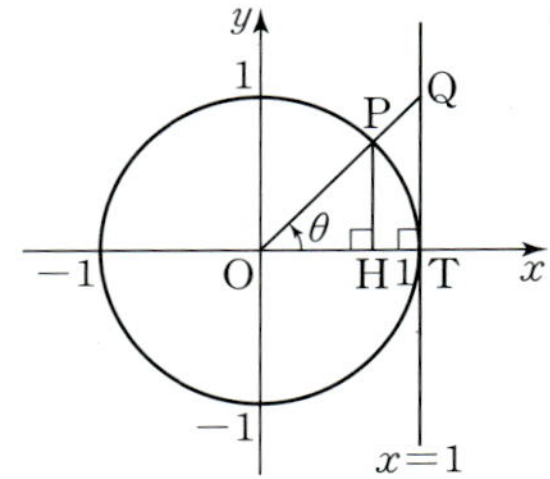

위의 그림에서 $0<\theta<\dfrac{\pi}{4}$일 때, $\overline{PH}=\sin \theta$, $\overline{TQ}=\tan \theta$이고 $\overline{PH}<\overline{TQ}$이므로 $0<x<\dfrac{\pi}{4}$에서 $\tan x>\sin x$, 즉 ㅁ은 참이다.

따라서 옳은 것은 ㄱ, ㄹ, ㅁ이다.

18

$x+\dfrac{\pi}{3}=t$로 놓으면 $0\le x<\pi$에서 $\dfrac{\pi}{3}\le t<\dfrac{4}{3}\pi$이고, 주어진 부등식은

$$\sin t \ge \dfrac{1}{2}$$

오른쪽 그림에서 t의 값의 범위는

$\dfrac{\pi}{3}\le t\le\dfrac{5}{6}\pi$이므로

$$\dfrac{\pi}{3}\le x+\dfrac{\pi}{3}\le\dfrac{5}{6}\pi$$

$$\therefore 0\le x\le\dfrac{\pi}{2}$$

따라서 $\alpha=0$, $\beta=\dfrac{\pi}{2}$이므로 $\alpha+\beta=0+\dfrac{\pi}{2}=\dfrac{\pi}{2}$

19

$$\cos^2 x-\left(1-\dfrac{\sqrt{2}}{2}\right)\cos x<\dfrac{\sqrt{2}}{2}$$에서

$$\cos^2 x-\left(1-\dfrac{\sqrt{2}}{2}\right)\cos x-\dfrac{\sqrt{2}}{2}<0$$

$$(\cos x-1)\left(\cos x+\dfrac{\sqrt{2}}{2}\right)<0 \qquad \therefore -\dfrac{\sqrt{2}}{2}<\cos x<1$$

오른쪽 그림에서 x의 값의 범위는

$0<x<\dfrac{3}{4}\pi$ 또는 $\dfrac{5}{4}\pi<x<2\pi$

따라서 주어진 부등식의 해에 속하지 않는 것은 ④이다.

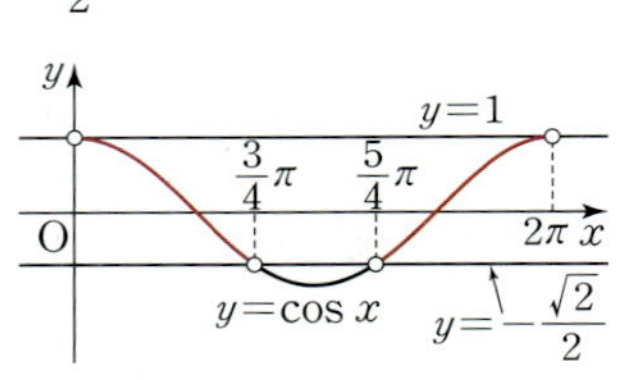

II. 삼각함수

DAY 07 사인법칙과 코사인법칙　40~41쪽

15 답 ④

$C=180°-(50°+70°)=60°$이므로 삼각형 ABC의 외접원의 반지름의 길이를 R라 하면 사인법칙에 의하여

$$\dfrac{c}{\sin C}=2R, \quad \dfrac{12}{\sin 60°}=2R$$

$$\dfrac{12}{\dfrac{\sqrt{3}}{2}}=2R \qquad \therefore R=4\sqrt{3}$$

15-1 답 ①

$C=180°-(105°+30°)=45°$

삼각형 ABC의 외접원의 반지름의 길이를 R라 하면 사인법칙에 의하여

$$\dfrac{\overline{AB}}{\sin C}=\dfrac{\overline{AC}}{\sin B}$$이므로

$$\overline{AC}=\dfrac{6}{\sin 45°}\times\sin 30°=\dfrac{6}{\dfrac{\sqrt{2}}{2}}\times\dfrac{1}{2}=3\sqrt{2}$$

$$\therefore \overline{AC}^2=18$$

15-2 답 ②

선분 AC가 원 O의 지름이므로 $\angle ABC=90°$

따라서 삼각형 ABC는 $\overline{AB}=\overline{BC}=5$인 직각이등변삼각형이므로

$$\overline{AC}=\sqrt{5^2+5^2}=5\sqrt{2}$$

삼각형 BCD에서 $\angle CBD=90°-53°=37°$이므로 원 O의 반지름의 길이를 R라 하면 사인법칙에 의하여

$$\dfrac{\overline{CD}}{\sin(\angle CBD)}=2R, \quad \dfrac{\overline{CD}}{\sin 37°}=5\sqrt{2}$$

$$\therefore \overline{CD}=5\sqrt{2}\times\sin 37°=5\sqrt{2}\times 0.6=3\sqrt{2}$$

16 답 ④

삼각형 ABC에서 코사인법칙에 의하여

$$b^2=4^2+(3\sqrt{2})^2-2\times 4\times 3\sqrt{2}\times\cos 45°=10$$

$$\therefore b=\sqrt{10}\ (\because b>0)$$

삼각형 ABC의 외접원의 반지름의 길이를 R라 하면 사인법칙에 의하여

$$\frac{\sqrt{10}}{\sin 45^\circ}=2R \quad \therefore R=\frac{\sqrt{10}}{\frac{\sqrt{2}}{2}}\times\frac{1}{2}=\sqrt{5}$$

따라서 삼각형 ABC의 외접원의 둘레의 길이는

$$2\pi R=2\sqrt{5}\pi$$

16-1 답 $2\sqrt{7}$

오른쪽 그림과 같이 주어진 원뿔의 전개도를 그리면 부채꼴의 호의 길이 l은 원뿔의 밑면의 둘레의 길이와 같으므로

$$l=2\pi\times1=2\pi$$

부채꼴의 중심각의 크기를 θ라 하면

$$l=6\theta \quad \therefore \theta=\frac{2\pi}{6}=\frac{\pi}{3}$$

점 B에서 출발하여 원뿔의 옆면을 따라 점 C까지 가는 최단 거리는 선분 BC의 길이이므로 삼각형 ABC에서 코사인법칙에 의하여

$$\overline{BC}^2=6^2+2^2-2\times6\times2\times\cos\frac{\pi}{3}=28$$

$$\therefore \overline{BC}=2\sqrt{7}\ (\because \overline{BC}>0)$$

따라서 구하는 최단 거리는 $2\sqrt{7}$이다.

16-2 답 ①

사각형 ABCD가 원에 내접하므로 $\angle ABC+\angle ADC=180^\circ$

즉, $\angle ADC=180^\circ-\angle ABC$이므로

$$\cos(\angle ADC)=\cos(180^\circ-\angle ABC)=-\cos(\angle ABC)=-\frac{1}{8}$$

따라서 삼각형 DAC에서 코사인법칙에 의하여

$$\overline{AC}^2=2^2+4^2-2\times2\times4\times\left(-\frac{1}{8}\right)=22$$

$$\therefore \overline{AC}=\sqrt{22}$$

17 답 정삼각형

사인법칙의 변형에 의하여 $\sin A=\frac{a}{2R}$, $\sin B=\frac{b}{2R}$, $\sin C=\frac{c}{2R}$

$a\sin A=b\sin B$에서 $\frac{a^2}{2R}=\frac{b^2}{2R}$

$a^2=b^2 \quad \therefore a=b\ (\because a>0,\ b>0)$

$b\sin B=c\sin C$에서 $\frac{b^2}{2R}=\frac{c^2}{2R}$

$b^2=c^2 \quad \therefore b=c\ (\because b>0,\ c>0)$

따라서 $a=b=c$이므로 삼각형 ABC는 정삼각형이다.

17-1 답 144

삼각형 ACD에서 사인법칙의 변형에 의하여

$$\overline{AD}=12\sin 35^\circ$$

$\angle BDC=180^\circ-(90^\circ+35^\circ)=55^\circ$이므로 삼각형 BCD에서 사인법칙의 변형에 의하여

$$\overline{BC}=12\sin 55^\circ=12\cos 35^\circ$$

$$\therefore \overline{AD}^2+\overline{BC}^2=12^2\sin^2 35^\circ+12^2\cos^2 35^\circ$$
$$=144\ (\because \sin^2 35^\circ+\cos^2 35^\circ=1)$$

17-2 답 45°

$\sqrt{5}<2\sqrt{2}<3$에서 가장 짧은 변의 대각의 크기가 가장 작으므로 가장 작은 각의 크기는 C이다.

코사인법칙의 변형에 의하여

$$\cos C=\frac{(2\sqrt{2})^2+3^2-(\sqrt{5})^2}{2\times2\sqrt{2}\times3}=\frac{\sqrt{2}}{2}$$

이때 $0^\circ<C<180^\circ$이므로 $C=45^\circ$

17-3 답 $2\sqrt{3}$

코사인법칙의 변형에 의하여

$$\cos B=\frac{a^2+4^2-2^2}{2\times a\times4}=\frac{a^2+12}{8a}=\frac{a}{8}+\frac{3}{2a}$$

$0^\circ<B<180^\circ$이므로 $\cos B$의 값이 최소일 때, B의 값은 최대가 된다.

이때 $\frac{a}{8}>0$, $\frac{3}{2a}>0$이므로 산술평균과 기하평균의 관계에 의하여

$$\cos B=\frac{a}{8}+\frac{3}{2a}\geq2\sqrt{\frac{a}{8}\times\frac{3}{2a}}=2\sqrt{\frac{3}{16}}=\frac{\sqrt{3}}{2}$$

$$\left(\text{단, 등호는 }\frac{a}{8}=\frac{3}{2a}\text{일 때 성립}\right)$$

따라서 $\frac{a}{8}=\frac{3}{2a}$일 때, $\cos B$의 값이 최소이고 B의 값은 최대가 된다.

즉, $2a^2=24$, $a^2=12 \quad \therefore a=2\sqrt{3}\ (\because a>0)$

18 답 ⑤

삼각형 ABC의 넓이가 $10\sqrt{3}$이므로

$$\frac{1}{2}\times5\times8\times\sin B=10\sqrt{3}$$에서 $\sin B=\frac{\sqrt{3}}{2}$

$$\therefore \cos B=\frac{1}{2}\ (\because 0^\circ<B<90^\circ)$$

따라서 코사인법칙에 의하여

$$b^2=5^2+8^2-2\times5\times8\times\frac{1}{2}=49 \quad \therefore b=7\ (\because b>0)$$

18-1 답 ②

사인법칙의 변형에 의하여 $\sin A:\sin B:\sin C=a:b:c$이므로

$a:b:c=3:5:6$

$a=3k$, $b=5k$, $c=6k\ (k>0)$로 놓으면 삼각형 ABC의 넓이 S는

$$S=\sqrt{s(s-a)(s-b)(s-c)}\ \left(\text{단, }s=\frac{3k+5k+6k}{2}=7k\right)$$
$$=\sqrt{7k\times4k\times2k\times k}=2\sqrt{14}k^2$$

$2\sqrt{14}k^2=8\sqrt{14}$에서 $k^2=4 \quad \therefore k=2\ (\because k>0)$

따라서 삼각형 ABC의 둘레의 길이는

$$3k+5k+6k=14k=14\times2=28$$

18-2 답 $30\sqrt{3}$

삼각형 ABC에서 코사인법칙의 변형에 의하여

$$\cos B=\frac{10^2+6^2-14^2}{2\times10\times6}=-\frac{1}{2}$$

$$\therefore \sin B=\frac{\sqrt{3}}{2}\ (\because 0^\circ<B<180^\circ)$$

따라서 사각형 ABCD의 넓이는

$$\overline{AB} \times \overline{BC} \times \sin B = 10 \times 6 \times \frac{\sqrt{3}}{2} = 30\sqrt{3}$$

01 ①	**02** ②	**03** ④	**04** ③	**05** $\dfrac{3\sqrt{2}}{2}$
06 ④	**07** ④	**08** ③		

01

삼각형 ABC에서 $\angle BAC = 180° - (30° + 90°) = 60°$

삼각형 ADC에서 $\angle CAD = \angle ADC = 45°$

이때 $\overline{AC} = \overline{CD} = x$라 하면 삼각형 ABC에서 사인법칙에 의하여

$$\frac{x}{\sin 30°} = \frac{20+x}{\sin 60°}, \ x \sin 60° = (20+x) \sin 30°$$

$$x \times \frac{\sqrt{3}}{2} = (20+x) \times \frac{1}{2}, \ (\sqrt{3}-1)x = 20$$

$$\therefore \overline{AC} = x = \frac{20}{\sqrt{3}-1} = 10(\sqrt{3}+1)$$

02

삼각형 ABC에서 코사인법칙에 의하여

$$\overline{AC}^2 = 3^2 + 3^2 - 2 \times 3 \times 3 \times \cos 120° = 27$$

사각형 ABCD가 원에 내접하므로

$$\angle CDA = 180° - \angle ABC = 180° - 120° = 60°$$

$\overline{AD} = x$라 하면 삼각형 ACD에서 코사인법칙에 의하여

$$\overline{AC}^2 = x^2 + 3^2 - 2 \times x \times 3 \times \cos 60° = x^2 - 3x + 9$$

즉, $27 = x^2 - 3x + 9$에서 $x^2 - 3x - 18 = 0$

$(x+3)(x-6) = 0 \qquad \therefore x = 6 \ (\because x > 0)$

$$\therefore \overline{AC}^2 + \overline{AD}^2 = 27 + 6^2 = 63$$

03

삼각형 ABC에서 코사인법칙에 의하여

$$\overline{BC}^2 = 5^2 + 6^2 - 2 \times 5 \times 6 \times \frac{3}{5} = 25 \qquad \therefore \overline{BC} = 5 \ (\because \overline{BC} > 0)$$

$$\sin A = \sqrt{1 - \cos^2 A} = \sqrt{1 - \left(\frac{3}{5}\right)^2} = \frac{4}{5} \ (\because 0° < A < 180°)$$

삼각형 ABC에서 사인법칙에 의하여

$$\frac{\overline{BC}}{\sin A} = 2R \qquad \therefore 8R = 4 \times \frac{5}{\frac{4}{5}} = 25$$

04

주어진 등식의 각 변을 6으로 나누면 $\sin A = \dfrac{\sin B}{\sqrt{3}} = \dfrac{\sin C}{2}$

$\sin A : \sin B : \sin C = 1 : \sqrt{3} : 2$이므로 사인법칙의 변형에 의하여 $a : b : c = 1 : \sqrt{3} : 2$

즉, 이 삼각형은 오른쪽 그림과 같이 내각의 크기가 각각 $30°$, $60°$, $90°$인 직각삼각형이므로 $B = 60°$

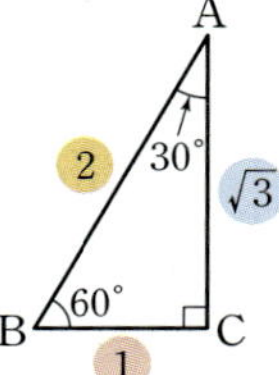

05

$\cos \theta = \dfrac{1}{\sqrt{3}}$이므로

$$\sin \theta = \sqrt{1 - \cos^2 \theta} = \sqrt{1 - \left(\frac{1}{\sqrt{3}}\right)^2} = \frac{\sqrt{6}}{3} \ (\because 0° < \theta < 180°)$$

점 D에서 선분 BC에 내린 수선의 발을 H라 하면 삼각형 BHD에서

$$\sin \theta = \frac{\overline{DH}}{\overline{BD}} = \frac{2}{\overline{BD}} = \frac{\sqrt{6}}{3}$$

$$\therefore \overline{BD} = \sqrt{6}$$

이때 $\angle ABD = \angle DBH$, $\angle DBH = \angle BDA$(엇각)이므로

$$\angle ABD = \angle DBH = \angle BDA = \theta$$

삼각형 ABD는 $\overline{AB} = \overline{AD}$인 이등변삼각형이므로 코사인법칙의 변형에 의하여

$$\cos \theta = \frac{\overline{AD}^2 + \overline{BD}^2 - \overline{AB}^2}{2 \times \overline{AD} \times \overline{BD}} = \frac{\overline{AB}^2 + 6 - \overline{AB}^2}{2 \times \overline{AB} \times \sqrt{6}} \ (\because \overline{AD} = \overline{AB})$$

$$= \frac{\sqrt{6}}{2\overline{AB}} = \frac{1}{\sqrt{3}}$$

$$\therefore \overline{AB} = \frac{3\sqrt{2}}{2}$$

06

주어진 조건에 의하여 $abc = 18\sqrt{7}$, $\dfrac{1}{2} ab \sin C = \dfrac{9}{2}$

위의 두 식을 변끼리 나누면 $\dfrac{c}{\sin C} = 2\sqrt{7}$

삼각형 ABC의 외접원의 반지름의 길이를 R라 하면 사인법칙에 의하여

$$\frac{c}{\sin C} = 2R$$이므로 $R = \sqrt{7}$

07

$$\sin \theta = \sqrt{1 - \cos^2 \theta} = \sqrt{1 - \left(\frac{1}{3}\right)^2} = \frac{2\sqrt{2}}{3} \ (\because 0° < \theta < 180°)$$

따라서 사각형 ABCD의 넓이는

$$\frac{1}{2} \times \overline{AC} \times \overline{BD} \times \sin \theta = \frac{1}{2} \times 3 \times 8 \times \frac{2\sqrt{2}}{3} = 8\sqrt{2}$$

08

$\overline{CP} = x$로 놓으면 $\overline{CQ} = x$이므로 $\overline{AQ} = 9 - x$, $\overline{BP} = 8 - x$

이때 삼각형 ABC에 내접하는 원이 선분 AB와 만나는 점을 R라 하면 $\overline{AR} = 9 - x$, $\overline{BR} = 8 - x$이므로

$\overline{AB} = \overline{AR} + \overline{BR}$에서

$$7 = (9-x) + (8-x)$$

$$7 = 17 - 2x \qquad \therefore x = 5$$

한편, 삼각형 ABC에서 코사인법칙의 변형에 의하여

$$\cos C = \frac{8^2 + 9^2 - 7^2}{2 \times 8 \times 9} = \frac{2}{3}$$

$$\therefore \sin C = \sqrt{1 - \cos^2 C} = \sqrt{1 - \left(\frac{2}{3}\right)^2} = \frac{\sqrt{5}}{3} \ (\because 0° < C < 180°)$$

따라서 삼각형 PCQ의 넓이는

$$\frac{1}{2} \times \overline{CP} \times \overline{CQ} \times \sin C = \frac{1}{2} \times 5 \times 5 \times \frac{\sqrt{5}}{3} = \frac{25\sqrt{5}}{6}$$

III. 수열

DAY 08 등차수열

01 답 ③

등차수열 $\{a_n\}$의 첫째항을 a, 공차를 d라 하면

$a_3=a+2d=3$, $a_{10}=a+9d=17$

위의 두 식을 연립하여 풀면 $a=-1$, $d=2$

$\therefore a_n=-1+(n-1)\times2=2n-3$

$\therefore a_{20}=2\times20-3=37$

01-1 답 ②

등차수열 $\{a_n\}$의 첫째항을 a, 공차를 d라 하면

$a_2+a_8=(a+d)+(a+7d)=2a+8d=6$

$a_3+a_6=(a+2d)+(a+5d)=2a+7d=8$

위의 두 식을 연립하여 풀면 $a=11$, $d=-2$

$\therefore a_5+a_{10}=(a+4d)+(a+9d)=2a+13d$

$\qquad\qquad =2\times11+13\times(-2)=-4$

01-2 답 ③

세 수 8, y, 2가 이 순서대로 등차수열을 이루므로

$2y=8+2$ $\therefore y=5$

세 수 x, 8, 5도 이 순서대로 등차수열을 이루므로

$2\times8=x+5$ $\therefore x=11$

$\therefore xy=11\times5=55$

01-3 답 ①

등차수열 $\{a_n\}$의 첫째항을 a, 공차를 d라 하면

$a_2=a+d=0$, $a_7=a+6d=-20$

위의 두 식을 연립하여 풀면 $a=4$, $d=-4$

$a_4+a_8=(a+3d)+(a+7d)=2a+10d=-32$

$a_m=a+(m-1)d=4+(m-1)\times(-4)=-4m+8$

$a_4+a_8=a_m$에서 $-32=-4m+8$이므로 $m=10$

02 답 ②

등차수열 $\{a_n\}$의 첫째항을 a, 공차를 d라 하면

$a_3=a+2d=46$, $a_{11}=a+10d=22$

위의 두 식을 연립하여 풀면 $a=52$, $d=-3$

$\therefore a_n=52+(n-1)\times(-3)=-3n+55$

$-3n+55<0$에서 $n>\dfrac{55}{3}=18.3\cdots$

따라서 처음으로 음수가 되는 항은 제19항이다.

02-1 답 ③

등차수열 $\{a_n\}$의 첫째항을 a, 공차를 d라 하면

$a_4=a+3d=-9$, $a_8=a+7d=7$

위의 두 식을 연립하여 풀면 $a=-21$, $d=4$

$\therefore a_n=-21+(n-1)\times4=4n-25$

$4n-25>30$에서 $n>\dfrac{55}{4}=13.75$

따라서 처음으로 30보다 커지는 항은 제14항이다.

02-2 답 3

처음으로 0보다 커지는 항이 제6항이므로 $a_5\leq0$, $a_6>0$

등차수열 $\{a_n\}$의 공차를 d라 하면

$a_5=-14+4d\leq0$에서 $d\leq\dfrac{7}{2}=3.5$

$a_6=-14+5d>0$에서 $d>\dfrac{14}{5}=2.8$

$\therefore 2.8<d\leq3.5$

이때 모든 항이 정수이므로 공차도 정수이어야 한다.

따라서 이 수열의 공차는 3이다.

03 답 ③

등차수열 $\{a_n\}$의 첫째항을 a, 공차를 d라 하면

$a_3=a+2d=10$, $a_7=a+6d=26$

위의 두 식을 연립하여 풀면 $a=2$, $d=4$

따라서 첫째항부터 제13항까지의 합은

$\dfrac{13\{2\times2+(13-1)\times4\}}{2}=338$

03-1 답 ②

첫째항이 1이고 공차가 4인 등차수열의 첫째항부터 제k항까지의 합이 120이므로

$\dfrac{k\{2\times1+(k-1)\times4\}}{2}=120$, $2k^2-k-120=0$

$(2k+15)(k-8)=0$ $\therefore k=8$ $(\because k$는 자연수$)$

03-2 답 ④

등차수열 $\{a_n\}$의 첫째항을 a, 공차를 d라 하면

$S_3=\dfrac{3\{2a+(3-1)d\}}{2}=3a+3d=15$ $\therefore a+d=5$

$S_7=\dfrac{7\{2a+(7-1)d\}}{2}=7a+21d=63$ $\therefore a+3d=9$

위의 두 식을 연립하여 풀면 $a=3$, $d=2$

$\therefore S_{15}=\dfrac{15\{2\times3+(15-1)\times2\}}{2}=255$

04 답 ③

$S_n=n^2+4n$에서

(i) $n\geq2$일 때

$\quad a_n=S_n-S_{n-1}=n^2+4n-\{(n-1)^2+4(n-1)\}$

$\qquad =2n+3$

(ii) $n=1$일 때, $a_1=S_1=1^2+4\times1=5$

따라서 $a_n=2n+3(n\geq1)$이므로 $a_5=13$

04-1 답 -3

$S_n=-2n^2+3n+3$에서

(i) $n\geq2$일 때

$\quad a_n=S_n-S_{n-1}=-2n^2+3n+3-\{-2(n-1)^2+3(n-1)+3\}$

$\qquad =-4n+5$

(ii) $n=1$일 때, $a_1=S_1=-2+3+3=4$

따라서 $a_1=4$, $a_n=-4n+5(n\geq2)$이므로

$a_1+a_3=4+(-7)=-3$

04-2 답 ⑤

두 수열 $\{a_n\}$, $\{b_n\}$의 첫째항부터 제n항까지의 합을 각각
$A_n=n^2-2n$, $B_n=-3n^2+kn$이라 하면 $n\geq2$일 때,
$a_n=A_n-A_{n-1}$, $b_n=B_n-B_{n-1}$이므로
$a_5=A_5-A_4=5^2-2\times5-(4^2-2\times4)=7$
$b_5=B_5-B_4=-3\times5^2+5k-(-3\times4^2+4k)=k-27$
이때 $a_5=b_5$이므로
$7=k-27$ $\therefore k=34$

DAY 08 **2배속 REPEAT** 　　　　　　　　　46 ~ 47쪽

01 제28항	**02** ①	**03** ②	**04** ③	**05** ③
06 ③	**07** ④	**08** ④	**09** ①	**10** ④
11 54	**12** ②	**13** -57	**14** ③	**15** ②
16 ④				

01

등차수열 $\{a_n\}$의 첫째항을 a, 공차를 d라 하면
$a_4+a_6=(a+3d)+(a+5d)=2a+8d=10$
$a_3+a_{10}=(a+2d)+(a+9d)=2a+11d=19$
위의 두 식을 연립하여 풀면 $a=-7$, $d=3$
$\therefore a_n=-7+(n-1)\times3=3n-10$
이때 $3n-10=74$에서 $n=28$이므로 74는 제28항이다.

02

등차수열 $\{a_n\}$의 공차를 d라 하면
$a_3a_5=(a_4-d)(a_4+d)=3^2-d^2=-16\ (\because a_4=3)$
$d^2=25$에서 $d=\pm5$
따라서 이 수열의 공차로 가능한 값을 모두 곱하면
$5\times(-5)=-25$

03

다항식 $f(x)$를 $x+1$, x, $x-1$로 나누었을 때의 나머지는 나머지정리
에 의하여 순서대로
$f(-1)=a+b-3$, $f(0)=b$, $f(1)=a+b+3$
이고, 이 순서대로 등차수열을 이루므로
$2f(0)=f(-1)+f(1)$
$2b=(a+b-3)+(a+b+3)$
$2b=2a+2b$ $\therefore a=0$

참고
다항식 $f(x)$를 일차식 $x-\alpha$로 나누었을 때의 나머지는 $f(\alpha)$이다.

04

a_1, a_1+a_2, a_2+a_3이 이 순서대로 등차수열을 이루므로
$2(a_1+a_2)=a_1+a_2+a_3$ $\therefore a_1+a_2=a_3$
등차수열 $\{a_n\}$의 첫째항을 a, 공차를 d라 하면

$a+(a+d)=a+2d$이므로 $a=d$
$\therefore \dfrac{a_3}{a_2}=\dfrac{a+2d}{a+d}=\dfrac{3d}{2d}=\dfrac{3}{2}$

05

$x^2-nx+4(n-4)=0$에서 $(x-4)(x-n+4)=0$
$\therefore x=4$ 또는 $x=n-4$
(i) $\alpha=4$, $\beta=n-4$인 경우
　$\alpha<\beta$이므로 $4<n-4$에서 $n>8$
　세 수 1, 4, $n-4$가 이 순서대로 등차수열을 이루므로
　$2\times4=1+(n-4)$, $8=n-3$ $\therefore n=11$
(ii) $\alpha=n-4$, $\beta=4$인 경우
　$\alpha<\beta$이므로 $n-4<4$에서 $n<8$
　세 수 1, $n-4$, 4가 이 순서대로 등차수열을 이루므로
　$2(n-4)=1+4$, $2n-8=5$ $\therefore n=\dfrac{13}{2}$
　이는 n이 자연수임에 모순이다.
(i), (ii)에서 $n=11$

참고
주어진 이차방정식의 서로 다른 두 실근이 α, β이므로 근과 계수의 관
계에 의하여 $\alpha+\beta=n$

06

세 수를 $a-d$, a, $a+d$라 하면
$(a-d)+a+(a+d)=18$ 　$\cdots\cdots$ ㉠
$(a-d)\times a\times(a+d)=162$ 　$\cdots\cdots$ ㉡
㉠에서 $3a=18$ $\therefore a=6$
이를 ㉡에 대입하면
$(6-d)\times6\times(6+d)=162$, $36-d^2=27$
$d^2=9$ $\therefore d=-3$ 또는 $d=3$
따라서 세 수는 3, 6, 9이므로 가장 작은 수는 3이다.

07

등차수열 $\{a_n\}$의 첫째항을 a, 공차를 d라 하면
$a_3+a_6=0$이므로 $(a+2d)+(a+5d)=0$
$\therefore 2a+7d=0$ 　$\cdots\cdots$ ㉠
$a_8=5a_5+4$이므로 $a+7d=5(a+4d)+4$
$\therefore 4a+13d=-4$ 　$\cdots\cdots$ ㉡
㉠, ㉡을 연립하여 풀면 $a=-14$, $d=4$
$\therefore a_n=-14+(n-1)\times4=4n-18$
$\therefore a_9=4\times9-18=18$

08

처음으로 0보다 작아지는 항이 제4항이므로 $a_3\geq0$, $a_4<0$
등차수열 $\{a_n\}$의 공차를 d라 하면
$a_3=22+2d\geq0$에서 $d\geq-11$
$a_4=22+3d<0$에서 $d<-\dfrac{22}{3}=-7.3\cdots$
$\therefore -11\leq d<-7.3\cdots$
이때 모든 항이 정수이므로 이 수열의 공차로 가능한 값의 개수는
-11, -10, -9, -8의 4이다.

09

등차수열 $\{a_n\}$의 공차를 d라 하면

$a_3=a_1+2d=3$ $\qquad\qquad$ ······ ㉠

첫째항부터 제8항까지의 합이 72이므로

$\dfrac{8\{2a_1+(8-1)d\}}{2}=72$ $\qquad$ ∴ $2a_1+7d=18$ $\quad$ ······ ㉡

㉠, ㉡을 연립하여 풀면 $a_1=-5$, $d=4$

10

등차수열 1, a_1, a_2, $\cdots$, a_n, 2에서 첫째항이 1, 제$(n+2)$항이 2이고
첫째항부터 제$(n+2)$항까지의 합이 24이므로

$\dfrac{(n+2)(1+2)}{2}=24$ $\qquad$ ∴ $n=14$

11

등차수열 $\{a_n\}$의 공차를 d라 하면 첫째항이 6이므로

$a_{10}=6+9d=-12$에서 $d=-2$

∴ $a_n=6+(n-1)\times(-2)=-2n+8$

$-2n+8\leq0$에서 $n\geq4$

따라서 수열 $\{a_n\}$은 첫째항부터 제3항까지는 양수이고 제4항부터는 0
또는 음수이다.

$a_3=2$, $a_4=0$, $a_{10}=-12$이므로

$|a_1|+|a_2|+|a_3|+\cdots+|a_{10}|$

$=a_1+a_2+a_3-(a_4+a_5+a_6+\cdots+a_{10})$

$=\dfrac{3(6+2)}{2}-\dfrac{7(0-12)}{2}$

$=12-(-42)=54$

12

100부터 150까지의 자연수 중에서 3으로 나누었을 때의 나머지가 1인
수를 작은 것부터 차례대로 나열하면

100, 103, 106, $\cdots$, 148

이때 $148=100+3\times16$에서 구하는 값은 첫째항이 100, 끝항이 148,
항수가 17인 등차수열의 합이므로

$\dfrac{17(100+148)}{2}=2108$

13

주어진 등차수열의 일반항 a_n은

$a_n=-17+(n-1)\times3=3n-20$

$3n-20>0$에서 $n>\dfrac{20}{3}=6.6\cdots$

즉, 수열 $\{a_n\}$은 제7항부터 양수이므로 첫째항부터 제6항까지의 합이
최소이다.

이때 $a_6=3\times6-20=-2$이므로 구하는 최솟값은

$S_6=\dfrac{6(-17-2)}{2}=-57$

14

등차수열 $\{a_n\}$의 첫째항을 a, 공차를 d라 하면

$a_3=a+2d=2$ $\qquad\qquad$ ······ ㉠

$S_5=S_8$에서 $\dfrac{5\{2a+(5-1)d\}}{2}=\dfrac{8\{2a+(8-1)d\}}{2}$

$10a+20d=16a+56d$ $\qquad$ ∴ $a=-6d$ $\quad$ ······ ㉡

㉠, ㉡을 연립하여 풀면 $a=3$, $d=-\dfrac{1}{2}$

∴ $a_n=3+(n-1)\times\left(-\dfrac{1}{2}\right)=-\dfrac{n}{2}+\dfrac{7}{2}$

$-\dfrac{n}{2}+\dfrac{7}{2}\leq0$에서 $n\geq7$

따라서 수열 $\{a_n\}$은 첫째항부터 제6항까지 양수이므로 첫째항부터 제
6항까지의 합이 최대이다. 그런데 $a_7=0$이므로 $S_6=S_7$이다.
따라서 S_n의 값이 최대가 되도록 하는 n의 최댓값은 7이다.

15

$S_n=n^2-6n+6$에서

(ⅰ) $n\geq2$일 때

$\quad a_n=S_n-S_{n-1}=n^2-6n+6-\{(n-1)^2-6(n-1)+6\}$
$\quad\quad=2n-7$

(ⅱ) $n=1$일 때, $a_1=S_1=1$

∴ $a_1=1$, $a_n=2n-7$ $(n\geq2)$

첫째항은 양수이고 $n\geq2$에서 $a_n=2n-7$이 성립하므로

$2n-7<0$에서 $n<\dfrac{7}{2}$

∴ $2\leq n<\dfrac{7}{2}$

따라서 구하는 자연수 n의 개수는 2, 3의 2이다.

16

$S_n=an^2+bn$에서 첫째항부터 제4항까지의 합이 20이므로

$S_4=16a+4b=20$ $\qquad$ ∴ $4a+b=5$ $\qquad$ ······ ㉠

또한 제4항이 11이므로

$a_4=S_4-S_3=16a+4b-(9a+3b)=7a+b=11$ $\quad$ ······ ㉡

㉠, ㉡을 연립하여 풀면 $a=2$, $b=-3$

∴ $a-b=2-(-3)=5$

Ⅲ. 수열

05 답 첫째항: 36, 공비: $\dfrac{1}{3}$

등비수열 $\{a_n\}$의 첫째항을 a, 공비를 r라 하면

$a_3=ar^2=4$, $a_5=ar^4=\dfrac{4}{9}$에서 $r^2=\dfrac{1}{9}$

∴ $r=\dfrac{1}{3}$ $(\because r>0)$

이를 $ar^2=4$에 대입하면 $a=36$

따라서 수열 $\{a_n\}$의 첫째항은 36, 공비는 $\dfrac{1}{3}$이다.

05-1 답 ①

등비수열 $\{a_n\}$의 첫째항을 a, 공비를 r라 하면
$$a_1+a_3=a+ar^2=a(1+r^2)=15 \qquad \cdots\cdots ㉠$$
$$a_4+a_6=ar^3+ar^5=ar^3(1+r^2)=-120 \qquad \cdots\cdots ㉡$$
㉡$\div$㉠을 하면 $r^3=-8$ $\therefore r=-2$
이를 ㉠에 대입하면
$5a=15$ $\therefore a=3$
따라서 $a_n=3\times(-2)^{n-1}$이므로
$$a_2+a_4=3\times(-2)+3\times(-2)^3$$
$$=-6-24=-30$$

05-2 답 3

서로 다른 세 수 $x-1$, $2x$, $5x+3$이 이 순서대로 등비수열을 이루므로
$(2x)^2=(x-1)(5x+3)$, $4x^2=5x^2-2x-3$
$x^2-2x-3=0$, $(x+1)(x-3)=0$
$\therefore x=-1$ 또는 $x=3$
(i) $x=-1$일 때, 세 수가 모두 -2가 되므로 서로 다른 세 수라는 조건에 모순이다.
(ii) $x=3$일 때, 세 수는 2, 6, 18
(i), (ii)에서 $x=3$

05-3 답 ⑤

$a_n=3\times2^{n-1}$이므로
$$4a_n-a_{n+1}=4\times3\times2^{n-1}-3\times2^n$$
$$=12\times2^{n-1}-6\times2^{n-1}$$
$$=6\times2^{n-1}$$
따라서 $a=6$, $r=2$이므로 $a+r=6+2=8$

06 답 ③

$a_n=18\times\left(\dfrac{1}{4}\right)^{n-1}$이므로
$$18\times\left(\dfrac{1}{4}\right)^{n-1}<\dfrac{1}{10}에서 \left(\dfrac{1}{4}\right)^{n-1}<\dfrac{1}{180}$$
이때 $\left(\dfrac{1}{4}\right)^3=\dfrac{1}{64}$, $\left(\dfrac{1}{4}\right)^4=\dfrac{1}{256}$이므로 $n-1\geq4$ $\therefore n\geq5$
따라서 처음으로 $\dfrac{1}{10}$보다 작아지는 항은 제5항이다.

06-1 답 ②

등비수열 $\{a_n\}$의 첫째항을 a, 공비를 r라 하면
$a_4=ar^3=-\dfrac{4}{3}$, $a_7=ar^6=-\dfrac{32}{3}$에서 $r^3=8$
즉, $r=2$이므로 이를 $ar^3=-\dfrac{4}{3}$에 대입하면 $a=-\dfrac{1}{6}$
$$\therefore a_n=-\dfrac{1}{6}\times2^{n-1}$$
$-\dfrac{1}{6}\times2^{k-1}<-50$에서 $2^{k-1}>300$
이때 $2^8=256$, $2^9=512$이므로 $k-1\geq9$ $\therefore k\geq10$
따라서 자연수 k의 최솟값은 10이다.

06-2 답 ④

등비수열 $\{a_n\}$의 첫째항을 a, 공비를 r라 하면
$a_3=ar^2=\dfrac{3}{2}$, $a_6=ar^5=12$에서 $r^3=8$
즉, $r=2$이므로 이를 $ar^2=\dfrac{3}{2}$에 대입하면 $a=\dfrac{3}{8}$
$$\therefore a_n=\dfrac{3}{8}\times2^{n-1}$$
$150<\dfrac{3}{8}\times2^{n-1}<600$에서 $400<2^{n-1}<1600$
이때 $2^8=256$, $2^9=512$, $2^{10}=1024$, $2^{11}=2048$이므로
$9\leq n-1\leq10$ $\therefore 10\leq n\leq11$
따라서 주어진 부등식을 만족시키는 모든 자연수 n의 값의 합은
$10+11=21$

07 답 $\dfrac{2^{15}}{3^{10}}$

한 변의 길이가 1인 정사각형의 넓이는 1이고
첫 번째 시행 후 남아 있는 도형의 넓이는 $1\times\dfrac{8}{9}$
두 번째 시행 후 남아 있는 도형의 넓이는 $1\times\left(\dfrac{8}{9}\right)^2$
세 번째 시행 후 남아 있는 도형의 넓이는 $1\times\left(\dfrac{8}{9}\right)^3$
$$\vdots$$
따라서 5번째 시행 후 남아 있는 도형의 넓이는
$$1\times\left(\dfrac{8}{9}\right)^5=\dfrac{2^{15}}{3^{10}}$$

07-1 답 ④

한 개의 필터를 통과할 때마다 공기 속 미세먼지를 95 % 제거하므로
필터 1개를 통과하고 남은 미세먼지의 양은 100×0.05
필터 2개를 통과하고 남은 미세먼지의 양은 100×0.05^2
필터 3개를 통과하고 남은 미세먼지의 양은 100×0.05^3
$$\vdots$$
따라서 필터가 6개 설치된 공기청정기를 거쳐 나온 공기에 남아 있는 미세먼지의 양은
$100\times0.05^6=5\times0.05^5$

07-2 답 $\dfrac{1}{512}$

S_1은 한 변의 길이가 1인 정사각형이므로 그 넓이는 1
S_2는 한 변의 길이가 $\dfrac{1}{\sqrt{2}}$인 정사각형이므로 그 넓이는 $\left(\dfrac{1}{\sqrt{2}}\right)^2$
S_3은 한 변의 길이가 $\left(\dfrac{1}{\sqrt{2}}\right)^2$인 정사각형이므로 그 넓이는 $\left(\dfrac{1}{\sqrt{2}}\right)^4$
$$\vdots$$
따라서 S_{10}은 한 변의 길이가 $\left(\dfrac{1}{\sqrt{2}}\right)^9$인 정사각형이므로 그 넓이는
$$\left(\dfrac{1}{\sqrt{2}}\right)^{18}=\left(\dfrac{1}{2}\right)^9=\dfrac{1}{512}$$

08 답 ①

등비수열 $\{a_n\}$의 첫째항을 a, 공비를 r라 하면
$a_2=ar=-6$, $a_6=ar^5=-96$에서 $r^4=16$
$\therefore r=2 \ (\because r>0)$
이를 $ar=-6$에 대입하면 $a=-3$
따라서 등비수열 $\{a_n\}$의 첫째항은 -3, 공비는 2이므로 첫째항부터 제6항까지의 합은
$$\frac{-3(2^6-1)}{2-1}=-189$$

08-1 답 ③

등비수열 $\{a_n\}$의 첫째항을 a, 공비를 r라 하면
$a_2=ar=2$, $a_3+a_4=ar^2+ar^3=ar^2(1+r)=24$에서
$r(1+r)=12$, $r^2+r-12=0$
$(r+4)(r-3)=0 \qquad \therefore r=3 \ (\because r>0)$
이를 $ar=2$에 대입하면 $a=\dfrac{2}{3}$

따라서 등비수열 $\{a_n\}$의 첫째항은 $\dfrac{2}{3}$, 공비는 3이므로 첫째항부터 제10항까지의 합은
$$\frac{\frac{2}{3}(3^{10}-1)}{3-1}=\frac{1}{3}(3^{10}-1)$$

08-2 답 ②

$a_n=\dfrac{3^{n-2}}{4}=\dfrac{1}{12}\times 3^{n-1}$에서 수열 $\{a_n\}$은 첫째항이 $\dfrac{1}{12}$, 공비가 3인 등비수열이므로
$$S_n=\frac{\frac{1}{12}(3^n-1)}{3-1}=\frac{1}{24}(3^n-1)$$
$S_n=\dfrac{91}{3}$에서 $\dfrac{1}{24}(3^n-1)=\dfrac{91}{3}$
$3^n=729=3^6 \qquad \therefore n=6$

09 답 $a_1=4$, $a_n=2\times 3^{n-1} \ (n\geq 2)$

$S_n=3^n+1$에서
(i) $n\geq 2$일 때
$\quad a_n=S_n-S_{n-1}=3^n+1-(3^{n-1}+1)$
$\qquad =3^{n-1}\times(3-1)=2\times 3^{n-1}$
(ii) $n=1$일 때, $a_1=S_1=3^1+1=4$
$\therefore a_1=4$, $a_n=2\times 3^{n-1} \ (n\geq 2)$

09-1 답 ②

$S_n=3^{n+1}-4$에서
(i) $n\geq 2$일 때
$\quad a_n=S_n-S_{n-1}=3^{n+1}-4-(3^n-4)$
$\qquad =3^n\times(3-1)=2\times 3^n$
(ii) $n=1$일 때, $a_1=S_1=3^2-4=5$
따라서 $a_1=5$, $a_n=2\times 3^n \ (n\geq 2)$이므로
$a_1+a_3=5+2\times 3^3=59$

09-2 답 ①

$S_n=2^{2n+1}+k$에서
(i) $n\geq 2$일 때
$\quad a_n=S_n-S_{n-1}=2^{2n+1}+k-(2^{2n-1}+k)$
$\qquad =2^{2n-1}\times(4-1)=3\times 2^{2n-1}$
(ii) $n=1$일 때, $a_1=S_1=2^3+k=8+k$
이때 수열 $\{a_n\}$이 첫째항부터 등비수열을 이루려면
$8+k=3\times 2^{2\times 1-1}$이어야 하므로 $8+k=6$
$\therefore k=-2$

다른 풀이

$2+k=0$일 때, 수열 $\{a_n\}$이 첫째항부터 등비수열을 이루므로 $k=-2$

10 답 ②

9년 말의 적립금의 원리합계는
$10+10(1+0.05)+\cdots+10(1+0.05)^8$
$$=\frac{10\times(1.05^9-1)}{1.05-1}=\frac{10\times(1.55-1)}{0.05}=110(만 \ 원)$$

10-1 답 ①

10년 말의 적립금의 원리합계는
$6(1+0.06)+6(1+0.06)^2+\cdots+6(1+0.06)^{10}$
$$=\frac{6\times 1.06\times(1.06^{10}-1)}{1.06-1}=\frac{6\times 1.06\times(1.79-1)}{0.06}=83.74(만 \ 원)$$

10-2 답 ③

매달 말에 a만 원을 적립한다고 하면 12개월 말의 적립금의 원리합계는
$a+a(1+0.02)+\cdots+a(1+0.02)^{11}$
$$=\frac{a(1.02^{12}-1)}{1.02-1}=\frac{a(1.27-1)}{0.02}=\frac{27}{2}a(만 \ 원)$$
이 원리합계가 378만 원이 되어야 하므로
$\dfrac{27}{2}a=378 \qquad \therefore a=28$

따라서 매달 적립해야 하는 금액은 28만 원이다.

DAY 09 2배속 REPEAT 51~52쪽

01 ①	02 ①	03 ⑤	04 108	05 ②
06 ④	07 ②	08 $\frac{122}{9}$	09 ④	10 63
11 ②	12 ①	13 ㄱ, ㄷ	14 ⑤	

01

등비수열 $\{a_n\}$의 첫째항을 a, 공비를 r라 하면
$a_2=ar=-6$
$a_8:a_{10}=4:9$에서 $ar^7:ar^9=4:9$, $4ar^9=9ar^7$
$r^2=\dfrac{9}{4}$이고 $r<0$이므로 $r=-\dfrac{3}{2}$
이를 $ar=-6$에 대입하면 $a=4$
$\therefore a_4=ar^3=4\times\left(-\dfrac{3}{2}\right)^3=-\dfrac{27}{2}$

02

등비수열 $\{a_n\}$의 첫째항을 a, 공비를 r라 하면

$\dfrac{a_1 a_2}{a_3}=\dfrac{a \times ar}{ar^2}=\dfrac{a}{r}=2$에서 $a=2r$ $\quad \cdots\cdots$ ㉠

$\dfrac{2a_2}{a_1}+\dfrac{a_4}{a_2}=\dfrac{2ar}{a}+\dfrac{ar^3}{ar}=2r+r^2=8$

$r^2+2r-8=0,\ (r+4)(r-2)=0 \quad \therefore r=2\ (\because r>0)$

$r=2$를 ㉠에 대입하면 $a=4$

$\therefore a_3=ar^2=4 \times 2^2=16$

03

등비수열 $\{a_n\}$의 첫째항을 a, 공비를 r라 하면 $a_n=ar^{n-1}$

수열 $\{2a_n+3a_{n+1}\}$이 첫째항이 24, 공비가 2인 등비수열이므로

$2a_n+3a_{n+1}=2ar^{n-1}+3ar^n=(2a+3ar)r^{n-1}$에서

$(2a+3ar)r^{n-1}=24 \times 2^{n-1}$

$r=2$이고, $2a+3ar=24$에서 $a=3$

$\therefore a_4=ar^3=3 \times 2^3=24$

04

세 수 a^n, $2^4 \times 3^6$, b^n이 이 순서대로 등비수열을 이루므로

$(2^4 \times 3^6)^2=a^n \times b^n \quad \therefore 2^8 \times 3^{12}=(ab)^n$

이때 n은 8과 12의 공약수이고, ab가 최소이려면 n이 최대이어야 한다.

즉, n이 8과 12의 최대공약수인 4일 때, $2^8 \times 3^{12}=(2^2 \times 3^3)^4=108^4$이

므로 ab의 최솟값은 108이다.

05

등비수열 $\{a_n\}$의 첫째항을 a, 공비를 r라 하면

$a_2+a_3=ar+ar^2=ar(1+r)=6$

$a_5+a_6=ar^4+ar^5=ar^4(1+r)=162$

$r^3=27$이므로 $r=3$이고, 이를 $ar+ar^2=6$에 대입하면 $a=\dfrac{1}{2}$

$\therefore a_n=\dfrac{1}{2} \times 3^{n-1}$

$\dfrac{1}{a_k}>\dfrac{1}{250}$에서 $a_k{}^2<250$, $\dfrac{1}{4} \times 3^{2k-2}<250$, $9^{k-1}<1000$

이때 $9^3=729$, $9^4=6561$이므로 $k-1 \leq 3 \quad \therefore k \leq 4$

따라서 $\dfrac{1}{a_k}>\dfrac{1}{250}$을 만족시키는 자연수 k의 최댓값은 4이다.

06

등비수열 $\{a_n\}$의 첫째항을 a, 공비를 r라 하면

$a_2 a_4=ar \times ar^3=a^2 r^4=16 \quad \therefore ar^2=\pm 4$

$a_3+a_6=ar^2+ar^5=ar^2(1+r^3)=-28 \quad \cdots\cdots$ ㉠

(i) $ar^2=4$일 때

　㉠에서 $4(1+r^3)=-28$, $1+r^3=-7$

　$r^3=-8 \quad \therefore r=-2$

(ii) $ar^2=-4$일 때

　㉠에서 $-4(1+r^3)=-28$, $1+r^3=7$

　$r^3=6 \quad \therefore r=\sqrt[3]{6}$

　그런데 $a_4=ar^3=-4\sqrt[3]{6}$이 되어 모든 항이 정수임에 모순이다.

(i), (ii)에서 $r=-2$, $a=1$이므로 $a_n=(-2)^{n-1}$

$a_n>500$에서 $(-2)^{n-1}>500$

n이 짝수인 경우 항상 $a_n<0$이므로 n이 홀수인 경우만 생각해 보면

$(-2)^{9-1}=(-2)^8=256$, $(-2)^{11-1}=(-2)^{10}=1024$이므로 처음으

로 500보다 커지는 항은 제11항이다.

07

한 변의 길이가 2인 정삼각형의 넓이는 $\dfrac{\sqrt{3}}{4} \times 2^2=\sqrt{3}$이고

첫 번째 시행 후 남아 있는 도형의 넓이는 $\sqrt{3} \times \dfrac{3}{4}$

두 번째 시행 후 남아 있는 도형의 넓이는 $\sqrt{3} \times \left(\dfrac{3}{4}\right)^2$

세 번째 시행 후 남아 있는 도형의 넓이는 $\sqrt{3} \times \left(\dfrac{3}{4}\right)^3$

$\vdots$

따라서 8번째 시행 후 남아 있는 도형의 넓이는 $\sqrt{3} \times \left(\dfrac{3}{4}\right)^8$

08

등비수열 $\{a_n\}$의 첫째항을 a, 공비를 r라 하면

$a_3=ar^2=2$, $a_5=ar^4=18$에서 $r^2=9$이므로 $r=\pm 3$

$r^2=9$를 $ar^2=2$에 대입하면 $a=\dfrac{2}{9}$

(i) $r=3$일 때, $a_2=ar=\dfrac{2}{9} \times 3=\dfrac{2}{3}$이므로 $a_2<0$임에 모순이다.

(ii) $r=-3$일 때, $a_2=ar=\dfrac{2}{9} \times (-3)=-\dfrac{2}{3}<0$이므로 성립한다.

(i), (ii)에서 $r=-3$이므로 첫째항부터 제5항까지의 합은

$\dfrac{\dfrac{2}{9}\{1-(-3)^5\}}{1-(-3)}=\dfrac{122}{9}$

09

등비수열 $\{a_n\}$의 첫째항을 a, 공비를 r라 하면

$a_2=ar=6$, $a_5=ar^4=48$에서 $r^3=8$이므로 $r=2$

$r=2$를 $ar=6$에 대입하면 $a=3$이므로

$S_n=\dfrac{3(2^n-1)}{2-1}=3(2^n-1)$

$S_n=381$에서 $3(2^n-1)=381$

$2^n=128 \quad \therefore n=7$

10

등비수열 $\{a_n\}$의 공비를 r라 하면

$S_9-S_5=\dfrac{7(r^9-1)}{r-1}-\dfrac{7(r^5-1)}{r-1}=\dfrac{7(r^9-r^5)}{r-1}$

$S_6-S_2=\dfrac{7(r^6-1)}{r-1}-\dfrac{7(r^2-1)}{r-1}=\dfrac{7(r^6-r^2)}{r-1}$

이므로

$\dfrac{S_9-S_5}{S_6-S_2}=\dfrac{r^9-r^5}{r^6-r^2}=\dfrac{r^5(r^4-1)}{r^2(r^4-1)}=r^3=3$

$\therefore a_7=7r^6=7 \times 3^2=63$

11

등비수열 $\{a_n\}$의 첫째항을 a, 공비를 r라 하면
$$a_1+a_2+a_3+a_4+a_5=a+ar+ar^2+ar^3+ar^4=13$$
$$a_6+a_7+a_8+a_9+a_{10}=ar^5+ar^6+ar^7+ar^8+ar^9$$
$$=r^5(a+ar+ar^2+ar^3+ar^4)=52$$
즉, $13r^5=52$이므로 $r^5=4$
$$\therefore a_{11}+a_{12}+a_{13}+a_{14}+a_{15}=ar^{10}+ar^{11}+ar^{12}+ar^{13}+ar^{14}$$
$$=r^{10}(a+ar+ar^2+ar^3+ar^4)$$
$$=4^2\times13=208$$
$$\therefore a_1+a_2+a_3+\cdots+a_{15}=13+52+208=273$$

다른 풀이

등비수열 $\{a_n\}$의 첫째항을 a, 공비를 r라 하고 첫째항부터 제n항까지의 합을 S_n이라 하면
$$a_1+a_2+a_3+a_4+a_5=S_5=13 \qquad \cdots\cdots \text{㉠}$$
$$a_6+a_7+a_8+a_9+a_{10}=S_{10}-S_5=52 \qquad \cdots\cdots \text{㉡}$$
㉠에서 $\dfrac{a(r^5-1)}{r-1}=13 \qquad\qquad \cdots\cdots \text{㉢}$

㉡에서 $\dfrac{a(r^{10}-1)}{r-1}-\dfrac{a(r^5-1)}{r-1}=52,\ \dfrac{a(r^{10}-r^5)}{r-1}=52$

$\dfrac{ar^5(r^5-1)}{r-1}=52 \qquad \therefore r^5=4\ (\because \text{㉢})$

$$\therefore a_1+a_2+a_3+\cdots+a_{15}=S_{15}=\dfrac{a(r^{15}-1)}{r-1}$$
$$=\dfrac{a(r^5-1)(r^{10}+r^5+1)}{r-1}$$
$$=\dfrac{a(r^5-1)}{r-1}\times(4^2+4+1)$$
$$=13\times21=273$$

12

$S_n=k\times2^{n+1}+4$에서

(i) $n\geq2$일 때
$$a_n=S_n-S_{n-1}=k\times2^{n+1}+4-(k\times2^n+4)$$
$$=k\times2^n\times(2-1)=k\times2^n$$

(ii) $n=1$일 때, $a_1=S_1=4k+4$

이때 수열 $\{a_n\}$이 첫째항부터 등비수열을 이루려면
$4k+4=k\times2^1$이어야 하므로 $4k+4=2k$
$$\therefore k=-2$$

다른 풀이

$2k+4=0$일 때, 수열 $\{a_n\}$이 첫째항부터 등비수열을 이루므로
$$k=-2$$

13

ㄱ. $S_n=2\times3^n-2$에서

(i) $n\geq2$일 때
$$a_n=S_n-S_{n-1}=2\times3^n-2-(2\times3^{n-1}-2)$$
$$=2\times3^{n-1}\times(3-1)=4\times3^{n-1}$$

(ii) $n=1$일 때, $a_1=S_1=2\times3^1-2=4$

$\therefore a_n=4\times3^{n-1}$ (참)

ㄴ. $a_{3n}=4\times3^{3n-1}=36\times27^{n-1}$이므로 수열 $\{a_{3n}\}$의 공비는 27이다.

(거짓)

ㄷ. $a_5+a_6+a_7+a_8=S_8-S_4$
$$=2\times3^8-2-(2\times3^4-2)$$
$$=2\times3^4\times(3^4-1)$$
$$=2\times81\times80=12960\ (\text{참})$$

따라서 옳은 것은 ㄱ, ㄷ이다.

14

9년 말의 적립금의 원리합계는
$$a(1+0.04)+a(1+0.04)^2+\cdots+a(1+0.04)^9$$
$$=\dfrac{a\times1.04\times(1.04^9-1)}{1.04-1}=\dfrac{a\times1.04\times(1.42-1)}{0.04}$$
$$=10.92a\,(\text{만 원})$$

이 원리합계가 1092만 원이 되어야 하므로
$$10.92a=1092 \qquad \therefore a=100$$

III. 수열

<table><tr><td>DAY **10**</td><td>**수열의 합**</td><td>53 ~ 55쪽</td></tr></table>

11 답 510

$$\sum_{k=1}^{100}(a_k+2)^2=\sum_{k=1}^{100}(a_k^2+4a_k+4)$$
$$=\sum_{k=1}^{100}a_k^2+4\sum_{k=1}^{100}a_k+\sum_{k=1}^{100}4$$
$$=30+4\times20+4\times100=510$$

11-1 답 ②

$$\sum_{k=1}^{15}(a_k+b_k)^2=\sum_{k=1}^{15}(a_k^2+2a_kb_k+b_k^2)=17$$
$$\sum_{k=1}^{15}(a_k-b_k)^2=\sum_{k=1}^{15}(a_k^2-2a_kb_k+b_k^2)=5$$
이므로
$$\sum_{k=1}^{15}(a_k^2+2a_kb_k+b_k^2)-\sum_{k=1}^{15}(a_k^2-2a_kb_k+b_k^2)$$
$$=\sum_{k=1}^{15}4a_kb_k=4\sum_{k=1}^{15}a_kb_k=17-5=12$$
$$\therefore \sum_{k=1}^{15}a_kb_k=3$$

11-2 답 ②

$\sum\limits_{k=1}^{n}a_k=n^2+n$이므로 $\sum\limits_{k=1}^{5}a_k=5^2+5=30$

$\sum\limits_{k=1}^{n}b_k=-3n$이므로 $\sum\limits_{k=1}^{5}b_k=-3\times5=-15$

$$\therefore \sum_{k=1}^{5}(a_k+2b_k-3)=\sum_{k=1}^{5}a_k+2\sum_{k=1}^{5}b_k-\sum_{k=1}^{5}3$$
$$=30+2\times(-15)-3\times5$$
$$=-15$$

12 답 ④

$$\sum_{k=1}^{10}(k+1)^3-\sum_{k=1}^{10}(k+1)^2$$
$$=\sum_{k=1}^{10}(k^3+3k^2+3k+1)-\sum_{k=1}^{10}(k^2+2k+1)$$
$$=\sum_{k=1}^{10}(k^3+2k^2+k)$$
$$=\sum_{k=1}^{10}k^3+2\sum_{k=1}^{10}k^2+\sum_{k=1}^{10}k$$
$$=\left(\frac{10\times11}{2}\right)^2+2\times\frac{10\times11\times21}{6}+\frac{10\times11}{2}$$
$$=3025+770+55=3850$$

12-1 답 ⑤

$$\sum_{k=1}^{6}(k-1)(k^2+k-2)=\sum_{k=1}^{6}(k^3-3k+2)$$
$$=\sum_{k=1}^{6}k^3-3\sum_{k=1}^{6}k+\sum_{k=1}^{6}2$$
$$=\left(\frac{6\times7}{2}\right)^2-3\times\frac{6\times7}{2}+2\times6$$
$$=441-63+12=390$$

12-2 답 ③

첫째항이 1이고 공차가 4인 등차수열 $\{a_n\}$의 첫째항부터 제n항까지의 합 S_n은

$$S_n=\frac{n\{2\times1+(n-1)\times4\}}{2}=2n^2-n$$
$$\therefore \sum_{k=1}^{10}S_k=\sum_{k=1}^{10}(2k^2-k)$$
$$=2\sum_{k=1}^{10}k^2-\sum_{k=1}^{10}k$$
$$=2\times\frac{10\times11\times21}{6}-\frac{10\times11}{2}$$
$$=770-55=715$$

13 답 ①

$$\sum_{k=1}^{5}\left\{\sum_{l=1}^{10}(k+l)\right\}=\sum_{k=1}^{5}\left(\sum_{l=1}^{10}k+\sum_{l=1}^{10}l\right)$$
$$=\sum_{k=1}^{5}\left(10k+\frac{10\times11}{2}\right)$$
$$=\sum_{k=1}^{5}(10k+55)$$
$$=10\sum_{k=1}^{5}k+\sum_{k=1}^{5}55$$
$$=10\times\frac{5\times6}{2}+55\times5$$
$$=150+275=425$$

13-1 답 5

$$\sum_{m=1}^{n}\left\{\sum_{l=1}^{12}\left(\sum_{k=1}^{m}k\right)\right\}=\sum_{m=1}^{n}\left\{\sum_{l=1}^{12}\frac{m(m+1)}{2}\right\}$$
$$=\sum_{m=1}^{n}\left\{\frac{m(m+1)}{2}\times12\right\}$$

$$=\sum_{m=1}^{n}(6m^2+6m)$$
$$=6\sum_{m=1}^{n}m^2+6\sum_{m=1}^{n}m$$
$$=6\times\frac{n(n+1)(2n+1)}{6}+6\times\frac{n(n+1)}{2}$$
$$=2n(n+1)(n+2)$$

즉, $2n(n+1)(n+2)=420$이므로

$$n(n+1)(n+2)=210=5\times6\times7$$
$$\therefore n=5$$

13-2 답 ④

$$\sum_{k=1}^{m}\left\{\sum_{l=1}^{n}(k-l)\right\}=\sum_{k=1}^{m}\left(\sum_{l=1}^{n}k-\sum_{l=1}^{n}l\right)$$
$$=\sum_{k=1}^{m}\left\{kn-\frac{n(n+1)}{2}\right\}$$
$$=n\sum_{k=1}^{m}k-\sum_{k=1}^{m}\frac{n(n+1)}{2}$$
$$=n\times\frac{m(m+1)}{2}-\frac{n(n+1)}{2}\times m$$
$$=\frac{mn}{2}(m-n)$$
$$=\frac{12}{2}\times1=6$$

14 답 ③

수열 $\{a_n\}$의 첫째항부터 제n항까지의 합을 S_n이라 하면

$$S_n=\sum_{k=1}^{n}a_k=n^2+2n$$

(i) $n\geq2$일 때
$$a_n=S_n-S_{n-1}=n^2+2n-\{(n-1)^2+2(n-1)\}$$
$$=2n+1$$
(ii) $n=1$일 때, $a_1=S_1=1^2+2\times1=3$
$$\therefore a_n=2n+1$$
$$\therefore \sum_{k=1}^{10}(k-1)a_{2k}=\sum_{k=1}^{10}(k-1)(4k+1)$$
$$=\sum_{k=1}^{10}(4k^2-3k-1)$$
$$=4\sum_{k=1}^{10}k^2-3\sum_{k=1}^{10}k-\sum_{k=1}^{10}1$$
$$=4\times\frac{10\times11\times21}{6}-3\times\frac{10\times11}{2}-1\times10$$
$$=1540-165-10=1365$$

14-1 답 ③

수열 $\{a_n\}$의 첫째항부터 제n항까지의 합을 S_n이라 하면

$$S_n=\sum_{k=1}^{n}a_k=n^2+n$$

(i) $n\geq2$일 때
$$a_n=S_n-S_{n-1}=n^2+n-\{(n-1)^2+(n-1)\}$$
$$=2n$$
(ii) $n=1$일 때, $a_1=S_1=1^2+1=2$
$$\therefore a_n=2n$$

$$\therefore \sum_{k=1}^{5}(k^2 a_k - 2k a_{2k} + a_{k+1})$$

$$=\sum_{k=1}^{5}(k^2 \times 2k - 2k \times 4k + 2k + 2)$$

$$=\sum_{k=1}^{5}(2k^3 - 8k^2 + 2k + 2)$$

$$=2\sum_{k=1}^{5}k^3 - 8\sum_{k=1}^{5}k^2 + 2\sum_{k=1}^{5}k + \sum_{k=1}^{5}2$$

$$=2\times\left(\frac{5\times6}{2}\right)^2 - 8\times\frac{5\times6\times11}{6} + 2\times\frac{5\times6}{2} + 2\times5$$

$$=450 - 440 + 30 + 10 = 50$$

14-2 답 ①

$$\sum_{k=1}^{10}a_k - \sum_{k=1}^{8}a_{k+1} = \sum_{k=1}^{10}a_k - \sum_{k=2}^{9}a_k = a_1 + a_{10}$$

$$a_1 = \sum_{k=1}^{1}a_k = 1^2 - 3\times1 - 1 = -3$$

$$a_{10} = \sum_{k=1}^{10}a_k - \sum_{k=1}^{9}a_k = 10^2 - 3\times10 - 1 - (9^2 - 3\times9 - 1) = 16$$

$$\therefore \sum_{k=1}^{10}a_k - \sum_{k=1}^{8}a_{k+1} = a_1 + a_{10} = -3 + 16 = 13$$

14-3 답 $\dfrac{3}{16}\times\left\{1-\left(\dfrac{1}{9}\right)^{10}\right\}$

수열 $\{a_n\}$의 첫째항부터 제n항까지의 합을 S_n이라 하면

$$S_n = \sum_{k=1}^{n}a_k = 3^{n+1} - 3$$

(i) $n\geq2$일 때

$$a_n = S_n - S_{n-1} = 3^{n+1} - 3 - (3^n - 3)$$
$$= 2\times3^n$$

(ii) $n=1$일 때, $a_1 = S_1 = 3^2 - 3 = 6$

$$\therefore a_n = 2\times3^n$$

$$\therefore \sum_{k=1}^{10}\frac{1}{a_{2k-1}} = \sum_{k=1}^{10}\frac{1}{2\times3^{2k-1}} = \frac{\frac{1}{6}\left\{1-\left(\frac{1}{9}\right)^{10}\right\}}{1-\frac{1}{9}}$$

$$= \frac{3}{16}\times\left\{1-\left(\frac{1}{9}\right)^{10}\right\}$$

15 답 $\dfrac{7}{16}$

$$\frac{1}{(n+1)(n+2)} = \frac{1}{n+1} - \frac{1}{n+2}$$ 이므로

$$\frac{1}{2\times3} + \frac{1}{3\times4} + \frac{1}{4\times5} + \cdots + \frac{1}{15\times16}$$

$$=\left(\frac{1}{2}-\frac{1}{3}\right) + \left(\frac{1}{3}-\frac{1}{4}\right) + \left(\frac{1}{4}-\frac{1}{5}\right) + \cdots + \left(\frac{1}{15}-\frac{1}{16}\right)$$

$$=\frac{1}{2} - \frac{1}{16} = \frac{7}{16}$$

15-1 답 ①

등차수열 $\{a_n\}$의 첫째항이 3이고 공차가 2이므로 수열 $\{a_n\}$의 첫째항부터 제n항까지의 합 S_n은

$$S_n = \frac{n\{2\times3 + (n-1)\times2\}}{2} = n^2 + 2n$$

$$\therefore \sum_{n=1}^{8}\frac{1}{S_n} = \sum_{n=1}^{8}\frac{1}{n^2+2n} = \sum_{n=1}^{8}\frac{1}{n(n+2)}$$

$$=\sum_{n=1}^{8}\frac{1}{2}\left(\frac{1}{n} - \frac{1}{n+2}\right) = \frac{1}{2}\sum_{n=1}^{8}\left(\frac{1}{n} - \frac{1}{n+2}\right)$$

$$=\frac{1}{2}\times\left\{\left(1-\frac{1}{3}\right) + \left(\frac{1}{2}-\frac{1}{4}\right) + \left(\frac{1}{3}-\frac{1}{5}\right)\right.$$
$$\left. + \cdots + \left(\frac{1}{7}-\frac{1}{9}\right) + \left(\frac{1}{8}-\frac{1}{10}\right)\right\}$$

$$=\frac{1}{2}\times\left(1+\frac{1}{2}-\frac{1}{9}-\frac{1}{10}\right) = \frac{29}{45}$$

15-2 답 ③

주어진 수열의 일반항을 a_n이라 하면

$$a_n = \frac{1}{\sqrt{n} + \sqrt{n+1}}$$

$$\therefore \sum_{k=1}^{20}a_k = \sum_{k=1}^{20}\frac{1}{\sqrt{k} + \sqrt{k+1}}$$

$$=\sum_{k=1}^{20}\frac{\sqrt{k} - \sqrt{k+1}}{(\sqrt{k} + \sqrt{k+1})(\sqrt{k} - \sqrt{k+1})}$$

$$=\sum_{k=1}^{20}(\sqrt{k+1} - \sqrt{k})$$

$$=(\sqrt{2}-1) + (\sqrt{3}-\sqrt{2}) + (\sqrt{4}-\sqrt{3}) + \cdots + (\sqrt{21}-\sqrt{20})$$

$$=\sqrt{21} - 1$$

15-3 답 60

$$\sum_{k=1}^{m}a_k = \sum_{k=1}^{m}\frac{1}{\sqrt{2k-1} + \sqrt{2k+1}}$$

$$=\sum_{k=1}^{m}\frac{\sqrt{2k-1} - \sqrt{2k+1}}{(\sqrt{2k-1} + \sqrt{2k+1})(\sqrt{2k-1} - \sqrt{2k+1})}$$

$$=\sum_{k=1}^{m}\frac{1}{2}(\sqrt{2k+1} - \sqrt{2k-1})$$

$$=\frac{1}{2}\sum_{k=1}^{m}(\sqrt{2k+1} - \sqrt{2k-1})$$

$$=\frac{1}{2}\{(\sqrt{3}-1) + (\sqrt{5}-\sqrt{3}) + (\sqrt{7}-\sqrt{5})$$
$$+ \cdots + (\sqrt{2m+1}-\sqrt{2m-1})\}$$

$$=\frac{1}{2}(\sqrt{2m+1} - 1)$$

즉, $\dfrac{1}{2}(\sqrt{2m+1}-1) = 5$이므로 $\sqrt{2m+1} = 11$

$$2m+1 = 121 \qquad \therefore m = 60$$

16 답 ③

$S = 1\times1 + 2\times\dfrac{1}{2} + 3\times\dfrac{1}{2^2} + \cdots + 10\times\dfrac{1}{2^9}$ 이라 하면

$$S = 1\times1 + 2\times\frac{1}{2} + 3\times\frac{1}{2^2} + \cdots + 10\times\frac{1}{2^9}$$

$$-\left)\ \frac{1}{2}S = \qquad 1\times\frac{1}{2} + 2\times\frac{1}{2^2} + \cdots + 9\times\frac{1}{2^9} + 10\times\frac{1}{2^{10}}\right.$$

$$\frac{1}{2}S = 1 + \frac{1}{2} + \frac{1}{2^2} + \cdots + \frac{1}{2^9} - 10\times\frac{1}{2^{10}}$$

$$=\frac{1\times\left\{1-\left(\frac{1}{2}\right)^{10}\right\}}{1-\frac{1}{2}} - 10\times\frac{1}{2^{10}}$$

$$=2 - \frac{3}{2^8}$$

$$\therefore S = 4 - \frac{3}{2^7}$$

따라서 $a=4$, $b=-3$이므로 $a+b=4+(-3)=1$

16-1 답 ②

$S=1\times\frac{1}{3}+3\times\frac{1}{3^2}+5\times\frac{1}{3^3}+\cdots+15\times\frac{1}{3^8}$이라 하면

$$S=1\times\frac{1}{3}+3\times\frac{1}{3^2}+5\times\frac{1}{3^3}+\cdots+15\times\frac{1}{3^8}$$

$$-\Big)\ \frac{1}{3}S=\qquad\ 1\times\frac{1}{3^2}+3\times\frac{1}{3^3}+\cdots+13\times\frac{1}{3^8}+15\times\frac{1}{3^9}$$

$$\frac{2}{3}S=\frac{1}{3}+2\Big(\frac{1}{3^2}+\frac{1}{3^3}+\cdots+\frac{1}{3^8}\Big)-15\times\frac{1}{3^9}$$

$$=\frac{1}{3}+2\times\frac{\frac{1}{3^2}\times\left\{1-\left(\frac{1}{3}\right)^7\right\}}{1-\frac{1}{3}}-15\times\frac{1}{3^9}$$

$$=\frac{2}{3}-\frac{2}{3^7}$$

$$\therefore S=1-\frac{1}{3^6}$$

16-2 답 ②

$S=1-3\times2+5\times2^2-\cdots-15\times2^7$이라 하면

$$S=1-3\times2+5\times2^2-\cdots-15\times2^7$$

$$-\Big)\ -2S=\ -1\times2+3\times2^2-\cdots-13\times2^7+15\times2^8$$

$$3S=1+2\times\{(-2)+(-2)^2+(-2)^3+\cdots+(-2)^7\}-15\times2^8$$

$$=1+2\times\frac{(-2)\times\{1-(-2)^7\}}{1-(-2)}-15\times2^8$$

$$=-\frac{1}{3}-\frac{47}{3}\times2^8$$

$$\therefore S=-\frac{1}{9}-\frac{47}{9}\times2^8$$

따라서 $a=-\frac{1}{9}$, $b=-\frac{47}{9}$이므로 $a+b=-\frac{1}{9}-\frac{47}{9}=-\frac{16}{3}$

<table>
<tr><td colspan="5">DAY10　2배속 REPEAT　　　56~58쪽</td></tr>
<tr><td>01 90</td><td>02 ②</td><td>03 ③</td><td>04 ②</td><td>05 ①</td></tr>
<tr><td>06 $\frac{497}{20}$</td><td>07 ④</td><td>08 ③</td><td>09 $\frac{5}{3}$</td><td>10 ②</td></tr>
<tr><td>11 ④</td><td>12 ②</td><td>13 21</td><td>14 ①</td><td>15 201</td></tr>
<tr><td>16 9</td><td>17 $\frac{\sqrt5}{2}+\frac{\sqrt{23}}{2}-2$</td><td>18 ①</td><td>19 ③</td><td></td></tr>
</table>

01

$$\sum_{k=1}^{50}ka_k=a_1+2a_2+3a_3+\cdots+50a_{50}=450$$

$$\sum_{k=1}^{49}ka_{k+1}=a_2+2a_3+3a_4+\cdots+49a_{50}=360$$

$$\therefore \sum_{k=1}^{50}a_k=a_1+a_2+a_3+\cdots+a_{50}$$
$$=(a_1+2a_2+3a_3+\cdots+50a_{50})$$
$$-(a_2+2a_3+3a_4+\cdots+49a_{50})$$
$$=\sum_{k=1}^{50}ka_k-\sum_{k=1}^{49}ka_{k+1}$$
$$=450-360=90$$

다른 풀이

$\displaystyle\sum_{k=1}^{49}ka_{k+1}=\sum_{k=2}^{50}(k-1)a_k=\sum_{k=1}^{50}(k-1)a_k$이므로

$$\sum_{k=1}^{50}ka_k-\sum_{k=1}^{49}ka_{k+1}=\sum_{k=1}^{50}ka_k-\sum_{k=1}^{50}(k-1)a_k$$
$$=\sum_{k=1}^{50}a_k=450-360=90$$

02

$$\sum_{k=1}^{100}\frac{6^k-4^k}{5^k}=\sum_{k=1}^{100}\left(\frac{6}{5}\right)^k-\sum_{k=1}^{100}\left(\frac{4}{5}\right)^k$$

$$=\frac{\frac{6}{5}\times\left\{\left(\frac{6}{5}\right)^{100}-1\right\}}{\frac{6}{5}-1}-\frac{\frac{4}{5}\times\left\{1-\left(\frac{4}{5}\right)^{100}\right\}}{1-\frac{4}{5}}$$

$$=6\times\left\{\left(\frac{6}{5}\right)^{100}-1\right\}-4\times\left\{1-\left(\frac{4}{5}\right)^{100}\right\}$$

$$=4\times\left(\frac{4}{5}\right)^{100}+6\times\left(\frac{6}{5}\right)^{100}-10$$

따라서 $a=4$, $b=6$, $c=-10$이므로

$$a+b+c=4+6-10=0$$

03

선분 OA를 $2^n:1$로 내분하는 점 P_n의 좌표는 $\left(\dfrac{2^n}{2^n+1},\ 0\right)$이므로

$$l_n=\frac{2^n}{2^n+1}$$

$$\therefore \sum_{n=1}^{10}\frac{1}{l_n}=\sum_{n=1}^{10}\frac{2^n+1}{2^n}=\sum_{n=1}^{10}\left(1+\frac{1}{2^n}\right)=\sum_{n=1}^{10}1+\sum_{n=1}^{10}\frac{1}{2^n}$$

$$=1\times10+\frac{\frac{1}{2}\times\left\{1-\left(\frac{1}{2}\right)^{10}\right\}}{1-\frac{1}{2}}=11-\left(\frac{1}{2}\right)^{10}$$

04

$$\sum_{k=1}^{10}(k^2+ak+2)=\sum_{k=1}^{10}k^2+a\sum_{k=1}^{10}k+\sum_{k=1}^{10}2$$

$$=\frac{10\times11\times21}{6}+a\times\frac{10\times11}{2}+2\times10$$

$$=385+55a+20=55a+405$$

따라서 $55a+405=295$이므로 $a=-2$

05

이차방정식의 근과 계수의 관계에 의하여

$$\alpha_k+\beta_k=-k,\ \alpha_k\beta_k=k-1$$
$$\therefore (\alpha_k-\beta_k)^2=(\alpha_k+\beta_k)^2-4\alpha_k\beta_k$$
$$=(-k)^2-4(k-1)$$
$$=k^2-4k+4$$

$$\therefore \sum_{k=1}^{5}(\alpha_k-\beta_k)^2=\sum_{k=1}^{5}(k^2-4k+4)$$
$$=\sum_{k=1}^{5}k^2-4\sum_{k=1}^{5}k+\sum_{k=1}^{5}4$$
$$=\frac{5\times6\times11}{6}-4\times\frac{5\times6}{2}+4\times5$$
$$=55-60+20=15$$

06

$$\left(1+\frac{1}{10}\right)^2+\left(1+\frac{2}{10}\right)^2+\left(1+\frac{3}{10}\right)^2+\cdots+2^2$$
$$=\sum_{k=1}^{10}\left(1+\frac{k}{10}\right)^2$$
$$=\sum_{k=1}^{10}\left(1+\frac{k}{5}+\frac{k^2}{100}\right)$$
$$=\sum_{k=1}^{10}1+\frac{1}{5}\sum_{k=1}^{10}k+\frac{1}{100}\sum_{k=1}^{10}k^2$$
$$=1\times10+\frac{1}{5}\times\frac{10\times11}{2}+\frac{1}{100}\times\frac{10\times11\times21}{6}$$
$$=10+11+\frac{77}{20}=\frac{497}{20}$$

07

$$\sum_{k=1}^{7}(x-k)^2=\sum_{k=1}^{7}(x^2-2kx+k^2)$$
$$=\sum_{k=1}^{7}x^2-2x\sum_{k=1}^{7}k+\sum_{k=1}^{7}k^2$$
$$=7x^2-2x\times\frac{7\times8}{2}+\frac{7\times8\times15}{6}$$
$$=7x^2-56x+140$$
$$=7(x-4)^2+28$$

따라서 주어진 식은 $x=4$일 때, 최솟값 28을 가지므로 $c=4$, $m=28$

$$\therefore c+m=4+28=32$$

08

곡선 $y=\sqrt{x}$와 직선 $y=k$의 교점은 $\mathrm{P}_k(k^2,\ k)$

곡선 $y=\sqrt{x}-1$과 직선 $y=k$의 교점은 $\mathrm{Q}_k((k+1)^2,\ k)$

$$\therefore \overline{\mathrm{P}_k\mathrm{Q}_k}^2=\{(k+1)^2-k^2\}^2=4k^2+4k+1$$
$$\therefore \sum_{k=1}^{5}\overline{\mathrm{P}_k\mathrm{Q}_k}^2=\sum_{k=1}^{5}(4k^2+4k+1)$$
$$=4\sum_{k=1}^{5}k^2+4\sum_{k=1}^{5}k+\sum_{k=1}^{5}1$$
$$=4\times\frac{5\times6\times11}{6}+4\times\frac{5\times6}{2}+1\times5$$
$$=220+60+5=285$$

09

$$1\times n+2\times(n+1)+3\times(n+2)+\cdots+n\times(2n-1)$$
$$=\sum_{k=1}^{n}k(n+k-1)=\sum_{k=1}^{n}(nk+k^2-k)$$
$$=n\sum_{k=1}^{n}k+\sum_{k=1}^{n}k^2-\sum_{k=1}^{n}k=(n-1)\sum_{k=1}^{n}k+\sum_{k=1}^{n}k^2$$
$$=(n-1)\times\frac{n(n+1)}{2}+\frac{n(n+1)(2n+1)}{6}$$
$$=\frac{5}{6}n^3+\frac{1}{2}n^2-\frac{1}{3}n$$

따라서 $a=\dfrac{5}{6}$, $b=\dfrac{1}{2}$, $c=-\dfrac{1}{3}$, $d=0$이므로

$$|a|+|b|+|c|+|d|=\frac{5}{6}+\frac{1}{2}+\frac{1}{3}+0=\frac{5}{3}$$

10

$$\sum_{i=1}^{4}\left\{\sum_{j=1}^{n}(i^2+j)\right\}=\sum_{i=1}^{4}\left(\sum_{j=1}^{n}i^2+\sum_{j=1}^{n}j\right)$$
$$=\sum_{i=1}^{4}\left\{ni^2+\frac{n(n+1)}{2}\right\}$$
$$=n\sum_{i=1}^{4}i^2+\sum_{i=1}^{4}\frac{n(n+1)}{2}$$
$$=n\times\frac{4\times5\times9}{6}+\frac{n(n+1)}{2}\times4$$
$$=2n^2+32n$$

즉, $2n^2+32n=210$이므로 $n^2+16n-105=0$

$$(n+21)(n-5)=0\qquad \therefore n=5\ (\because n\text{은 자연수})$$

11

다항식 $P(x)=x^2-nx-n^2+l$을 $x-2n$으로 나누었을 때의 나머지 a_n은 나머지정리에 의하여

$$a_n=P(2n)=(2n)^2-n\times2n-n^2+l=n^2+l$$
$$\therefore \sum_{l=1}^{6}\left(\sum_{k=1}^{4}a_k\right)=\sum_{l=1}^{6}\left\{\sum_{k=1}^{4}(k^2+l)\right\}$$
$$=\sum_{l=1}^{6}\left(\frac{4\times5\times9}{6}+l\times4\right)$$
$$=\sum_{l=1}^{6}(30+4l)$$
$$=30\times6+4\times\frac{6\times7}{2}$$
$$=180+84=264$$

12

수열 $\{a_n\}$의 첫째항부터 제n항까지의 합을 S_n이라 하면

$$S_n=\sum_{k=1}^{n}a_k=n^2-3n$$

(i) $n\geq2$일 때

$$a_n=S_n-S_{n-1}=n^2-3n-\{(n-1)^2-3(n-1)\}$$
$$=2n-4$$

(ii) $n=1$일 때, $a_1=S_1=1^2-3\times1=-2$

$$\therefore a_n=2n-4$$
$$\therefore \sum_{k=1}^{5}(a_k^2-a_k)=\sum_{k=1}^{5}\{(2k-4)^2-(2k-4)\}$$
$$=\sum_{k=1}^{5}(4k^2-18k+20)$$
$$=4\sum_{k=1}^{5}k^2-18\sum_{k=1}^{5}k+\sum_{k=1}^{5}20$$
$$=4\times\frac{5\times6\times11}{6}-18\times\frac{5\times6}{2}+20\times5$$
$$=220-270+100=50$$

13

수열 $\{a_n\}$의 첫째항부터 제n항까지의 합을 S_n이라 하면

$$S_n=\sum_{k=1}^{n}a_k=\log\frac{(n+1)(n+2)}{2}$$

(i) $n \geq 2$일 때

$$a_n = S_n - S_{n-1} = \log \frac{(n+1)(n+2)}{2} - \log \frac{n(n+1)}{2}$$

$$= \log \frac{n+2}{n}$$

(ii) $n=1$일 때, $a_1 = S_1 = \log \frac{2 \times 3}{2} = \log 3$

$$\therefore a_n = \log \frac{n+2}{n}$$

$$\therefore \sum_{k=1}^{20} a_{2k} = \sum_{k=1}^{20} \log \frac{2k+2}{2k}$$

$$= \sum_{k=1}^{20} \log \frac{k+1}{k}$$

$$= \log \frac{2}{1} + \log \frac{3}{2} + \log \frac{4}{3} + \cdots + \log \frac{21}{20}$$

$$= \log \left(\frac{2}{1} \times \frac{3}{2} \times \frac{4}{3} \times \cdots \times \frac{21}{20} \right)$$

$$= \log 21 = p$$

$$\therefore 10^p = 10^{\log 21} = 21$$

14

등차수열 $\{a_n\}$의 첫째항을 a, 공차를 $d\,(d \neq 0)$라 하면

$a_9 = 2a_3$에서 $a+8d = 2(a+2d)$ $\quad \therefore a = 4d$

$$\therefore \sum_{n=1}^{24} \frac{(a_{n+1}-a_n)^2}{a_n a_{n+1}} = \sum_{n=1}^{24} \frac{d^2}{a_n a_{n+1}} = d^2 \sum_{n=1}^{24} \frac{1}{d} \left(\frac{1}{a_n} - \frac{1}{a_{n+1}} \right)$$

$$= d \left\{ \left(\frac{1}{a_1} - \frac{1}{a_2} \right) + \left(\frac{1}{a_2} - \frac{1}{a_3} \right) + \left(\frac{1}{a_3} - \frac{1}{a_4} \right) \right.$$

$$\left. + \cdots + \left(\frac{1}{a_{24}} - \frac{1}{a_{25}} \right) \right\}$$

$$= d \left(\frac{1}{a_1} - \frac{1}{a_{25}} \right) = d \times \frac{a_{25} - a_1}{a_1 a_{25}}$$

$$= d \times \frac{(a+24d) - a}{a(a+24d)}$$

$$= \frac{24d^2}{4d \times 28d} = \frac{3}{14}$$

15

$f(n) < k < f(n)+1$, 즉 $n^2 + n - \frac{1}{3} < k < n^2 + n + \frac{2}{3}$를 만족시키는

정수 k는 $n^2 + n$이므로 $a_n = n^2 + n$

$$\therefore \sum_{n=1}^{100} \frac{1}{a_n} = \sum_{n=1}^{100} \frac{1}{n^2+n} = \sum_{n=1}^{100} \frac{1}{n(n+1)} = \sum_{n=1}^{100} \left(\frac{1}{n} - \frac{1}{n+1} \right)$$

$$= \left(1 - \frac{1}{2} \right) + \left(\frac{1}{2} - \frac{1}{3} \right) + \left(\frac{1}{3} - \frac{1}{4} \right) + \cdots + \left(\frac{1}{100} - \frac{1}{101} \right)$$

$$= 1 - \frac{1}{101} = \frac{100}{101}$$

따라서 $p=101$, $q=100$이므로 $p+q = 101+100 = 201$

16

$x^2 - (2n-1)x + n(n-1) = 0$에서 $(x-n)(x-n+1) = 0$

$\therefore x=n$ 또는 $x=n-1$

이 이차방정식의 두 근이 α_n, β_n이므로

$$\sum_{n=1}^{81} \frac{1}{\sqrt{\alpha_n} + \sqrt{\beta_n}} = \sum_{n=1}^{81} \frac{1}{\sqrt{n} + \sqrt{n-1}}$$

$$= \sum_{n=1}^{81} \frac{\sqrt{n} - \sqrt{n-1}}{(\sqrt{n} + \sqrt{n-1})(\sqrt{n} - \sqrt{n-1})}$$

$$= \sum_{n=1}^{81} (\sqrt{n} - \sqrt{n-1})$$

$$= (1-0) + (\sqrt{2}-1) + (\sqrt{3} - \sqrt{2}) + \cdots + (\sqrt{81} - \sqrt{80})$$

$$= \sqrt{81} - 0 = 9$$

17

$S_n = n^2 + 2n + 1$에서

(i) $n \geq 2$일 때

$$a_n = S_n - S_{n-1} = n^2 + 2n + 1 - \{(n-1)^2 + 2(n-1) + 1\}$$

$$= 2n+1$$

(ii) $n=1$일 때, $a_1 = S_1 = 1^2 + 2 \times 1 + 1 = 4$

$\therefore a_1 = 4$, $a_n = 2n+1 \ (n \geq 2)$

$$\therefore \sum_{k=1}^{10} \frac{1}{\sqrt{a_k} + \sqrt{a_{k+1}}}$$

$$= \frac{1}{\sqrt{a_1} + \sqrt{a_2}} + \sum_{k=2}^{10} \frac{1}{\sqrt{2k+1} + \sqrt{2k+3}}$$

$$= \frac{1}{\sqrt{4} + \sqrt{5}} + \sum_{k=2}^{10} \frac{\sqrt{2k+1} - \sqrt{2k+3}}{(\sqrt{2k+1} + \sqrt{2k+3})(\sqrt{2k+1} - \sqrt{2k+3})}$$

$$= \frac{\sqrt{4} - \sqrt{5}}{(\sqrt{4} + \sqrt{5})(\sqrt{4} - \sqrt{5})} + \sum_{k=2}^{10} \frac{\sqrt{2k+3} - \sqrt{2k+1}}{2}$$

$$= \sqrt{5} - 2 + \frac{1}{2} \times \{(\sqrt{7} - \sqrt{5}) + (\sqrt{9} - \sqrt{7}) + (\sqrt{11} - \sqrt{9})$$

$$+ \cdots + (\sqrt{23} - \sqrt{21})\}$$

$$= \sqrt{5} - 2 + \frac{1}{2} \times (\sqrt{23} - \sqrt{5}) = \frac{\sqrt{5}}{2} + \frac{\sqrt{23}}{2} - 2$$

18

$S_n = a_1^2 + a_2^2 + \cdots + a_n^2 = n^2$이라 하면

(i) $n \geq 2$일 때

$$a_n^2 = S_n - S_{n-1} = n^2 - (n-1)^2$$

$$= 2n-1$$

$a_n > 0$이므로 $a_n = \sqrt{2n-1}$

(ii) $n=1$일 때

$a_1^2 = S_1 = 1$이고 $a_1 > 0$이므로 $a_1 = 1$

$$\therefore a_n = \sqrt{2n-1}$$

$$\therefore \sum_{k=1}^{24} \frac{1}{a_{k+1} + a_k} = \sum_{k=1}^{24} \frac{1}{\sqrt{2k+1} + \sqrt{2k-1}}$$

$$= \sum_{k=1}^{24} \frac{\sqrt{2k+1} - \sqrt{2k-1}}{(\sqrt{2k+1} + \sqrt{2k-1})(\sqrt{2k+1} - \sqrt{2k-1})}$$

$$= \sum_{k=1}^{24} \frac{\sqrt{2k+1} - \sqrt{2k-1}}{2}$$

$$= \frac{1}{2} \{ (\sqrt{3} - 1) + (\sqrt{5} - \sqrt{3}) + (\sqrt{7} - \sqrt{5})$$

$$+ \cdots + (\sqrt{49} - \sqrt{47}) \}$$

$$= \frac{1}{2} \times (\sqrt{49} - 1) = 3$$

19

$f(x) = \sum_{k=0}^{10} (3k-1)x^k = -1 + 2x + 5x^2 + \cdots + 29x^{10}$이므로

$$f\left(-\frac{1}{2} \right) = -1 + 2 \times \left(-\frac{1}{2} \right) + 5 \times \left(-\frac{1}{2} \right)^2 + \cdots + 29 \times \left(-\frac{1}{2} \right)^{10}$$

$$-\frac{1}{2}f\left(-\frac{1}{2}\right)=(-1)\times\left(-\frac{1}{2}\right)+2\times\left(-\frac{1}{2}\right)^2+5\times\left(-\frac{1}{2}\right)^3$$
$$+\cdots+26\times\left(-\frac{1}{2}\right)^{10}+29\times\left(-\frac{1}{2}\right)^{11}$$

$$\therefore \frac{3}{2}f\left(-\frac{1}{2}\right)=f\left(-\frac{1}{2}\right)-\left\{-\frac{1}{2}f\left(-\frac{1}{2}\right)\right\}$$
$$=-1+3\left\{\left(-\frac{1}{2}\right)+\left(-\frac{1}{2}\right)^2+\left(-\frac{1}{2}\right)^3+\cdots+\left(-\frac{1}{2}\right)^{10}\right\}$$
$$-29\times\left(-\frac{1}{2}\right)^{11}$$

$$=-1+3\times\frac{-\frac{1}{2}\times\left\{1-\left(-\frac{1}{2}\right)^{10}\right\}}{1-\left(-\frac{1}{2}\right)}+29\times\frac{1}{2^{11}}$$

$$=-1-\left\{1-\left(-\frac{1}{2}\right)^{10}\right\}+29\times\frac{1}{2^{11}}=-2+31\times\frac{1}{2^{11}}$$

$$\therefore f\left(-\frac{1}{2}\right)=-\frac{4}{3}+\frac{31}{3}\times\frac{1}{2^{10}}$$

따라서 $a=-\frac{4}{3}$, $b=\frac{31}{3}$이므로 $a+b=-\frac{4}{3}+\frac{31}{3}=9$

III. 수열

DAY 11 수학적 귀납법

59 ~ 60쪽

17 답 26

$2a_{n+1}=a_n+a_{n+2}$에서 수열 $\{a_n\}$은 등차수열이므로 첫째항을 a, 공차를 d라 하면

$a_2=a+d=6$, $a_4=a+3d=20$

위의 두 식을 연립하여 풀면 $a=-1$, $d=7$

$\therefore a_n=-1+(n-1)\times7=7n-8$

$a_k=174$에서 $7k-8=174$

$7k=182$ $\therefore k=26$

17-1 답 ③

$a_{n+1}-a_n=-3$에서 수열 $\{a_n\}$은 공차가 -3인 등차수열이므로 첫째항을 a라 하면 $a_{10}=a+9\times(-3)=127$에서 $a=154$

$\therefore a_n=154+(n-1)\times(-3)=-3n+157$

$-3k+157<0$에서 $k>\frac{157}{3}=52.3\cdots$

따라서 자연수 k의 최솟값은 53이다.

17-2 답 ⑤

$a_{n+1}=\sqrt{a_na_{n+2}}$, 즉 $a_{n+1}{}^2=a_na_{n+2}$에서 수열 $\{a_n\}$은 등비수열이므로 첫째항을 a, 공비를 r라 하면

$a_2=ar=54$, $a_5=ar^4=2$

$r^3=\frac{1}{27}$이므로 $r=\frac{1}{3}$이고, 이를 $ar=54$에 대입하면 $a=162$

$\therefore a_n=162\times\left(\frac{1}{3}\right)^{n-1}=2\times\left(\frac{1}{3}\right)^{n-5}$

$a_k=\frac{2}{81}$에서 $2\times\left(\frac{1}{3}\right)^{k-5}=\frac{2}{81}$

$\left(\frac{1}{3}\right)^{k-5}=\frac{1}{81}=\left(\frac{1}{3}\right)^4$ $\therefore k=9$

17-3 답 372

$a_{n+1}=2a_n$에서 수열 $\{a_n\}$은 공비가 2인 등비수열이므로 첫째항을 a라 하면 $a_2=2a=6$에서 $a=3$

$\therefore a_n=3\times2^{n-1}$

$$\therefore \sum_{k=1}^{5}\frac{a_{k+1}{}^2}{a_k}=\sum_{k=1}^{5}\frac{(3\times2^k)^2}{3\times2^{k-1}}=\sum_{k=1}^{5}3\times2^{k+1}$$
$$=3\sum_{k=1}^{5}2^{k+1}=3\times\frac{2^2(2^5-1)}{2-1}=372$$

18 답 ④

$a_{n+1}=a_n+3n-2$의 n에 1, 2, 3, $\cdots$, $n-1$을 차례로 대입하여 변끼리 모두 더하면

$$a_2=a_1+3\times1-2$$
$$a_3=a_2+3\times2-2$$
$$a_4=a_3+3\times3-2$$
$$\vdots$$
$$+)\ a_n=a_{n-1}+3\times(n-1)-2$$
$$a_n=a_1+\sum_{k=1}^{n-1}(3k-2)=1+3\times\frac{(n-1)n}{2}-2(n-1)$$
$$=\frac{3}{2}n^2-\frac{7}{2}n+3$$

$$\therefore a_{20}=\frac{3}{2}\times20^2-\frac{7}{2}\times20+3=533$$

18-1 답 ②

$a_{n+1}=\frac{4n+3}{4n-1}a_n$의 n에 1, 2, 3, $\cdots$, $n-1$을 차례로 대입하여 변끼리 모두 곱하면

$$a_2=\frac{7}{3}a_1$$
$$a_3=\frac{11}{7}a_2$$
$$a_4=\frac{15}{11}a_3$$
$$\vdots$$
$$\times)\ a_n=\frac{4n-1}{4n-5}a_{n-1}$$
$$a_n=\frac{4n-1}{3}a_1=\frac{8}{3}n-\frac{2}{3}$$

$$\therefore a_{10}=\frac{8}{3}\times10-\frac{2}{3}=26$$

18-2 답 ②

$a_{n+1}=a_n+3^n$의 n에 1, 2, 3, $\cdots$, $n-1$을 차례로 대입하여 변끼리 모두 더하면

$$a_2=a_1+3^1$$
$$a_3=a_2+3^2$$
$$a_4=a_3+3^3$$
$$\vdots$$
$$+)\ a_n=a_{n-1}+3^{n-1}$$
$$a_n=a_1+\sum_{k=1}^{n-1}3^k=1+\frac{3(3^{n-1}-1)}{3-1}$$
$$=\frac{3^n-1}{2}$$

이때 $a_k=121$에서 $\dfrac{3^k-1}{2}=121$

$3^k=243=3^5$ $\therefore k=5$

19 답 ②

혼자서는 악수할 수 없으므로 $a_1=0$

n명이 서로 한 번씩 악수를 한 모임에 1명이 추가로 들어오면 이 사람은 기존의 n명과 각각 한 번씩 악수를 하므로 n회의 악수 횟수가 추가된다.

즉, $(n+1)$명이 서로 한 번씩 악수하는 총 횟수는 n명이 악수하는 총 횟수보다 n회 많으므로

$a_{n+1}=a_n+n$

위의 식의 n에 1, 2, 3, 4, 5를 차례대로 대입하면

$a_2=a_1+1=0+1=1$

$a_3=a_2+2=1+2=3$

$a_4=a_3+3=3+3=6$

$a_5=a_4+4=6+4=10$

$a_6=a_5+5=10+5=15$

$\therefore \displaystyle\sum_{k=1}^{6} a_k=0+1+3+6+10+15=35$

19-1 답 400

$a_1=1$

$a_2=a_1+3=a_1+2\times1+1$

$a_3=a_2+5=a_2+2\times2+1$

$\vdots$

$\therefore a_{n+1}=a_n+2n+1$ $\cdots\cdots$ ㉠

$a_{n+1}-a_n=2n+1$의 n에 1, 2, 3, $\cdots$, 19를 차례대로 대입하여 변끼리 모두 더하면

$a_2-a_1=2\times1+1$

$a_3-a_2=2\times2+1$

$\vdots$

$+)\ a_{20}-a_{19}=2\times19+1$

$a_{20}-a_1=2\displaystyle\sum_{k=1}^{19}k+1\times19$

$\qquad\qquad=2\times\dfrac{19\times20}{2}+19=399$

$\therefore a_{20}=399+a_1=399+1=400$

다른 풀이

㉠의 n에 1, 2, 3, $\cdots$, $n-1$을 차례대로 대입하여 변끼리 모두 더하면

$a_2=a_1+2\times1+1$

$a_3=a_2+2\times2+1$

$a_4=a_3+2\times3+1$

$\vdots$

$+)\ a_n=a_{n-1}+2\times(n-1)+1$

$a_n=a_1+2\displaystyle\sum_{k=1}^{n-1}k+1\times(n-1)$

$\qquad=1+2\times\dfrac{(n-1)n}{2}+n-1$

$\qquad=1+n(n-1)+n-1=n^2$

$\therefore a_{20}=20^2=400$

19-2 답 $a_{n+1}=\dfrac{2999}{3000}a_n+40\ (n=1,\ 2,\ 3,\ \cdots)$

저수량 a_n만 톤의 $\dfrac{1}{3000}$을 방류하고 40만 톤을 공급받았을 때 댐에 남아 있는 저수량이 a_{n+1}만 톤이므로

$a_{n+1}=\left(1-\dfrac{1}{3000}\right)a_n+40=\dfrac{2999}{3000}a_n+40\ (n=1,\ 2,\ 3,\ \cdots)$

20 답 ⑤

$p(1)$이 참이면 $p(3)$도 참이다.

$p(3)$이 참이면 $p(3^2)$도 참이다.

$p(3^2)$이 참이면 $p(3^3)$도 참이다.

$\vdots$

즉, 모든 자연수 k에 대하여 $p(3^k)$이 참이다.

따라서 반드시 참인 명제는 ⑤ $p(27)$이다.

20-1 답 14

(i) $n=1$일 때, (좌변)$=1$, (우변)$=\dfrac{1\times2}{2}=1$

이므로 주어진 등식이 성립한다.

(ii) $n=k$일 때, 주어진 등식이 성립한다고 가정하면

$$1+2+3+\cdots+k=\dfrac{k(k+1)}{2}$$

위의 등식의 양변에 $k+1$을 더하면

$$1+2+3+\cdots+k+(\boxed{k+1})=\dfrac{k(k+1)}{2}+(\boxed{k+1})$$

$$=\dfrac{(k+1)(\boxed{k+2})}{2}$$

따라서 $n=k+1$일 때에도 주어진 등식이 성립한다.

(i), (ii)에서 모든 자연수 n에 대하여 주어진 등식이 성립한다.

따라서 $f(k)=k+1$, $g(k)=k+2$이므로

$f(1)g(5)=(1+1)\times(5+2)=14$

<table>
<tr><td colspan="5">DAY 11   2배속 REPEAT 🔁   61 ~ 62쪽</td></tr>
<tr><td>01 ②</td><td>02 ④</td><td>03 256</td><td>04 510</td><td>05 ③</td></tr>
<tr><td>06 ⑤</td><td>07 ②</td><td>08 ④</td><td>09 ①</td><td>10 7</td></tr>
<tr><td>11 56</td><td>12 ④</td><td>13 ⑤</td><td></td><td></td></tr>
</table>

01

$a_1=-1$, $\dfrac{a_n-a_{n+1}}{a_{n+1}a_n}=\dfrac{1}{a_{n+1}}-\dfrac{1}{a_n}=2$이므로 수열 $\left\{\dfrac{1}{a_n}\right\}$은 첫째항이 $\dfrac{1}{a_1}=-1$, 공차가 2인 등차수열이다.

$\therefore \dfrac{1}{a_n}=-1+(n-1)\times2=2n-3$

따라서 $a_n=\dfrac{1}{2n-3}$이므로 $a_{15}=\dfrac{1}{2\times15-3}=\dfrac{1}{27}$

02

$S_{n+1}-S_{n-1}=a_{n+1}+a_n$이므로 주어진 식은

$(a_{n+1}+a_n)^3=6a_{n+1}{}^2a_n+2a_n{}^3-8$

$a_{n+1}^3 + 3a_{n+1}^2 a_n + 3a_{n+1}a_n^2 + a_n^3 = 6a_{n+1}^2 a_n + 2a_n^3 - 8$

$a_{n+1}^3 - 3a_{n+1}^2 a_n + 3a_{n+1}a_n^2 - a_n^3 = -8$

$(a_{n+1} - a_n)^3 = -8$

이때 수열 $\{a_n\}$의 모든 항이 실수이므로

$a_{n+1} - a_n = -2 \ (n \geq 2)$

$a_2 - a_1 = 13 - 15 = -2$

즉, 수열 $\{a_n\}$은 첫째항이 15, 공차가 -2인 등차수열이므로

$a_n = 15 + (n-1) \times (-2) = -2n + 17$

$\therefore a_{10} = -2 \times 10 + 17 = -3$

03

조건 (나)에 의하여 수열 $\{a_n\}$은 공비가 -2인 등비수열이다.

또한 $a_2 = -2a_1$이므로 이를 조건 (가)의 식에 대입하면

$a_1 = a_2 + 3 = -2a_1 + 3 \qquad \therefore a_1 = 1$

따라서 $a_n = 1 \times (-2)^{n-1} = (-2)^{n-1}$이므로

$a_9 = (-2)^8 = 256$

04

주어진 이차방정식이 중근을 가지므로 판별식을 D라 하면

$D = a_{n+1}^2 - 4a_n^2 = 0$

$(a_{n+1} + 2a_n)(a_{n+1} - 2a_n) = 0$

$\therefore a_{n+1} = -2a_n$ 또는 $a_{n+1} = 2a_n$

이때 수열 $\{a_n\}$의 모든 항이 양수이므로 $a_{n+1} = 2a_n$

따라서 수열 $\{a_n\}$은 첫째항이 2, 공비가 2인 등비수열이므로

$\displaystyle\sum_{k=1}^{8} a_k = \frac{2 \times (2^8 - 1)}{2 - 1} = 510$

05

$a_{n+1} = a_n + \dfrac{2}{\sqrt{n+2} + \sqrt{n}}$

$\qquad = a_n + \dfrac{2(\sqrt{n+2} - \sqrt{n})}{(\sqrt{n+2} + \sqrt{n})(\sqrt{n+2} - \sqrt{n})}$

$\qquad = a_n + \sqrt{n+2} - \sqrt{n}$

위의 식의 n에 1, 2, 3, $\cdots$, $n-1$을 차례대로 대입하여 변끼리 모두 더하면

$a_2 = a_1 + \sqrt{3} - \sqrt{1}$

$a_3 = a_2 + \sqrt{4} - \sqrt{2}$

$a_4 = a_3 + \sqrt{5} - \sqrt{3}$

$\qquad \vdots$

$+)\ a_n = a_{n-1} + \sqrt{n+1} - \sqrt{n-1}$

$\quad a_n = a_1 - 1 - \sqrt{2} + \sqrt{n} + \sqrt{n+1}$

$\qquad = \sqrt{2} - 1 - \sqrt{2} + \sqrt{n} + \sqrt{n+1}$

$\qquad = \sqrt{n+1} + \sqrt{n} - 1$

$\therefore a_{99} = \sqrt{100} + \sqrt{99} - 1 = 10 + 3\sqrt{11} - 1$

$\qquad = 9 + 3\sqrt{11}$

따라서 $a = 9$, $b = 3$이므로

$a + b = 9 + 3 = 12$

06

$a_{n+1} = a_n + 2^n + k$의 n에 1, 2, 3, $\cdots$, $n-1$을 차례대로 대입하여 변끼리 모두 더하면

$a_2 = a_1 + 2^1 + k$

$a_3 = a_2 + 2^2 + k$

$a_4 = a_3 + 2^3 + k$

$\qquad \vdots$

$+)\ a_n = a_{n-1} + 2^{n-1} + k$

$\quad a_n = a_1 + \displaystyle\sum_{k=1}^{n-1} 2^k + k \times (n-1)$

$\qquad = 2 + \dfrac{2(2^{n-1} - 1)}{2 - 1} + (n-1)k$

$\qquad = 2^n + (n-1)k$

$a_6 = 89$에서 $2^6 + 5k = 89$

$64 + 5k = 89 \qquad \therefore k = 5$

$\therefore a_n = 2^n + 5(n-1)$

$\therefore a_9 = 2^9 + 5 \times 8 = 512 + 40 = 552$

07

$a_{n+1} = \dfrac{3n+2}{3n-1} a_n$의 n에 1, 2, 3, $\cdots$, $n-1$을 차례대로 대입하여 변끼리 모두 곱하면

$a_2 = \dfrac{5}{2} a_1$

$a_3 = \dfrac{8}{5} a_2$

$a_4 = \dfrac{11}{8} a_3$

$\qquad \vdots$

$\times)\ a_n = \dfrac{3n-1}{3n-4} a_{n-1}$

$\quad a_n = \dfrac{3n-1}{2} a_1 = 9n - 3$

$a_k = 213$에서 $9k - 3 = 213$

$9k = 216 \qquad \therefore k = 24$

08

$a_{n+1} + (-1)^n \times a_n = 2^n$의 n에 1, 2, 3, 4를 차례대로 대입하면

$a_2 - a_1 = 2^1 \qquad \therefore a_2 = 2 + a_1 = 2 + 1 = 3$

$a_3 + a_2 = 2^2 \qquad \therefore a_3 = 4 - a_2 = 4 - 3 = 1$

$a_4 - a_3 = 2^3 \qquad \therefore a_4 = 8 + a_3 = 8 + 1 = 9$

$a_5 + a_4 = 2^4 \qquad \therefore a_5 = 16 - a_4 = 16 - 9 = 7$

09

$a_1 = 2$

$a_2 = \dfrac{a_1}{2 - 3a_1} = \dfrac{2}{2 - 6} = -\dfrac{1}{2}$

$a_3 = 1 + a_2 = 1 - \dfrac{1}{2} = \dfrac{1}{2}$

$a_4 = \dfrac{a_3}{2 - 3a_3} = \dfrac{\dfrac{1}{2}}{2 - \dfrac{3}{2}} = 1$

$$a_5=1+a_4=1+1=2$$
$$\vdots$$

이때 첫째항과 제5항이 같고 1과 5가 홀수이므로 수열 $\{a_n\}$은 2, $-\dfrac{1}{2}$, $\dfrac{1}{2}$, 1이 이 순서대로 반복된다.

$$\therefore \sum_{n=1}^{40} a_n=(a_1+a_2+a_3+a_4)\times 10$$
$$=\left(2-\frac{1}{2}+\frac{1}{2}+1\right)\times 10$$
$$=3\times 10=30$$

10

1×1의 한 칸을 채우는 경우는 1×1 타일 한 개를 채우는 경우뿐이므로

$a_1=1$ $\therefore p=1$

1×2의 두 칸을 채우는 경우는 1×1 타일 두 개를 채우는 경우와 두 종류의 1×2 타일 한 개를 채우는 경우이므로

$a_2=1+2\times 1=3$ $\therefore q=3$

$n\geq 3$일 때, $1\times n$의 n칸을 채우는 경우는

(ⅰ) 맨 오른쪽에 1×1 타일을 붙이는 경우

    $1\times(n-1)$의 $(n-1)$칸을 채우는 경우에 맨 오른쪽에 1×1 타일 한 개를 붙이는 경우와 같으므로

    a_{n-1}

(ⅱ) 맨 오른쪽에 1×2 타일을 붙이는 경우

    $1\times(n-2)$의 $(n-2)$칸을 채우는 경우에 맨 오른쪽에 두 종류의 1×2 타일 한 개를 붙이는 경우와 같으므로

    $2a_{n-2}$

(ⅰ), (ⅱ)는 동시에 일어나지 않으므로

$a_n=a_{n-1}+2a_{n-2}\ (n\geq 3)$

$\therefore r=1,\ s=2$

$\therefore p+q+r+s=1+3+1+2=7$

11

1개의 현으로 나누어지는 원의 내부의 영역의 개수는 2이므로

$a_1=2$

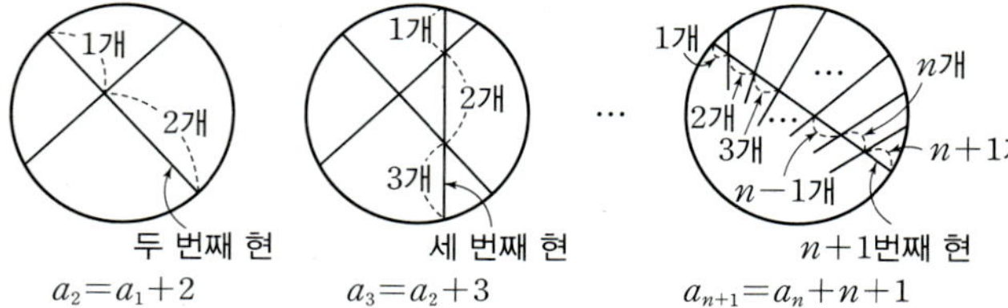

위의 그림과 같이 모든 현이 서로 한 번씩 만나고 세 개 이상의 현이 한 점에서 만나지 않도록 n개의 현이 그어진 원의 내부에 $(n+1)$번째 현을 그으면 이웃한 점끼리 연결된 $(n+1)$개의 선분이 생기고, 각 선분마다 1개씩 영역을 만들므로 $(n+1)$개의 영역이 추가로 만들어진다.

$\therefore a_{n+1}=a_n+n+1$

위의 식의 n에 1, 2, 3, $\cdots$, $n-1$을 차례로 대입하여 변끼리 모두 더하면

$$a_2=a_1+1+1$$
$$a_3=a_2+2+1$$
$$a_4=a_3+3+1$$
$$\vdots$$
$$+)\ a_n=a_{n-1}+(n-1)+1$$

$$a_n=a_1+\sum_{k=1}^{n-1}k+1\times(n-1)$$
$$=2+\frac{(n-1)n}{2}+n-1$$
$$=\frac{n^2}{2}+\frac{n}{2}+1$$
$$\therefore a_{10}=\frac{10^2}{2}+\frac{10}{2}+1$$
$$=50+5+1=56$$

12

ㄱ. $p(1)$이 참이면 $p(3)$, $p(5)$, $p(7)$, $\cdots$, $p(2n+1)$도 참이다.

    모든 자연수 k에 대하여 2^k-1은 홀수이므로 $p(1)$이 참이면 모든 자연수 k에 대하여 $p(2^k-1)$이 참이다. (참)

ㄴ. $p(1)$, $p(2n)$이 참이면 $p(2)$, $p(4)$, $p(6)$, $\cdots$, $p(2n)$도 참이다.

    ㄱ에서 $p(1)$이 참이면 $p(3)$, $p(5)$, $p(7)$, $\cdots$, $p(2n+1)$도 참이므로 모든 자연수 k에 대하여 $p(k)$가 참이다. (참)

ㄷ. $p(1)$, $p(3n)$이 참이면 $p(3)$, $p(6)$, $p(9)$, $\cdots$, $p(3n)$도 참이다.

    따라서 3의 배수와 홀수에 대하여 주어진 명제가 참이지만 $p(2)$가 참인지는 알 수 없다. (거짓)

따라서 옳은 것은 ㄱ, ㄴ이다.

13

(1) $n=1$일 때, (좌변)$=\dfrac{4}{3}$, (우변)$=3-\dfrac{5}{3}=\dfrac{4}{3}$이므로

    $(\ast)$이 성립한다.

(2) $n=k$일 때, $(\ast)$이 성립한다고 가정하면

$$\frac{4}{3}+\frac{8}{3^2}+\frac{12}{3^3}+\cdots+\frac{4k}{3^k}=3-\frac{2k+3}{3^k}$$이다.

위의 등식의 양변에 $\dfrac{4(k+1)}{3^{k+1}}$을 더하여 정리하면

$$\frac{4}{3}+\frac{8}{3^2}+\frac{12}{3^3}+\cdots+\frac{4k}{3^k}+\frac{4(k+1)}{3^{k+1}}$$
$$=3-\frac{1}{3^k}\left\{(2k+3)-\left(\boxed{\frac{4k+4}{3}}\right)\right\}$$
$$=3-\frac{1}{3^k}\times\frac{2k+5}{3}$$
$$=3-\frac{\boxed{2k+5}}{3^{k+1}}$$

따라서 $n=k+1$일 때도 $(\ast)$이 성립한다.

(1), (2)에 의하여 모든 자연수 n에 대하여 $(\ast)$이 성립한다.

따라서 $f(k)=\dfrac{4k+4}{3}$, $g(k)=2k+5$이므로

$$f(3)\times g(2)=\frac{16}{3}\times 9=48$$

Ⅳ. 함수의 극한과 연속

DAY 12 함수의 극한　　　　64 ~ 66쪽

01 답 ㄱ, ㄴ, ㄹ

함수 $f(x)=\begin{cases} x^2-1 & (x<1) \\ x+1 & (x\geq1) \end{cases}$ 의 그래프는 다음 그림과 같다.

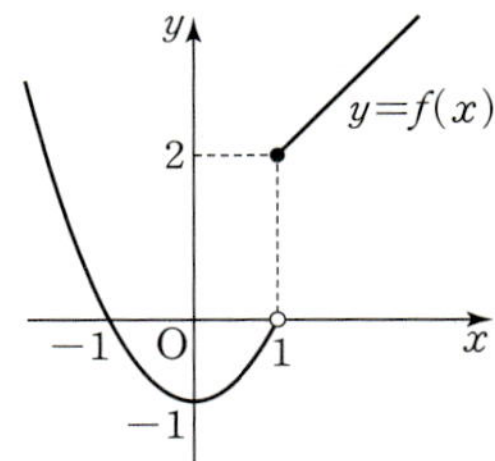

ㄱ. $x\longrightarrow 1+$일 때, $f(x)\longrightarrow 2$이므로 $\displaystyle\lim_{x\to1+}f(x)=2$

ㄴ. $x\longrightarrow 1-$일 때, $f(x)\longrightarrow 0$이므로 $\displaystyle\lim_{x\to1-}f(x)=0$

ㄷ. $\displaystyle\lim_{x\to1+}f(x)=2$, $\displaystyle\lim_{x\to1-}f(x)=0$이므로 $\displaystyle\lim_{x\to1}f(x)$의 값이 존재하지 않는다.

ㄹ. $f(1)=2$

따라서 그 값이 존재하는 것은 ㄱ, ㄴ, ㄹ이다.

01-1 답 ㄱ, ㄷ, ㄹ

ㄱ. $x\longrightarrow 1+$일 때, $f(x)\longrightarrow 1$이므로 $\displaystyle\lim_{x\to1+}f(x)=1$

ㄴ. $\displaystyle\lim_{x\to1+}f(x)=1$, $\displaystyle\lim_{x\to1-}f(x)=0$이므로 $\displaystyle\lim_{x\to1}f(x)$의 값이 존재하지 않는다.

ㄷ. $x\longrightarrow 2-$일 때, $f(x)\longrightarrow -1$이므로 $\displaystyle\lim_{x\to2-}f(x)=-1$

ㄹ. $\displaystyle\lim_{x\to2+}f(x)=\lim_{x\to2-}f(x)=-1$이므로 $\displaystyle\lim_{x\to2}f(x)=-1$

따라서 극한값이 존재하는 것은 ㄱ, ㄷ, ㄹ이다.

01-2 답 ㄱ

ㄱ. $f(x)=|x^2-4|$라 하면 $f(x)=\begin{cases} x^2-4 & (x<-2) \\ -x^2+4 & (-2\leq x<2) \\ x^2-4 & (x\geq2) \end{cases}$ 이므로

함수 $y=f(x)$의 그래프는 다음 그림과 같다.

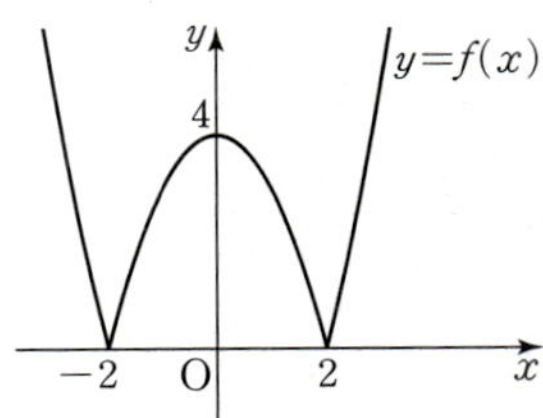

$\displaystyle\lim_{x\to2+}f(x)=\lim_{x\to2-}f(x)=0$　∴ $\displaystyle\lim_{x\to2}f(x)=0$

ㄴ. $f(x)=\dfrac{|x^2-1|}{x-1}$이라 하면

$-1<x<1$에서 $f(x)=\dfrac{-(x+1)(x-1)}{x-1}=-x-1$,

$x\leq-1$ 또는 $x>1$에서 $f(x)=\dfrac{(x+1)(x-1)}{x-1}=x+1$

이므로 함수 $y=f(x)$의 그래프는 다음 그림과 같다.

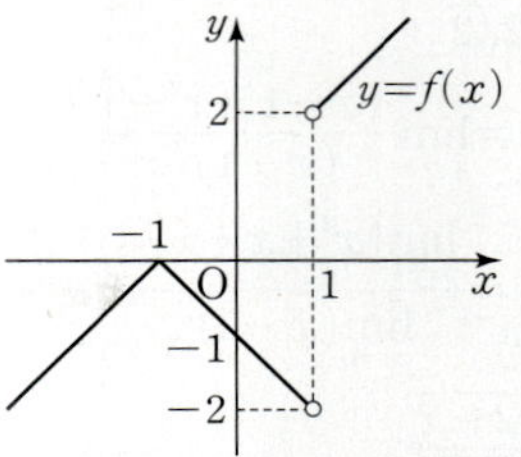

$\displaystyle\lim_{x\to1+}f(x)=2$, $\displaystyle\lim_{x\to1-}f(x)=-2$이므로 $\displaystyle\lim_{x\to1}f(x)$의 값이 존재하지 않는다.

ㄷ. $f(x)=\left[\dfrac{x}{2}\right]$라 하면

$0\leq x<2$에서 $f(x)=0$, $2\leq x<4$에서 $f(x)=1$

이므로 함수 $y=f(x)$의 그래프는 다음 그림과 같다.

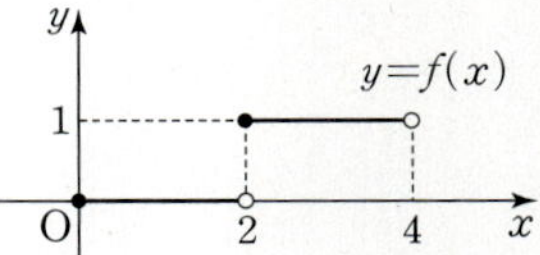

$\displaystyle\lim_{x\to2+}f(x)=1$, $\displaystyle\lim_{x\to2-}f(x)=0$이므로 $\displaystyle\lim_{x\to2}f(x)$의 값이 존재하지 않는다.

따라서 극한값이 존재하는 것은 ㄱ이다.

02 답 ⑤

$\begin{aligned}\lim_{x\to-1}g(x)&=\lim_{x\to-1}\frac{1}{2}\{2g(x)+f(x)-f(x)\}\\&=\frac{1}{2}\lim_{x\to-1}\{2g(x)+f(x)\}-\frac{1}{2}\lim_{x\to-1}f(x)\\&=\frac{1}{2}\times(-2)-\frac{1}{2}\times4=-3\end{aligned}$

$\begin{aligned}\therefore \lim_{x\to-1}\frac{f(x)-2g(x)}{f(x)+g(x)}&=\frac{\displaystyle\lim_{x\to-1}f(x)-2\lim_{x\to-1}g(x)}{\displaystyle\lim_{x\to-1}f(x)+\lim_{x\to-1}g(x)}\\&=\frac{4-2\times(-3)}{4-3}=10\end{aligned}$

02-1 답 ②

$\displaystyle\lim_{x\to\infty}\frac{f(x)}{x}=2$이므로

$\displaystyle\lim_{x\to\infty}\frac{2x-3f(x)}{x+2f(x)}=\lim_{x\to\infty}\frac{2-3\times\dfrac{f(x)}{x}}{1+2\times\dfrac{f(x)}{x}}=\frac{2-3\times2}{1+2\times2}=-\frac{4}{5}$

02-2 답 ③

$x+2=t$로 놓으면 $x\longrightarrow 0$일 때, $t\longrightarrow 2$이므로

$\begin{aligned}\lim_{x\to0}(x^2+5x+4)f(x+2)&=\lim_{t\to2}\{(t-2)^2+5(t-2)+4\}f(t)\\&=\lim_{t\to2}(t^2+t-2)f(t)\\&=\lim_{t\to2}(t+2)(t-1)f(t)\\&=\lim_{t\to2}(t+2)\times\lim_{t\to2}(t-1)f(t)\\&=4\times2=8\end{aligned}$

03 답 (1) -3 (2) $2\sqrt{2}$

(1) $\displaystyle\lim_{x\to 1}\frac{x^3-1}{x^2-3x+2}=\lim_{x\to 1}\frac{(x-1)(x^2+x+1)}{(x-1)(x-2)}=\lim_{x\to 1}\frac{x^2+x+1}{x-2}$

$$=\frac{\displaystyle\lim_{x\to 1}(x^2+x+1)}{\displaystyle\lim_{x\to 1}(x-2)}=\frac{3}{-1}=-3$$

(2) $\displaystyle\lim_{x\to 0}\frac{\sqrt{2+3x}-\sqrt{2-x}}{\sqrt{2x+1}-\sqrt{x+1}}$

$$=\lim_{x\to 0}\frac{(\sqrt{2+3x}-\sqrt{2-x})(\sqrt{2+3x}+\sqrt{2-x})(\sqrt{2x+1}+\sqrt{x+1})}{(\sqrt{2x+1}-\sqrt{x+1})(\sqrt{2x+1}+\sqrt{x+1})(\sqrt{2+3x}+\sqrt{2-x})}$$

$$=\lim_{x\to 0}\frac{4x(\sqrt{2x+1}+\sqrt{x+1})}{x(\sqrt{2+3x}+\sqrt{2-x})}=\lim_{x\to 0}\frac{4(\sqrt{2x+1}+\sqrt{x+1})}{\sqrt{2+3x}+\sqrt{2-x}}$$

$$=\frac{4\displaystyle\lim_{x\to 0}(\sqrt{2x+1}+\sqrt{x+1})}{\displaystyle\lim_{x\to 0}(\sqrt{2+3x}+\sqrt{2-x})}=\frac{4\times(1+1)}{\sqrt{2}+\sqrt{2}}=\frac{8}{2\sqrt{2}}=2\sqrt{2}$$

03-1 답 ④

$\displaystyle\lim_{x\to\infty}\frac{ax^2-2x+1}{x^2+3x+1}=\lim_{x\to\infty}\frac{a-\dfrac{2}{x}+\dfrac{1}{x^2}}{1+\dfrac{3}{x}+\dfrac{1}{x^2}}=a=3$

$\displaystyle\lim_{x\to\infty}\frac{x}{\sqrt{4x^2+1}+\sqrt{x^2+4}}=\lim_{x\to\infty}\frac{1}{\sqrt{4+\dfrac{1}{x^2}}+\sqrt{1+\dfrac{4}{x^2}}}$

$$=\frac{1}{2+1}=\frac{1}{3}=b$$

$\therefore a+3b=3+3\times\dfrac{1}{3}=4$

03-2 답 ①

$\displaystyle\lim_{x\to\infty}\frac{5x+f(x)}{3x-f(x)}=\lim_{x\to\infty}\frac{\{f(x)-x\}+6x}{-\{f(x)-x\}+2x}$

$$=\lim_{x\to\infty}\frac{\dfrac{f(x)-x}{2x-1}+\dfrac{6x}{2x-1}}{-\dfrac{f(x)-x}{2x-1}+\dfrac{2x}{2x-1}}$$

$$=\frac{\displaystyle\lim_{x\to\infty}\frac{f(x)-x}{2x-1}+\lim_{x\to\infty}\frac{6x}{2x-1}}{-\displaystyle\lim_{x\to\infty}\frac{f(x)-x}{2x-1}+\lim_{x\to\infty}\frac{2x}{2x-1}}$$

$$=\frac{-1+3}{-(-1)+1}=1$$

04 답 1

$\displaystyle\lim_{x\to\infty}(\sqrt{x^2+2x+4}-x)$

$$=\lim_{x\to\infty}\frac{(\sqrt{x^2+2x+4}-x)(\sqrt{x^2+2x+4}+x)}{\sqrt{x^2+2x+4}+x}$$

$$=\lim_{x\to\infty}\frac{2x+4}{\sqrt{x^2+2x+4}+x}$$

$$=\lim_{x\to\infty}\frac{2+\dfrac{4}{x}}{\sqrt{1+\dfrac{2}{x}+\dfrac{4}{x^2}}+1}$$

$$=\frac{2}{1+1}=1$$

04-1 답 ③

$\displaystyle\lim_{x\to\infty}\frac{1}{\sqrt{x^2+x+4}-\sqrt{x^2+3x}}$

$$=\lim_{x\to\infty}\frac{\sqrt{x^2+x+4}+\sqrt{x^2+3x}}{(\sqrt{x^2+x+4}-\sqrt{x^2+3x})(\sqrt{x^2+x+4}+\sqrt{x^2+3x})}$$

$$=\lim_{x\to\infty}\frac{\sqrt{x^2+x+4}+\sqrt{x^2+3x}}{-2x+4}$$

$$=\lim_{x\to\infty}\frac{\sqrt{1+\dfrac{1}{x}+\dfrac{4}{x^2}}+\sqrt{1+\dfrac{3}{x}}}{-2+\dfrac{4}{x}}$$

$$=\frac{1+1}{-2}=-1$$

04-2 답 $-\dfrac{1}{4}$

$\displaystyle\lim_{x\to 0}\frac{1}{x}\left\{\frac{1}{(x+2)^2}-\frac{1}{4}\right\}=\lim_{x\to 0}\left\{\frac{1}{x}\times\frac{-x(x+4)}{4(x+2)^2}\right\}$

$$=\lim_{x\to 0}\frac{-(x+4)}{4(x+2)^2}$$

$$=\frac{-4}{4\times 2^2}=-\frac{1}{4}$$

04-3 답 ③

$\displaystyle\lim_{x\to\infty}x\left(1-\frac{\sqrt{x+2}}{\sqrt{x}}\right)=\lim_{x\to\infty}\left(x\times\frac{\sqrt{x}-\sqrt{x+2}}{\sqrt{x}}\right)$

$$=\lim_{x\to\infty}\left\{x\times\frac{(\sqrt{x}-\sqrt{x+2})(\sqrt{x}+\sqrt{x+2})}{\sqrt{x}(\sqrt{x}+\sqrt{x+2})}\right\}$$

$$=\lim_{x\to\infty}\frac{-2x}{\sqrt{x}(\sqrt{x}+\sqrt{x+2})}$$

$$=\lim_{x\to\infty}\frac{-2x}{\sqrt{x^2}+\sqrt{x^2+2x}}$$

$$=\lim_{x\to\infty}\frac{-2}{\sqrt{1}+\sqrt{1+\dfrac{2}{x}}}$$

$$=\frac{-2}{1+1}=-1$$

05 답 ①

$\displaystyle\lim_{x\to 1}\frac{x^2+ax+b}{x-1}=4$에서 $x\longrightarrow 1$일 때, 극한값이 존재하고
(분모)$\longrightarrow 0$이므로 (분자)$\longrightarrow 0$이어야 한다.

즉, $\displaystyle\lim_{x\to 1}(x^2+ax+b)=1+a+b=0$ $\qquad\therefore b=-a-1$

$\displaystyle\lim_{x\to 1}\frac{x^2+ax+b}{x-1}=\lim_{x\to 1}\frac{x^2+ax-a-1}{x-1}$

$$=\lim_{x\to 1}\frac{x^2-1+a(x-1)}{x-1}$$

$$=\lim_{x\to 1}\frac{(x-1)(x+1+a)}{x-1}$$

$$=\lim_{x\to 1}(x+1+a)$$

$$=2+a=4$$

따라서 $a=2$, $b=-3$이므로 $ab=2\times(-3)=-6$

05-1 답 ③

$\displaystyle\lim_{x\to 1}\frac{x^2-4x+3}{x^2+x-a}=b$에서 $x\longrightarrow 1$일 때, 0이 아닌 극한값이 존재하고
(분자)$\longrightarrow 0$이므로 (분모)$\longrightarrow 0$이어야 한다.

즉, $\lim_{x \to 1}(x^2+x-a)=1+1-a=0$ $\therefore a=2$

$$\lim_{x \to 1}\frac{x^2-4x+3}{x^2+x-a}=\lim_{x \to 1}\frac{x^2-4x+3}{x^2+x-2}$$
$$=\lim_{x \to 1}\frac{(x-1)(x-3)}{(x+2)(x-1)}$$
$$=\lim_{x \to 1}\frac{x-3}{x+2}$$
$$=\frac{1-3}{1+2}=-\frac{2}{3}=b$$

따라서 $a=2$, $b=-\dfrac{2}{3}$이므로 $\dfrac{a}{b}=\dfrac{2}{-\dfrac{2}{3}}=-3$

05-2 답 ④

$\lim_{x \to 2}\dfrac{\sqrt{x^2+5}-3}{ax+b}=\dfrac{4}{3}$에서 $x \longrightarrow 2$일 때, 0이 아닌 극한값이 존재하고
(분자) $\longrightarrow 0$이므로 (분모) $\longrightarrow 0$이어야 한다.

즉, $\lim_{x \to 2}(ax+b)=2a+b=0$ $\therefore b=-2a$

$$\lim_{x \to 2}\frac{\sqrt{x^2+5}-3}{ax+b}=\lim_{x \to 2}\frac{\sqrt{x^2+5}-3}{ax-2a}$$
$$=\lim_{x \to 2}\frac{(\sqrt{x^2+5}-3)(\sqrt{x^2+5}+3)}{a(x-2)(\sqrt{x^2+5}+3)}$$
$$=\lim_{x \to 2}\frac{x^2-4}{a(x-2)(\sqrt{x^2+5}+3)}$$
$$=\lim_{x \to 2}\frac{(x+2)(x-2)}{a(x-2)(\sqrt{x^2+5}+3)}$$
$$=\lim_{x \to 2}\frac{x+2}{a(\sqrt{x^2+5}+3)}$$
$$=\frac{2+2}{a(3+3)}=\frac{2}{3a}=\frac{4}{3}$$

따라서 $a=\dfrac{1}{2}$, $b=-1$이므로 $10a+b=10 \times \dfrac{1}{2}-1=4$

06 답 $\dfrac{1}{2}$

$\lim_{x \to 3+}\dfrac{x^2-2x-3}{x^2+2x-15}=\lim_{x \to 3+}\dfrac{(x+1)(x-3)}{(x+5)(x-3)}=\lim_{x \to 3+}\dfrac{x+1}{x+5}=\dfrac{1}{2}$,

$\lim_{x \to 3+}\dfrac{x^2-5x+6}{2(x-3)}=\lim_{x \to 3+}\dfrac{(x-2)(x-3)}{2(x-3)}=\lim_{x \to 3+}\dfrac{x-2}{2}=\dfrac{1}{2}$

이므로 함수의 극한의 대소 관계에 의하여

$$\lim_{x \to 3+}f(x)=\frac{1}{2}$$

06-1 답 3

$x>0$에서 $x^2>0$이므로 주어진 부등식의 각 변을 x^2으로 나누면

$$\frac{3x^2+x+1}{x^2}<f(x)<\frac{3x^2+x+4}{x^2}$$

$$\lim_{x \to \infty}\frac{3x^2+x+1}{x^2}=\lim_{x \to \infty}\left(3+\frac{1}{x}+\frac{1}{x^2}\right)=3,$$

$$\lim_{x \to \infty}\frac{3x^2+x+4}{x^2}=\lim_{x \to \infty}\left(3+\frac{1}{x}+\frac{4}{x^2}\right)=3$$

이므로 함수의 극한의 대소 관계에 의하여

$$\lim_{x \to \infty}f(x)=3$$

06-2 답 ⑤

$x>0$에서 $x^2>0$이므로 주어진 부등식의 각 변을 x^2으로 나누면

$$\frac{3x^2-2}{x^2}<\frac{1}{xf(x)}<\frac{3x^2+x+1}{x^2}$$

$$\therefore \frac{3x^2-2}{15x^2}<\frac{1}{15xf(x)}<\frac{3x^2+x+1}{15x^2}$$

이때 $\lim_{x \to \infty}\dfrac{3x^2-2}{15x^2}=\dfrac{1}{5}$, $\lim_{x \to \infty}\dfrac{3x^2+x+1}{15x^2}=\dfrac{1}{5}$이므로 함수의 극한의

대소 관계에 의하여 $\lim_{x \to \infty}\dfrac{1}{15xf(x)}=\dfrac{1}{5}$

$$\therefore \lim_{x \to \infty}15xf(x)=5$$

01 ①	**02** ①	**03** ⑤	**04** 4	**05** 2
06 ⑤	**07** ③	**08** ①	**09** ①	**10** ②
11 ②	**12** ④	**13** $\dfrac{1}{2}$	**14** 2	**15** ③

01

$$\lim_{x \to 1+}f(x)=\lim_{x \to 1+}(x^2+3x-5)=-1$$

$$\lim_{x \to 1-}f(x)=\lim_{x \to 1-}(2x+k)=2+k$$

$\lim_{x \to 1}f(x)$의 값이 존재하려면 $\lim_{x \to 1+}f(x)=\lim_{x \to 1-}f(x)$이어야 하므로

$-1=2+k$ $\therefore k=-3$

02

$f(-x)=-f(x)$에서 함수 $y=f(x)$의 그래프는 원점에 대하여 대칭
이므로 그 그래프는 다음 그림과 같다.

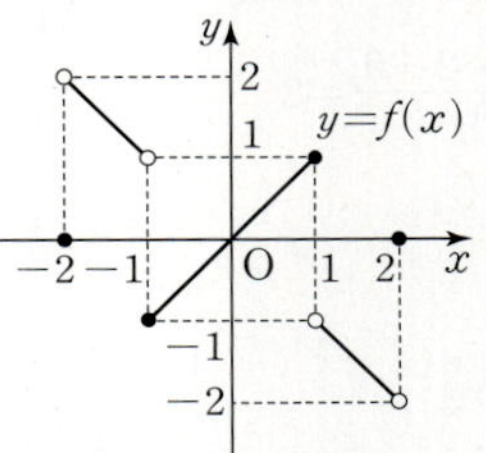

$$\therefore \lim_{x \to -1+}f(x)+\lim_{x \to -2-}f(x)=-1+(-2)=-3$$

03

$f(x)=t$로 놓으면

$x \longrightarrow 0+$일 때, $t \longrightarrow 3-$이므로

$$\lim_{x \to 0+}f(f(x))=\lim_{t \to 3-}f(t)=3$$

$x \longrightarrow 2+$일 때, $t=3$이므로

$$\lim_{x \to 2+}f(f(x))=f(3)=2$$

$$\therefore \lim_{x \to 0+}f(f(x))+\lim_{x \to 2+}f(f(x))=3+2=5$$

$\lim\limits_{x \to a+} g(f(x))$와 같은 합성함수의 극한은 $f(x)=t$로 놓고 다음을 이용하여 구할 수 있다.

(1) $x \longrightarrow a+$일 때, $t \longrightarrow b+$이면 $\lim\limits_{x \to a+} g(f(x))=\lim\limits_{t \to b+} g(t)$

(2) $x \longrightarrow a+$일 때, $t \longrightarrow b-$이면 $\lim\limits_{x \to a+} g(f(x))=\lim\limits_{t \to b-} g(t)$

(3) $x \longrightarrow a+$일 때, $t=b$이면 $\lim\limits_{x \to a+} g(f(x))=g(b)$

04

$\lim\limits_{x \to 0} f(x)=a\,(a$는 실수$)$라 하면

$$\lim_{x \to 0} \{f(x)+2g(x)\} = \lim_{x \to 0} [2f(x)-\{f(x)-2g(x)\}]$$
$$= 2\lim_{x \to 0} f(x) - \lim_{x \to 0} \{f(x)-2g(x)\}$$
$$= 2a-2$$

$$\lim_{x \to 0} \{f(x)-g(x)\} = \lim_{x \to 0} \left[\frac{1}{2}f(x)+\frac{1}{2}\{f(x)-2g(x)\}\right]$$
$$= \frac{1}{2}\lim_{x \to 0} f(x) + \frac{1}{2}\lim_{x \to 0} \{f(x)-2g(x)\}$$
$$= \frac{1}{2}a+1$$

따라서 $\lim\limits_{x \to 0} \dfrac{f(x)+2g(x)}{f(x)-g(x)} = \dfrac{2a-2}{\frac{1}{2}a+1}=2$이므로

$2a-2=a+2 \qquad \therefore a=4$

05

$$\lim_{x \to 0} \frac{2f(x)-x^2}{3x^2+f(x)} = \lim_{x \to 0} \frac{\dfrac{2f(x)}{x}-x}{3x+\dfrac{f(x)}{x}}$$
$$= \frac{\lim\limits_{x \to 0} \left\{2\times \dfrac{f(x)}{x}-x\right\}}{\lim\limits_{x \to 0} \left\{3x+\dfrac{f(x)}{x}\right\}}$$
$$= \frac{2\times 2-0}{0+2}=2$$

06

$\lim\limits_{x \to 2} \dfrac{f(x)-3}{x-2}=5$에서 $x \longrightarrow 2$일 때, 극한값이 존재하고 (분모) $\longrightarrow 0$

이므로 (분자) $\longrightarrow 0$이어야 한다.

즉, $\lim\limits_{x \to 2} \{f(x)-3\}=0 \qquad \therefore \lim\limits_{x \to 2} f(x)=3$

$$\therefore \lim_{x \to 2} \frac{x-2}{\{f(x)\}^2-9} = \lim_{x \to 2} \frac{x-2}{\{f(x)+3\}\{f(x)-3\}}$$
$$= \lim_{x \to 2} \left\{\frac{1}{f(x)+3} \times \frac{1}{\dfrac{f(x)-3}{x-2}}\right\}$$
$$= \lim_{x \to 2} \frac{1}{f(x)+3} \times \lim_{x \to 2} \frac{1}{\dfrac{f(x)-3}{x-2}}$$
$$= \frac{1}{3+3} \times \frac{1}{5} = \frac{1}{30}$$

07

ㄱ. $\lim\limits_{x \to 0} \dfrac{\{f(x)\}^2}{f(x^2)} = \lim\limits_{x \to 0} \dfrac{16|x|^2}{4|x|^2} = \lim\limits_{x \to 0} \dfrac{16x^2}{4x^2}=4$

ㄴ. $\lim\limits_{x \to 0} \dfrac{\{f(x)\}^2}{f(x^2)} = \lim\limits_{x \to 0} \dfrac{(2x^2+2x)^2}{2x^4+2x^2} = \lim\limits_{x \to 0} \dfrac{4x^2+8x+4}{2x^2+2}=2$

ㄷ. $\lim\limits_{x \to 0} \dfrac{\{f(x)\}^2}{f(x^2)} = \lim\limits_{x \to 0} \dfrac{\left(x+\dfrac{4}{x}\right)^2}{x^2+\dfrac{4}{x^2}} = \lim\limits_{x \to 0} \dfrac{x^4+8x^2+16}{x^4+4}=4$

따라서 주어진 식을 만족시키는 함수는 ㄱ, ㄷ이다.

08

$-x=t$로 놓으면 $x \longrightarrow -\infty$일 때, $t \longrightarrow \infty$이므로

$$\lim_{x \to -\infty} \frac{1}{\sqrt{x^2+3x+1}+x} = \lim_{t \to \infty} \frac{1}{\sqrt{t^2-3t+1}-t}$$
$$= \lim_{t \to \infty} \frac{\sqrt{t^2-3t+1}+t}{(\sqrt{t^2-3t+1}-t)(\sqrt{t^2-3t+1}+t)}$$
$$= \lim_{t \to \infty} \frac{\sqrt{t^2-3t+1}+t}{-3t+1}$$
$$= \lim_{t \to \infty} \frac{\sqrt{1-\dfrac{3}{t}+\dfrac{1}{t^2}}+1}{-3+\dfrac{1}{t}}$$
$$= \frac{1+1}{-3} = -\frac{2}{3}$$

09

$x=2k+a\,(k$는 정수, $0 \le a<2)$라 하면

$$\left[\frac{x}{2}\right] = \left[\frac{2k+a}{2}\right] = \left[k+\frac{a}{2}\right] = k \left(\because 0 \le \frac{a}{2}<1\right)$$

$x \longrightarrow \infty$일 때, $k \longrightarrow \infty$이므로

$$\lim_{x \to \infty} \frac{2x}{x^2+x+1}\left[\frac{x}{2}\right] = \lim_{k \to \infty} \left\{\frac{2(2k+a)}{(2k+a)^2+(2k+a)+1} \times k\right\}$$
$$= \lim_{k \to \infty} \frac{4k^2+2ak}{4k^2+(4a+2)k+a^2+a+1}$$
$$= \frac{4}{4}=1$$

$\dfrac{\infty}{\infty}$ 꼴의 극한에서 (분자의 차수)$=$(분모의 차수)이면 극한값은 최고

차항의 계수의 비이다.

10

조건 (가)에서 $f(x)$는 최고차항의 계수가 2인 이차함수이므로

$f(x)=2x^2+ax+b\,(a,\ b$는 상수$)$라 하자.

조건 (나)에서 $x \longrightarrow 0$일 때, 극한값이 존재하고 (분모) $\longrightarrow 0$이므로

(분자) $\longrightarrow 0$이어야 한다.

즉, $\lim\limits_{x \to 0} f(x) = \lim\limits_{x \to 0} (2x^2+ax+b)=b=0$

$$\lim_{x \to 0} \frac{f(x)}{x} = \lim_{x \to 0} \frac{2x^2+ax}{x} = \lim_{x \to 0} (2x+a)=a=3$$

따라서 $f(x)=2x^2+3x$이므로

$f(2)=2\times 2^2+3\times 2=14$

11

$\displaystyle\lim_{x\to\infty}\frac{f(x)}{g(x)}=\lim_{x\to\infty}\frac{x^2+x-6}{g(x)}=\frac{1}{2}$에서 $g(x)$는 최고차항의 계수가 2인

이차함수이므로 $g(x)=2x^2+ax+b\,(a,\,b$는 상수$)$라 하자.

$\displaystyle\lim_{x\to2}\frac{f(x)}{g(x)}=\frac{5}{4}$에서 $x\longrightarrow2$일 때, 극한값이 존재하고

$\displaystyle\lim_{x\to2}f(x)=\lim_{x\to2}(x^2+x-6)=0$이므로 $\displaystyle\lim_{x\to2}g(x)=0$이어야 한다.

즉, $\displaystyle\lim_{x\to2}(2x^2+ax+b)=8+2a+b=0$ $\therefore b=-2a-8$

$\displaystyle\lim_{x\to2}\frac{f(x)}{g(x)}=\lim_{x\to2}\frac{x^2+x-6}{2x^2+ax-2a-8}$

$\qquad=\displaystyle\lim_{x\to2}\frac{(x+3)(x-2)}{(x-2)(2x+a+4)}$

$\qquad=\displaystyle\lim_{x\to2}\frac{x+3}{2x+a+4}=\frac{5}{8+a}=\frac{5}{4}$

따라서 $a=-4$, $b=0$이므로 $g(x)=2x^2-4x$

$\therefore g(1)=2\times1^2-4\times1=-2$

12

$\displaystyle\lim_{x\to1}\frac{\sqrt{x+a}+b}{x-1}=\frac{1}{4}$에서 $x\longrightarrow1$일 때, 극한값이 존재하고

(분모)$\longrightarrow0$이므로 (분자)$\longrightarrow0$이어야 한다.

즉, $\displaystyle\lim_{x\to1}(\sqrt{x+a}+b)=\sqrt{1+a}+b=0$ $\therefore b=-\sqrt{1+a}$

$\displaystyle\lim_{x\to1}\frac{\sqrt{x+a}+b}{x-1}=\lim_{x\to1}\frac{\sqrt{x+a}-\sqrt{1+a}}{x-1}$

$\qquad=\displaystyle\lim_{x\to1}\frac{(\sqrt{x+a}-\sqrt{1+a})(\sqrt{x+a}+\sqrt{1+a})}{(x-1)(\sqrt{x+a}+\sqrt{1+a})}$

$\qquad=\displaystyle\lim_{x\to1}\frac{x-1}{(x-1)(\sqrt{x+a}+\sqrt{1+a})}$

$\qquad=\displaystyle\lim_{x\to1}\frac{1}{\sqrt{x+a}+\sqrt{1+a}}$

$\qquad=\displaystyle\frac{1}{2\sqrt{1+a}}=\frac{1}{4}$

$\sqrt{1+a}=2$에서 $1+a=4$ $\therefore a=3$

$b=-\sqrt{1+a}=-\sqrt{1+3}=-2$

$\therefore a^2+b=3^2+(-2)=7$

13

$x>0$에서 $x^2>0$이므로 주어진 부등식의 각 변을 x^2으로 나누면

$\dfrac{x^3+x+2}{2x^3+3x^2}<\dfrac{f(x)}{x^2}<\dfrac{2x^2+3}{4x^2}$

이때 $\displaystyle\lim_{x\to\infty}\frac{x^3+x+2}{2x^3+3x^2}=\frac{1}{2}$, $\displaystyle\lim_{x\to\infty}\frac{2x^2+3}{4x^2}=\frac{1}{2}$이므로 함수의 극한의 대

소 관계에 의하여 $\displaystyle\lim_{x\to\infty}\frac{f(x)}{x^2}=\frac{1}{2}$

14

$g(x)=\log\{f(x)-2\}$에서 진수의 조건에 의하여

$f(x)-2>0$ $\therefore f(x)>2$ $\cdots\cdots$ ㉠

$g(x)<\log2-\log(x+1)-\log(x-1)$에서 진수의 조건에 의하여

$x+1>0$, $x-1>0$

또한 $\log\{f(x)-2\}<\log\dfrac{2}{x^2-1}$, $f(x)-2<\dfrac{2}{x^2-1}$이므로

$f(x)<\dfrac{2}{x^2-1}+2=\dfrac{2x^2}{x^2-1}$ (단, $x>1$) $\cdots\cdots$ ㉡

㉠, ㉡에서 $2<f(x)<\dfrac{2x^2}{x^2-1}$ (단, $x>1$)

$\displaystyle\lim_{x\to\infty}\frac{2x^2}{x^2-1}=2$이므로 함수의 극한의 대소 관계에 의하여

$\displaystyle\lim_{x\to\infty}f(x)=2$

15

직선 PQ는 직선 $y=x+1$에 수직이므로 기울기는 -1이고,

점 $\mathrm{P}(t,\,t+1)$을 지나므로 직선 PQ의 방정식은

$y=-(x-t)+t+1=-x+2t+1$

따라서 점 Q의 좌표는 $(0,\,2t+1)$이므로

$\overline{\mathrm{AP}}^2=(t+1)^2+(t+1)^2=2t^2+4t+2$

$\overline{\mathrm{AQ}}^2=1^2+(2t+1)^2=4t^2+4t+2$

$\therefore \displaystyle\lim_{t\to\infty}\frac{\overline{\mathrm{AQ}}^2}{\overline{\mathrm{AP}}^2}=\lim_{t\to\infty}\frac{4t^2+4t+2}{2t^2+4t+2}=2$

IV. 함수의 극한과 연속

DAY 13 함수의 연속

69 ~ 70쪽

07 답 ㄴ

ㄱ. $x=0$에서 함수 $f(x)$가 정의되지 않으므로 $f(x)$는 $x=0$에서 불연

속이다.

ㄴ. $f(0)=0$이고,

$\quad x>0$에서 $f(x)=\dfrac{x^2}{x}=x$이므로 $\displaystyle\lim_{x\to0+}f(x)=0$

$\quad x<0$에서 $f(x)=\dfrac{x^2}{-x}=-x$이므로 $\displaystyle\lim_{x\to0-}f(x)=0$

$\quad\therefore \displaystyle\lim_{x\to0}f(x)=0$

$\quad$즉, $\displaystyle\lim_{x\to0}f(x)=f(0)$이므로 함수 $f(x)$는 $x=0$에서 연속이다.

ㄷ. $0\le x<1$에서 $f(x)=x-0=x$이므로 $\displaystyle\lim_{x\to0+}f(x)=0$

$\quad -1\le x<0$에서 $f(x)=x-(-1)=x+1$이므로 $\displaystyle\lim_{x\to0-}f(x)=1$

$\quad$따라서 $\displaystyle\lim_{x\to0}f(x)$의 값이 존재하지 않으므로 함수 $f(x)$는 $x=0$에

서 불연속이다.

ㄹ. $f(0)=0$이고,

$\quad -1<x<1$에서 $f(x)=\dfrac{2}{-(x^2-1)}$이므로 $\displaystyle\lim_{x\to0}f(x)=2$

$\quad$즉, $\displaystyle\lim_{x\to0}f(x)\ne f(0)$이므로 함수 $f(x)$는 $x=0$에서 불연속이다.

따라서 $x=0$에서 연속인 함수는 ㄴ이다.

07-1 답 2

함수 $f(x)$는 $x=0$, $x=1$에서 정의되지 않으므로 $x=0$, $x=1$에서 불

연속이다.

$x=2$에서의 연속성을 조사해 보자.

$f(2)=2$이고,

$\displaystyle\lim_{x\to2}f(x)=\lim_{x\to2}\frac{(x+2)(x-2)}{x(x-1)(x-2)}=\lim_{x\to2}\frac{x+2}{x(x-1)}=2$

즉, $\lim\limits_{x \to 2} f(x) = f(2)$이므로 함수 $f(x)$는 $x=2$에서 연속이다.

따라서 함수 $f(x)$가 불연속인 x의 값의 개수는 0, 1의 2이다.

07-2 답 ㄴ, ㄷ

ㄱ. $\lim\limits_{x \to 2+} f(x) = 1$, $\lim\limits_{x \to 2-} f(x) = 2$

따라서 $\lim\limits_{x \to 2} f(x)$의 값이 존재하지 않으므로 함수 $f(x)$는 $x=2$에서 불연속이다. (거짓)

ㄴ. $f(x) = t$로 놓으면 $x \to 1+$일 때, $t \to 2-$이므로

$\lim\limits_{x \to 1+} f(f(x)) = \lim\limits_{t \to 2-} f(t) = 2$ (참)

ㄷ. $f(f(2)) = f(2) = 2$

$f(x) = t$로 놓으면

$x \to 2+$일 때, $t \to 1+$이므로 $\lim\limits_{x \to 2+} f(f(x)) = \lim\limits_{t \to 1+} f(t) = 2$

$x \to 2-$일 때, $t \to 2-$이므로 $\lim\limits_{x \to 2-} f(f(x)) = \lim\limits_{t \to 2-} f(t) = 2$

$\therefore \lim\limits_{x \to 2} f(f(x)) = 2$

즉, $\lim\limits_{x \to 2} f(f(x)) = f(f(2))$이므로 함수 $f(f(x))$는 $x=2$에서 연속이다. (참)

따라서 옳은 것은 ㄴ, ㄷ이다.

08 답 ⑤

함수 $f(x)$가 $x=-2$에서 연속이므로 $\lim\limits_{x \to -2} f(x) = f(-2)$

$\therefore \lim\limits_{x \to -2} \dfrac{x^3 + ax}{x+2} = b$

$x \to -2$일 때, 극한값이 존재하고 (분모) $\to 0$이므로 (분자) $\to 0$이어야 한다.

즉, $\lim\limits_{x \to -2} (x^3 + ax) = -8 - 2a = 0$ $\therefore a = -4$

$\lim\limits_{x \to -2} \dfrac{x^3 + ax}{x+2} = \lim\limits_{x \to -2} \dfrac{x^3 - 4x}{x+2} = \lim\limits_{x \to -2} \dfrac{x(x+2)(x-2)}{x+2}$

$= \lim\limits_{x \to -2} x(x-2) = 8 = b$

$\therefore b - a = 8 - (-4) = 12$

08-1 답 ②

함수 $f(x)$가 모든 실수 x에서 연속이므로 $x=-1$, $x=1$에서도 연속이다.

(i) $\lim\limits_{x \to -1+} f(x) = \lim\limits_{x \to -1-} f(x) = f(-1)$에서

$\lim\limits_{x \to -1+} (x^2 - ax + 2) = \lim\limits_{x \to -1-} (x + b) = -1 + b$

$3 + a = -1 + b$ $\therefore a - b = -4$ ...... ㉠

(ii) $\lim\limits_{x \to 1+} f(x) = \lim\limits_{x \to 1-} f(x) = f(1)$에서

$\lim\limits_{x \to 1+} (x + b) = \lim\limits_{x \to 1-} (x^2 - ax + 2) = 1 + b$

$1 + b = 3 - a$ $\therefore a + b = 2$ ...... ㉡

㉠, ㉡을 연립하여 풀면 $a = -1$, $b = 3$

$\therefore ab = -1 \times 3 = -3$

08-2 답 ⑤

$h(x) = f(x+1) + af(x-1)$이라 하면

$h(0) = f(1) + af(-1) = -1 + a \times 0 = -1$

$\lim\limits_{x \to 0+} h(x) = \lim\limits_{x \to 0+} f(x+1) + a\lim\limits_{x \to 0+} f(x-1) = 2 + a \times (-1) = 2 - a$

$\lim\limits_{x \to 0-} h(x) = \lim\limits_{x \to 0-} f(x+1) + a\lim\limits_{x \to 0-} f(x-1) = -1 + a \times 0 = -1$

이때 함수 $h(x)$가 $x=0$에서 연속이 되려면

$\lim\limits_{x \to 0+} h(x) = \lim\limits_{x \to 0-} h(x) = h(0)$이어야 하므로

$2 - a = -1$ $\therefore a = 3$

09 답 ㄱ

ㄱ. 두 함수 $f(x)$, $g(x)$가 $x=a$에서 연속이면 $\lim\limits_{x \to a} f(x) = f(a)$,

$\lim\limits_{x \to a} g(x) = g(a)$이므로 $\lim\limits_{x \to a} \{f(x) - 2g(x)\} = f(a) - 2g(a)$

따라서 함수 $f(x) - 2g(x)$는 $x=a$에서 연속이다.

ㄴ. [반례] $f(x) = 2x$, $g(x) = x$이면 $f(x)$, $g(x)$는 $x=0$에서 연속이지만 $\dfrac{1}{f(x) - g(x)} = \dfrac{1}{x}$은 $x=0$에서 불연속이다.

ㄷ. [반례] $f(x) = x+1$, $g(x) = 1$이면 $f(x)$, $g(x)$는 $x=0$에서 연속이지만 $\dfrac{g(x)+1}{f(x)-1} = \dfrac{2}{x}$는 $x=0$에서 불연속이다.

ㄹ. [반례] $f(x) = \dfrac{1}{x+1}$, $g(x) = \dfrac{1}{x-1}$이면 $f(x)$, $g(x)$는 $x=0$에서 연속이지만 $f(g(x)) = 1 - \dfrac{1}{x}$은 $x=0$에서 불연속이다.

따라서 $x=a$에서 항상 연속인 함수는 ㄱ이다.

09-1 답 ㄱ, ㄴ, ㄷ

ㄱ, ㄴ. $\{f(x)\}^2 g(x)$, $f(g(x))$는 다항함수이므로 모든 실수 x에서 항상 연속이다.

ㄷ. 모든 실수 x에 대하여 $f(x) = x^2 + 1 > 0$

따라서 $\dfrac{g(x)}{f(x)}$는 분모가 0이 되는 x의 값이 없으므로 모든 실수 x에서 항상 연속이다.

ㄹ. $f(x) - 1 = x^2 + 1 - 1 = x^2$이므로 $\dfrac{g(x)+2}{f(x)-1}$는 $x=0$에서 불연속이다.

따라서 모든 실수 x에서 항상 연속인 함수는 ㄱ, ㄴ, ㄷ이다.

09-2 답 ㄱ, ㄴ

ㄱ. $f(x) = \dfrac{1}{2}[\{f(x) + g(x)\} + \{f(x) - g(x)\}]$이므로

$f(x) + g(x)$, $f(x) - g(x)$가 $x=a$에서 연속이면 $f(x)$도 $x=a$에서 연속이다. (참)

ㄴ. $f(x)$가 $x=a$에서 연속이고, $g(x)$가 $x=f(a)$에서 연속일 때,

$f(x) = t$로 놓으면 $\lim\limits_{x \to a} g(f(x)) = \lim\limits_{t \to f(a)} g(t) = g(f(a))$이므로

$g(f(x))$는 $x=a$에서 연속이다. (참)

ㄷ. [반례] $f(x) = 1$, $g(x) = \begin{cases} -1 & (x < 0) \\ 1 & (x \geq 0) \end{cases}$이면 $f(g(x)) = 1$은 $x=0$에서 연속이지만 $g(x)$는 $x=0$에서 불연속이다. (거짓)

따라서 옳은 것은 ㄱ, ㄴ이다.

10 답 ㄱ, ㄷ

ㄱ. 함수 $f(x)=x^2+x+1$은 닫힌구간 $[-2, 1]$에서 연속이므로 최대 · 최소 정리에 의하여 이 구간에서 최댓값과 최솟값을 모두 갖는다.

ㄴ. 함수 $f(x)=\dfrac{1}{x+1}$의 그래프는 오른쪽 그림과 같다. 따라서 닫힌구간 $[-2, 2]$에서 함수 $f(x)$의 최댓값과 최솟값은 존재하지 않는다.

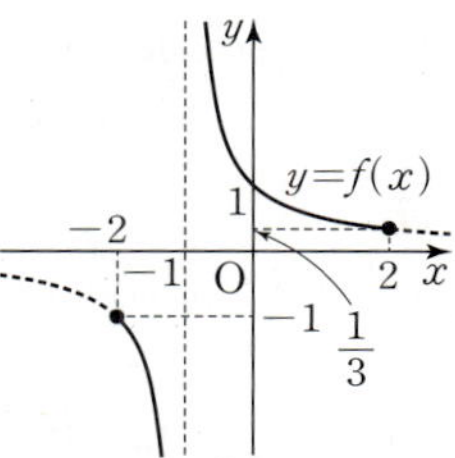

ㄷ. 함수 $f(x)=\dfrac{1}{x^2+1}$은 닫힌구간 $[-1, 1]$에서 연속이므로 최대 · 최소 정리에 의하여 이 구간에서 최댓값과 최솟값을 모두 갖는다.

ㄹ. 함수 $f(x)=\dfrac{1}{x-2}$의 그래프는 오른쪽 그림과 같다. 따라서 함수 $f(x)$는 구간 $(2, 4]$에서 최솟값을 갖지만 최댓값은 존재하지 않는다.

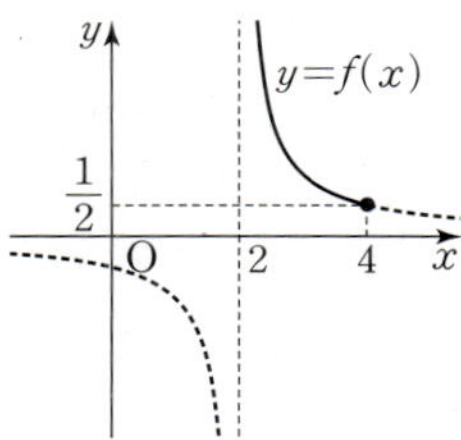

따라서 주어진 구간에서 최댓값과 최솟값이 모두 존재하는 함수는 ㄱ, ㄷ이다.

10-1 답 ⑤

함수 $f(x)=\dfrac{2x-5}{x-1}=2-\dfrac{3}{x-1}$의 그래프는 오른쪽 그림과 같다.

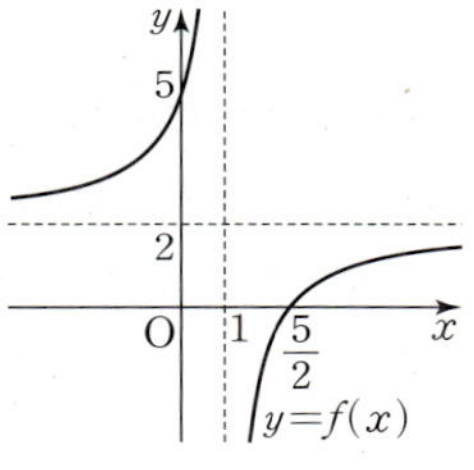

① 함수 $f(x)$는 구간 $(0, 1]$에서 최댓값과 최솟값을 모두 갖지 않는다.
② 함수 $f(x)$는 구간 $[0, 1]$에서 최댓값을 갖지 않는다.
③ 함수 $f(x)$는 구간 $[1, 2]$에서 최솟값을 갖지 않는다.
④ 함수 $f(x)$는 구간 $(2, 3]$에서 최솟값을 갖지 않는다.
⑤ 함수 $f(x)$는 구간 $[2, 3]$에서 연속이므로 최대 · 최소 정리에 의하여 이 구간에서 최댓값과 최솟값을 모두 갖는다.

따라서 최댓값과 최솟값이 모두 존재하는 구간은 ⑤이다.

10-2 답 2

$h(x)=f(x)+x$라 하면 함수 $h(x)$는 모든 실수 x에서 연속이므로 구간 $[-2, 1]$에서도 연속이다.
$h(-2)=f(-2)-2=-1-2=-3<0$
$h(-1)=f(-1)-1=2-1=1>0$
$h(0)=f(0)+0=4+0=4>0$
$h(1)=f(1)+1=-3+1=-2<0$
$\therefore h(-2)h(-1)<0,\ h(0)h(1)<0$
사잇값의 정리에 의하여 방정식 $h(x)=0$은 구간 $(-2, -1)$과 구간 $(0, 1)$에서 각각 적어도 하나의 실근을 가지므로 구간 $[-2, 1]$에서 방정식 $h(x)=0$은 적어도 2개의 실근을 갖는다.

01 ⑤	02 ④	03 ③	04 ①	05 ③
06 ②	07 ④	08 4	09 ③	
10 $-2<a<2$		11 ⑤	12 ③	13 36

01

①, ② $x=0$에서 함수 $f(x)$가 정의되지 않으므로 $f(x)$는 $x=0$에서 불연속이다.

③ $x>0$에서 $f(x)=\dfrac{x}{x}=1$이므로 $\lim\limits_{x\to 0+}f(x)=1$

$x<0$에서 $f(x)=\dfrac{-x}{x}=-1$이므로 $\lim\limits_{x\to 0-}f(x)=-1$

따라서 $\lim\limits_{x\to 0}f(x)$의 값이 존재하지 않으므로 함수 $f(x)$는 $x=0$에서 불연속이다.

④ $f(0)=1$이고,

$\lim\limits_{x\to 0}f(x)=\lim\limits_{x\to 0}\dfrac{x(x+2)}{x}=\lim\limits_{x\to 0}(x+2)=2$

즉, $\lim\limits_{x\to 0}f(x)\neq f(0)$이므로 함수 $f(x)$는 $x=0$에서 불연속이다.

⑤ $f(0)=1$이고,

$$\lim\limits_{x\to 0}f(x)=\lim\limits_{x\to 0}\dfrac{\sqrt{4+2x}-\sqrt{4-2x}}{x}$$
$$=\lim\limits_{x\to 0}\dfrac{(\sqrt{4+2x}-\sqrt{4-2x})(\sqrt{4+2x}+\sqrt{4-2x})}{x(\sqrt{4+2x}+\sqrt{4-2x})}$$
$$=\lim\limits_{x\to 0}\dfrac{4x}{x(\sqrt{4+2x}+\sqrt{4-2x})}$$
$$=\lim\limits_{x\to 0}\dfrac{4}{\sqrt{4+2x}+\sqrt{4-2x}}$$
$$=\dfrac{4}{\sqrt{4}+\sqrt{4}}=1$$

즉, $\lim\limits_{x\to 0}f(x)=f(0)$이므로 함수 $f(x)$는 $x=0$에서 연속이다.

02

$-3<x<3$에서 $f(-x)=-f(x)$가 성립하므로 함수 $y=f(x)$의 그래프는 원점에 대하여 대칭이고, $x=0$을 대입하면 $f(0)=-f(0)$이므로 $f(0)=0$

따라서 $-3<x<3$에서 함수 $y=f(x)$의 그래프는 다음 그림과 같다.

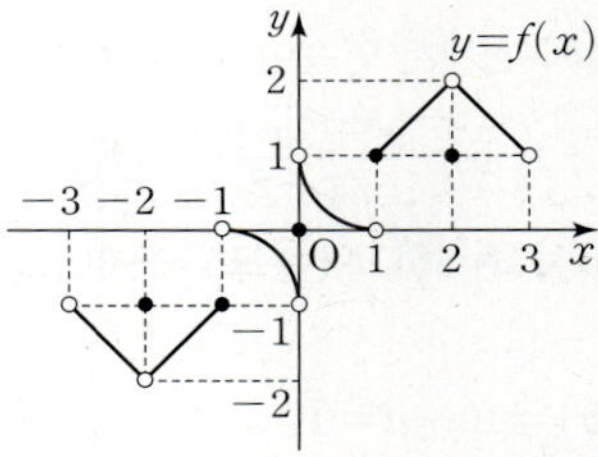

극한값이 존재하지 않는 x의 값은 -1, 0, 1의 3개이므로 $a=3$
불연속인 x의 값은 -2, -1, 0, 1, 2의 5개이므로 $b=5$
$\therefore a+b=3+5=8$

03

$f(x)=[\sqrt{11-x^2}]$에 대하여 $11-x^2\geq 0$이므로 함수 $f(x)$는 $-\sqrt{11}\leq x\leq \sqrt{11}$에서 정의된다.

(i) $0 \le \sqrt{11-x^2} < 1$, 즉 $10 < x^2 \le 11$일 때, $f(x)=0$

(ii) $1 \le \sqrt{11-x^2} < 2$, 즉 $7 < x^2 \le 10$일 때, $f(x)=1$

(iii) $2 \le \sqrt{11-x^2} < 3$, 즉 $2 < x^2 \le 7$일 때, $f(x)=2$

(iv) $3 \le \sqrt{11-x^2} < 4$, 즉 $0 \le x^2 \le 2$일 때, $f(x)=3$

(i)~(iv)에서 함수 $y=f(x)$의 그래프는 다음 그림과 같다.

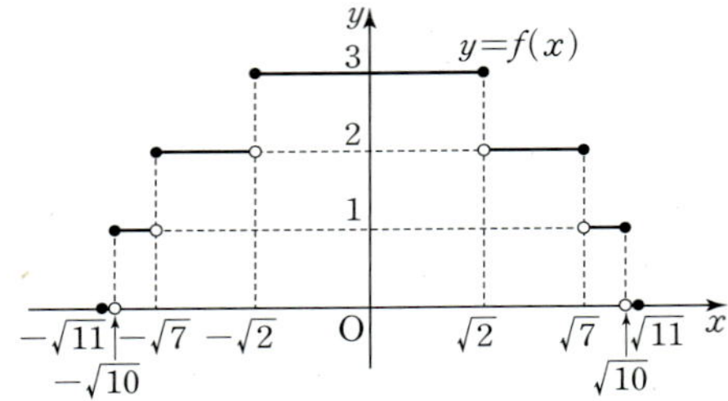

따라서 불연속인 x의 값의 개수는 $\pm\sqrt{2}$, $\pm\sqrt{7}$, $\pm\sqrt{10}$의 6이다.

04

함수 $f(x)$가 모든 실수 x에서 연속이므로 $x=2$에서도 연속이다.

즉, $\lim\limits_{x \to 2+} f(x) = \lim\limits_{x \to 2-} f(x) = f(2)$가 성립하므로

$$\lim_{x \to 2+} \frac{a\sqrt{x+2}-b}{x-2} = \lim_{x \to 2-} (x^2-3)=1$$

$x \longrightarrow 2+$일 때, 극한값이 존재하고 (분모) $\longrightarrow 0$이므로 (분자) $\longrightarrow 0$이어야 한다.

즉, $\lim\limits_{x \to 2+}(a\sqrt{x+2}-b)=2a-b=0$ $\qquad \therefore b=2a$

$$\begin{aligned}
\lim_{x \to 2+} \frac{a\sqrt{x+2}-b}{x-2} &= \lim_{x \to 2+} \frac{a\sqrt{x+2}-2a}{x-2} = \lim_{x \to 2+} \frac{a(\sqrt{x+2}-2)}{x-2} \\
&= \lim_{x \to 2+} \frac{a(\sqrt{x+2}-2)(\sqrt{x+2}+2)}{(x-2)(\sqrt{x+2}+2)} \\
&= \lim_{x \to 2+} \frac{a(x-2)}{(x-2)(\sqrt{x+2}+2)} \\
&= \lim_{x \to 2+} \frac{a}{\sqrt{x+2}+2} = \frac{a}{\sqrt{4}+2} \\
&= \frac{a}{4} = 1
\end{aligned}$$

따라서 $a=4$, $b=8$이므로 $a+b=4+8=12$

05

$x \ne 2$일 때, $f(x) = \dfrac{x^2+3x+a}{x-2}$

함수 $f(x)$가 모든 실수 x에서 연속이면 $x=2$에서도 연속이므로

$$\lim_{x \to 2} f(x) = f(2) \qquad \therefore \lim_{x \to 2} \frac{x^2+3x+a}{x-2} = f(2)$$

$x \longrightarrow 2$일 때, 극한값이 존재하고 (분모) $\longrightarrow 0$이므로 (분자) $\longrightarrow 0$이어야 한다.

즉, $\lim\limits_{x \to 2}(x^2+3x+a)=10+a=0$ $\qquad \therefore a=-10$

따라서 $(x-2)f(x)=x^2+3x-10$이므로

$f(3)=3^2+3\times3-10=8$

06

함수 $y=\{g(x)\}^2$이 $x=0$에서 연속이므로

$$\lim_{x \to 0+}\{g(x)\}^2 = \lim_{x \to 0-}\{g(x)\}^2 = \{g(0)\}^2$$

이때 함수 $f(x)$는 연속함수이고

$$\lim_{x \to 0+}\{g(x)\}^2 = \lim_{x \to 0+}\{f(x-1)\}^2 = \{f(-1)\}^2 = (2+a)^2,$$

$$\lim_{x \to 0-}\{g(x)\}^2 = \lim_{x \to 0-}\{f(x+1)\}^2 = \{f(1)\}^2 = a^2,$$

$$\{g(0)\}^2 = \{f(1)\}^2 = a^2$$

이므로

$(2+a)^2=a^2$, $4a+4=0$ $\qquad \therefore a=-1$

07

함수 $\dfrac{g(x)}{f(x)}$가 실수 전체의 집합에서 연속이면 $x=2$에서도 연속이므로

$$\lim_{x \to 2+} \frac{g(x)}{f(x)} = \lim_{x \to 2-} \frac{g(x)}{f(x)} = \frac{g(2)}{f(2)}$$

이때

$$\lim_{x \to 2+} \frac{g(x)}{f(x)} = \lim_{x \to 2+} \frac{ax+1}{1} = \frac{2a+1}{1} = 2a+1,$$

$$\lim_{x \to 2-} \frac{g(x)}{f(x)} = \lim_{x \to 2-} \frac{ax+1}{x^2-4x+6} = \frac{2a+1}{2} = a+\frac{1}{2},$$

$$\frac{g(2)}{f(2)} = \frac{2a+1}{1} = 2a+1$$

이므로

$2a+1=a+\dfrac{1}{2}$ $\qquad \therefore a=-\dfrac{1}{2}$

08

함수 $f(x)g(x)$가 모든 실수 x에서 연속이면 $x=1$에서도 연속이므로

$$\lim_{x \to 1} f(x)g(x) = \lim_{x \to 1} \frac{g(x)}{x-1} = f(1)g(1)$$

$x \longrightarrow 1$일 때, 극한값이 존재하고 (분모) $\longrightarrow 0$이므로 (분자) $\longrightarrow 0$이어야 한다.

즉, $\lim\limits_{x \to 1} g(x) = g(1) = 0$

이때 $g(x)$는 최고차항의 계수가 1인 이차함수이므로

$g(x)=(x-1)(x+a)$ (a는 상수)라 하면

$$\begin{aligned}
\lim_{x \to 1} f(x)g(x) &= \lim_{x \to 1} \frac{g(x)}{x-1} = \lim_{x \to 1} \frac{(x-1)(x+a)}{x-1} \\
&= \lim_{x \to 1} (x+a) = 1+a
\end{aligned}$$

$f(1)g(1)=2\times0=0$

즉, $1+a=0$에서 $a=-1$

따라서 $g(x)=(x-1)^2$이므로 $g(3)=(3-1)^2=4$

09

$h(x)=f(x)f(x+a)$라 하면 $h(0)=f(0)f(a)=1\times f(a)=f(a)$

(i) $a>0$인 경우

$h(0)=f(a)=a^2+2$

$\lim\limits_{x \to 0+} h(x) = \lim\limits_{x \to 0+} f(x) \lim\limits_{x \to 0+} f(x+a) = 2\times(a^2+2)$

$\lim\limits_{x \to 0-} h(x) = \lim\limits_{x \to 0-} f(x) \lim\limits_{x \to 0-} f(x+a) = 1\times(a^2+2)$

이때 $h(x)$가 $x=0$에서 연속이 되려면

$\lim\limits_{x \to 0+} h(x) = \lim\limits_{x \to 0-} h(x) = h(0)$이어야 하므로

$2a^2+4=a^2+2$인데 $a^2=-2$이므로 모순이다.

(ii) $a=0$인 경우

$$h(x)=\{f(x)\}^2 = \begin{cases} x^4-2x^2+1 & (x \le 0) \\ x^4+4x^2+4 & (x>0) \end{cases} \text{이므로}$$

$$\lim_{x\to 0+} h(x)=4\neq 1=\lim_{x\to 0-} h(x)$$

즉, 함수 $h(x)$는 $x=0$에서 불연속이다.

(ⅲ) $a<0$인 경우

$$h(0)=f(a)=-a^2+1$$

$$\lim_{x\to 0+} h(x)=\lim_{x\to 0+} f(x)\lim_{x\to 0+} f(x+a)=2\times(-a^2+1)$$

$$\lim_{x\to 0-} h(x)=\lim_{x\to 0-} f(x)\lim_{x\to 0-} f(x+a)=1\times(-a^2+1)$$

이때 $h(x)$가 $x=0$에서 연속이 되려면

$$\lim_{x\to 0+} h(x)=\lim_{x\to 0-} h(x)=h(0)$$이어야 하므로

$$-2a^2+2=-a^2+1,\ a^2=1$$

$$\therefore a=-1\ (\because a<0)$$

(ⅰ), (ⅱ), (ⅲ)에서 함수 $f(x)f(x+a)$가 $x=0$에서 연속이 되도록 하는 상수 a의 값은 -1이다.

10

함수 $h(x)=\dfrac{f(x)}{g(x)}$가 모든 실수 x에서 연속이 되려면 분모가 0이 되는 x의 값이 없어야 하므로 이차방정식 $g(x)=0$의 판별식을 D라 할 때, $D<0$이 성립해야 한다.

$$\frac{D}{4}=a^2-4<0 \qquad \therefore -2<a<2$$

11

①, ②, ③, ④ 두 함수 $f(x)$, $g(x)$가 모든 실수 x에서 연속이므로 함수 $f(x)-2g(x)$, $\{f(x)\}^2$, $f(x)g(x)+1$, $2f(g(x))$도 모든 실수 x에서 연속이다.

⑤ $g(x)-1=x^2+1-1=x^2$이므로 함수 $\dfrac{f(x)+1}{g(x)-1}$은 $x=0$에서 불연속이다.

12

$f(x)=\dfrac{1}{x+5}$은 $x\neq -5$인 모든 실수 x에서 연속이므로 $k<5$일 때, 닫힌구간 $[-k,\ k]$에서 연속이다.

따라서 최대·최소 정리에 의하여 이 구간에서 반드시 최댓값과 최솟값을 갖고, $k\geq 5$인 경우 최댓값 또는 최솟값이 존재하지 않으므로 자연수 k의 최댓값은 4이다.

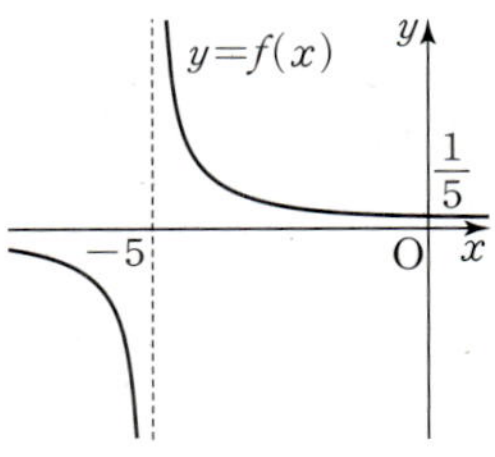

13

$h(x)=f(x)-g(x)$라 하면

$$h(x)=x^5+2x^2+k-3$$

사잇값의 정리에 의하여 방정식 $h(x)=0$이 구간 $(1,\ 2)$에서 실근을 가지려면 $h(1)h(2)<0$이어야 하므로

$$h(1)h(2)=k(k+37)<0$$

$$\therefore -37<k<0$$

따라서 구하는 정수 k의 개수는 -36, -35, -34, $\cdots$, -1의 36이다.

<table><tr><td>DAY 14</td><td>미분계수와 도함수</td><td>74 ~ 76쪽</td></tr></table>

01 답 ④

함수 $f(x)=x^2-x+1$에 대하여 x의 값이 -2에서 4까지 변할 때의 평균변화율은

$$\frac{\Delta y}{\Delta x}=\frac{f(4)-f(-2)}{4-(-2)}=\frac{13-7}{4+2}=1$$

함수 $f(x)$의 $x=k$에서의 미분계수 $f'(k)$는

$$\begin{aligned}
f'(k)&=\lim_{x\to k}\frac{f(x)-f(k)}{x-k}\\
&=\lim_{x\to k}\frac{x^2-x+1-(k^2-k+1)}{x-k}\\
&=\lim_{x\to k}\frac{x^2-k^2-(x-k)}{x-k}\\
&=\lim_{x\to k}\frac{(x+k)(x-k)-(x-k)}{x-k}\\
&=\lim_{x\to k}(x+k-1)=2k-1
\end{aligned}$$

따라서 $2k-1=1$이므로 $k=1$

01-1 답 ②

함수 $f(x)=x^3+ax^2$의 $x=1$에서의 미분계수 $f'(1)$은

$$\begin{aligned}
f'(1)&=\lim_{x\to 1}\frac{f(x)-f(1)}{x-1}\\
&=\lim_{x\to 1}\frac{x^3+ax^2-(1+a)}{x-1}\\
&=\lim_{x\to 1}\frac{x^3-1+a(x^2-1)}{x-1}\\
&=\lim_{x\to 1}\frac{(x-1)(x^2+x+1)+a(x+1)(x-1)}{x-1}\\
&=\lim_{x\to 1}(x^2+x+1+ax+a)=3+2a
\end{aligned}$$

따라서 $3+2a=9$이므로 $a=3$

01-2 답 6

함수 $f(x)=x^2-6x$에 대하여 x의 값이 a에서 b까지 변할 때의 평균변화율은

$$\begin{aligned}
\frac{\Delta y}{\Delta x}&=\frac{f(b)-f(a)}{b-a}\\
&=\frac{(b^2-6b)-(a^2-6a)}{b-a}\\
&=\frac{b^2-a^2-(6b-6a)}{b-a}\\
&=\frac{(b+a)(b-a)-6(b-a)}{b-a}\\
&=b+a-6
\end{aligned}$$

함수 $f(x)$의 $x=3$에서의 미분계수 $f'(3)$은

$$\begin{aligned}
f'(3)&=\lim_{x\to 3}\frac{f(x)-f(3)}{x-3}\\
&=\lim_{x\to 3}\frac{x^2-6x-(-9)}{x-3}\\
&=\lim_{x\to 3}\frac{(x-3)^2}{x-3}\\
&=\lim_{x\to 3}(x-3)=0
\end{aligned}$$

따라서 $b+a-6=0$이므로 $a+b=6$

02 답 ①

$$\lim_{h \to 0} \frac{f(1+3h)-f(1)}{2h} = \lim_{h \to 0} \frac{f(1+3h)-f(1)}{3h} \times \frac{3}{2}$$
$$= \frac{3}{2}f'(1) = \frac{3}{2} \times 2 = 3$$

02-1 답 ④

$$\lim_{h \to 0} \frac{f(a+h)-f(a-h)}{h}$$
$$= \lim_{h \to 0} \frac{f(a+h)-f(a)+f(a)-f(a-h)}{h}$$
$$= \lim_{h \to 0} \frac{f(a+h)-f(a)}{h} - \lim_{h \to 0} \frac{f(a-h)-f(a)}{-h} \times (-1)$$
$$= f'(a)+f'(a) = 2f'(a) = 2 \times 4 = 8$$

02-2 답 ④

$$\lim_{h \to 0} \frac{f(2-h)-f(2)}{h} = \lim_{h \to 0} \frac{f(2-h)-f(2)}{-h} \times (-1) = -f'(2)$$

따라서 $-f'(2)=-1$이므로 $f'(2)=1$

$$\therefore \lim_{h \to 0} \frac{f(2+3h)-f(2-5h)}{2h}$$
$$= \lim_{h \to 0} \frac{f(2+3h)-f(2)+f(2)-f(2-5h)}{2h}$$
$$= \lim_{h \to 0} \frac{f(2+3h)-f(2)}{3h} \times \frac{3}{2} - \lim_{h \to 0} \frac{f(2-5h)-f(2)}{-5h} \times \left(-\frac{5}{2}\right)$$
$$= \frac{3}{2}f'(2) + \frac{5}{2}f'(2) = 4f'(2) = 4 \times 1 = 4$$

03 답 ③

$$\lim_{x \to 2} \frac{f(x)-f(2)}{x^2-4} = \lim_{x \to 2} \left\{ \frac{f(x)-f(2)}{x-2} \times \frac{1}{x+2} \right\}$$
$$= \lim_{x \to 2} \frac{f(x)-f(2)}{x-2} \times \lim_{x \to 2} \frac{1}{x+2}$$
$$= f'(2) \times \frac{1}{4} = 12 \times \frac{1}{4} = 3$$

03-1 답 ②

$$\lim_{x \to 3} \frac{x^2-9}{f(x)-f(3)} = \lim_{x \to 3} \left\{ \frac{x-3}{f(x)-f(3)} \times (x+3) \right\}$$
$$= \lim_{x \to 3} \frac{1}{\dfrac{f(x)-f(3)}{x-3}} \times \lim_{x \to 3} (x+3)$$
$$= \frac{1}{f'(3)} \times 6 = \frac{1}{2} \times 6 = 3$$

03-2 답 ④

$$\lim_{x \to 1} \frac{x^2 f(1)-f(x)}{x-1} = \lim_{x \to 1} \frac{x^2 f(1)-f(1)+f(1)-f(x)}{x-1}$$
$$= \lim_{x \to 1} \frac{(x^2-1)f(1)-\{f(x)-f(1)\}}{x-1}$$
$$= \lim_{x \to 1} \frac{(x+1)(x-1)f(1)}{x-1} - \lim_{x \to 1} \frac{f(x)-f(1)}{x-1}$$
$$= \lim_{x \to 1} (x+1)f(1) - f'(1)$$
$$= 2f(1) - f'(1)$$
$$= 2 \times 3 - (-2) = 8$$

04 답 ㄷ

ㄱ. 함수 $f(x)=\dfrac{1}{x}$은 $x=0$에서 정의되지 않으므로 $x=0$에서 불연속이고 미분가능하지 않다.

ㄴ. $\lim\limits_{x \to 0} f(x) = f(0) = 0$이므로 함수 $f(x)$는 $x=0$에서 연속이다.

$$\lim_{h \to 0+} \frac{f(h)-f(0)}{h} = \lim_{h \to 0+} \frac{h+|h|}{h} = \lim_{h \to 0+} \frac{2h}{h} = 2,$$
$$\lim_{h \to 0-} \frac{f(h)-f(0)}{h} = \lim_{h \to 0-} \frac{h+|h|}{h} = \lim_{h \to 0-} \frac{0}{h} = 0$$

이므로 함수 $f(x)$는 $x=0$에서 미분가능하지 않다.

ㄷ. $\lim\limits_{x \to 0} f(x) = f(0) = 0$이므로 함수 $f(x)$는 $x=0$에서 연속이다.

$$\lim_{h \to 0+} \frac{f(h)-f(0)}{h} = \lim_{h \to 0+} \frac{h}{h} = 1,$$
$$\lim_{h \to 0-} \frac{f(h)-f(0)}{h} = \lim_{h \to 0-} \frac{h^2+h}{h} = \lim_{h \to 0-} (h+1) = 1$$

이므로 함수 $f(x)$는 $x=0$에서 미분가능하다.

따라서 $x=0$에서 미분가능한 함수는 ㄷ이다.

04-1 답 ⑤

① $f(x)=(x-1)^2$은 다항함수이므로 $x=1$에서 연속이고 미분가능하다.

② $x \geq 0$일 때, $f(x)=|x|=x$이므로 $x=1$에서 연속이고 미분가능하다.

③ $f(x)=\dfrac{|x-1|}{x-1}$은 $x=1$에서 정의되지 않으므로 $x=1$에서 불연속이고 미분가능하지 않다.

④ $f(x)=[x]$에 대하여 $\lim\limits_{x \to 1+} f(x)=1$, $\lim\limits_{x \to 1-} f(x)=0$이므로 $\lim\limits_{x \to 1} f(x)$의 값이 존재하지 않는다.

따라서 함수 $f(x)$는 $x=1$에서 불연속이고 미분가능하지 않다.

⑤ $f(1)=3$이고,
$$\lim_{x \to 1+} f(x) = \lim_{x \to 1+} (-x^2+4x) = 3$$
$$\lim_{x \to 1-} f(x) = \lim_{x \to 1-} (x+2) = 3$$

즉, $\lim\limits_{x \to 1} f(x)=f(1)$이므로 함수 $f(x)$는 $x=1$에서 연속이다.

$$\lim_{x \to 1+} \frac{f(x)-f(1)}{x-1} = \lim_{x \to 1+} \frac{-x^2+4x-3}{x-1}$$
$$= \lim_{x \to 1+} \frac{-(x-1)(x-3)}{x-1}$$
$$= \lim_{x \to 1+} \{-(x-3)\} = 2$$
$$\lim_{x \to 1-} \frac{f(x)-f(1)}{x-1} = \lim_{x \to 1-} \frac{x+2-3}{x-1} = \lim_{x \to 1-} \frac{x-1}{x-1} = 1$$

이므로 함수 $f(x)$는 $x=1$에서 미분가능하지 않다.

따라서 $x=1$에서 연속이지만 미분가능하지 않은 함수는 ⑤이다.

04-2 답 6

함수 $f(x)$는 $x=c$, $x=d$에서 불연속이므로 $m=2$

한편, 불연속인 점이거나 뾰족한 점에서는 미분가능하지 않으므로 함수 $f(x)$는 $x=b$, $x=c$, $x=d$, $x=e$에서 미분가능하지 않다.

즉, $n=4$

$$\therefore m+n = 2+4 = 6$$

05 답 ①

$f'(x)=6x^2+6x-2$이므로

$f'(a)=6a^2+6a-2=10$에서

$6a^2+6a-12=0,\ (a+2)(a-1)=0$

$\therefore a=1\ (\because a>0)$

05-1 답 ①

$f(x)=(x^2+1)(x+2)$에서 $f(1)=2\times3=6$

$f'(x)=(x^2+1)'(x+2)+(x^2+1)(x+2)'$

$\qquad=2x(x+2)+(x^2+1)\times1=3x^2+4x+1$

$\therefore f'(1)=3+4+1=8$

$\therefore f(1)f'(1)=6\times8=48$

참고

$f(x)$를 전개하여 얻은 식을 통하여 $f'(x)$를 구할 수도 있다.

즉, $f(x)=(x^2+1)(x+2)=x^3+2x^2+x+2$이므로

$f'(x)=3x^2+4x+1$

05-2 답 9

$f'(x)=4\times(x^2-6x+8)^3\times(x^2-6x+8)'$

$\qquad=4(x^2-6x+8)^3\times(2x-6)$

$\qquad=4(x-2)^3(x-4)^3\times2(x-3)$

$\qquad=8(x-2)^3(x-3)(x-4)^3$

$f'(x)=0$에서 $x=2$ 또는 $x=3$ 또는 $x=4$

따라서 서로 다른 모든 실근의 합은 $2+3+4=9$

06 답 ⑤

함수 $f(x)$가 $x=1$에서 미분가능하므로 $x=1$에서 연속이다.

즉, $\lim\limits_{x\to1+}f(x)=\lim\limits_{x\to1-}f(x)=f(1)$에서

$1+b=1-a\qquad\therefore b=-a\quad\cdots\cdots\ ㉠$

또한 미분계수 $f'(1)$이 존재하므로

$\lim\limits_{x\to1+}\dfrac{f(x)-f(1)}{x-1}=\lim\limits_{x\to1+}\dfrac{x^2+bx-(1+b)}{x-1}$

$\qquad=\lim\limits_{x\to1+}\dfrac{x^2-1+b(x-1)}{x-1}$

$\qquad=\lim\limits_{x\to1+}\{(x+1)+b\}=2+b$

$\lim\limits_{x\to1-}\dfrac{f(x)-f(1)}{x-1}=\lim\limits_{x\to1-}\dfrac{x-a-(1+b)}{x-1}$

$\qquad=\lim\limits_{x\to1-}\dfrac{x-a-(1-a)}{x-1}\ (\because ㉠)$

$\qquad=\lim\limits_{x\to1-}\dfrac{x-1}{x-1}=1$

에서 $2+b=1\qquad\therefore b=-1$

$b=-1$을 ㉠에 대입하면 $a=1$

$\therefore a-b=1-(-1)=2$

06-1 답 ①

함수 $f(x)$가 모든 실수 x에 대하여 미분가능하므로 $x=2$에서도 미분 가능하고 연속이다.

즉, $\lim\limits_{x\to2+}f(x)=\lim\limits_{x\to2-}f(x)=f(2)$에서

$4+b=4a+4-3\qquad\therefore b=4a-3\quad\cdots\cdots\ ㉠$

또한 미분계수 $f'(2)$가 존재하므로

$\lim\limits_{x\to2+}\dfrac{f(x)-f(2)}{x-2}=\lim\limits_{x\to2+}\dfrac{x^2+b-(4+b)}{x-2}$

$\qquad=\lim\limits_{x\to2+}\dfrac{(x+2)(x-2)}{x-2}$

$\qquad=\lim\limits_{x\to2+}(x+2)=4$

$\lim\limits_{x\to2-}\dfrac{f(x)-f(2)}{x-2}=\lim\limits_{x\to2-}\dfrac{ax^2+2x-3-(4+b)}{x-2}$

$\qquad=\lim\limits_{x\to2-}\dfrac{ax^2+2x-3-(4+4a-3)}{x-2}\ (\because ㉠)$

$\qquad=\lim\limits_{x\to2-}\dfrac{a(x^2-4)+2x-4}{x-2}$

$\qquad=\lim\limits_{x\to2-}\{a(x+2)+2\}=4a+2$

에서 $4=4a+2\qquad\therefore a=\dfrac{1}{2}$

$a=\dfrac{1}{2}$을 ㉠에 대입하면 $b=-1$

$\therefore ab=\dfrac{1}{2}\times(-1)=-\dfrac{1}{2}$

06-2 답 ③

함수 $f(x)$가 $x=0$에서 미분가능하므로 $x=0$에서의 미분계수가 존재한다.

$\lim\limits_{x\to0+}\dfrac{f(x)-f(0)}{x-0}=\lim\limits_{x\to0+}\dfrac{(x+a)|x|}{x}$

$\qquad=\lim\limits_{x\to0+}\dfrac{x(x+a)}{x}$

$\qquad=\lim\limits_{x\to0+}(x+a)=a$

$\lim\limits_{x\to0-}\dfrac{f(x)-f(0)}{x-0}=\lim\limits_{x\to0-}\dfrac{(x+a)|x|}{x}$

$\qquad=\lim\limits_{x\to0-}\dfrac{-x(x+a)}{x}$

$\qquad=\lim\limits_{x\to0-}\{-(x+a)\}=-a$

에서 $a=-a\qquad\therefore a=0$

따라서 $f(x)=x|x|$이므로 $f(3)=9$

DAY 14 2배속 REPEAT				77 ~ 78쪽
01 ②	02 14	03 ①	04 ③	05 ③
06 ④	07 27	08 ㄴ, ㄷ	09 ④	10 −6
11 ②	12 ①	13 10	14 ③	15 ⑤

01

함수 $f(x)=x^3-1$에 대하여 x의 값이 a에서 2까지 변할 때의 평균변화율은

$\dfrac{\Delta y}{\Delta x}=\dfrac{f(2)-f(a)}{2-a}=\dfrac{8-a^3}{2-a}=\dfrac{(2-a)(4+2a+a^2)}{2-a}$

$\qquad=4+2a+a^2\ (\because a\neq2)$

함수 $f(x)$의 $x=a$에서의 미분계수 $f'(a)$는

$f'(a)=\lim\limits_{h\to0}\dfrac{f(a+h)-f(a)}{h}=\lim\limits_{h\to0}\dfrac{(a+h)^3-1-(a^3-1)}{h}$

$\qquad=\lim\limits_{h\to0}\dfrac{3a^2h+3ah^2+h^3}{h}=\lim\limits_{h\to0}(3a^2+3ah+h^2)=3a^2$

따라서 $4+2a+a^2=3a^2$이므로 $2a^2-2a-4=0$
$(a+1)(a-2)=0$　　　$\therefore a=-1\ (\because a<2)$

02

함수 $f(x)$에 대하여 x의 값이 1에서 2까지 변할 때의 평균변화율은
$$\frac{\Delta y}{\Delta x}=\frac{f(2)-f(1)}{2-1}=f(2)-f(1)=a$$
이때 $f(x+1)-f(1)=x^3+3x^2+5x$의 양변에 $x=1$을 대입하면
$f(2)-f(1)=1+3+5=9$이므로 $a=9$
함수 $f(x)$의 $x=1$에서의 미분계수 $f'(1)$은
$$f'(1)=\lim_{h\to0}\frac{f(1+h)-f(1)}{h}=\lim_{h\to0}\frac{h^3+3h^2+5h}{h}$$
$$=\lim_{h\to0}(h^2+3h+5)=5=b$$
$\therefore a+b=9+5=14$

03

함수 $y=f(x)$의 그래프 위의 $x=2$인 점에서의 접선의 기울기는 음수이므로 $f'(2)<0$
한편, $g(4)=\dfrac{f(4)-f(2)}{4-2}$는 두 점 $(2,\,f(2))$, $(4,\,f(4))$를 잇는 직선의 기울기이고, 이차함수 $y=f(x)$의 그래프의 꼭짓점의 x좌표가 3이므로 $f(2)=f(4)$　　　$\therefore g(4)=0$
또한 $g(6)=\dfrac{f(6)-f(2)}{6-2}$는 두 점 $(2,\,f(2))$, $(6,\,f(6))$을 잇는 직선의 기울기이므로 $g(6)>0$
$\therefore f'(2)<g(4)<g(6)$

04

점 $(1,\,2)$가 함수 $y=f(x)$의 그래프 위의 점이므로 $f(1)=2$
또한 점 $(1,\,2)$에서의 접선의 기울기가 3이므로 $f'(1)=3$
$$\therefore \lim_{h\to0}\frac{\{f(1+h)\}^2-4}{h}$$
$$=\lim_{h\to0}\frac{\{f(1+h)\}^2-\{f(1)\}^2}{h}$$
$$=\lim_{h\to0}\frac{f(1+h)-f(1)}{h}\times\lim_{h\to0}\{f(1+h)+f(1)\}$$
$$=f'(1)\times2f(1)=3\times2\times2=12$$

05

ㄱ. $\lim\limits_{t\to a}\dfrac{f(t)-f(a)}{t-a}=f'(a)$

ㄴ. $\lim\limits_{h\to0}\dfrac{f(a)-f(a-2h)}{2h}=\lim\limits_{h\to0}\dfrac{f(a-2h)-f(a)}{-2h}=f'(a)$

ㄷ. $\lim\limits_{x\to a}\dfrac{f(x^2)-f(a^2)}{x^2-a^2}$에서 $x^2=t$로 놓으면 $x\longrightarrow a$일 때, $t\longrightarrow a^2$이므로 $\lim\limits_{t\to a^2}\dfrac{f(t)-f(a^2)}{t-a^2}=f'(a^2)$

따라서 그 값이 $f'(a)$와 같은 것은 ㄱ, ㄴ이다.

06

$f'(0)=2$이므로
$$f'(0)=\lim_{h\to0}\frac{f(0+h)-f(0)}{h}$$
$$=\lim_{h\to0}\frac{f(0)+f(h)+0-f(0)}{h}$$
$$=\lim_{h\to0}\frac{f(h)}{h}$$
에서 $\lim\limits_{h\to0}\dfrac{f(h)}{h}=2$
$$\therefore f'(3)=\lim_{h\to0}\frac{f(3+h)-f(3)}{h}$$
$$=\lim_{h\to0}\frac{f(3)+f(h)+6h-f(3)}{h}$$
$$=\lim_{h\to0}\left\{\frac{f(h)}{h}+6\right\}=2+6=8$$

07

$\dfrac{1}{n}=h$로 놓으면 $n\longrightarrow\infty$일 때, $h\longrightarrow0+$이므로
$$(\text{주어진 식})=\lim_{h\to0+}\frac{f(1+h)g(1+3h)-f(1)g(1)}{h}$$
$$=\lim_{h\to0+}\frac{f(1+h)g(1+3h)-f(1+h)g(1)}{h}$$
$$+\lim_{h\to0+}\frac{f(1+h)g(1)-f(1)g(1)}{h}$$
$$=\lim_{h\to0+}\frac{f(1+h)\{g(1+3h)-g(1)\}}{3h}\times3$$
$$+\lim_{h\to0+}\frac{\{f(1+h)-f(1)\}g(1)}{h}$$
$$=3f(1)g'(1)+f'(1)g(1)$$
$$=3\times2\times2+3\times5=27$$

08

ㄱ. $\lim\limits_{x\to0}f(x)=f(0)=0$이므로 함수 $f(x)$는 $x=0$에서 연속이다.
$$\lim_{h\to0+}\frac{f(h)-f(0)}{h}=\lim_{h\to0+}\frac{|h|}{h}=\lim_{h\to0+}\frac{h}{h}=1,$$
$$\lim_{h\to0-}\frac{f(h)-f(0)}{h}=\lim_{h\to0-}\frac{|h|}{h}=\lim_{h\to0-}\frac{-h}{h}=-1$$
이므로 함수 $f(x)$는 $x=0$에서 미분가능하지 않다.

ㄴ. $\lim\limits_{x\to0}f(x)=f(0)=0$이므로 함수 $f(x)$는 $x=0$에서 연속이다.
$|x|^2=x^2$이므로
$$\lim_{h\to0}\frac{f(h)-f(0)}{h}=\lim_{h\to0}\frac{|h|^2}{h}=\lim_{h\to0}\frac{h^2}{h}=\lim_{h\to0}h=0$$
따라서 함수 $f(x)$는 $x=0$에서 미분가능하다.

ㄷ. $f(0)=1$이고,
$$\lim_{x\to0+}f(x)=\lim_{x\to0+}(x^2+4x+1)=1,$$
$$\lim_{x\to0-}f(x)=\lim_{x\to0-}(4x+1)=1$$
이므로 함수 $f(x)$는 $x=0$에서 연속이다.
$$\lim_{h\to0+}\frac{f(h)-f(0)}{h}=\lim_{h\to0+}\frac{h^2+4h+1-1}{h}$$
$$=\lim_{h\to0+}\frac{h(h+4)}{h}$$
$$=\lim_{h\to0+}(h+4)=4$$
$$\lim_{h\to0-}\frac{f(h)-f(0)}{h}=\lim_{h\to0-}\frac{4h+1-1}{h}$$
$$=\lim_{h\to0-}4=4$$
이므로 함수 $f(x)$는 $x=0$에서 미분가능하다.
따라서 $x=0$에서 미분가능한 함수는 ㄴ, ㄷ이다.

09

① 점 $(1, f(1))$에서의 접선의 기울기가 0보다 크므로 $f'(1)>0$ (참)

② $\lim\limits_{x\to 2+} f(x)=\lim\limits_{x\to 2-} f(x)$이므로 $\lim\limits_{x\to 2} f(x)$의 값이 존재한다. (참)

③ 함수 $f(x)$가 불연속인 x의 값은 $x=2$, $x=4$의 2개이다. (참)

④ $f'(x)=0$인 점은 구간 $(-2, 0)$에서 1개 존재한다. (거짓)

⑤ 미분가능하지 않은 x의 값은 $x=0$, $x=2$, $x=4$의 3개이다. (참)

10

$f(x)=ax^2+bx+c\,(a\neq 0,\ b,\ c$는 상수$)$라 하면 $f(0)=2$에서 $c=2$

$f'(x)=2ax+b$에서

$f'(1)=2a+b=3$ $\quad\cdots\cdots$ ㉠

$f'(2)=4a+b=-2$ $\quad\cdots\cdots$ ㉡

㉠, ㉡을 연립하여 풀면 $a=-\dfrac{5}{2}$, $b=8$

따라서 $f(x)=-\dfrac{5}{2}x^2+8x+2$이므로

$f(4)=-40+32+2=-6$

11

$f'(x)=(x-2)'(2x-1)(3x+2)+(x-2)(2x-1)'(3x+2)$
$\qquad\qquad\qquad\qquad +(x-2)(2x-1)(3x+2)'$

$\quad=(2x-1)(3x+2)+2\times(x-2)(3x+2)$
$\qquad\qquad\qquad\qquad +3\times(x-2)(2x-1)$

$\therefore f'(2)=3\times 8+0+0=24$

12

$f(x)=ax^2+b$에서 $f'(x)=2ax$이므로

$4(ax^2+b)=(2ax)^2+x^2+4$

$4ax^2+4b=(4a^2+1)x^2+4$

위의 식이 모든 실수 x에 대하여 성립하므로

$4a=4a^2+1$, $4b=4$

$4a^2-4a+1=0$, $(2a-1)^2=0$에서 $a=\dfrac{1}{2}$, $b=1$

따라서 $f(x)=\dfrac{1}{2}x^2+1$이므로 $f(2)=2+1=3$

13

$h(x)=f(x)g(x)$라 하면 $h(0)=f(0)g(0)=2\times 2=4$이므로

$\lim\limits_{x\to 0}\dfrac{f(x)g(x)-4}{x}=\lim\limits_{x\to 0}\dfrac{f(x)g(x)-f(0)g(0)}{x}$

$\qquad\qquad\qquad\quad=\lim\limits_{x\to 0}\dfrac{h(x)-h(0)}{x}=h'(0)$

$h'(x)=f'(x)g(x)+f(x)g'(x)$이므로

$h'(0)=f'(0)g(0)+f(0)g'(0)$

$f(x)=x^3+3x+2$에서 $f'(x)=3x^2+3$이므로 $f'(0)=3$

$g(x)=-x^2+2x+2$에서 $g'(x)=-2x+2$이므로 $g'(0)=2$

$\therefore h'(0)=3\times 2+2\times 2=10$

14

$\lim\limits_{x\to 2}\dfrac{f(x)-3}{x-2}=1$에서 $x\longrightarrow 2$일 때, 극한값이 존재하고 (분모) $\longrightarrow 0$이므로 (분자) $\longrightarrow 0$이어야 한다.

즉, $\lim\limits_{x\to 2}\{f(x)-3\}=0$에서 $f(2)=3$

$\therefore \lim\limits_{x\to 2}\dfrac{f(x)-3}{x-2}=\lim\limits_{x\to 2}\dfrac{f(x)-f(2)}{x-2}=f'(2)=1$

한편, $g(x)=(x+1)f(x)$에서

$g'(x)=(x+1)'f(x)+(x+1)f'(x)$

$\qquad=f(x)+(x+1)f'(x)$

이므로

$g'(2)=f(2)+3f'(2)=3+3\times 1=6$

15

함수 $f(x)$가 실수 전체의 집합에서 미분가능하므로 $x=2$에서도 미분가능하고 연속이다.

즉, $\lim\limits_{x\to 2+} f(x)=\lim\limits_{x\to 2-} f(x)=f(2)$에서

$8+b=8+2a$ $\quad\therefore b=2a$ $\quad\cdots\cdots$ ㉠

또한 미분계수 $f'(2)$가 존재하므로

$\lim\limits_{x\to 2+}\dfrac{f(x)-f(2)}{x-2}=\lim\limits_{x\to 2+}\dfrac{4x+b-(8+b)}{x-2}$

$\qquad\qquad\qquad\qquad=\lim\limits_{x\to 2+}\dfrac{4(x-2)}{x-2}=4$

$\lim\limits_{x\to 2-}\dfrac{f(x)-f(2)}{x-2}=\lim\limits_{x\to 2-}\dfrac{2x^2+ax-(8+b)}{x-2}$

$\qquad\qquad\qquad\qquad=\lim\limits_{x\to 2-}\dfrac{2x^2+ax-(8+2a)}{x-2}$ $(\because$ ㉠$)$

$\qquad\qquad\qquad\qquad=\lim\limits_{x\to 2-}\dfrac{2(x^2-4)+a(x-2)}{x-2}$

$\qquad\qquad\qquad\qquad=\lim\limits_{x\to 2-}\{2(x+2)+a\}=8+a$

에서 $4=8+a$ $\quad\therefore a=-4$

$a=-4$를 ㉠에 대입하면 $b=-8$

$\therefore ab=-4\times(-8)=32$

V. 다항함수의 미분법

DAY 15 접선의 방정식과 평균값 정리 79~81쪽

07 답 ③

$f(x)=x^3+2x^2-4x+5$라 하면 $f'(x)=3x^2+4x-4$이므로 곡선 $y=f(x)$ 위의 점 $(1, 4)$에서의 접선의 기울기는

$f'(1)=3+4-4=3$

따라서 구하는 접선의 방정식은

$y-4=3(x-1)$ $\quad\therefore y=3x+1$

07-1 답 ⑤

$f(x)=ax^2+bx+2$라 하면 점 $(1, 2)$는 곡선 $y=f(x)$ 위의 점이므로

$2=a+b+2$ $\quad\therefore a+b=0$ $\quad\cdots\cdots$ ㉠

$f'(x)=2ax+b$이고, 곡선 $y=f(x)$ 위의 점 $(1, 2)$에서의 접선의 기울기가 3이므로

$2a+b=3$ $\quad\cdots\cdots$ ㉡

㉠, ㉡을 연립하여 풀면 $a=3$, $b=-3$

$\therefore a-b=3-(-3)=6$

07-2 답 20

$\lim\limits_{x\to3}\dfrac{f(x)-1}{x-3}=5$에서 $x\longrightarrow3$일 때, 극한값이 존재하고 (분모)$\longrightarrow0$이

므로 (분자)$\longrightarrow0$이어야 한다.

즉, $\lim\limits_{x\to3}\{f(x)-1\}=0$에서 $\lim\limits_{x\to3}f(x)=1$

그런데 다항함수 $f(x)$는 연속함수이므로 $\lim\limits_{x\to3}f(x)=f(3)=1$

$\therefore a=1$

$\lim\limits_{x\to3}\dfrac{f(x)-1}{x-3}=\lim\limits_{x\to3}\dfrac{f(x)-f(3)}{x-3}=f'(3)=5$이므로 곡선 $y=f(x)$

위의 점 $(3,\,1)$에서의 접선의 방정식은

$y-1=5(x-3)$ $\therefore y=5x-14$

$\therefore m=5,\ n=-14$

$\therefore a+m-n=1+5-(-14)=20$

08 답 ①

$f(x)=x^3+3x^2+2x$라 하면 $f'(x)=3x^2+6x+2$

접점의 좌표를 $(t,\,t^3+3t^2+2t)$라 하면 접선의 기울기가 -1이므로

$3t^2+6t+2=-1,\ t^2+2t+1=0$

$(t+1)^2=0$ $\therefore t=-1$

접점의 좌표는 $(-1,\,0)$이므로 접선의 방정식은

$y=-(x+1)$ $\therefore y=-x-1$

따라서 $a=-1,\ b=-1$이므로

$ab=-1\times(-1)=1$

08-1 답 ⑤

$f(x)=-x^2+2x+1$이라 하면 $f'(x)=-2x+2$

접점의 좌표를 $(t,\,-t^2+2t+1)$이라 하면 접선의 기울기가 3이므로

$-2t+2=3$ $\therefore t=-\dfrac{1}{2}$

따라서 접점의 좌표는 $\left(-\dfrac{1}{2},\,-\dfrac{1}{4}\right)$이므로 구하는 접선의 방정식은

$y+\dfrac{1}{4}=3\left(x+\dfrac{1}{2}\right)$ $\therefore 12x-4y+5=0$

08-2 답 ②

접점의 좌표가 $(b,\,0)$이고 접선의 기울기는 2이므로 $f'(x)=2x-4$에서

$f'(b)=2b-4=2$ $\therefore b=3$

또한 $f(b)=0$이므로 $f(3)=9-12+a=0$에서 $a=3$

$\therefore a+b=3+3=6$

09 답 ③

$f(x)=x^3+5$라 하면 $f'(x)=3x^2$

접점의 좌표를 $(t,\,t^3+5)$라 하면 이 점에서의 접선의 기울기는

$f'(t)=3t^2$이므로 접선의 방정식은

$y-(t^3+5)=3t^2(x-t)$

이 직선이 점 $(-1,\,0)$을 지나므로

$0=3t^2(-1-t)+t^3+5,\ 2t^3+3t^2-5=0$

$(t-1)(2t^2+5t+5)=0$ $\therefore t=1$

접점의 좌표가 $(1,\,6)$이고 기울기가 3이므로 접선의 방정식은

$y-6=3(x-1)$ $\therefore y=3x+3$

따라서 직선 $y=3x+3$의 y절편은 3이므로 $a=3$

09-1 답 $y=2x$ 또는 $y=-2x+4$

$f(x)=-x^2+2x$라 하면 $f'(x)=-2x+2$

접점의 좌표를 $(t,\,-t^2+2t)$라 하면 이 점에서의 접선의 기울기는

$f'(t)=-2t+2$이므로 접선의 방정식은

$y-(-t^2+2t)=(-2t+2)(x-t)$

이 직선이 점 $(1,\,2)$를 지나므로

$2=(-2t+2)(1-t)-t^2+2t,\ t^2-2t=0$

$t(t-2)=0$ $\therefore t=0$ 또는 $t=2$

접점의 좌표가 $(0,\,0)$ 또는 $(2,\,0)$이므로 접선의 방정식은

$y=2x$ 또는 $y=-2(x-2)$

$\therefore y=2x$ 또는 $y=-2x+4$

09-2 답 ③

$f(x)=x^2-4x+5$라 하면 $f'(x)=2x-4$

접점의 좌표를 $(t,\,t^2-4t+5)$라 하면 이 점에서의 접선의 기울기는

$f'(t)=2t-4$이므로 접선의 방정식은

$y-(t^2-4t+5)=(2t-4)(x-t)$

이 직선이 점 $(2,\,0)$을 지나므로

$0=(2t-4)(2-t)+t^2-4t+5,\ t^2-4t+3=0$

$(t-1)(t-3)=0$ $\therefore t=1$ 또는 $t=3$

$t=1$일 때의 접선의 기울기는 $f'(1)=-2$, $t=3$일 때의 접선의 기울기

는 $f'(3)=2$이므로

$m_1+m_2=-2+2=0$

10 답 ①

$f(x)=x^3,\ g(x)=-x^2+ax+b$라 하면

$f'(x)=3x^2,\ g'(x)=-2x+a$

(i) $x=1$인 점에서 두 곡선이 만나므로 $f(1)=g(1)$에서

 $1=-1+a+b$ $\therefore a+b=2$ $\cdots\cdots$ ㉠

(ii) $x=1$인 점에서의 두 곡선의 접선의 기울기가 같으므로

 $f'(1)=g'(1)$에서

 $3=-2+a$ $\therefore a=5$

$a=5$를 ㉠에 대입하면 $b=-3$

$\therefore ab=5\times(-3)=-15$

10-1 답 ④

$f(x)=x^2+x+1,\ g(x)=-x^2+9x-7$이라 하자.

두 곡선이 공통접선을 갖는 점의 x좌표를 t라 하면 $f(t)=g(t)$에서

$t^2+t+1=-t^2+9t-7,\ t^2-4t+4=0$

$(t-2)^2=0$ $\therefore t=2$

따라서 접점의 좌표가 $(2,\,7)$이고, $f'(x)=2x+1$에서 접선의 기울기

가 $f'(2)=5$이므로 공통접선의 방정식은

$y-7=5(x-2)$ $\therefore y=5x-3$

10-2 답 3

$f(x)=-x^2+a,\ g(x)=x^2-4x+b$에서

$f'(x)=-2x,\ g'(x)=2x-4$

두 곡선이 $x=k$인 점에서만 만나므로 $x=k$인 점에서 공통접선을 갖는다.

(i) $x=k$인 점에서 두 곡선이 만나므로 $f(k)=g(k)$에서

$$-k^2+a=k^2-4k+b \quad \cdots\cdots \ \bigcirc$$

(ii) $x=k$인 점에서의 두 곡선의 접선의 기울기가 같으므로

$f'(k)=g'(k)$에서

$$-2k=2k-4, \ 4k=4 \quad \therefore k=1$$

$k=1$을 $\bigcirc$에 대입하면

$$-1+a=1-4+b \quad \therefore b-a=2$$

$$\therefore b-a+k=2+1=3$$

11 답 ③

함수 $f(x)=2x^2-8x-9$는 닫힌구간 $[-1, 5]$에서 연속이고 열린구간 $(-1, 5)$에서 미분가능하며 $f(-1)=f(5)=1$이므로 롤의 정리에 의하여 $f'(c)=0$인 c가 열린구간 $(-1, 5)$에 적어도 하나 존재한다.

이때 $f'(x)=4x-8$이므로

$$f'(c)=4c-8=0 \quad \therefore c=2$$

[참고]

이차함수 $f(x)$에서 $f'(c)=0$을 만족시키는 c는 이차함수의 꼭짓점의 x좌표이고, $f(a)=f(b)$를 만족시키는 두 수 a, b는 이차함수의 그래프의 축에 대하여 대칭이므로 $c=\dfrac{a+b}{2}$이다.

11-1 답 ③

함수 $f(x)=(x+2)(x-3)^2$은 닫힌구간 $[-2, 3]$에서 연속이고 열린구간 $(-2, 3)$에서 미분가능하며 $f(-2)=f(3)=0$이므로 롤의 정리에 의하여 $f'(c)=0$인 c가 열린구간 $(-2, 3)$에 적어도 하나 존재한다. 이때

$$\begin{aligned} f'(x)&=(x+2)'(x-3)^2+(x+2)\{(x-3)^2\}' \\ &=(x-3)^2+2(x+2)(x-3) \\ &=(x-3)(3x+1) \end{aligned}$$

이므로 $f'(c)=(c-3)(3c+1)=0$

$$\therefore c=-\frac{1}{3} \ \text{또는} \ c=3$$

따라서 열린구간 $(-2, 3)$에 존재하는 $f'(c)=0$인 c의 값은 $-\dfrac{1}{3}$이다.

11-2 답 3

함수 $f(x)=x^3-9x+2$는 닫힌구간 $[-3, a]$에서 연속이고 열린구간 $(-3, a)$에서 미분가능하다.

이때 롤의 정리를 만족시키려면 $f(-3)=f(a)$이어야 하므로

$$2=a^3-9a+2, \ a^3-9a=0$$

$$a(a+3)(a-3)=0 \quad \therefore a=0 \ \text{또는} \ a=3 \ (\because a>-3)$$

한편, 롤의 정리에 의하여 $f'(c)=0$인 c가 열린구간 $(-3, a)$에 적어도 하나 존재한다.

$f'(x)=3x^2-9$이므로 $f'(c)=3c^2-9=0$

$$(c+\sqrt{3})(c-\sqrt{3})=0 \quad \therefore c=-\sqrt{3} \ \text{또는} \ c=\sqrt{3}$$

따라서 열린구간 $(-3, a)$에 속하는 실수 c의 값이 2개이려면 $a>\sqrt{3}$이어야 하므로 $a=3$

12 답 ④

함수 $f(x)=2x^2-4x+3$은 닫힌구간 $[0, 3]$에서 연속이고 열린구간 $(0, 3)$에서 미분가능하므로 평균값 정리에 의하여

$$\frac{f(3)-f(0)}{3-0}=f'(c)$$인 c가 열린구간 $(0, 3)$에 적어도 하나 존재한다.

이때 $f'(x)=4x-4$이므로

$$\frac{9-3}{3}=4c-4, \ 2=4c-4 \quad \therefore c=\frac{3}{2}$$

12-1 답 ④

함수 $f(x)=x^3+x+2$는 닫힌구간 $[-1, k]$에서 연속이고 열린구간 $(-1, k)$에서 미분가능하므로 평균값 정리에 의하여

$$\frac{f(k)-f(-1)}{k-(-1)}=f'(c)$$인 c가 열린구간 $(-1, k)$에 적어도 하나 존재한다.

이때 $f'(x)=3x^2+1$이고, 평균값 정리를 만족시키는 실수 c의 값이 1이므로

$$\frac{k^3+k+2-(-1-1+2)}{k+1}=f'(1), \ \frac{k^3+k+2}{k+1}=4$$

$$k^3+k+2=4k+4, \ k^3-3k-2=0$$

$$(k+1)^2(k-2)=0 \quad \therefore k=2 \ (\because k>0)$$

12-2 답 5

$\dfrac{f(b)-f(a)}{b-a}$는 곡선 $y=f(x)$ 위의 두 점 $(a, f(a))$, $(b, f(b))$를 지나는 직선의 기울기이고, $f'(c)$는 곡선 $y=f(x)$ 위의 $x=c$인 점에서의 접선의 기울기이다.

이때 다음 그림과 같이 구간 (a, b)에서 두 점 $(a, f(a))$, $(b, f(b))$를 지나는 직선과 평행한 접선을 5개 그을 수 있으므로 주어진 조건을 만족시키는 실수 c의 개수는 5이다.

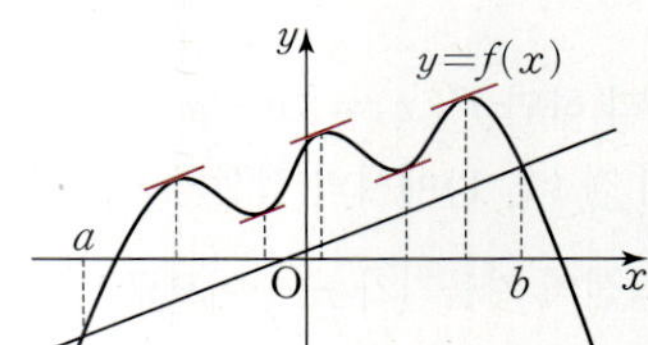

DAY 15 2배속 REPEAT ↩ 82~83쪽

01 ④	02 ⑤	03 14	04 2	05 ③
06 4	07 ①	08 ④	09 ②	10 ⑤
11 ①	12 ④	13 4	14 ⑤	

01

$f(x)=3x^3+5x^2+1$이라 하면 $f'(x)=9x^2+10x$

곡선 $y=f(x)$ 위의 점 $(-1, 3)$에서의 접선의 기울기는

$f'(-1)=9-10=-1$이므로 접선의 방정식은

$$y-3=-(x+1) \quad \therefore y=-x+2$$

따라서 이 접선과 x축 및 y축으로 둘러싸인 도 형은 오른쪽 그림과 같이 밑변의 길이가 2, 높이 가 2인 직각삼각형이므로 그 넓이는

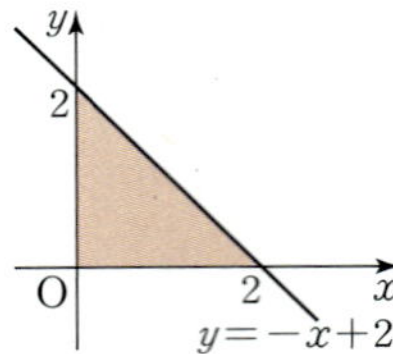

$$\frac{1}{2} \times 2 \times 2 = 2$$

02

$f(x) = -x^3 + 2x^2 + 6x - 7$이라 하면 $f'(x) = -3x^2 + 4x + 6$

곡선 $y = f(x)$ 위의 점 $A(2, 5)$에서의 접선의 기울기는

$f'(2) = -12 + 8 + 6 = 2$이므로 접선의 방정식은

$$y - 5 = 2(x - 2) \qquad \therefore y = 2x + 1$$

곡선 $y = f(x)$와 직선 $y = 2x + 1$의 교점의 x좌표는

$-x^3 + 2x^2 + 6x - 7 = 2x + 1$에서

$x^3 - 2x^2 - 4x + 8 = 0$, $(x + 2)(x - 2)^2 = 0$

$\therefore x = -2$ 또는 $x = 2$

따라서 점 B의 좌표는 $(-2, -3)$이므로 $a = -2$, $b = -3$

$\therefore ab = -2 \times (-3) = 6$

03

$\displaystyle \lim_{x \to 3} \frac{f(x) - 2}{x - 3} = 4$에서 $x \longrightarrow 3$일 때, 극한값이 존재하고 (분모) $\longrightarrow 0$이 므로 (분자) $\longrightarrow 0$이어야 한다.

즉, $\displaystyle \lim_{x \to 3} \{f(x) - 2\} = 0$에서 $f(3) = 2$

$\displaystyle \lim_{x \to 3} \frac{f(x) - 2}{x - 3} = \lim_{x \to 3} \frac{f(x) - f(3)}{x - 3} = f'(3) = 4$이므로 곡선 $y = f(x)$

위의 점 $(3, 2)$에서의 접선의 방정식은

$$y - 2 = 4(x - 3) \qquad \therefore 4x - y - 10 = 0$$

따라서 $a = 4$, $b = -10$이므로

$$a - b = 4 - (-10) = 14$$

04

$f(x) = x^3 - ax + b$라 하면 $f'(x) = 3x^2 - a$

곡선 $y = f(x)$ 위의 점 $(1, 1)$에서의 접선의 기울기는 $f'(1) = 3 - a$

이 접선과 수직인 직선의 기울기가 $-\dfrac{1}{2}$이므로

$$(3 - a) \times \left(-\frac{1}{2}\right) = -1, \ 3 - a = 2 \qquad \therefore a = 1$$

또한 점 $(1, 1)$은 곡선 $y = x^3 - x + b$ 위의 점이므로

$1 = 1^3 - 1 + b \qquad \therefore b = 1$

$\therefore a + b = 1 + 1 = 2$

05

$f(x) = x^3 - 3x^2 + 3x$라 하면 $f'(x) = 3x^2 - 6x + 3$

접점의 좌표를 $(t, t^3 - 3t^2 + 3t)$라 하면 이 점에서의 접선의 기울기가 3이므로

$3t^2 - 6t + 3 = 3$, $t^2 - 2t = 0$

$t(t - 2) = 0 \qquad \therefore t = 0$ 또는 $t = 2$

접점의 좌표가 $(0, 0)$ 또는 $(2, 2)$이므로 접선의 방정식은

$y = 3x$ 또는 $y - 2 = 3(x - 2)$

$\therefore y = 3x$ 또는 $y = 3x - 4$

따라서 직선 $y = 3x$ 위의 점 $(0, 0)$과 직선 $3x - y - 4 = 0$ 사이의 거리 d는

$$d = \frac{|-4|}{\sqrt{3^2 + (-1)^2}} = \frac{4}{\sqrt{10}}$$

$$\therefore 10d^2 = 10 \times \frac{16}{10} = 16$$

참고

점 (x_1, y_1)과 직선 $ax + by + c = 0$ 사이의 거리 d는

$$d = \frac{|ax_1 + by_1 + c|}{\sqrt{a^2 + b^2}}$$

06

$g(x) = x^3 + 6x^2 + 9x$라 하면

$g'(x) = 3x^2 + 12x + 9 = 3(x + 2)^2 - 3$

이므로 $x = -2$일 때, 최솟값 -3을 갖는다.

따라서 곡선 위의 점 $(-2, -2)$에서의 접선의 기울기가 -3으로 최 소이므로 직선의 방정식은

$y + 2 = -3(x + 2) \qquad \therefore y = -3x - 8$

따라서 $f(x) = -3x - 8$이므로 $f(-4) = 12 - 8 = 4$

07

직선 $y = 5x + k$와 함수 $y = f(x)$의 그래프가 서로 다른 두 점에서 만 나려면 직선 $y = 5x + k$가 함수 $y = f(x)$의 그래프에 접해야 한다.

$f(x) = x(x + 1)(x - 4) = x^3 - 3x^2 - 4x$에서 $f'(x) = 3x^2 - 6x - 4$

접점의 좌표를 $(t, t^3 - 3t^2 - 4t)$라 하면 이 점에서의 접선의 기울기가 5이므로

$3t^2 - 6t - 4 = 5$, $t^2 - 2t - 3 = 0$

$(t + 1)(t - 3) = 0 \qquad \therefore t = -1$ 또는 $t = 3$

접점의 좌표가 $(-1, 0)$ 또는 $(3, -12)$이므로 접선의 방정식은

$y = 5(x + 1)$ 또는 $y + 12 = 5(x - 3)$

$\therefore y = 5x + 5$ 또는 $y = 5x - 27$

$\therefore k = 5$ 또는 $k = -27$

이때 $k > 0$이므로 $k = 5$

08

$f(x) = x^2$, $g(x) = x^2 - 2x + a$라 하면 $f'(x) = 2x$, $g'(x) = 2x - 2$

점 A의 x좌표를 t라 하면 이 점에서의 접선의 기울기는 1이므로

$2t = 1 \qquad \therefore t = \dfrac{1}{2}$

$f\left(\dfrac{1}{2}\right) = \dfrac{1}{4}$이고 직선 $y = x + k$도 점 $A\left(\dfrac{1}{2}, \dfrac{1}{4}\right)$을 지나므로

$\dfrac{1}{4} = \dfrac{1}{2} + k$에서 $k = -\dfrac{1}{4}$

점 B의 x좌표를 s라 하면 이 점에서의 접선의 기울기도 1이므로

$2s - 2 = 1 \qquad \therefore s = \dfrac{3}{2}$

$y = x - \dfrac{1}{4}$에서 $\dfrac{3}{2} - \dfrac{1}{4} = \dfrac{5}{4}$이므로 점 B의 좌표는 $\left(\dfrac{3}{2}, \dfrac{5}{4}\right)$

즉, $g\left(\dfrac{3}{2}\right) = \dfrac{5}{4}$이므로 $\dfrac{9}{4} - 3 + a = \dfrac{5}{4}$에서 $a = 2$

$\therefore a + k = 2 + \left(-\dfrac{1}{4}\right) = \dfrac{7}{4}$

09

$f(x)=x^3-2$라 하면 $f'(x)=3x^2$

접점의 좌표를 $(t,\ t^3-2)$라 하면 이 점에서의 접선의 기울기는

$f'(t)=3t^2$이므로 접선의 방정식은

$y-(t^3-2)=3t^2(x-t)$

이 직선이 점 $(0,\ -4)$를 지나므로

$-4-(t^3-2)=3t^2(0-t),\ t^3-1=0$

$(t-1)(t^2+t+1)=0$　　$\therefore t=1$

접점의 좌표가 $(1,\ -1)$이고 기울기가 3이므로 접선의 방정식은

$y+1=3(x-1)$　　$\therefore y=3x-4$

따라서 직선 $y=3x-4$가 x축과 만나는 점의 좌표는 $\left(\dfrac{4}{3},\ 0\right)$이므로

$a=\dfrac{4}{3}$

10

점 $(-2,\ 0)$과 곡선 $y=f(x)$ 위의 점 $(a,\ f(a))$를 지나는 직선의 기울기가 최대인 경우는 다음 그림과 같이 직선이 점 $(-2,\ 0)$에서 곡선 $y=f(x)$에 그은 접선일 때이다.

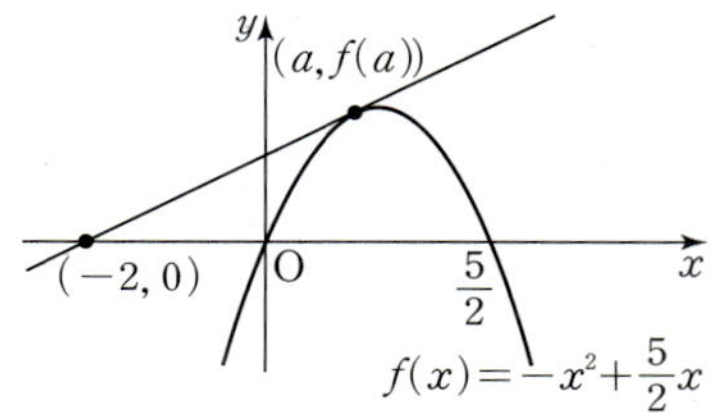

$f'(x)=-2x+\dfrac{5}{2}$이므로 점 $(a,\ f(a))$에서의 접선의 방정식은

$y-\left(-a^2+\dfrac{5}{2}a\right)=\left(-2a+\dfrac{5}{2}\right)(x-a)$

이 직선이 점 $(-2,\ 0)$을 지나므로

$0-\left(-a^2+\dfrac{5}{2}a\right)=\left(-2a+\dfrac{5}{2}\right)(-2-a)$

$a^2+4a-5=0,\ (a+5)(a-1)=0$

$\therefore a=1\ (\because a>0)$

따라서 직선의 기울기가 최대일 때의 a의 값이 k이므로

$f(k)=f(1)=-1+\dfrac{5}{2}=\dfrac{3}{2}$

11

$f(x)=2x^2-x,\ g(x)=x^3-3x^2+6x-3$이라 하면

$f'(x)=4x-1,\ g'(x)=3x^2-6x+6$

두 곡선이 점 $(a,\ b)$에서 만나므로 $f(a)=g(a)$에서

$2a^2-a=a^3-3a^2+6a-3,\ a^3-5a^2+7a-3=0$

$(a-1)^2(a-3)=0$　　$\therefore a=1$ 또는 $a=3$ ……㉠

또한 점 $(a,\ b)$에서의 접선의 기울기가 같으므로 $f'(a)=g'(a)$에서

$4a-1=3a^2-6a+6,\ 3a^2-10a+7=0$

$(a-1)(3a-7)=0$　　$\therefore a=1$ 또는 $a=\dfrac{7}{3}$ ……㉡

㉠, ㉡에서 $a=1$

$a=1,\ b=1$이므로 접선의 방정식은

$y-1=3(x-1)$　　$\therefore y=3x-2$

따라서 이 접선의 y절편은 -2이다.

12

함수 $f(x)=x^4-5x^2+5$는 닫힌구간 $[-2,\ a]$에서 연속이고 열린구간 $(-2,\ a)$에서 미분가능하다.

이때 롤의 정리를 만족시키려면 $f(-2)=f(a)$이어야 하므로

$16-20+5=a^4-5a^2+5,\ a^4-5a^2+4=0$

$(a+2)(a+1)(a-1)(a-2)=0$

$\therefore a=-1$ 또는 $a=1$ 또는 $a=2\ (\because a>-2)$

한편, 롤의 정리에 의하여 $f'(c)=0$인 c가 열린구간 $(-2,\ a)$에 적어도 하나 존재한다.

$f'(x)=4x^3-10x$이므로 $f'(c)=4c^3-10c=0$

$c(\sqrt{2}c+\sqrt{5})(\sqrt{2}c-\sqrt{5})=0$

$\therefore c=-\sqrt{\dfrac{5}{2}}$ 또는 $c=0$ 또는 $c=\sqrt{\dfrac{5}{2}}$

따라서 $a>\sqrt{\dfrac{5}{2}}=1.5\cdots$일 때, 롤의 정리를 만족시키는 c의 값이 3개로 최대가 되므로 구하는 정수 a의 최솟값은 2이다.

13

$g(x)=3x+2$라 하면 주어진 조건에 의하여

$f(a)=g(a)$ (단, $a=1,\ 2,\ 3,\ 4,\ 5$)

함수 $y=f(x)$는 닫힌구간 $[1,\ 2]$에서 연속이고 열린구간 $(1,\ 2)$에서 미분가능하므로 평균값 정리에 의하여 $\dfrac{f(2)-f(1)}{2-1}=f'(c)$인 c가 열린구간 $(1,\ 2)$에 적어도 하나 존재한다.

그런데 $\dfrac{f(2)-f(1)}{2-1}=\dfrac{g(2)-g(1)}{2-1}=3$이므로 $f'(c)=3$인 실수 c가 열린구간 $(1,\ 2)$에 적어도 하나 존재한다.

이와 같은 방법으로 열린구간 $(2,\ 3),\ (3,\ 4),\ (4,\ 5)$에서도 $f'(c)=3$인 실수 c가 각각의 구간마다 적어도 하나씩 존재한다.

따라서 열린구간 $(1,\ 5)$에서 $f'(c)=3$인 실수 c는 적어도 4개 존재한다.

$\therefore k=4$

14

다항함수 $f(x)$는 닫힌구간 $[0,\ 2]$에서 연속이고 열린구간 $(0,\ 2)$에서 미분가능하므로 평균값의 정리에 의하여 $\dfrac{f(2)-f(0)}{2-0}=f'(c)$인 c가 열린구간 $(0,\ 2)$에 적어도 하나 존재한다.

그런데 $|f'(c)|\leq 4$에서 $-4\leq f'(c)\leq 4$

$-4\leq\dfrac{f(2)-f(0)}{2}\leq 4,\ -8\leq f(2)-1\leq 8$

따라서 $-7\leq f(2)\leq 9$이므로 $f(2)$의 최댓값은 9이다.

V. 다항함수의 미분법

DAY 16　함수의 증가와 감소, 극대와 극소　84~86쪽

13 답 ②

$f(x)=-x^3+x^2+x-1$에서

$f'(x)=-3x^2+2x+1=-(3x+1)(x-1)$

$f'(x)=0$에서 $x=-\dfrac{1}{3}$ 또는 $x=1$

함수 $f(x)$의 증가와 감소를 표로 나타내면 다음과 같다.

x	$\cdots$	$-\dfrac{1}{3}$	$\cdots$	1	$\cdots$
$f'(x)$	$-$	0	$+$	0	$-$
$f(x)$	$\searrow$	$-\dfrac{32}{27}$	$\nearrow$	0	$\searrow$

따라서 함수 $f(x)$가 증가하는 x의 값의 범위가 $-\dfrac{1}{3} \leq x \leq 1$이므로

$a = -\dfrac{1}{3}$, $b = 1$ $\quad \therefore b - a = 1 - \left(-\dfrac{1}{3}\right) = \dfrac{4}{3}$

13-1 답 ⑤

$f(x) = 4x^3 - 6x^2 - 24x$에서

$f'(x) = 12x^2 - 12x - 24 = 12(x+1)(x-2)$

$f'(x) = 0$에서 $x = -1$ 또는 $x = 2$

함수 $f(x)$의 증가와 감소를 표로 나타내면 다음과 같다.

x	$\cdots$	-1	$\cdots$	2	$\cdots$
$f'(x)$	$+$	0	$-$	0	$+$
$f(x)$	$\nearrow$	14	$\searrow$	-40	$\nearrow$

함수 $f(x)$는 구간 $(-\infty, -1]$, $[2, \infty)$에서 증가하고, 구간 $[-1, 2]$에서 감소한다.

따라서 구간 $[-1, 2]$에 속하지 않는 값은 ⑤이다.

13-2 답 26

$f(x) = -x^3 + 3x^2 + ax + 2$에서 $f'(x) = -3x^2 + 6x + a$

함수 $f(x)$가 증가하는 x의 값의 범위가 $b \leq x \leq 4$이므로 이차방정식 $f'(x) = 0$의 두 근은 b, 4이다.

근과 계수의 관계에 의하여

$b + 4 = 2$, $b \times 4 = -\dfrac{a}{3}$

$\therefore a = 24$, $b = -2$

$\therefore a - b = 24 - (-2) = 26$

14 답 ④

$f(x) = 2x^3 + ax^2 + ax + 5$에서 $f'(x) = 6x^2 + 2ax + a$

함수 $f(x)$가 실수 전체의 집합에서 증가하려면 모든 실수 x에 대하여 $f'(x) \geq 0$이어야 한다.

$\therefore 6x^2 + 2ax + a \geq 0$

이차방정식 $6x^2 + 2ax + a = 0$의 판별식을 D라 하면

$\dfrac{D}{4} = a^2 - 6a \leq 0$, $a(a-6) \leq 0$

$\therefore 0 \leq a \leq 6$

14-1 답 9

$f(x) = -x^3 + ax^2 - 3ax + 4$에서 $f'(x) = -3x^2 + 2ax - 3a$

함수 $f(x)$가 구간 $(-\infty, \infty)$에서 감소하려면 모든 실수 x에 대하여 $f'(x) \leq 0$이어야 한다.

$\therefore -3x^2 + 2ax - 3a \leq 0$

이차방정식 $-3x^2 + 2ax - 3a = 0$의 판별식을 D라 하면

$\dfrac{D}{4} = a^2 - 9a \leq 0$, $a(a-9) \leq 0$

$\therefore 0 \leq a \leq 9$

따라서 구하는 정수 a의 최댓값은 9이다.

14-2 답 ⑤

$f(x) = x^3 + kx^2 + (6-k)x + 3$에서 $f'(x) = 3x^2 + 2kx + 6 - k$

$x_1 < x_2$인 임의의 두 실수 x_1, x_2에 대하여 $f(x_1) \leq f(x_2)$가 성립하려면 함수 $f(x)$는 실수 전체의 집합에서 증가해야 한다.

즉, 모든 실수 x에 대하여 $f'(x) \geq 0$이어야 한다.

$\therefore 3x^2 + 2kx + 6 - k \geq 0$

이차방정식 $3x^2 + 2kx + 6 - k = 0$의 판별식을 D라 하면

$\dfrac{D}{4} = k^2 - 3(6-k) \leq 0$, $k^2 + 3k - 18 \leq 0$

$(k+6)(k-3) \leq 0$ $\quad \therefore -6 \leq k \leq 3$

따라서 구하는 정수 k의 개수는 -6, -5, -4, $\cdots$, 3의 10이다.

15 답 ③

$f(x) = x^4 - 2x^2 + 3$에서

$f'(x) = 4x^3 - 4x = 4x(x+1)(x-1)$

$f'(x) = 0$에서 $x = -1$ 또는 $x = 0$ 또는 $x = 1$

함수 $f(x)$의 증가와 감소를 표로 나타내면 다음과 같다.

x	$\cdots$	-1	$\cdots$	0	$\cdots$	1	$\cdots$
$f'(x)$	$-$	0	$+$	0	$-$	0	$+$
$f(x)$	$\searrow$	2	$\nearrow$	3	$\searrow$	2	$\nearrow$

따라서 함수 $f(x)$는 $x = 0$에서 극댓값 3을 가지므로

$a = 0$, $M = 3$ $\quad \therefore a + M = 0 + 3 = 3$

15-1 답 ①

$f(x) = 2x^3 - 9x^2 + 12x - 3$에서

$f'(x) = 6x^2 - 18x + 12 = 6(x-1)(x-2)$

$f'(x) = 0$에서 $x = 1$ 또는 $x = 2$

함수 $f(x)$의 증가와 감소를 표로 나타내면 다음과 같다.

x	$\cdots$	1	$\cdots$	2	$\cdots$
$f'(x)$	$+$	0	$-$	0	$+$
$f(x)$	$\nearrow$	2	$\searrow$	1	$\nearrow$

따라서 함수 $f(x)$는 $x = 1$에서 극댓값 2, $x = 2$에서 극솟값 1을 가지므로 구하는 모든 극값의 합은 $2 + 1 = 3$

15-2 답 ②

$f(x) = x^3 - 12x + k$에서

$f'(x) = 3x^2 - 12 = 3(x+2)(x-2)$

$f'(x) = 0$에서 $x = -2$ 또는 $x = 2$

함수 $f(x)$의 증가와 감소를 표로 나타내면 다음과 같다.

x	$\cdots$	-2	$\cdots$	2	$\cdots$
$f'(x)$	$+$	0	$-$	0	$+$
$f(x)$	$\nearrow$	$k+16$	$\searrow$	$k-16$	$\nearrow$

함수 $f(x)$는 $x = -2$에서 극댓값, $x = 2$에서 극솟값을 가지므로

$f(a)f(b) = f(-2)f(2) = (k+16)(k-16) < 0$에서

$-16 < k < 16$

따라서 구하는 정수 k의 개수는 -15, -14, -13, $\cdots$, 15의 31이다.

16 답 ④

주어진 그래프에서 $f'(x)$의 부호를 조사하여 함수 $f(x)$의 증가와 감소를 표로 나타내면 다음과 같다.

x	$\cdots$	-1	$\cdots$	3	$\cdots$
$f'(x)$	$+$	0	$-$	0	$+$
$f(x)$	↗	극대	↘	극소	↗

① $x \geq 3$에서 함수 $f(x)$는 증가한다. (참)

② $-1 \leq x \leq 3$에서 함수 $f(x)$는 감소한다. (참)

③ 함수 $f(x)$는 $x = -1$에서 극대이다. (참)

④ 함수 $f(x)$는 $x = 3$에서 극소이다. (거짓)

⑤ 함수 $f(x)$는 $x = -1$, $x = 3$에서 극값을 갖는다. (참)

16-1 답 4

다음 그림과 같이 함수 $y = f'(x)$의 그래프가 x축과 만나는 점의 x좌표를 원점을 제외하고 왼쪽부터 차례대로 p, q, r, s라 하자.

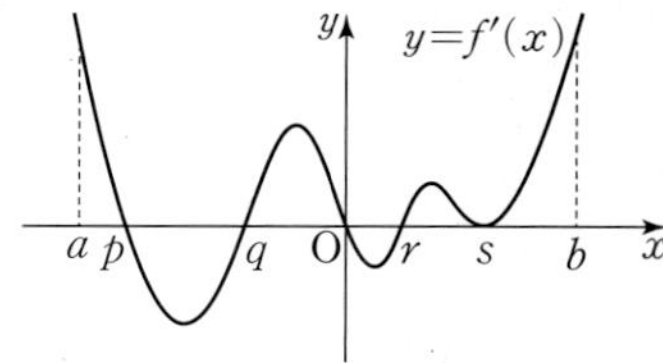

주어진 그래프에서 $f'(x)$의 부호를 조사하여 함수 $f(x)$의 증가와 감소를 표로 나타내면 다음과 같다.

x	a	$\cdots$	p	$\cdots$	q	$\cdots$	0	$\cdots$	r	$\cdots$	s	$\cdots$	b
$f'(x)$		$+$	0	$-$	0	$+$	0	$-$	0	$+$	0	$+$	
$f(x)$		↗	극대	↘	극소	↗	극대	↘	극소	↗		↗	

따라서 함수 $f(x)$는 $x = p$, $x = 0$에서 극대, $x = q$, $x = r$에서 극소이므로 $m = 2$, $n = 2$

$\therefore mn = 2 \times 2 = 4$

16-2 답 8

주어진 그래프에서 $f'(x)$의 부호를 조사하여 함수 $f(x)$의 증가와 감소를 표로 나타내면 다음과 같다.

x	-5	$\cdots$	-4	$\cdots$	-2	$\cdots$	0	$\cdots$	2	$\cdots$	4	$\cdots$	6	$\cdots$	7
$f'(x)$		$-$	0	$+$	0	$-$	0	$+$	0	$+$	0	$-$	0	$+$	
$f(x)$		↘	극소	↗	극대	↘	극소	↗		↗	극대	↘	극소	↗	

따라서 함수 $f(x)$는 $x = -2$, $x = 4$에서 극대, $x = -4$, $x = 0$, $x = 6$에서 극소이므로 $a = 4$, $b = -4$

$\therefore a - b = 4 - (-4) = 8$

17 답 ④

$f(x) = -x^3 - 2kx^2 + 4kx$에서 $f'(x) = -3x^2 - 4kx + 4k$

함수 $f(x)$가 극값을 갖지 않으려면 이차방정식 $f'(x) = 0$이 중근 또는 허근을 가져야 하므로 $f'(x) = 0$의 판별식을 D라 할 때, $D \leq 0$이어야 한다.

$\dfrac{D}{4} = (-2k)^2 - (-3) \times 4k \leq 0$

$4k^2 + 12k \leq 0$, $k(k+3) \leq 0$

$\therefore -3 \leq k \leq 0$

17-1 답 ③

$f(x) = x^3 + 6x^2 + ax$에서 $f'(x) = 3x^2 + 12x + a$

함수 $f(x)$가 극값을 가지려면 이차방정식 $f'(x) = 0$이 서로 다른 두 실근을 가져야 하므로 $f'(x) = 0$의 판별식을 D라 할 때, $D > 0$이어야 한다.

$\dfrac{D}{4} = 36 - 3a > 0 \qquad \therefore a < 12$

따라서 자연수 a의 최댓값은 11이다.

17-2 답 ②

$f(x) = x^3 - ax^2 + ax + 1$에서 $f'(x) = 3x^2 - 2ax + a$

함수 $f(x)$가 $x < 0$에서 극댓값을 갖고, $x > 0$에서 극솟값을 가지려면 이차방정식 $f'(x) = 0$이 $x < 0$, $x > 0$에서 각각 1개의 실근을 가져야 한다.

즉, 서로 다른 두 실근을 갖고 두 근의 부호가 서로 달라야 하므로 $f'(x) = 0$의 판별식을 D라 하면

$\dfrac{D}{4} = a^2 - 3a > 0$, $a(a-3) > 0 \qquad \therefore a < 0$ 또는 $a > 3$ $\qquad \cdots\cdots$ ㉠

근과 계수의 관계에 의하여

(두 근의 곱) $= \dfrac{a}{3} < 0 \qquad \therefore a < 0$ $\qquad \cdots\cdots$ ㉡

㉠, ㉡에서 구하는 실수 a의 값의 범위는 $a < 0$

[참고]

삼차함수 $f(x)$가 구간 (a, b)에서 극댓값과 극솟값을 모두 가지면 이 구간에서 이차방정식 $f'(x) = 0$이 서로 다른 두 실근을 가지므로 다음을 조사한다.

⑴ $f'(x) = 0$의 판별식 $D > 0$

⑵ $f'(a)$, $f'(b)$의 값의 부호

⑶ 이차함수 $y = f'(x)$의 그래프의 축의 방정식이 $x = m$이면 $a < m < b$

18 답 ②

$f(x) = x^3 - 6x^2 + 9x + 5$에서

$f'(x) = 3x^2 - 12x + 9 = 3(x-1)(x-3)$

$f'(x) = 0$에서 $x = 1$ 또는 $x = 3$

닫힌구간 $[0, 3]$에서 함수 $f(x)$의 증가와 감소를 표로 나타내면 다음과 같다.

x	0	$\cdots$	1	$\cdots$	3
$f'(x)$		$+$	0	$-$	0
$f(x)$	5	↗	9	↘	5

따라서 함수 $f(x)$는 $x = 1$에서 최댓값 9를 갖는다.

18-1 답 32

$f(x) = x^3 - 12x + 6$에서

$f'(x) = 3x^2 - 12 = 3(x+2)(x-2)$

$f'(x) = 0$에서 $x = -2$ 또는 $x = 2$

닫힌구간 $[-3, 3]$에서 함수 $f(x)$의 증가와 감소를 표로 나타내면 다음과 같다.

x	-3	$\cdots$	-2	$\cdots$	2	$\cdots$	3
$f'(x)$		$+$	0	$-$	0	$+$	
$f(x)$	15	↗	22	↘	-10	↗	-3

따라서 함수 $f(x)$는 $x=-2$에서 최댓값 22, $x=2$에서 최솟값 -10
을 갖는다.
$$\therefore M-m=22-(-10)=32$$

18-2 답 ①

$f(x)=-2x^3+3x^2+12x+k$에서
$$f'(x)=-6x^2+6x+12=-6(x+1)(x-2)$$
$f'(x)=0$에서 $x=-1$ 또는 $x=2$
닫힌구간 $[-1,\ 4]$에서 함수 $f(x)$의 증가와 감소를 표로 나타내면 다
음과 같다.

x	-1	$\cdots$	2	$\cdots$	4
$f'(x)$	0	$+$	0	$-$	
$f(x)$	$-7+k$	$\nearrow$	$20+k$	$\searrow$	$-32+k$

함수 $f(x)$는 $x=2$에서 최댓값을 가지므로
$$20+k=15 \qquad \therefore k=-5$$
따라서 함수 $f(x)$의 최솟값은
$$-32+k=-32-5=-37$$

18-3 답 5

잘라 낸 정사각형의 한 변의 길이가 x cm이므로 상자의 밑면은 한 변
의 길이가 $(30-2x)$ cm인 정사각형이다.
이때 $x>0$, $30-2x>0$이어야 하므로 $0<x<15$
상자의 부피를 $V(x)$ cm³라 하면
$$V(x)=x(30-2x)^2=4x^3-120x^2+900x$$
$$V'(x)=12x^2-240x+900=12(x-5)(x-15)$$
$V'(x)=0$에서 $x=5\ (\because 0<x<15)$
$0<x<15$에서 함수 $V(x)$의 증가와 감소를 표로 나타내면 다음과 같다.

x	0	$\cdots$	5	$\cdots$	15
$V'(x)$		$+$	0	$-$	
$V(x)$		$\nearrow$	극대	$\searrow$	

따라서 상자의 부피 $V(x)$는 $x=5$일 때, 극대이면서 최대이다.

01 ⑤	02 3	03 8	04 ②	05 ④
06 ①	07 ③	08 ⑤	09 ③	10 ⑤
11 ①	12 ③	13 12	14 ②	

01

$f(x)=-x^3+3x^2+9x-1$에서
$$f'(x)=-3x^2+6x+9=-3(x+1)(x-3)$$
$f'(x)=0$에서 $x=-1$ 또는 $x=3$
함수 $f(x)$의 증가와 감소를 표로 나타내면 다음과 같다.

x	$\cdots$	-1	$\cdots$	3	$\cdots$
$f'(x)$	$-$	0	$+$	0	$-$
$f(x)$	$\searrow$	-6	$\nearrow$	26	$\searrow$

따라서 함수 $f(x)$는 닫힌구간 $[-1,\ 3]$에서 증가하므로 이 구간에 속
하는 정수의 개수는 -1, 0, 1, 2, 3의 5이다.

02

$f(x)=\dfrac{1}{3}x^3-9x+3$에서
$$f'(x)=x^2-9=(x+3)(x-3)$$
$f'(x)=0$에서 $x=-3$ 또는 $x=3$
함수 $f(x)$의 증가와 감소를 표로 나타내면 다음과 같다.

x	$\cdots$	-3	$\cdots$	3	$\cdots$
$f'(x)$	$+$	0	$-$	0	$+$
$f(x)$	$\nearrow$	21	$\searrow$	-15	$\nearrow$

따라서 함수 $f(x)$는 닫힌구간 $[-3,\ 3]$에서 감소하므로 양수 a의 최
댓값은 3이다.

03

$f(x)=3x^3-3ax^2+(4a+12)x-1$에서
$$f'(x)=9x^2-6ax+4a+12$$
함수 $f(x)$의 역함수가 존재하려면 일대일대응이어야 하므로 실수 전
체의 집합에서 증가 또는 감소해야 한다.
그런데 $f(x)$의 최고차항의 계수가 양수이므로 $f(x)$는 증가함수, 즉
모든 실수 x에 대하여 $f'(x)\geq0$이어야 한다.
이차방정식 $9x^2-6ax+4a+12=0$의 판별식을 D라 하면
$$\frac{D}{4}=(-3a)^2-9(4a+12)\leq0,\ a^2-4a-12\leq0$$
$$(a+2)(a-6)\leq0 \qquad \therefore -2\leq a\leq6$$
따라서 $M=6$, $m=-2$이므로
$$M-m=6-(-2)=8$$

04

$\dfrac{f'(x)}{f(x)}<0$에서 $f(x)>0$, $f'(x)<0$ 또는 $f(x)<0$, $f'(x)>0$
(i) $f(x)>0$, $f'(x)<0$인 경우
   $f(x)>0$인 구간은 $(a,\ c)$ 또는 $(c,\ e)$ …… ㉠
   $f'(x)<0$인 구간은 $(b,\ c)$ 또는 $(d,\ \infty)$ …… ㉡
   ㉠, ㉡을 동시에 만족시키는 구간은 $(b,\ c)$ 또는 $(d,\ e)$
(ii) $f(x)<0$, $f'(x)>0$인 경우
   $f(x)<0$인 구간은 $(-\infty,\ a)$ 또는 $(e,\ \infty)$ …… ㉢
   $f'(x)>0$인 구간은 $(-\infty,\ b)$ 또는 $(c,\ d)$ …… ㉣
   ㉢, ㉣을 동시에 만족시키는 구간은 $(-\infty,\ a)$
따라서 $\dfrac{f'(x)}{f(x)}<0$을 만족시키는 구간은 ②이다.

05

$f(x)=(x-1)^2(x+5)+3$에서
$$f'(x)=2(x-1)(x+5)+(x-1)^2=3(x+3)(x-1)$$
$f'(x)=0$에서 $x=-3$ 또는 $x=1$
함수 $f(x)$의 증가와 감소를 표로 나타내면 다음과 같다.

x	$\cdots$	-3	$\cdots$	1	$\cdots$
$f'(x)$	$+$	0	$-$	0	$+$
$f(x)$	$\nearrow$	35	$\searrow$	3	$\nearrow$

함수 $f(x)$는 $x=-3$에서 극댓값 35, $x=1$에서 극솟값 3을 갖는다.
따라서 $M=35$, $m=3$이므로
$$M-m=35-3=32$$

06

$f(x)=-x^4+8a^2x^2-1$에서

$f'(x)=-4x^3+16a^2x=-4x(x+2a)(x-2a)$

이때 함수 $f(x)$는 $x=b$, $x=2-2b$에서 극대이므로

$f'(b)=f'(2-2b)=0$

따라서 b, $2-2b$는 $f'(x)=0$의 0이 아닌 두 실근 $-2a$, $2a$와 같다.

$b>1$에서 $2-2b<0$이고 $a>0$이므로 $-2a=2-2b$, $2a=b$

위의 두 식을 연립하여 풀면 $a=1$, $b=2$

$\therefore a+b=1+2=3$

07

삼차함수 $f(x)$에 대하여 이차방정식 $f'(x)=0$의 서로 다른 두 실근이 α, β이므로 $f(\alpha)$, $f(\beta)$는 $f(x)$의 극값이다.

조건 (가)에서 $|\alpha-\beta|=10$이고,

조건 (나)에서 $\sqrt{(\beta-\alpha)^2+\{f(\beta)-f(\alpha)\}^2}=26$이므로

$(\beta-\alpha)^2+\{f(\beta)-f(\alpha)\}^2=10^2+\{f(\beta)-f(\alpha)\}^2=26^2$

$\{f(\beta)-f(\alpha)\}^2=26^2-10^2=(26+10)(26-10)$

$\qquad\qquad\qquad =36\times16=6^2\times4^2=24^2$

$\therefore |f(\beta)-f(\alpha)|=24$

따라서 함수 $f(x)$의 극댓값과 극솟값의 차는 24이다.

08

주어진 그래프에서 $f'(x)$의 부호를 조사하여 함수 $f(x)$의 증가와 감소를 표로 나타내면 다음과 같다.

x	$\cdots$	-2	$\cdots$	0	$\cdots$	2	$\cdots$
$f'(x)$	$+$	0	$+$	0	$-$	0	$+$
$f(x)$	↗		↗	극대	↘	극소	↗

① 구간 $[-1, 0]$에서 함수 $f(x)$는 증가한다. (거짓)

② 함수 $f(x)$는 구간 $[1, 2]$에서 감소하고 구간 $[2, 3]$에서 증가한다. (거짓)

③ $f'(-2)=0$이지만 $x=-2$의 좌우에서 $f'(x)$의 부호가 바뀌지 않으므로 함수 $f(x)$는 $x=-2$에서 극값을 갖지 않는다. (거짓)

④ 함수 $f(x)$는 $x=0$에서 극대이다. (거짓)

⑤ 구간 $(-3, 3)$에서 함수 $f(x)$는 $x=0$, $x=2$에서 극값을 갖는다. (참)

09

주어진 그래프에서 $f'(x)$의 부호를 조사하여 함수 $f(x)$의 증가와 감소를 표로 나타내면 다음과 같다.

x	$\cdots$	-2	$\cdots$	1	$\cdots$
$f'(x)$	$-$	0	$+$	0	$+$
$f(x)$	↘	극소	↗		↗

따라서 함수 $y=f(x)$의 그래프의 개형이 될 수 있는 것은 ③이다.

10

$f(x)=-\dfrac{1}{3}x^3+ax^2-9x+5$에서 $f'(x)=-x^2+2ax-9$

함수 $f(x)$가 극값을 가지려면 이차방정식 $f'(x)=0$이 서로 다른 두 실근을 가져야 하므로 $f'(x)=0$의 판별식을 D_1이라 하면

$\dfrac{D_1}{4}=a^2-9>0$, $(a+3)(a-3)>0$

$\therefore a<-3$ 또는 $a>3$ $\qquad\cdots\cdots$ ㉠

$g(x)=3x^3-3ax^2+4(a+3)x+1$에서

$g'(x)=9x^2-6ax+4(a+3)$

함수 $g(x)$가 극값을 갖지 않으려면 이차방정식 $g'(x)=0$이 중근 또는 허근을 가져야 하므로 $g'(x)=0$의 판별식을 D_2라 하면

$\dfrac{D_2}{4}=(-3a)^2-36(a+3)\le0$

$a^2-4a-12\le0$, $(a+2)(a-6)\le0$

$\therefore -2\le a\le6$ $\qquad\cdots\cdots$ ㉡

㉠, ㉡을 동시에 만족시키는 a의 값의 범위는 $3<a\le6$이므로 a의 최댓값은 6이다.

11

함수 $f(x)=\dfrac{1}{4}x^4+\dfrac{2}{3}ax^3+2x^2+1$이 3개의 극값을 가지려면 방정식 $f'(x)=0$이 서로 다른 세 실근을 가져야 한다.

$f'(x)=x^3+2ax^2+4x=x(x^2+2ax+4)$이므로 이차방정식 $x^2+2ax+4=0$이 0이 아닌 서로 다른 두 실근을 가져야 한다.

즉, 이차방정식 $x^2+2ax+4=0$의 판별식을 D라 하면

$\dfrac{D}{4}=a^2-4>0$, $(a+2)(a-2)>0$

$\therefore a<-2$ 또는 $a>2$

참고   사차함수가 극값을 가질 조건

⑴ 사차함수 $f(x)$가 극댓값과 극솟값을 모두 갖는다.

  ▶ 삼차방정식 $f'(x)=0$이 서로 다른 세 실근을 갖는다.

⑵ 사차함수 $f(x)$가 극댓값 또는 극솟값을 갖지 않는다.

  ▶ 삼차방정식 $f'(x)=0$이 중근 또는 허근을 갖는다.

12

$f(x)=\dfrac{1}{3}x^3-x^2+a$에서

$f'(x)=x^2-2x=x(x-2)$

$f'(x)=0$에서 $x=0$ 또는 $x=2$

닫힌구간 $[-3, 2]$에서 함수 $f(x)$의 증가와 감소를 표로 나타내면 다음과 같다.

x	-3	$\cdots$	0	$\cdots$	2
$f'(x)$		$+$	0	$-$	0
$f(x)$	$-18+a$	↗	a	↘	$-\dfrac{4}{3}+a$

함수 $f(x)$는 $x=-3$에서 최솟값 $-18+a$를 가지므로

$b=-3$, $-18+a=-20$ $\qquad\therefore a=-2$

$\therefore ab=-2\times(-3)=6$

13

$f(x)=x^3+ax^2-a^2x+2$에서

$f'(x)=3x^2+2ax-a^2=(x+a)(3x-a)$

$f'(x)=0$에서 $x=-a$ 또는 $x=\dfrac{a}{3}$

닫힌구간 $[-a, a]$에서 함수 $f(x)$의 증가와 감소를 표로 나타내면 다음과 같다.

x	$-a$	$\cdots$	$\dfrac{a}{3}$	$\cdots$	a
$f'(x)$	0	$-$	0	$+$	
$f(x)$	a^3+2	$\searrow$	$-\dfrac{5}{27}a^3+2$	$\nearrow$	a^3+2

함수 $f(x)$는 $x=\dfrac{a}{3}$에서 최솟값 $-\dfrac{5}{27}a^3+2$, $x=-a$ 또는 $x=a$에서
최댓값 a^3+2를 갖는다.

이때 함수 $f(x)$의 최솟값이 $\dfrac{14}{27}$이므로

$-\dfrac{5}{27}a^3+2=\dfrac{14}{27}$, $\dfrac{5}{27}a^3=\dfrac{40}{27}$

$a^3=8$ $\quad\therefore a=2\,(\because a>0)$

따라서 최댓값 $M=2^3+2=10$이므로

$a+M=2+10=12$

14

$\mathrm{P}(t,\,t^2)$, $f(t)=\overline{\mathrm{OP}}^2+\overline{\mathrm{AP}}^2$이라 하면

$\overline{\mathrm{OP}}=\sqrt{t^2+(t^2)^2}$, $\overline{\mathrm{AP}}=\sqrt{t^2+(t^2-4)^2}$이므로

$f(t)=t^2+t^4+t^2+(t^2-4)^2=2t^4-6t^2+16$

$f'(t)=8t^3-12t=4t(\sqrt{2}t+\sqrt{3})(\sqrt{2}t-\sqrt{3})$

$f'(t)=0$에서 $t=-\sqrt{\dfrac{3}{2}}$ 또는 $t=0$ 또는 $t=\sqrt{\dfrac{3}{2}}$

함수 $f(t)$의 증가와 감소를 표로 나타내면 다음과 같다.

t	$\cdots$	$-\sqrt{\dfrac{3}{2}}$	$\cdots$	0	$\cdots$	$\sqrt{\dfrac{3}{2}}$	$\cdots$
$f'(t)$	$-$	0	$+$	0	$-$	0	$+$
$f(t)$	$\searrow$	$\dfrac{23}{2}$	$\nearrow$	16	$\searrow$	$\dfrac{23}{2}$	$\nearrow$

따라서 함수 $f(t)$는 $t=-\sqrt{\dfrac{3}{2}}$ 또는 $t=\sqrt{\dfrac{3}{2}}$일 때 극소이면서 최소이

므로 $\overline{\mathrm{OP}}^2+\overline{\mathrm{AP}}^2$의 최솟값은 $\dfrac{23}{2}$이다.

V. 다항함수의 미분법

DAY 17 도함수의 활용　　　　89 ~ 90쪽

19 답 ⑤

$f(x)=x^4-8x^2+11$이라 하면

$f'(x)=4x^3-16x=4x(x+2)(x-2)$

$f'(x)=0$에서 $x=-2$ 또는 $x=0$ 또는 $x=2$

함수 $f(x)$의 증가와 감소를 표로 나타내면 다음과 같다.

x	$\cdots$	-2	$\cdots$	0	$\cdots$	2	$\cdots$
$f'(x)$	$-$	0	$+$	0	$-$	0	$+$
$f(x)$	$\searrow$	-5	$\nearrow$	11	$\searrow$	-5	$\nearrow$

따라서 함수 $y=f(x)$의 그래프는 오른쪽 그림
과 같고, 주어진 방정식의 서로 다른 실근의 개
수는 함수 $y=f(x)$의 그래프와 x축의 서로 다
른 교점의 개수와 같으므로 4이다.

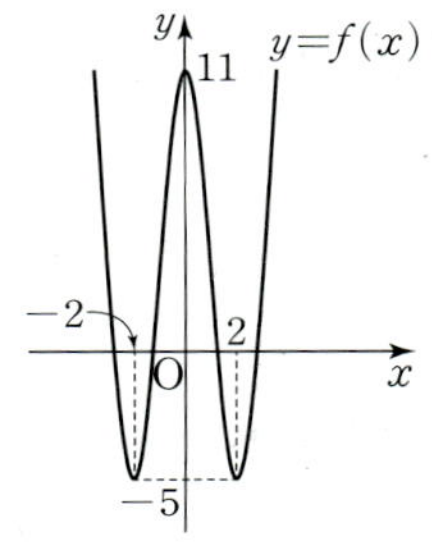

19-1 답 19

$2x^3+3x^2-12x-n=0$에서 $2x^3+3x^2-12x=n$

$f(x)=2x^3+3x^2-12x$라 하면

$f'(x)=6x^2+6x-12=6(x+2)(x-1)$

$f'(x)=0$에서 $x=-2$ 또는 $x=1$

함수 $f(x)$의 증가와 감소를 표로 나타내면 다음과 같다.

x	$\cdots$	-2	$\cdots$	1	$\cdots$
$f'(x)$	$+$	0	$-$	0	$+$
$f(x)$	$\nearrow$	20	$\searrow$	-7	$\nearrow$

함수 $y=f(x)$의 그래프는 오른쪽 그림과 같으므
로 직선 $y=n$과 서로 다른 세 점에서 만나려면

$-7<n<20$

따라서 조건을 만족시키는 자연수 n의 개수는 1,
2, 3, $\cdots$, 19의 19이다.

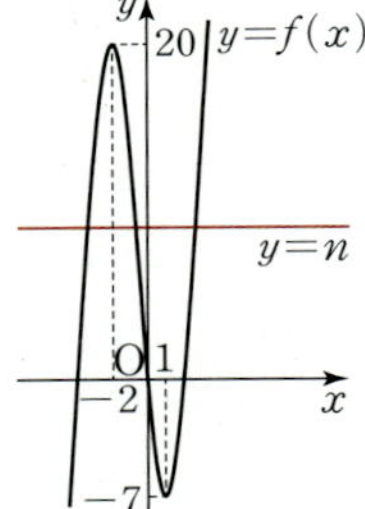

19-2 답 7

$2x^3-3x^2+x+4=x+k$에서 $2x^3-3x^2+4=k$

$f(x)=2x^3-3x^2+4$라 하면

$f'(x)=6x^2-6x=6x(x-1)$

$f'(x)=0$에서 $x=0$ 또는 $x=1$

함수 $f(x)$의 증가와 감소를 표로 나타내면 다음과 같다.

x	$\cdots$	0	$\cdots$	1	$\cdots$
$f'(x)$	$+$	0	$-$	0	$+$
$f(x)$	$\nearrow$	4	$\searrow$	3	$\nearrow$

함수 $y=f(x)$의 그래프는 오른쪽 그림과 같으므
로 직선 $y=k$와 서로 다른 두 점에서 만나려면

$k=3$ 또는 $k=4$

따라서 조건을 만족시키는 모든 실수 k의 값의 합
은 $3+4=7$

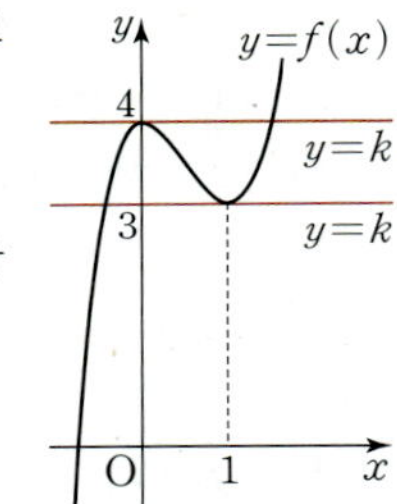

19-3 답 ②

$x^3+3x^2-9x-5+a=0$에서 $x^3+3x^2-9x-5=-a$

$f(x)=x^3+3x^2-9x-5$라 하면

$f'(x)=3x^2+6x-9=3(x+3)(x-1)$

$f'(x)=0$에서 $x=-3$ 또는 $x=1$

함수 $f(x)$의 증가와 감소를 표로 나타내면 다음과 같다.

x	$\cdots$	-3	$\cdots$	1	$\cdots$
$f'(x)$	$+$	0	$-$	0	$+$
$f(x)$	$\nearrow$	22	$\searrow$	-10	$\nearrow$

함수 $y=f(x)$의 그래프는 오른쪽 그림과
같으므로 직선 $y=-a$와의 교점의 x좌표
가 한 개는 양수, 두 개는 음수이려면

$-5<-a<22$ $\quad\therefore -22<a<5$

따라서 조건을 만족시키는 정수 a의 최솟
값은 -21이다.

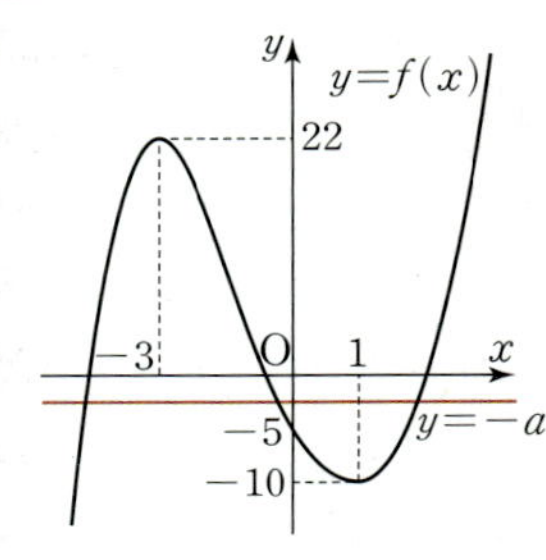

20 답 ④

$f(x)=x^4-4x+a$라 하면
$f'(x)=4x^3-4=4(x-1)(x^2+x+1)$

$f'(x)=0$에서 $x=1$ $\left(\because x^2+x+1=\left(x+\dfrac{1}{2}\right)^2+\dfrac{3}{4}>0\right)$

함수 $f(x)$의 증가와 감소를 표로 나타내면 다음과 같다.

x	$\cdots$	1	$\cdots$
$f'(x)$	$-$	0	$+$
$f(x)$	$\searrow$	$-3+a$	$\nearrow$

모든 실수 x에 대하여 $f(x)\geq0$이 성립하려면
$(f(x)$의 최솟값$)\geq0$에서 $f(1)=-3+a\geq0$ $\therefore a\geq3$
따라서 구하는 정수 a의 최솟값은 3이다.

20-1 답 ①

$x^3-2x^2+4x-k\geq x^2+4x$에서 $x^3-3x^2-k\geq0$
$f(x)=x^3-3x^2-k$라 하면
$f'(x)=3x^2-6x=3x(x-2)$
$f'(x)=0$에서 $x=0$ 또는 $x=2$
$x\geq0$에서 함수 $f(x)$의 증가와 감소를 표로 나타내면 다음과 같다.

x	0	$\cdots$	2	$\cdots$
$f'(x)$	0	$-$	0	$+$
$f(x)$	$-k$	$\searrow$	$-4-k$	$\nearrow$

$x\geq0$일 때, $f(x)\geq0$이 성립하려면 $(f(x)$의 최솟값$)\geq0$에서
$f(2)=-4-k\geq0$ $\therefore k\leq-4$
따라서 구하는 실수 k의 최댓값은 -4이다.

20-2 답 ③

$2x^3-3x^2\leq12x+k$에서 $2x^3-3x^2-12x-k\leq0$
$f(x)=2x^3-3x^2-12x-k$라 하면
$f'(x)=6x^2-6x-12=6(x+1)(x-2)$
$f'(x)=0$에서 $x=2$ $(\because 0\leq x\leq3)$
$0\leq x\leq3$에서 함수 $f(x)$의 증가와 감소를 표로 나타내면 다음과 같다.

x	0	$\cdots$	2	$\cdots$	3
$f'(x)$		$-$	0	$+$	
$f(x)$	$-k$	$\searrow$	$-20-k$	$\nearrow$	$-9-k$

$0\leq x\leq3$에서 $f(x)\leq0$이 성립하려면
$(f(x)$의 최댓값$)\leq0$에서 $f(0)=-k\leq0$ $\therefore k\geq0$
따라서 구하는 실수 k의 최솟값은 0이다.

21 답 -32

시각 t에서의 점 P의 속도를 v라 하면

$v=\dfrac{dx}{dt}=-2t^2+12$

이므로 $t=2$에서의 점 P의 속도는 $p=-2\times2^2+12=4$
시각 t에서의 점 P의 가속도를 a라 하면

$a=\dfrac{dv}{dt}=-4t$

이므로 $t=2$에서의 점 P의 가속도는 $q=-4\times2=-8$
$\therefore pq=4\times(-8)=-32$

21-1 답 7

시각 t에서의 점 P의 속도를 v라 하면

$v=\dfrac{dx}{dt}=6t-8$

점 P가 운동 방향을 바꾸는 순간의 속도는 0이므로

$6t-8=0$ $\therefore t=\dfrac{4}{3}$

$t=\dfrac{4}{3}$일 때의 점 P의 위치는

$3\times\left(\dfrac{4}{3}\right)^2-8\times\dfrac{4}{3}+11=\dfrac{17}{3}$

따라서 $a=\dfrac{4}{3}$, $b=\dfrac{17}{3}$이므로 $a+b=\dfrac{4}{3}+\dfrac{17}{3}=7$

21-2 답 ④

① $1<t<2$에서 $v(t)>0$이므로 점 P는 양의 방향으로 움직인다. (참)
② $t=2$, $t=6$에서 $v(t)=0$이고 그 좌우에서 $v(t)$의 부호가 바뀌므로 $0<t<7$에서 점 P는 운동 방향을 2번 바꾼다. (참)
③ 점 P의 가속도는 $v'(t)$이고 주어진 그래프에서 $v'(t)=0$인 t의 값은 1, 3, 4, 5이므로 가속도가 0인 순간은 4번이다. (참)
④ $t=3$일 때, 점 P의 속력 $|v(t)|>0$이다. 점 P가 운동 방향을 바꾸는 순간의 속력은 0이므로 $t=3$일 때, 점 P의 속력은 최소가 아니다. (거짓)
⑤ $v(1)>0$, $v(5)<0$이므로 $t=1$일 때와 $t=5$일 때의 점 P의 운동 방향은 서로 반대이다. (참)

참고
시각 t에서의 점 P의 속도는 $v(t)$이고, 속력은 $|v(t)|$이다.

22 답 1.2 m/s

아이가 1.2 m/s의 속도로 움직이므로 t초 동안 움직이는 거리는 $1.2t$ m
아이의 그림자의 길이를 l m라 하면 오른쪽 그림에서 $\triangle ABC\varpropto\triangle DBE$이므로

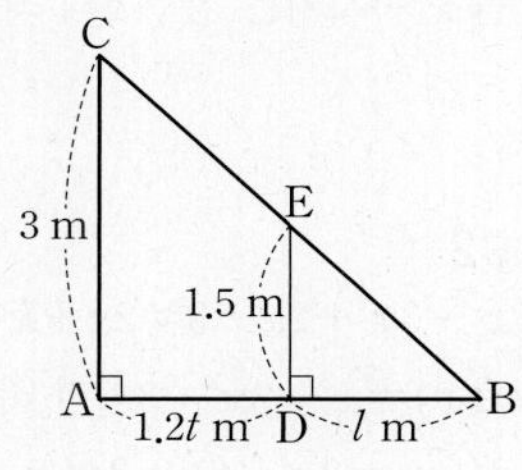

$3:1.5=(1.2t+l):l$
$3l=1.5\times(1.2t+l)$, $2l=1.2t+l$
$\therefore l=1.2t$

따라서 그림자의 길이의 변화율은 $\dfrac{dl}{dt}=1.2$ (m/s)

22-1 답 ③

t초 후의 가장 바깥쪽 원의 반지름의 길이는 $3t$ m이므로 원의 넓이를 S m^{2}라 하면
$S=\pi(3t)^2=9\pi t^2$

$\therefore \dfrac{dS}{dt}=18\pi t$

따라서 $t=5$에서 원의 넓이의 변화율은
$18\pi\times5=90\pi$ (m^2/s)

22-2 답 320 cm^3/s

t초 후의 직육면체의 밑면의 한 변의 길이는 $(2+t)$ cm, 높이는 $(3+t)$ cm이므로 직육면체의 부피를 V cm^{3}라 하면

$$V=(2+t)^2(3+t)=t^3+7t^2+16t+12$$

$$\therefore \frac{dV}{dt}=3t^2+14t+16$$

따라서 $t=8$에서 직육면체의 부피의 변화율은

$$3\times 8^2+14\times 8+16=320\ (\text{cm}^3/\text{s})$$

01 ②	**02** 21	**03** 27	**04** ④	**05** ①
06 3	**07** ③	**08** 22	**09** ①	**10** ⑤
11 40 m	**12** ⑤	**13** ④	**14** ③	

01

$x^3-9x^2-3=-x^3-12x+a$에서 $2x^3-9x^2+12x-3=a$

$f(x)=2x^3-9x^2+12x-3$이라 하면

$f'(x)=6x^2-18x+12=6(x-1)(x-2)$

$f'(x)=0$에서 $x=1$ 또는 $x=2$

함수 $f(x)$의 증가와 감소를 표로 나타내면 다음과 같다.

x	$\cdots$	1	$\cdots$	2	$\cdots$
$f'(x)$	$+$	0	$-$	0	$+$
$f(x)$	↗	2	↘	1	↗

이때 $f(0)=-3$이므로 함수 $y=f(x)$의 그래프는 오른쪽 그림과 같다.
따라서 함수 $y=f(x)$의 그래프와 직선 $y=a$가 만나는 점의 x좌표가 모두 양수가 되기 위해서는 $a>-3$이어야 하므로 조건을 만족시키는 정수 a의 최솟값은 -2이다.

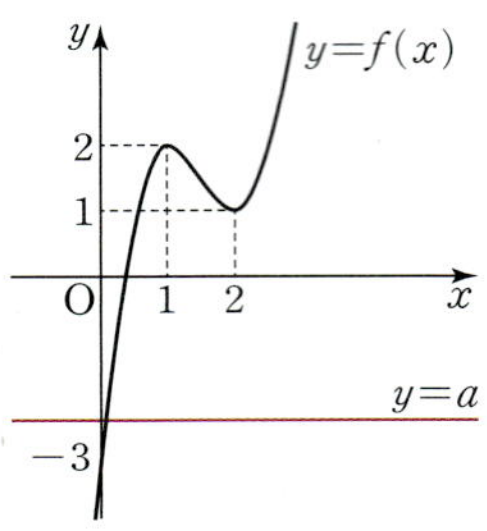

02

$x^3-3x^2+2x-3=2x+k$에서 $x^3-3x^2-3=k$

$f(x)=x^3-3x^2-3$이라 하면

$f'(x)=3x^2-6x=3x(x-2)$

$f'(x)=0$에서 $x=0$ 또는 $x=2$

함수 $f(x)$의 증가와 감소를 표로 나타내면 다음과 같다.

x	$\cdots$	0	$\cdots$	2	$\cdots$
$f'(x)$	$+$	0	$-$	0	$+$
$f(x)$	↗	-3	↘	-7	↗

함수 $y=f(x)$의 그래프는 오른쪽 그림과 같으므로 직선 $y=k$와 두 점에서 만나려면 $k=-7$ 또는 $k=-3$
따라서 조건을 만족시키는 모든 실수 k의 값의 곱은 $-7\times(-3)=21$

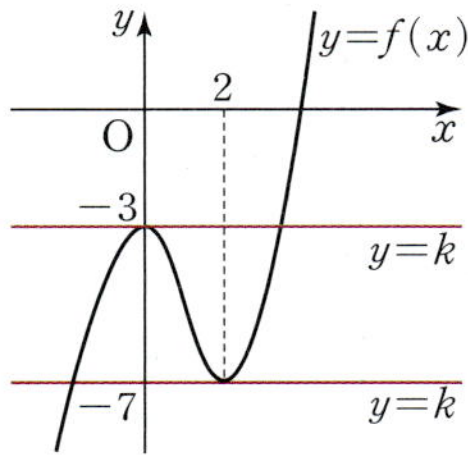

03

$x^3-3x^2-9x+17+k=0$에서 $x^3-3x^2-9x+17=-k$

$f(x)=x^3-3x^2-9x+17$이라 하면

$f'(x)=3x^2-6x-9=3(x+1)(x-3)$

$f'(x)=0$에서 $x=-1$ 또는 $x=3$

함수 $f(x)$의 증가와 감소를 표로 나타내면 다음과 같다.

x	$\cdots$	-1	$\cdots$	3	$\cdots$
$f'(x)$	$+$	0	$-$	0	$+$
$f(x)$	↗	22	↘	-10	↗

함수 $y=f(x)$의 그래프는 오른쪽 그림과 같다.
이때 세 실근의 곱이 음수가 되려면 세 실근이 모두 음수이거나 한 실근이 음수이고 다른 두 실근이 양수이어야 한다. 그런데 세 실근이 모두 음수인 경우는 없으므로

$-10<-k<17$ $\therefore\ -17<k<10$

따라서 $a=-17$, $b=10$이므로 $b-a=10-(-17)=27$

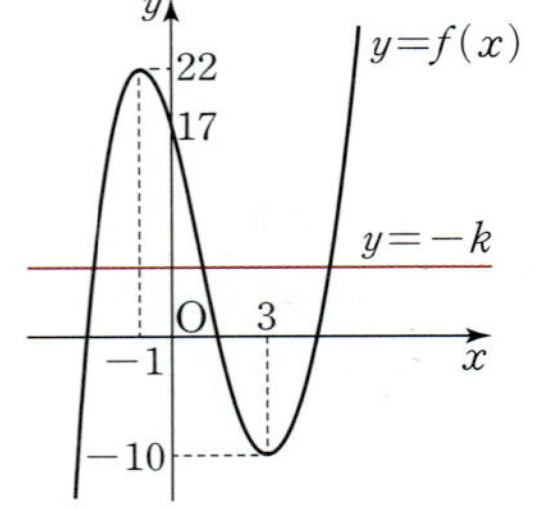

04

$f(x)=x^4-4x^3+4x^2+5-n$이라 하면

$f'(x)=4x^3-12x^2+8x=4x(x-1)(x-2)$

$f'(x)=0$에서 $x=0$ 또는 $x=1$ 또는 $x=2$

함수 $f(x)$의 증가와 감소를 표로 나타내면 다음과 같다.

x	$\cdots$	0	$\cdots$	1	$\cdots$	2	$\cdots$
$f'(x)$	$-$	0	$+$	0	$-$	0	$+$
$f(x)$	↘	$5-n$	↗	$6-n$	↘	$5-n$	↗

모든 실수 x에 대하여 $f(x)\geq 0$이 성립하려면

($f(x)$의 최솟값)≥ 0에서 $f(0)=5-n\geq 0$ $\therefore\ n\leq 5$

따라서 구하는 자연수 n의 개수는 1, 2, 3, 4, 5의 5이다.

05

$x^3-3x^2+2x>2x+k$에서 $x^3-3x^2-k>0$

$f(x)=x^3-3x^2-k$라 하면

$f'(x)=3x^2-6x=3x(x-2)$

$f'(x)=0$에서 $x=0$ 또는 $x=2$

$x\geq -1$에서 함수 $f(x)$의 증가와 감소를 표로 나타내면 다음과 같다.

x	-1	$\cdots$	0	$\cdots$	2	$\cdots$
$f'(x)$		$+$	0	$-$	0	$+$
$f(x)$	$-4-k$	↗	$-k$	↘	$-4-k$	↗

$x\geq -1$에서 $f(x)>0$이 항상 성립하려면

($f(x)$의 최솟값)>0에서 $f(-1)=-4-k>0$ $\therefore\ k<-4$

따라서 구하는 정수 k의 최댓값은 -5이다.

06

$x^3+3x^2-k\geq 3(2x^2+3x-10)$에서

$x^3-3x^2-9x+30-k\geq 0$

$h(x)=x^3-3x^2-9x+30-k$라 하면

$h'(x)=3x^2-6x-9=3(x+1)(x-3)$

$h'(x)=0$에서 $x=-1$ 또는 $x=3$

닫힌구간 $[-1,\ 4]$에서 함수 $h(x)$의 증가와 감소를 표로 나타내면 다음과 같다.

x	-1	$\cdots$	3	$\cdots$	4
$h'(x)$	0	$-$	0	$+$	
$h(x)$	$35-k$	↘	$3-k$	↗	$10-k$

닫힌구간 $[-1, 4]$에서 $h(x) \geq 0$이 항상 성립하려면
$(h(x)$의 최솟값$) \geq 0$에서 $h(3) = 3 - k \geq 0$ $\quad \therefore k \leq 3$
따라서 구하는 실수 k의 최댓값은 3이다.

07

시각 t에서의 점 P의 속도를 v라 하면
$$v = \frac{dx}{dt} = 2at + b$$
점 P가 운동 방향을 바꾸는 순간의 속도는 0이므로 시각 $t = 2$에서
$v = 0$
$$\therefore 4a + b = 0 \quad \cdots\cdots \ \bigcirc$$
또한 시각 $t = 2$에서의 점 P의 위치는 4이므로
$$4a + 2b = 4 \quad \cdots\cdots \ \bigcirc$$
$\bigcirc$, $\bigcirc$을 연립하여 풀면 $a = -1$, $b = 4$
$$\therefore a + b = -1 + 4 = 3$$

08

시각 t에서의 점 P의 속도와 가속도를 각각 v, a라 하면
$$v = \frac{dx}{dt} = -t^2 + 6t, \ a = \frac{dv}{dt} = -2t + 6$$
점 P의 가속도가 0일 때의 t의 값은
$-2t + 6 = 0$에서 $t = 3$
즉, $t = 3$에서의 점 P의 위치가 40이므로
$-9 + 27 + k = 40$ $\quad \therefore k = 22$

09

시각 t에서의 두 점 P, Q의 속도를 각각 v_P, v_Q라 하면
$$v_P = \frac{dx_P}{dt} = t - 1, \ v_Q = \frac{dx_Q}{dt} = 2t - 6$$
두 점 P, Q가 서로 반대 방향으로 움직이면 $v_P v_Q < 0$이므로
$$(t-1)(2t-6) < 0, \ 2(t-1)(t-3) < 0$$
$$\therefore 1 < t < 3$$
따라서 두 점 P, Q가 서로 반대 방향으로 움직인 시간은 $3 - 1 = 2$

10

시각 t에서의 점 P의 속도를 v라 하면 $v = \frac{dx}{dt} = f'(t)$

ㄱ. 시각 $t = 2$에서의 속도는 $f'(2) < 0$이므로 0이 아니다. (거짓)

ㄴ. 점 P가 운동 방향을 바꾸는 순간의 속도는 0이므로 $0 < t < 5$에서 점 P는 $t = 1$, $t = 3$의 2번 운동 방향을 바꾼다. (참)

ㄷ. 다음 그림과 같이 $f'(t) = \frac{3}{5}$인 t의 값이 2개 존재하므로 $0 < t < 5$에서 점 P는 속도가 $\frac{3}{5}$인 순간이 2번 존재한다. (참)

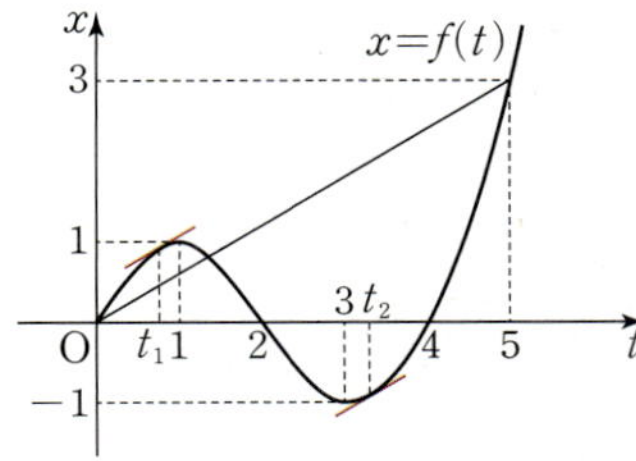

따라서 옳은 것은 ㄴ, ㄷ이다.

11

스톤의 t초 후의 속도를 v m/s라 하면 $v = \frac{dx}{dt} = 16 - \frac{16}{5}t$

스톤이 정지할 때의 속도는 0이므로 $16 - \frac{16}{5}t = 0$에서 $t = 5$

따라서 스톤이 정지할 때까지 이동한 거리는
$$16 \times 5 - \frac{8}{5} \times 5^2 = 40 \ (\text{m})$$

12

t초 후의 가로의 길이는 $(20 - t)$이고 세로의 길이는 $(5 + 2t)$이므로 직사각형의 넓이를 S라 하면
$$S = (20 - t)(5 + 2t) = -2t^2 + 35t + 100$$
$$\therefore \frac{dS}{dt} = -4t + 35$$
한편, 정사각형이 되는 순간은 가로의 길이와 세로의 길이가 같아질 때이므로 $20 - t = 5 + 2t$에서 $3t = 15$ $\quad \therefore t = 5$
따라서 직사각형이 정사각형이 되는 순간의 넓이의 변화율은
$$-4 \times 5 + 35 = 15$$

13

t초 후의 정육면체의 한 모서리의 길이는 $\left(5 + \frac{1}{2}t\right)$ cm이므로 정육면체의 부피를 V cm³라 하면 $V = \left(5 + \frac{1}{2}t\right)^3$
$$\therefore \frac{dV}{dt} = 3 \times \left(5 + \frac{1}{2}t\right)^2 \times \frac{1}{2} = \frac{3}{2}\left(5 + \frac{1}{2}t\right)^2$$
한편, 한 모서리의 길이가 10 cm가 될 때의 시각은
$5 + \frac{1}{2}t = 10$에서 $t = 10$
따라서 $t = 10$일 때의 정육면체의 부피의 변화율은
$$\frac{3}{2} \times \left(5 + \frac{1}{2} \times 10\right)^2 = 150 \ (\text{cm}^3/\text{s})$$

14

다음 그림과 같이 반지름의 길이가 2인 원에 내접하는 정삼각형의 한 변의 길이는 $2\sqrt{3}$이다.

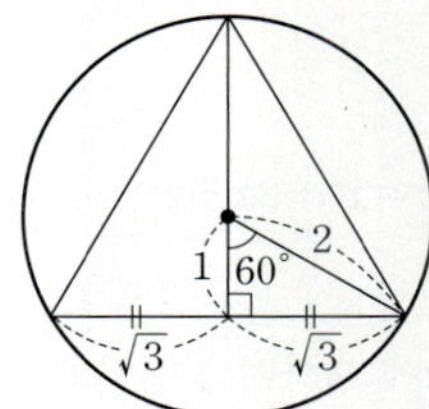

한편, 원의 반지름의 길이가 매초 $\sqrt{3}$씩 늘어나므로 t초 후의 원의 반지름의 길이는 $2 + \sqrt{3}t$이고, 이 원에 내접하는 정삼각형의 한 변의 길이를 l이라 하면
$$l = 2 \times \frac{\sqrt{3}}{2}(2 + \sqrt{3}t) = 3t + 2\sqrt{3}$$
따라서 정삼각형의 한 변의 길이의 변화율은 $\frac{dl}{dt} = 3$

참고

반지름의 길이가 r인 원에 내접하는 정삼각형의 높이는 $\frac{3}{2}r$이므로 정삼각형의 한 변의 길이를 a라 하면 $\frac{\sqrt{3}}{2}a = \frac{3}{2}r$에서 $a = \sqrt{3}r$

DAY 18 부정적분

01 답 ②

$\displaystyle \int (x-1)f(x)\,dx = 3x^3-5x^2+x+C$에서

$$(x-1)f(x) = (3x^3-5x^2+x+C)'$$
$$= 9x^2-10x+1$$
$$= (x-1)(9x-1)$$

따라서 $f(x)=9x-1$이므로 $f(2)=18-1=17$

01-1 답 ⑤

$$f(x)=F'(x)=(x^3-kx)'=3x^2-k$$

$f(3)=20$이므로 $27-k=20$ $\quad \therefore k=7$

따라서 $f(x)=3x^2-7$이므로

$f(-2)=12-7=5$

01-2 답 ㄱ, ㄷ

ㄱ. $\displaystyle \int \{f(x)-5\}\,dx = F(x)-5x+C$가 성립하면

$$f(x)-5 = \{F(x)-5x+C\}'$$
$$= f(x)-5 \ (참)$$

ㄴ. $\displaystyle \int \{f(x)\}^2\,dx = \frac{1}{2}\{F(x)\}^2+C$가 성립하면

$$\{f(x)\}^2 = \left[\frac{1}{2}\{F(x)\}^2+C\right]'$$
$$= \frac{1}{2}\times 2\times F(x)F'(x)=F(x)f(x)$$

그런데 $f(x) \neq F(x)$이므로 성립하지 않는다. (거짓)

ㄷ. $\displaystyle \int 2F(x)f(x)\,dx = \{F(x)\}^2+C$가 성립하면

$$2F(x)f(x) = [\{F(x)\}^2+C]'$$
$$= 2F(x)F'(x)=2F(x)f(x) \ (참)$$

따라서 옳은 것은 ㄱ, ㄷ이다.

02 답 ①

$\displaystyle \frac{d}{dx}\int (ax^2+bx+2)\,dx = x^2+2x+c$에서

$$ax^2+bx+2 = x^2+2x+c$$

위의 등식이 모든 실수 x에 대하여 성립하므로

$a=1,\ b=2,\ c=2$

$\therefore abc = 1\times 2\times 2 = 4$

02-1 답 ④

$\displaystyle \frac{d}{dx}\int f(x)\,dx = f(x)$에서

$$f(x)=x^b+3x^2+cx$$

즉, $x^5+ax^2-3x=x^b+3x^2+cx$

위의 등식이 모든 실수 x에 대하여 성립하므로

$a=3,\ b=5,\ c=-3$

$\therefore a+b+c = 3+5+(-3) = 5$

02-2 답 49

$\displaystyle \frac{d}{dx}\int \frac{f(x)}{x}\,dx = \frac{f(x)}{x}$이고

$\displaystyle \int \left\{\frac{d}{dx}(x^2-2x)\right\}dx = x^2-2x+C$이므로

$$\frac{f(x)}{x} = x^2-2x+C$$

$\therefore f(x)=x^3-2x^2+Cx$

$f(-1)=3$이므로 $-1-2-C=3$ $\quad \therefore C=-6$

따라서 $f(x)=x^3-2x^2-6x$이므로

$\{f(1)\}^2 = (1-2-6)^2 = 49$

03 답 27

$$f(x)=\int (x-\sqrt{x})^2\,dx + \int (x+\sqrt{x})^2\,dx$$
$$= \int \{(x^2-2x\sqrt{x}+x)+(x^2+2x\sqrt{x}+x)\}\,dx$$
$$= \int (2x^2+2x)\,dx = \frac{2}{3}x^3+x^2+C$$

$f(1)=\dfrac{5}{3}$이므로 $\dfrac{2}{3}+1+C=\dfrac{5}{3}$ $\quad \therefore C=0$

따라서 $f(x)=\dfrac{2}{3}x^3+x^2$이므로 $f(3)=18+9=27$

03-1 답 ③

$$f(x)=\int \frac{x^2}{x-2}\,dx - 4\int \frac{1}{x-2}\,dx$$
$$= \int \frac{x^2}{x-2}\,dx - \int \frac{4}{x-2}\,dx$$
$$= \int \frac{x^2-4}{x-2}\,dx = \int \frac{(x+2)(x-2)}{x-2}\,dx$$
$$= \int (x+2)\,dx = \frac{1}{2}x^2+2x+C$$

$f(0)=2$이므로 $C=2$ $\quad \therefore f(x)=\dfrac{1}{2}x^2+2x+2$

따라서 $f(x)=\dfrac{1}{2}x^2+2x+2=\dfrac{1}{2}(x+2)^2$이므로 $x=-2$일 때, 최솟값

0을 갖는다.

03-2 답 ④

$$f(x)=\int (x+1)^3\,dx = \int (x^3+3x^2+3x+1)\,dx$$
$$= \frac{1}{4}x^4+x^3+\frac{3}{2}x^2+x+C_1$$

$$g(x)=\int (3x^2+x)\left(1+\frac{1}{x}\right)dx = \int (3x^2+4x+1)\,dx$$
$$= x^3+2x^2+x+C_2$$

$f(-1)=g(1)$이므로 $\dfrac{1}{4}-1+\dfrac{3}{2}-1+C_1 = 1+2+1+C_2$

$\therefore C_1-C_2 = \dfrac{17}{4}$

$$\therefore f(1)-g(1) = \left(\frac{1}{4}+1+\frac{3}{2}+1+C_1\right)-(1+2+1+C_2)$$
$$= \left(\frac{15}{4}+C_1\right)-(4+C_2)$$
$$= -\frac{1}{4}+(C_1-C_2) = -\frac{1}{4}+\frac{17}{4} = 4$$

04 답 ④

$$f(x)=\int f'(x)\,dx=\int (ax^3+2x^2-1)\,dx$$
$$=\frac{1}{4}ax^4+\frac{2}{3}x^3-x+C$$

$f(0)=1$이므로 $C=1$

$f(1)=\dfrac{5}{3}$이므로 $\dfrac{1}{4}a+\dfrac{2}{3}-1+1=\dfrac{5}{3}$ $\quad \therefore a=4$

따라서 $f(x)=x^4+\dfrac{2}{3}x^3-x+1$이므로

$$f(-1)=1-\frac{2}{3}+1+1=\frac{7}{3}$$

04-1 답 ②

$f'(x)=x^2-2$이므로

$$f(x)=\int f'(x)\,dx=\int (x^2-2)\,dx$$
$$=\frac{1}{3}x^3-2x+C$$

곡선 $y=f(x)$가 점 $(-1,\,2)$를 지나므로 $f(-1)=2$

$-\dfrac{1}{3}+2+C=2$ $\quad \therefore C=\dfrac{1}{3}$

따라서 $f(x)=\dfrac{1}{3}x^3-2x+\dfrac{1}{3}$이므로

$$f(2)=\frac{8}{3}-4+\frac{1}{3}=-1$$

04-2 답 7

$$\lim_{h\to 0}\frac{f(x+3h)-f(x)}{h}=\lim_{h\to 0}\frac{f(x+3h)-f(x)}{3h}\times 3=3f'(x)$$

이므로 $3f'(x)=3ax^2+6x+12$에서

$f'(x)=ax^2+2x+4$

$$f(x)=\int f'(x)\,dx=\int (ax^2+2x+4)\,dx$$
$$=\frac{a}{3}x^3+x^2+4x+C$$

$f(0)=1$이므로 $C=1$

$f(-1)=-3$이므로 $-\dfrac{a}{3}+1-4+1=-3$ $\quad \therefore a=3$

따라서 $f(x)=x^3+x^2+4x+1$이므로

$$f(1)=1+1+4+1=7$$

<table>
<tr><td>DAY 18 2배속 REPEAT</td><td>96 ~ 97쪽</td></tr>
</table>

01 ④	02 ④	03 40	04 ④	05 ⑤
06 7	07 ④	08 ⑤	09 1	10 ④
11 ②	12 21	13 ①	14 -6	15 ②

01

$f(x)=F'(x)=(ax^3+3x^2+bx)'=3ax^2+6x+b$

$f(1)=5$이므로 $3a+6+b=5$

$\therefore 3a+b=-1$ $\quad\cdots\cdots$ ㉠

$f(2)=2$이므로 $12a+12+b=2$

$\therefore 12a+b=-10$ $\quad\cdots\cdots$ ㉡

㉠, ㉡을 연립하여 풀면 $a=-1$, $b=2$

$\therefore ab=-1\times 2=-2$

02

$\dfrac{d}{dx}\displaystyle\int \{f(x)-x^2+4\}\,dx=f(x)-x^2+4$이고

$\displaystyle\int \dfrac{d}{dx}\{2f(x)-3x+1\}\,dx=2f(x)-3x+1+C$이므로

$f(x)-x^2+4=2f(x)-3x+1+C$

$\therefore f(x)=-x^2+3x+3-C$

$f(1)=3$이므로 $-1+3+3-C=3$ $\quad \therefore C=2$

따라서 $f(x)=-x^2+3x+1$이므로 $f(0)=1$

03

$\displaystyle\int \left\{\dfrac{d}{dx}f(x)\right\}\,dx=f(x)+C$이므로

$f(x)+C=x^3-3x^2+2$에서 $f(x)=x^3-3x^2+2-C$

$f'(x)=3x^2-6x=3x(x-2)$이므로

$f'(x)=0$에서 $x=0$ 또는 $x=2$

함수 $f(x)$의 증가와 감소를 표로 나타내면 다음과 같다.

x	$\cdots$	0	$\cdots$	2	$\cdots$
$f'(x)$	$+$	0	$-$	0	$+$
$f(x)$	$\nearrow$	$2-C$	$\searrow$	$-2-C$	$\nearrow$

함수 $f(x)$는 $x=0$에서 극댓값 $M=2-C$, $x=2$에서 극솟값

$m=-2-C$를 갖는다.

$\therefore 10(M-m)=10\{2-C-(-2-C)\}=40$

04

$$f(x)=\int \left(\frac{1}{2}x^3+2x+1\right)dx-\int \left(\frac{1}{2}x^3+x\right)dx$$
$$=\int (x+1)\,dx=\frac{1}{2}x^2+x+C$$

$f(0)=1$이므로 $C=1$

따라서 $f(x)=\dfrac{1}{2}x^2+x+1$이므로 $f(4)=8+4+1=13$

05

$$f(x)=\int (1+2x+3x^2+\cdots+9x^8)\,dx$$
$$=x+x^2+x^3+\cdots+x^9+C$$

$f(0)=1$이므로 $C=1$

따라서 $f(x)=x+x^2+x^3+\cdots+x^9+1$이므로

$f(2)=1+2+2^2+2^3+\cdots+2^9$

$$=\frac{1\times (2^{10}-1)}{2-1}=1024-1=1023$$

06

$$f(x)=\int \frac{x^3}{x^2+x+1}\,dx-\int \frac{1}{x^2+x+1}\,dx$$
$$=\int \frac{x^3-1}{x^2+x+1}\,dx=\int \frac{(x-1)(x^2+x+1)}{x^2+x+1}\,dx$$
$$=\int (x-1)\,dx=\frac{1}{2}x^2-x+C$$

$f(2)=3$이므로 $2-2+C=3$ $\quad \therefore C=3$

따라서 $f(x)=\dfrac{1}{2}x^2-x+3$이므로 $f(4)=8-4+3=7$

07

$\displaystyle\int f(x)\,dx=xf(x)-\dfrac{8}{3}x^3+4x^2$에서

$f(x)=\left\{xf(x)-\dfrac{8}{3}x^3+4x^2\right\}'$

$\qquad =f(x)+xf'(x)-8x^2+8x$

$xf'(x)=8x^2-8x=x(8x-8)$이므로 $f'(x)=8x-8$

$\therefore f(x)=\displaystyle\int f'(x)\,dx=\int (8x-8)\,dx$

$\qquad =4x^2-8x+C$

$f(x)=4(x-1)^2+C-4$이므로 $x=1$일 때, 최솟값 $C-4$를 갖는다.

$C-4=0$ $\quad \therefore C=4$

따라서 $f(x)=4x^2-8x+4$이므로 $f(-1)=4+8+4=16$

08

$\displaystyle\int xf'(x)\,dx=3x^4+2x^3-4x^2$에서

$xf'(x)=12x^3+6x^2-8x=x(12x^2+6x-8)$

$\therefore f'(x)=12x^2+6x-8$

$\therefore f(x)=\displaystyle\int f'(x)\,dx=\int (12x^2+6x-8)\,dx$

$\qquad =4x^3+3x^2-8x+C$

$f(1)=0$이므로 $4+3-8+C=0$ $\quad \therefore C=1$

따라서 $f(x)=4x^3+3x^2-8x+1$이므로

$f(-1)=-4+3+8+1=8$

09

$f'(x)=3x^2+6x+1$이므로

$f(x)=\displaystyle\int f'(x)\,dx=\int (3x^2+6x+1)\,dx$

$\qquad =x^3+3x^2+x+C$

곡선 $y=f(x)$가 점 $(0,\,-5)$를 지나므로 $f(0)=-5$ $\quad \therefore C=-5$

$\therefore f(x)=x^3+3x^2+x-5$

곡선 $y=f(x)$의 x절편이 a이므로 곡선 $y=f(x)$는 점 $(a,\,0)$을 지난다.

$a^3+3a^2+a-5=0$, $(a-1)(a^2+4a+5)=0$

$\therefore a=1$

10

$f'(x)=x^2-1$이므로

$f(x)=\displaystyle\int f'(x)\,dx=\int (x^2-1)\,dx$

$\qquad =\dfrac{1}{3}x^3-x+C$

$f'(x)=x^2-1=(x+1)(x-1)$이므로

$f'(x)=0$에서 $x=-1$ 또는 $x=1$

함수 $f(x)$의 증가와 감소를 표로 나타내면 다음과 같다.

x	$\cdots$	-1	$\cdots$	1	$\cdots$
$f'(x)$	$+$	0	$-$	0	$+$
$f(x)$	↗	$\dfrac{2}{3}+C$	↘	$-\dfrac{2}{3}+C$	↗

함수 $f(x)$는 $x=-1$에서 극댓값 $M=\dfrac{2}{3}+C$, $x=1$에서 극솟값

$m=-\dfrac{2}{3}+C$를 갖는다.

$\therefore M-m=\dfrac{2}{3}+C-\left(-\dfrac{2}{3}+C\right)=\dfrac{4}{3}$

11

$F(x)=(x-1)f(x)-x^3+2x^2-x$의 양변을 x에 대하여 미분하면

$f(x)=f(x)+(x-1)f'(x)-3x^2+4x-1$

$(x-1)f'(x)=3x^2-4x+1=(x-1)(3x-1)$

$\therefore f'(x)=3x-1$

$\therefore f(x)=\displaystyle\int f'(x)\,dx=\int (3x-1)\,dx$

$\qquad =\dfrac{3}{2}x^2-x+C$

$f(2)=-2$이므로 $6-2+C=-2$ $\quad \therefore C=-6$

따라서 $f(x)=\dfrac{3}{2}x^2-x-6$이므로 이차방정식의 근과 계수의 관계에

의하여 방정식 $f(x)=0$의 모든 실근의 곱은 $\dfrac{-6}{\frac{3}{2}}=-4$

12

조건 (가)에서 $f'(x)=\dfrac{d}{dx}\displaystyle\int (6x+a)\,dx=6x+a$이므로

$f(x)=\displaystyle\int f'(x)\,dx=\int (6x+a)\,dx$

$\qquad =3x^2+ax+C$

조건 (나)에서 $x\longrightarrow 0$일 때, 극한값이 존재하고 (분모) $\longrightarrow 0$이므로

(분자) $\longrightarrow 0$이어야 한다.

즉, $\displaystyle\lim_{x\to 0}\{f(x)+1\}=0$에서 $f(0)=-1$이므로

$\displaystyle\lim_{x\to 0}\dfrac{f(x)+1}{x}=\lim_{x\to 0}\dfrac{f(x)-f(0)}{x-0}=f'(0)=1$

$\therefore C=-1$, $a=1$

$\therefore f(x)=3x^2+x-1$, $f'(x)=6x+1$

따라서 $f(1)=3$, $f'(1)=7$이므로 $f(1)f'(1)=3\times 7=21$

13

$\{f(x)g(x)\}'=f'(x)g(x)+f(x)g'(x)$이므로

$f'(x)g(x)+f(x)g'(x)=2x+3$에서

$\displaystyle\int \{f'(x)g(x)+f(x)g'(x)\}\,dx=\int (2x+3)\,dx$

$\therefore f(x)g(x)=x^2+3x+C$

위의 식의 양변에 $x=1$을 대입하면

$f(1)g(1)=1+3+C$, $2\times 3=4+C$ $\quad \therefore C=2$

$\therefore f(x)g(x)=x^2+3x+2$

위의 식의 양변에 $x=2$를 대입하면

$f(2)g(2)=4+6+2=12$

따라서 $f(2)=3$이므로 $g(2)=4$

14

$$f'(x)=\begin{cases} 3x^2+1 \ (x<-1) \\ 2x+3 \ (x>-1) \end{cases} \text{에서}$$

(ⅰ) $x<-1$일 때

$$f(x)=\int f'(x)\,dx=\int (3x^2+1)\,dx=x^3+x+C_1$$

(ⅱ) $x>-1$일 때

$$f(x)=\int f'(x)\,dx=\int (2x+3)\,dx=x^2+3x+C_2$$

$$f(1)=8\text{이므로} \ 1+3+C_2=8 \quad \therefore C_2=4$$

(ⅰ), (ⅱ)에서 $f(x)=\begin{cases} x^3+x+C_1 \ (x<-1) \\ x^2+3x+4 \ (x>-1) \end{cases}$

함수 $f(x)$가 모든 실수 x에서 연속이므로 $x=-1$에서도 연속이다.

즉, $\displaystyle\lim_{x\to -1+}(x^2+3x+4)=\lim_{x\to -1-}(x^3+x+C_1)=f(-1)$에서

$$1-3+4=-1-1+C_1 \quad \therefore C_1=4$$

따라서 $f(x)=\begin{cases} x^3+x+4 \ (x\leq -1) \\ x^2+3x+4 \ (x>-1) \end{cases}$이므로

$$f(-2)=-8-2+4=-6$$

15

주어진 그래프에서 $f'(x)=ax(x-2)\,(a>0)$로 놓을 수 있다.

이때 $f'(1)=-3$이므로 $a=3$

$$\therefore f'(x)=3x(x-2)=3x^2-6x$$

$$\therefore f(x)=\int f'(x)\,dx=\int (3x^2-6x)\,dx$$

$$=x^3-3x^2+C$$

$f'(x)=0$에서 $x=0$ 또는 $x=2$

함수 $f(x)$의 증가와 감소를 표로 나타내면 다음과 같다.

x	$\cdots$	0	$\cdots$	2	$\cdots$
$f'(x)$	$+$	0	$-$	0	$+$
$f(x)$	↗	C	↘	$-4+C$	↗

함수 $f(x)$는 $x=0$에서 극댓값 C를 가지므로 $C=1$

따라서 함수 $f(x)$는 $x=2$에서 극솟값 $f(2)=-4+1=-3$을 갖는다.

VI. 다항함수의 적분법

DAY 19 정적분   98 ~ 100쪽

05 답 0

$$\int_2^0 (-3x^2+4x)\,dx+\int_2^2 (x^4+1)\,dx$$

$$=-\int_0^2 (-3x^2+4x)\,dx+0$$

$$=-\Big[-x^3+2x^2 \Big]_0^2$$

$$=-\{(-8+8)-0\}=0$$

05-1 답 ⑤

$$\int_0^a (3x^2-6x+2)\,dx=\Big[x^3-3x^2+2x \Big]_0^a$$

$$=a^3-3a^2+2a=0$$

$a(a-1)(a-2)=0$에서 $a=0$ 또는 $a=1$ 또는 $a=2$

따라서 구하는 실수 a의 최댓값은 2이다.

05-2 답 ③

$f(x)$가 일차함수이므로 $f(x)=ax+b\,(a\neq 0,\ b$는 상수$)$로 놓자.

$$\int_0^2 f(x)\,dx=\int_0^2 (ax+b)\,dx=\Big[\frac{a}{2}x^2+bx \Big]_0^2$$

$$=2a+2b=2$$

$$\therefore a+b=1 \qquad \cdots\cdots \ ㉠$$

$$\int_0^2 xf(x)\,dx=\int_0^2 (ax^2+bx)\,dx=\Big[\frac{a}{3}x^3+\frac{b}{2}x^2 \Big]_0^2$$

$$=\frac{8}{3}a+2b=\frac{10}{3}$$

$$\therefore 4a+3b=5 \qquad \cdots\cdots \ ㉡$$

㉠, ㉡을 연립하여 풀면 $a=2,\ b=-1$

따라서 $f(x)=2x-1$이므로 $f(5)=10-1=9$

06 답 ①

$$\int_1^3 (x^2+2x+3)\,dx-\int_1^3 (y^2-1)\,dy+\int_3^4 (2t+4)\,dt$$

$$=\int_1^3 (x^2+2x+3)\,dx-\int_1^3 (x^2-1)\,dx+\int_3^4 (2x+4)\,dx$$

$$=\int_1^3 \{(x^2+2x+3)-(x^2-1)\}\,dx+\int_3^4 (2x+4)\,dx$$

$$=\int_1^3 (2x+4)\,dx+\int_3^4 (2x+4)\,dx=\int_1^4 (2x+4)\,dx$$

$$=\Big[x^2+4x \Big]_1^4=(16+16)-(1+4)=27$$

06-1 답 72

$$\int_{-1}^2 f(x)\,dx-\int_4^2 f(x)\,dx+\int_0^{-1} f(x)\,dx$$

$$=\int_{-1}^2 f(x)\,dx+\int_2^4 f(x)\,dx+\int_0^{-1} f(x)\,dx$$

$$=\int_{-1}^4 f(x)\,dx+\int_0^{-1} f(x)\,dx$$

$$=\int_0^4 f(x)\,dx=\int_0^4 (x^3+x)\,dx$$

$$=\Big[\frac{1}{4}x^4+\frac{1}{2}x^2 \Big]_0^4=(64+8)-0=72$$

06-2 답 ③

$$\int_{-1}^3 (x^3-3x^2+x+3)\,dx+\int_3^1 (x^3-3x^2-x+3)\,dx$$

$$=\int_{-1}^3 (x^3-3x^2+x+3)\,dx-\int_1^3 (x^3-3x^2-x+3)\,dx$$

$$=\int_{-1}^1 (x^3-3x^2+x+3)\,dx+\int_1^3 (x^3-3x^2+x+3)\,dx$$

$$\qquad\qquad -\int_1^3 (x^3-3x^2-x+3)\,dx$$

$$=2\int_0^1 (-3x^2+3)\,dx+\int_1^3 2x\,dx$$

$$=2\Big[-x^3+3x \Big]_0^1+\Big[x^2 \Big]_1^3$$

$$=2\{(-1+3)-0\}+9-1=12$$

07 답 ④

$$\int_0^3 f(x)\,dx=\int_0^1 (4x-1)\,dx+\int_1^3 (x+2)\,dx$$

$$=\left[2x^2-x\right]_0^1+\left[\frac{1}{2}x^2+2x\right]_1^3$$

$$=(2-1)-0+\left(\frac{9}{2}+6\right)-\left(\frac{1}{2}+2\right)=9$$

07-1 답 ③

$$|x-1|=\begin{cases} -x+1 & (x\leq 1) \\ x-1 & (x\geq 1) \end{cases}\text{이므로}$$

$$\int_{-1}^3 |x-1|\,dx=\int_{-1}^1 (-x+1)\,dx+\int_1^3 (x-1)\,dx$$

$$=2\int_0^1 1\,dx+\int_1^3 (x-1)\,dx$$

$$=2\left[x\right]_0^1+\left[\frac{1}{2}x^2-x\right]_1^3$$

$$=2(1-0)+\left(\frac{9}{2}-3\right)-\left(\frac{1}{2}-1\right)=4$$

07-2 답 ②

함수 $f(x)$는 실수 전체의 집합에서 연속이므로 $x=2$에서도 연속이다.

즉, $\lim\limits_{x\to 2+} f(x)=\lim\limits_{x\to 2-} f(x)=f(2)$에서

$$\lim\limits_{x\to 2+}(ax+2)=\lim\limits_{x\to 2-}(x^3-a)$$

$$2a+2=8-a \qquad \therefore a=2$$

따라서 $f(x)=\begin{cases} x^3-2 & (x\leq 2) \\ 2x+2 & (x\geq 2) \end{cases}$이므로

$$\int_{-2}^3 f(x)\,dx=\int_{-2}^2 (x^3-2)\,dx+\int_2^3 (2x+2)\,dx$$

$$=2\int_0^2 (-2)\,dx+\int_2^3 (2x+2)\,dx$$

$$=2\left[-2x\right]_0^2+\left[x^2+2x\right]_2^3$$

$$=2(-4-0)+(9+6)-(4+4)=-1$$

08 답 ②

$\int_0^2 f(t)\,dt=k$ (k는 상수)로 놓으면 $f(x)=2x+k$이므로

$$\int_0^2 f(t)\,dt=\int_0^2 (2t+k)\,dt$$

$$=\left[t^2+kt\right]_0^2=4+2k$$

$4+2k=k$이므로 $k=-4$

따라서 $f(x)=2x-4$이므로 $f(5)=10-4=6$

08-1 답 ③

$\int_0^1 f(t)\,dt=k$ (k는 상수)로 놓으면 $f(x)=3x^2+kx+3$이므로

$$\int_0^1 f(t)\,dt=\int_0^1 (3t^2+kt+3)\,dt=\left[t^3+\frac{1}{2}kt^2+3t\right]_0^1$$

$$=\left(1+\frac{1}{2}k+3\right)-0=\frac{1}{2}k+4$$

$\frac{1}{2}k+4=k$이므로 $k=8$

따라서 $f(x)=3x^2+8x+3$이므로

$$\int_0^2 f(x)\,dx=\int_0^2 (3x^2+8x+3)\,dx$$

$$=\left[x^3+4x^2+3x\right]_0^2$$

$$=(8+16+6)-0=30$$

08-2 답 ②

$\int_0^2 f(t)\,dt=a$, $\int_0^1 g(t)\,dt=b$ (a, b는 상수)로 놓으면

$f(x)=4x^3-b$, $g(x)=2x-a$이므로

$$\int_0^2 f(t)\,dt=\int_0^2 (4t^3-b)\,dt$$

$$=\left[t^4-bt\right]_0^2=16-2b$$

$16-2b=a$이므로 $a+2b=16$ $\qquad\cdots\cdots\ \bigcirc$

$$\int_0^1 g(t)\,dt=\int_0^1 (2t-a)\,dt$$

$$=\left[t^2-at\right]_0^1=1-a$$

$1-a=b$이므로 $a+b=1$ $\qquad\cdots\cdots\ \bigcirc\!\!\bigcirc$

$\bigcirc$, $\bigcirc\!\!\bigcirc$을 연립하여 풀면 $a=-14$, $b=15$

따라서 $f(x)=4x^3-15$, $g(x)=2x+14$이므로

$f(-1)+g(-1)=(-4-15)+(-2+14)=-7$

09 답 ⑤

$\int_a^x f(t)\,dt=x^2-3x-4$의 양변에 $x=a$를 대입하면

$$0=a^2-3a-4,\ (a+1)(a-4)=0$$

$$\therefore a=4\ (\because a>0)$$

$\int_4^x f(t)\,dt=x^2-3x-4$의 양변을 x에 대하여 미분하면

$$f(x)=2x-3$$

$$\therefore f(a)=f(4)=8-3=5$$

09-1 답 ②

$\int_1^x f(t)\,dt=x^3+ax^2+2x$의 양변에 $x=1$을 대입하면

$$0=1+a+2 \qquad \therefore a=-3$$

$\int_1^x f(t)\,dt=x^3-3x^2+2x$의 양변을 x에 대하여 미분하면

$$f(x)=3x^2-6x+2$$

$$\therefore f(2)=12-12+2=2$$

09-2 답 12

$f(x)=\int_a^x (3t^2+2)\,dt$의 양변에 $x=a$를 대입하면

$$f(a)=0$$

$$\lim\limits_{x\to a}\frac{f(x)}{x-a}=\lim\limits_{x\to a}\frac{f(x)-f(a)}{x-a}=f'(a)=2$$

$f(x)=\int_a^x (3t^2+2)\,dt$의 양변을 x에 대하여 미분하면

$$f'(x)=3x^2+2$$

$f'(a)=2$이므로 $3a^2+2=2$ $\therefore a=0$

$\therefore f(2)=\int_0^2 (3t^2+2)dt=\left[t^3+2t\right]_0^2=(8+4)-0=12$

10 답 ①

$\int_1^x (x-t)f(t)dt=2x^3+ax^2-4x+3$의 양변에 $x=1$을 대입하면

$0=2+a-4+3$ $\therefore a=-1$

$\int_1^x (x-t)f(t)dt=2x^3-x^2-4x+3$에서

$x\int_1^x f(t)dt-\int_1^x tf(t)dt=2x^3-x^2-4x+3$

위의 등식의 양변을 x에 대하여 미분하면

$\left\{\int_1^x f(t)dt+xf(x)\right\}-xf(x)=6x^2-2x-4$

$\therefore \int_1^x f(t)dt=6x^2-2x-4$

위의 등식의 양변을 x에 대하여 미분하면

$f(x)=12x-2$ $\therefore f(0)=-2$

$\therefore af(0)=-1\times(-2)=2$

10-1 답 ⑤

$\int_a^x (x-t)f(t)dt=x^3-3x^2+4$의 양변에 $x=a$를 대입하면

$0=a^3-3a^2+4,\ (a+1)(a-2)^2=0$ $\therefore a=2\ (\because a>0)$

$\int_2^x (x-t)f(t)dt=x^3-3x^2+4$에서

$x\int_2^x f(t)dt-\int_2^x tf(t)dt=x^3-3x^2+4$

위의 등식의 양변을 x에 대하여 미분하면

$\left\{\int_2^x f(t)dt+xf(x)\right\}-xf(x)=3x^2-6x$

$\therefore \int_2^x f(t)dt=3x^2-6x$

위의 등식의 양변을 x에 대하여 미분하면

$f(x)=6x-6$ $\therefore f(a)=f(2)=12-6=6$

10-2 답 ④

$\int_{-2}^x (x-t)f(t)dt=ax^3+bx^2+4x-8$의 양변에 $x=-2$를 대입하면

$0=-8a+4b-8-8$ $\therefore 2a-b=-4$ ······ ㉠

$\int_{-2}^x (x-t)f(t)dt=ax^3+bx^2+4x-8$에서

$x\int_{-2}^x f(t)dt-\int_{-2}^x tf(t)dt=ax^3+bx^2+4x-8$

위의 등식의 양변을 x에 대하여 미분하면

$\left\{\int_{-2}^x f(t)dt+xf(x)\right\}-xf(x)=3ax^2+2bx+4$

$\therefore \int_{-2}^x f(t)dt=3ax^2+2bx+4$

위의 등식의 양변에 $x=-2$를 대입하면

$0=12a-4b+4$ $\therefore 3a-b=-1$ ······ ㉡

㉠, ㉡을 연립하여 풀면 $a=3,\ b=10$

$\int_{-2}^x f(t)dt=9x^2+20x+4$의 양변을 x에 대하여 미분하면

$f(x)=18x+20$

$\therefore f\left(\dfrac{b}{a}\right)=f\left(\dfrac{10}{3}\right)=60+20=80$

DAY 19 2배속 REPEAT ↩ 101 ~ 102쪽

01 ④	02 ③	03 ②	04 ②	05 ⑤
06 ②	07 ②	08 30	09 10	10 ④
11 ④	12 ④	13 40	14 ⑤	15 ③
16 36				

01

$a_n=\int_0^n (2x-1)dx=\left[x^2-x\right]_0^n=n^2-n$

$\therefore \sum_{n=1}^{10} a_n=\sum_{n=1}^{10}(n^2-n)=\sum_{n=1}^{10} n^2-\sum_{n=1}^{10} n$

$=\dfrac{10\times11\times21}{6}-\dfrac{10\times11}{2}$

$=385-55=330$

02

$\{x^2f(x)\}'=2xf(x)+x^2f'(x)$이므로

$\int_{-1}^3 \{2xf(x)+x^2f'(x)\}\,dx=\left[x^2f(x)\right]_{-1}^3$

$=9f(3)-f(-1)=52$

$f(-1)=2$이므로 $9f(3)=54$

$\therefore f(3)=6$

03

$\lim\limits_{x\to1}\dfrac{f(x)-2}{x-1}=3$에서 $x\to1$일 때, 극한값이 존재하고 (분모) $\to0$이므로 (분자) $\to0$이어야 한다.

즉, $\lim\limits_{x\to1}\{f(x)-2\}=0$에서 $f(1)=2$이므로

$\lim\limits_{x\to1}\dfrac{f(x)-2}{x-1}=\lim\limits_{x\to1}\dfrac{f(x)-f(1)}{x-1}=f'(1)=3$

또한 함수 $y=f(x)$의 그래프가 원점을 지나므로 $f(0)=0$

$\therefore f'(1)\int_0^1 f'(x)\,dx=3\int_0^1 f'(x)\,dx$

$=3\left[f(x)\right]_0^1=3\{f(1)-f(0)\}$

$=3(2-0)=6$

04

$f(t)=t^3-t^2-12t$라 하고 함수 $f(t)$의 한 부정적분을 $F(t)$라 하면

$\int_{-2}^x (t^3-t^2-12t)dt=\left[F(t)\right]_{-2}^x=F(x)-F(-2)$

$\therefore \lim\limits_{x\to-2}\dfrac{1}{x+2}\int_{-2}^x (t^3-t^2-12t)dt$

$=\lim\limits_{x\to-2}\dfrac{F(x)-F(-2)}{x-(-2)}=F'(-2)$

$=f(-2)=-8-4+24=12$

05

$f(x)=\int_0^x (t-1)(t-2)\,dt$의 양변을 x에 대하여 미분하면

$f'(x)=(x-1)(x-2)$

$f'(x)=0$에서 $x=1$ 또는 $x=2$

함수 $f(x)$의 증가와 감소를 표로 나타내면 다음과 같다.

x	$\cdots$	1	$\cdots$	2	$\cdots$
$f'(x)$	$+$	0	$-$	0	$+$
$f(x)$	↗	극대	↘	극소	↗

함수 $f(x)$는 $x=2$에서 극솟값을 가지므로

$$m=f(2)=\int_0^2 (t-1)(t-2)\,dt=\int_0^2 (t^2-3t+2)\,dt$$

$$=\left[\frac{1}{3}t^3-\frac{3}{2}t^2+2t\right]_0^2=\left(\frac{8}{3}-6+4\right)-0=\frac{2}{3}$$

따라서 $a=2$, $m=\dfrac{2}{3}$이므로 $am=2\times\dfrac{2}{3}=\dfrac{4}{3}$

06

$$\int_{-1}^1 \left(4x^3+x^2-\frac{1}{2}x+a\right)dx=2\int_0^1 (x^2+a)\,dx$$

$$=2\left[\frac{1}{3}x^3+ax\right]_0^1=\frac{2}{3}+2a$$

따라서 $\dfrac{2}{3}+2a=2$이므로 $a=\dfrac{2}{3}$

07

$$\int_{-3}^2 f(x)\,dx=\int_{-3}^1 f(x)\,dx+\int_1^2 f(x)\,dx$$

$\displaystyle\int_{-1}^1 f(x)\,dx=-\int_1^{-1} f(x)\,dx$이므로

$\displaystyle\int_1^2 f(x)\,dx=\int_1^{-1} f(x)\,dx+\int_{-1}^2 f(x)\,dx$에서

$\displaystyle\int_1^2 f(x)\,dx=-2+6=4$

$$\therefore \int_{-3}^2 f(x)\,dx=\int_{-3}^1 f(x)\,dx+\int_1^2 f(x)\,dx$$

$$=-4+4=0$$

08

모든 실수 x에 대하여 $f(-x)=-f(x)$이므로 $g(x)=(x^2+5)f(x)$라 하면

$g(-x)=\{(-x)^2+5\}f(-x)=-(x^2+5)f(x)=-g(x)$

$\displaystyle\therefore \int_{-2}^2 (x^2+5)f(x)\,dx=0$

$$\therefore \int_{-2}^2 (x^2-3x+5)f(x)\,dx$$

$$=\int_{-2}^2 (x^2+5)f(x)\,dx-3\int_{-2}^2 xf(x)\,dx$$

$$=0-3\times(-10)=30$$

09

$x+|x-3|=\begin{cases} 3 & (x\leq 3) \\ 2x-3 & (x\geq 3) \end{cases}$ 이므로

$$\int_1^4 (x+|x-3|)\,dx=\int_1^3 3\,dx+\int_3^4 (2x-3)\,dx$$

$$=\left[3x\right]_1^3+\left[x^2-3x\right]_3^4$$

$$=(9-3)+(16-12)-(9-9)=10$$

10

주어진 그래프에서 $f(x)=a(x-1)(x-3)\,(a>0)$으로 놓을 수 있다.

이때 $f(0)=3$이므로

$3=a\times(-1)\times(-3)$ $\qquad \therefore a=1$

$\therefore f(x)=(x-1)(x-3)=x^2-4x+3$

한편, $f(x)$는 닫힌구간 $[0,\,2]$에서 감소하므로 $f'(x)\leq 0$이고, 닫힌구간 $[2,\,4]$에서 증가하므로 $f'(x)\geq 0$이다.

$$\therefore \int_0^4 |f'(x)|\,dx=\int_0^2 \{-f'(x)\}\,dx+\int_2^4 f'(x)\,dx$$

$$=\left[-f(x)\right]_0^2+\left[f(x)\right]_2^4$$

$$=-f(2)-\{-f(0)\}+f(4)-f(2)$$

$$=-(-1)-(-3)+3-(-1)=8$$

11

$-1\leq x\leq 1$에서 $f(x)=|x|+1=\begin{cases} -x+1 & (-1\leq x\leq 0) \\ x+1 & (0\leq x\leq 1) \end{cases}$

모든 실수 x에 대하여 $f(x+2)=f(x)$이므로

$$\int_0^8 f(x)\,dx=4\int_{-1}^1 f(x)\,dx$$

$$=4\left\{\int_{-1}^0 (-x+1)\,dx+\int_0^1 (x+1)\,dx\right\}$$

$$=4\left\{\left[-\frac{1}{2}x^2+x\right]_{-1}^0+\left[\frac{1}{2}x^2+x\right]_0^1\right\}$$

$$=4\left\{0-\left(-\frac{1}{2}-1\right)+\left(\frac{1}{2}+1\right)-0\right\}=12$$

참고

모든 실수 x에 대하여 연속인 함수 $f(x)$가 $f(x+k)=f(x)$를 만족시키면 다음이 성립한다.

(1) $\displaystyle\int_a^b f(x)\,dx=\int_{a+k}^{b+k} f(x)\,dx$

(2) $\displaystyle\int_a^{a+k} f(x)\,dx=\int_b^{b+k} f(x)\,dx$

12

$\displaystyle\int_{-1}^1 tf(t)\,dt=k\,(k$는 상수$)$로 놓으면 $f(x)=-x^2+2x+k$이므로

$$\int_{-1}^1 tf(t)\,dt=\int_{-1}^1 t(-t^2+2t+k)\,dt$$

$$=\int_{-1}^1 (-t^3+2t^2+kt)\,dt$$

$$=2\int_0^1 2t^2\,dt=2\left[\frac{2}{3}t^3\right]_0^1$$

$$=2\left(\frac{2}{3}-0\right)=\frac{4}{3}$$

$\therefore k=\dfrac{4}{3}$

따라서 $f(x)=-x^2+2x+\dfrac{4}{3}$이므로 $f(0)=\dfrac{4}{3}$

13

주어진 등식의 양변에 $x=1$을 대입하면

$\int_0^1 f(t)dt=1-2-2\int_0^1 f(t)dt$에서 $\int_0^1 f(t)dt=-\dfrac{1}{3}$

$\therefore \int_0^x f(t)dt=x^3-2x^2+\dfrac{2}{3}x$

위의 등식의 양변을 x에 대하여 미분하면

$f(x)=3x^2-4x+\dfrac{2}{3}$

따라서 $f(0)=a$이므로 $a=\dfrac{2}{3}$

$\therefore 60a=60\times\dfrac{2}{3}=40$

14

주어진 등식의 양변에 $x=1$을 대입하면

$0=1+a-2$ $\therefore a=1$

한편, $\dfrac{d}{dt}f(t)=f'(t)$이므로

$\int_1^x\left\{\dfrac{d}{dt}f(t)\right\}dt=\int_1^x f'(t)dt=x^3+x^2-2$

위의 등식의 양변을 x에 대하여 미분하면 $f'(x)=3x^2+2x$

$\therefore f'(a)=f'(1)=3+2=5$

15

주어진 등식의 양변에 $x=1$을 대입하면

$0=f(1)-2+4$에서 $f(1)=-2$

주어진 등식의 양변을 x에 대하여 미분하면

$f(x)=f(x)+xf'(x)-6x^2+8x$

$xf'(x)=6x^2-8x=x(6x-8)$에서 $f'(x)=6x-8$

$\therefore f(x)=\int f'(x)dx=\int(6x-8)dx=3x^2-8x+C$

$f(1)=3-8+C=-2$이므로 $C=3$

$\therefore f(x)=3x^2-8x+3$

$\therefore \int_0^2 f(x)dx=\int_0^2(3x^2-8x+3)dx$

$\qquad =\left[x^3-4x^2+3x\right]_0^2$

$\qquad =(8-16+6)-0=-2$

16

$\int_{-1}^x(x-t)f(t)dt=2x^3+3x^2+k$에서

$x\int_{-1}^x f(t)dt-\int_{-1}^x tf(t)dt=2x^3+3x^2+k$

위의 등식의 양변을 x에 대하여 미분하면

$\left\{\int_{-1}^x f(t)dt+xf(x)\right\}-xf(x)=6x^2+6x$

$\therefore \int_{-1}^x f(t)dt=6x^2+6x$ $\cdots\cdots$ ㉠

위의 등식의 양변을 x에 대하여 미분하면 $f(x)=12x+6$

$\therefore \int_2^3 f(x)dx=\int_2^3(12x+6)dx=\left[6x^2+6x\right]_2^3$

$\qquad =(54+18)-(24+12)=36$

㉠의 양변에 $x=3$을 대입하면 $\int_{-1}^3 f(t)dt=54+18=72$

㉠의 양변에 $x=2$를 대입하면 $\int_{-1}^2 f(t)dt=24+12=36$

$\therefore \int_2^3 f(x)dx=\int_{-1}^3 f(x)dx-\int_{-1}^2 f(x)dx$

$\qquad =72-36=36$

VI. 다항함수의 적분법

DAY 20 정적분의 활용 103~104쪽

11 답 ①

구간 $[0,2]$에서 곡선 $y=x^2-1$과 x축의 교점의 x좌표는

$x^2-1=0$에서 $(x+1)(x-1)=0$

$\therefore x=1 \ (\because 0\leq x\leq 2)$

따라서 구하는 도형의 넓이는

$\int_0^2 |x^2-1|\,dx$

$=\int_0^1(-x^2+1)dx+\int_1^2(x^2-1)dx$

$=\left[-\dfrac{1}{3}x^3+x\right]_0^1+\left[\dfrac{1}{3}x^3-x\right]_1^2$

$=\left(-\dfrac{1}{3}+1\right)-0+\left(\dfrac{8}{3}-2\right)-\left(\dfrac{1}{3}-1\right)$

$=2$

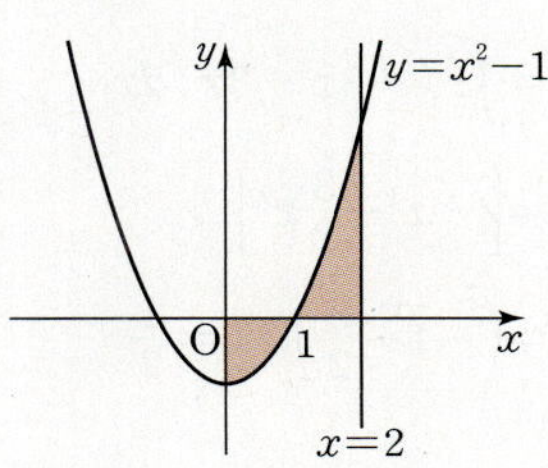

11-1 답 ③

$y=x^2-2|x|=\begin{cases} x^2+2x & (x\leq 0) \\ x^2-2x & (x\geq 0) \end{cases}$

$x\leq 0$에서 곡선 $y=x^2+2x$와 x축의 교점의 x좌표는 $x^2+2x=0$에서

$x(x+2)=0$ $\therefore x=-2$ 또는 $x=0$

$x\geq 0$에서 곡선 $y=x^2-2x$와 x축의 교점의 x좌표는 $x^2-2x=0$에서

$x(x-2)=0$ $\therefore x=0$ 또는 $x=2$

따라서 구하는 도형의 넓이는

$\int_{-2}^2 ||x^2-2|x||\,dx$

$=\int_{-2}^0(-x^2-2x)dx+\int_0^2(-x^2+2x)dx$

$=\left[-\dfrac{1}{3}x^3-x^2\right]_{-2}^0+\left[-\dfrac{1}{3}x^3+x^2\right]_0^2$

$=0-\left(\dfrac{8}{3}-4\right)+\left(-\dfrac{8}{3}+4\right)-0$

$=\dfrac{8}{3}$

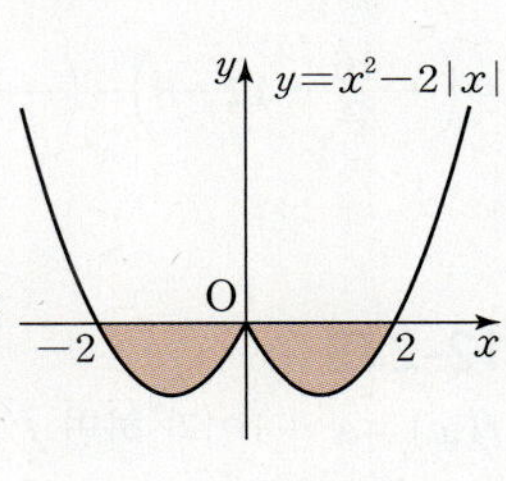

11-2 답 8

조건 (가)에서

$f(x)=\int f'(x)dx=\int(3x^2+ax+b)dx$

$\qquad =x^3+\dfrac{1}{2}ax^2+bx+C$

$f(x)$는 최고차항의 계수가 1인 삼차함수이므로 조건 (나)에서

$f(x)=x(x+2)(x-2)=x^3-4x$

따라서 구하는 도형의 넓이는

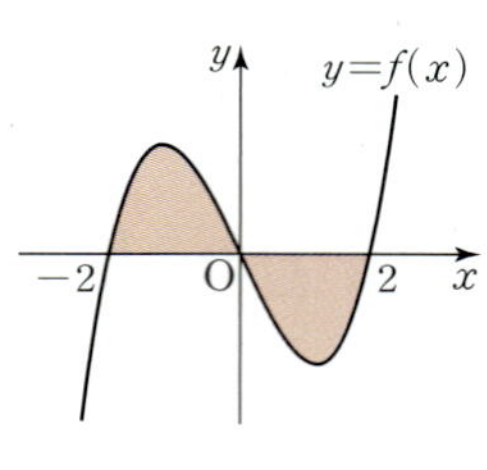

$\displaystyle\int_{-2}^{2}|f(x)|\,dx$

$=\displaystyle\int_{-2}^{0}(x^3-4x)\,dx+\int_{0}^{2}(-x^3+4x)\,dx$

$=\left[\dfrac{1}{4}x^4-2x^2\right]_{-2}^{0}+\left[-\dfrac{1}{4}x^4+2x^2\right]_{0}^{2}$

$=0-(4-8)+(-4+8)-0=8$

12 답 ①

곡선 $y=3x^2-2x$와 직선 $y=x$의 교점의 x좌표는 $3x^2-2x=x$에서

$x^2-x=0,\ x(x-1)=0\qquad\therefore x=0$ 또는 $x=1$

따라서 구하는 도형의 넓이는

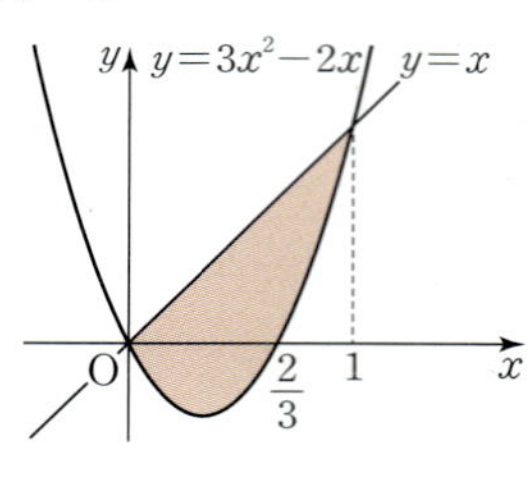

$\displaystyle\int_{0}^{1}\{x-(3x^2-2x)\}\,dx$

$=\displaystyle\int_{0}^{1}(-3x^2+3x)\,dx$

$=\left[-x^3+\dfrac{3}{2}x^2\right]_{0}^{1}$

$=\left(-1+\dfrac{3}{2}\right)-0=\dfrac{1}{2}$

12-1 답 ④

두 곡선 $y=x^2+2$, $y=-x^2+6x-2$의 교점의 x좌표는

$x^2+2=-x^2+6x-2$에서 $x^2-3x+2=0$

$(x-1)(x-2)=0\qquad\therefore x=1$ 또는 $x=2$

따라서 구하는 도형의 넓이는

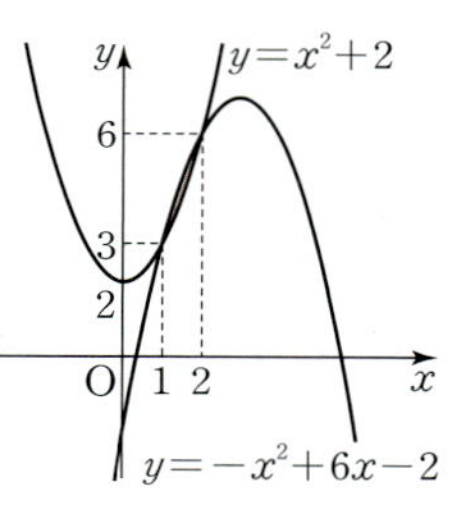

$\displaystyle\int_{1}^{2}\{(-x^2+6x-2)-(x^2+2)\}\,dx$

$=\displaystyle\int_{1}^{2}(-2x^2+6x-4)\,dx$

$=\left[-\dfrac{2}{3}x^3+3x^2-4x\right]_{1}^{2}$

$=\left(-\dfrac{16}{3}+12-8\right)-\left(-\dfrac{2}{3}+3-4\right)=\dfrac{1}{3}$

12-2 답 ①

$f(x)=x^2+1$이라 하면 $f'(x)=2x$

접점의 좌표를 $(t,\ t^2+1)(t>0)$이라 하면 접선의 기울기는 $f'(t)=2t$

이므로 접선의 방정식은

$y=2t\times(x-t)+t^2+1$

이 접선이 원점을 지나므로

$0=2t\times(-t)+t^2+1,\ t^2-1=0$

$(t+1)(t-1)=0\qquad\therefore t=1\ (\because t>0)$

따라서 접선의 방정식은 $y=2x$이므로 구하는 도형의 넓이는

$\displaystyle\int_{0}^{1}\{(x^2+1)-2x\}\,dx=\left[\dfrac{1}{3}x^3-x^2+x\right]_{0}^{1}$

$=\left(\dfrac{1}{3}-1+1\right)-0=\dfrac{1}{3}$

13 답 ②

두 도형의 넓이가 서로 같으므로

$\displaystyle\int_{k}^{1}(x-k)(x+1)(x-1)\,dx=0$

$\displaystyle\int_{k}^{1}(x^3-kx^2-x+k)\,dx=0$

$\left[\dfrac{1}{4}x^4-\dfrac{1}{3}kx^3-\dfrac{1}{2}x^2+kx\right]_{k}^{1}=0$

$\left(\dfrac{1}{4}-\dfrac{1}{3}k-\dfrac{1}{2}+k\right)-\left(\dfrac{1}{4}k^4-\dfrac{1}{3}k^4-\dfrac{1}{2}k^2+k^2\right)=0$

$\dfrac{1}{12}k^4-\dfrac{1}{2}k^2+\dfrac{2}{3}k-\dfrac{1}{4}=0,\ k^4-6k^2+8k-3=0$

$(k+3)(k-1)^3=0\qquad\therefore k=-3\ (\because k<-1)$

13-1 답 $\dfrac{4}{3}$

곡선 $y=x^2-k$는 y축에 대하여 대칭이고 $A:B=2:1$이므로 다음 그림의 빗금 친 도형의 넓이, 즉 $\dfrac{A}{2}$는 B와 같다.

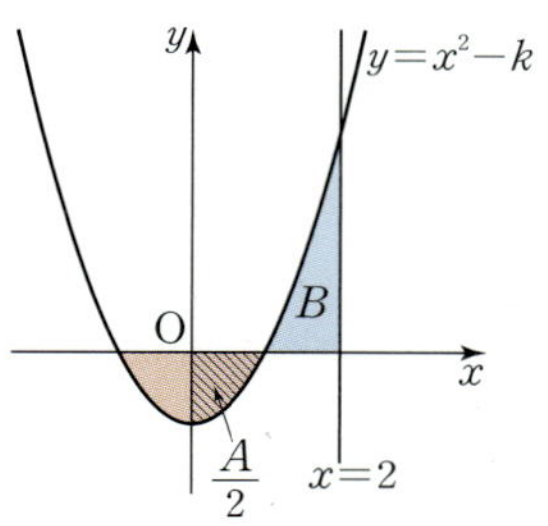

따라서 $\displaystyle\int_{0}^{2}(x^2-k)\,dx=0$이므로

$\displaystyle\int_{0}^{2}(x^2-k)\,dx=\left[\dfrac{1}{3}x^3-kx\right]_{0}^{2}=\left(\dfrac{8}{3}-2k\right)-0=0$

$\therefore k=\dfrac{4}{3}$

13-2 답 ④

곡선 $y=-x^2+4x$와 x축의 교점의 x좌표는 $-x^2+4x=0$에서

$x^2-4x=0,\ x(x-4)=0\qquad\therefore x=0$ 또는 $x=4$

오른쪽 그림에서 곡선 $y=-x^2+4x$와 직선 $y=mx$로 둘러싸인 도형의 넓이와 곡선 $y=-x^2+4x$와 직선 $y=mx$ 및 직선 $x=4$로 둘러싸인 두 도형의 넓이가 서로 같으므로

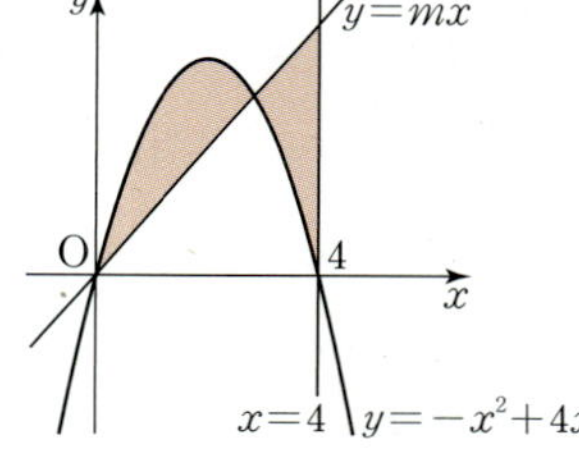

$\displaystyle\int_{0}^{4}\{(-x^2+4x)-mx\}\,dx=0$

$\displaystyle\int_{0}^{4}\{-x^2+(4-m)x\}\,dx=\left[-\dfrac{1}{3}x^3+\dfrac{4-m}{2}x^2\right]_{0}^{4}$

$=\left\{-\dfrac{64}{3}+8(4-m)\right\}-0=0$

$-8+3(4-m)=0$이므로 $m=\dfrac{4}{3}$

14 답 $-\dfrac{4}{3}$

$v(t)=0$일 때, 점 P가 움직이는 방향이 바뀌므로

$t^2-2t=0$에서 $t(t-2)=0\qquad\therefore t=2\ (\because t>0)$

따라서 $t=2$에서의 점 P의 위치는

$$\int_0^2 v(t)\,dt=\int_0^2 (t^2-2t)\,dt$$
$$=\left[\frac{1}{3}t^3-t^2\right]_0^2$$
$$=\left(\frac{8}{3}-4\right)-0=-\frac{4}{3}$$

14-1 답 4

$v(t)=-t^3+3t^2$에서 $v'(t)=-3t^2+6t=-3t(t-2)$
$v'(t)=0$에서 $t=0$ 또는 $t=2$
함수 $v(t)$의 증가와 감소를 표로 나타내면 다음과 같다.

t	0	$\cdots$	2	$\cdots$
$v'(t)$	0	$+$	0	$-$
$v(t)$	0	$\nearrow$	4	$\searrow$

$t=2$일 때 속도가 최대가 되므로 $t=2$일 때까지 점 P가 움직인 거리는

$$\int_0^2 |v(t)|\,dt=\int_0^2 |-t^3+3t^2|\,dt=\int_0^2 (-t^3+3t^2)\,dt$$
$$=\left[-\frac{1}{4}t^4+t^3\right]_0^2=(-4+8)-0=4$$

14-2 답 12

주어진 그래프에서 점 P는 $t=3$과 $t=7$일 때, 운동 방향을 바꾼다.
출발한 후 $t=3$까지 점 P가 움직인 거리는

$$\int_0^3 |v(t)|\,dt=\int_0^2 v(t)\,dt+\int_2^3 v(t)\,dt$$
$$=\frac{1}{2}\times2\times2+\frac{1}{2}\times1\times1=\frac{5}{2}$$

$t=3$에서 $t=7$까지 점 P가 움직인 거리는

$$\int_3^7 |v(t)|\,dt=\int_3^7 \{-v(t)\}\,dt$$
$$=\frac{1}{2}\times(4+1)\times1=\frac{5}{2}$$

즉, 점 P는 원점을 출발하여 $t=3$까지 양의 방향으로 $\frac{5}{2}$만큼 움직이다

가 방향을 바꿔 $t=7$까지 음의 방향으로 $\frac{5}{2}$만큼 움직여서 다시 원점으로 돌아온 후 다시 양의 방향으로 움직인다.

따라서 $a=7$, $b=\frac{5}{2}+\frac{5}{2}=5$이므로 $a+b=7+5=12$

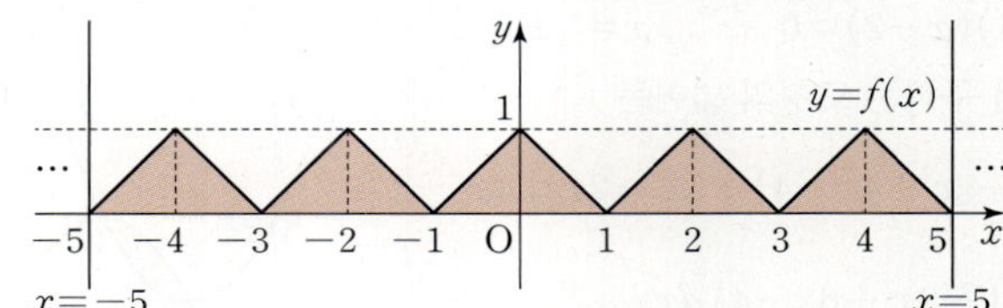

DAY**20** 2배속 REPEAT				105 ~ 106쪽
01 $\frac{81}{2}$	02 ②	03 ⑤	04 5	05 $\frac{64}{3}$
06 ④	07 ③	08 10	09 20	10 ①
11 ②	12 ②	13 12	14 ④	

01

곡선 $y=x^3-9x$와 x축의 교점의 x좌표는 $x^3-9x=0$에서
$x(x+3)(x-3)=0$ $\therefore x=-3$ 또는 $x=0$ 또는 $x=3$

따라서 구하는 도형의 넓이는

$$\int_{-3}^{3} |x^3-9x|\,dx$$
$$=\int_{-3}^{0} (x^3-9x)\,dx+\int_{0}^{3} (-x^3+9x)\,dx$$
$$=\left[\frac{1}{4}x^4-\frac{9}{2}x^2\right]_{-3}^{0}+\left[-\frac{1}{4}x^4+\frac{9}{2}x^2\right]_{0}^{3}$$
$$=0-\left(\frac{81}{4}-\frac{81}{2}\right)+\left(-\frac{81}{4}+\frac{81}{2}\right)-0$$
$$=\frac{81}{2}$$

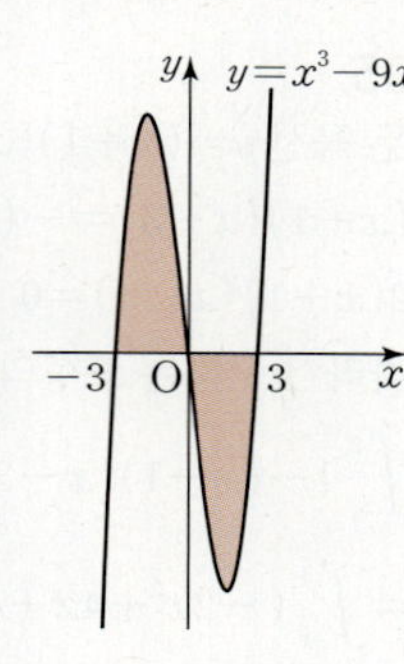

02

모든 실수 x에 대하여 $f(-x)=-f(x)$이므로 함수 $y=f(x)$의 그래프는 원점에 대하여 대칭이다.
따라서 함수 $y=f(x)$의 그래프를 x축의 방향으로 1만큼, y축의 방향으로 1만큼 평행이동한 함수 $y=g(x)$의 그래프는 점 $(1, 1)$에 대하여 대칭이므로 오른쪽 그림에서 $A=B$

$$\therefore \int_0^2 g(x)\,dx=A+C=B+C$$
$$=2\times1=2$$

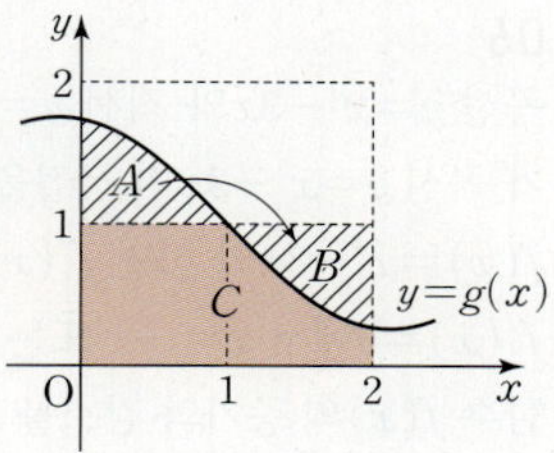

03

$f(x)=x^3+ax^2+b$에서 $f'(x)=3x^2+2ax$
함수 $y=f(x)$의 그래프가 점 $(2, 0)$에서 x축에 접하므로
$f'(2)=0$, $f(2)=0$
$f'(2)=12+4a=0$에서 $a=-3$
$f(2)=8+4a+b=0$에서 $b=4$
따라서 $f(x)=x^3-3x^2+4=(x+1)(x-2)^2$이므로
구하는 도형의 넓이는

$$\int_{-1}^{2} (x^3-3x^2+4)\,dx$$
$$=\left[\frac{1}{4}x^4-x^3+4x\right]_{-1}^{2}$$
$$=(4-8+8)-\left(\frac{1}{4}+1-4\right)=\frac{27}{4}$$

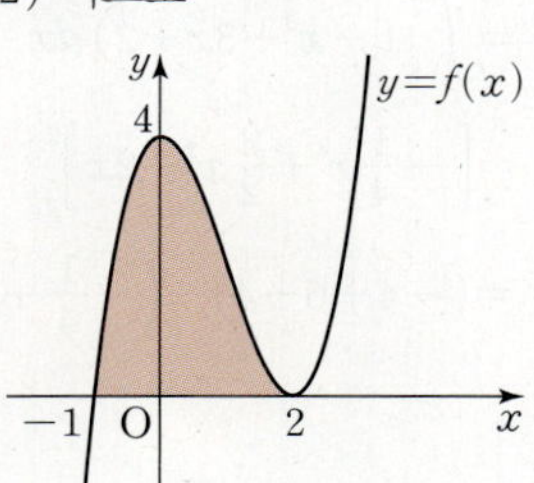

04

조건 (가)에서 $f(x)=\begin{cases}1+x & (-1\leq x\leq0) \\ 1-x & (0<x\leq1)\end{cases}$ 이고, 조건 (나)에서 주기가 2이므로 함수 $y=f(x)$의 그래프는 다음 그림과 같다.

따라서 함수 $y=f(x)$의 그래프와 x축 및 두 직선 $x=-5$, $x=5$로 둘러싸인 도형의 넓이는

$$\int_{-5}^{5} f(x)\,dx=5\int_{-1}^{1} f(x)\,dx=5\times\left(\frac{1}{2}\times2\times1\right)=5$$

05

두 곡선 $y=(x+1)(x-3)$, $y=-(x+1)(x-3)$의 교점의 x좌표는
$(x+1)(x-3)=-(x+1)(x-3)$에서
$2(x+1)(x-3)=0$ $\therefore x=-1$ 또는 $x=3$
따라서 구하는 도형의 넓이는

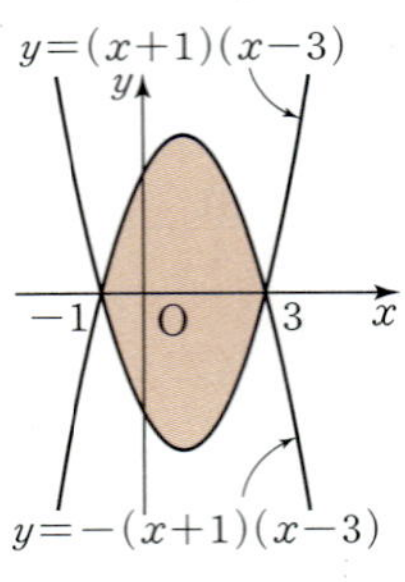

$$\int_{-1}^{3}\{-(x+1)(x-3)-(x+1)(x-3)\}\,dx$$
$$=\int_{-1}^{3}(-2x^2+4x+6)\,dx$$
$$=\left[-\frac{2}{3}x^3+2x^2+6x\right]_{-1}^{3}$$
$$=(-18+18+18)-\left(\frac{2}{3}+2-6\right)=\frac{64}{3}$$

06

곡선 $y=x^3-3x$와 직선 $y=k$가 서로 다른 두 점에서 만나려면 $y=k$
가 곡선 $y=x^3-3x$의 극점을 지나야 한다.
$f(x)=x^3-3x$라 하면 $f'(x)=3x^2-3=3(x+1)(x-1)$
$f'(x)=0$에서 $x=-1$ 또는 $x=1$
함수 $f(x)$의 증가와 감소를 표로 나타내면 다음과 같다.

x	$\cdots$	-1	$\cdots$	1	$\cdots$
$f'(x)$	$+$	0	$-$	0	$+$
$f(x)$	$\nearrow$	2	$\searrow$	-2	$\nearrow$

함수 $f(x)$는 $x=-1$에서 극댓값 2, $x=1$에서 극솟값 -2를 갖는다.
$\therefore k=2\ (\because k>0)$
$x^3-3x=2$에서 $x^3-3x-2=0$
$(x+1)^2(x-2)=0$ $\therefore x=-1$ 또는 $x=2$
따라서 구하는 도형의 넓이는

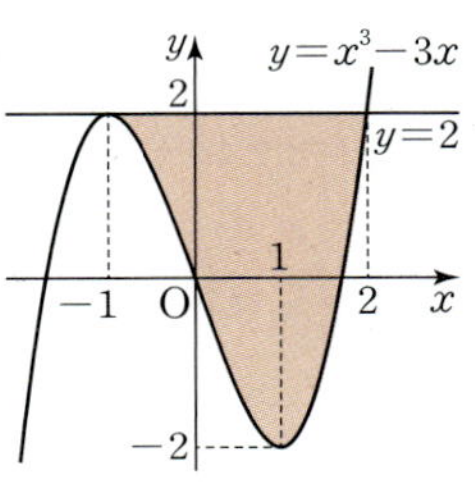

$$\int_{-1}^{2}\{2-(x^3-3x)\}\,dx$$
$$=\int_{-1}^{2}(-x^3+3x+2)\,dx$$
$$=\left[-\frac{1}{4}x^4+\frac{3}{2}x^2+2x\right]_{-1}^{2}$$
$$=(-4+6+4)-\left(-\frac{1}{4}+\frac{3}{2}-2\right)=\frac{27}{4}$$

07

$f(x)=x^2-2x$이므로
$y=-f(x-1)-1=-(x-1)^2+2(x-1)-1=-x^2+4x-4$
두 곡선 $y=x^2-2x$, $y=-x^2+4x-4$의 교점의 x좌표는
$x^2-2x=-x^2+4x-4$에서 $x^2-3x+2=0$
$(x-1)(x-2)=0$ $\therefore x=1$ 또는 $x=2$
따라서 구하는 도형의 넓이는

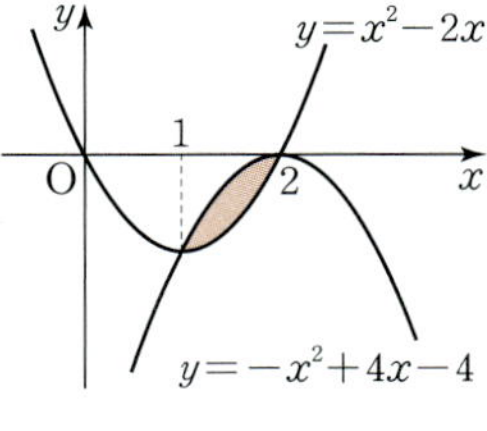

$$\int_{1}^{2}\{(-x^2+4x-4)-(x^2-2x)\}\,dx$$
$$=\int_{1}^{2}(-2x^2+6x-4)\,dx$$
$$=\left[-\frac{2}{3}x^3+3x^2-4x\right]_{1}^{2}$$
$$=\left(-\frac{16}{3}+12-8\right)-\left(-\frac{2}{3}+3-4\right)=\frac{1}{3}$$

08

함수 $y=f(x)$와 그 역함수 $y=g(x)$는 직선 $y=x$에 대하여 대칭이므
로 두 곡선의 교점의 x좌표는 곡선 $y=x^2$과 직선 $y=x$의 교점의 x좌
표와 같다.
$x^2=x$에서 $x^2-x=0$, $x(x-1)=0$
$\therefore x=0$ 또는 $x=1$
이때 두 곡선 $y=f(x)$와 $y=g(x)$로 둘러싸인 도형의 넓이는 다음 그
림과 같이 곡선 $y=f(x)$와 직선 $y=x$로 둘러싸인 도형, 즉 빗금 친 도
형의 넓이의 2배이다.

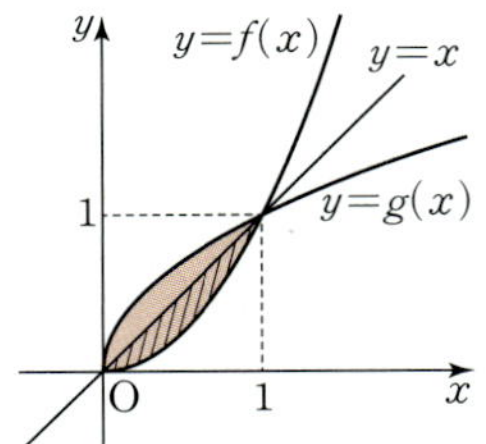

$$\therefore \int_{0}^{1}\{g(x)-f(x)\}\,dx=2\int_{0}^{1}\{x-f(x)\}\,dx$$
$$=2\int_{0}^{1}(x-x^2)\,dx$$
$$=2\left[\frac{1}{2}x^2-\frac{1}{3}x^3\right]_{0}^{1}$$
$$=2\left\{\left(\frac{1}{2}-\frac{1}{3}\right)-0\right\}=\frac{1}{3}$$

따라서 $S=\dfrac{1}{3}$이므로 $30S=30\times\dfrac{1}{3}=10$

09

곡선 $y=\dfrac{1}{2}x^2$과 직선 $y=kx$로 둘러싸인 도형의 넓이와 곡선 $y=\dfrac{1}{2}x^2$
과 두 직선 $y=kx$, $x=2$로 둘러싸인 도형의 넓이가 서로 같으므로
$$\int_{0}^{2}\left(\frac{1}{2}x^2-kx\right)dx=0$$
$$\int_{0}^{2}\left(\frac{1}{2}x^2-kx\right)dx=\left[\frac{1}{6}x^3-\frac{1}{2}kx^2\right]_{0}^{2}=\frac{4}{3}-2k=0$$
따라서 $k=\dfrac{2}{3}$이므로 $30k=30\times\dfrac{2}{3}=20$

10

다음 그림과 같이 두 곡선 $y=-x^2+2x$와 $y=ax^2$의 교점을 $\mathrm{P}(t,\ at^2)$
이라 하자.

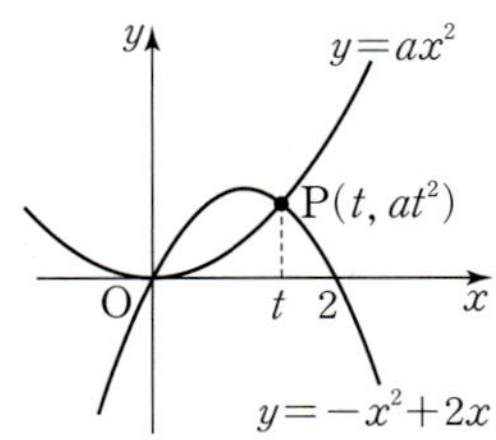

곡선 $y=-x^2+2x$와 x축으로 둘러싸인 도형의 넓이는
$$\int_{0}^{2}(-x^2+2x)\,dx=\left[-\frac{1}{3}x^3+x^2\right]_{0}^{2}$$
$$=\left(-\frac{8}{3}+4\right)-0=\frac{4}{3}$$
두 곡선 $y=-x^2+2x$와 $y=ax^2$으로 둘러싸인 도형의 넓이는

$$\int_0^t \{(-x^2+2x)-ax^2\}\,dx = \left[-\frac{1}{3}x^3+x^2-\frac{1}{3}ax^3\right]_0^t$$
$$=-\frac{1}{3}t^3+t^2-\frac{1}{3}at^3=\frac{2}{3} \quad \cdots\cdots \ \text{㉠}$$

이때 $at^2=-t^2+2t$이므로 이를 ㉠에 대입하면

$$-\frac{1}{3}t^3+t^2-\frac{1}{3}(-t^2+2t)t=\frac{2}{3}$$

$$\frac{1}{3}t^2=\frac{2}{3}, \ t^2=2 \qquad \therefore t=\sqrt{2} \ (\because t>0)$$

따라서 $a=-1+\sqrt{2}$이므로 $(a+1)^2=2$

11

시각 $t=a$에서 점 P의 위치가 원점이려면 $\int_0^a v(t)dt=0$

$$\int_0^a (3t^2-6t+2)dt = \left[t^3-3t^2+2t\right]_0^a$$
$$=a^3-3a^2+2a=0$$

$a(a-1)(a-2)=0 \qquad \therefore a=1 \ \text{또는} \ a=2 \ (\because a>0)$

따라서 점 P가 출발한 후 두 번째로 원점을 지나는 시각은 $t=2$이다.

12

점 P의 속도를 $v(t)$라 하면

$$v(t)=\{x(t)\}'=(t^3+at^2+bt)'=3t^2+2at+b$$

점 P가 $t=1$과 $t=3$에서 운동 방향을 바꾸므로 $v(1)=v(3)=0$

$v(1)=3+2a+b=0$, $v(3)=27+6a+b=0$

두 식을 연립하여 풀면 $a=-6$, $b=9$

$$\therefore v(t)=3t^2-12t+9$$

$1\le t\le 3$에서 $v(t)\le 0$이므로 $t=1$에서 $t=3$까지 점 P가 움직인 거리는

$$\int_1^3 |v(t)|\,dt = \int_1^3 \{-v(t)\}\,dt = \left[-x(t)\right]_1^3$$
$$=-x(3)-\{-x(1)\}$$
$$=-(27-54+27)-\{-(1-6+9)\}$$
$$=4$$

13

$3t^2+t=2t^2+3t$에서 $t^2-2t=0$

$t(t-2)=0 \qquad \therefore t=2 \ (\because t>0)$

따라서 $t=2$에서 두 점 P, Q의 속도가 같아진다.

$t=2$에서의 두 점 P, Q의 위치는 각각

$$\int_0^2 v_1(t)dt = \int_0^2 (3t^2+t)dt = \left[t^3+\frac{1}{2}t^2\right]_0^2$$
$$=(8+2)-0=10$$

$$\int_0^2 v_2(t)dt = \int_0^2 (2t^2+3t)dt = \left[\frac{2}{3}t^3+\frac{3}{2}t^2\right]_0^2$$
$$=\left(\frac{16}{3}+6\right)-0=\frac{34}{3}$$

이므로 두 점 P, Q 사이의 거리 a는

$$a=\left|10-\frac{34}{3}\right|=\frac{4}{3}$$

$$\therefore 9a=9\times\frac{4}{3}=12$$

14

ㄱ. $1\le t\le 3$에서 점 P의 속도는 0이 아니므로 점 P는 정지해 있지 않다. (거짓)

ㄴ. $0\le t\le 4$에서 $v(t)\ge 0$, $4\le t\le 6$에서 $v(t)\le 0$이므로 $t=0$에서 $t=6$까지 점 P가 움직인 거리는

$$\int_0^6 |v(t)|\,dt = \int_0^4 v(t)dt + \int_4^6 \{-v(t)\}dt$$
$$=\frac{1}{2}\times(4+2)\times 2+\frac{1}{2}\times 2\times 4=10 \ \text{(참)}$$

ㄷ. 점 P는 원점을 출발하여 $t=4$까지 양의 방향으로 움직이다가 $t=4$일 때 운동 방향을 바꿔 $t=8$까지 음의 방향으로 움직인다.

$t=8$일 때, 점 P의 위치는

$$\int_0^8 v(t)dt = \int_0^4 v(t)dt + \int_4^8 v(t)dt = 6-\frac{1}{2}\times 4\times 4=-2$$

이므로 점 P는 출발 후 원점을 다시 지난다. (참)

따라서 옳은 것은 ㄴ, ㄷ이다.

DAY 01~02 · 지수
· 로그

108 ~ 109쪽

01 ③	02 ③	03 ④	04 ②	05 ⑤
06 ②	07 30	08 ③	09 11	10 2
11 ③	12 ⑤	13 ②	14 ②	15 ①
16 ①				

01 유형01 거듭제곱근
유형02 거듭제곱근의 성질

$a=\sqrt[3]{-8}=\sqrt[3]{(-2)^3}=-2$

16의 네제곱근을 x라 하면 $x^4=16$이므로

$x^4-16=0,\ (x+2)(x-2)(x^2+4)=0$

$\therefore x=\pm2$ 또는 $x=\pm2i$

이 중에서 실수인 것은 ±2이므로

$\beta=2,\ \gamma=-2\ (\because \beta>\gamma)$

$\therefore \alpha+\beta-\gamma=-2+2-(-2)=2$

02 유형03 지수의 확장

$\dfrac{a^{21}+a^{16}}{a+a^{-4}}=\dfrac{a^{16}(a^5+1)}{a^{-4}(a^5+1)}=\dfrac{a^{16}}{a^{-4}}=a^{16-(-4)}=a^{20}\qquad \therefore k=20$

03 유형03 지수의 확장

ㄱ. $2^{\frac{1}{3}}\times4^{\frac{1}{3}}=2^{\frac{1}{3}}\times2^{\frac{2}{3}}=2^{\frac{1}{3}+\frac{2}{3}}=2^1=2$ (참)

ㄴ. $\{(-2)^{-2}\}^{-\frac{5}{2}}=\left\{\dfrac{1}{(-2)^2}\right\}^{-\frac{5}{2}}=\left(\dfrac{1}{4}\right)^{-\frac{5}{2}}$

$\qquad=(2^{-2})^{-\frac{5}{2}}=2^5=32$ (거짓)

ㄷ. $2\sqrt{8\sqrt[3]{4}}=2\sqrt{2^3\times2^{\frac{2}{3}}}=2\sqrt{2^{\frac{11}{3}}}=2\times2^{\frac{11}{6}}=2^{1+\frac{11}{6}}=2^{\frac{17}{6}}$ (참)

ㄹ. $x=\sqrt[3]{2}-\dfrac{1}{\sqrt[3]{4}}=\dfrac{\sqrt[3]{2}\times\sqrt[3]{4}-1}{\sqrt[3]{4}}=\dfrac{\sqrt[3]{2^3}-1}{\sqrt[3]{4}}=\dfrac{1}{\sqrt[3]{4}}$

$\qquad$ 이므로 $x^3=\left(\dfrac{1}{\sqrt[3]{4}}\right)^3=\dfrac{1}{4}$에서 $\dfrac{1}{x^3}=4$ (참)

따라서 옳은 것은 ㄱ, ㄷ, ㄹ이다.

04 유형03 지수의 확장

$\sqrt[3]{a\sqrt{b}}\times\sqrt{a^2b^5}\div\sqrt[3]{a\sqrt[4]{a^5b^3}}=a^{\frac{1}{3}}b^{\frac{1}{6}}\times ab^{\frac{5}{2}}\div a^{\frac{1}{3}}a^{\frac{5}{12}}b^{\frac{1}{4}}$

$\qquad\qquad=a^{\frac{1}{3}+1-\frac{1}{3}-\frac{5}{12}}\times b^{\frac{1}{6}+\frac{5}{2}-\frac{1}{4}}$

$\qquad\qquad=a^{\frac{7}{12}}b^{\frac{29}{12}}=\sqrt[12]{a^7b^{29}}$

따라서 $p=7,\ q=29$이므로

$p+q=7+29=36$

05 유형03 지수의 확장

$\sqrt[5]{4^n}=4^{\frac{n}{5}}$과 $\sqrt[n]{4^{100}}=4^{\frac{100}{n}}=2^{\frac{200}{n}}$이 모두 자연수가 되려면 n은 5의 배수이면서 200의 양의 약수이어야 한다.

$200=2^3\times5^2$에서 $n=5\times(2^a\times5^b)(a=0,\ 1,\ 2,\ 3,\ b=0,\ 1)$ 꼴이어야 하므로 구하는 자연수 n의 개수는 $4\times2=8$

06 유형04 지수법칙의 응용

$a^{\frac{1}{3}}+a^{-\frac{1}{3}}=b$의 양변을 세제곱하면

$a+a^{-1}+3(a^{\frac{1}{3}}+a^{-\frac{1}{3}})=b^3,\ a+a^{-1}+3b=b^3$

$\therefore a+a^{-1}=b^3-3b=\sqrt{5}$

$a+a^{-1}=\sqrt{5}$의 양변을 제곱하면

$a^2+a^{-2}+2=5\qquad \therefore a^2+a^{-2}=3\qquad\qquad\cdots\cdots\ \bigcirc$

$(a-a^{-1})^2=a^2+a^{-2}-2=3-2=1$

이때 $a>1$이므로 $a>a^{-1}\qquad \therefore a-a^{-1}=1\qquad\cdots\cdots\ \bigcirc$

$\bigcirc,\ \bigcirc$에서 $\dfrac{a^2+a^{-2}}{a-a^{-1}}=\dfrac{3}{1}=3$

07 유형04 지수법칙의 응용

$\dfrac{2^a}{3^b}=\dfrac{4}{9},\ \dfrac{2^b}{3^a}=\dfrac{2}{3}$를 변끼리 곱하면

$\dfrac{2^a\times2^b}{3^b\times3^a}=\dfrac{4}{9}\times\dfrac{2}{3},\ \dfrac{2^{a+b}}{3^{a+b}}=\dfrac{8}{27}$

$\left(\dfrac{2}{3}\right)^{a+b}=\left(\dfrac{2}{3}\right)^3\qquad \therefore a+b=3\qquad\cdots\cdots\ \bigcirc$

$\dfrac{2^a}{3^b}=\dfrac{4}{9}$에서 $2^a=\dfrac{4}{9}\times3^b=4\times3^{b-2}$

$\dfrac{2^b}{3^a}=\dfrac{2}{3}$에서 $2^b=\dfrac{2}{3}\times3^a=2\times3^{a-1}$

$\therefore 6^a+6^b=2^a\times3^a+2^b\times3^b$

$\qquad\qquad=4\times3^{b-2}\times3^a+2\times3^{a-1}\times3^b$

$\qquad\qquad=4\times3^{a+b-2}+2\times3^{a+b-1}$

$\qquad\qquad=4\times3^1+2\times3^2\ (\because \bigcirc)$

$\qquad\qquad=30$

08 유형04 지수법칙의 응용

$60^x=3,\ \left(\dfrac{1}{5}\right)^y=27,\ a^z=9$에서

$3^{\frac{1}{x}}=60,\ 27^{\frac{1}{y}}=3^{\frac{3}{y}}=\dfrac{1}{5}$이고 $9^{\frac{1}{z}}=3^{\frac{2}{z}}=a$, 즉 $3^{\frac{1}{z}}=a^{\frac{1}{2}}$

이때 $\dfrac{1}{x}+\dfrac{3}{y}-\dfrac{1}{z}=1$에서 $3^{\frac{1}{x}+\frac{3}{y}-\frac{1}{z}}=3^1$이므로

$60\times\dfrac{1}{5}\div a^{\frac{1}{2}}=3,\ a^{\frac{1}{2}}=4\qquad \therefore a=4^2=16$

09 유형04 지수법칙의 응용

조건 (가)에서 $a^x=b^y=c^z=30^w=k(k>0)$로 놓으면

$k^{\frac{1}{x}}=a,\ k^{\frac{1}{y}}=b,\ k^{\frac{1}{z}}=c,\ k^{\frac{1}{w}}=30$

조건 (나)에서 $\dfrac{1}{x}+\dfrac{1}{y}+\dfrac{1}{z}=\dfrac{1}{w}$이므로

$k^{\frac{1}{x}+\frac{1}{y}+\frac{1}{z}}=k^{\frac{1}{w}}\qquad \therefore abc=30$

이때 1보다 큰 세 자연수 $a,\ b,\ c$에 대하여 $a<b<c$이고, $30=2\times3\times5$이므로 $a=2,\ b=3,\ c=5$

$\therefore ab+c=2\times3+5=11$

10 유형05 로그

밑의 조건에서 $x^2+a>0,\ x^2+a\neq1$이므로

$a>1\qquad\qquad\cdots\cdots\ \bigcirc$

진수의 조건에서 모든 실수 x에 대하여 $3bx^2-4bx+8>0$이 성립해야 한다.

(i) $b=0$일 때, $8>0$이므로 성립한다.

(ii) $b\neq0$일 때, 이차방정식 $3bx^2-4bx+8=0$의 판별식을 D라 하면

$$\frac{D}{4}=(-2b)^2-3b\times8<0,\ 4b^2-24b<0$$

$$b(b-6)<0 \qquad \therefore 0<b<6$$

(i), (ii)에서 $0\le b<6$ …… ㉡

㉠에서 정수 a의 최솟값은 2, ㉡에서 정수 b의 최솟값은 0이므로 $a+b$의 최솟값은 $2+0=2$

11 로그의 성질

$$\log_3 24-\log_{\frac{1}{3}}\frac{1}{16}+\log_3 6=\log_3 24-\log_3 16+\log_3 6$$
$$=\log_3\frac{24\times6}{16}=\log_3 9=2$$

12 로그의 성질

 로그의 밑의 변환

$3^x=72$에서 $x=\log_3 72=2+\log_3 8$이므로 $x-2=\log_3 8$

$4^y=72$에서 $y=\log_4 72=1+\log_4 18$이므로 $y-1=\log_4 18$

$$\therefore (x-2)(y-1)=\log_3 8\times\log_4 18=3\log_3 2\times\frac{1}{2}\log_2 18$$
$$=\frac{3}{2}\log_3 18=\frac{3}{2}\times(2+\log_3 2)$$
$$=\frac{3}{2}\times\left(2+\frac{\log 2}{\log 3}\right)=\frac{3}{2}\times\left(2+\frac{0.3}{0.4}\right)=\frac{33}{8}$$

13 로그의 밑의 변환

 로그의 정수 부분과 소수 부분

$\log_2 32<\log_2 40<\log_2 64$, 즉 $5<\log_2 40<6$이므로

$$x=5,\ y=\log_2 40-5=\log_2 40-\log_2 32=\log_2\frac{5}{4}$$
$$\therefore 2^x+2^{y+2}=2^5+2^{\log_2\frac{5}{4}+2}=32+2^{\log_2 5}=32+5=37$$

14 로그와 이차방정식

이차방정식의 근과 계수의 관계에 의하여 $\alpha+\beta=8$, $\alpha\beta=5$

$$\therefore \log_5(\alpha+2)+\log_5(\beta+2)=\log_5(\alpha+2)(\beta+2)$$
$$=\log_5\{\alpha\beta+2(\alpha+\beta)+4\}$$
$$=\log_5(5+2\times8+4)$$
$$=\log_5 25=2$$

15 상용로그

$$A=3(2^2+1)(2^4+1)(2^8+1)$$
$$=(2^2-1)(2^2+1)(2^4+1)(2^8+1)$$
$$=(2^4-1)(2^4+1)(2^8+1)$$
$$=(2^8-1)(2^8+1)=2^{16}-1$$

따라서 $A+1=2^{16}$이므로

$$\log(A+1)=\log 2^{16}=16\log 2=16\times0.3010=4.816$$

$$4<\log(A+1)<5 \qquad \therefore m=4$$

16 상용로그

현재 하천의 수질오염도를 a라 하면 매년 수질오염도가 10 %씩 낮아지므로 n년 후의 수질오염도는

$$a\left(1-\frac{10}{100}\right)^n=a\times0.9^n$$

n년 후의 수질오염도가 현재 수질오염도의 $\frac{1}{4}$이 된다고 하면

$$a\times0.9^n=\frac{1}{4}a,\ 0.9^n=\frac{1}{4}$$

위의 식의 양변에 상용로그를 취하면

$$n\log 0.9=\log\frac{1}{4},\ n(2\log 3-1)=-2\log 2$$

$$n(2\times0.4-1)=-2\times0.3 \qquad \therefore n=\frac{-0.6}{-0.2}=3$$

따라서 하천의 수질오염도가 현재의 $\frac{1}{4}$이 되는 것은 3년 후이다.

DAY 03~04 · 지수함수
· 로그함수

110 ~ 113쪽

01 ③	02 ③	03 ②	04 64	05 ④
06 ①	07 ②	08 ②	09 ③	10 ④
11 ⑤	12 14	13 ④	14 ②	15 ④
16 ②	17 ②	18 ⑤	19 ②	20 12
21 29	22 ⑤	23 ⑤	24 ③	25 1
26 ①				

01 지수함수의 그래프와 성질

두 함수 $f(x)$, $g(x)$에 대하여 $f(4)=g(2)$가 성립하므로

$$a^4=a^{6-k} \qquad \therefore k=2$$

$$\therefore f(k)g(k)=f(2)g(2)=a^2\times a^{3\times2-2}=a^{2+4}=a^6$$

a는 1이 아닌 양의 정수이므로 보기 중 a^6으로 나타낼 수 있는 것은 2^6인 64뿐이다.

02 지수함수의 그래프의 평행이동과 대칭이동

함수 $f(x)=2^x$의 그래프를 x축의 방향으로 m만큼, y축의 방향으로 n만큼 평행이동하면 $y=g(x)$의 그래프가 되므로

$$g(x)=2^{x-m}+n$$

또한 이 평행이동에 의하여 점 $A(1, f(1))$이 점 $A'(4, g(4))$로 이동하므로 x축의 방향으로 3만큼 평행이동한 것이다.

$$\therefore m=3$$

한편, 함수 $g(x)=2^{x-3}+n$의 그래프가 점 $(5, 2)$를 지나므로

$$2=2^{5-3}+n \qquad \therefore n=-2$$

$$\therefore m-n=3-(-2)=5$$

03 로그의 밑의 변환
 지수함수의 그래프의 평행이동과 대칭이동

$y=5\times2^x+2$에서 $y=2^{x+\log_2 5}+2$

$y=\dfrac{1}{5}\times2^x-4$에서 $y=2^{x-\log_2 5}-4$

함수 $y=2^{x-\log_2 5}-4$의 그래프는 함수 $y=2^{x+\log_2 5}+2$의 그래프를 x축의 방향으로 $2\log_2 5$만큼, y축의 방향으로 -6만큼 평행이동한 것이므로 직선 $y=ax+k$가 두 곡선과 만나는 두 점 사이의 거리가 항상 일정하려면 기울기 a가 $\dfrac{-6}{2\log_2 5}$과 같아야 한다.

즉, $a=\dfrac{-6}{2\log_2 5}=-3\log_5 2$

$\therefore 5^a=5^{-3\log_5 2}=5^{\log_5 \frac{1}{8}}=\dfrac{1}{8}$

04 지수함수의 최대, 최소

$(g\circ f)(x)=\left(\dfrac{1}{2}\right)^{2x+6-1}=\left(\dfrac{1}{2}\right)^{2x+5}$이고 밑이 1보다 작으므로

$3\leq x\leq6$에서 $x=3$일 때 최댓값 M, $x=6$일 때 최솟값 m을 갖는다.

$\therefore M=\left(\dfrac{1}{2}\right)^{2\times3+5}=\left(\dfrac{1}{2}\right)^{11}$, $m=\left(\dfrac{1}{2}\right)^{2\times6+5}=\left(\dfrac{1}{2}\right)^{17}$

$\therefore \dfrac{M}{m}=\dfrac{\left(\dfrac{1}{2}\right)^{11}}{\left(\dfrac{1}{2}\right)^{17}}=\left(\dfrac{1}{2}\right)^{-6}=(2^{-1})^{-6}=2^6=64$

05 지수함수의 최대, 최소

$f(x)=2^{-x^2+6x-3}=2^{-(x-3)^2+6}$

밑이 1보다 크므로 $x=3$일 때, 최댓값 $2^6=64$를 갖는다.

$\therefore a=3$

또한 함수 $f(x)$는 $1\leq x\leq4$에서 $x=1$일 때, 최솟값 $2^2=4$를 가지므로

$m=4$

$\therefore a+m=3+4=7$

06 a^x 꼴이 반복되는 함수의 최대, 최소

$y=\left(\dfrac{1}{9}\right)^x-2\times3^{-x}+5$에서 $y=\left(\dfrac{1}{3}\right)^{2x}-2\times\left(\dfrac{1}{3}\right)^x+5$

$\left(\dfrac{1}{3}\right)^x=t\,(t>0)$로 놓으면 $y=t^2-2t+5=(t-1)^2+4$

$-1\leq x\leq0$에서 $\left(\dfrac{1}{3}\right)^0\leq\left(\dfrac{1}{3}\right)^x\leq\left(\dfrac{1}{3}\right)^{-1}$, 즉 $1\leq t\leq3$이므로

$t=3$일 때 최댓값 $M=8$, $t=1$일 때 최솟값 $m=4$를 갖는다.

$\therefore \dfrac{M}{m}=\dfrac{8}{4}=2$

07

$5^{x+1}>0$, $5^{3-x}>0$이므로 산술평균과 기하평균의 관계에 의하여

$y=5^{x+1}+5^{3-x}\geq2\sqrt{5^{x+1}\times5^{3-x}}=2\sqrt{5^4}=2\times5^2=50$

이때 등호는 $5^{x+1}=5^{3-x}$일 때 성립하므로

$x+1=3-x$에서 $x=1$

따라서 $a=1$, $m=50$이므로 $am=1\times50=50$

산술평균과 기하평균의 관계

▶ $a>0$, $b>0$일 때, $\dfrac{a+b}{2}\geq\sqrt{ab}$ (단, 등호는 $a=b$일 때 성립)

08 밑을 같게 할 수 있는 지수방정식

$2^{x^2-x+k}=\left(\dfrac{1}{8}\right)^{x-4}$에서 $2^{x^2-x+k}=2^{-3(x-4)}$

즉, $x^2-x+k=-3(x-4)$이므로 $x^2+2x+k-12=0$ ······ ㉠

이 방정식의 한 근이 -3이므로

$9-6+k-12=0$ $\therefore k=9$

따라서 방정식 ㉠은 $x^2+2x-3=0$이므로

$(x+3)(x-1)=0$ $\therefore x=-3$ 또는 $x=1$

따라서 다른 한 근은 1, 즉 $\alpha=1$이므로 $k+\alpha=9+1=10$

09 a^x 꼴이 반복되는 지수방정식

방정식 $2^{2x}-k\times2^{x+2}+4k+2=0$의 두 실근을 α, 2α (α는 실수)라 하자.

$2^x=t\,(t>0)$로 놓으면 $t^2-4kt+4k+2=0$

이 방정식의 두 실근이 2^α, $2^{2\alpha}$이므로 이차방정식의 근과 계수의 관계에 의하여

$\begin{cases}2^\alpha+2^{2\alpha}=4k & \cdots\cdots ㉠\\ 2^\alpha\times2^{2\alpha}=4k+2 & \cdots\cdots ㉡\end{cases}$

㉡$-$㉠을 하면 $2^{3\alpha}-2^{2\alpha}-2^\alpha=2$

$2^\alpha=s\,(s>0)$로 놓으면 $s^3-s^2-s-2=0$

$(s-2)(s^2+s+1)=0$

$s>0$이므로 $s=2$ $\therefore 2^\alpha=2$

이를 ㉠에 대입하면 $2+2^2=4k$ $\therefore k=\dfrac{3}{2}$

10 밑을 같게 할 수 있는 지수부등식

(ⅰ) $x>1$일 때

$-2x+1>3x-19$, $-5x>-20$ $\therefore x<4$

그런데 $x>1$이므로 $1<x<4$

(ⅱ) $0<x<1$일 때

$-2x+1<3x-19$, $-5x<-20$ $\therefore x>4$

그런데 $0<x<1$이므로 해는 없다.

(ⅲ) $x=1$일 때

$1^{-1}>1^{-16}$이므로 부등식이 성립하지 않는다.

(ⅰ), (ⅱ), (ⅲ)에서 주어진 부등식의 해는 $1<x<4$이므로 모든 정수 x의 값의 합은 $2+3=5$

11

ㄱ. 함수 $y=f(x)$의 그래프와 직선 $y=x$는 점 $(1,\,1)$에서 만나므로

$0<a<1$이면 $f(a)<a$이고, $a>1$이면 $f(a)>a$이다. (참)

ㄴ. $2^x>0$, $2^{-x}>0$이므로 산술평균과 기하평균의 관계에 의하여

$\begin{aligned}f(x)+f(-x)&=2^x-1+2^{-x}-1\\&=2^x+2^{-x}-2\\&\geq2\sqrt{2^x\times2^{-x}}-2\\&=0\ (단,\ 등호는\ x=0일\ 때\ 성립)\ (참)\end{aligned}$

ㄷ. $0<a<b$인 a, b에 대하여 함수 $y=f(x)$의 그래프 위의 두 점을

$A(a,\,f(a))$, $B(b,\,f(b))$라 할 때

(직선 OA의 기울기) $<$ (직선 OB의 기울기)이므로

$\dfrac{2^a-1}{a}<\dfrac{2^b-1}{b}$ $\therefore b(2^a-1)<a(2^b-1)$ (참)

따라서 옳은 것은 ㄱ, ㄴ, ㄷ이다.

12 유형18 지수부등식의 응용

가로의 길이가 25π mm, 두께가 3 mm이므로

$25\pi \geq \dfrac{3\pi}{6}(2^n+4)(2^n-1)$

$(2^n+4)(2^n-1) \leq 50$, $2^{2n}+3\times 2^n-54 \leq 0$

$2^n = t\,(t>0)$로 놓으면 $t^2+3t-54 \leq 0$

$(t+9)(t-6) \leq 0$ $\qquad \therefore -9 \leq t \leq 6$

$t>0$이므로 $0 < t \leq 6$

즉, $0 < 2^n \leq 6$이므로 접을 수 있는 최대 횟수는 2 $\quad \therefore a=2$

종이의 두께는 한 번 접을 때마다 2배씩 늘어나므로 최대한 많이 접은 종이의 총 두께는 $3\times 2^2 = 12$ $\quad \therefore b=12$

$\therefore a+b = 2+12 = 14$

13 유형19 로그함수의 그래프와 성질

ㄱ. $2<a<b$에서 $\log_b a<1$, $\log_a b>1$이므로 $\log_b a<\log_a b$ (참)

ㄴ. $1<a-1<b-1$이므로 $\log_{(b-1)}(a-1)<1$ (거짓)

ㄷ. $1<a-1<b-1$이므로 두 함수 $y=\log_{(a-1)} x$, $y=\log_{(b-1)} x$의 그래프는 다음 그림과 같다.

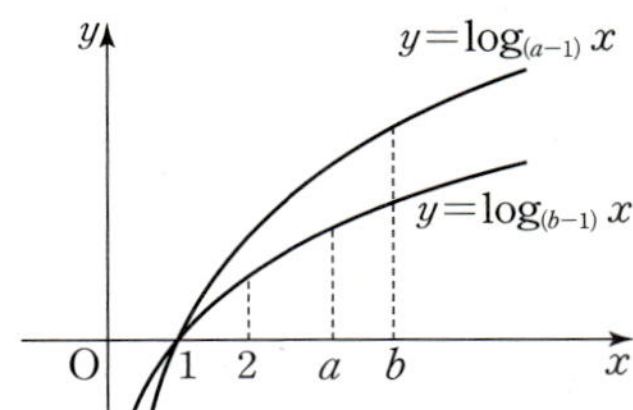

$\therefore \log_{(b-1)} a < \log_{(a-1)} b$ (참)

따라서 옳은 것은 ㄱ, ㄷ이다.

14 유형20 로그함수의 그래프의 평행이동과 대칭이동

함수 $y=\log_2 x+2$의 그래프는 함수 $y=\log_2 x-2$의 그래프를 y축의 방향으로 4만큼 평행이동한 것이므로 y축에 평행한 직선이 주어진 두 함수와 만나는 두 점 사이의 거리는 항상 4이다. 즉, 정사각형 ABDC의 한 변의 길이는 4이다.

따라서 두 점 A, B의 x좌표는 4이므로 점 A의 좌표는 $(4, \log_2 4-2)$, 즉 $(4, 0)$, 점 B의 좌표는 $(4, \log_2 4+2)$, 즉 $(4, 4)$이다.

두 점 C, D는 각각 점 A, B에서 y축에 내린 수선의 발이므로

$\mathrm{C}(0, 0)$, $\mathrm{D}(0, 4)$ $\qquad \therefore \alpha+\beta = 0+4 = 4$

15 유형21 로그함수의 역함수

$\dfrac{\log_2 c \times \log_2 d}{2^{2a+2b}} = \dfrac{2\log_4 c \times 2\log_4 d}{4^{a+b}} = \dfrac{4\times \log_4 c \times \log_4 d}{4^a \times 4^b}$

두 함수 $y=\log_4 x$, $y=4^x$은 서로 역함수 관계이므로 두 함수의 그래프는 다음 그림과 같이 직선 $y=x$에 대하여 대칭이다.

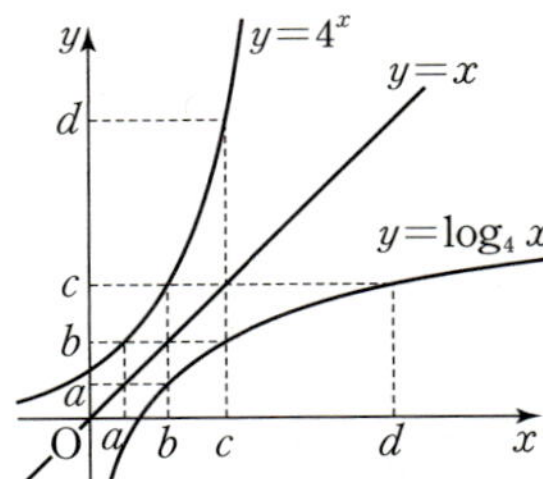

$\log_4 c = b$, $\log_4 d = c$이고, $4^a = b$, $4^b = c$이므로

$\dfrac{4\times \log_4 c \times \log_4 d}{4^a \times 4^b} = \dfrac{4\times b\times c}{b\times c} = 4$

---

6 유형12 지수함수의 그래프의 평행이동과 대칭이동
　　　유형21 로그함수의 역함수

함수 $y=\log_2(x+4)$에서 $x+4=2^y$ $\quad \therefore x=2^y-4$

x와 y를 서로 바꾸면 함수 $y=\log_2(x+4)$의 역함수는 $y=2^x-4$이므로 점 A의 좌표를 (α, α)라 하면 이 함수의 그래프도 점 A를 지난다.

이때 함수 $y=2^x-4$의 그래프를 x축의 방향으로 4만큼, y축의 방향으로 4만큼 평행이동하면 함수 $y=2^{x-4}$의 그래프가 되므로 이 평행이동에 의하여 함수 $y=2^x-4$의 그래프 위의 점 $\mathrm{A}(\alpha, \alpha)$는 함수 $y=2^{x-4}$의 그래프 위의 점 $(\alpha+4, \alpha+4)$로 이동한다.

점 $(\alpha+4, \alpha+4)$의 x좌표와 y좌표가 같으므로 직선 $y=x$ 위의 점이다.

$\therefore \mathrm{B}(\alpha+4, \alpha+4)$

$\therefore \overline{\mathrm{AB}} = \sqrt{(\alpha+4-\alpha)^2+(\alpha+4-\alpha)^2} = \sqrt{4^2+4^2} = 4\sqrt{2}$

17 유형20 로그함수의 그래프의 평행이동과 대칭이동
　　　유형21 로그함수의 역함수

함수 $y=\log_2(x-7)+4$의 정의역은 $\{x|x>7\}$이므로 그 역함수 $y=f(x)$의 치역은 $\{y|y>7\}$

함수 $y=\log_{\frac{1}{3}}(4-x)+3$의 정의역은 $\{x|x<4\}$이므로 그 역함수 $y=g(x)$의 치역은 $\{y|y<4\}$

따라서 모든 실수 x에 대하여 $g(x)<n<f(x)$를 만족시키는 정수 n의 개수는 4, 5, 6, 7의 4이다.

다른 풀이

$y=\log_2(x-7)+4$에서 $x-7=2^{y-4}$ $\quad \therefore x=2^{y-4}+7$

x와 y를 서로 바꾸면 $f(x)=2^{x-4}+7$

$y=\log_{\frac{1}{3}}(4-x)+3$에서 $4-x=\left(\dfrac{1}{3}\right)^{y-3}$ $\quad \therefore x=-\left(\dfrac{1}{3}\right)^{y-3}+4$

x와 y를 서로 바꾸면 $g(x)=-\left(\dfrac{1}{3}\right)^{x-3}+4$

따라서 모든 실수 x에 대하여 $f(x)>7$, $g(x)<4$이므로 $g(x)<n<f(x)$를 만족시키는 정수 n의 개수는 4, 5, 6, 7의 4이다.

18 유형07 로그의 밑의 변환
　　　유형22 로그함수의 최대, 최소

$x^{\log 5} = 5^{\log x}$이므로

$y=-5^{\log x}\times x^{\log 5}+5(5^{\log x}+x^{\log 5})$에서 $y=-(5^{\log x})^2+10\times 5^{\log x}$

$5^{\log x}=t\,(t>0)$로 놓으면

$y=-t^2+10t=-(t-5)^2+25$

$t=5$일 때, 최댓값 25를 가지므로 $5^{\log a}=5$, $b=25$

$\log a=1$에서 $a=10^1=10$이므로

$a+b=10+25=35$

19 유형23 밑을 같게 할 수 있는 로그방정식

진수의 조건에서 $x>0$, $y>0$ $\quad\cdots\cdots$ ㉠

$\log_9 x+\log_3 \sqrt{y}=1$에서 $\log_9 x+\log_9 y=1$

$\log_9 xy=1$ $\quad \therefore xy=9$

$\log_4(x^2+y^2)=\dfrac{1}{2}+2\log_4 3$에서 $\log_4(x^2+y^2)=\log_4 4^{\frac{1}{2}}+\log_4 3^2$

$\log_4(x^2+y^2)=\log_4(2\times 3^2)$ $\quad \therefore x^2+y^2=18$

즉, 주어진 연립방정식은 $\begin{cases} xy=9 \\ x^2+y^2=18 \end{cases}$ 이므로

$(x+y)^2=x^2+y^2+2xy=18+2\times9=36$

$\therefore x+y=6\ (\because \bigcirc)$　　　$\therefore \alpha+\beta=6$

20 유형23 밑을 같게 할 수 있는 로그방정식

밑의 조건에서 $6x-5>0,\ 6x-5\neq1,\ x^2+3>0,\ x^2+3\neq1$

$\therefore \dfrac{5}{6}<x<1$ 또는 $x>1$　　　…… ㉠

진수의 조건에서 $|x-5|>0$　　$\therefore x\neq5$　　…… ㉡

(i) $6x-5=x^2+3$에서 $x^2-6x+8=0$

　　$(x-2)(x-4)=0$　　$\therefore x=2$ 또는 $x=4$　…… ㉢

(ii) $|x-5|=1$에서 $x=4$ 또는 $x=6$　　…… ㉣

㉠~㉣에서 주어진 방정식의 모든 실근의 합은

$2+4+6=12$

21 유형24 $\log_a x$ 꼴이 반복되는 로그방정식

진수의 조건에서 $x>0,\ y>0$

$\log_3 x\times\log_2 y=\dfrac{\log x}{\log 3}\times\dfrac{\log y}{\log 2}=\dfrac{\log x}{\log 2}\times\dfrac{\log y}{\log 3}=\log_2 x\times\log_3 y$

이므로 $\log_2 x=X,\ \log_3 y=Y$로 놓으면 주어진 연립방정식은

$\begin{cases} X-Y=-2 & \cdots\cdots ㉠ \\ XY=3 & \cdots\cdots ㉡ \end{cases}$

㉠에서 $Y=X+2$이므로 이를 ㉡에 대입하면

$X(X+2)=3,\ X^2+2X-3=0$

$(X+3)(X-1)=0$　　$\therefore X=-3$ 또는 $X=1$

(i) $X=-3$일 때

　　$X=-3,\ Y=-1$이므로 $\log_2 x=-3,\ \log_3 y=-1$

　　$\therefore x=2^{-3}=\dfrac{1}{8},\ y=3^{-1}=\dfrac{1}{3}$

(ii) $X=1$일 때

　　$X=1,\ Y=3$이므로 $\log_2 x=1,\ \log_3 y=3$

　　$\therefore x=2^1=2,\ y=3^3=27$

(i), (ii)에서 $\alpha+\beta$의 최댓값은 $2+27=29$

22

방정식 $|\log_2 x|=ax+b$의 세 실근의 비가 $1:3:5$이므로 다음 그림과 같이 함수 $y=|\log_2 x|$의 그래프와 직선 $y=ax+b$가 만나는 세 교점의 x좌표를 각각 $k,\ 3k,\ 5k(k>0)$로 놓자.

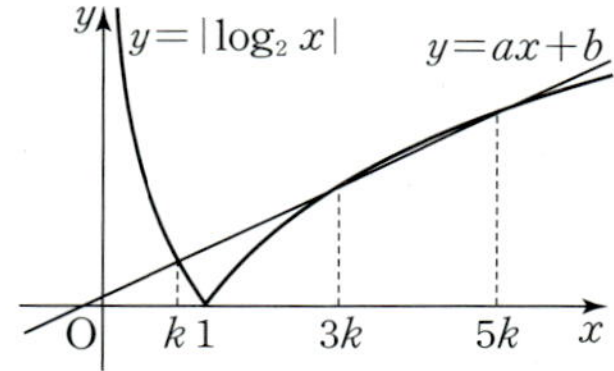

$-\log_2 k=ak+b$　　…… ㉠

$\log_2 3k=3ak+b$　　…… ㉡

$\log_2 5k=5ak+b$　　…… ㉢

㉡-㉠을 하면 $\log_2 3k^2=2ak$

㉢-㉡을 하면 $\log_2 \dfrac{5}{3}=2ak$

$\log_2 3k^2=\log_2 \dfrac{5}{3}$에서 $3k^2=\dfrac{5}{3}$

$k>0$에서 $k=\dfrac{\sqrt{5}}{3}$이므로 세 실근의 합은

$k+3k+5k=9k=9\times\dfrac{\sqrt{5}}{3}=3\sqrt{5}$

23 유형25 밑을 같게 할 수 있는 로그부등식

이차방정식 $x^2+x\log a+3+\log a=0$이 실근을 갖지 않으려면 판별식 D에 대하여 $D<0$이어야 하므로

$D=(\log a)^2-4\times1\times(3+\log a)<0$

$\log a=t$로 놓으면 $t^2-4t-12<0$

$(t+2)(t-6)<0$　　$\therefore -2<t<6$

즉, $-2<\log a<6$이므로 $10^{-2}<a<10^6$

따라서 $\alpha=10^{-2},\ \beta=10^6$이므로 $\alpha\beta=10^{-2}\times10^6=10^4$

24 유형25 밑을 같게 할 수 있는 로그부등식

$f(x)=x^2-4x+3$이므로 $\log_{\frac{1}{2}}\{f(x)+1\}\geq\log_2\dfrac{1}{4}$에서

$\log_{\frac{1}{2}}(x-2)^2\geq\log_2\dfrac{1}{4},\ \log_{\frac{1}{2}}(x-2)^2\geq\log_{\frac{1}{2}}4$

진수의 조건에서 $(x-2)^2>0$　　$\therefore x\neq2$　…… ㉠

밑이 1보다 작으므로 $(x-2)^2\leq4$

$x^2-4x\leq0,\ x(x-4)\leq0$　　$\therefore 0\leq x\leq4$　…… ㉡

㉠, ㉡에서 조건을 만족시키는 모든 정수 x의 값의 합은

$0+1+3+4=8$

25 유형17 밑을 같게 할 수 있는 지수부등식
유형25 밑을 같게 할 수 있는 로그부등식

집합 A에서 밑이 1보다 크므로 $x^2\leq3x-2$

$x^2-3x+2\leq0,\ (x-1)(x-2)\leq0$

$\therefore 1\leq x\leq2$　　$\therefore A=\{1,\ 2\}$

집합 B에서 밑의 조건에서 $x>0,\ x\neq1$　　…… ㉠

진수의 조건에서 $3x+4>0$　　$\therefore x>-\dfrac{4}{3}$　…… ㉡

$\log_2(3x+4)>\dfrac{2}{\log_x 2}$에서 $\log_2(3x+4)>2\log_2 x$

밑이 1보다 크므로 $3x+4>x^2$

$x^2-3x-4<0,\ (x+1)(x-4)<0$

$\therefore -1<x<4$　　…… ㉢

㉠, ㉡, ㉢에서 $B=\{2,\ 3\}$

따라서 $A\cap B=\{2\}$이므로 $n(A\cap B)=1$

26 유형26 로그부등식의 응용

$C_1=\dfrac{k}{\log 3a-\log a}=\dfrac{k}{\log 3}$

$C_2=\dfrac{k}{\log na-\log a}=\dfrac{k}{\log n}$

$\dfrac{C_1}{C_2}<\dfrac{1}{\log 3}$에서 $\dfrac{\log n}{\log 3}<\dfrac{1}{\log 3}$이므로 $\log n<1$

따라서 $n<10$이므로 자연수 n의 최댓값은 9이다.

114 ~ 117쪽

01 제3사분면	**02** ③	**03** ②	**04** ②
05 제3사분면	**06** ①	**07** ⑤	**08** ③
09 ④	**10** ②	**11** ②	**12** 3	**13** ②
14 1	**15** ②	**16** ①	**17** ④	**18** ③
19 ②	**20** $-\dfrac{\sqrt{2}}{2}$	**21** ④	**22** ②	**23** ⑤
24 17	**25** $\dfrac{5\sqrt{7}}{14}$	**26** 10 km	**27** ③	**28** ①
29 $6\sqrt{2}$	**30** ⑤		

01 유형01 일반각과 호도법

θ가 제2사분면의 각이므로

$360°\times n+90°<\theta<360°\times n+180°\,(n$은 정수$)$에서

$120°\times n+30°<\dfrac{\theta}{3}<120°\times n+60°$

(i) $n=3k\,(k$는 정수$)$일 때

$\qquad 360°\times k+30°<\dfrac{\theta}{3}<360°\times k+60°$

$\qquad$ 따라서 $\dfrac{\theta}{3}$는 제1사분면의 각이다.

(ii) $n=3k+1\,(k$는 정수$)$일 때

$\qquad 360°\times k+150°<\dfrac{\theta}{3}<360°\times k+180°$

$\qquad$ 따라서 $\dfrac{\theta}{3}$는 제2사분면의 각이다.

(iii) $n=3k+2\,(k$는 정수$)$일 때

$\qquad 360°\times k+270°<\dfrac{\theta}{3}<360°\times k+300°$

$\qquad$ 따라서 $\dfrac{\theta}{3}$는 제4사분면의 각이다.

(i), (ii), (iii)에서 각 $\dfrac{\theta}{3}$를 나타내는 동경이 존재할 수 없는 사분면은
제3사분면이다.

02 유형02 부채꼴의 호의 길이와 넓이

주어진 도형은 호의 길이가 10π, 중심각의 크기가 $2\pi-\dfrac{\pi}{3}=\dfrac{5}{3}\pi$인 부
채꼴이므로 반지름의 길이를 r라 하면

$10\pi=r\times\dfrac{5}{3}\pi\qquad\therefore r=6$

따라서 구하는 도형의 넓이는

$\dfrac{1}{2}\times6^2\times\dfrac{5}{3}\pi=30\pi$

03 유형02 부채꼴의 호의 길이와 넓이

원의 반지름의 길이를 r라 하자.
선분 OP를 그으면 $\angle$AOP$=\angle$BOP$=2\theta$이고 삼각형 OAP에서

$\tan 2\theta=\dfrac{\overline{\text{AP}}}{\overline{\text{AO}}}=\dfrac{\overline{\text{AP}}}{r}\qquad\therefore\overline{\text{AP}}=r\tan 2\theta$

$\triangle$OAP$=\triangle$OBP$=\dfrac{1}{2}\times r\times r\tan 2\theta=\dfrac{1}{2}r^2\tan 2\theta$

부채꼴 OAB의 넓이는 $\dfrac{1}{2}\times r^2\times4\theta=2r^2\theta$

그림에서 색칠한 두 도형의 넓이가 서로 같으므로

$2\times\dfrac{1}{2}r^2\tan 2\theta-2r^2\theta=2r^2\theta,\ \tan 2\theta=4\theta$

$\therefore\dfrac{\tan 2\theta}{2\theta}=\dfrac{4\theta}{2\theta}=2$

04 유형03 삼각함수

오른쪽 그림에서
$\overline{\text{OP}}=\sqrt{(-5)^2+(-12)^2}=13$이므로
삼각함수의 정의에 의하여

$\sin\theta=-\dfrac{12}{13}\,,\ \cos\theta=-\dfrac{5}{13}$

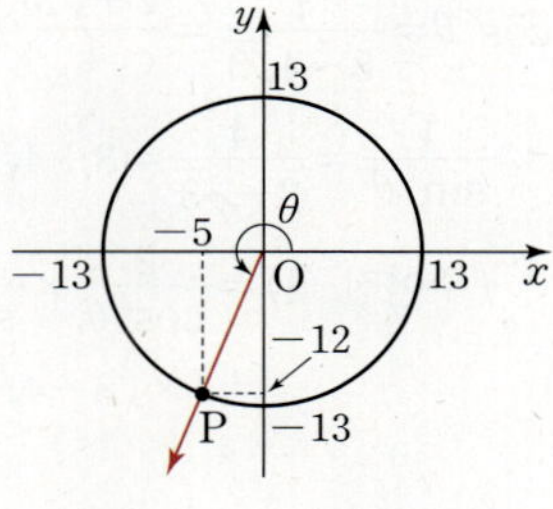

$\therefore\cos\theta-\sin\theta=-\dfrac{5}{13}-\left(-\dfrac{12}{13}\right)$

$\qquad\qquad\qquad\quad=\dfrac{7}{13}$

따라서 $p=13$, $q=7$이므로 $p+q=13+7=20$

05 유형03 삼각함수

(i) $\sin\theta\cos\theta>0$에서 $\sin\theta>0$, $\cos\theta>0$ 또는 $\sin\theta<0$, $\cos\theta<0$
$\quad$이므로 θ는 제1사분면 또는 제3사분면의 각이다.

(ii) $\cos\theta\tan\theta<0$에서 $\cos\theta>0$, $\tan\theta<0$ 또는 $\cos\theta<0$, $\tan\theta>0$
$\quad$이므로 θ는 제4사분면 또는 제3사분면의 각이다.

(i), (ii)에서 θ는 제3사분면의 각이다.

06 유형04 삼각함수 사이의 관계

$\dfrac{1+\cos\theta}{1-\cos\theta}=\dfrac{1}{2}$에서 $2(1+\cos\theta)=1-\cos\theta$

$2+2\cos\theta=1-\cos\theta\qquad\therefore\cos\theta=-\dfrac{1}{3}$

$\sin^2\theta=1-\cos^2\theta=1-\left(-\dfrac{1}{3}\right)^2=\dfrac{8}{9}$

이때 $\pi<\theta<\dfrac{3}{2}\pi$이므로 $\sin\theta=-\dfrac{2\sqrt{2}}{3}$

$\therefore\tan\theta=\dfrac{\sin\theta}{\cos\theta}=\dfrac{-\dfrac{2\sqrt{2}}{3}}{-\dfrac{1}{3}}=2\sqrt{2}$

07 유형04 삼각함수 사이의 관계

$\cos^2\theta=1-\sin^2\theta=1-\left(\dfrac{4}{5}\right)^2=\dfrac{9}{25}$

이때 $\dfrac{\pi}{2}<\theta<\pi$이므로 $\cos\theta=-\dfrac{3}{5}$

$\therefore\tan\theta=\dfrac{\dfrac{4}{5}}{-\dfrac{3}{5}}=-\dfrac{4}{3}$

$\therefore\dfrac{3\tan\theta+6}{5\cos\theta+4}=\dfrac{3\times\left(-\dfrac{4}{3}\right)+6}{5\times\left(-\dfrac{3}{5}\right)+4}=2$

08 유형04 삼각함수 사이의 관계

$$\left(\frac{1}{1-\sin\theta}+\frac{1}{1+\sin\theta}\right)\left(\frac{1}{1-\cos\theta}+\frac{1}{1+\cos\theta}\right)$$
$$=\frac{2}{1-\sin^2\theta}\times\frac{2}{1-\cos^2\theta}=\frac{2}{\cos^2\theta}\times\frac{2}{\sin^2\theta}$$

$\tan\theta=2-\sqrt{3}$의 양변을 제곱하면

$\tan^2\theta=7-4\sqrt{3}$, $\dfrac{\sin^2\theta}{\cos^2\theta}=7-4\sqrt{3}$

$1-\cos^2\theta=(7-4\sqrt{3})\cos^2\theta$, $(8-4\sqrt{3})\cos^2\theta=1$

$\therefore \dfrac{1}{\cos^2\theta}=8-4\sqrt{3}$

$\cos^2\theta=\dfrac{1}{8-4\sqrt{3}}=\dfrac{2+\sqrt{3}}{4}$이므로 $\sin^2\theta=1-\cos^2\theta=\dfrac{2-\sqrt{3}}{4}$

$\therefore \dfrac{1}{\sin^2\theta}=\dfrac{4}{2-\sqrt{3}}=8+4\sqrt{3}$

$\therefore$ (주어진 식)$=\dfrac{2}{\cos^2\theta}\times\dfrac{2}{\sin^2\theta}=4\times\dfrac{1}{\cos^2\theta}\times\dfrac{1}{\sin^2\theta}$
$$=4\times(8-4\sqrt{3})(8+4\sqrt{3})=64$$

09

함수 $f(x)$의 주기가 2이므로 모든 실수 x에 대하여

$f(x+2)=f(x)$

$\therefore f(8)=f(6)=f(4)=f(2)=f(0)$

$-1\le x<1$에서 $f(x)=-x^2+1$이므로

$f(8)=f(0)=1$

10 유형08 삼각함수의 그래프의 평행이동과 대칭이동

함수 $y=-\cos 2x+3$의 그래프를 x축에 대하여 대칭이동한 그래프의 식은

$-y=-\cos 2x+3$, 즉 $y=\cos 2x-3$

이 그래프를 y축의 방향으로 4만큼 평행이동한 그래프의 식은

$y=\cos 2x-3+4=\cos 2x+1$

따라서 $a=1$, $b=1$이므로 $a+b=1+1=2$

11 유형05 함수 $y=\sin x$의 성질
유형09 삼각함수의 최댓값, 최솟값, 주기

함수 $y=\sin\dfrac{\pi}{6}x$의 주기는 $\dfrac{2\pi}{\frac{\pi}{6}}=12$

선분 BC의 중점을 지나고 x축에 수직인 직선은 $x=3$이므로 $\overline{\rm BC}=4$
가 되려면 점 B의 좌표는 $(1,\ 0)$

즉, 점 A의 x좌표가 1이므로 $\sin\dfrac{\pi}{6}=\dfrac{1}{2}$에서 ${\rm A}\left(1,\ \dfrac{1}{2}\right)$

따라서 사각형 ABCD의 넓이는 $4\times\dfrac{1}{2}=2$

12 유형09 삼각함수의 최댓값, 최솟값, 주기
유형10 삼각함수의 미정계수의 결정

함수 $f(x)=a\cos\left(x+\dfrac{\pi}{3}\right)+b$의 최솟값이 -2이므로

$-|a|+b=-2$ $\therefore -a+b=-2\ (\because a>0)$ $\cdots\cdots\ \bigcirc$

$f\left(\dfrac{\pi}{6}\right)=\dfrac{1}{2}$이므로 $a\cos\dfrac{\pi}{2}+b=\dfrac{1}{2}$ $\therefore b=\dfrac{1}{2}$ $\cdots\cdots\ \bigcirc$

$\bigcirc$을 $\bigcirc$에 대입하면 $a=\dfrac{5}{2}$

따라서 $f(x)=\dfrac{5}{2}\cos\left(x+\dfrac{\pi}{3}\right)+\dfrac{1}{2}$이므로 $f(x)$의 최댓값은

$\dfrac{5}{2}+\dfrac{1}{2}=3$

13 유형11 일반각에 대한 삼각함수의 성질

$\sin\left(\dfrac{\pi}{2}+\theta\right)=\cos\theta$, $\sin(\pi-\theta)=\sin\theta$

$\cos(\pi+\theta)=-\cos\theta$, $\cos\left(\dfrac{\pi}{2}-\theta\right)=\sin\theta$

$\therefore \dfrac{\sin(\pi-\theta)}{1+\sin\left(\dfrac{\pi}{2}+\theta\right)}+\dfrac{\cos\left(\dfrac{\pi}{2}-\theta\right)}{1+\cos(\pi+\theta)}$

$=\dfrac{\sin\theta}{1+\cos\theta}+\dfrac{\sin\theta}{1-\cos\theta}$

$=\dfrac{\sin\theta(1-\cos\theta)+\sin\theta(1+\cos\theta)}{(1+\cos\theta)(1-\cos\theta)}$

$=\dfrac{2\sin\theta}{1-\cos^2\theta}=\dfrac{2\sin\theta}{\sin^2\theta}$

$=\dfrac{2}{\sin\theta}=4\left(\because \sin\theta=\dfrac{1}{2}\right)$

14 유형11 일반각에 대한 삼각함수의 성질

$\tan\left(\dfrac{\pi}{2}-\theta\right)=\dfrac{1}{\tan\theta}$이므로

$\tan 89°=\tan(90°-1°)=\dfrac{1}{\tan 1°}$

$\tan 87°=\tan(90°-3°)=\dfrac{1}{\tan 3°}$

$\vdots$

$\tan 47°=\tan(90°-43°)=\dfrac{1}{\tan 43°}$

$\therefore \tan 1°\times\tan 3°\times\tan 5°\times\cdots\times\tan 89°$
$=(\tan 1°\times\tan 89°)\times(\tan 3°\times\tan 87°)\times(\tan 5°\times\tan 85°)$
$\qquad\qquad\times\cdots\times(\tan 43°\times\tan 47°)\times\tan 45°$
$=1\times1\times1\times\cdots\times1\times1=1$

15 유형11 일반각에 대한 삼각함수의 성질

$\theta=\dfrac{\pi}{5}$에서 $5\theta=\pi$이므로

$\sin\alpha+\sin(\alpha+5\theta)=\sin\alpha+\sin(\alpha+\pi)$
$\qquad\qquad\qquad\quad=\sin\alpha-\sin\alpha=0$

마찬가지 방법으로

$\sin(\alpha+\theta)+\sin(\alpha+6\theta)=0$

$\sin(\alpha+2\theta)+\sin(\alpha+7\theta)=0$

$\sin(\alpha+3\theta)+\sin(\alpha+8\theta)=0$

$\sin(\alpha+4\theta)+\sin(\alpha+9\theta)=0$

$\therefore \sin\alpha+\sin(\alpha+\theta)+\sin(\alpha+2\theta)+\cdots+\sin(\alpha+10\theta)$
$=\sin(\alpha+10\theta)=\sin(\alpha+2\pi)=\sin\alpha$

16 `유형05` 함수 $y=\sin x$의 성질

`유형09` 삼각함수의 최댓값, 최솟값, 주기

`유형11` 일반각에 대한 삼각함수의 성질

함수 $f(x)=\sin\dfrac{\pi}{2}x$의 주기는 $\dfrac{2\pi}{\frac{\pi}{2}}=4$

$\sin\dfrac{\alpha}{2}\pi=\dfrac{3}{4}$이고 $\dfrac{\beta+\gamma}{2}=5$, 즉 $\beta+\gamma=10$이므로

$$f(\alpha+\beta+\gamma)=f(\alpha+10)=\sin\left(5\pi+\dfrac{\alpha}{2}\pi\right)$$

$$=\sin\left(\pi+\dfrac{\alpha}{2}\pi\right)=-\sin\dfrac{\alpha}{2}\pi$$

$$=-\dfrac{3}{4}$$

17 `유형09` 삼각함수의 최댓값, 최솟값, 주기

`유형10` 삼각함수의 미정계수의 결정

`유형11` 일반각에 대한 삼각함수의 성질

주어진 함수의 최댓값이 4이고 $a>0$이므로

$a+2=4$ $\quad\therefore a=2$

또한 주기가 $\dfrac{3}{4}\pi-\left(-\dfrac{\pi}{4}\right)=\pi$이고 $b>0$이므로

$\dfrac{2\pi}{b}=\pi$ $\quad\therefore b=2$

따라서 주어진 함수는 $y=2\cos(2x+c)+2$이고 점 $\left(\dfrac{3}{4}\pi,\,4\right)$를 지나

므로 $2\cos\left(\dfrac{3}{2}\pi+c\right)+2=4$, $\sin c=1$

이때 $0<c<\pi$이므로 $c=\dfrac{\pi}{2}$

$\therefore abc=2\times2\times\dfrac{\pi}{2}=2\pi$

18 `유형11` 일반각에 대한 삼각함수의 성질

`유형12` 삼각함수의 최대, 최소

$\cos\left(\dfrac{3}{2}\pi-x\right)=-\sin x$, $\sin(\pi-x)=\sin x$,

$\cos\left(\dfrac{\pi}{2}+x\right)=-\sin x$이므로

$$y=2\cos^2\left(\dfrac{3}{2}\pi-x\right)+\sin(\pi-x)+5\cos\left(\dfrac{\pi}{2}+x\right)$$

$$=2\sin^2 x+\sin x-5\sin x$$

$$=2\sin^2 x-4\sin x$$

$\sin x=t\,(-1\leq t\leq1)$로 놓으면

$y=2t^2-4t=2(t-1)^2-2$

오른쪽 그림에서 $t=-1$일 때 최댓값 6, $t=1$일

때 최솟값 -2를 가지므로 주어진 함수의 치역은

$\{y\,|-2\leq y\leq6\}$이다.

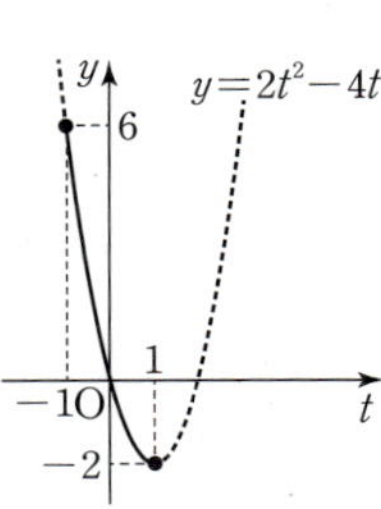

따라서 $a=-2$, $b=6$이므로 $a+b=-2+6=4$

19 `유형13` 삼각방정식

$\sin x\cos x+\cos^2 x=0$에서 $\cos x(\sin x+\cos x)=0$

$-\pi\leq x\leq\pi$이므로

(i) $\cos x=0$일 때, $x=-\dfrac{\pi}{2}$ 또는 $x=\dfrac{\pi}{2}$

(ii) $\sin x+\cos x=0$일 때

$\cos x=-\sin x$에서

$x=-\dfrac{\pi}{4}$ 또는 $x=\dfrac{3}{4}\pi$

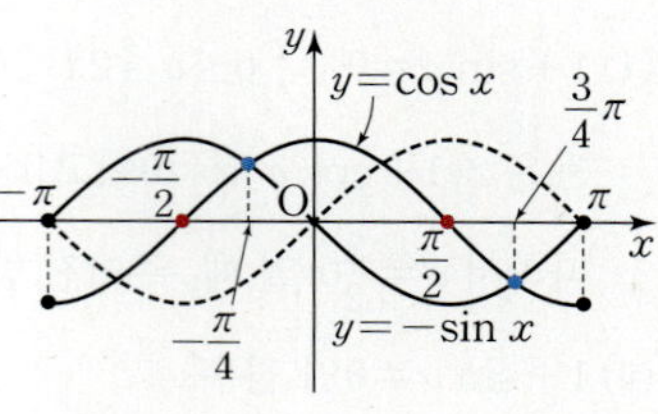

(i), (ii)에서 구하는 모든 실근의

합은

$$-\dfrac{\pi}{2}+\dfrac{\pi}{2}+\left(-\dfrac{\pi}{4}\right)+\dfrac{3}{4}\pi=\dfrac{\pi}{2}$$

20 `유형11` 일반각에 대한 삼각함수의 성질

`유형13` 삼각방정식

$\tan x-\cos x=0$에서 $\tan x=\cos x$

오른쪽 그림에서 $\dfrac{\alpha+\beta}{2}=\dfrac{\pi}{2}$이므로

$\alpha+\beta=\pi$

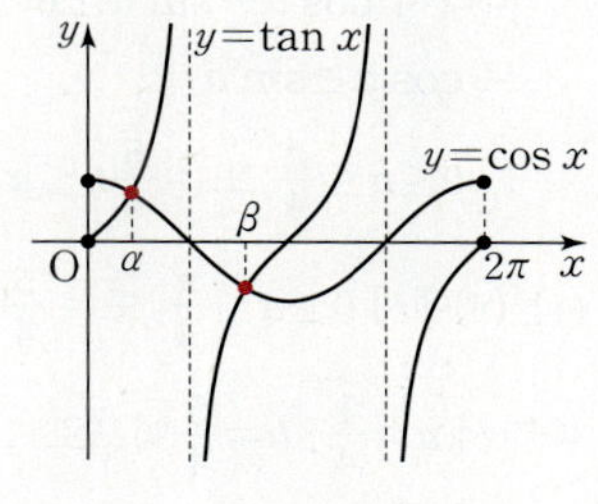

$$\therefore \sin\left(\alpha+\beta+\dfrac{\pi}{4}\right)=\sin\left(\pi+\dfrac{\pi}{4}\right)$$

$$=-\sin\dfrac{\pi}{4}$$

$$=-\dfrac{\sqrt{2}}{2}$$

21 `유형11` 일반각에 대한 삼각함수의 성질

`유형14` 삼각부등식

$\theta-\dfrac{\pi}{4}=t$로 놓으면 $\theta+\dfrac{\pi}{4}=t+\dfrac{\pi}{2}$이므로

$2\cos^2\left(\theta-\dfrac{\pi}{4}\right)-\cos\left(\theta+\dfrac{\pi}{4}\right)\geq1$에서

$2\cos^2 t-\cos\left(t+\dfrac{\pi}{2}\right)-1\geq0$

$2\cos^2 t+\sin t-1\geq0$, $2(1-\sin^2 t)+\sin t-1\geq0$

$2\sin^2 t-\sin t-1\leq0$, $(2\sin t+1)(\sin t-1)\leq0$

$\therefore -\dfrac{1}{2}\leq\sin t\leq1$ $\quad\cdots\cdots$ ㉠

한편, $0\leq\theta<2\pi$에서 $-\dfrac{\pi}{4}\leq\theta-\dfrac{\pi}{4}<\dfrac{7}{4}\pi$이므로 $-\dfrac{\pi}{4}\leq t<\dfrac{7}{4}\pi$

오른쪽 그림에서 ㉠을 만족시

키는 t의 값의 범위는

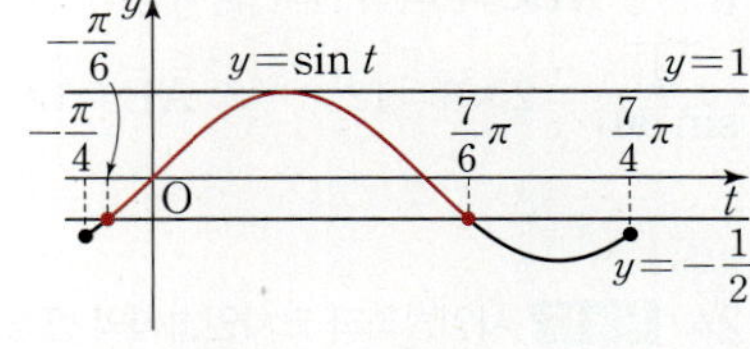

$-\dfrac{\pi}{6}\leq t\leq\dfrac{7}{6}\pi$이므로

$-\dfrac{\pi}{6}\leq\theta-\dfrac{\pi}{4}\leq\dfrac{7}{6}\pi$

$\therefore \dfrac{\pi}{12}\leq\theta\leq\dfrac{17}{12}\pi$

따라서 $a=\dfrac{\pi}{12}$, $b=\dfrac{17}{12}\pi$이므로 $\dfrac{b}{a}=\dfrac{\frac{17}{12}\pi}{\frac{\pi}{12}}=17$

22 `유형13` 삼각방정식

`유형14` 삼각부등식

주어진 식을 전개한 후 x에 대하여 내림차순으로 정리하면

$(1+\sin\alpha)x^2+2(1+\cos\alpha)x+(1+\sin\alpha)=0$ $\quad\cdots\cdots$ ㉠

(i) $1+\sin\alpha=0$, 즉 $0\le\alpha\le2\pi$에서 $\alpha=\dfrac{3}{2}\pi$인 경우

  ㉠은 $2(1+\cos\alpha)x=0$이고 $1+\cos\alpha\ne0$이므로 $x=0$

  따라서 $\alpha=\dfrac{3}{2}\pi$일 때, 주어진 방정식은 실근을 갖는다.

(ii) $1+\sin\alpha\ne0$인 경우

  이차방정식 ㉠이 실근을 가지려면 ㉠의 판별식을 D라 할 때,

$$\frac{D}{4}=(1+\cos\alpha)^2-(1+\sin\alpha)^2\ge0$$

$$(\cos\alpha+\sin\alpha+2)(\cos\alpha-\sin\alpha)\ge0$$

이때 $\sin\alpha>-1$, $\cos\alpha\ge-1$
이므로

$$\cos\alpha+\sin\alpha+2>0$$

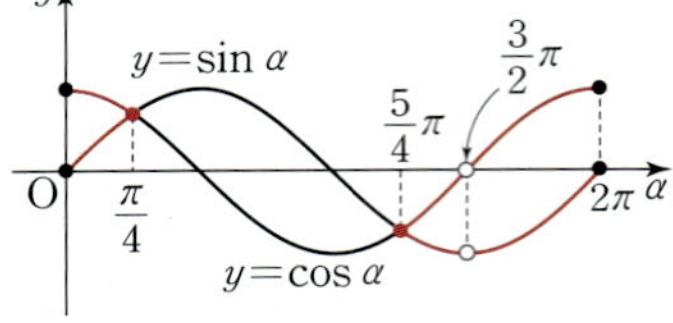

따라서 $\cos\alpha-\sin\alpha\ge0$이므로
로 $\cos\alpha\ge\sin\alpha$

$$\therefore\ 0\le\alpha\le\frac{\pi}{4}\ \text{또는}\ \frac{5}{4}\pi\le\alpha<\frac{3}{2}\pi\ \text{또는}\ \frac{3}{2}\pi<\alpha\le2\pi$$

(i), (ii)에서 $0\le\alpha\le\dfrac{\pi}{4}$ 또는 $\dfrac{5}{4}\pi\le\alpha\le2\pi$

따라서 $a=\dfrac{1}{4}$, $b=\dfrac{5}{4}$이므로

$$a+b=\frac{1}{4}+\frac{5}{4}=\frac{3}{2}$$

23 유형11 일반각에 대한 삼각함수의 성질
유형15 사인법칙

삼각형 ABC에서 $A+B+C=\pi$이므로
$\sin(A+C)=\sin(\pi-B)=\sin B$
$2\sin(A+C)\sin B=2\sin B\times\sin B=2\sin^2 B=1$

$$\therefore\ \sin^2 B=\frac{1}{2}$$

$0°<B<180°$에서 $\sin B>0$이므로 $\sin B=\dfrac{\sqrt{2}}{2}$

$\therefore\ B=45°$ 또는 $B=135°$

그런데 $A+B<180°$이므로 $B=45°$ $(\because A=75°)$
$\therefore\ C=180°-(75°+45°)=60°$

삼각형 ABC의 외접원의 반지름의 길이가 6이므로 사인법칙에 의하여

$$\frac{\overline{\text{AB}}}{\sin60°}=2\times6=12\qquad\therefore\ \overline{\text{AB}}=12\times\frac{\sqrt{3}}{2}=6\sqrt{3}$$

24 유형17 사인법칙과 코사인법칙의 변형

삼각형 ABC에서 사인법칙에 의하여 $\dfrac{\sin A}{\overline{\text{BC}}}=\dfrac{\sin B}{\overline{\text{AC}}}=\dfrac{\sin C}{\overline{\text{AB}}}$

조건 (가)에서 $\overline{\text{BC}}:\overline{\text{AC}}:\overline{\text{AB}}=3:5:7$이므로
$\sin A=3k$, $\sin B=5k$, $\sin C=7k\,(k$는 상수$)$로 놓을 수 있다.
조건 (나)에서 $\sin A+\sin B+\sin C=2$이므로

$$15k=2\qquad\therefore\ k=\frac{2}{15}$$

$$\sin A=3k=\frac{6}{15},\ \sin B=5k=\frac{10}{15},\ \sin C=7k=\frac{14}{15}$$

$$\therefore\ \sin A+\sin B-\sin C=\frac{6}{15}+\frac{10}{15}-\frac{14}{15}=\frac{2}{15}$$

따라서 $p=15$, $q=2$이므로 $p+q=15+2=17$

25 유형17 사인법칙과 코사인법칙의 변형

삼각형 APF에서 코사인법칙에 의하여
$$\overline{\text{PF}}^2=2^2+4^2-2\times2\times4\times\cos120°=28$$
$$\therefore\ \overline{\text{PF}}=2\sqrt{7}\ (\because\ \overline{\text{PF}}>0)$$
$$\therefore\ \cos\theta=\frac{4^2+(2\sqrt{7})^2-2^2}{2\times4\times2\sqrt{7}}=\frac{5\sqrt{7}}{14}$$

26 유형17 사인법칙과 코사인법칙의 변형

삼각형 ABC에서 코사인법칙의 변형에 의하여
$$\cos B=\frac{14^2+12^2-10^2}{2\times14\times12}=\frac{5}{7}$$

선분 BC를 $2:1$로 내분하는 점이 D이므로

$$\overline{\text{BD}}=12\times\frac{2}{3}=8$$

$\overline{\text{AD}}=x$ km라 하면 삼각형 ABD에서 코사인법칙에 의하여

$$x^2=14^2+8^2-2\times14\times8\times\frac{5}{7}=100\qquad\therefore\ x=10\ (\because\ x>0)$$

따라서 두 지점 A와 D 사이의 거리는 10 km이다.

27 유형17 사인법칙과 코사인법칙의 변형

부채꼴 OAB의 반지름의 길이를 r라 하면 $\overline{\text{OA}}=\overline{\text{OB}}=r$

$\angle\text{AOB}=\dfrac{\pi}{4}$이고 호 AB의 길이가 $3\sqrt{2}\pi$이므로

$$3\sqrt{2}\pi=r\times\frac{\pi}{4}\qquad\therefore\ r=12\sqrt{2}$$

직각삼각형 OHB에서
$$\overline{\text{OH}}=\overline{\text{OB}}\cos\frac{\pi}{4}=12\sqrt{2}\times\frac{\sqrt{2}}{2}=12\qquad\therefore\ \overline{\text{BH}}=\overline{\text{OH}}=12$$

선분 OH를 $7:5$로 내분하는 점이 C이므로

$$\overline{\text{OC}}=12\times\frac{7}{12}=7,\ \overline{\text{CH}}=12-7=5$$

직각삼각형 BCH에서 $\overline{\text{BC}}=\sqrt{12^2+5^2}=13$
한편, $\theta_1=\pi-\angle\text{BCH}$이므로

$$\sin\theta_1=\sin(\pi-\angle\text{BCH})=\sin(\angle\text{BCH})=\frac{\overline{\text{BH}}}{\overline{\text{BC}}}=\frac{12}{13}$$

삼각형 BOC에서 코사인법칙의 변형에 의하여

$$\cos\theta_2=\frac{(12\sqrt{2})^2+13^2-7^2}{2\times12\sqrt{2}\times13}=\frac{17\sqrt{2}}{26}$$

$$\therefore\ \frac{\cos\theta_2}{\sin\theta_1}=\frac{\dfrac{17\sqrt{2}}{26}}{\dfrac{12}{13}}=\frac{17\sqrt{2}}{24}$$

28 유형18 도형의 넓이

$\triangle\text{ABC}=\triangle\text{ABD}+\triangle\text{ADC}$이므로 $\overline{\text{AD}}=x$라 하면

$$\frac{1}{2}\times2\times6\times\sin120°=\frac{1}{2}\times2\times x\times\sin60°+\frac{1}{2}\times6\times x\times\sin60°$$

$$3\sqrt{3}=\frac{\sqrt{3}}{2}x+\frac{3\sqrt{3}}{2}x,\ 3\sqrt{3}=2\sqrt{3}x\qquad\therefore\ x=\frac{3}{2}$$

$$\therefore\ \overline{\text{AD}}=\frac{3}{2}$$

29 유형18 도형의 넓이

삼각형 ABC의 넓이는 $\dfrac{1}{2}\times12\times9\times\sin60°=27\sqrt{3}$이므로

삼각형 APQ의 넓이는 $\dfrac{2}{3} \times 27\sqrt{3} = 18\sqrt{3}$

$\overline{\text{AP}} = a$, $\overline{\text{AQ}} = b$라 하면 삼각형 APQ의 넓이는

$\dfrac{1}{2} \times a \times b \times \sin 60° = 18\sqrt{3}$ $\quad \therefore ab = 72$

삼각형 APQ에서 코사인법칙에 의하여

$\overline{\text{PQ}}^2 = a^2 + b^2 - 2ab \cos 60° = a^2 + b^2 - 72$

이때 $a^2 > 0$, $b^2 > 0$이므로 산술평균과 기하평균의 관계에 의하여

$\overline{\text{PQ}}^2 = a^2 + b^2 - 72 \geq 2\sqrt{a^2 b^2} - 72 = 2ab - 72 = 72$

$\qquad\qquad\qquad$ (단, 등호는 $a^2 = b^2$일 때 성립)

따라서 선분 PQ의 길이의 최솟값은 $\sqrt{72} = 6\sqrt{2}$이다.

30 유형18 **도형의 넓이**

사각형 ABCD의 넓이를 S라 하면

$S = \dfrac{1}{2} pq \sin 45° = \dfrac{\sqrt{2}}{4} pq$

이때 $p > 0$, $q > 0$이므로 산술평균과 기하평균의 관계에 의하여

$\dfrac{p+q}{2} \geq \sqrt{pq}$ (단, 등호는 $p = q$일 때 성립)

즉, $8 \geq \sqrt{pq}$이므로 $pq \leq 64$

$\therefore S = \dfrac{\sqrt{2}}{4} pq \leq \dfrac{\sqrt{2}}{4} \times 64 = 16\sqrt{2}$

따라서 사각형 ABCD의 넓이의 최댓값은 $16\sqrt{2}$이다.

DAY 08~09 · 등차수열
$\qquad\qquad\quad$ · 등비수열

118 ~ 119쪽

01 ①	02 ④	03 ②	04 ③	05 ①
06 ⑤	07 ④	08 ④	09 ①	10 ⑤
11 3억 6천만 원		12 ④	13 ②	14 ③
15 5	16 ④			

01 유형01 **등차수열의 일반항과 등차중항**

두 등차수열 $\{a_n\}$, $\{b_n\}$의 첫째항을 각각 a, b라 하면

$a_n = a + (n-1) \times 3 = 3n - 3 + a$

$b_n = b + (n-1) \times (-4) = -4n + 4 + b$

$\therefore 3a_n + 2b_n = 3(3n - 3 + a) + 2(-4n + 4 + b)$
$\qquad\qquad\quad = (3a + 2b) + (n-1) \times 1$

따라서 등차수열 $\{3a_n + 2b_n\}$의 공차는 1이다.

02 유형01 **등차수열의 일반항과 등차중항**

a, b, c가 이 순서대로 등차수열을 이루므로

$2b = a + c$ $\quad\cdots\cdots$ ㉠

또한 $-c$, b, $4a$가 이 순서대로 등차수열을 이루므로

$2b = -c + 4a$ $\quad\cdots\cdots$ ㉡

㉠, ㉡에서 $a + c = -c + 4a$이므로 $3a = 2c$ $\quad \therefore a = \dfrac{2}{3} c$

이를 ㉠에 대입하면 $2b = \dfrac{2}{3} c + c = \dfrac{5}{3} c$ $\quad \therefore b = \dfrac{5}{6} c$

$\therefore \dfrac{c}{a+b} = \dfrac{c}{\dfrac{2}{3} c + \dfrac{5}{6} c} = \dfrac{c}{\dfrac{3}{2} c} = \dfrac{2}{3}$

03 유형02 **등차수열에서 주어진 조건을 만족시키는 항**

등차수열 $\{a_n\}$의 첫째항을 a, 공차를 d라 하면

$a_3 + a_5 = (a + 2d) + (a + 4d) = 2a + 6d = 32$

$\therefore a + 3d = 16$ $\quad\cdots\cdots$ ㉠

$a_2 a_4 = (a + d)(a + 3d) = (a + d) \times 16 = 96 \ (\because \text{㉠})$

$\therefore a + d = 6$ $\quad\cdots\cdots$ ㉡

㉠, ㉡을 연립하여 풀면 $a = 1$, $d = 5$

$\therefore a_n = 1 + (n-1) \times 5 = 5n - 4$

$a_n < 100$에서 $5n - 4 < 100$ $\quad \therefore n < \dfrac{104}{5} = 20.8$

따라서 구하는 자연수 n의 최댓값은 20이다.

04 유형03 **등차수열의 합**

수열 $\{a_n\}$, $\{b_n\}$, $\{c_n\}$이 모두 등차수열이므로

$(a_1 + a_2 + \cdots + a_{99}) + (b_1 + b_2 + \cdots + b_{99}) + (c_1 + c_2 + \cdots + c_{99})$

$= \dfrac{99(a_1 + a_{99})}{2} + \dfrac{99(b_1 + b_{99})}{2} + \dfrac{99(c_1 + c_{99})}{2}$

$= \dfrac{99\{(a_1 + b_1 + c_1) + (a_{99} + b_{99} + c_{99})\}}{2}$

$= \dfrac{99(12 + 188)}{2} = 9900$

05 유형04 **등차수열의 합과 일반항 사이의 관계**

$S_n = n^2 - 3n + 1$에서

(i) $n \geq 2$일 때

$\quad a_n = S_n - S_{n-1} = n^2 - 3n + 1 - \{(n-1)^2 - 3(n-1) + 1\}$
$\quad\quad = 2n - 4$

(ii) $n = 1$일 때, $a_1 = S_1 = 1^2 - 3 \times 1 + 1 = -1$

$\therefore a_1 = -1$, $a_n = 2n - 4 \ (n \geq 2)$

$a_{2n-1} = 2(2n-1) - 4 = -2 + (n-1) \times 4 \ (n \geq 2)$

즉, $n \geq 2$일 때, 수열 $\{a_{2n-1}\}$은 첫째항이 $a_3 = 2$, 공차가 4인 등차수열

이므로

$a_1 + a_3 + a_5 + \cdots + a_{15} = -1 + \dfrac{7 \times \{2 \times 2 + (7-1) \times 4\}}{2}$

$\qquad\qquad\qquad\qquad\qquad = -1 + \dfrac{7 \times 28}{2} = 97$

06 유형04 **등차수열의 합과 일반항 사이의 관계**

$S_n = 3n^2 + kn$, $T_n = 5n^2 + 11n + k$이므로

$a_{10} = S_{10} - S_9 = 300 + 10k - (243 + 9k) = 57 + k$

$b_6 = T_6 - T_5 = 180 + 66 + k - (125 + 55 + k) = 66$

$a_{10} = b_6$에서 $57 + k = 66$이므로 $k = 9$

07 유형05 **등비수열의 일반항과 등비중항**

ㄱ. $2a_n = 2 \times 3 \times 2^n = 6 \times 2^n$이므로 공비가 2이다.

ㄴ. $4a_n^2 = 4 \times (3 \times 2^n)^2 = 36 \times 4^n$이므로 공비가 4이다.

ㄷ. $a_n a_{n+1} = 3 \times 2^n \times 3 \times 2^{n+1} = 18 \times 4^n$이므로 공비가 4이다.

따라서 공비가 4인 수열은 ㄴ, ㄷ이다.

08

곡선 $y=x^3+3x^2$과 직선 $y=kx+8$의 서로 다른 세 교점의 x좌표를 a, ar, ar^2이라 하면 삼차방정식 $x^3+3x^2=kx+8$, 즉

$x^3+3x^2-kx-8=0$에서 근과 계수의 관계에 의하여

$a+ar+ar^2=-3$ $\qquad$ …… ㉠

$a\times ar\times ar^2=(ar)^3=8$ $\quad$ $\therefore ar=2$ $\quad$ …… ㉡

㉡에서 $r=\dfrac{2}{a}$이므로 이를 ㉠에 대입하면

$a+2+\dfrac{4}{a}=-3$, $a^2+5a+4=0$

$(a+4)(a+1)=0$ $\qquad$ $\therefore a=-4$ 또는 $a=-1$

(i) $a=-4$일 때

$\quad$ $r=-\dfrac{1}{2}$이므로 서로 다른 세 교점의 x좌표는 -4, 2, -1

(ii) $a=-1$일 때

$\quad$ $r=-2$이므로 서로 다른 세 교점의 x좌표는 -1, 2, -4

(i), (ii)에서 서로 다른 세 교점의 x좌표는 -1, 2, -4이므로 삼차방정식의 근과 계수의 관계에 의하여

$-k=(-1)\times 2+2\times(-4)+(-4)\times(-1)=-6$ $\quad$ $\therefore k=6$

09

등차수열 $\{a_n\}$의 공차를 $d\,(d\neq 0)$라 하면

$a_1=1$, $a_3=1+2d$, $a_{11}=1+10d$

이 순서대로 등비수열을 이루므로

$(1+2d)^2=1\times(1+10d)$, $1+4d+4d^2=1+10d$

$4d^2-6d=0$, $d(2d-3)=0$ $\qquad$ $\therefore d=\dfrac{3}{2}\,(\because d\neq 0)$

$\therefore a_5=1+4d=1+4\times\dfrac{3}{2}=7$

10

등차수열 $\{\log a_n\}$의 첫째항이 0, 공차가 $\log 3$이므로

$\log a_n=0+(n-1)\times\log 3=\log 3^{n-1}$ $\qquad$ $\therefore a_n=3^{n-1}$

$a_n<5^{10}$에서 $3^{n-1}<5^{10}$

위의 식의 양변에 상용로그를 취하면

$(n-1)\log 3<10\log 5=10(1-\log 2)$

$(n-1)\times 0.4<10\times 0.7$

$n-1<\dfrac{7}{0.4}=17.5$

$\therefore n<18.5$

따라서 구하는 자연수 n의 최댓값은 18이다.

11

첫째 해 연구개발비가 3억 원, 매년 연구개발비를 $2\,\%$씩 증액하므로

둘째 해 연구개발비는 3×1.02(억 원)

셋째 해 연구개발비는 3×1.02^2(억 원)

$\qquad\vdots$

따라서 열째 해 연구개발비는 $3\times 1.02^9=3\times 1.2=3.6$(억 원),

즉 3억 6천만 원이다.

12

등비수열 $\{a_n\}$의 첫째항을 a, 공비를 r라 하면

$a_2^{\;2}+a_3^{\;2}=(ar)^2+(ar^2)^2=a^2r^2(1+r^2)=\dfrac{4}{3}$

$a_5^{\;2}+a_6^{\;2}=(ar^4)^2+(ar^5)^2=a^2r^8(1+r^2)=36$

$r^6=27$이므로 $r=27^{\frac{1}{6}}=(3^3)^{\frac{1}{6}}=3^{\frac{1}{2}}=\sqrt{3}\,(\because r>0)$

$r^2=3$이므로 이를 $a^2r^2(1+r^2)=\dfrac{4}{3}$에 대입하면

$12a^2=\dfrac{4}{3}$, $a^2=\dfrac{1}{9}$ $\qquad$ $\therefore a=\dfrac{1}{3}\,(\because a>0)$

$\therefore a_1+a_2+a_3+\cdots+a_6=\dfrac{\dfrac{1}{3}\times\{(\sqrt{3})^6-1\}}{\sqrt{3}-1}$

$\qquad\qquad\qquad\qquad =\dfrac{26}{3}\times\dfrac{\sqrt{3}+1}{(\sqrt{3}-1)(\sqrt{3}+1)}$

$\qquad\qquad\qquad\qquad =\dfrac{26}{3}\times\dfrac{1}{2}\times(\sqrt{3}+1)$

$\qquad\qquad\qquad\qquad =\dfrac{13}{3}\sqrt{3}+\dfrac{13}{3}$

따라서 $p=\dfrac{13}{3}$, $q=\dfrac{13}{3}$이므로 $p+q=\dfrac{13}{3}+\dfrac{13}{3}=\dfrac{26}{3}$

13

등비수열 $\{a_n\}$의 공비를 r라 하면

$\dfrac{a_2+a_4+a_6+\cdots+a_{100}}{a_1+a_3+a_5+\cdots+a_{99}}=\dfrac{3r+3r^3+3r^5+\cdots+3r^{99}}{3+3r^2+3r^4+\cdots+3r^{98}}$

$\qquad\qquad\qquad\qquad\qquad =\dfrac{3r(1+r^2+r^4+\cdots+r^{98})}{3(1+r^2+r^4+\cdots+r^{98})}$

$\qquad\qquad\qquad\qquad\qquad =r=-2$

$\therefore a_n=3\times(-2)^{n-1}$

$\therefore |a_1|+|a_2|+|a_3|+\cdots+|a_{99}|$

$\quad =(a_1+a_3+a_5+\cdots+a_{99})-(a_2+a_4+a_6+\cdots+a_{98})$

$\quad =\dfrac{3\times(4^{50}-1)}{4-1}-\dfrac{-6\times(4^{49}-1)}{4-1}$

$\quad =4^{50}-1-(-2)\times(4^{49}-1)$

$\quad =2^{100}+2^{99}-3$

14

점 $A_n\left(\dfrac{1}{2},\,a_n\right)$에서 x축에 내린 수선의 발 H의 좌표는 $\left(\dfrac{1}{2},\,0\right)$이므로

선분 A_nH의 중점 A_{n+1}의 좌표는

$\left(\dfrac{\dfrac{1}{2}+\dfrac{1}{2}}{2},\,\dfrac{a_n+0}{2}\right)$, 즉 $\left(\dfrac{1}{2},\,\dfrac{1}{2}a_n\right)$

수열 $\{a_n\}$은 첫째항이 2이고 $a_{n+1}=\dfrac{1}{2}a_n$이 성립하므로 공비가 $\dfrac{1}{2}$이다.

$\therefore a_n=2\times\left(\dfrac{1}{2}\right)^{n-1}=\left(\dfrac{1}{2}\right)^{n-2}$

이때 삼각형 A_nBO의 밑변의 길이는 $\overline{BO}=1$, 높이는 $\overline{A_nH}=a_n$이므로 넓이 T_n은

$T_n=\dfrac{1}{2}\times 1\times a_n=\dfrac{1}{2}\times\left(\dfrac{1}{2}\right)^{n-2}=\left(\dfrac{1}{2}\right)^{n-1}$

$\therefore T_1+T_2+T_3+\cdots+T_{10}=\dfrac{1-\left(\dfrac{1}{2}\right)^{10}}{1-\dfrac{1}{2}}=2-\left(\dfrac{1}{2}\right)^9$

15 등비수열의 합과 일반항 사이의 관계

$\log_5 (S_n+k)=n$에서 $5^n=S_n+k$

$\therefore S_n=5^n-k$

(ⅰ) $n\geq2$일 때

$\quad a_n=S_n-S_{n-1}=5^n-k-(5^{n-1}-k)$

$\qquad =4\times5^{n-1}$

(ⅱ) $n=1$일 때, $a_1=S_1=5-k$

이때 수열 $\{a_n\}$이 첫째항부터 등비수열을 이루므로

$5-k=4\times5^{1-1}=4$ $\quad\therefore k=1$

따라서 $a_1=5-1=4$이므로

$a_1+k=4+1=5$

[참고]

$1-k=0$일 때, 수열 $\{a_n\}$이 첫째항부터 등비수열을 이루므로 $k=1$

16 원리합계

10년 말의 적립금의 원리합계는

$a+a(1+0.03)+\cdots+a(1+0.03)^9$

$=\dfrac{a(1.03^{10}-1)}{1.03-1}=\dfrac{a(1.34-1)}{0.03}=\dfrac{34}{3}a(만\ 원)$

이 원리합계가 136만 원이 되어야 하므로

$\dfrac{34}{3}a=136$ $\quad\therefore a=12$

DAY 10~11 · 수열의 합
· 수학적 귀납법

120 ~ 121쪽

01 ①	**02** ④	**03** 3025	**04** ②	**05** ②
06 ③	**07** ①	**08** ⑤	**09** ④	**10** ③
11 1	**12** ⑤	**13** 460	**14** 풀이 참조	
15 풀이 참조				

01 합의 기호 $\sum$의 성질

$\displaystyle\sum_{k=1}^{n}k+\sum_{j=0}^{n-1}(3j-1)-\sum_{i=1}^{n}(2i+1)$

$\displaystyle=\sum_{k=1}^{n}k+\sum_{k=0}^{n-1}(3k-1)-\sum_{k=1}^{n}(2k+1)$

$\displaystyle=\sum_{k=1}^{n}k+\sum_{k=0}^{n-1}\{3(k+1)-4\}-\sum_{k=1}^{n}(2k+1)$

$\displaystyle=\sum_{k=1}^{n}k+\sum_{k=1}^{n}(3k-4)-\sum_{k=1}^{n}(2k+1)$

$\displaystyle=\sum_{k=1}^{n}\{k+(3k-4)-(2k+1)\}$

$\displaystyle=\sum_{k=1}^{n}(2k-5)$

02 자연수의 거듭제곱의 합

이차방정식의 근과 계수의 관계에 의하여

$a_n+b_n=-n,\ a_nb_n=-2n-1$

$\therefore a_n^2+b_n^2=(a_n+b_n)^2-2a_nb_n=(-n)^2-2(-2n-1)$

$\qquad\qquad =n^2+4n+2$

$\displaystyle\therefore \sum_{k=1}^{10}(a_k^2-1)(b_k^2-1)=\sum_{k=1}^{10}\{a_k^2b_k^2-(a_k^2+b_k^2)+1\}$

$\displaystyle\qquad\qquad =\sum_{k=1}^{10}\{(-2k-1)^2-(k^2+4k+2)+1\}$

$\displaystyle\qquad\qquad =\sum_{k=1}^{10}3k^2$

$\displaystyle\qquad\qquad =3\times\dfrac{10\times11\times21}{6}=1155$

03 자연수의 거듭제곱의 합

$\displaystyle\sum_{k=1}^{10}k^2=1^2+2^2+3^2+\cdots+10^2$

$\displaystyle\sum_{k=2}^{10}k^2=\qquad\ 2^2+3^2+\cdots+10^2$

$\displaystyle\sum_{k=3}^{10}k^2=\qquad\qquad 3^2+\cdots+10^2$

$\qquad\qquad\vdots$

$\displaystyle\sum_{k=10}^{10}k^2=\qquad\qquad\qquad\quad 10^2$

이므로 위의 등식을 변끼리 모두 더하면

$\displaystyle\sum_{k=1}^{10}k^2+\sum_{k=2}^{10}k^2+\sum_{k=3}^{10}k^2+\cdots+\sum_{k=10}^{10}k^2$

$=1\times1^2+2\times2^2+3\times3^2+\cdots+10\times10^2$

$=1^3+2^3+3^3+\cdots+10^3$

$\displaystyle=\sum_{k=1}^{10}k^3=\left(\dfrac{10\times11}{2}\right)^2=3025$

04 $\sum$를 여러 개 포함한 식의 계산

$\displaystyle\sum_{k=1}^{n}\left(\sum_{j=1}^{4}jk\right)=\sum_{k=1}^{n}\left(k\sum_{j=1}^{4}j\right)=\sum_{k=1}^{n}\left(k\times\dfrac{4\times5}{2}\right)=10\sum_{k=1}^{n}k$

$\displaystyle\qquad\qquad =10\times\dfrac{n(n+1)}{2}=5n(n+1)$

$\displaystyle\sum_{k=1}^{10}\left\{\sum_{j=1}^{5}(j+k)\right\}=\sum_{k=1}^{10}\left(\sum_{j=1}^{5}j+\sum_{j=1}^{5}k\right)=\sum_{k=1}^{10}\left(\dfrac{5\times6}{2}+5k\right)$

$\displaystyle\qquad\qquad =\sum_{k=1}^{10}(15+5k)=\sum_{k=1}^{10}15+5\sum_{k=1}^{10}k$

$\displaystyle\qquad\qquad =15\times10+5\times\dfrac{10\times11}{2}=425$

$\displaystyle\sum_{k=1}^{n}\left(\sum_{j=1}^{4}jk\right)-\sum_{k=1}^{10}\left\{\sum_{j=1}^{5}(j+k)\right\}=25$에서

$5n(n+1)-425=25,\ n^2+n-90=0$

$(n+10)(n-9)=0$ $\quad\therefore n=9\ (\because n은\ 자연수)$

05 $\sum$로 표현된 수열의 합과 일반항 사이의 관계

$a_{20}=S_{20}-S_{19}$

$\displaystyle\qquad =\sum_{k=1}^{19}(k^2+3k+2)-\sum_{k=1}^{20}k^2-\left\{\sum_{k=1}^{18}(k^2+3k+2)-\sum_{k=1}^{19}k^2\right\}$

$\displaystyle\qquad =\sum_{k=1}^{19}(k^2+3k+2)-\sum_{k=1}^{18}(k^2+3k+2)-\left(\sum_{k=1}^{20}k^2-\sum_{k=1}^{19}k^2\right)$

$=19^2+3\times19+2-20^2=20$

06 여러 가지 수열의 합

$a_n=\dfrac{1}{1+2+3+\cdots+n}=\dfrac{1}{\sum\limits_{k=1}^{n}k}=\dfrac{1}{\dfrac{n(n+1)}{2}}=\dfrac{2}{n(n+1)}$이므로

$$\sum_{k=1}^{m} a_k = \sum_{k=1}^{m} \frac{2}{k(k+1)} = 2\sum_{k=1}^{m}\left(\frac{1}{k}-\frac{1}{k+1}\right)$$
$$= 2\left\{\left(1-\frac{1}{2}\right)+\left(\frac{1}{2}-\frac{1}{3}\right)+\cdots+\left(\frac{1}{m}-\frac{1}{m+1}\right)\right\}$$
$$= 2\left(1-\frac{1}{m+1}\right)=\frac{2m}{m+1}$$

따라서 $\dfrac{2m}{m+1}=\dfrac{48}{25}$ 이므로 $50m=48m+48$ $\therefore m=24$

07 유형15 여러 가지 수열의 합

$a_n=f(2n+1)f(2n-1)=2^{\sqrt{2n+1}}\times 2^{\sqrt{2n-1}}=2^{\sqrt{2n+1}+\sqrt{2n-1}}$
이므로
$$\log_{a_n}4=2\log_{a_n}2=\frac{2}{\log_2 a_n}=\frac{2}{\sqrt{2n+1}+\sqrt{2n-1}}$$
$$\therefore \sum_{n=1}^{20}\log_{a_n}4=\sum_{n=1}^{20}\frac{2}{\sqrt{2n+1}+\sqrt{2n-1}}$$
$$=\sum_{n=1}^{20}\frac{2(\sqrt{2n+1}-\sqrt{2n-1})}{(\sqrt{2n+1}+\sqrt{2n-1})(\sqrt{2n+1}-\sqrt{2n-1})}$$
$$=\sum_{n=1}^{20}(\sqrt{2n+1}-\sqrt{2n-1})$$
$$=(\sqrt{3}-\sqrt{1})+(\sqrt{5}-\sqrt{3})+(\sqrt{7}-\sqrt{5})+\cdots+(\sqrt{41}-\sqrt{39})$$
$$=\sqrt{41}-1$$

따라서 $a=41$, $b=-1$이므로 $a+b=41+(-1)=40$

08 유형16 (등차수열)×(등비수열) 꼴의 수열의 합

처음 정사각형의 넓이는 1×1
1회 시행 후 직사각형의 넓이는 2×3
2회 시행 후 직사각형의 넓이는 $2^2\times 5$
3회 시행 후 직사각형의 넓이는 $2^3\times 7$
$\vdots$
10회 시행 후 직사각형의 넓이는 $2^{10}\times 21$
처음 정사각형부터 10회 시행 후 직사각형까지의 넓이의 총합을 S라
하면
$$S=1\times 1+2\times 3+2^2\times 5+2^3\times 7+\cdots+2^{10}\times 21$$
$$-)\,2S=\qquad 2\times 1+2^2\times 3+2^3\times 5+\cdots+2^{10}\times 19+2^{11}\times 21$$
$$-S=1+2\times(2+2^2+2^3+\cdots+2^{10})-2^{11}\times 21$$
$$=1+2\times\frac{2(2^{10}-1)}{2-1}-2^{11}\times 21$$
$$=-19\times 2^{11}-3$$
$$\therefore S=19\times 2^{11}+3$$

09 유형17 등차수열과 등비수열의 귀납적 정의

$a_{n+2}-a_{n+1}=a_{n+1}-a_n$에서 $2a_{n+1}=a_n+a_{n+2}$이므로 수열 $\{a_n\}$은 등
차수열이다.
수열 $\{a_n\}$의 공차를 d라 하면
$$a_5=a_1+4d=4+4d=10 \qquad \therefore d=\frac{3}{2}$$
$$\therefore a_{15}=a_1+14d=4+14\times\frac{3}{2}=25$$

10 유형17 등차수열과 등비수열의 귀납적 정의

$a_{n+1}=a_n{}^2$의 양변에 밑이 2인 로그를 취하면

$\log_2 a_{n+1}=2\log_2 a_n$
따라서 수열 $\{\log_2 a_n\}$은 첫째항이 $\log_2 a_1=\log_2 2=1$이고 공비가 2
인 등비수열이므로
$$\log_2 a_n=2^{n-1}$$
$$\log_2 a_{10}=2^9=512 \qquad \therefore a_{10}=2^{512}$$

다른 풀이

$a_1=2=2^{2^0}$
$a_2=a_1{}^2=2^2=2^{2^1}$
$a_3=a_2{}^2=(2^2)^2=2^4=2^{2^2}$
$a_4=a_3{}^2=(2^4)^2=2^8=2^{2^3}$
$\vdots$
$\therefore a_n=2^{2^{n-1}}$
$\therefore a_{10}=2^{2^{10-1}}=2^{2^9}=2^{512}$

11 유형18 여러 가지 수열의 귀납적 정의

$2n(a_{n+1}-a_n)=-(a_{n+1}+a_n)$에서 $(2n+1)a_{n+1}=(2n-1)a_n$
$$\therefore a_{n+1}=\frac{2n-1}{2n+1}a_n$$
위의 식의 n에 $1,\,2,\,3,\,\cdots,\,n-1$을 차례대로 대입하여 변끼리 모두 곱
하면
$$a_2=\frac{1}{3}a_1$$
$$a_3=\frac{3}{5}a_2$$
$$a_4=\frac{5}{7}a_3$$
$$\vdots$$
$$\times\Big)\;a_n=\frac{2n-3}{2n-1}a_{n-1}$$
$$a_n=\left(\frac{1}{3}\times\frac{3}{5}\times\frac{5}{7}\times\cdots\times\frac{2n-3}{2n-1}\right)\times a_1=\frac{19}{2n-1}$$
$$\therefore a_{10}=\frac{19}{2\times 10-1}=1$$

12 유형18 여러 가지 수열의 귀납적 정의

$a_{n+1}=\dfrac{n^2-1}{n^2}a_n$에서 $a_{n+1}=\dfrac{(n-1)(n+1)}{n^2}a_n\;(n=2,\,3,\,4,\,\cdots)$
위의 식의 n에 $2,\,3,\,4,\,5$를 차례대로 대입하여 변끼리 모두 곱하면
$$a_3=\frac{1\times 3}{2^2}a_2$$
$$a_4=\frac{2\times 4}{3^2}a_3$$
$$a_5=\frac{3\times 5}{4^2}a_4$$
$$\times\Big)\;a_6=\frac{4\times 6}{5^2}a_5$$
$$a_6=\left(\frac{1\times 3}{2\times 2}\times\frac{2\times 4}{3\times 3}\times\frac{3\times 5}{4\times 4}\times\frac{4\times 6}{5\times 5}\right)\times a_2=\frac{3}{5}a_2$$
$a_6=12$에서 $12=\dfrac{3}{5}a_2$ $\therefore a_2=20$
$$a_3=\frac{1\times 3}{2^2}a_2=\frac{3}{4}\times 20=15$$
$$\therefore \sum_{k=1}^{3}a_k=2+20+15=37$$

13 유형19 귀납적 정의의 활용

$a_1=4$

$a_2=a_1+6=a_1+2\times3$

$a_3=a_2+8=a_2+2\times4$

$\vdots$

$\therefore a_{n+1}=a_n+2(n+2)$

위의 식의 n에 $1,\ 2,\ 3,\ \cdots,\ n-1$을 차례대로 대입하여 변끼리 모두 더하면

$$a_2=a_1+2\times3$$
$$a_3=a_2+2\times4$$
$$a_4=a_3+2\times5$$
$$\vdots$$
$$+)\ a_n=a_{n-1}+2\times(n+1)$$
$$a_n=a_1+2\sum_{k=1}^{n-1}(k+2)$$
$$=4+2\times\left\{\frac{(n-1)n}{2}+2(n-1)\right\}$$
$$=n^2+3n$$

$\therefore a_{20}=20^2+3\times20=460$

14 유형20 수학적 귀납법

(i) $n=1$일 때, (좌변)$=\dfrac{1}{2^1}=\dfrac{1}{2}$, (우변)$=2-\dfrac{1+2}{2^1}=\dfrac{1}{2}$

이므로 주어진 등식이 성립한다.

(ii) $n=k$일 때, 주어진 등식이 성립한다고 가정하면

$$\frac{1}{2}+\frac{2}{4}+\frac{3}{8}+\cdots+\frac{k}{2^k}=2-\frac{k+2}{2^k}$$

위의 식의 양변에 $\dfrac{k+1}{2^{k+1}}$을 더하면

$$\frac{1}{2}+\frac{2}{4}+\frac{3}{8}+\cdots+\frac{k}{2^k}+\frac{k+1}{2^{k+1}}=2-\frac{k+2}{2^k}+\frac{k+1}{2^{k+1}}$$
$$=2-\frac{2(k+2)-(k+1)}{2^{k+1}}$$
$$=2-\frac{k+3}{2^{k+1}}$$
$$=2-\frac{(k+1)+2}{2^{k+1}}$$

따라서 $n=k+1$일 때에도 주어진 등식이 성립한다.

(i), (ii)에서 모든 자연수 n에 대하여 주어진 등식이 성립한다.

15 유형20 수학적 귀납법

(i) $n=5$일 때, (좌변)$=2\times5^2=50$, (우변)$=(5+2)^2=49$

이므로 주어진 부등식이 성립한다.

(ii) $n=k\,(k\geq5)$일 때, 주어진 부등식이 성립한다고 가정하면

$$2k^2>(k+2)^2$$

위의 식의 양변에 $4k+2$를 더하면

$$2k^2+(4k+2)>(k+2)^2+(4k+2)$$
$$=k^2+8k+6 \quad\cdots\cdots\ ㉠$$

한편, $k\geq5$일 때, $k^2+8k+6-(k+3)^2=2k-3>0$이므로

$$k^2+8k+6>(k+3)^2 \quad\cdots\cdots\ ㉡$$

㉠, ㉡에서 $2(k+1)^2>k^2+8k+6>(k+3)^2$

따라서 $n=k+1$일 때에도 주어진 부등식이 성립한다.

(i), (ii)에서 5 이상의 모든 자연수 n에 대하여 주어진 부등식이 성립한다.

---

01 ③	02 ⑤	03 ⑤	04 ②	05 ①
06 ④	07 ④	08 ④	09 ⑤	10 ㄱ, ㄴ
11 6	12 ②	13 ㄱ, ㄷ	14 ㄱ	15 ③

01 유형01 함수의 극한값의 존재

$f(x)=t$로 놓으면

$x\longrightarrow1+$일 때, $t\longrightarrow-2-$이므로

$$\lim_{x\to1+}g(f(x))=\lim_{t\to-2-}g(t)=|-2|-1=1$$

$x\longrightarrow1-$일 때, $t\longrightarrow-2+$이므로

$$\lim_{x\to1-}g(f(x))=\lim_{t\to-2+}g(t)=-2+1=-1$$

$$\therefore \lim_{x\to1+}g(f(x))+\lim_{x\to1-}g(f(x))=1+(-1)=0$$

02 유형02 함수의 극한에 대한 성질

$x-2=t$로 놓으면 $x\longrightarrow2$일 때, $t\longrightarrow0$이므로

$$\lim_{x\to2}\frac{f(x-2)}{x^2-4}=\lim_{x\to2}\frac{f(x-2)}{(x+2)(x-2)}$$
$$=\lim_{t\to0}\frac{f(t)}{t(t+4)}$$
$$=\lim_{t\to0}\frac{f(t)}{t}\times\lim_{t\to0}\frac{1}{t+4}$$
$$=12\times\frac{1}{4}=3$$

03 유형02 함수의 극한에 대한 성질

$$\lim_{x\to1}\frac{f(x)+3x}{10x-f(x)}=\lim_{x\to1}\frac{\{f(x)-x\}+4x}{-\{f(x)-x\}+9x}$$
$$=\lim_{x\to1}\frac{\dfrac{f(x)-x}{x}+4}{-\dfrac{f(x)-x}{x}+9}$$
$$=\frac{7+4}{-7+9}=\frac{11}{2}$$

따라서 $p=2,\ q=11$이므로

$p+q=2+11=13$

04 유형03 $\dfrac{0}{0}$ 꼴과 $\dfrac{\infty}{\infty}$ 꼴의 극한

$\overline{OQ}=\overline{OP}=\sqrt{t^2+(\sqrt{t})^2}=\sqrt{t^2+t}$이므로 점 Q의 좌표는 $(\sqrt{t^2+t},\ 0)$

직선 PQ는 기울기가 $\dfrac{0-\sqrt{t}}{\sqrt{t^2+t}-t}=-\dfrac{\sqrt{t}}{\sqrt{t^2+t}-t}$이고 점 $Q(\sqrt{t^2+t},\ 0)$

을 지나므로 직선 PQ의 방정식은

$$y=-\frac{\sqrt{t}}{\sqrt{t^2+t}-t}(x-\sqrt{t^2+t})$$
$$\therefore y=-\frac{\sqrt{t}}{\sqrt{t^2+t}-t}x+\frac{\sqrt{t^3+t^2}}{\sqrt{t^2+t}-t}$$

이때 직선 PQ의 y절편 $f(t)$는 $f(t)=\dfrac{\sqrt{t^3+t^2}}{\sqrt{t^2+t}-t}$이므로

$$\lim_{t\to\infty}\frac{f(t)}{t\sqrt{t}}=\lim_{t\to\infty}\frac{\sqrt{t^3+t^2}}{t\sqrt{t}(\sqrt{t^2+t}-t)}=\lim_{t\to\infty}\frac{\sqrt{t+1}}{\sqrt{t}(\sqrt{t^2+t}-t)}$$
$$=\lim_{t\to\infty}\frac{\sqrt{t+1}(\sqrt{t^2+t}+t)}{\sqrt{t}(\sqrt{t^2+t}-t)(\sqrt{t^2+t}+t)}$$
$$=\lim_{t\to\infty}\frac{\sqrt{t+1}(\sqrt{t^2+t}+t)}{t\sqrt{t}}$$
$$=\lim_{t\to\infty}\sqrt{1+\frac{1}{t}}\left(\sqrt{1+\frac{1}{t}}+1\right)$$
$$=\sqrt{1}\times(\sqrt{1}+1)=2$$

05 $\infty-\infty$ 꼴과 $\infty\times 0$ 꼴의 극한

$$\lim_{x\to\infty}(\sqrt{x^2+ax+b}-x)=\lim_{x\to\infty}\frac{(\sqrt{x^2+ax+b}-x)(\sqrt{x^2+ax+b}+x)}{\sqrt{x^2+ax+b}+x}$$
$$=\lim_{x\to\infty}\frac{ax+b}{\sqrt{x^2+ax+b}+x}$$
$$=\lim_{x\to\infty}\frac{a+\dfrac{b}{x}}{\sqrt{1+\dfrac{a}{x}+\dfrac{b}{x^2}}+1}$$
$$=\frac{a}{2}=2$$

$\therefore a=4$

06 극한값의 성질을 이용하여 미정계수 구하기

$\lim\limits_{x\to-1}\dfrac{\sqrt{x^2+3}-2}{x+a}=b$에서 $x\longrightarrow-1$일 때, 0이 아닌 극한값이 존재하고 (분자)$\longrightarrow 0$이므로 (분모)$\longrightarrow 0$이어야 한다.

즉, $\lim\limits_{x\to-1}(x+a)=-1+a=0$ $\therefore a=1$

$$\lim_{x\to-1}\frac{\sqrt{x^2+3}-2}{x+a}=\lim_{x\to-1}\frac{\sqrt{x^2+3}-2}{x+1}$$
$$=\lim_{x\to-1}\frac{(\sqrt{x^2+3}-2)(\sqrt{x^2+3}+2)}{(x+1)(\sqrt{x^2+3}+2)}$$
$$=\lim_{x\to-1}\frac{x^2-1}{(x+1)(\sqrt{x^2+3}+2)}$$
$$=\lim_{x\to-1}\frac{(x+1)(x-1)}{(x+1)(\sqrt{x^2+3}+2)}$$
$$=\lim_{x\to-1}\frac{x-1}{\sqrt{x^2+3}+2}$$
$$=-\frac{1}{2}=b$$

$\therefore a+2b=1+2\times\left(-\dfrac{1}{2}\right)=0$

07 극한값의 성질을 이용하여 미정계수 구하기

조건 (가)에서 $f(x)$는 최고차항의 계수가 1이고 x^2의 계수가 1인 삼차함수이므로 $f(x)=x^3+x^2+ax+b$ $(a,\ b$는 상수)라 하자.

조건 (나)에서 $x\longrightarrow 2$일 때, 극한값이 존재하고 (분모)$\longrightarrow 0$이므로 (분자)$\longrightarrow 0$이어야 한다.

즉, $\lim\limits_{x\to2}f(x)=f(2)=0$이므로

$8+4+2a+b=0$ $\therefore b=-2a-12$

$$\lim_{x\to2}\frac{f(x)}{x^2-x-2}=\lim_{x\to2}\frac{x^3+x^2+ax-2a-12}{(x+1)(x-2)}$$
$$=\lim_{x\to2}\frac{(x-2)(x^2+3x+a+6)}{(x+1)(x-2)}$$
$$=\lim_{x\to2}\frac{x^2+3x+a+6}{x+1}$$
$$=\frac{16+a}{3}=2$$

따라서 $a=-10,\ b=8$이므로 $f(x)=x^3+x^2-10x+8$

$\therefore f(3)=3^3+3^2-10\times3+8=14$

08 극한값의 성질을 이용하여 미정계수 구하기

$\lim\limits_{x\to2}\dfrac{f(x)}{x-2}$에서 $x\longrightarrow 2$일 때, 극한값이 존재하고 (분모)$\longrightarrow 0$이므로 (분자)$\longrightarrow 0$이어야 한다.

즉, $\lim\limits_{x\to2}f(x)=0$

$$\lim_{x\to2+}f(x)=\lim_{x\to2+}([x]-2)([x]+a)$$
$$=\lim_{x\to2+}([x]-2)\times\lim_{x\to2+}([x]+a)$$
$$=0\times(2+a)=0$$
$$\lim_{x\to2-}f(x)=\lim_{x\to2-}([x]-2)([x]+a)$$
$$=\lim_{x\to2-}([x]-2)\times\lim_{x\to2-}([x]+a)$$
$$=-1\times(1+a)=-1-a$$

$0=-1-a$ $\therefore a=-1$

따라서 $f(x)=([x]-2)([x]-1)$이므로

$$\lim_{x\to1-}f(x)=\lim_{x\to1-}([x]-2)([x]-1)$$
$$=\lim_{x\to1-}([x]-2)\times\lim_{x\to1-}([x]-1)$$
$$=(-2)\times(-1)=2$$

$\therefore a+\lim\limits_{x\to1-}f(x)=-1+2=1$

09 함수의 극한의 대소 관계

$2x^3+5x^2-2<f(x)<2x^3+5x^2+3$에서

$5x^2-2<f(x)-2x^3<5x^2+3$이므로

$$\frac{5x^2-2}{x^2+3}<\frac{f(x)-2x^3}{x^2+3}<\frac{5x^2+3}{x^2+3}$$

이때 $\lim\limits_{x\to\infty}\dfrac{5x^2-2}{x^2+3}=5,\ \lim\limits_{x\to\infty}\dfrac{5x^2+3}{x^2+3}=5$이므로 함수의 극한의 대소 관계에 의하여 $\lim\limits_{x\to\infty}\dfrac{f(x)-2x^3}{x^2+3}=5$

10 함수의 연속

ㄱ. 함수 $f(x)$는 $x=1$에서 연속이므로 함수 $f(x+1)$은 $x=0$에서 연속이다.

ㄴ. $f(0)g(0)=1\times0=0$이고,

$\lim\limits_{x\to0+}f(x)g(x)=\lim\limits_{x\to0+}f(x)\lim\limits_{x\to0+}g(x)=-1\times0=0$

$\lim\limits_{x\to0-}f(x)g(x)=\lim\limits_{x\to0-}f(x)\lim\limits_{x\to0-}g(x)=0\times1=0$

$\therefore \lim\limits_{x\to0}f(x)g(x)=f(0)g(0)$

따라서 함수 $f(x)g(x)$는 $x=0$에서 연속이다.

ㄷ. $g(x)=t$로 놓으면

$x\longrightarrow0+$일 때, $t\longrightarrow0+$이므로

$\lim\limits_{x\to0+}f(g(x))=\lim\limits_{t\to0+}f(t)=-1$

$x\longrightarrow0-$일 때, $t\longrightarrow1-$이므로

$\lim\limits_{x\to0-}f(g(x))=\lim\limits_{t\to1-}f(t)=0$

즉, $\lim_{x \to 0} f(g(x))$의 값이 존재하지 않으므로 함수 $f(g(x))$는
$x=0$에서 불연속이다.
따라서 $x=0$에서 연속인 함수는 ㄱ, ㄴ이다.

11 유형08 함수의 연속과 미정계수의 결정
상수 a, b, c가 이 순서대로 등차수열을 이루므로
$2b=a+c$ …… ㉠
함수 $f(x)$가 모든 실수 x에서 연속이므로 $x=-1$, $x=1$에서도 연속이다.
$$\lim_{x \to -1+} f(x) = \lim_{x \to -1-} f(x) = f(-1)$$ 에서
$-b+4=-1+a$ $\therefore a=5-b$ …… ㉡
$$\lim_{x \to 1+} f(x) = \lim_{x \to 1-} f(x) = f(1)$$ 에서
$5+c=b+4$ $\therefore c=b-1$ …… ㉢
㉡, ㉢을 ㉠에 대입하여 정리하면 $a=3$, $b=2$, $c=1$
$\therefore a+b+c=3+2+1=6$

12 유형08 함수의 연속과 미정계수의 결정
함수 $f(x)$가 모든 실수 x에서 연속이므로 $x=2$에서도 연속이다.
즉, $\lim_{x \to 2+} f(x) = \lim_{x \to 2-} f(x) = f(2)$
$4+b=2a-1$ $\therefore 2a-b=5$ …… ㉠
한편, 모든 실수 x에 대하여 $f(x+4)=f(x)$이므로
$f(0)=f(4)$에서 $3=8+b$ $\therefore b=-5$
$b=-5$를 ㉠에 대입하면 $a=0$
$$\therefore f(x) = \begin{cases} -x^2+3 & (0 \le x < 2) \\ 2x-5 & (2 \le x \le 4) \end{cases}$$
$\therefore f(21)=f(4 \times 5+1)=f(1)=2$

13 유형09 연속함수의 성질
ㄱ. $g(x)=f(x)-\{f(x)-g(x)\}$이므로 $f(x)$, $f(x)-g(x)$가 $x=a$에서 연속이면 $g(x)$도 $x=a$에서 연속이다. (참)
ㄴ. [반례] $f(x)=x$, $g(x)=\dfrac{1}{x}$이면 $f(x)$, $f(x)g(x)=1$은 $x=0$에서 연속이지만 $g(x)$는 $x=0$에서 불연속이다. (거짓)
ㄷ. $f(x)g(x)=\dfrac{1}{4}[\{f(x)+g(x)\}^2-\{f(x)-g(x)\}^2]$이므로
$f(x)+g(x)$, $f(x)-g(x)$가 $x=a$에서 연속이면 $f(x)g(x)$도 $x=a$에서 연속이다. (참)
따라서 옳은 것은 ㄱ, ㄷ이다.

14 유형10 최대·최소 정리와 사잇값의 정리
ㄱ. 함수 $f(x)$가 닫힌구간 $[-1, 1]$에서 연속이면 최대·최소 정리에 의하여 이 구간에서 최댓값과 최솟값을 모두 갖는다. (참)
ㄴ. [반례] 구간 $(-1, 1)$에서 함수 $y=f(x)$의 그래프가 오른쪽 그림과 같을 때, $f(x)$는 이 구간에서 연속이 아니지만 최댓값 1, 최솟값 -2를 갖는다. (거짓)

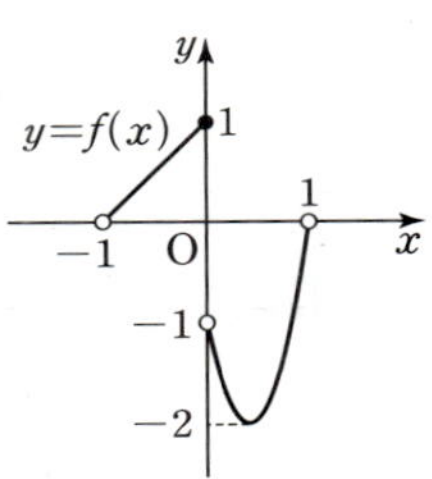

ㄷ. [반례] 구간 $[-1, 1]$에서 함수 $y=f(x)$의 그래프가 오른쪽 그림과 같을 때, 이 구간에서 최댓값이 1, 최솟값이 0이지만 $x=0$에서 불연속이다. (거짓)
따라서 옳은 것은 ㄱ이다.

15 유형10 최대·최소 정리와 사잇값의 정리
연속함수 $y=f(x)$의 그래프가 원점과 세 점 $(-1, 3)$, $(1, -2)$, $(2, 4)$를 지나므로
$f(-1)=3$, $f(0)=0$, $f(1)=-2$, $f(2)=4$
$h(x)=f(x)-2x+1$이라 하면 $h(x)$는 연속함수이고
$h(-1)=f(-1)+2+1=6$
$h(0)=f(0)+1=1$
$h(1)=f(1)-2+1=-3$
$h(2)=f(2)-4+1=1$
따라서 $h(0)h(1)<0$, $h(1)h(2)<0$이므로 사잇값의 정리에 의하여 방정식 $h(x)=0$은 구간 $(0, 1)$과 구간 $(1, 2)$에서 각각 적어도 하나의 실근을 갖는다.
즉, 연속함수 $y=f(x)$의 그래프와 직선 $y=2x-1$의 교점은 적어도 2개 존재한다.

DAY 14~15 · 미분계수와 도함수
· 접선의 방정식과 평균값 정리

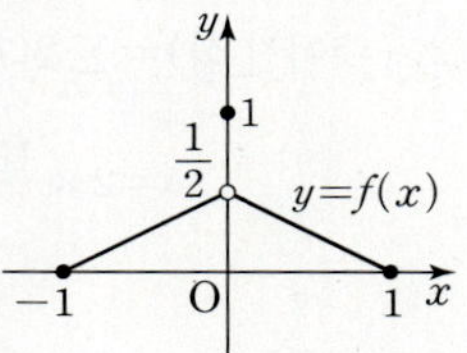

124 ~ 125쪽

01 ⑤	**02** 130	**03** ③	**04** ④	**05** ④
06 ⑤	**07** ④	**08** 8	**09** ②	**10** 54
11 8	**12** ⑤	**13** ①	**14** 16	**15** ㄱ, ㄷ
16 7				

01 유형01 평균변화율과 미분계수
함수 $f(x)=x^2-x+1$에 대하여 x의 값이 1에서 a까지 변할 때의 평균변화율은
$$\frac{\Delta y}{\Delta x} = \frac{f(a)-f(1)}{a-1} = \frac{a^2-a+1-1}{a-1} = \frac{a^2-a}{a-1} = \frac{a(a-1)}{a-1} = a$$
함수 $f(x)$의 $x=3$에서의 미분계수 $f'(3)$은
$$f'(3) = \lim_{x \to 3} \frac{f(x)-f(3)}{x-3} = \lim_{x \to 3} \frac{x^2-x+1-7}{x-3}$$
$$= \lim_{x \to 3} \frac{x^2-x-6}{x-3} = \lim_{x \to 3} \frac{(x+2)(x-3)}{x-3}$$
$$= \lim_{x \to 3} (x+2) = 5$$
$\therefore a=5$

02 유형02 미분계수를 이용한 극한값의 계산⑴
$$\lim_{h \to 0} \frac{f(1+kh)-f(1-h)}{h}$$
$$= \lim_{h \to 0} \frac{f(1+kh)-f(1)+f(1)-f(1-h)}{h}$$
$$= \lim_{h \to 0} \frac{f(1+kh)-f(1)}{kh} \times k - \lim_{h \to 0} \frac{f(1-h)-f(1)}{-h} \times (-1)$$
$$= kf'(1)+f'(1)=(k+1)f'(1)=2(k+1)$$

$$\therefore \ (\text{주어진 식}) = \sum_{k=1}^{10} 2(k+1) = 2\sum_{k=1}^{10} k + 2\sum_{k=1}^{10} 1$$
$$= 2 \times \frac{10 \times 11}{2} + 2 \times 10 = 130$$

03 유형03 **미분계수를 이용한 극한값의 계산(2)**

$$\lim_{x \to 1} \frac{f(x) - f(1)}{x^2 - 1} = \lim_{x \to 1} \left\{ \frac{f(x) - f(1)}{x - 1} \times \frac{1}{x + 1} \right\}$$
$$= \lim_{x \to 1} \frac{f(x) - f(1)}{x - 1} \times \lim_{x \to 1} \frac{1}{x + 1}$$
$$= f'(1) \times \frac{1}{2} = 4 \times \frac{1}{2} = 2$$

$x \longrightarrow 1$일 때, $x^2 \longrightarrow 1$이므로

$$\lim_{x \to 1} \frac{f(x^2) - f(1)}{x - 1} = \lim_{x \to 1} \left\{ \frac{f(x^2) - f(1)}{x^2 - 1} \times (x + 1) \right\}$$
$$= \lim_{x \to 1} \frac{f(x^2) - f(1)}{x^2 - 1} \times \lim_{x \to 1} (x + 1)$$
$$= f'(1) \times 2 = 4 \times 2 = 8$$

$$\therefore \lim_{x \to 1} \frac{f(x) - f(1)}{x^2 - 1} + \lim_{x \to 1} \frac{f(x^2) - f(1)}{x - 1} = 2 + 8 = 10$$

04 유형03 **미분계수를 이용한 극한값의 계산(2)**

$\displaystyle \lim_{x \to 2} \frac{\sqrt{f(x)} - 2}{x - 2} = 1$에서 $x \longrightarrow 2$일 때, 극한값이 존재하고 $(\text{분모}) \longrightarrow 0$

이므로 $(\text{분자}) \longrightarrow 0$이어야 한다.

즉, $\displaystyle \lim_{x \to 2} \{\sqrt{f(x)} - 2\} = 0$에서 $\sqrt{f(2)} = 2$ $\quad \therefore f(2) = 4$

$$\lim_{x \to 2} \frac{\sqrt{f(x)} - 2}{x - 2} = \lim_{x \to 2} \frac{\{\sqrt{f(x)} - 2\}\{\sqrt{f(x)} + 2\}}{(x - 2)\{\sqrt{f(x)} + 2\}}$$
$$= \lim_{x \to 2} \frac{f(x) - 4}{(x - 2)\{\sqrt{f(x)} + 2\}}$$
$$= \lim_{x \to 2} \frac{f(x) - f(2)}{(x - 2)\{\sqrt{f(x)} + 2\}}$$
$$= \lim_{x \to 2} \frac{f(x) - f(2)}{x - 2} \times \lim_{x \to 2} \frac{1}{\sqrt{f(x)} + 2}$$
$$= f'(2) \times \frac{1}{\sqrt{f(2)} + 2}$$
$$= f'(2) \times \frac{1}{4} = 1$$

따라서 $f'(2) = 4$이므로 $f(2) + f'(2) = 4 + 4 = 8$

05 유형04 **미분가능성과 연속성**

① $x = \dfrac{1}{2}$에서의 접선의 기울기가 음수이므로 $f'\left(\dfrac{1}{2}\right) < 0$ (참)

② $\displaystyle \lim_{x \to -2+} f(x) = \lim_{x \to -2-} f(x)$이므로 $\displaystyle \lim_{x \to -2} f(x)$의 값이 존재한다. (참)

③ 함수 $f(x)$가 불연속인 x의 값은 $x = -2$, $x = -1$의 2개이다. (참)

④ 불연속인 점과 뾰족한 점에서는 미분가능하지 않으므로 함수 $f(x)$
가 미분가능하지 않은 x의 값은 $x = -2$, $x = -1$, $x = 0$, $x = 1$의 4
개이다. (거짓)

⑤ $f'(x) = 0$인 x의 값은 $x = 2$의 1개이다. (참)

06 유형05 **미분법**

$f(x) = x + 2x^2 + 3x^3 + \cdots + 10x^{10}$에서

$f'(x) = 1 + 4x + 9x^2 + \cdots + 100x^9$

$$\therefore f'(1) = 1 + 4 + 9 + \cdots + 100$$
$$= 1^2 + 2^2 + 3^2 + \cdots + 10^2$$
$$= \sum_{k=1}^{10} k^2 = \frac{10 \times 11 \times 21}{6} = 385$$

07 유형05 **미분법**

주어진 식의 양변을 x에 대하여 미분하면

$$4x^3 + 3x^2 = 4a(x - 1)^3 + 3b(x - 1)^2 + 2c(x - 1) + d$$

위의 식이 모든 실수 x에 대하여 성립하므로 양변에 $x = 2$를 대입하면

$$4 \times 2^3 + 3 \times 2^2 = 4a + 3b + 2c + d$$
$$\therefore 4a + 3b + 2c + d = 44$$

08 유형06 **미분가능한 함수의 미정계수의 결정**

함수 $f(x)$가 $x = 1$에서 미분가능하므로 $x = 1$에서 연속이다.

즉, $\displaystyle \lim_{x \to 1+} f(x) = \lim_{x \to 1-} f(x) = f(1)$에서 $b + 2 = a$ $\quad \cdots\cdots$ ㉠

또한 미분계수 $f'(1)$이 존재하므로

$$\lim_{x \to 1+} \frac{f(x) - f(1)}{x - 1} = \lim_{x \to 1+} \frac{bx + 2 - (b + 2)}{x - 1}$$
$$= \lim_{x \to 1+} \frac{b(x - 1)}{x - 1} = b$$
$$\lim_{x \to 1-} \frac{f(x) - f(1)}{x - 1} = \lim_{x \to 1-} \frac{ax^2 - (b + 2)}{x - 1}$$
$$= \lim_{x \to 1-} \frac{ax^2 - a}{x - 1} \ (\because ㉠)$$
$$= \lim_{x \to 1-} \frac{a(x + 1)(x - 1)}{x - 1}$$
$$= \lim_{x \to 1-} a(x + 1) = 2a$$

에서 $b = 2a$ $\quad \cdots\cdots$ ㉡

㉡을 ㉠에 대입하면 $a = -2$

$a = -2$를 ㉡에 대입하면 $b = -4$

$$\therefore ab = -2 \times (-4) = 8$$

09 유형06 **미분가능한 함수의 미정계수의 결정**

$$f(x) = |x - 2|(x - 3k) = \begin{cases} -(x - 2)(x - 3k) & (x < 2) \\ (x - 2)(x - 3k) & (x \geq 2) \end{cases}$$

함수 $f(x)$가 모든 실수 x에 대하여 미분가능하므로 $x = 2$에서도 미분
가능하다.

즉, 미분계수 $f'(2)$가 존재하므로

$$\lim_{x \to 2+} \frac{f(x) - f(2)}{x - 2} = \lim_{x \to 2+} \frac{(x - 2)(x - 3k)}{x - 2}$$
$$= \lim_{x \to 2+} (x - 3k) = 2 - 3k$$
$$\lim_{x \to 2-} \frac{f(x) - f(2)}{x - 2} = \lim_{x \to 2-} \frac{-(x - 2)(x - 3k)}{x - 2}$$
$$= \lim_{x \to 2-} \{-(x - 3k)\} = -2 + 3k$$

에서 $2 - 3k = -2 + 3k$ $\quad \therefore k = \dfrac{2}{3}$

10 유형07 **접점이 주어진 접선의 방정식**

$f(x) = x^3 + ax^2 + bx + c$라 하면 점 $(2, 1)$은 곡선 $y = f(x)$ 위의 점

이므로 $8 + 4a + 2b + c = 1$ $\quad \cdots\cdots$ ㉠

한편, 점 $(2, 1)$에서만 접선의 기울기가 0이므로 방정식 $f'(x)=0$의 근은 $x=2$뿐이다.
즉, $f'(x)=3x^2+2ax+b$에서 $3x^2+2ax+b=3(x-2)^2$이므로
$3x^2+2ax+b=3x^2-12x+12$
위의 식이 모든 실수 x에 대하여 성립하므로
$2a=-12$에서 $a=-6$, $b=12$
이를 ㉠에 대입하면 $c=-7$
$\therefore ac+b=-6\times(-7)+12=54$

11 유형08 기울기가 주어진 접선의 방정식
$f(x)=x^3-3x^2+5x-10$이라 하면 $f'(x)=3x^2-6x+5$
곡선 $y=f(x)$ 위의 점 (a, b)에서의 접선의 기울기가 2이므로
$3a^2-6a+5=2$, $a^2-2a+1=0$
$(a-1)^2=0$ $\therefore a=1$
이때 점 (a, b)는 곡선 $y=f(x)$ 위의 점이므로
$b=1-3+5-10=-7$
$\therefore a-b=1-(-7)=8$

12 유형08 기울기가 주어진 접선의 방정식
$f(x)=x^2-6x+9$라 하면 $f'(x)=2x-6$
접점의 좌표를 (t, t^2-6t+9)라 하면 이 점에서의 접선이 직선
$y=\dfrac{1}{4}x+2$에 수직이므로 접선의 기울기는 -4이다.
즉, $2t-6=-4$에서 $t=1$
접점의 좌표가 $(1, 4)$이므로 접선의 방정식은
$y-4=-4(x-1)$ $\therefore y=-4x+8$
따라서 $m=-4$, $n=8$이므로
$m^2+n^2=16+64=80$

13 유형09 곡선 밖의 한 점에서 곡선에 그은 접선의 방정식
$f(x)=ax^2+1$이라 하면 $f'(x)=2ax$
접점의 좌표를 (t, at^2+1)이라 하면 이 점에서의 접선의 기울기는
$2at$이므로 접선의 방정식은
$y-(at^2+1)=2at(x-t)$
이 직선이 점 $(0, -1)$을 지나므로
$-1-(at^2+1)=2at(0-t)$, $at^2=2$
$\therefore t=-\sqrt{\dfrac{2}{a}}$ 또는 $t=\sqrt{\dfrac{2}{a}}$
두 점에서의 접선의 기울기는 각각 $-2a\sqrt{\dfrac{2}{a}}$, $2a\sqrt{\dfrac{2}{a}}$이고 두 접선이 서로 수직이므로
$-2a\sqrt{\dfrac{2}{a}}\times 2a\sqrt{\dfrac{2}{a}}=-1$, $-4a^2\times\dfrac{2}{a}=-1$
$8a=1$ $\therefore a=\dfrac{1}{8}$

14 유형10 공통접선
$f(x)=x^3+ax^2+bx$, $g(x)=x^2+x+c$라 하면
$f'(x)=3x^2+2ax+b$, $g'(x)=2x+1$
점 $(-1, 2)$에서 두 곡선이 만나므로 $f(-1)=g(-1)=2$

$f(-1)=-1+a-b=2$에서 $a-b=3$ $\cdots\cdots$ ㉠
$g(-1)=1-1+c=2$에서 $c=2$
또한 점 $(-1, 2)$에서의 두 곡선의 접선의 기울기가 같으므로
$f'(-1)=g'(-1)$에서 $3-2a+b=-1$
$\therefore 2a-b=4$ $\cdots\cdots$ ㉡
㉠, ㉡을 연립하여 풀면 $a=1$, $b=-2$
$\therefore (abc)^2=\{1\times(-2)\times 2\}^2=16$

15 유형11 롤의 정리
ㄱ. 함수 $f(x)=x^3-4x$는 닫힌구간 $[0, 2]$에서 연속이고 열린구간 $(0, 2)$에서 미분가능하며 $f(0)=f(2)=0$이므로 $f'(c)=0$인 c가 열린구간 $(0, 2)$에 적어도 하나 존재한다.
ㄴ. 함수 $f(x)=\dfrac{x^2-2x}{x-1}$는 $x=1$에서 정의되지 않으므로 $x=1$에서 불연속이다. 따라서 롤의 정리를 만족시키지 않는다.
ㄷ. 함수 $f(x)=|x(x-2)|$는 닫힌구간 $[0, 2]$에서 연속이고 열린구간 $(0, 2)$에서 미분가능하며 $f(0)=f(2)=0$이므로 $f'(c)=0$인 c가 열린구간 $(0, 2)$에 적어도 하나 존재한다.
따라서 닫힌구간 $[0, 2]$에서 롤의 정리를 만족시키는 것은 ㄱ, ㄷ이다.

16 유형11 롤의 정리
유형12 평균값 정리
함수 $y=g(x)$는 닫힌구간 $[b, e]$에서 연속이고 열린구간 (b, e)에서 미분가능하며 $g(b)=g(e)=0$이므로 롤의 정리에 의하여 $g'(c)=0$인 c가 열린구간 (b, e)에 적어도 하나 존재한다.
이때 다음 그림과 같이 x축과 평행한 접선을 3개 그을 수 있으므로 닫힌구간 $[b, e]$에서 롤의 정리를 만족시키는 실수 c의 개수는 3이다.
$\therefore m=3$

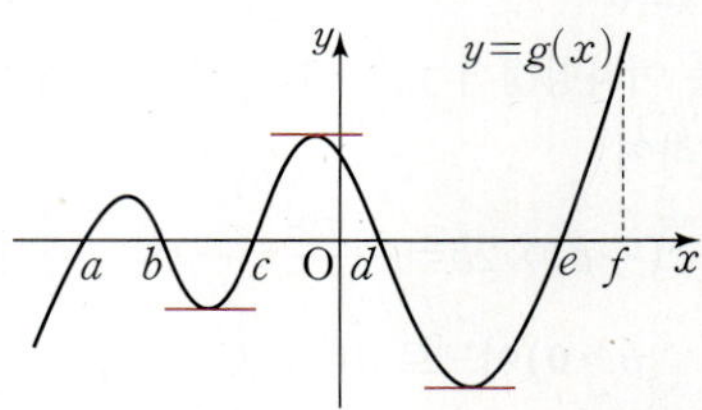

함수 $y=g(x)$는 닫힌구간 $[a, f]$에서 연속이고 열린구간 (a, f)에서 미분가능하므로 평균값 정리에 의하여 $\dfrac{g(f)-g(a)}{f-a}=g'(c)$인 c가 열린구간 (a, f)에 적어도 하나 존재한다.
이때 다음 그림과 같이 두 점 $(a, g(a))$, $(f, g(f))$를 지나는 직선과 평행한 접선을 4개 그을 수 있으므로 닫힌구간 $[a, f]$에서 평균값 정리를 만족시키는 실수 c의 개수는 4이다.
$\therefore n=4$

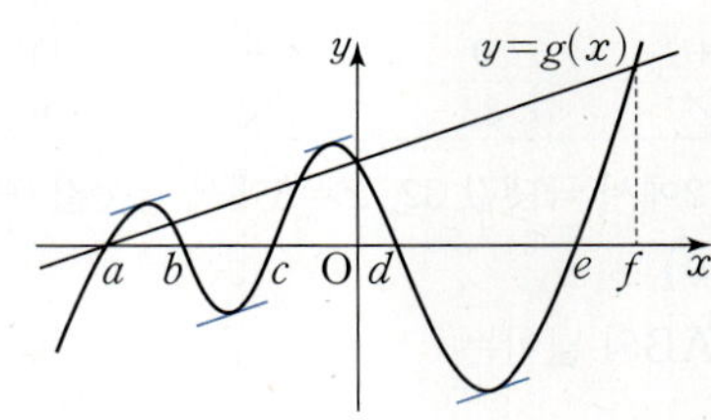

$\therefore m+n=3+4=7$

01 2	02 ⑤	03 ①	04 96	05 ㄱ
06 ④	07 ④	08 15	09 ④	10 ②
11 4	12 ②	13 4	14 ②	15 ②

01 유형13 함수의 증가와 감소

$f(x)=x^3+3ax^2-9a^2x+1$에서

$f'(x)=3x^2+6ax-9a^2=3(x+3a)(x-a)$

$f'(x)=0$에서 $x=-3a$ 또는 $x=a$

함수 $f(x)$가 감소하는 x의 값의 범위가 $-6\leq x\leq 2$이므로 이차방정식 $f'(x)=0$의 두 근은 -6, 2이다.

$\therefore a=2\ (\because a>0)$

02 유형14 삼차함수가 실수 전체의 집합에서 증가 또는 감소하기 위한 조건

$f(x)=x^3+ax^2+ax$에서 $f'(x)=3x^2+2ax+a$

함수 $f(x)$가 실수 전체의 집합에서 증가하려면 모든 실수 x에 대하여 $f'(x)\geq 0$이어야 한다.

$\therefore 3x^2+2ax+a\geq 0$

이차방정식 $3x^2+2ax+a=0$의 판별식을 D라 하면

$\dfrac{D}{4}=a^2-3a\leq 0$, $a(a-3)\leq 0$

$\therefore 0\leq a\leq 3$

따라서 a의 값이 될 수 없는 것은 ⑤이다.

03 유형15 함수의 극대와 극소

$f(x)=x^4+ax^3-36x^2+1$에서

$f'(x)=4x^3+3ax^2-72x=x(4x^2+3ax-72)$

이때 함수 $f(x)$는 $x=-b$, $x=2b$에서 극소이므로

$f'(-b)=f'(2b)=0$

따라서 $-b$, $2b$는 이차방정식 $4x^2+3ax-72=0$의 두 근이므로 근과 계수의 관계에 의하여

$-b+2b=-\dfrac{3a}{4}$, $(-b)\times 2b=\dfrac{-72}{4}=-18$

$b^2=9$에서 $b=3(\because b>0)$이므로 $a=-4$

$\therefore ab=-4\times 3=-12$

04 유형15 함수의 극대와 극소

$f(x)=x(x-6)^2$에서

$f'(x)=(x-6)^2+2x(x-6)=3(x-2)(x-6)$

$f'(x)=0$에서 $x=2$ 또는 $x=6$

함수 $f(x)$의 증가와 감소를 표로 나타내면 다음과 같다.

x	$\cdots$	2	$\cdots$	6	$\cdots$
$f'(x)$	$+$	0	$-$	0	$+$
$f(x)$	↗	32	↘	0	↗

함수 $f(x)$는 $x=2$에서 극댓값 32, $x=6$에서 극솟값 0을 가지므로 A$(2,32)$, B$(6,0)$

따라서 삼각형 OAB의 넓이는

$\dfrac{1}{2}\times 6\times 32=96$

05 유형16 도함수의 그래프의 해석

ㄱ. 구간 $[-1,1]$에서 $f'(x)\geq 0$이므로 이 구간에서 함수 $f(x)$는 증가한다. (참)

ㄴ. $x=-2$의 좌우에서 $f'(x)$의 부호가 바뀌지 않으므로 함수 $f(x)$는 $x=-2$에서 극값을 갖지 않는다. (거짓)

ㄷ. 구간 $[-4,6]$에서 $f'(x)=0$인 x의 값은 -3, -1, 2, 5의 4개이고, 각 점의 좌우에서 $f'(x)$의 부호가 바뀌는 x의 값은 -3, -1, 5의 3개이므로 함수 $f(x)$는 이 구간에서 3개의 극값을 갖는다. (거짓)

따라서 옳은 것은 ㄱ이다.

참고

함수 $f(x)$는 $x=-3$, 5에서 극대이고, $x=-1$에서 극소이다.

06

$f(x)=x^4-8x^2+10$이라 하면

$f'(x)=4x^3-16x=4x(x+2)(x-2)$

$f'(x)=0$에서 $x=-2$ 또는 $x=0$ 또는 $x=2$

함수 $f(x)$의 증가와 감소를 표로 나타내면 다음과 같다.

x	$\cdots$	-2	$\cdots$	0	$\cdots$	2	$\cdots$
$f'(x)$	$-$	0	$+$	0	$-$	0	$+$
$f(x)$	↘	-6 극소	↗	10 극대	↘	-6 극소	↗

따라서 함수 $y=f(x)$의 그래프의 개형이 될 수 있는 것은 ④이다.

07 유형17 삼차함수가 극값을 갖거나 갖지 않을 조건

$f(x)=ax^3+ax^2+2x+1$에서 $f'(x)=3ax^2+2ax+2$

삼차함수 $f(x)$가 극값을 갖지 않으려면 이차방정식 $f'(x)=0$이 중근 또는 허근을 가져야 하므로 $f'(x)=0$의 판별식을 D라 할 때, $D\leq 0$이어야 한다.

$\dfrac{D}{4}=a^2-6a\leq 0$, $a(a-6)\leq 0$

$\therefore 0\leq a\leq 6$

그런데 주어진 함수는 삼차함수이므로 $a\neq 0$

따라서 구하는 정수 a의 개수는 1, 2, 3, 4, 5, 6의 6이다.

08 유형18 함수의 최대, 최소

$f(x)=-\dfrac{1}{3}x^3+kx^2$에서

$f'(x)=-x^2+2kx=-x(x-2k)$

$f'(x)=0$에서 $x=0$ 또는 $x=2k$

닫힌구간 $[k,3k]$에서 함수 $f(x)$의 증가와 감소를 표로 나타내면 다음과 같다.

x	k	$\cdots$	$2k$	$\cdots$	$3k$
$f'(x)$		$+$	0	$-$	
$f(x)$	$\dfrac{2}{3}k^3$	↗	$\dfrac{4}{3}k^3$	↘	0

함수 $f(x)$는 $x=2k$에서 최댓값 $\dfrac{4}{3}k^3$을 가지므로

$\dfrac{4}{3}k^3=\dfrac{9}{2}$에서 $k^3=\dfrac{27}{8}$ $\therefore k=\dfrac{3}{2}$

$\therefore 10k=10\times\dfrac{3}{2}=15$

09 유형18 함수의 최대, 최소

점 C의 좌표를 $(a, -a^2+9)(0<a<3)$라 하면 $\overline{AB}=6$, $\overline{CD}=2a$이므로 사다리꼴 ABCD의 넓이를 $S(a)$라 하면

$$S(a)=\frac{1}{2}\times(6+2a)\times(-a^2+9)=-a^3-3a^2+9a+27$$

$$\therefore S'(a)=-3a^2-6a+9=-3(a+3)(a-1)$$

$S'(a)=0$에서 $a=1$ $(\because 0<a<3)$

$0<a<3$에서 함수 $S(a)$의 증가와 감소를 표로 나타내면 다음과 같다.

a	0	$\cdots$	1	$\cdots$	3
$S'(a)$		$+$	0	$-$	
$S(a)$		$\nearrow$	32	$\searrow$	

따라서 사다리꼴 ABCD의 넓이의 최댓값은 $S(1)=32$

10 유형19 방정식에의 활용

$x^3-12x-k=0$에서 $x^3-12x=k$

$f(x)=x^3-12x$라 하면

$f'(x)=3x^2-12=3(x+2)(x-2)$

$f'(x)=0$에서 $x=-2$ 또는 $x=2$

함수 $f(x)$의 증가와 감소를 표로 나타내면 다음과 같다.

x	$\cdots$	-2	$\cdots$	2	$\cdots$
$f'(x)$	$+$	0	$-$	0	$+$
$f(x)$	$\nearrow$	16	$\searrow$	-16	$\nearrow$

함수 $y=f(x)$의 그래프는 오른쪽 그림과 같다.

이때 세 실근의 곱이 음수가 되려면 세 실근이 모두 음수이거나 한 실근이 음수이고 다른 두 실근이 양수이어야 한다. 그런데 세 실근이 모두 음수인 경우는 없으므로

$-16<k<0$

따라서 구하는 정수 k의 최댓값은 -1이다.

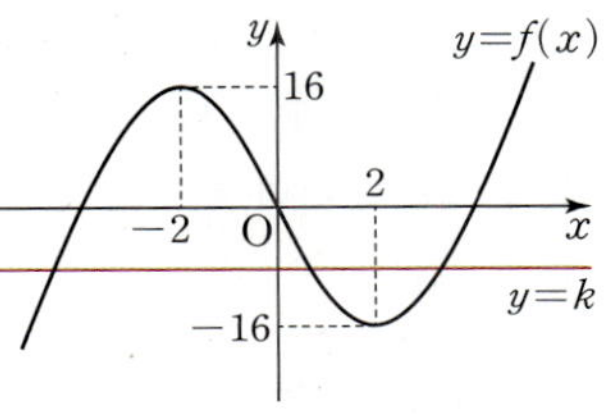

11 유형19 방정식에의 활용

$\{f(x)\}^2=1$에서 $f(x)=-1$ 또는 $f(x)=1$

즉, 방정식 $\{f(x)\}^2=1$의 서로 다른 실근의 개수는 함수 $y=f(x)$의 그래프와 직선 $y=-1$ 또는 $y=1$의 서로 다른 교점의 개수와 같다.

$f(x)=-\frac{1}{2}x^3+\frac{3}{2}x$에서

$f'(x)=-\frac{3}{2}x^2+\frac{3}{2}=-\frac{3}{2}(x+1)(x-1)$

$f'(x)=0$에서 $x=-1$ 또는 $x=1$

함수 $f(x)$의 증가와 감소를 표로 나타내면 다음과 같다.

x	$\cdots$	-1	$\cdots$	1	$\cdots$
$f'(x)$	$-$	0	$+$	0	$-$
$f(x)$	$\searrow$	-1	$\nearrow$	1	$\searrow$

함수 $y=f(x)$의 그래프는 오른쪽 그림과 같으므로 직선 $y=-1$ 또는 $y=1$과의 서로 다른 교점의 개수는 4이다.

따라서 구하는 실근의 개수는 4이다.

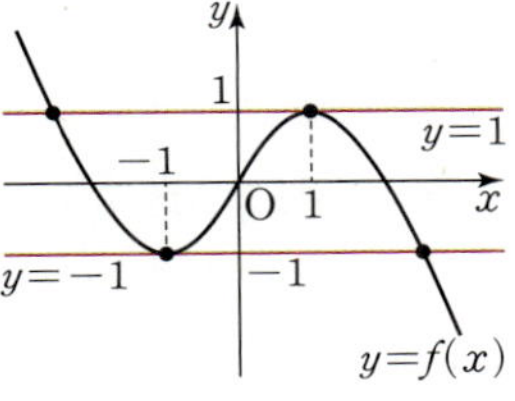

12 유형20 부등식에의 활용

$x^4\geq6x^2+k$에서 $x^4-6x^2-k\geq0$

$f(x)=x^4-6x^2-k$라 하면

$f'(x)=4x^3-12x=4x(x+\sqrt{3})(x-\sqrt{3})$

$f'(x)=0$에서 $x=-\sqrt{3}$ 또는 $x=0$ 또는 $x=\sqrt{3}$

함수 $f(x)$의 증가와 감소를 표로 나타내면 다음과 같다.

x	$\cdots$	$-\sqrt{3}$	$\cdots$	0	$\cdots$	$\sqrt{3}$	$\cdots$
$f'(x)$	$-$	0	$+$	0	$-$	0	$+$
$f(x)$	$\searrow$	$-9-k$	$\nearrow$	$-k$	$\searrow$	$-9-k$	$\nearrow$

함수 $f(x)$는 $x=-\sqrt{3}$ 또는 $x=\sqrt{3}$에서 극소이면서 최소이므로 최솟값은 $-9-k$이다.

모든 실수 x에 대하여 $f(x)\geq0$이 성립하려면 ($f(x)$의 최솟값)≥0에서 $-9-k\geq0$ $\therefore k\leq-9$

따라서 구하는 실수 k의 최댓값은 -9이다.

13 유형21 속도와 가속도

시각 t에서의 점 P의 속도를 v라 하면

$$v=\frac{dx}{dt}=6t^2-18t+12$$

점 P가 운동 방향을 바꾸는 순간의 속도는 0이므로

$6t^2-18+12=0$, $(t-1)(t-2)=0$

$\therefore t=1$ 또는 $t=2$

따라서 점 P가 출발 후 두 번째로 운동 방향을 바꾸는 시각은 $t=2$이므로 이때의 점 P의 위치는

$2\times2^3-9\times2^2+12\times2=4$

14 유형21 속도와 가속도

시각 t에서의 두 점 P, Q의 속도를 각각 v_P, v_Q라 하면

$$v_P=\frac{dx_P}{dt}=3t^2+10, \quad v_Q=\frac{dx_Q}{dt}=12t-2$$

두 점 P, Q의 속도가 같아지는 순간은 $v_P=v_Q$에서

$3t^2+10=12t-2$, $3t^2-12t+12=0$

$(t-2)^2=0$ $\therefore t=2$

$t=2$일 때, 점 P의 위치는 $2^3+10\times2+2=30$

$t=2$일 때, 점 Q의 위치는 $6\times2^2-2\times2=20$

따라서 두 점 P, Q의 속도가 같아지는 순간의 두 점 사이의 거리는

$30-20=10$

15 유형22 시각에 대한 길이, 넓이, 부피의 변화율

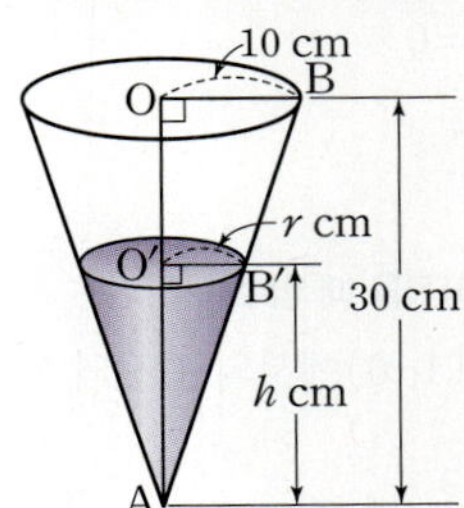

위의 그림과 같이 t초 후의 수면의 반지름의 길이를 r cm, 수면까지의 높이를 h cm라 하면 매초 3 cm씩 높이가 상승하므로 $h=3t$

$\triangle OAB \backsim \triangle O'AB'$이므로 $10:30=r:3t$ $\therefore r=t$

물의 부피를 V cm^{3}라 하면
$$V=\frac{1}{3}\pi t^2 \times 3t=\pi t^3 \qquad \therefore \frac{dV}{dt}=3\pi t^2$$
따라서 수면의 반지름의 길이가 4 cm일 때의 시각은 $t=4$이므로 이때의 물의 부피의 변화율은
$$3\pi \times 4^2=48\pi \ (\text{cm}^3/\text{s})$$

128 ~ 130쪽

01 36	**02** ⑤	**03** ③	**04** ①	**05** ③
06 ①	**07** ④	**08** 17	**09** 10	**10** 8
11 ①	**12** ③	**13** ①	**14** ②	**15** ①
16 20	**17** 7	**18** ⑤	**19** 5	**20** ③
21 ④				

01 유형01 부정적분의 정의
$$f(x)=F'(x)=(-2x^3+kx^2+4x)'=-6x^2+2kx+4$$
$f(1)=2$이므로 $-6+2k+4=2 \qquad \therefore k=2$
따라서 $f(x)=-6x^2+4x+4$이므로
$$f(-1)=-6-4+4=-6 \qquad \therefore \{f(-1)\}^2=36$$

02 유형02 부정적분과 미분의 관계
$$\frac{d}{dx}\int f'(x)\,dx=f'(x)$$이므로
$$f'(x)=4x^3+2x \qquad \therefore f'(1)=4+2=6$$
$$\therefore \lim_{h\to 0}\frac{f(1+2h)-f(1)}{h}=\lim_{h\to 0}\frac{f(1+2h)-f(1)}{2h}\times 2$$
$$=2f'(1)=2\times 6=12$$

03 유형03 부정적분의 계산
$$f(x)=3\int (x^2+ax-a^2)\,dx$$
$$=\int (3x^2+3ax-3a^2)\,dx$$
$$=x^3+\frac{3}{2}ax^2-3a^2x+C$$
$f(0)=1$이므로 $C=1$
$f(2)=9$이므로 $8+6a-6a^2+1=9$
$6a^2-6a=0,\ a(a-1)=0$
$$\therefore a=1 \ (\because a>0)$$

04 유형04 도함수가 주어졌을 때 함수 구하기
곡선 $y=f(x)$ 위의 점 $(1,\ 0)$에서의 접선의 기울기가 7이므로
$f(1)=0,\ f'(1)=7$
$f(x)=\int (2ax+3)\,dx$의 양변을 x에 대하여 미분하면
$f'(x)=2ax+3$
$f'(1)=2a+3=7$이므로 $a=2$

$$\therefore f(x)=\int (4x+3)\,dx=2x^2+3x+C$$
$f(1)=0$이므로 $2+3+C=0 \qquad \therefore C=-5$
$$\therefore f(x)=2x^2+3x-5$$
따라서 이차방정식 $f(x)=0$에서 근과 계수의 관계에 의하여 구하는 모든 실근의 곱은 $-\dfrac{5}{2}$이다.

05 유형04 도함수가 주어졌을 때 함수 구하기
$F(x)=xf(x)+2x^3+x^2$의 양변을 x에 대하여 미분하면
$$f(x)=f(x)+xf'(x)+6x^2+2x$$
$xf'(x)=-6x^2-2x=x(-6x-2)$이므로 $f'(x)=-6x-2$
$$\therefore f(x)=\int f'(x)\,dx=\int (-6x-2)\,dx=-3x^2-2x+C$$
$f(-1)=9$이므로 $-3+2+C=9 \qquad \therefore C=10$
따라서 $f(x)=-3x^2-2x+10$이므로
$$f(1)=-3-2+10=5$$

06 유형04 도함수가 주어졌을 때 함수 구하기
주어진 그래프에서 $f'(x)=2x-4$이므로
$$f(x)=\int f'(x)\,dx=\int (2x-4)\,dx=x^2-4x+C$$
$f(1)=2$이므로 $1-4+C=2 \qquad \therefore C=5$
따라서 $f(x)=x^2-4x+5=(x-2)^2+1$이므로 $f(x)$는 $x=2$일 때, 최솟값 1을 갖는다.

07 유형05 정적분
$$\int_1^a (3x^2-8x+3)\,dx=\Big[x^3-4x^2+3x\Big]_1^a$$
$$=(a^3-4a^2+3a)-(1-4+3)$$
$$=a^3-4a^2+3a=0$$
$a(a-1)(a-3)=0$에서 $a=0$ 또는 $a=1$ 또는 $a=3$
따라서 구하는 모든 실수 a의 값의 합은
$$0+1+3=4$$

08 유형06 정적분의 계산
$$\int_0^2 f(x)\,dx+\int_2^5 f(x)\,dx=\int_0^5 f(x)\,dx$$이고
$$\int_1^5 f(x)\,dx=-\int_5^1 f(x)\,dx$$이므로
$$\int_0^2 f(x)\,dx-\int_1^5 f(x)\,dx+\int_2^5 f(x)\,dx$$
$$=\int_0^5 f(x)\,dx+\int_5^1 f(x)\,dx$$
$$=\int_0^1 f(x)\,dx=\int_0^1 (3x^2+a)\,dx$$
$$=\Big[x^3+ax\Big]_0^1=1+a$$
$1+a=6$이므로 $a=5$
따라서 $f(x)=3x^2+5$이므로
$$f(2)=12+5=17$$

$$\int_{-2}^{1}(2x^3-3x+3)\,dx+\int_{1}^{2}(2t^3-3t+1)\,dt$$
$$=\int_{-2}^{1}(2x^3-3x+3)\,dx+\int_{1}^{2}(2x^3-3x+1)\,dx$$
$$=\int_{-2}^{1}(2x^3-3x+3)\,dx+\int_{1}^{2}(2x^3-3x+3)\,dx-\int_{1}^{2}2\,dx$$
$$=\int_{-2}^{2}(2x^3-3x+3)\,dx-\int_{1}^{2}2\,dx$$
$$=2\int_{0}^{2}3\,dx-\int_{1}^{2}2\,dx$$
$$=2\Big[3x\Big]_{0}^{2}-\Big[2x\Big]_{1}^{2}$$
$$=2(6-0)-(4-2)=10$$

10 유형07 구간을 나누어 계산하는 정적분

$$|x+1|-x=\begin{cases}-2x-1 & (x\le -1)\\ 1 & (x\ge -1)\end{cases}$$

$$\therefore \int_{-3}^{1}(|x+1|-x)\,dx=\int_{-3}^{-1}(-2x-1)\,dx+\int_{-1}^{1}1\,dx$$
$$=\int_{-3}^{-1}(-2x-1)\,dx+2\int_{0}^{1}1\,dx$$
$$=\Big[-x^2-x\Big]_{-3}^{-1}+2\Big[x\Big]_{0}^{1}$$
$$=-1-(-1)-\{-9-(-3)\}+2(1-0)$$
$$=8$$

11 유형07 구간을 나누어 계산하는 정적분

$$f'(x)=\begin{cases}6x+1 & (x<1)\\ 12x^2 & (x>1)\end{cases}\text{에서 } f(x)=\begin{cases}3x^2+x+C_1 & (x<1)\\ 4x^3+C_2 & (x>1)\end{cases}$$

이때 $f(0)=0$이므로 $C_1=0$
또한 함수 $f(x)$는 실수 전체의 집합에서 연속이므로 $x=1$에서도 연속이다.
즉, $\displaystyle\lim_{x\to1+}f(x)=\lim_{x\to1-}f(x)=f(1)$에서
$$\lim_{x\to1+}(4x^3+C_2)=\lim_{x\to1-}(3x^2+x)$$
$$4+C_2=4 \qquad \therefore C_2=0$$

따라서 $f(x)=\begin{cases}3x^2+x & (x\le1)\\ 4x^3 & (x\ge1)\end{cases}$이므로

$$\int_{0}^{2}f(x)\,dx=\int_{0}^{1}(3x^2+x)\,dx+\int_{1}^{2}4x^3\,dx$$
$$=\Big[x^3+\tfrac{1}{2}x^2\Big]_{0}^{1}+\Big[x^4\Big]_{1}^{2}$$
$$=\Big(1+\tfrac{1}{2}\Big)-0+16-1=\frac{33}{2}$$

12 유형08 적분 구간이 상수인 정적분을 포함한 등식

$\displaystyle\int_{0}^{1}f(t)\,dt=k\,(k\text{는 상수})$로 놓으면 $f(x)=x^2-2kx+k$이므로

$$\int_{0}^{1}f(t)\,dt=\int_{0}^{1}(t^2-2kt+k)\,dt$$
$$=\Big[\tfrac{1}{3}t^3-kt^2+kt\Big]_{0}^{1}$$
$$=\Big(\tfrac{1}{3}-k+k\Big)-0=\frac{1}{3}$$

$$\therefore k=\frac{1}{3}$$

따라서 $f(x)=x^2-\dfrac{2}{3}x+\dfrac{1}{3}=\Big(x-\dfrac{1}{3}\Big)^2+\dfrac{2}{9}$이므로 함수 $f(x)$는

$x=\dfrac{1}{3}$일 때, 최솟값 $\dfrac{2}{9}$를 갖는다.

13 유형09 적분 구간에 변수가 있는 정적분을 포함한 등식

$\displaystyle\int_{1}^{x}f(t)\,dt=x^3+ax^2+bx$의 양변에 $x=1$을 대입하면

$$0=1+a+b \qquad \therefore a+b=-1 \qquad\qquad \cdots\cdots\ \text{㉠}$$

$\displaystyle\int_{1}^{x}f(t)\,dt=x^3+ax^2+bx$의 양변을 x에 대하여 미분하면

$$f(x)=3x^2+2ax+b$$
$f(1)=-2$이므로 $3+2a+b=-2 \qquad \therefore 2a+b=-5 \qquad \cdots\cdots\ \text{㉡}$
㉠, ㉡을 연립하여 풀면 $a=-4,\ b=3$
$$\therefore f(x)=3x^2-8x+3$$
따라서 $f'(x)=6x-8$이므로
$$f'(1)=6-8=-2$$

14 유형09 적분 구간에 변수가 있는 정적분을 포함한 등식

$\displaystyle\int_{1}^{x}t^2f(t)\,dt=ax^5+bx^4-3x^3$의 양변에 $x=1$을 대입하면

$$0=a+b-3 \qquad \therefore a+b=3 \quad \cdots\cdots\ \text{㉠}$$

$\displaystyle\int_{1}^{x}t^2f(t)\,dt=ax^5+bx^4-3x^3$의 양변을 x에 대하여 미분하면

$$x^2f(x)=5ax^4+4bx^3-9x^2=x^2(5ax^2+4bx-9)\text{이므로}$$
$$f(x)=5ax^2+4bx-9 \qquad \therefore f'(x)=10ax+4b$$
$f(x)$는 $x=1$에서 최댓값을 가지므로 $f'(1)=0$
$$\therefore 10a+4b=0 \qquad\qquad \cdots\cdots\ \text{㉡}$$
㉠, ㉡을 연립하여 풀면 $a=-2,\ b=5$
$$\therefore b-a=5-(-2)=7$$

15 유형10 적분 구간과 피적분함수에 변수가 있는 정적분을 포함한 등식

$\displaystyle\int_{1}^{x}(x-t)f(t)\,dt=a^2x^4+3ax^3+x^2+3x-2$의 양변에 $x=1$을 대입하면

$$0=a^2+3a+1+3-2,\ a^2+3a+2=0$$
$$(a+2)(a+1)=0 \qquad \therefore a=-2 \text{ 또는 } a=-1 \quad \cdots\cdots\ \text{㉠}$$

$\displaystyle\int_{1}^{x}(x-t)f(t)\,dt=a^2x^4+3ax^3+x^2+3x-2$에서

$$x\int_{1}^{x}f(t)\,dt-\int_{1}^{x}tf(t)\,dt=a^2x^4+3ax^3+x^2+3x-2$$

위의 등식의 양변을 x에 대하여 미분하면

$$\Big\{\int_{1}^{x}f(t)\,dt+xf(x)\Big\}-xf(x)=4a^2x^3+9ax^2+2x+3$$
$$\therefore \int_{1}^{x}f(t)\,dt=4a^2x^3+9ax^2+2x+3$$

위의 등식의 양변에 $x=1$을 대입하면

$$0=4a^2+9a+5,\ (4a+5)(a+1)=0$$
$$\therefore a=-\frac{5}{4} \text{ 또는 } a=-1 \qquad\qquad \cdots\cdots\ \text{㉡}$$

㉠, ㉡에서 $a=-1$

$\displaystyle\int_{1}^{x} f(t)\,dt=4x^3-9x^2+2x+3$의 양변을 x에 대하여 미분하면

$f(x)=12x^2-18x+2$

$\therefore f(a)=f(-1)=12+18+2=32$

16 유형11 곡선과 x축 사이의 넓이

곡선 $y=3x^2-12k^2$과 x축의 교점의 x좌표
는 $3x^2-12k^2=0$에서

$3(x+2k)(x-2k)=0$

$\therefore x=-2k$ 또는 $x=2k$

이 함수의 그래프와 x축으로 둘러싼 도형
의 넓이는

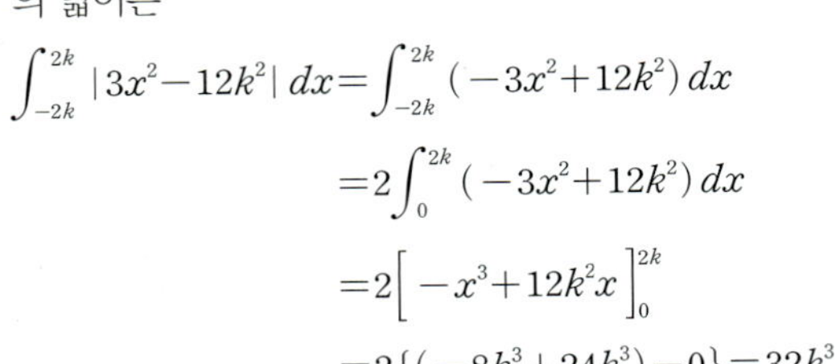

$$\int_{-2k}^{2k}|3x^2-12k^2|\,dx=\int_{-2k}^{2k}(-3x^2+12k^2)\,dx$$
$$=2\int_{0}^{2k}(-3x^2+12k^2)\,dx$$
$$=2\Big[-x^3+12k^2x\Big]_{0}^{2k}$$
$$=2\{(-8k^3+24k^3)-0\}=32k^3$$

$32k^3=32$이므로 $k^3=1$ $\therefore k=1$

$\therefore 20k=20\times1=20$

17 유형11 곡선과 x축 사이의 넓이

$f(x)=(x-a)(x-b)(x-c)$에 대하여 다음 그림과 같이 곡선
$y=f(x)$와 x축 및 두 직선 $x=a$, $x=b$로 둘러싸인 도형의 넓이를 A,
곡선 $y=f(x)$와 x축 및 두 직선 $x=b$, $x=c$로 둘러싸인 도형의 넓이
를 B라 하자.

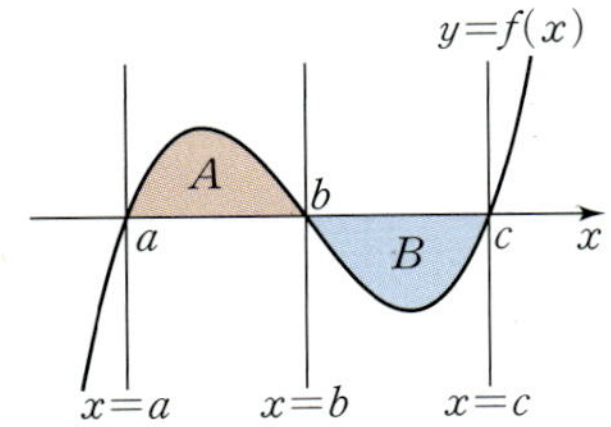

$\displaystyle\int_{a}^{c} f(x)\,dx=-4$이므로 $A-B=-4$ ……㉠

$\displaystyle\int_{a}^{c} |f(x)|\,dx=10$이므로 $A+B=10$ ……㉡

㉠, ㉡을 연립하여 풀면 $A=3$, $B=7$

따라서 곡선 $y=f(x)$와 x축 및 두 직선 $x=b$, $x=c$로 둘러싸인 도형
의 넓이는 B이므로 구하는 도형의 넓이는 7이다.

18 유형12 곡선과 직선 또는 두 곡선 사이의 넓이

곡선 $y=x^2$과 직선 $y=k$의 교점의 x좌표는
$x^2=k$에서 $x=-\sqrt{k}$ 또는 $x=\sqrt{k}$

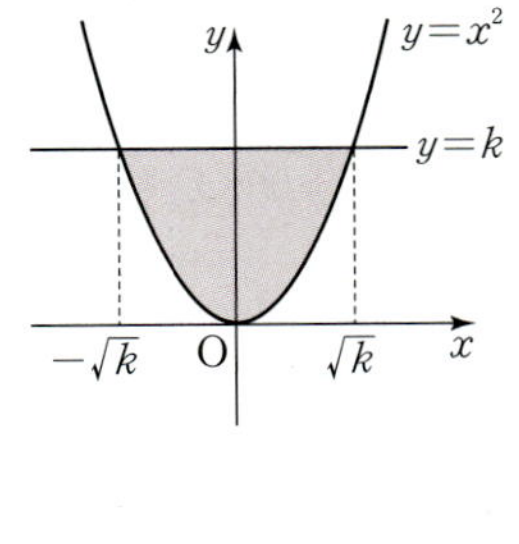

$$\int_{-\sqrt{k}}^{\sqrt{k}}(k-x^2)\,dx=2\int_{0}^{\sqrt{k}}(k-x^2)\,dx$$
$$=2\Big[kx-\frac{1}{3}x^3\Big]_{0}^{\sqrt{k}}$$
$$=2\Big\{\Big(k\sqrt{k}-\frac{1}{3}k\sqrt{k}\Big)-0\Big\}$$
$$=\frac{4}{3}k\sqrt{k}$$

$\dfrac{4}{3}k\sqrt{k}=36$에서 $(\sqrt{k})^3=3^3$이므로

$\sqrt{k}=3$ $\therefore k=9$

19 유형13 두 도형의 넓이가 서로 같을 조건

k는 2가 아닌 양수이므로 $0<k<2$인 경우와 $k>2$인 경우로 나누어
생각할 수 있다.

(ⅰ) $0<k<2$일 때

오른쪽 그림과 같이 곡선
$y=x(x-2)(x-k)$와 x축으로 둘
러싸인 두 도형의 넓이가 서로 같으
므로

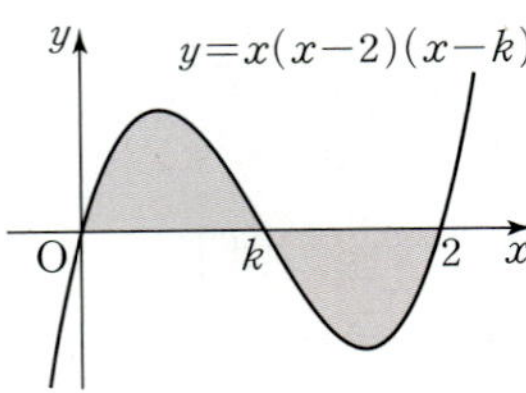

$$\int_{0}^{2} x(x-2)(x-k)\,dx=0$$
$$\int_{0}^{2}\{x^3-(2+k)x^2+2kx\}\,dx=\Big[\frac{1}{4}x^4-\frac{(2+k)}{3}x^3+kx^2\Big]_{0}^{2}$$
$$=4-\frac{8(2+k)}{3}+4k$$
$$=-\frac{4}{3}+\frac{4}{3}k=0$$

$\therefore k=1$

(ⅱ) $k>2$일 때

오른쪽 그림과 같이 곡선
$y=x(x-2)(x-k)$와 x축으로 둘
러싸인 부분의 넓이가 서로 같으므로

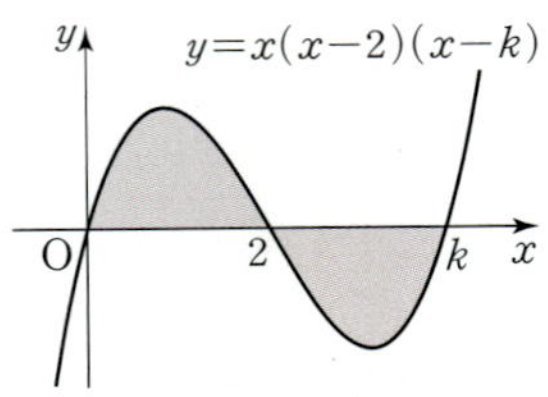

$$\int_{0}^{k} x(x-2)(x-k)\,dx=0$$
$$\int_{0}^{k}\{x^3-(2+k)x^2+2kx\}\,dx=\Big[\frac{1}{4}x^4-\frac{(2+k)}{3}x^3+kx^2\Big]_{0}^{k}$$
$$=\frac{1}{4}k^4-\frac{(2+k)}{3}k^3+k^3$$
$$=-\frac{1}{12}k^4+\frac{1}{3}k^3$$
$$=-\frac{1}{12}k^3(k-4)=0$$

$\therefore k=4\ (\because k>2)$

(ⅰ), (ⅱ)에서 구하는 모든 실수 k의 값의 합은 $1+4=5$

20 유형14 점의 위치와 움직인 거리

두 점 P, Q의 시각 $t=a$에서의 위치를 각각 x_1, x_2라 하면

$$x_1=\int_{0}^{a}(-6t)\,dt=\Big[-3t^2\Big]_{0}^{a}=-3a^2$$
$$x_2=\int_{0}^{a}(-3t^2+4t)\,dt=\Big[-t^3+2t^2\Big]_{0}^{a}=-a^3+2a^2$$

$x_1=x_2$에서 $-3a^2=-a^3+2a^2$, $a^3-5a^2=0$

$a^2(a-5)=0$ $\therefore a=5\ (\because a>0)$

21 유형14 점의 위치와 움직인 거리

ㄱ. 시각 $t=3$에서 점 P의 위치는

$$\int_{0}^{3} v(t)\,dt=\int_{0}^{2} v(t)\,dt+\int_{2}^{3} v(t)\,dt$$
$$=-\Big(\frac{1}{2}\times2\times2\Big)+\Big(\frac{1}{2}\times1\times2\Big)=-1\ (참)$$

ㄴ. $v(t)$의 부호가 음에서 양으로 바뀌거나 양에서 음으로 바뀌는 지점에서 점 P의 운동 방향이 바뀌므로 점 P가 출발 후 운동 방향을 바꾸는 경우는 $t=2$, $t=6$일 때의 2번이다. (거짓)

ㄷ. 점 P는 원점을 출발하여 $t=2$까지 음의 방향으로 움직이다가 $t=2$일 때 운동 방향을 바꾼다.

$t=2$일 때, 점 P의 위치는

$$\int_0^2 v(t)dt=-2$$

$t=2$에서 $t=6$까지 양의 방향으로 움직이다가 $t=6$일 때 운동 방향을 바꾸어 $t=7$까지 다시 음의 방향으로 움직인다.

$t=6$일 때, 점 P의 위치는 $\int_0^6 v(t)dt$

이때 $\int_0^4 v(t)dt=0$이므로

$$\int_0^6 v(t)dt=\int_4^6 v(t)dt=\frac{1}{2}\times 2\times 2=2$$

따라서 원점에서 점 P까지의 거리의 최댓값은 $t=2$ 또는 $t=6$일 때의 2이다. (참)

따라서 옳은 것은 ㄱ, ㄷ이다.

531
PROJECT

이 책에 도움을 주신 선생님

서울

강민희 그루샘수학학원
강은실 하나학원
고수환 상승곡선학원
고윤원 토트라수학학원
고형근 멘툴스수학전문학원
고혜원 강동 메가스터디
구난영 셀프스터디수학학원
권경아 M&P학원
권민학 대학나무학원
김경민 씽크수학학원
김국환 매쓰플러스수학학원
김금화 라플라스수학학원
김명후 김명후수학학원
김민수 개념폴리아학원 대치관
김병호 국선수학학원
김선경 개념폴리아학원
김선용 목동 미래탐구
김선희 꿈티움홈스쿨
김성재 맑음수학밝음국어학원
김성진 구주이배수학학원
김승현 대치 Math4U
김양진 자유자재학원
김영재 뉴스터디학원
김영진 이지수능
김예름 구주이배수학학원
김정아 지올수학
김진규 서울바움수학
김하연 개인지도
김향기 원묵중학교
김현아 개인지도
김현정 더클레버수학학원
김현주 숙명여자고등학교
김현진 멘툴스수학전문학원
김형진 수학혁명학원
김효정 상위권수학 올림픽점
나태산 중계 학림학원
노화정 그루샘수학학원
문재웅 성북 메가스터디
박수견 김태호학원
박시현 반포 파인만
박용우 일신학원
박종온 구주이배수학학원
박진희 박선생수학전문학원
박태흥 CMS 서초영재관
배용현 감탄교육화곡학원
배재형 배재형수학
백운경 일신학원
백정오 성동 뉴파인만학원
변세정 더원학원 대치점
서근환 선덕고등학교
서민국 대치 시대인재
서중은 블루플렉스학원
서지호 뉴파인 반포
선 철 일신학원
성성아 매드매쓰수학학원
손충모 대치동 케이투수학
송호길 뉴파인 이촌특별관
신기호 성북 메가스터디
신대용 신수학
신승규 한국삼육고등학교
신우진 신수학과학중등관보습학원
심지연 다원교육

안대호 말글국어더함수학학원
양원규 일신학원
양철웅 목동 거산학원
양해영 양쌤수학학원
왕한비 왕쌤수학학원
원종운 예섬학원 목동관
원준희 CMS 대치영재관
윤여균 맥시마
윤여훈 위례 광장엠베스트해법영어학원
윤홍원 드림수학교습소
은 현 CMS 경시관
이건우 송파 이지엠수학학원
이동훈 박현국어학원
이민호 강동 메가스터디
이상준 뉴파인 이촌특별관
이상훈 골든벨수학학원
이성용 이성용수학
이수호 수학의미래
이용우 올림피아드교육 유투엠
이원제 대성다수인학원(삼성동)
이은주 이해와지혜수학
이재복 미래탐구동작학원
이주경 생각의숲수학교습소
이주하 TOP고려학원
이준엽 메티스학원
이 진 수박나무수학
이진영 송파 청어람수학원
이충안 채움수학
이태웅 수찬학원
이현우 CMS 서초영재관
이현주 방배 스카이에듀
이호재 이강학원
임갑봉 학림학원
임규철 원수학
임상훈 방산고등학교
전 일 구주이배수학학원
정대교 피큐브아카데미
정진아 정선생수학
정현광 서울광성고등학교
정혜진 잇올스파르타
조병근 목동 하이씨앤씨
조현탁 전문가집단
주은재 강동 청산학원
차민준 이투스수학학원 중계점
차용우 서울외국어고등학교
최연진 세화여자고등학교
최영주 하나고등학교
최영준 문일고등학교
최유담 동국대사범대학부속여자고등학교
최윤동 대치타파
최인규 열림수학학원
최현수 케이투수학학원
한동용 다원교육
한현주 PMG학원
허다민 더큰학원
홍슬기 깐깐한슬기수학

부산

구덕문 아연학원
김유상 드림에듀 센텀점
김증택 신명문학원
김치욱 비상아이비츠 서면캠퍼스
김학진 학림학원
김효상 코스터디학원

나기열 프로매스수학학원
노태범 자하연학원
노하영 수딴's수학학원
류형수 한샘학원
모 란 정관 더명문학원
박대성 키움수학
배철우 부산하단 종로학원
심혜정 타임아카데미
안찬종 이투스247학원 부산북구
여지윤 수딴's수학학원
오세영 오수사수학
오영미 하남영수학원
이경덕 수딴's수학학원
이언정 캐슬수학
이연희 오른수학
이지은 하이매쓰수학전문학원
장정화 하이원수학
장혜선 자하연학원
정은주 해운대 성문학원
조새늘 공부방
허윤정 올림수학전문학원
허정인 개인지도
황성필 대치명인학원

인천

강명구 계양 하이스트학원
기미나 기샘수학
김기덕 부평 하이엠 삼산점
김윤경 엠베스트SE학원
김윤호 종로학원 하늘교육 동춘학원
김응수 케이엠수학교실
김재웅 송도 감성수학
김 준 쭌에듀학원
김지은 태풍수학
김진완 성일올림학원
김효선 케이맥스학원
박순만 절대학원
박한민 감탄교육
박해석 비상영수학원
박효성 지코스수학학원
송대익 청라 수학사랑학원
신용선 인서울학원
안지희 강화여자고등학교
엄진웅 서인천고등학교
오상원 불로 종로엠스쿨
오정민 갈루아수학
이승주 명신여자고등학교
이애희 부평 해법수학교실
이필규 신현 엠베스트SE학원
이혜경 이혜경고등수학학원
임지우 자유자재학원
장효근 유레카수학학원
전미영 계양 아발론하이스트학원
정은혜 비상영수학원
조민관 서이학원
조준호 인명여자고등학교
지청호 F(x)수학전문학원
채수현 밀턴수학학원
최문경 영웅아카데미
최민석 유투엠 구월캠퍼스
최 진 절대학원
최 훈 수학의시선
현미선 써니수학
황면식 늘품과학수학학원

대구

강민지 김샘학원
구현태 나인쌤수학전문학원
권보경 더(THE)고이삼수학학원
김동영 통쾌한수학교습소
김미소 에스엠과학수학학원
김영진 정앤진학원
문윤정 능인고등학교
박원철 토르수학교습소
백태민 송원학원
양강일 양쌤수학학원
유화진 진수학
윤기호 샤인수학학원
이민오 토모수학
이우승 이우승수학전문학원
이태형 가토수학과학학원
장두영 가토수학과학학원
장세완 장선생수학
장현정 대구남산고등학교
전지영 전지영수학
정민호 J.STEADY MATH
하태호 이투스수학학원 월성점
황지현 위드제스트수학학원

광주

강승완 첨단시매쓰학원
김국진 엠베스트SE김국진짜학원
김나형 원탑영수전문학원
김영학 솔로몬학원
김원진 김선생수학전문학원
김재현 김재현수학학원
김종민 하이퍼수학학원
나원선 라플라스수학학원
마채연 마채연수학전문학원
박상현 EZ수학
박우혁 밥보다수학학원
배진문 수학의달인 광주양산학원
설주홍 상무지구 공신수학
손광일 송원고등학교
신성호 신성호수학공화국
양귀제 양선생수학전문학원
양동식 1등급수리수학원
이강우 대치 공감학원
이주헌 리얼매쓰수학전문학원
임태관 매쓰멘토수학전문학원
장선경 신화아카데미
장영진 공감수학전문학원
정다원 광주 인성고등학교
정원섭 수리수학학원
정형진 BMA롱맨영수학원
조은영 와이파이수학학원
최수연 538수학학원 수완
최지웅 매쓰피아

대전

강유식 헤럴드영수학원
고지훈 고샘수학
고현석 주식회사광개토학원
김기평 둔산 필즈학원
김대중 엘트학원
김윤아 통달할달수학학원
김윤환 쌤학원
김지현 파스칼대덕학원
김 진 발상의전환수학전문학원
나효명 둔산 한림학원